# 未遂犯論の諸問題

原口 伸夫

［著］

成文堂

# はしがき

　本書は，私が大学院以来研究の中心として取り組んできた未遂犯論に関する解釈論を展開した既発表の論文を一書にまとめたものである。本書の全体を３部に分け，第１部では実行の着手論（刑法43条本文の解釈），第２部では中止未遂論（43条ただし書の解釈），第３部では不能犯論に関する論文を収録した。

　刑法は既遂犯の形式で犯罪構成要件を規定している。しかし，法益保護の観点からは，犯罪行為が既遂に至る前に刑法が介入することが必要で合理的な場合もある。そのような場合に既遂に至る前に処罰を可能にする立法技術が未遂犯の形式での処罰である。「未遂」とは「未だ遂げざる」場合であるが，刑法は，未だ遂げざる場合のすべてを「未遂犯（罪）」として処罰してはいない。「未遂犯」という形式で，既遂犯の処罰時点をどこまで前倒しして処罰すべきか，また，それが許されるか，行為の性質等から既遂に至りえない場合にもなお「未遂犯」として処罰することが可能か，可能だとすればどの場合に処罰すべきか，等が議論されてきた。処罰時点（刑法の介入時期）の早期化は法益保護の要請にかなう一方で，行動の自由の制約等につながりかねず，刑法の謙抑主義・補充性の原理等の十分な考慮も必要である。未遂犯論は，このような刑法の介入時期・範囲・程度にかかわるため，わが国の刑法学において，背景事情や議論状況を変えつつも，つねに論争の場となってきた。すなわち，かつて，刑罰論，責任論・共犯論などの犯罪論の全般に及んだ新派刑法学と旧派刑法学との学派の争いのなかで，実行の着手論・不能犯論に関して熾烈な論争が繰り広げられた。戦後，学派の争いが止揚されていくなかで，違法性論にその論争の場を移し，いわゆる行為無価値論と結果無価値論を対立軸とし，「不能犯論は違法性論の試金石」などともいわれ，激しい議論がたたかわされた。現在，議論の深まりとともに，行為無価値論と結果無価値論の対立は過度に強調されなくなってきているが，その論

ii　はしがき

争を経て，「未遂犯の成立に危険結果（結果としての危険）の発生が必要である」との理解が支持を広げており，未遂犯を危険結果をその要素とする「結果犯」として構成すべきか否かという「未遂犯の構造」をめぐる理解が，現在のわが国の未遂犯論の重要な対立軸を形づくっているといえよう。一方で，刑罰論・刑法の目的論といった大きな構想を背景とした対立のなかではあまり議論の前面に出ることのなかった中止未遂論が，近時では，その効果（寛大な扱い）の認められる実質的な根拠，そこから導かれる中止未遂の要件（任意性，中止行為）の判断基準をめぐって議論が活発化してきており，可罰性をすでに基礎づけた「実行の着手」に後続する行為の理論的・体系的な評価は，犯罪論体系の再検討をも促しうる契機をはらんでいる。個別の問題に関して，早すぎた構成要件の実現，共犯からの離脱の問題など，近年，議論の進展が著しいものもあり，また，規制薬物（物品）輸出入罪の実行の着手時期，特殊詐欺における不能犯の問題など，実務的にも重要性をもつ問題に関して，判例・学説の動きもみられるところである。未遂の故意と既遂の故意の異同など新たな問題点，行為意思の体系的位置づけ，結合犯（ないし多行為犯）・共同正犯の場合の実行の着手時期の基礎づけなど必ずしも十分議論が深められていない問題点もある。

　本書は，このような未遂犯論のひとつひとつの問題について，わが国の学説・判例の現状を正確に描き出し，その解釈・判断基準を提示しようと試みたものである。本書の考察は，実行行為を中核とした（伝統的な）犯罪論・未遂犯論を維持し，必要な範囲での補正を施したうえで，それを前提とした解釈を展開するのが妥当である，との立場からなされている。なお，各問題の解決にあたり，現実の社会のなかで起こった具体的なケースに対する判断として重みをもつ，「生きた法」としての判例の分析・検討にも意を用いてきた。もとより，本書の検討・解釈の試みは未遂犯のすべての問題点を網羅するものではなく，また，検討している問題点についても考察が不十分なところも多々あるであろう。本書の刊行をひとつのきっかけに，ご批判・ご叱正をいただくなどして，自身の考え方を深め，考えの至らぬところを補い，あるいは改める機会となればと考えている。本書が，未遂犯論の研究にわず

かばかりでも寄与するところがあれば，望外の喜びである。

　本書を刊行するにあたり，脚注を最新のものにするなど，書き改めるべきであったかもしれない。しかし，時間的な制約のほか，本書収録のもののなかには，これまで引用していただいたものもあること，そして，これまで発表してきた，未遂犯に関する私自身の基本的な考え方に変更がないことから，批判の対象等として，変更を加えないことにも多少の意味があると考え，誤字・脱字の訂正，縦書きから横書きへの変更，脚注の表記の統一などの体裁の統一のほかは，既発表のものに変更を加えないこととした。そのうえで，論文発表後の学説・判例の進展状況については，本書各部の最初にそれぞれの「現状と課題」（第1章，第6章，第11章）を加えることによって補い，私見に対して批判も向けられてきた「間接正犯者の実行の着手時期」の問題に関しては，「間接正犯者の実行の着手時期——その後の動向」（第2章補節）を新たに書き加えた。

　本書をこのようにまとめることができるまでにかなりの時間を要することになった。その間，学部ゼミ・博士前期課程の指導教授故八木國之先生（中央大学名誉教授），博士後期課程の指導教授斎藤信治先生（中央大学名誉教授），髙橋直哉先生（中央大学大学院法務研究科教授）には，ご多忙のなか時間を割いてご指導していただき，現在の私の考え方の——それぞれ異なる面ではあるが——基礎的な部分を形づくっている多くのことを教えていただいてきた。そして，それにとどまらず，私的な面でも，多くのご恩情を賜ってきた。先生方がおられたからこそ，浅学菲才の私がこれまで，このようなかたちで研究を続けてこられたと思っている。また，只木誠先生（中央大学法学部教授）には研究活動の節目ごとに得がたい助言・助力を賜ってきた。先生方にこの場を借りて心より御礼申し上げたい。そして，ひとりひとりのお名前をあげることはできないが，今日までさまざまな場面で支えていただいてきた中央大学法学部，桐蔭横浜大学法学部，駒澤大学法学部における諸先生方に謹んで御礼を申し上げる。

iv　はしがき

　最後に，本書の出版を快くお引き受けくださった成文堂の阿部成一社長，編集を担当していただき，適切なご助言・ご配慮をしていただいた飯村晃弘氏に，心より謝意を述べたい。

2018年 2 月 3 日　原口伸夫

　本書出版にあたっては，平成29年度駒澤大学特別研究出版助成を受けた。ここに記して，謝意を表する。

# 目　　次

はしがき　　i

凡　例　　xi

初出一覧　　xiii

## 第1部　実行の着手

## 第1章　実行の着手論の現状と課題 ................................ 3

第1節　実行の着手を論ずる意味 ................................ 3

第2節　実行の着手をめぐる現在の議論状況 .................... 8

　1　現在に至るまでの議論状況（概観） .................... 8

　2　実行の着手論における現在の対立の重点——「未遂の構造」
　　についての理解の相違 .................................... 11

第3節　近時の判例の動向——クロロホルム事件最高裁決定お
　　よびそれ以降の判決—— .................................... 20

第4節　クロロホルム事件最高裁決定において示された3
　　要素の相互関係等 ........................................ 25

第5節　クロロホルム事件最高裁決定後の判例の動向につ
　　いての評価 .............................................. 32

## 第2章　間接正犯者の実行の着手時期 ...................... 37

第1節　わが国の議論の概観と行為帰属論 .................... 37

　1　利用者標準説 .......................................... 37

　2　被利用者の行動（あるいは事象の進展状況）も問題とする立
　　場の理論構成の検討 .................................... 39

第2節　行為帰属論とドイツにおける近時の議論状況 ........ 46

　1　行為帰属論（全体的解決説） .......................... 46

vi 目　次

 2　手放し公式（修正された個別的解決説）················· 54

第3節　わが国の判例と未遂の処罰根拠 ················· 63

 1　わが国の判例 ··············· 63

 2　未遂の処罰根拠 ··············· 69

補節　間接正犯者の実行の着手時期——その後の動向 ··············· 74

 1　間接正犯者の実行の着手時期をめぐるわが国の近時の動向 ······· 74

 2　行為帰属論（再論）——構成要件の規定する行為態様の考慮 ····· 83


# 第3章　実行の着手時期と早すぎた構成要件の実現 ················· 96

はじめに ················· 96

第1節　クロロホルム事件最高裁決定における事実の概要および決定要旨 ················· 96

 1　クロロホルム事件の事実の概要 ················· 96

 2　クロロホルム事件最高裁決定における決定要旨 ················· 99

第2節　クロロホルム事件最高裁決定が提起した問題 ········· 100

第3節　実行の着手に関する判例のなかでのクロロホルム事件最高裁決定の位置づけ ················· 102

第4節　早すぎた構成要件の実現とクロロホルム事件最高裁決定 ················· 128

第5節　まとめ——クロロホルム事件最高裁決定の意義—— ········· 137


# 第4章　事後強盗罪の実行行為と実行の着手時期 ····· 139

第1節　事後強盗罪の実行行為 ················· 139

第2節　事後強盗罪の実行の着手時期 ················· 144

 1　強盗罪の実行の着手時期との比較 ················· 144

 2　実行の着手に関する一般的な議論からみた事後強盗罪の着手時期 ················· 147

目 次　vii

## 第5章　規制薬物輸入罪の既遂時期・未遂時期 ……… 158

はじめに ……………………………………………………… 158
第1節　当該薬物の規制法規違反と関税法違反 ……………… 158
第2節　規制薬物の輸入罪の既遂時期──「輸入」の意義 …… 159
第3節　輸入罪の実行の着手時期に関する近時の見解 ……… 164
第4節　輸入罪の実行の着手時期1──海路の場合 ………… 167
第5節　輸入罪の実行の着手時期2──空路の場合 ………… 172
まとめ ………………………………………………………… 173


## 第2部　中止未遂

## 第6章　中止未遂論の現状と課題 ……………………… 179

はじめに ……………………………………………………… 179
第1節　中止未遂の処分・効果 ……………………………… 179
第2節　中止未遂の認められる根拠 ………………………… 180
第3節　「自己の意思により」（任意性） ……………………… 182
第4節　「中止した」（中止行為） ……………………………… 186
第5節　既遂の中止 …………………………………………… 189
第6節　予備の中止 …………………………………………… 189
第7節　共犯と中止未遂 ……………………………………… 191
第8節　裁判員制度の影響 …………………………………… 194
まとめ ………………………………………………………… 196


## 第7章　刑法43条ただし書における「中止した」の解釈について ……………………………………… 197

viii　目　次

# 第8章　実行未遂の中止行為 ……………………………… 209

## はじめに ……………………………………………………… 209

## 第1節　実行未遂の中止行為に関する判例の立場 ………… 211

　1　宜しく頼む事例判決までの大審院判例 ……………… 211

　2　宜しく頼む事例判決 …………………………………… 213

　3　宜しく頼む事例判決以降の判決 ……………………… 214

　4　小　括 …………………………………………………… 217

## 第2節　実行未遂の中止行為に関する学説の状況 ………… 219

　1　学説の整理 ……………………………………………… 219

　2　真剣な努力説と適切な努力説 ………………………… 229

　3　因果関係必要説の射程 ………………………………… 239

## 第3節　実行未遂の中止行為の要件 ………………………… 248

　1　中止措置への人並みの法益尊重意思の具体化 ……… 248

　2　宜しく頼む事例判例以降の下級審判決の分析 ……… 263

## おわりに ……………………………………………………… 270


# 第9章　共犯者の中止未遂 ………………………………… 274

## 第1節　共犯者の中止未遂に関するわが国の学説および判
　　例 ……………………………………………………… 274

　1　43条ただし書の準用について ………………………… 274

　2　自分の寄与の因果的効果の解消と中止未遂の成否 … 275

　3　共犯からの離脱の問題と共犯者の中止未遂の問題 … 281

## 第2節　共犯者の中止未遂の要件 …………………………… 282

　1　ドイツ刑法24条2項 …………………………………… 282

　2　共犯者の中止未遂の要件の加重の理由 ……………… 285

　3　共犯事象の危険性による説明 ………………………… 286

　4　心理的効果の残存の可能性 …………………………… 287

　5　刑事政策説に基づく説明 ……………………………… 289

目　次　ix

　　6　印象説に基づく説明 …………………………………………… 291

　第3節　結　論 …………………………………………………………… 294


# 第10章　共犯からの離脱，共犯関係の解消 ………… 297

　はじめに ………………………………………………………………… 297

　第1節　共犯からの離脱に関する判例の立場 ………………… 299

　第2節　共犯関係の解消・新たな共犯関係の形成 …………… 304

　第3節　「因果性の遮断」の判断と「新たな共犯関係の形
　　　　　成」の判断 ……………………………………………………… 316

　第4節　遮断しようとする積極的な措置の重視する見解 …… 323

　おわりに ………………………………………………………………… 325


# 第3部　不能未遂

# 第11章　不能犯論の現状と課題 ……………………………… 329

　第1節　不能犯の意義など ………………………………………… 329

　第2節　不能犯に関する学説 ……………………………………… 332

　　1　現行法下におけるこれまでの学説の動向（概観）………… 332

　　2　仮定的蓋然性説 …………………………………………………… 338

　　3　具体的危険説 ……………………………………………………… 349

　第3節　不能犯に関する判例 ……………………………………… 361

　　1　大審院時代，および，昭和20年終り頃までの最高裁時代の判
　　　　例 ……………………………………………………………………… 361

　　2　昭和20年代の終り頃以降から昭和40年代までの判例の動向 …… 365

　　3　最判昭和51年3月16日刑集30巻2号146頁（ピース缶爆弾事
　　　　件）…………………………………………………………………… 374

　　4　ピース缶爆弾事件最高裁決定後の判決の動向 ……………… 378

　　5　特殊詐欺事案におけるだまされたふり作戦と不能犯 ………… 381

x　目　次

　　6　判例の立場（まとめ） ……………………………………………… 388

# 第12章　不能犯論についての若干の覚え書 …………… 393

## 第1節　わが国の刑法学に影響を及ぼしてきた諸外国の不能犯論 ……………………………………………………… 393
　　1　八木先生の未遂犯論・不能犯論 ……………………………… 393
　　2　諸外国の不能犯論（概説） …………………………………… 395

## 第2節　諸外国の不能犯論とわが国の不能犯論における相違についての若干の覚え書 ………………………… 401
　　1　不能犯を除く未遂犯論について ……………………………… 401
　　2　不能犯論について ……………………………………………… 403

# 凡　例

判例略語表

| | |
|---|---|
| 大判（決） | 大審院判決（決定） |
| 最判（決） | 最高裁判所判決（決定） |
| 高判 | 高等裁判所判決 |
| 地判 | 地方裁判所判決 |
| 支判 | 支部判決 |
| 簡判 | 簡易裁判所判決 |
| 刑録 | 大審院刑事判決録 |
| 刑集 | 大審院刑事判例集・最高裁判所刑事判例集 |
| 裁判集 | 最高裁判所裁判集（刑事） |
| 新聞 | 法律新聞 |
| 高刑集 | 高等裁判所刑事判例集 |
| 高刑判特 | 高等裁判所刑事判決特報 |
| 高刑裁特 | 高等裁判所刑事裁判特報 |
| 東高刑時報 | 東京高等裁判所判決時報（刑事） |
| 高検速報 | 高等裁判所刑事判決速報 |
| 下刑集 | 下級裁判所刑事裁判例集 |
| 刑月 | 刑事裁判月報 |
| 一審刑集 | 第一審刑事裁判例集 |
| 判時 | 判例時報 |
| 判タ | 判例タイムズ |
| 裁判所 HP | 最高裁判所公式ホームページ内の裁判例情報データベース |
| LEX/DB | LEX/DB インターネット（TKC 法律情報データベース） |

文献略語表

| | |
|---|---|
| 最判解（○年度） | 「判例解説」『最高裁判所判例解説刑事篇（○年度)』（法曹会） |
| ○年度重判 | 「判例批評」『○年度重要判例解説』（有斐閣） |

xii 凡 例

百選Ｉ　　　　　平野龍一編『刑法判例百選Ｉ総論』（有斐閣，1978年）

百選Ｉ２版　　　平野龍一・松尾浩也編『刑法判例百選Ｉ総論（第２版）』（有斐閣，1984年）

百選Ｉ３版　　　平野龍一・松尾浩也・芝原邦爾編『刑法判例百選Ｉ総論（第３版）』（有斐閣，1991年）

百選Ｉ４版　　　松尾浩也・芝原邦爾・西田典之編『刑法判例百選Ｉ総論（第４版）』（有斐閣，1997年）

百選Ｉ５版　　　芝原邦爾・西田典之・山口厚編『刑法判例百選Ｉ総論（第５版）』（有斐閣，2003年）

百選Ｉ６版　　　西田典之・山口厚・佐伯仁志編『刑法判例百選Ｉ総論（第６版）』（有斐閣，2008年）

百選Ｉ７版　　　山口厚・佐伯仁志編『刑法判例百選Ｉ総論（第７版）』（有斐閣，2014年）

※　『刑法判例百選Ｉ総論』の各版に対応し，同じ年に出版されている『刑法判例百選Ⅱ各論（第○版）』については，「百選Ⅱ○版」と略記する。

争点新版　　　　藤木英雄・板倉宏編『刑法の争点（新版）』（有斐閣，1987年）

争点３版　　　　西田典之・山口厚編『刑法の争点（第３版）』（有斐閣，2000年）

争点　　　　　　西田典之・山口厚・佐伯仁志編『刑法の争点』（有斐閣，2007年）

# 初出一覧

第1章　実行の着手論の現状と課題
書下ろし

第2章　間接正犯者の実行の着手時期
第1節 – 第3節　「間接正犯者の実行の着手時期」法学新報105巻1号
（1998年）
補節　書下ろし

第3章　実行の着手時期と早すぎた構成要件の実現
「実行の着手時期と早すぎた構成要件の実現」法学新報113巻3・4号
（2007年）

第4章　事後強盗罪の実行行為と実行の着手時期
「事後強盗罪の実行行為と実行の着手時期」『JCCD 機関誌百号記念論文
集』（犯罪と非行に関する全国協議会，2007年）

第5章　規制薬物輸入罪の既遂時期・未遂時期
「規制薬物輸入罪の既遂時期・未遂時期」（椎橋隆幸先生退職記念論文集）
法学新報123巻9・10号（2017年）

第6章　中止未遂論の現状と課題
「日本における中止未遂論の現状と課題」第5回日中刑事法シンポジウム
報告書『日中刑事法の基礎理論と先端問題』（成文堂，2016年）の文献を
補正

第7章　刑法43条ただし書における「中止した」の解釈について
「刑法43条ただし書における『中止した』の解釈について」 刑法雑誌51
巻2号（2012年）

第8章　実行未遂の中止行為
「実行未遂の中止行為」桐蔭法学11巻1号（2004年）

第9章　共犯者の中止未遂
「共犯者の中止未遂」佐藤司先生古稀祝賀『日本刑事法の理論と展望上
巻』（信山社，2002年）

xiv　初出一覧

第10章　共犯からの離脱，共犯関係の解消
　　　　「共犯からの離脱，共犯関係の解消」（斎藤信治先生古稀記念論文集）法学
　　　　新報121巻11・12号（2015年）
第11章　不能犯論の現状と課題
　　　　書下ろし
第12章　不能犯論についての若干の覚え書
　　　　「不能犯論についての若干の覚え書」（八木國之博士追悼論文集）『刑事法学
　　　　の新展開』（酒井書店，2009年）

# 第1部　実行の着手

# 第1章　実行の着手論の現状と課題

## 第1節　実行の着手を論ずる意味

　刑法43条[1]は，「犯罪の実行に着手してこれを遂げなかった者は，その刑を減軽することができる。」と規定し，「未遂」[2]の要件とその効果を定めている。未遂犯処罰のためには各則（各本条）における「前条の罪の未遂は，罰する」旨の規定も必要である（44条）。この未遂犯処罰規定（たとえば，殺人未遂罪，203条，窃盗未遂罪・強盗未遂罪，243条など）はすべての犯罪類型において設けられているわけではないが，刑法典上，未遂犯は比較的多くの罪において処罰されており，そして，その効果は刑の任意的減軽であり，規定

---

1) 　以下，本書において，法律名を記載せずに，条文のみで引用する場合，それは刑法（明治40年法律第45号）の条文である。
2) 　「未遂」という概念は，「未だ遂げざる」場合を示す概念であり，その概念から，未遂犯において，「遂げるべき対象」がまず措定され，その後でその不充足が考えられることになる。「未遂」は，遂げるべき対象たる既遂に関係づけられた概念である。瀧川幸辰『改訂犯罪論序説』200頁（有斐閣，1947年）は次のように論ずる。すなわち，「刑法に規定してある各種の犯罪は原則として1人が完全に構成要件に該当する行爲を實現することを豫定する。これを獨立的犯罪類型とゆう。獨立的犯罪類型に對し從屬的犯罪類型ともゆうべきものがある。……未遂犯がその1つ。未遂犯は，例えば殺人罪の未遂犯とゆうように，基本の犯罪があつて始めて意味が出て來る。未遂犯の『犯罪の實行に著手する』ことも，……獨立的犯罪類型の構成要件と關聯するのでなければ無意味である。『實行に著手する』は人を殺すことの實行著手として，換言すれば，殺人罪の構成要件を必然的に豫想して始めて刑法上意味あるものになる。即ち從屬的である」と。
　　上記のこと，そして，「未遂概念の成立過程と法制史的考察から，未遂概念は故意犯を前提とする」（野村稔『未遂犯の研究』99頁［成文堂，1984年］）と考えるべきであろう。後者の点について，野村教授は次のように指摘している。すなわち，「後期註釈法学者は犯罪の外部的構成要件と内部的構成要件との関係を分析し，結局，『犯意があり，行為があって，しかも犯意の完成がない場合……』を未遂と定義したのであり，これがローマ法が継受される過程でドイツに導入され，……カロリナ刑法典第178条に明文化された」。「カロリナ刑法典第178条によって成立した未遂概念は，その後，ラント法時代の刑法典にも引き継がれ，また，諸国の近代刑法典にも導入された」のである（野村・前掲98頁以下）。末道康之『フランス刑法における未遂犯論』72頁，209頁（成文堂，1998年）も参照。

4 第1部 実行の着手

上は法定刑の上限の刑を言い渡すことも可能である[3][4]。それに対して，予備罪の処罰は例外であり，処罰される場合にもその刑はきわめて軽い[5][6]。

---

3) 「減軽することができる」（任意的減軽）とは，処断刑を形成するために減軽を施し（68条参照）てもよいし，施さなくてもよいことを意味する。特異なケースともいえるが，被害者の死亡結果との間の因果関係を否定して殺人未遂罪としつつ，死刑を言い渡したものとして濱口雄幸首相暗殺未遂事件判決が有名である（大判昭和8年11月6日刑集12巻1471頁）。事件は昭和5年11月に東京駅で起こった銃撃による暗殺事件である。植松正『新刑法教室I総論』66頁以下（信山社，1999年），和田俊憲『鉄道と刑法のはなし』96頁以下（NHK出版，2013年）も参照。現行の未遂規定が任意的減軽になった理由について，参照，牧野英一『刑法總論（下巻）』640頁以下（有斐閣，全訂版，1959年）。また，下村康正「未遂犯論の輪郭」『犯罪論の基本的思想』175頁以下（成文堂，1960年）。もちろん，処断刑形成のために減軽が施されるか否かにかかわりなく，犯罪が未遂にとどまった場合，当該ケースにおいてもし既遂に至ったとしたならば言い渡されたであろう刑と比べたとすれば，その宣告刑は軽いものと考えられよう。山口厚編著『クローズアップ刑法総論』190頁〔和田俊憲〕（成文堂，2003年）も参照。

4) 特殊な立法例ではあるが，既遂罪と未遂罪の法定刑が同じものとして，盗犯等ノ防止及処分ニ関スル法律における常習特殊強窃盗罪（同法2条），常習累犯強窃盗罪（同法3条），関税法における禁制品輸入罪（同法109条1項・3項），関税ほ脱罪（同法110条1項・3項），無許可輸入罪（同法111条1項・3項）などがある。この場合，43条の適用が排除される。なお，収賄罪における要求，約束，収受（197条）や，盗品の無償・有償譲受け，運搬，保管（256条）のように，構成要件行為（実行行為）として時間的に前後する行為を1つの構成要件に取り込んでいる規定がある。いわゆる狭義の包括的一罪として処理される場合である。このような場合も先行する構成要件行為は，実質的にみれば，後続する構成要件行為の「未遂」（もしくは予備）ともいいうる。

5) 現行刑法において予備行為を処罰しているのは，①内乱予備罪（78条），②外患予備罪（88条），③放火予備罪（113条），④通貨偽造等準備罪（153条），⑤支払用カード電磁的記録不正作出準備罪（163条の4），⑥殺人予備罪（201条），⑦身の代金目的略取等予備罪（228条の3），⑧強盗予備罪（237条）である。さらに，対応する基本犯罪（私戦罪）がないことから議論もあるが，⑨私戦予備罪（93条）もこれに加えることができる。それに対して，凶器準備集合罪（208条の2）は，殺人・傷害・毀棄等の予備罪的性格もあるが，公共危険罪的性格も併有しており，単純に「予備罪」とはいえない。参照，斎藤信治「凶器準備集合罪の罪質」百選II 6版16頁以下。ほかに，立法形式上，既遂罪として規定されている犯罪も，実質面からみれば，別の犯罪の予備罪的側面を併有するものもある。たとえば，住居侵入窃盗の場合に，窃盗罪に対する関係での住居侵入罪（130条）や，詐欺罪に対する関係において，詐欺のために行われる文書偽造罪・同行使罪（155条・158条，159条・161条など）である（だからこそ，牽連犯として科刑上一罪の扱いがなされるともいえる）。軽犯罪法1条3号（侵入具携帯罪），特殊開錠用具の所持の禁止等に関する法律3条，銃砲刀剣類所持等取締法などもそのような性格をもっている。佐伯仁志『刑法総論の考え方・楽しみ方』337頁以下（有斐閣，2013年），中山研一ほか『レヴィジオン刑法2』3頁以下〔中山研一〕（成文堂，2002年），藤木英雄『刑法講義総論』255頁以下（弘文堂，1975年）も参照。葛原力三ほか『テキストブック刑法総論』224頁以下〔塩見淳〕（有斐閣，2009年）は，「未遂犯は立法技術上の形式的概念である……。……既遂犯との相違は相対的なものにすぎない。いいかえれば，処

つまり，現行刑法は，犯罪（行為）の発展段階について，「予備」，「未遂」，「既遂」という範疇を設けてその取扱いを区別しているが，その段階に比例して処罰を重くしていくというのではなく，原則的に不可罰な領域である予備段階と既遂並みの処罰が可能になる未遂段階の間に，刑法の介入の有無・程度に関して決定的な線引きを行ったのである[7]。そして，その両者を分けるのが，条文上，まさに「犯罪の実行に着手し」た（43条）か否かなのである[8]。したがって，「実行の着手」は，犯罪の時間的発展段階という観点に

---

罰根拠といった実質論にとって重要なのは，法益が侵害されなかった場合でも処罰される理由は何かであり，犯罪の形式が（危険犯としての）既遂犯か（既遂犯を前提とする）未遂犯かはそれほど大きな意味をもたない」とする。

6) 2017年6月15日，犯罪の国際化・組織化の状況への対処，そして，国際的な組織犯罪の防止に関する国際連合条約の締結に伴う処罰規定等の整備のため，①テロ等準備罪の新設，②証人等買収罪の新設，③「犯罪収益」の前提犯罪の拡大，④国外犯処罰規定の整備などを内容とする組織的な犯罪の処罰及び犯罪収益の規制等に関する法律等の一部を改正する法律（平成29年法律第67号）が成立し，6月21日に公布され，7月11日から（一部8月10日から）施行された。テロ等準備罪（組織的犯罪処罰法6条の2）は，テロリズム集団その他の組織的犯罪集団の団体の活動として，組織的な殺人など所定の重大犯罪に当たる行為を実行するための組織により行われるものの遂行を，2人以上で計画し，その計画した者のいずれかによりその計画に基づき資金または物品の手配，関係場所の下見その他計画した犯罪を実行するための準備行為が行われた場合を処罰対象とした。これにより，組織的犯罪集団の団体の活動として行われる犯罪の準備行為が広く処罰対象に取り込まれることになった。参照，猪股正貴「『組織的な犯罪の処罰及び犯罪収益の規制等に関する法律等の一部を改正する法律』の概要」刑事法ジャーナル54号67頁以下（2017年），今井猛嘉「組織的犯罪処罰法の改正とその意義」論究ジュリスト23号97頁以下（2017年），櫻清隆「組織的な犯罪の処罰及び犯罪収益の規制等に関する法律等の一部を改正する法律について（改正の概要）」研修832号27頁以下（2017年），加藤俊治「組織的犯罪処罰法等改正法の概要」論究ジュリスト23号88頁以下（2017年），亀井源太郎「組織犯罪処罰法6条の2第1項の罪にかかる限定解釈の試み」法律時報89巻9号91頁以下（2017年），高山佳奈子『共謀罪の何が問題か』（岩波書店，2017年），松宮孝明「組織的犯罪処罰法改正の問題点」論究ジュリスト23号105頁以下（2017年）など。組織的犯罪処罰法6条の2第1項ただし書の自首による刑の必要的減免と43条ただし書の中止未遂の関係の問題を指摘するのは，亀井・前掲95頁，松宮・前掲110頁以下。

7) なお，行為者が予定している行為をまだやり終えていないという意味での「着手未遂」の段階の行為の場合（中止行為の態様を決定する意味での「着手未遂」については，本書第6章186頁，第7章206頁以下参照）検討すべき点はあるものの，未遂と既遂とでは（実行）行為が（ほぼ）同じである（かかる行為によりひき起こされた構成要件的結果の発生の有無において異なる）のに対して，予備行為はその前段階の行為であり，狭義の行為（の段階）そのものが異なっている点は留意されてよかろう。

8) もっとも，未遂犯の成立には，「実行に着手し」の要件を充たすことのほかに，その行為によりひき起こされた「危険結果」の発生も必要であり，後者が未遂罪の成立時期

6 第1部 実行の着手

おいて，刑法上の処罰の有無・程度を決定的に画する概念なのである。これが「実行の着手」を論ずる，第1の，そして最大の意味である。

第2に，強制性交等罪（177条）[9]，強盗罪（236条）のような結合犯の場合，手段たる行為（暴行・脅迫）に着手したかどうかは，当該結合犯の結果的加重犯に発展するかどうかにかかわってくる[10]。たとえば，強制性交等致死傷罪（181条2項）は，「第177条，第178条第2項若しくは第179条第2項の罪又はこれらの罪の未遂罪を犯し，よって人を死傷させた者は，無期又は6年以上の懲役に処する」と規定しており，強制性交等罪の未遂に至った後の死傷結果であれば強制性交等致死傷罪が成立し，無期懲役刑までの科刑が可能になる[11]。

───────────

を画するとする理解も主張されている。このような見解について，後述，第2節2参照。

9) 2017年6月16日，①強姦罪（177条）の行為態様を「姦淫」より広げ，客体を「女子」から「人」とし，それに伴い，177条の罪名を「強制性交等罪」に改め，177条の法定刑の下限を「懲役3年」から「懲役5年」に，181条2項（強制性交等致死傷罪）の法定刑の下限を「懲役5年」から「懲役6年」に引き上げ（これに伴い，集団強姦罪〔178条の2〕・同致死傷罪〔181条3項〕は廃止），②18歳未満の者に対し，その者の監護者が，その影響力に乗じてわいせつ行為・性交等をした場合を処罰する監護者わいせつ・性交等罪（179条）を新設し，③親告罪規定（改正前の180条）を削除し，④強盗犯人が強制性交等罪を犯した場合（これまでの強盗強姦罪）に加え，強制性交等の犯人が強盗を犯した場合も処罰する（241条1項）等を内容とする刑法の一部を改正する法律（平成29年法律第72号）が成立し，6月23日に公布され，7月13日から施行された。④の関係において未遂にかかわる点がある。すなわち，241条1項の構成要件は，強盗・強制性交等のいずれも遂げなかった場合でも241条1項の構成要件は充足される，つまり，既遂となるため，43条は適用されないところ，241条2項は，強盗罪・強制性交等罪が「いずれも未遂罪であるときは，人を死傷させたときを除き，その刑を減軽することができる。ただし，自己の意思によりいずれかの犯罪を中止したときは，その刑を減軽し，又は免除する」との規定を設けた。この罪の刑の減免の根拠・法的性格や「未遂」概念との関係については今後検討を要しよう。参照，今井將人『刑法の一部を改正する法律』の概要」研修830号39頁以下（2017年），加藤俊治「性犯罪に対処するための刑法改正の概要」法律のひろば70巻8号52頁以下（2017年），同「性犯罪に対処するための『刑法の一部を改正する法律』の概要」刑事法ジャーナル53号73頁以下（2017年），田野尻猛「性犯罪の罰則整備に関する刑法改正の概要」論究ジュリスト23号112頁以下（2017年），角田由紀子「性犯罪法の改正」論究ジュリスト23号120頁以下（2017年）など。非親告罪化の点に関して，池田公博「性犯罪における被害者保護」刑事法ジャーナル54号39頁以下（2017年）。

10) このことから強姦罪の実行の着手時期が争われたのは，最決昭和45年7月28日刑集24巻7号585頁である。

11) なお，松原芳博「強姦罪における実行の着手」百選Ⅰ5版129頁は，「着手時期と致死傷結果の結果的加重犯への包摂とを連動させる論理必然性はない」とする。また，佐藤拓磨『未遂犯と実行の着手』276頁（慶應義塾大学出版会，2016年）

第1章　実行の着手論の現状と課題　7

　第3に，事後強盗罪（238条）は，「窃盗が」所定の目的で暴行・脅迫を加えた場合に成立するところ，ここでの「窃盗」は窃盗既遂犯人だけでなく，窃盗未遂犯人（窃盗罪の実行に着手した者）も含まれると解するのが判例・通説[12]である。そこで，所定の目的での暴行・脅迫を加えた時点で窃盗罪（235条）の実行に着手しているか否かは，238条，さらには，240条に発展するかどうかにかかわってくる[13]。たとえば，住居侵入後家人に発見され，逮捕を免れるために暴行を加え，傷害を負わせた場合，窃盗罪の実行の着手前であれば，住居侵入罪（130条）と傷害罪（204条）の成立にとどまるのに対して，着手後であれば，住居侵入罪と強盗傷人罪（240条前段）が成立することになる。

　第4に，行為者が予定していたよりも早く，（それ自体は意図していた）既遂結果が発生してしまった場合，それが予備行為から生じたものであれば，故意既遂犯は認められないというのが一般的な理解である[14]。たとえば，殺人を企てていた場合であれば，殺人予備罪（201条）と（重）過失致死罪（210条，211条）の成立にとどまることになる。これに対して，実行の着手後であれば，行為者の計画によれば結果を発生させるはずであった最終行為より前の行為から既遂結果が発生したとしても，（因果関係の錯誤は一般に故意を阻却せず）故意既遂犯が成立すると解するのが通説である[15]。

　以上のように，処罰の有無・程度を決定的に画し，またはそれに大きくかかわる概念（時点）として「実行の着手」（時期）が明らかにされなければな

---

12)　参照，大塚仁『刑法概説各論（第3版増補版）』221頁（有斐閣，2005年），斎藤信治『刑法各論（第4版）』126頁（有斐閣，2014年），団藤重光『刑法綱要各論（第3版）』591頁（創文社，1990年），山口厚『刑法各論（第2版）』227頁以下（有斐閣，2010年）など。これに対して，西田典之『刑法各論（第6版）』178頁（弘文堂，2012年）。立法論的には238条後段は事後強盗罪から削除すべきである（そして，加重処罰の必要があれば，司法に対する罪として独立に規定すべきである）とするのは，佐伯仁志「強盗罪(2)」法学教室370号88頁（2011年）。

13)　このことから窃盗罪の実行の着手時期が争われたのは，最決昭和40年3月9日刑集19巻2号69頁である。

14)　参照，団藤重光『刑法綱要総論（第3版）』173頁（創文社，1990年），平野龍一『刑法総論I』134頁（有斐閣，1972年）など。

15)　このことから殺人罪の実行の着手時期が争われたのは，最決平成16年3月22日刑集58巻3号187頁（クロロホルム事件）である。この判例につき，本書第3章（96頁以下）参照。

8　第1部　実行の着手

らないのである。

## 第2節　実行の着手をめぐる現在の議論状況

### 1　現在に至るまでの議論状況（概観）

　「実行の着手」が処罰の有無・程度に決定的にかかわることから，それを含む未遂犯論は，古くから，刑罰論や責任論・共犯論とともに，新派（主観主義）刑法学と旧派（客観主義）刑法学との，刑法における学派の争いの激しい論争の場の1つとなってきた[16]。実行の着手論に関しても，「罰せられるべきは，行為ではなく，行為者である」との基本的立場（行為者主義・犯罪徴表説）に立ち行為者の意思（危険な性格・悪性・反社会性・反規範性）の表明・発現（撤回不可能性）に焦点をあてるべき（主観説）か，外部的な行為・結果を重視すべき（客観説）かが争われた。もちろん，思想は罰せらない（cogitationis poenam nemo patitur）との考え方は不動の大前提であるから，主観説が行為者の主観面を重視するとしても，それの外部的な表れ（遂行的行為等）を問題とせざるをえず[17]，他方で，客観説も（多くの論者は）着手の判断にあたり行為者の主観面を考慮してきており[18]，実行の着手の定義

---

16)　わが国における新派・旧派の争いについて，参照，大塚仁『刑法における新・旧両派の理論』37頁以下（日本評論社，1957年），未遂犯に関しては，133頁以下，藤木英雄「刑法における学派の対立」争点新版6頁以下。わが国における学派の争い前の状況も含め明治以降の刑法学の状況について，小野清一郎「刑法學小史」『刑罰の本質について・その他』409頁以下（有斐閣，1955年）。戦後のわが国の学説史について，三井誠「刑法学説史(2)日本・戦後」中山研一ほか編『現代刑法講座第1巻』149頁以下（成文堂，1977年）参照。

17)　主観説の代表的論者である牧野博士は，「犯意の成立がその遂行的行動に因って確定的に認められるとき」に実行の着手があるとし（牧野英一『刑法總論（上巻）』359頁）［有斐閣，全訂版，1958年]），「遂行的行動」を問題にしており，また，「固より，未遂は単に犯意そのものとして処罰せられるのでない。犯意は更に実行行為に依って表現せられねばならぬのである」（牧野・前掲注(3)『刑法總論（下巻）』623頁）と論じていた。また，木村亀二（阿部純二増補）『刑法総論（増補版）』345頁（有斐閣，1978年），八木國之「実行の著手の学説に関する基本観念の再検討――いわゆる折衷説の批判を契機として――」法学新報72巻11・12号178頁以下，187頁以下（1965年）。もちろん，これに対して，「『遂行的行為』というような観念を持ち込まなければならないところに，すでに主観説の破綻がみられる」（団藤・前掲注(14)『綱要総論』354頁）との批判も向けられてきた。

18)　たとえば，客観説の代表的論者の1人であった小野博士は，形式的客観説を妥当と

およびそれへの理論的アプローチをめぐる争いの激しさに比して，通常の犯罪形態の場合，その具体的結論における相違は必ずしも大きいものではなかった[19]。たとえば，保険金を詐取する目的で放火するような場合に，放火への着手時点で詐欺の実行の着手を認めるような見解は，わが国では主張されてこなかった[20]。

　その後，新派刑法学が退潮し，客観的未遂論が支配的となる[21]なかで，実

したうえで，「この見解は犯罪構成要件を基本として主観的・客観的な行爲全體を評價しようとするものである。その構成要件が法律上の客観的觀念である意味において客観説である（物理的因果關係のみに著眼する意味で客観説なのではない）」（小野清一郎『新訂刑法講義總論』182頁［有斐閣，1950年]）と論じていた。

19)　「客觀，主觀，孰れの説に從ふも，實際の事案を斷ずる上に於ては，さして結論の相違を來すことはないが，唯だ，間接正犯の場合には結論を異にするものあるを免れない」（草野豹一郎「未遂犯」『刑法改正上の重要問題』205頁［厳松堂書店，1950年]）。また，草野豹一郎『刑法要論』102頁以下（有斐閣，1956年），斉藤金作『刑法總論（改訂版）』206頁以下（有斐閣，1955年），西原春夫『刑法総論（改訂版）上巻』326頁（成文堂，第4刷，1998年）など，多くの論者が指摘するところである。もちろん，主観説に対して，着手時期の早期化に至りうることが繰り返し批判されてきたし，客観説に立つ論者にあっても，個々のケースの着手時点につき，次のように論じられることもあった。たとえば，「若し夜間，殊に『門戸牆壁を踰越損壞し若くは鎖鑰を開き邸宅倉庫に入り』……たる如き場合に於ては，其の行爲はすでに竊盜の實行に著手したものであると解してよいであらう」（小野清一郎『犯罪構成要件の理論』319頁［有斐閣，1953年]），大きな邸宅とは違い，「アパートのような場合はドアをこじあけてはいったとき，未遂を認めてもいいのではあるまいか」（平野龍一「刑法の基礎⑳未遂犯」法学セミナー139号45頁［1967年]）とか，殺人の実行の着手時期につき，「他人の住居に押し入って殺害する手口であれば，凶器を携帯して被害者の居宅に押し入る程度の行動があれば着手を認めてよい」（藤木・前掲注(5)『刑法総論』259頁）などである。

20)　判例として，古くは，大判昭和7年6月15日刑集11巻859頁〔消極〕。わが国の判例が「客観説」を堅持し，実行の着手（未遂犯の成立時期）につき謙抑的に判断してきたことにつき旧刑法の沿革をその理由の1つに求めるのは，大越義久「実行の着手」芝原邦爾ほか編『刑法理論の現代的展開─総論Ⅱ』152頁以下（日本評論社，1990年）。

21)　三井・前掲注(16)154頁以下は，「主観主義刑法が，戦後において大幅に退潮した」ことについて，「何よりも主観主義が要請する性格の危険性除去，早期の刑罰権の干渉といった考えに対する警戒は刑法学界内部の共通認識になりつつあったといえよう」と指摘している。その一方で，「新派理論のもつ刑事政策面での主張はむろん否定されない。その意味では戦後刑法学の底流は新旧両派の『止揚』にあったというべきかもしれない」（三井・前掲注(16)158頁）との指摘にも留意を要しよう。藤木・前掲注(16)争点新版8頁も，「新派刑法学は，人間が自由意思の持主であること，すなわち主体的にみずからの意思で決断し選択する存在であることを無視し，人間を1個の生物体としか見ない点で根本的な欠陥がある」としつつも，人格的な欠陥により自己規律能力が著しく欠け，罪に陥ってしまう者の存在を指摘し，「そのような者に対する改善，教育の必要を説き，刑罰論，刑事政策論の展開に貢献した点では，新派刑法学の存在意義を積極的に認めなければならない」。「新派刑法学の主張は，犯罪の原因の科学的分析という点に

10　第1部　実行の着手

行の着手をめぐる議論においても主観説は支持者を失っていき，未遂犯論における対立軸も，違法性の本質をめぐるいわゆる結果無価値論と行為無価値論の対立を反映したものにその重点を移していくことになる。昭和30年代にはじまり，昭和40年代に本格化した現行刑法の改正作業の進行過程で，結果無価値論と行為無価値論の対立が明確化・先鋭化していったのである。ここでの大きな論争点は，刑法が法益保護のためにあるのか，社会倫理規範の維持にあるのかという「刑法の目的」をめぐるものであった[22]が，その争いは違法性の判断対象（違法性段階における行為者の主観面の考慮の有無）・判断基準（事前判断か事後判断か[23]）についての考え方にも波及し，実行の着手の理解にも影響を及ぼすことになった。

　しかし，時代が昭和から平成へと，また平成になってからも年月を経るなかで，その議論の深まりとともに，結果無価値論と行為無価値論の双方から一定の歩み寄りがみられ，少なくともその対立が過度に強調されることは少なくなってきた[24]。実行の着手に関しても，結果無価値論・行為無価値論の

---

　1つの強みを持ち，また，すでに有罪を確認されて刑の執行，とりわけ自由刑を受ける段階に至った犯罪者の処遇の理念を明らかにした点では，刑法および刑罰制度の発展に大きな貢献を及ぼしたものと言わなければならない」ともする。
22)　佐伯仁志・前掲注(5)『刑法総論の考え方』8頁以下は次のように指摘する。「戦後の結果無価値論の代表的論者である平野龍一博士が批判の対象とした行為無価値論も，道徳秩序の刑法的保護を肯定する立場と結びついた行為無価値論であった。平野説が，戦後の刑法学界で大きな影響力をもった1つの理由は，刑法の任務は法益保護にあるという極めて説得的な主張が広く受け入れられたことにあると思われる。しかし，行為無価値論と道徳保護との間に必然的な結びつきがあるわけではない。刑法の任務を法益保護に求めながら，行為無価値を考慮する立場もあり得るし，現在では，そのような立場が，ドイツでもわが国でも一般的である。現在の結果無価値論と行為無価値論の争いは，刑法の任務が法益保護にあることを共通の前提としながら，これを達成するために，刑罰をどのようにどこまで用いるべきかをめぐる争いなのである」。
23)　この点は，とくに不能犯論の議論において顕在化する。不能犯論については，本書第3部（329頁以下）参照。
24)　堀内捷三『刑法総論（第2版）』147頁（有斐閣，2004年）は，「従来の行為無価値論も結果無価値論も，行為無価値や結果無価値だけで違法性を判断しようとしたわけではない。行為無価値論は，違法性は結果無価値に尽きるものではないとして行為無価値を強調したのである。そして，結果無価値論も，行為無価値を違法性の判断基準の1つとして考慮することまでをも否定したわけではない」。「かってのような行為無価値論と結果無価値論をめぐる対立は，今日では解消されつつある。それは，第1に，解釈の精緻化により両者の対立の影響が緩和されたことによる。第2に，結果無価値における『結果』の意義，あるいは法益論が変質したことによる」と指摘する。もっとも，教授は，

第1章 実行の着手論の現状と課題 11

いずれの立場からも，構成要件実現（既遂結果発生）の現実的（客観的）危険性に焦点をあてて実行の着手（未遂犯成立）を判断する実質的客観説が多数の支持を得ていくことになる。

## 2 実行の着手論における現在の対立の重点——「未遂の構造」についての理解の相違[25]

（1）では，現在の実行の着手論の対立の重点はどこにあると考えるべきであろうか。実行の着手に関する近時の学説の状況をみると，前述のように，「実質的客観説」が幅広い支持を集めているといってよい。それに対して，実行行為またはそれに密接する行為を行ったことに焦点をあてる「形式的客観説」は，なお有力な論者によって主張されているものの，以前よりも支持を減らしている。学説の状況は，一応，このようにまとめることができよう。

しかし，そのように形式的客観説との対比において「実質的客観説」という名のもとでまとめられる見解は，そのなかに未遂の構造に関して理解を大きく異にする2つの見解を含んでおり，かかる「実質的客観説」は2つに大別されるべきであろう。すなわち，1つは，「実行の着手」とは，行為者が構成要件において規定する実行行為（ないしそれに密接する行為）に取りかかることであるという伝統的な理解を前提としたうえで，その「実行行為」を「構成要件実現の危険」という観点から規定する（行為重視型実質的客観説）。たとえば，「実行行為，すなわち，犯罪構成要件の実現にいたる現実的危険性を含む行為を開始することが実行の着手である」[26]と論ずる見解が代表的

---

「このような状況にもかかわらず，違法とはたんに法益を侵害の危険にさらす行為のもつ危険性ではなく，結果発生の危険の惹起であるということを絶えず明確にしつづける点に，結果無価値論の今日的な意義がある」とする。また，井田良・丸山雅夫『ケーススタディ刑法（第4版）』52頁以下，57頁〔丸山雅夫〕（日本評論社，2015年），高橋則夫・杉本一敏・仲道祐樹「行為無価値論と結果無価値論」『理論刑法学入門』311頁以下（日本評論社，2014年），松宮孝明『刑法総論講義（第5版）』16頁（成文堂，2017年）も参照。

25) 本章の以下の論述（36頁まで）は，原口伸夫「実行の着手論の最近の動向」長井圓先生古稀記念『刑事法学の未来』155-160頁，162-171頁（信山社，2017年）の論述に加筆・修正を加えたものである。

26) 大塚仁『刑法概説総論（第4版）』171頁（有斐閣，2008年）。また，伊東研祐『刑法

12　第1部　実行の着手

である。

　もう1つは，問題とされる「危険」が（狭義の）行為とは切り離された，外界に生じた有害な事態として，因果関係判断の両極の1つとして考えられるべき「結果」であるとする見解である。「未遂犯の処罰根拠である既遂の現実的・客観的危険は，未遂犯の独自の結果であり，それが発生することが未遂犯成立のために必要だと解されるべきであり，したがって，未遂犯を一種の結果犯と解することが妥当である（結果犯説）」[27][28]。この構成によれば，因果関係の起点となる行為と危険結果の間の因果関係も必要である[29]。

　一方で，客観説のなかで，形式的客観説[30]が実質的客観説と対置されるが，現在主張されている形式的客観説（に分類されることの多い見解）は，むしろ，行為重視型実質的客観説との共通性が多いといえよう。次のように主張する。43条が規定する「『犯罪』とは各則の犯罪構成要件を意味し，『実行』とは構成要件中に書かれている動詞に当たる行為と解するのが素直であろう。問題となる行為が，日常用語としての『殺す』とか『窃取する』に当たるかという形で，『犯罪ノ実行』は判断される」[31]。行為者の犯罪計画上

　　講義総論』313頁（日本評論社，2010年），大谷實『刑法講義総論（新版第4版）』365頁（成文堂，2012年），佐久間修『刑法総論』72頁（成文堂，2009年），橋本正博『刑法総論』209頁（新世社，2015年），福田平『全訂刑法総論（第5版）』229頁（有斐閣，2011年）など。

27)　山口厚『刑法総論（第3版）』284頁（有斐閣，2016年）。「危険犯の処罰根拠をなす法益侵害の危険は，法益保護のため，その発生が防止されるべき，外界に生ぜしめられた『結果』であると解される」。「危険を結果として捉えるとすると，その判断は，論理的には法益侵害の場合とパラレルに，即ち行為とは区別して行なわれるべきことになる」（山口厚『危険犯の研究』58頁［東京大学出版会，1982年]）とする。

28)　結果犯説を支持するのは，大越・前掲注(20)142頁，佐伯仁志・前掲注(5)『刑法総論の考え方』342頁，内藤謙『刑法講義総論（下）Ⅱ』1219頁，1242頁以下（有斐閣，2002年），西田典之ほか編『注釈刑法第1巻』666頁〔和田俊憲〕（有斐閣，2010年），橋爪隆「実行の着手について」法学教室411号118頁（2014年），林幹人『刑法総論（第2版）』354頁（東京大学出版会，2008年），前田雅英『刑法総論講義（第6版）』104頁（東京大学出版会，2015年）など。先駆的に，平野龍一『刑法総論Ⅱ』313頁以下，319頁（有斐閣，1975年）。

29)　参照，佐伯仁志・前掲注(5)『刑法総論の考え方』62頁注7，西田典之『刑法総論（第2版）』83頁（弘文堂，2010年），橋爪隆「実行行為の意義について」法学教室424号102頁注22（2016年），林・前掲注(28)354頁，前田・前掲注(28)105頁注7など。

30)　植松正『再訂刑法概論Ⅰ総論』315頁以下（勁草書房，1974年），団藤・前掲注(14)『綱要総論』354頁以下など。

31)　塩見淳「実行の着手について（3・完）」法学論叢121巻6号16頁（1987年）。

第 1 章　実行の着手論の現状と課題　13

「構成要件行為の直前に位置する行為の開始が実行の着手である。直前行為とは，機能的に見て構成要件行為に至る経過が自動的である行為，又は，構成要件行為に時間的に近接する行為である」[32]（修正された形式的客観説）と。「実質的」観点として考えるものが問題になりうる（危殆化，行為経過の自動性など）が，このような見解も決して実質的観点を考慮しない見解ではなく[33]，行為（実行行為・密接行為・直前行為）の開始に焦点をあてるアプローチとして，修正された形式的客観説と行為重視型実質的客観説との距離は大きいものではない[34]。

　実行の着手の問題と未遂犯の成立時期の問題を区別し，「実行の着手」は，構成要件実現の一般的（類型的）危険性をもつ行為に取りかかることを意味するが，未遂犯の成立には，実行の着手（と構成要件的結果の不発生）だけでなく，構成要件実現の具体的危険（危険結果）の発生が必要であるとの見解[35]（以下，この見解を便宜的に「実行の着手＋危険結果」説と呼ぶ）も，前

───────────────

32)　塩見・前掲注(31)18頁以下。同様に，井田良『講義刑法学・総論』397頁以下（有斐閣，2008年）。なお，佐藤・前掲注(11)230頁。

33)　塩見・前掲注(31)19頁は，本文引用の記述に続けて，「犯罪類型において被害者領域が存在する場合には，直前行為は原則としてその領域への介入を伴っていなければならない」と論じ，この要件について，「処罰根拠という『実質』をも顧慮した重畳的・追加的要件として利用することが適当と思われる」（塩見・前掲注(31)18頁）と述べている。また，井田・前掲注(32)397頁以下，日髙義博『刑法総論』394頁以下（成文堂，2015年），森住信人『未遂処罰の理論的構造』200頁（専修大学出版局，2007年）も参照。

34)　「形式的客観説と実質的客観説は対立するものではなく，後者は，前者を前提としてこれを実質的観点から修正・発展したものと理解すべきであろう」とするのは，奥村正雄「未遂犯における危険概念」刑法雑誌33巻 2 号97頁（1993年）。また，行為者の犯罪計画に照らして実行の着手を判断する折衷説（個別的客観説）も，少なくとも近時の折衷説は実質的客観説に含めてよいと考える（この点につき，本書第 3 章104頁注14も参照）。たとえば，川端博『刑法総論講義（第 3 版）』481頁以下（成文堂，2013年），斎藤信治『刑法総論（第 6 版）』216頁（有斐閣，2008年），野村稔『刑法総論（補訂版）』333頁（成文堂，1998年）などである。

35)　浅田和茂『刑法総論（補正版）』371頁（成文堂，2007年），関哲夫『講義刑法総論』350頁（成文堂，2015年），曽根威彦『刑法原論』464頁以下（成文堂，2016年），曽根威彦・松原芳博編『重点課題刑法総論』193頁以下〔内山良雄〕（成文堂，2008年），鈴木茂嗣『刑法総論（第 2 版）』188頁（成文堂，2011年），高橋則夫『刑法総論（第 3 版）』386頁（成文堂，2016年），名和鐵郎「未遂犯の論理構造──実害犯の未遂を中心として──」福田平・大塚仁博士古稀祝賀『刑事法学の総合的検討（下）』416頁以下（有斐閣，1993年），松原芳博『刑法総論（第 2 版）』310頁以下（日本評論社，2017年），山口編著・前掲注(3)222頁〔和田〕。先駆的な指摘として，佐伯千仭『四訂刑法講義（総論）』306頁（有斐閣，1981年）。

14　第1部　実行の着手

述の「未遂の構造」をめぐる対立を前提とした場合によりよく理解できよう[36)37)]。

　（2）では，そのような，それぞれの未遂の構造は，「実行の着手」の議論に関してどのような影響を及ぼしうるのか，そして，どのような問題を伴いうるのであろうか。

　（ⅰ）まず，「実行の着手＋危険結果」説による次のような指摘は適切であろう。すなわち，「もし，実行行為開始後に具体的危険が発生した段階で実行の着手を認めるとすると，実行行為を実行の着手以後の行為と解する従来の用語例から大きく逸脱することになり，実行の着手が予備行為と実行行為とを分かつ機能を果たしえなくなる。そこで，実行行為概念は未遂犯にとって不要であるとし，これを未遂犯概念から放逐するということも考えられるが，そうなると，『犯罪は行為である』という行為主義の原則に抵触することになりかねず，また，実行行為が犯罪論における基本概念であるだけに，解釈論上の他の問題への影響が余りにも大きすぎる」[38)]との指摘である。

　法益保護を重要な任務とする刑法[39)]の解釈として，法益侵害の危険という

---

36)　この場合の「危険結果」の体系的な（そして，条文上の）位置づけについて理解が分かれており，43条の「これを遂げなかった」という文言のなかに「具体的危険の発生」を読み込む見解と「具体的危険の不発生」を未遂犯固有の違法阻却事由と構成する見解とがある。前者の見解として，鈴木・前掲注(35)189頁，高橋則夫・前掲注(35)386頁注7，397頁，名和・前掲注(35)422頁。不文の構成要件要素するのは，松原・前掲注(35)『刑法総論』311頁。後者の見解として，曽根・前掲注(35)478頁注27。なお，「そもそも『遂げなかった』ことは未遂犯の構成要件要素，積極的成立要件ではないのではないか」との疑問を示すのは，山口編著・前掲注(3)229頁〔島田聡一郎〕。

37)　「行為の危険性を事前判断，結果としての危険を事後判断とし，事前判断によって『危険』とされた行為は，潜在的な実行行為であるが，事後判断によって，『具体的危険』が発生したときに，遡って，潜在的実行行為が，真の『実行行為』に転化する」（事後的遡及評価説）と主張するのは，山中敬一『刑法総論（第3版）』764頁以下（成文堂，2015年）。また，齋野彦弥「危険概念の認識論的構造――実行の着手時期の問題を契機として――」内藤謙先生古稀祝賀『刑事法学の現代的状況』79頁以下（有斐閣，1994年），西田・前掲注(29)83頁，301頁。

38)　曽根・前掲注(35)476頁以下。また，高橋則夫・前掲注(35)388頁が，「危険概念も必ずしも明確なものではなく，犯罪は行為であり，その行為の中に実行行為性を看取し，それを刑法的評価の中核とするという柱を犯罪論から放逐することはできないであろう」との指摘もまったく賛同できる。

39)　現在，行為無価値を重視する立場も，刑法の重要な目的の1つを法益保護に求めることを否定する見解は一般的ではないように思われる。法益保護という目的を達成するために刑法がどの場合に介入すべきか，どの範囲の行為を違法な行為と考えるべきかと

第1章 実行の着手論の現状と課題 15

実質的観点を考慮することは，判断の方向性を示す1つの観点として重要である。しかし，危険性という相当に幅のある程度概念によって，可罰性の有無・程度が決定的に異なる予備と未遂の限界づけを，それにとって必要な程度にまで明確にするのは難しく，また，実行の着手において問われるべきなのは構成要件実現（既遂）との関係なのであり[40]，構成要件行為（実行行為）との関係を考えたうえで実質的要素を考慮する方が安定した判断になろう（行為の発展段階に関係づけられた実質的判断）[41]。そして，なによりも実行行為ないしは構成要件で規定された行為態様（への近接）といった「文言による制約」（罪刑法定主義の要請。形式的観点，より正確には行為の観点[42]）は軽視することのできない観点である。

このことは，近時では，結果犯説の論者も含めてかなりの程度で承認されてきているといえよう。たとえば，「実質的アプローチによると，危険概念が程度概念であり，明確に限界を画することが難しいから，実行の着手時期があいまいになるのではないかということが問題となる」。この意味で，「形式的な基準によって限界設定を行うことの意義を無視できないのである……。こうして，形式的基準と実質的基準とは，相互補完的関係にあると理解する必要がある」[43]と論じられている。形式的な，行為の観点の再評価ということであればまったく賛同しうるものである。

---

いう点で，結果無価値を重視する見解との相違が生じるといえよう。前述，注22も参照。

40) 前述，注2も参照。

41) 前田・前掲注(28)105頁は，結果犯説が合理的であるとしつつも，「一定程度の（具体的）危険性という基準は，理念的・抽象的で，理論的説明にしか過ぎないといえよう。未遂犯の処罰範囲の実務上の具体的基準としては実践的な有用性に欠ける。……各構成要件の文言を基礎に，未遂犯として処罰をすべき範囲を具体的に類型化する作業が必要となる。……その作業は，結局，外形的には形式的行為説に近づくことになる」と指摘する。

42) 塩見淳「放火罪における実行の着手」百選Ⅰ4版126頁は，「『実行の着手』時期を画する規準を巡っては，個々の処罰規定の文言中『実行』に相当する行為に着目する形式的理解と，各規定が保護を目指す法益に対する，ないし，結果発生の危険をもって判断する実質的理解が基本的に対立している」としている。

43) 山口・前掲注(27)『刑法総論』283頁。また，西田・前掲注(29)305頁，橋爪・前掲注(28)法学教室411号120頁，二本柳誠「実行の着手の判断における密接性および危険性」『野村稔先生古稀祝賀論文集』127頁（成文堂，2015年）も参照。早くから，平野・前掲注(28)『刑法総論Ⅱ』314頁。

16 第1部 実行の着手

したがって，形式面・行為の観点を考慮しようとする意図においては，「実行の着手＋危険結果」説は正当である。しかし，「実行の着手＋危険結果」説は，「実行の着手」の判断とは別に，未遂犯の成立を危険結果の発生に依存させることから，必然的に，「実行の着手後の予備罪」という場合が生ずることになる。「実行の着手＋危険結果」説は，「実行の着手が認められてもまだ未遂段階に至らない」場合を「実行予備罪」と呼び，実行の着手に至る前の「事前予備罪」と区別している[44]。「結果」は，狭義の行為から区別される，外界に生じた事態である[45]から，行為と結果の時間的な隔たりの程度はともかく，理論的には，行為＝実行の着手が先行し，結果（発生）がそれに続くことになり，そのことから，この構成によれば，「実行の着手時点は常に予備段階」となり，「実行の着手」はもはや「予備と未遂罪を分かつ機能」を果たしえない，ということになろう[46]。このような帰結も伴うことを前提に，「実行の着手＋危険結果」説を主張するのも1つの見解であるが，本書は，43条の「実行の着手」から「予備と未遂罪を分かつ機能」を奪ってしまうのは，現行法の解釈としては疑問であると考えている[47]。

44) 高橋則夫・前掲注(35)109頁，384頁。また，鈴木・前掲注(35)183頁〔事前予備犯と実行予備犯〕。

45) あるいは，「実行行為」を「既遂結果発生の具体的危険すなわち未遂結果と相当因果関係を有する行為」というように定義する場合や，「未遂犯の構造を既遂犯の構造とパラレルに理解」しようする見解の場合も，同様の理解となろう。

46) 曽根・松原編・前掲注(35)193頁以下〔内山〕は，「実行の着手は，予備罪と未遂罪ではなく，予備行為と未遂行為とを区別する基準となる」とする。しかし，「まだ予備段階の行為を『実行行為』と呼ぶ点に不自然さがある」（中山研一『新版概説刑法Ⅰ』193頁〔成文堂，2011年〕）。また，「実行の着手＋危険結果」説は，不能犯の議論の関係では，「実行の着手の認められる不能犯」という場合が生じよう。すなわち，曽根説によれば，「不能犯は，仮に行為時の事前判断により実行の着手（行為の危険性）が肯定されたとしても，事後判断により危険結果の発生（結果としての危険）が認められないために，未遂犯としても処罰されることはない」（曽根・前掲注(35)479頁）ということになるが，これに対して，野村稔「不能犯と事実の欠缺」阿部純二ほか編『刑法基本講座（第4巻）』9頁（法学書院，1992年）は，「実行の着手が肯定されても不能犯の場合がある」というのは「刑法の規定と合わない」と批判する。村井敏邦「不能犯」芝原邦爾ほか編『刑法理論の現代的展開─総論Ⅱ』172頁（日本評論社，1990年）も参照。

47) 「実行の着手＋危険結果」説のうち「具体的危険の不発生」を違法阻却事由と構成する見解の場合，予備と未遂罪を分かつ実行行為の機能は維持される。しかし，根拠条文のない違法性阻却事由が認められるのは，少なくとも現在の実務においてはなかなか難しいと考えられるから，論者の理論体系においてはともかく，実際には，その意図する帰結を導くのは難しいところに難点があるように思われる。松原芳博「未遂犯における

第1章　実行の着手論の現状と課題　17

（ⅱ）これに対して，「結果発生の具体的危険を生じたときに処罰するという『段階を画する概念』」[48]として「実行の着手」を理解する結果犯説の構成に立てば，「実行の着手後の予備罪」という場合は生じない。しかし，その場合の43条の解釈が問題となろう。たとえば，内藤教授は，「実行『行為』を結果を含む広義の行為と把握」[49]し，「43条の『実行の着手』の『実行』……のなかに『結果』が不可欠の要素として含まれている」[50]と解釈する。

（ア）仮にこのような「実行」の解釈を前提としたとしても，さらに，そのような行為に「着手し」（43条）の部分の文言の解釈がなお問題として残らざるをえない。それゆえに，これまで，しばしば43条本文の文言との不調和・不整合が指摘されてきたのであり[51]，そして，また，「実行の着手＋危険結果」説の主張をもたらしたのである。（イ）43条のその「実行」の理解と60条・61条の規定する「実行」との関係も問題になろう。（ウ）形式的基準と実質的基準が「相互補完的関係」にあるとの理解が結果犯説においても広く認められるようになってきたことは前に示したが，「危険結果の発生」をもって「実行の着手」と理解するのであれば，両者の基準が具体的にどのような場合にどのようなかたちで「相互補完的」に作用することになるのか，その内容や意味するところが問題になろう[52]。「段階的構成は，……未

行為と結果——離隔犯・間接正犯ならびに不真正不作為犯における未遂犯の成立時期——」『山中敬一先生古稀祝賀論文集（上巻）』574頁以下（成文堂，2017年）参照。

48)　西田典之「間接正犯の実行の着手時期」百選Ⅰ2版147頁。

49)　内藤・前掲注(28)1242頁。

50)　内藤・前掲注(28)1219頁。「犯罪の成立には，狭義の『行為』によって『結果』が生じたことが必要であり，未遂犯も具体的危険という結果を必要とする」（内藤・前掲注(28)1219頁）。平野・前掲注(28)『刑法総論Ⅱ』319頁も，「行為とは，広義では，これによって生じた結果を含むものであるから，『実行』を狭い意味での行為に限る必要はない。……未遂犯の場合も，危険の発生がその犯罪成立の要件である」と論じていた。山口・前掲注(27)『刑法総論』285頁も，43条の文言との関係について，「既遂の具体的危険の発生を以て，『実行の着手』を端的に肯定することで足りる」とする。

51)　伊東・前掲注(26)303頁，曽根・松原編・前掲注(35)193頁〔内山〕，塩見淳「間接正犯・離隔犯における実行の着手時期」川端博ほか編『理論刑法学の探究4』25頁（成文堂，2011年），同「間接正犯・不作為犯の着手時期」『刑法の道しるべ』105頁（有斐閣，2015年），松原・前掲注(35)『刑法総論』323頁も参照。「通常の構成要件的結果（法益侵害）とは異なり，事実上の危険状態を『結果』とみることは，無用の混乱を招来するだけである」とするのは，佐久間・前掲注(26)323頁。

18　第1部　実行の着手

遂行為の意義を軽視するきらいがある。この立場においては，未遂結果の法文上の対応物を『実行の着手』に求めた代償として，未遂行為（問責対象行為）の法文上の対応物が失われてしまった」[53)]との批判も向けられている。（実行）行為の面が十分に考慮されているのか，あるいは考慮されうるのかという疑問[54)]の残るところである[55)]。

　（iii）より重要な問題であるのは，これらの見解により考えられている「実行行為」ないしは「正犯行為」において，構成要件の規定する行為態様

---

52）　「相互補完的」とは別の文脈ではあるが，井田良「危険犯の理論」『理論刑法学の最前線』175頁以下（岩波書店，2001年）は，「結果発生（犯罪の実現）の自動性」の「基準を『結果としての危険』のカテゴリーで捉えるのは困難だと思われる。たしかに，結果発生が差し迫ったかどうかは結果無価値的要素であるとはいえようが，結果発生（犯罪の実現）の自動性の基準とは，行為者の犯罪計画を基準として重要部分を終えたか，障害を乗り越えたかという，本質的に行為無価値的要素だからである」と指摘している。

53）　松原・前掲注(47)『山中古稀』574頁。

54）　これまで，しばしば，結果犯説の論者により，「実行行為」概念に対する批判がなされてきており（参照，小林憲太郎「実行行為」法学教室415号39頁以下［2015年］，髙山佳奈子「『実行行為』概念の問題性」法学論叢162巻1~6号204頁以下［2008年］），また，結果が帰属される行為についてあまり重視しない傾向もみられるように思われる。名和鐵郎「犯罪論における危険概念について――総合的危険説の立場から――」『中山研一先生古稀祝賀論文集第3巻』231頁，236頁（成文堂，1997年）も参照。確かに，正犯と共犯の区別に関して「実行行為」は（その検討過程においてなお意味をもちうると考えるが）区別基準たりえないし，実行行為概念の担う役割の過重負担も再検討を要し，各問題の実質的な判断基準の分析も必要であろう。しかし，43条の解釈の関係では実行行為概念はなお重要である。参照，奥村正雄「実行行為概念について」『大谷實先生喜寿記念論文集』139頁以下（成文堂，2011年），島田聡一郎「実行行為という概念について」刑法雑誌45巻2号60頁以下（2006年），中森喜彦「実行行為の概念について」『鈴木茂嗣先生古稀祝賀論文集（上巻）』191頁以下（成文堂，2007年），橋爪・前掲注(29)法学教室424号98頁以下，山口厚「実行行為と責任非難」『鈴木茂嗣先生古稀祝賀論文集（上巻）』201頁以下（成文堂，2007年）。なお，樋口亮介「実行行為概念について」『西田典之先生献呈論文集』19頁以下（有斐閣，2017年）は，実行行為を「現実的危険性」という観点から規定することに疑問を呈し，また，「実行行為」概念を用いて関連問題領域を横断的に検討することが必要であるとの認識に立ち，故意作為犯の実行行為を「犯罪実現意思からみた最終的作為」（樋口・前掲49頁など）であると定義し直し，この実行行為概念に基づき，実行の着手，不能犯，早すぎた構成要件の実現，さらに，無形的方法による傷害罪の実行行為，共謀の意義，過失犯について横断的な検討を加えており，注目される。

55）　さらに，不能犯論の関係では，危険結果を要求する論者において，仮定的蓋然性説（参照，山口・前掲注(27)『刑法総論』289頁以下）が支持を集めてきているところ，この仮定的な蓋然性判断によって判断された「状態」が，とりわけ客体の不能の場合に未遂の成立を認める場合，当該保護法益に対する関係での「行為から区別された外界における変動」という実体を有しているのかどうか問われよう。本書第11章347頁以下参照。

が十分に考慮されているのか，という点である。つまり，これらの見解は，未遂の成立時点に関しては，危険結果を問題にすることによりおおむね妥当な結論を導いているが，間接正犯の場合でみると，実行行為ないしを正犯行為を間接正犯者の「誘致行為」に求め，かつ，それに尽きると考える点では，利用者標準説と同じなのである。このような理解においては，構成要件において規定されている行為態様，構成要件的評価の対象とされるべき行為を不当に切り詰め，構成要件を純粋な惹起カテゴリーに変えてしまうことにならないか，という疑問が残らざるをえないのである[56]。

　（ⅳ）このように，わが国の学説においては，実行行為・密接行為に焦点を合わせて未遂の成否を判断する議論状況それ自体が変化しつつあり，実行行為を柱として組み立てられてきたわが国の伝統的な着手論の構想そのものの是非が問われている状況にあるといえる。本書は，未遂犯の構造について伝統的な理解を維持する行為重視型実質的客観説の方向が基本的に妥当であると考えるが，いずれの構成を採る場合も，その構想する「危険結果」や「実行行為」など，概念内容を整理・明確化し，現行法の解釈として適切な「未遂の構造」を解明することが重要な課題となろう[57]。

---

56）　この点につき，本書第2章84頁以下も参照。

57）　参照，川端博ほか「鼎談・未遂犯論・不能犯論の現在」現代刑事法17号6頁（2000年）〔「実行の着手時期を考えるに当たって，根本的な相違点になるのは，私の考えによりますと，『実行行為を開始すること』としてとらえるのか，それとも，実行行為とは別の『外在的な危険の発生』としてとらえるのか，ということだと思いますが，塩見さんはどのようにお考えですか」（川端博）。「私も，その2つに収斂していくと理解しています」（塩見淳）〕，山口編著・前掲注(3)212頁以下〔和田〕〔「形式的客観説は，未遂犯は……実行行為を行えば直ちに成立するものと理解する。これに対して，実質的客観説―行為犯説は，実質的危険を根拠に実行行為を実質的に判断して，その時期を，形式的な実行行為よりも前倒しし，あるいは先延ばしするものであるが，未遂犯を，実行行為を行えば直ちに成立するものとし，結果の発生が要求される既遂犯とは全く異なる構造を有するものとする点で，形式的客観説と共通する未遂犯の構造理解を採る。これらに対して，実質的危険説―結果犯説は，未遂犯の構造を既遂犯の構造とパラレルに理解しようとするものである。即ち，既遂犯が行為とそれに帰属する結果とから構成されるのと同様に，未遂犯も行為……とそれに帰属する結果……とから構成される」〕。

20　第1部　実行の着手

## 第3節　近時の判例の動向
### ——クロロホルム事件最高裁決定およびそれ以降の判決——

　1．近時の判例の動向をみるうえでとりわけ注目されるべきなのは，最高裁平成16年3月22日決定（刑集58巻3号187頁。以下，これを「クロロホルム事件最高裁決定」という）である[58]。

　クロロホルム最高裁決定は，実行の着手についての従来の判例の流れのなかに位置づけられるものの，①確実化のための準備行為性（必要不可欠性），事象経過の無障害性[59]，時間的場所的近接性という3つの要素（以下，これを「3要素」と略記することがある）を挙げて密接行為性を判断していること，②実行の着手を判断する際に，密接行為という形式的観点と構成要件実現の危険性という実質的観点の双方を考慮すべきことを示していること，および，③行為者の行為計画を考慮する必要があることを最高裁として明確にしたことにおいて重要な判断である。

　2．その後，3要素を用いた判断方法をほぼ踏襲する下級審判決として次のものがある。

　まず，名古屋高判平成19年2月16日判タ1247号342頁である。妄想型の統合失調症に罹患していたAが，一方的に思いを寄せていたBに自動車を衝突させ，転倒させてその動きを止めたうえ，刃物で刺し殺すとの計画を立て，歩行中のBの後方から自動車の前部を時速約20キロメートルで衝突させ，Bを同車のボンネットに跳ね上げたが，その際Bの顔を見て翻意し，犯行の継続を中止したという事案において，名古屋高裁は，Aの「計画によれば，自動車を同女に衝突させる行為は，同女に逃げられることなく刃物で刺すために必要であり」，そして，「同女を転倒させた場合，それ以降の計画を遂行す

---

58）　クロロホルム事件最高裁決定の事実・決定要旨は，本書第3章96頁以下参照。また，それ以前の実行の着手に関する判例は，本書第3章108頁以下参照。

59）　「自動性」という表現が用いられることも多い。確かに，郵便制度を利用した間接正犯のような場合には「事象経過の自動性」という表現が事態を適切に表していると思われるが，クロロホルム事件のように自己の段階的に予定された行為が問題になっている場合には，自動的に次の行為が行われるわけではないから，「事象経過の無障害性」という表現の方が適切であろう（そして，「自動」であることは「無障害」であることの1場合であるから，後者は前者をも含めたより広い概念といえよう）。

る上で障害となるような特段の事情はなく，自動車を衝突させる行為と刃物による刺突行為は引き続き行われることになっていたのであって，そこには同時，同所といってもいいほどの時間的場所的近接性が認められることなどにも照らすと，自動車を同女に衝突させる行為と刺突行為とは密接な関連を有する一連の行為というべきであり，Ａが自動車を同女に衝突させた時点で殺人に至る客観的な現実的危険性も認められるから，その時点で殺人罪の実行の着手があった」と判示した。

　また，東京高判平成23年2月8日高検速報（平成23年）61頁がある。Ｃが，①共犯者Ｄらに命じ，20錠もの多量の睡眠薬を被害者Ｅの口に押し込んで飲ませ，②いすに縛り付けられて動けない状態のＥに対し，ビニール袋やバケツを頭からかぶせたうえ，Ｄらに対し，「眠ったらとどめを刺せ」などと命じ，③Ｄは，ブルーシートやビニール袋の上からＥの口元を約十数秒押さえ，ビニール袋の口を縛った。Ｅがビニール袋をかぶせられた後に窒息死したことは確かであったが，③の行為よりも前に死亡していた可能性が否定できなかった。東京高裁は，ＣがＤらに命じてＥに睡眠薬を飲ませた①の行為は，「それまでの監禁行為とは明らかに異質の行為であり，単にＥを眠らせるだけであれば，そのように多量の睡眠薬を飲ませる必要がないのであるから」，その行為は「Ｅを眠らせて抵抗不能な状態に陥らせ，その状態を利用して殺害を容易かつ確実に行うための手段として行われたものと推測される。そして，①の行為は，その後にＥを窒息死させた②及び③の殺害行為と場所的，時間的に密着して行われた一連の行為であり」，「Ｄらがその行為を始めた時点で殺人に至る危険性が認められるから，その時点において殺人の実行の着手があった」と判示した。

　さらに，盛岡地判平成26年7月29日 LEX/DB 文献番号25504612は，被害者Ｆを気絶させて土中に埋めて殺害したという殺人既遂の事案に関して，本件における被告人らの殺害計画は，共犯者Ｇらが暴行を用いてＦをおとなしくさせてからＨ商運まで運び，Ｆを土中に埋めて殺害するというものであるところ，Ｇらによる「Ｆを呼び出して，首を絞めて気絶させ，抵抗できない状態で連れて行くという行為は，それ自体が危険であることに加え，その後の生き埋め行為を確実かつ容易に行うために必要不可欠なものであったとい

22 第1部 実行の着手

える。さらに，気絶させることに成功した場合，気絶させた場所と穴が掘っ
てあったH商運脇の空き地とが場所的に近接していること，Fが気絶してか
らは何ら抵抗できない状態にあったこと」，Gらも「計画内容を認識しなが
らこれを制止する意思がなかったことなどからすれば，首を絞めた行為以降
に殺害計画を遂行する上で障害となるような特段の事情は存しなかったもの
と認められる。これらのことからすれば，首を絞めて気絶させ，穴のある現
場まで連れて行くという行為は，生き埋め行為に密接なものといえるから」，
Gらが「Fを気絶させる行為を開始した時点，すなわち車内でFの首を絞め
始めた時点で既に，そのまま殺人に至る客観的な危険性が明らかに認めら
れ，このとき殺人罪の実行の着手があったものと解するのが相当である」と
判示し，Gらの役割（正犯性）の評価にあたり，3要素にあてはめて実行の
着手を認めたうえで，Fを誘い出し，その首を絞めて気絶させ抵抗できない
状態にするなどしたGらは「実行行為そのものを担当しており，その役割が
犯罪遂行に不可欠といえるほど重要であった」と判示している[60]。

　6名に対する殺人・1名に対する傷害致死等に関する事件（北九州連続監
禁殺人等事件）のうちの被害者の1人（当時10歳）殺害に関して，被害者の身
体への通電行為により抵抗不能にした（第1行為）うえで絞殺しよう（第2
行為）と計画し，これを実行したが，いずれの行為から死亡結果が発生した
か明らかにならなかったという事案において，福岡地小倉支判平成17年9月
28日裁判所ＨＰは，「本件通電行為は，本件絞首行為を確実かつ容易に行な
うために不可欠ないし重要な行為であった」。「本件通電行為と本件絞首行為
の時間的・場所的密接性，本件通電行為が殺人の結果発生の現実的，具体的
危険性を備えた行為であることに照らすと，……本件通電行為を開始した時
点で」，「殺人の実行の着手があった」と判示している[61]。

　3．密接行為という形式的（行為の）観点と客観的な危険性という実質的

---

[60]　同じ事件の共犯者に関して，盛岡地判平成26年9月24日 LEX/DB 文献番号
25504820，その控訴審である仙台高判平成27年2月19日 LEX/DB 文献番号25505914も
参照。

[61]　なお，共犯者の一方に対する上告審決定である最決平成23年12月12日判時2144号153
頁・判タ1367号113頁（追従的な関与で，自己に対する虐待による判断能力の低下等を
理由に，無期懲役とした原判決を是認）も参照。

観点の双方を考慮して実行の着手を判断するものもある。たとえば，東京高判平成22年4月20日判タ1371号251頁は，Ⅰが，現金窃取の目的で，駅の自動券売機の硬貨釣銭返却口に接着剤を塗り付け，釣銭の付着を待ち，これを回収して取得しようとしたが，接着剤の塗布行為後自動券売機の利用客が現れる前に，駅員に逮捕されたという事案において，「窃盗罪における実行の着手は，構成要件該当行為自体の開始時点に限定されず，これに密接な行為であって，既遂に至る客観的危険性が発生した時点に認められると解されるところ，本件においては，本件接着剤を各券売機の釣銭返却口に塗布した時点において，実行の着手があった」と判示した[62]。

　4．「客観的な危険性」という観点（のみ）に言及して判断を示す判例もみられる。このような判示の仕方をした最高裁判例として強姦（致傷）罪に関する最決昭和45年7月28日刑集24巻7号585頁がある[63]が，近時，規制物品の輸入罪・輸出罪に関して，最判平成20年3月4日刑集62巻3号123頁が，覚せい剤を海上で瀬取りする方法でその密輸入を企て，国外から運搬した覚せい剤を日本の沿岸海上に投下したが，荒天で風波が激しかったことから，回収担当者がそれを回収できなかったという事案において，「本件においては，回収担当者が覚せい剤をその実力的支配の下に置いていないばかりか，その可能性にも乏しく，覚せい剤が陸揚げされる客観的な危険性が発生したとはいえないから」，覚せい剤取締法41条の覚せい剤輸入罪および関税法109条の禁制品輸入罪[64]の各「実行の着手があったものとは解されない」と判示している。また，最判平成26年11月7日刑集68巻9号963頁において，うなぎの稚魚の不正輸出を企てたJが，うなぎの稚魚を隠したスーツケースに，あらかじめ入手してあった検査済みシールを貼付し，機内預託手荷物として運送委託することにより，不正に保安検査を回避して輸出しようとしたが，シール貼付後運送委託前に犯行が発覚し，その目的を遂げなかっ

---

62)　ほかに，このあとの4で引用の最判平成20年3月4日刑集62巻3号123頁の第1審判決（東京地判平成19年3月13日刑集62巻3号142頁）・第2審判決（東京高判平成19年8月8日刑集62巻3号160頁）。
63)　最高裁昭和45年決定およびそれ以降の強姦罪に関する実行の着手に関する判例について，本書第3章112頁以下参照。
64)　既遂時期は（保税地域等を経由しない場合）陸揚げ時である。参照，本書第5章159頁以下。

24 第1部 実行の着手

たという事案が問題になった。原審（東京高判平成25年8月6日刑集68巻9号1013頁）は，「実行の着手とは『犯罪構成要件の実現に至る現実的危険性を含む行為を開始した時点』であって」，着手時点はスーツケースの「運送委託をした時点と解すべきであ」り，無許可輸出予備罪にとどまるとしたのに対して，最高裁平成26年判決は次のように判示し，関税法111条3項，1項1号の無許可輸出罪[65]の実行の着手を認めた。すなわち，「入口にエックス線検査装置が設けられ，周囲から区画されたチェックインカウンターエリア内にある検査済みシールを貼付された手荷物は，航空機積載に向けた一連の手続のうち，無許可輸出が発覚する可能性が最も高い保安検査で問題のないことが確認されたものとして，チェックインカウンターでの運送委託の際にも再確認されることなく，通常，そのまま機内預託手荷物として航空機に積載される扱いとなっていたのである。そうすると，本件スーツケース6個を，機内預託手荷物として搭乗予約済みの航空機に積載させる意図の下，機内持込手荷物と偽って保安検査を回避して同エリア内に持ち込み，不正に入手した検査済みシールを貼付した時点では，既に航空機に積載するに至る客観的な危険性が明らかに認められるから……無許可輸出罪の実行の着手があった」と判示した[66]。

---

65) 既遂時期である「輸出」は「内国貨物を外国に向けて送り出すことをいう」（関税法2条1項2号）と定義されており，判例・通説は，輸出罪における「輸出」とは，外国に仕向けられた船舶・航空機その他輸送機関に物を積載することを意味し，領海（空）外への搬出を要しないと解している。

66) その他，現住建造物等放火（未遂）罪で起訴されたが，実行の着手が否定されたものとして，千葉地判平成16年5月25日判タ1188号347頁，横浜地判平成18年11月14日判タ1244号316頁がある。前者は，自己の居住する居宅の廊下等に灯油を散布した後玄関前屋外で手に持った新聞紙にライターで点火したが，「新聞紙への着火行為により本件居宅焼損に向けた具体的危険が発生したと認めるのは困難である」とされ，放火予備罪とされた（本書第3章120頁以下注45も参照）。後者は火災に至るまでの行動を十分に証明できず，「被告人が本件放火の犯人であると認めるには，なお合理的疑いを容れる余地がある」とされたものであり，放火の故意が否定され，放火予備罪の成立も否定されている。

第1章　実行の着手論の現状と課題　25

## 第4節　クロロホルム事件最高裁決定において示された
## 3要素の相互関係等

　1．（1）前節でみたように，クロロホルム事件最高裁決定は，その後3要素に言及する判決もあるなど，その後の判決に影響を与えている。しかし，判示の仕方には相違もみられ，また，3要素の関係は必ずしも明確でないところもある。そこで，近時の判例の動向を考えるうえでも，クロロホルム事件最高裁決定の内容，判断枠組みを分析する必要があろう。なお，以下では，記述の簡略化のため，3要素に関して，確実化のための準備行為性の要素を「要素①」，事象経過の無障害性の要素を「要素②」，時間的場所的近接性の要素を「要素③」と略記する。

　（2）まず，要素①であるが，多くの予備行為，たとえば，殺害するための銃や包丁の入手，住居侵入窃盗を遂行するための合鍵の調達，通貨を偽造するための精密な印刷機器の準備，または，協力者（共犯者）の誘い込みなど，これらは典型的な予備行為といえるが，いずれも実行行為を「容易に」行うために必要不可欠なものであるといえる場合が多いであろうから，実行行為を単に「容易に」行うために必要不可欠であることは，予備と未遂の限界づけるための決定的な要素とはいえないであろう。せいぜい「確実」（かつ容易）に行うために必要不可欠なものという観点が限定的な観点になろう。そのように考えた場合，問題の行為の遂行によって実行行為を「確実に」行えることになるならば，それは，問題の行為に成功した場合，実行行為の遂行を含めてそれ以降の犯罪計画を遂行するうえで障害となるような特段の事情が存しないような場合，つまり，事象経過の無障害性が認められる場合であるということができる。また，別の面では，実行行為を行うために問題の行為が「必要不可欠」であることは，それを行えば必ず実行行為を確実に行えることを意味するわけではない。実行行為を行うためにそれ自体「必要不可欠」な準備をしても，なおさらなる障害が残っている場合も考えられうるからである。したがって，要素①は，3要素の中で最初に挙げられてはいるもののいわば「準備行為性」を特徴づけているにすぎず，要素②の判断のなかで考慮できるものであり，それを超えるような独自で不可欠の要

26　第1部　実行の着手

素として挙げる意義には乏しいように思われる[67]。

（3）次に，要素③であるが，実行の着手の判断は，犯罪の実現，行為の発展段階のなかで，既遂，構成要件実現に対する「近さ」を問題にして行為の段階的な区切り，つまり，時間軸上の区切りを問うものである。たとえば，射撃経験のない者が比較的遠くから被害者を狙いまさに引き金を引こうとする行為は，殺害成功の可能性が低いにもかかわらず，殺人罪の実行の着手と認められうる一方で，多くの構成員を擁し，自爆テロを繰り返す過激なテロリスト集団による爆弾の調達行為や危険物の製造行為は，殺害成功の可能性が高いにもかかわらず，いまだ殺人の予備段階に属すべきことも，実行の着手の判断においては，構成要件実現の「可能性」の大小よりも，構成要件実現の「近接性・切迫性」，つまり，時間的場所的近接性，とりわけ時間的近接性が第1次的には問題にされるべきことを示していよう[68]。

（4）もっとも，前掲[69]の最高裁平成20年3月4日判決が，悪天候等のため，海中に投下された覚せい剤を回収できなかっただけでなく，「その可能性にも乏しく」，陸揚げされる客観的な可能性が発生したとはいえないとして実行の着手を否定したように，構成要件実現の可能性の大小も第2次的には意味をもちえよう。すなわち，要素②の観点により，時間的場所的近接性

---

67)　佐藤・前掲注(11)223頁は，要素①は「それ自体単独で着手を基礎づけるものというよりは，犯行計画において相対的に重要性の低い行為をふるい落とす機能を持つもの」と考える。また，小林憲太郎「実行の着手について」判時2267号8頁（2015年），松原芳博「実行の着手と早すぎた構成要件の実現」松原芳博編『刑法の判例（総論）』183頁（成文堂，2011年）。

68)　川端ほか・前掲注(57)8頁〔塩見〕は，「引き金に手をかけても，殺し屋である場合と，銃を撃ったこともない人の場合とで危険の程度は違うわけですね。引き金に手をかけたという点で行為は同一ですから，そこで着手を認めるというのと，危険がある程度以上になったら着手を認めるというのは異なると思います。狙った人は100％逃さないという殺し屋であれば，依頼を受けた時から狙われている人は極めて危険といえます。だから，危険の問題と行為の進展の度合は必ずしも結びついていないのではないか」と指摘し，島田聡一郎『正犯・共犯論の基礎理論』64頁（東京大学出版会，2002年）も，「未遂の成否を行為の結果発生の蓋然性だけで判断する学説は，実は現在存在しないし，また存在すべきでもない」。「単なる結果発生の蓋然性ということだけでいえば，プロの殺し屋が極めて強固な殺意を持ち，極めて高性能の凶器を準備して被害者宅に出かけようとする行為は殺人の結果発生の高度の蓋然性を有し，未遂とされることになりそうである。しかし，そのようなことは誰も主張しない」と指摘している。

69)　第3節4参照。

の観点から原則的に考えられる着手時点よりもそれを前倒しすることは，法益に対する脅威という実質的観点に鑑みて可能であろう[70]。しかし，その場合でも，本質的には，既遂との「近さ」が問われるべき実行の着手の判断において「一定の限界がある」と考えるべきであり，「密接な行為」の判断のなかに時間的場所的な観点が言及されていることは，まさにそのことを示すものだといえよう。そして，「近接性（切迫性）」の点で構成要件実現まで時間的にまたは場所的に多少の隔たりがあるように思える場合に，第2次的にもしくは補充的に，その隔たりを補う要素として事象経過の無障害性が問題になると考えるべきであろう[71]。

　2．（1）要素①について，「犯人の計画等に照らして，準備的行為が」（ア）「構成要件該当行為を確実かつ容易に行うために必要不可欠であり」，（イ）「両行為が一連の行為として不可分の関係にあるといえるかどうかを問題にするものである」[72]との説明もある。この説明の（ア）の部分はクロロホルム事件最高裁決定の判示通りの内容であるが，その（ア）に相当する判示から（イ）の内容を意味していると読み取るのは，ただちには難しいといえよう。第1行為が第2行為に「必要不可欠な」行為であっても，両行為が「不可分」であることを意味するわけではないからである。もちろん，クロロホルム事件最高裁決定の判示内容を離れて，「不可分性」を着手の判断基

---

70)　クロロホルム最高裁決定の事案において「被害者を昏倒させるというのは，その生命を守る防御壁を大きく削り取る行為であ」り，放火罪の関係での「可燃物の撒布については，それが目的物を火気に対し，決定的に脆弱なものとする行為である」とするのは，小林・前掲注(67)判時2267号8頁。

71)　平木正洋・最判解（平成16年度）173頁（2007年）が，「時間的場所的近接性がやや弱い場合であっても，犯人の計画の内容に照らして，準備的行為の完了により，計画の重要部分を終えたと評価できる場合や障害を乗り越えたと評価できる場合には，危険性の基準のみならず近接性の基準をも満たしたものと認められることが多いであろう」と解説している（傍点原口）のは，本文の趣旨で理解できるように思われる。佐藤・前掲注(11)229頁が，「綿密な犯行計画に基づいて，想定される障害が事前に周到に排除されている場合には，要求される時間的場所的近接性の程度は弱まると考えるべきであろう」とし，要素③と要素②（これを佐藤教授は「中間行為の不存在性」という）につき，「それぞれを別個に捉えて択一的関係または重畳的関係にあるとみるべきではなく，両者は相関関係を有する」と指摘するのは，基本的に支持できるが，本文で論じたように，時間的場所的な隔たりを事象経過の無障害性が補うものと考えるべきであろう。

72)　平木・前掲注(71)172頁。

準と考えることは1つの考え方である。しかし，「不可分性」は，その言葉自体から考えれば，「密接性」と同じような内容の概念であると思われ，「密接性」の言い換えとして「一連の行為と考えられるような不可分性」を考えるのはなお意味があると思われるが，密接性を判断する下位基準という位置づけにはならないように思われる[73]。一方で，クロロホルム事件も含め，第1行為・第2行為が問題となる事案において，「可分」ではないかとの見方が出てくる可能性もあろう。

（2）3要素の関係について，安田教授は，(a)「3つの基準は，第2行為を本来の実行行為と捉えた場合，それより前に位置する行為につき，どの範囲で着手を認め得るかの判断材料であり」，(b)要素①が「第1行為と第2行為との手段・目的関係からみた密接性を」，そして，要素②が「第1行為から第2行為への経過の自動性を述べ」ており，要素③は要素②を「時間的・場所的隔たりの観点から捉えなおすものと理解され得る」と説明する[74]。

(a)の評価には賛同できる。それに対して，(b)の個々の3要素の評価については見方を異にする。第1に，前述したように，要素①は，要素②の判断のなかで判断すれば足りると考える。確かに，最高裁決定の示した3要素それぞれにできるだけ意味をもたせようとする意図は十分に理解でき，また，それ自体意味のあることではあろうが，具体的ケースへのあてはめを考えた場合に，要素①には，実行の着手を判断する際に考慮すべき要素を増やし，その判断を複雑にするのに見合う意味をもたせるだけの内容を有していないように思われる[75]。

また，「『必要不可欠』というのが他の行為ではおよそ代替不可能という趣旨まで含むのであれば，それは行き過ぎであり，その意味で措辞に適切を欠く点がないわけではない」。たとえば，クロロホルム事件において「被害者

---

73) フランクは，構成要件的行為との必然的な共属性（Zusammengehörigkeit）のために，自然的な見方をすれば，構成要件的行為の構成部分と考えられる行為を開始する場合に実行の着手を認める（Reinhard Frank,Das Strafgesetzbuch für das Deutsche Reich,18.Aufl. 1931,S.86f.）。このフランクの公式が密接行為説の原型ともいえるが，この「必然的な共属性」＝「一体性」は「密接関連性」ともいうものであろう。

74) 安田拓人・平成16年度重判158頁（2005年）。

75) これに対して，二本柳・前掲注(43)『野村古稀』129頁，130頁，132頁以下。

第1章　実行の着手論の現状と課題　29

に麻酔薬を打つという手段も同じくとりえたという場合であっても，判例の結論は変わらないであろう」[76]との指摘に留意する必要もあろう。

　第2に，安田教授自身が，要素③の「意義は必ずしも明らかではない」[77]と述べつつ，そのうえで，要素③が要素②を時間的・場所的隔たりの観点から「捉えなおすもの」[78]と説明しているのもやや分かりづらいように思われる。本質的に既遂との「近さ」が問われるべき実行の着手の判断において，要素②の判断により，原則的に考えられる着手時点よりも前倒しすること（第1次的な判断要素である時間的場所的近接の観点を，補充的な要素である事象経過の無障害性の観点で補うこと）は可能であり，また合理的であるが，要素③は，その場合でも，第1行為と第2行為の関係を問題にする3要素の判断に際して，時間的場所的な観点から「一定の限界があること」を考慮すべきことを示したものと理解できるように思われる[79]。

　（3）橋爪教授は，要素①と要素②に関して，「①②の両者はあいまって，第1行為の遂行によって第2行為による結果惹起が確実かつ容易になったことを意味していると考えることができる」[80]と説明する。要素①と要素②を優劣はつけずに，「両者はあいまって」「結果惹起の確実性・容易性」を判断するものだとの見方[81]も1つの見方であるが，それは要素①と要素②が同じ

---

76)　小林・前掲注(67)判時2267号8頁。
77)　安田・前掲注(74)158頁。
78)　安田・前掲注(74)158頁。城下裕二「無許可輸出罪における実行の着手について」『変動する社会と格闘する判例・法の動き』51頁以下（信山社，2017年）は，安田教授の3要素の関係の理解に基本的に賛同し，要素③は「（第2行為を経れば結果に至るという意味での）結果発生の自動性・確実性を時間的・場所的な間隔の面から説明しようとしているもの」，要素②と要素③は「第1行為から第2行為への経過ないし結果発生の自動性を基礎づけるもの」と説明する。安田教授の理解に従う池田修・杉田宗久編『新実例刑法（総論）』199頁以下〔齋藤正人〕（青林書院，2014年）は，要素③については，要素②を「判断するための1要素のようでもあるが」，要素②と要素③とが「書き分けられていることからすると，時間的場所的近接性の観点から更に慎重に検討することを求めたものと理解するのが妥当であろう」と説明する。
79)　前述，注(71)も参照。
80)　橋爪隆「判例批評」ジュリスト1321号236頁（2006年）。
81)　小林・前掲注(67)判時2267号8頁が，要素①で「意図されているのは，第1行為を済ませれば第2行為が確実かつ容易に行いうるということだと思われる。そして，このような要請は，……実行行為を終了する高度の可能性という観点から説明が可能である」。要素②も「同様の観点からとらえることが可能であろう」と説明するのも，①と②が同様の内容の判断をするものだと理解するものであろう。

30　第1部　実行の着手

ような内容を判断する要素であるとみているともいえ，そうであれば，いずれかの要素に一本化，本章の理解からは要素②の判断に一本化するのが，その判断枠組みの適用において簡便であるように思われる。

　それに対して，橋爪教授は，「第1行為と第2行為との間の時間的場所的近接性を要求する要件③は，必ずしも結果発生の確実性・容易性に還元できるものではない」[82]とし，要素②と要素③の判断を異なる判断であると位置づけるが，それらの関係については明らかにされていない。

　（4）和田教授は，「必要不可欠性と近接性から第1行為の第2行為に対する密接性を認め，障害の不存在と近接性から第1行為の客観的危険性を認めて，その密接性と客観的危険性とを根拠に第1行為開始時点での実行の着手を肯定したものと解される」[83]とクロロホルム事件最高裁決定の3要素を説明する。しかし，クロロホルム事件最高裁決定は，3要素「などに照らすと，第1行為は第2行為に密接な行為であり」と判示しており，「密接な行為である」との判断が要素①〜要素③を「まとめる趣旨であることは文の構造からも明らかであ」るから[84]，「クロロホルム事件最高裁決定の理解」として，3要素を密接性と危険性に振り分けて読むことができるとの理解は，少なくとももう少し説明が必要であろう。

　3．以上みてきたように，3要素の関係を整理すれば，「密接な行為」の判断において，行為計画を考慮したうえで，第1行為と第2行為との時間的場所的近接性が，まず問われ[85]，両者に時間的場所的な隔たりがあるような場合に，事象経過の無障害性の観点により，そのような隔たりにもかかわらず着手が認められうるのかどうかが判断される。別の言い方をすれば，時間的場所的隔たりが特段問題にならないような場合であれば，事象経過の無障

---

82)　橋爪・前掲注(80)ジュリスト1321号236頁。
83)　西田ほか編・前掲注(28)665頁〔和田〕。
84)　小林・前掲注(67)判時2267号8頁。
85)　佐伯仁志・前掲注(5)『刑法総論の考え方』346頁が，クロロホルム事件最高裁決定は「結果発生との時間的場所的近接性が重要であることを明らかにした点で，重要な意義を有している」と理解するところ，この理解に対して，二本栁・前掲注(43)『野村古稀』132頁は，クロロホルム事件最高裁決定は，「『あくまで2つの行為の間の切迫性を問題としている』ことから，そのような理解は困難ではなかろうか」と指摘する（もっとも，自身は「結果発生の切迫性は要求されるべきである」との立場を採る）。

害性を考慮することなく，端的に，実行行為・密接行為への取りかかりを判断し，着手を認めるということとなろう[86]。そして，そのように整理できる実行の着手の判断基準は妥当である。

4．クロロホルム事件最高裁決定に関して，3要素の関係のほか，いくつか議論されていることがある。

1つは，第1行為から直接既遂結果が発生する可能性を要するのかどうかということである[87]。判例の立場を前提とする場合，積極に解する理由はないように思われる。判例は，古くから窃盗罪において（少なくとも）物色行為（密接行為）にまで至った場合には，実行の着手を認めてきたところ，物色行為それ自体によって財物の占有は移転しえないのであり，また，強姦目的で被害者を車に引きずり込む行為それ自体によって強姦は既遂にならない。このことは殺人罪の場合でも異なる理由はない。構成要件実現のためにさらに行為を続けることが必要な（ことが前提となっている）着手未遂の段階において，第1行為それ自体から直接既遂結果が発生する可能性を要しないというべきであろう[88]。第1行為から第2行為に至り，そこから構成要件実現に至る可能性が問われているのである。

もう1つは，密接な行為と客観的な危険性の関係である。「密接な行為」の判断に続けて，「客観的な危険性が……認められる」と判示されており，

---

86)　後述の「密接な行為という形式的観点と客観的な危険性という実質的観点の双方に言及して実行の着手を判断する判決」のグループは，第1行為と第2行為との時間的場所的な隔たりがなく（またはわずかであり），3要素を用いた判断をするまでもなく，「密接な行為」であると判断された事例グループであると考えることができる。

87)　積極に解するのは，安達光治「判例批評」判例セレクト2008・31頁（有斐閣，2009年），奥村・前掲注(54)167頁など。なお，金澤真理「判例批評」刑事法ジャーナル12号74頁（2008年）。クロロホルム事件最高裁決定は，事実認定において，「客観的にみれば，第1行為は，人を死に至らしめる危険性の相当高い行為であった」とし，名古屋高判平成19年2月16日（前述，第3節2参照）は，「自動車を時速約20キロメートルで被害者の背後から衝突させて」おり，「この行為自体で被害者を死亡に至らせることがあることは経験則上明らかであ」ると判示している。

88)　結論的に同様に，橋爪・前掲注(28)法学教室411号116頁，同・前掲注(80)ジュリスト1321号235頁。平木・前掲注(71)171頁は，クロロホルム事件最高裁決定における「第1行為の危険性」の言及（注87参照）について，最高裁決定が，実行の着手の判断において「第1行為自体から既遂の結果が発生する可能性について全く言及していないこと」から，早すぎた構成要件の実現の「判断を示すための前提事実を掲げたものであると考えられる」と解説している。

32 第1部 実行の着手

「客観的な危険性」も同様に3要素により判断される，というように判文を理解することも，もとより可能なものであろう[89]。しかし，同じ判断の結果を別の表現でいっているだけなのか，そうだとすると「両者は常に一致するのか」といった疑問も生じよう。判例は「客観的な危険性」の内容それ自体について多くを示しておらず，今後，検討を要する課題の1つといえよう[90]。ただ，判示において，第1行為と第2行為の関係を指摘する3要素から「両行為の密接な関係」が判断されているのに対して，「客観的な危険性」は，死亡結果，荷物の陸揚げ，輸送機関への積載など，「既遂に至る」関係が問題とされ，「既遂」に関係づけられた判断である点，留意しておいてよいように思われる。

　5．したがって，密接な行為と客観的な危険性の関係に不分明さは残るものの，クロロホルム事件最高裁決定は，それまでの，形式的客観説，とりわけ密接行為説をベースとしつつ，または，形式的客観説の枠組みを残しつつ，客観的な危険性という実質的客観説の観点をも重視した判断を行ってきた従前の判例の流れのなかに位置づけられるといえよう[91]。


# 第5節　クロロホルム事件最高裁決定後の　判例の動向についての評価

　（1）では，クロロホルム事件最高裁決定を受けて，その後の判例の動向はどのようにみることができるか。クロロホルム事件最高裁決定以降，前述第3節で示したような判決があり，それらを分類すれば，3つに大別できる。第1は，3要素を用いた判断方法をほぼ踏襲するものと考えられる判決

---

89)　「通常，密接性の基準を満たす行為は危険性の基準も満たすであろう」（平木・前掲注(71)163頁）といわれることが多い。城下・前掲注(78)49頁注19，橋爪・前掲注(28)法学教室411号113頁注15，松原・前掲注(67)『刑法の判例』182頁も参照。

90)　二本栁・前掲注(43)『野村古稀』128頁は，クロロホルム事件最高裁決定の「表現からみて，各考慮要素に照らして密接性が肯定されていることは明らかであるが，各考慮要素に照らして危険性が肯定されたのかどうかは不明である」と指摘する。

91)　平木・前掲注(71)182頁は，クロロホルム事件最高裁決定につき，「殺人罪の実行着手の時期を判断するに当たり，従前の大審院判例や最高裁判例が採用していた判断基準を維持・統合した」ものと解説している。

であり（前述，第3節2），第2は，密接な行為という形式的観点と客観的な危険性という実質的観点の双方に言及して実行の着手を判断する判決であり（前述，第3節3），第3は，「客観的な危険性」という観点にのみ言及して判断を示す判決である（前述，第3節4）。第1の場合にクロロホルム事件最高裁決定と同じ判断枠組みの判断であることは多く論じなくてもよい。

　第2の場合はどうであろうか。クロロホルム事件最高裁決定において重要なのは，そこで示された3要素それ自体ではなく，それらの要素によって判断される「密接行為」（また危険性）であり，行為計画を考慮したうえで形式的（行為の）観点（密接性）と実質的観点（客観的危険性）の双方を考慮して着手を判断するということにある[92]。行為者がすでに実行行為を行っている場合はもとより，問題の行為と実行行為との密接性がとくに問題なく認められる場合に3要素を持ち出すまでもない。前述第3節3で示した東京高判平成22年判決も，密接行為の判断に3要素を用いて判断することを要しない事案であったと考えることができる[93]。密接行為と客観的な危険性の双方を考慮に入れて結論を導いている判決も，クロロホルム事件最高裁決定と基本的に同じ立場に立つものといえよう。

---

92)　平木・前掲注(71)162頁以下は，「実行着手の時期の判断においては……2つの基準，すなわち，刑法43条の文言上の制約からくる『密接性』の基準と，未遂犯の処罰根拠から導き出される『危険性』の基準の双方を考慮に入れる必要がある」とし，「ある行為が当該犯罪の構成要件該当行為に密接な行為であり，かつ，その行為を開始した時点で既に当該犯罪の既遂に至る客観的な危険性があると評価できるときには，その時点で当該犯罪につき実行の着手があったと認めるのが相当である」と説明し，また，鹿野伸二・最判解（平成20年度）124頁（2012年）。

93)　前述，注86も参照。うなぎの稚魚輸出未遂事件判決について，秋吉淳一郎・最判解（平成26年度）308頁（2017年）は，クロロホルム事件最高裁決定が「いわゆる『早過ぎた構成要件の実現』という問題とも関連する特殊な事案であったことに加え，第1行為も第2行為も，いずれも独立して犯罪構成要件に該当し，かつ，第2行為の実行の着手時期が争点となった事案であって，第1行為と第2行為の関係が重要であったのに対して」，うなぎの稚魚輸出未遂事件は「そのような特殊性はなく，純粋に，どのような行為があれば『航空機に積載されるに至る客観的な危険性』が認められるかということが争われた事案であったため」，クロロホルム事件最高裁決定のような「判断枠組みを採用するまでもないと判断されたためと思われる」としている。もっとも，前述東京高判平成22年判決も，「本件接着剤塗布行為は」，釣銭等の取得のために「最も重要かつ必要不可欠な行為であり，釣銭の占有取得に密接に結びついた行為である」とも判示している。

34 第1部 実行の着手

（2）前述第3節4で掲記したところの，「客観的な危険性」という観点
（のみ）に言及した判断はどのようにみることができるだろうか。

まず，これらの判例で用いられている「客観的な危険性」は，行為者の主
観面，とりわけ犯罪計画も考慮に入れたうえで判断されているといえる。す
なわち，①最高裁昭和45年決定はその後の姦淫行為までの行為者らの意思・
計画を考慮するがゆえに，その時点で「客観的な危険性」があるとしたもの
といえ，②最高裁平成20年判決においても，陸揚げ（既遂）の可能性は陸揚
げのために予定された，覚せい剤回収後の一連の行為の遂行方法に左右され
るから，その「客観的な危険性」の有無の判断は行為者の意思・計画を考慮
にいれた判断となろう。③最高裁平成26年判決も，「機内預託手荷物として
……航空機に積載させる意図」も考慮に入れたうえで荷物の運送委託前の検
査済みシール貼付時点で客観的な危険性を認めているのである。したがっ
て，行為計画も考慮に入れた危険性判断という点で，これらもクロロホルム
事件最高裁決定と異なる立場に立つものではない。

最高裁の判例で用いられてきた「客観的な危険性」は，先に言及した「客
観的な危険性」の理解にもかかわるが，強姦致傷罪に関する最高裁昭和45年
7月28日決定（刑集24巻7号585頁）を含め，問題の行為と構成要件実現の間
にやや時間的または場所的な間隔があると思われる場合に実行の着手を判断
するための，別の言い方をすれば，処罰時期の，いわば前倒しの可否を判断
するための「キーワード」として用いられているように思われ[94]，これらの
事例においては，実質的には，先ほどの3要素でいう「事象経過の無障害
性」に相応するような判断を行っているのではないかと考えられる。すなわ
ち，①自動車に女性を引き入れた後姦淫行為までの（最高裁昭和45年決定），
②投下された覚せい剤を回収し接岸し陸揚げするまでの（最高裁平成20年判
決），そして，③検査済みシールを貼付し運送委託し航空機に荷物を積載す

---

94）　下級審でも，ガソリン散布後行為者による点火行為前に発火した場合に実行の着手
を認めた静岡地判昭和39年9月1日下刑集6巻9・10号1005頁〔「結果発生のおそれある
客観的状態に到つたかどうかを考慮」〕。なお，横浜地判昭和58年7月20日判時1108号
138頁〔「焼燬を惹起する切迫した危険が生じるに至った」〕。殺人罪に関して，名古屋地
判昭和44年6月25日判時589号95頁（すりこ木段打交通事故死計画未遂事件）〔「その
行為は殺人の結果発生について客観的危険のある行為と謂うことができる」〕など。

るまでの（最高裁平成26年判決）可能性の大小，つまり「事象経過の無障害性」の程度が判断されているといえよう。

最高裁平成26年判決が「検査済みシールを貼付された手荷物は，航空機積載に向けた一連の手続のうち，無許可輸出が発覚する可能性が最も高い保安検査で問題のないことが確認されたものとして，チェックインカウンターでの運送委託の際にも再確認されることなく，通常，そのまま機内預託手荷物として航空機に積載される扱いとなっていた」ということを指摘して，「航空機に積載するに至る客観的な危険性」を肯定しており，また，その補足意見において，千葉勝美裁判官が，検査済みシールの貼り付けという「一連の偽装工作を完了させており，密輸出の成功の鍵を握る最大の山場を既に乗り越えた状態となっていた」。シール貼付時点では「通常は，もはや保安検査等で無許可輸出品がスーツケースに入っているか否かの再確認をされるおそれはなくなっており，密輸出に至る客観的な危険性が明らかに認められる」[95]と法廷意見を補足しているのもそのことをよく示していよう[96]。

前述のように，判例の立場は，原則的に，時間的場所的な近接性を，そして，時間的または場所的な隔たりを補う要素として事象経過の無障害性の観点を問うているとみることができ，したがって，その実質において行為計画を考慮したうえで事象経過の無障害性の観点を問題にしていると考えることができるところの，「客観的危険性」という観点（のみ）に言及して判断を示す判例も，クロロホルム事件最高裁決定[97]も含めた従来の判例と基本的に同様の立場に立つものといえよう[98][99]。

---

95) 刑集68巻9号969頁以下。

96) 城下・前掲注(78)53頁も，「『再確認されることなく，通常，そのまま……積載される扱いとなっていた』との判示からは，障害の不存在あるいは時間的近接性を前提とした結果発生の自動性に重点を置いていることも明らかであろう。この部分が，26年判決のいう『客観的危険性』の内実を端的に示して」いると指摘している。

97) 松原・前掲注(35)『刑法総論』317頁以下は，クロロホルム事件最高裁決定でいう「危険性は，クロロホルムの吸引による死の危険性ではなく，海中に転落させる行為を経て生ずる溺死の危険性を意味し，結果発生に至る経過の自動性ないし確実性を内容とするものと解される」と分析している。

98) 秋吉・前掲注(93)307頁以下も参照。なお，うなぎの稚魚輸出未遂事件の控訴審判決が「実行の着手とは，『犯罪構成要件の実現に至る現実的危険性を含む行為を開始した時点』であ」ると判示し，着手の有無について消極に解した（前述24頁参照）ところ，

36 第1部 実行の着手

　現時点での「判例」について以上のように評価することができるが，学説と相互に影響を及ぼしながら，今後，判例がどのように動いていくのかは，なおひき続き注視していく必要があろう。

　　　　秋吉調査官が，この控訴審判決について，「これまでの最高裁の判例と基本的に同じ立場に立っている。……結論を異にしたのは，実質的客観説にいうところの『危険性』の評価の違いであると思われ」ると解説している（秋吉・前掲注(93)309頁）のは注目されよう。また，「判例の基本的立場は，刑法43条の文言から，『構成要件該当行為ないしこれに密接する行為に着手する』という形式的客観説の観点を残しつつ，具体的判断については，その行為の客観的危険性によって着手の有無を決める実質的客観説によって」いる（鹿野・前掲注(92)124頁）と解説する鹿野調査官も，「実質的客観説」を「『構成要件の実現（ないし既遂の結果の発生）に至る実質的（現実的，具体的）危険性を含む行為の開始』を実行の着手と考える」見解としている（鹿野・前掲注(92)123頁）のも同様である。

99)　もちろん，クロロホルム事件最高裁決定が着手を認めたその結論に対して疑問とする見方もある。参照，浅田・前掲注(35)377頁，門田成人「判例批評」法学セミナー594号116頁（2004年），大塚仁ほか編『大コンメンタール刑法（第3版）第4巻』113頁（青林書院，2013年）〔野村稔〕，曽根・前掲注(35)473頁，二本栁・前掲注(43)『野村古稀』133頁，松原・前掲注(35)『刑法総論』318頁。なお，山中・前掲注(37)377頁以下は，一般論としてではなく，いわばその具体的な適用・当てはめにおいて疑問とする。また，故意既遂犯を認めたことへの異論もみられるところである。これに関しては，本書第3章128頁以下参照。

# 第2章　間接正犯者の実行の着手時期

## 第1節　わが国の議論の概観と行為帰属論

### 1　利用者標準説

　刑法上の行為の可罰性の重要な限界線ともいえる実行の着手時期について
は，古くから主観説と客観説の対立を中心として激しく議論が交されてき
た。もっとも，通常の犯罪形態での実行の着手時期は，その理由づけについ
て安易に妥協できないとはされつつも，結論的にはある程度の一致がみられ
るといえよう。例えば，保険金を騙取するために放火するような場合でも，
放火に着手する時点で詐欺についての実行の着手を認めるような極端な立場
はわが国では主張されていない。しかし，間接正犯者の実行の着手時期に目
を転ずると，議論の状況は複雑となる。従来，間接正犯者の実行の着手時期
については，実行の着手についての主観説と客観説の対立を超えて，利用者
が被利用者に対する誘致行為を開始した場合に実行の着手がある（そして，
その誘致行為の終了により実行行為も終了する）とする利用者標準説が通説で
あった[1]。その理由とするところは，行為者の（実行）行為は被利用者を誘

---

1)　形式的客観説ないしは密接行為説の立場から，植松正『再訂刑法概説Ⅰ総論』320頁
　（勁草書房，1974年），大場茂馬『刑法總論下巻中冊』1030頁（中央大学，1914年），小
　野清一郎『新訂刑法講義總論（増補版）』106頁（有斐閣，1950年），香川達夫『刑法講
　義総論（第3版）』296頁（成文堂，1995年），吉川経夫『三訂刑法総論（補訂版）』233
　頁注3（法律文化社，1996年），瀧川幸辰『改訂犯罪論序説』244頁（有斐閣，1947年），
　団藤重光『刑法綱要総論（第3版）』355-356頁注5（創文社，1990年）。構成要件に該
　当する結果を惹起する現実的危険性をもった行為を行った場合に着手があるとする実質
　的客観説から，大塚仁『間接正犯の研究』126頁（有斐閣，1958年），福田平『全訂刑法
　総論（第3版）』223頁（有斐閣，1996年）。もっとも，大塚仁『刑法概説総論（第3
　版）』169頁注16（有斐閣，1997年）の論述は，利用者標準説を原則とした個別化説とも
　いいうるであろう。おそらく折衷的な立場から，井上正治『刑法学総則』189頁（朝倉
　書店，1951年），草野豹一郎『刑法要論』102頁（有斐閣，1956年）。
　　なお，間接正犯の成立範囲を相当に限定した上で，中義勝『講述犯罪総論』194頁，
　237頁（有斐閣，1980年），野村稔『刑法総論』335頁（成文堂，1990年）。

致する行為に尽きるのであり，それ以降の（被利用者の行動を含めた）事象は行為者の行為の必然的・機械的な発展，つまり，単なる因果経過にすぎないというものである。

このような利用者標準説は，確かに，実行の着手に関して「行為者（間接正犯者）の行為」が問題とされなければならないという——伝統的に承認されてきた——それ自体正当な認識から出発している。しかし，とくに実行行為が因果性によってだけでは規定されえないような行為態様である場合，例えば，窃盗罪のような場合に，責任無能力の被利用者に対して「取ってこい」という誘致行為が刑法235条の「窃取」する行為だとはいいがたいのではないか，ということが指摘され，また，現在では，とりわけ法益に対する脅威としての未遂犯の性格から，利用者標準説によると着手時期があまりに早い時点に認められることになってしまうという批判が向けられている[2]。

このような行為の類型性の点およびその導きだす結論の点で，利用者標準説は少なくとも純粋なかたちでは徐々にその支持を失いつつあり，その代わりに，個別化説といわれる立場が台頭してきている。この個別化説は，確かに，結論的には現在では多数説といってもよい状況にあるものの，詳細にみると，その理論構成において異なるものがある。本章では，とくにこの個別化説の理論構成に焦点を当て，その検討を行う。

---

　主観説から，市川秀雄「實行の著手」日本刑法学会編『刑事法講座第2巻』394頁以下（有斐閣，1952年），江家義男『刑法総論』157頁（千倉書房，1952年），牧野英一『重訂日本刑法上巻』258頁，469頁（有斐閣，1937年），同『刑法總論（上巻）』364頁（有斐閣，全訂版，1958年），宮本英脩『刑法学粋』369頁以下（弘文堂書房，1931年），八木國之「実行の著手の学説の進展と基本観念の再検討」『新派刑法学の現代的展開（増補版）』112頁以下（酒井書店，1991年）。主観的客観説から，木村亀二著（阿部純二増補）『刑法総論（増補版）』348頁以下（有斐閣，1978年），阿部純二『刑法総論』205頁以下，236頁（日本評論社，1997年）。もっとも，牧野博士によれば，間接正犯という観念は無用であるとされる（前掲『重訂日本刑法上巻』461頁以下，466頁）。

2)　参照，内藤謙「間接正犯・離隔犯の実行の着手」法学教室106号60頁（1989年），西原春夫『刑法総論』317頁（成文堂，1977年），平野龍一『刑法総論Ⅱ』318頁以下（有斐閣，1975年），前田雅英『刑法総論講義（第3版）』152頁（東京大学出版会，1998年）など。

第2章　間接正犯者の実行の着手時期　39

## 2　被利用者の行動（あるいは事象の進展状況）も問題とする立場の理論構成の検討

（1）近時有力な支持を集めつつあり，むしろ多数説といってもよいのは，いわゆる個別化説である[3]。この立場は，前述の利用者標準説に対する疑問を背景として，切迫した危険や現実的危険というようなメルクマールを用いることによって，間接正犯者の実行の着手時期を，一面的に利用者の行為あるいは被利用者の行為[4]に固定することなく，ある場合には利用者の行為の時点で，ある場合には被利用者の行為の時点で初めて認める。具体的には，概ね間接正犯者の誘致行為以降の事象がほぼ確実性をもってあるいはほ

---

3) 青柳文雄『刑法通論Ⅰ総論』126頁以下，334頁注6（泉文堂，1965年），内田文昭『改訂刑法Ⅰ総論』266頁注4（青林書院，1986年），大谷實『刑法講義総論（第4版補訂版）』377頁（成文堂，1996年），奥村正雄「未遂犯における危険概念」刑法雑誌33巻2号223頁（1993年），川端博『刑法総論講義』456頁，516頁（成文堂，1995年），斉藤金作「実行の着手」日本刑法学会編『刑法講座第4巻』15頁（有斐閣，1963年），斎藤信治『刑法総論（第3版）』220頁以下，265頁以下（有斐閣，1998年），正田満三郎『刑法体系総論』69頁以下（良書普及会，1979年），曽根威彦『刑法総論（新版）』255頁（弘文堂，1993年），富田敬一「間接正犯と実行行為」中山研一ほか編『現代刑法講座第3巻』187頁以下（成文堂，1979年），中野次雄『刑法総論概要（第3版補訂版）』80頁以下（成文堂，1997年），奈良俊夫『新版概説刑法総論』244頁（芦書房，1993年），西田典之「間接正犯の実行の着手時期」百選Ⅰ2版147頁，西原春夫『間接正犯の理論』189頁以下，205頁以下（成文堂，1962年），同・前掲注(2)『刑法総論』317頁，萩原玉味「実行の着手における主観説と客観説」争点新版104頁，平野・前掲注(2)319頁以下，藤木英雄『刑法講義総論』279頁以下（弘文堂，1975年），前田・前掲注(2)151頁以下，森下忠『刑法総論』170頁以下（悠々社，1993年）。なお，齋野彦弥「危険概念の認識論的構造——実行の着手時期の問題を契機として——」内藤謙先生古稀祝賀『刑事法学の現代的状況』78頁以下（有斐閣，1994年）。利用者を標準とするのを原則としつつ，例外的に被利用者の行為の時点に間接正犯者の実行の着手を認めるのは，柏木千秋『刑法総論』132頁（有斐閣，1982年），高窪貞人「間接正犯の諸問題」八木國之先生古稀祝賀論文集『刑事法学の現代的展開（上）』254頁（法学書院，1992年）。
4) 被利用者標準説は古くから唱えられていたものの，それ程多くの支持者を集めるにはいたっていない。古くは，勝本勘三郎『刑法要論上巻総則』396頁（明治大学，1913年），竹田直平「間接正犯（3）」立命館学叢5巻2号107頁以下（1933年），平井彦三郎『刑法論綱総論』577頁以下（松華堂書店，1930年）。近時では，朝倉京一『刑法総論』149頁（酒井書店，1993年），大越義久「実行の着手」芝原邦爾ほか編『刑法理論の現代的展開—総論Ⅱ』151頁（日本評論社，1990年），荘子邦雄『刑法総論（第3版）』458頁以下（青林書院，1996年），内藤・前掲注(2)58頁以下。おそらく，松宮孝明『刑法総論講義』217頁（成文堂，1997年）。浅田和茂ほか『刑法総論（改訂版）』243頁以下〔山中敬一〕（青林書院，1997年），山口厚『問題探究刑法総論』210頁以下（有斐閣，1998年）も，被利用者標準説であろうか。

40　第1部　実行の着手

ほ自動的といってよい程度に経過するような場合（典型的には，郵便制度を利用するような場合）に，その誘致行為の段階で着手を認めてよいと考えられている。結論的にはこのような立場が支持されるべきである。しかし，このような結論を導く理論構成については，なお検討を要すると思われる。

　（２）個別化説の理論構成は大別すれば３つのグループに分けられよう。第１に，間接正犯者の行為を作為と不作為の複合体として捉える立場であり，第２に，結果としての危険を要求する立場であり，第３に，行為帰属論とでも呼ぶべき立場である。

　まず，間接正犯者の行為を作為と不作為の複合体として捉える立場であるが，これはとくに西原博士の主張されるものである。博士は，利用者標準説に対して早くから反対し，間接正犯者の実行の着手時期が不当に早められないようにとの意図のもと妥当な帰結を導くために，間接正犯者の実行行為を利用行為という作為と先行行為に基づく防止義務違反という不作為からなると構成する[5][6]。

---

5)　西原・前掲注(2)『刑法総論』317頁。また，大塚・前掲注(1)『刑法概説総論』169頁注16。

6)　もっとも，このような構成は，博士の『間接正犯の理論』(1962年)の研究当時の見解とはいくぶん（しかし重要な点で）異なっている。そこでは次のように主張されていた。「利用者の利用行為は，必ずしも常に間接正犯における実行行為を構成するものではなく，単純挙動犯の場合には，それは常に予備行為であり，結果犯の場合には，それは被利用者が予定の行動に出る蓋然性の高低にしたがつて，あるいはその開始から実行行為たることもあり，あるいはまだ実行行為たりえず予備行為に止まることもある，と解する。そして，後者の場合には，被利用者の行動を背後から利用・支配する利用者の行為をもつて，間接正犯における実行行為と考えるのである」(西原・前掲注(3)『間接正犯の理論』206頁)。「しかし，以上の結論を維持するためには，論理上，必然的に，間接正犯における実行行為は利用者の利用行為と被利用者の結果惹起行為とを合したものである，という主張を前提としなければならない。つまり，間接正犯者すなわち利用者の実行行為は，被利用者という別異の主体の行為を包摂しうるものと考えなければならないのである」(傍点原口)(同207頁)。このような構成は，後述の「行為帰属論」に分類されるべきものであろう。このような構成上の改説について博士は次のように述べる。「たとえ他人の行為であっても，その成り行きを操縦・支配できるような場合には，自分の行為の中に取り込める」。「つまり，利用者の行為というのは，単に自分自身の動作だけではなく，他人の行為であっても，教唆犯の場合と違って一方的に操縦・支配できるような関係に立つ以上は，利用者の行為の中に包括できる」という「いわば規範的行為概念」と呼びうるような考え方に対して，「ひところはそういう考え方でいいのではないかと考えた時期もあった」が，「間接正犯の場合，他人の身体運動が自己の身体運動の中に取り込まれると考えることは，やはり概念の混乱を来すことになりはしない

西原博士の研究が個別化説の広まりに多大な寄与をなしたということは否定できない。しかし，結論的にはかなりの程度で承認されてきているとはいえ，その理論構成については批判も多い。例えば，一定の犯罪を実現しようとして作為をした者に，その犯罪的結果の発生を防止すべき作為義務を課し，その義務に違反する不作為をその者の実行行為と解することは，いかにも技巧的であり[7]，また，問題の時に作為可能性が失われているような場合には不作為犯の罪責を問いえなくなってしまうことも不都合である[8]。さらに，当初の行為時に肯定されるはずの「実行の着手」と結果に接着した不作為犯の「実行の着手」との関係の不明確さも指摘されている[9]。それゆえ，このような構成は成功していないように思われる。

（3）第2に，未遂犯に対して結果としての危険を要求する構成である。この立場は，①正犯行為としての実行行為と未遂行為としての実行行為とを同一視することなく，両者の実質的内容を相対的に理解し，②「行為」を，広義では，結果を含むと把握するとともに，③未遂犯の実質的処罰根拠である既遂結果発生の具体的危険を「結果としての危険」と考え[10]，間接正犯者の着手時期をこの具体的危険ないしは切迫した危険（結果）の発生した段階で認める。すなわち，「危険を結果として捉えるとすると，その判断は，論理的には法益侵害の場合とパラレルに，即ち行為とは区別して行なわれるべきことになる。そして，たとえ行為が行なわれた——あるいは，完了した——としても，危険という結果が発生していないときには，当該危険犯は未だ成

---

か。作為ならば，自分の身体運動に限定されていなければなりません。そうだとすると，間接正犯の場合に，他人の作為を自分の行為の中に取り込むためには，そこに不作為としての理論構成をとるほかはないのではないだろうかというふうに考え始めたのです。これはそう以前の話ではなくて，比較的最近そういうふうに考え始めたのです」（西原春夫「間接正犯と原因において自由な行為」法学教室25号38頁以下［1982年]）。

7) 福田・前掲注(1)225頁注5。参照，斎藤信治・前掲注(3)265頁，齋野・前掲注(3)63頁，前田・前掲注(2)152頁注13，山口・前掲注(4)210頁など。
8) 山口・前掲注(4)210頁。参照，浅田ほか・前掲注(4)245頁［山中]，斎藤信治・前掲注(3)265頁，西田典之「間接正犯論の周辺」Law School48号39頁注12（1982年），原田保「実行の着手」法学セミナー360号42頁以下（1984年）なども。なお，内藤・前掲注(2)62頁。
9) 山口・前掲注(4)210頁，齋野・前掲注(3)63頁以下。
10) 内藤・前掲注(2)64頁。このような考え方について先駆的なのは，平野龍一「正犯と実行」佐伯千仭博士還暦祝賀『犯罪と刑罰（上)』456頁（有斐閣，1968年）。

立しないこととなるのである。行為時と危険発生時が事実上一致する場合
……があるとしても，そうであるべき必然性は存在しないことになる。当該
構成要件により処罰の対象となっている危険が生じた時点で初めて可罰性は
肯定されることとなるのである。……未遂犯においても，それ自体1個の犯
罪として既遂発生の（具体的）危険を処罰根拠とするものである以上，……
その危険は結果として捉えられるべきなのである」[11]。「実行の着手という
概念も，一定の程度の切迫した危険が発生した段階で処罰するという『段階
を画する概念』にすぎないと理解すれば，未遂犯において，具体的危険とし
て処罰の対象とするに値する程度の――場所的関係等から見て――切迫した
危険という結果が発生した時点ではじめて未遂犯の成立を肯定することは可
能となるのである」[12]。「実行の着手とは『構成要件該当行為による未遂結
果の発生』である」とする[13][14]。この立場によれば，結果としての危険は結
果なのだから，当然に行為者の行為（因果経過の起点として正犯行為）との因
果関係も問題となるとする[15]。

　したがって，このような理解によれば，未遂犯は既遂犯（とくに，結果犯
の既遂犯）と同様の構造を持つことになり，それゆえ，理論的には，因果経
過の起点としての（予備行為である）正犯行為→因果関係→結果としての危
険の発生（＝実行の着手）→因果関係→既遂結果というように理解されるこ
とになるのであろう。

　このような構成によって間接正犯の着手時期を定める場合には，ともか

---

11)　山口厚『危険犯の研究』58頁（東京大学出版会，1982年）。

12)　山口・前掲注(11)『危険犯の研究』60頁。同様に，内藤・前掲(2)64頁，前田・前掲
　　注(2)146頁。

13)　大越・前掲注(4)142頁，163頁。

14)　なお，曽根・前掲注(3)227頁以下，255頁。また，山中教授は，実行行為はあくまで
　　行為者の行為であるべきだが，事前的に危険な当該行為が実行行為という性格をもつの
　　は，事後的に具体的危険が生じたときであるとし，実行行為性は，事前的に規定される
　　ものではなく，事後的評価によって潜在的な実行行為が現実的な「実行行為」に転化す
　　るという理論構成を採る，と主張される（浅田ほか・前掲注(4)243頁以下〔山中〕，類
　　似して，齋野・前掲注(3)79頁以下）。

15)　山口厚「因果関係論」芝原邦爾ほか編『刑法理論の現代的展開―総論I』59頁（日
　　本評論社，1988年），同様に，曽根威彦「因果関係」『刑法における実行・危険・錯誤』
　　40頁以下（成文堂，1991年），前田・前掲注(2)147頁注6。林陽一「刑法における相当
　　因果関係（1）」法学協会雑誌103巻7号1236頁注4（1986年）も参照。

く，未遂犯の法益に対する脅威としての性格を考慮することについては，利用者標準説の問題点を除去しえよう。しかし，この構成では，「間接正犯者の行為」について間接正犯者自身の誘致行為に限り，それ以降の事象は因果経過（および結果）と理解している点では利用者標準説と同様であり，その限りで「とってこい」という行為を「窃取行為」と解さざるをえず，したがって，構成要件の各則において記述されている行為態様の問題は解決されていないといえよう[16]。

さらに，結果としての危険を要求する未遂論の構成についても疑問が残る。43条が「犯罪の実行」の着手を規定しているにもかかわらず，行為者の行為を離れた一定の段階に着手があるとするのは法の解釈に反し，あるいは，少なくとも，従来の考え方と著しく異なり妥当でなかろう[17]。また，塩見教授は，（不能犯の問題についてであるが）結果としての危険という構成に対して，「未遂犯を結果犯とする客観的危険説の構成は，『実行に着手』するだけで未遂を認める刑法43条の文言と抵触していてそもそも無理があるのであるが，これに対処するために立てられる『犯罪成立には常に結果発生が必要だ』とのテーゼも，あたかも自明であるかのように主張されるだけで理論学的に根拠づけられていないのみならず，妥当な処罰範囲の画定という実践的意義すら欠いていることを」不能犯に関する「判例の現状はよく示しているように思われる」とされる[18]。適切かつ妥当な批判であり，このような構成もとりえない。

（4）最後に，行為帰属論とでも呼ぶべき立場があげられる。この立場は，間接正犯者の誘致行為と，（間接正犯者に帰属すべき）被利用者の行動とを1つの行為（全体的行為）と考える，近時ドイツで少数ではあるが，著名な論者によって主張されている全体的解決説に類似した考え方である。

---

16)　参照，中空壽雅「原因において自由な行為の法理の検討――故意の原因において自由な行為の成立要件（1）」早稲田大学大学院法研論集52号185頁以下（1990年）。

17)　齋野・前掲注(3)57頁，62頁，78頁，西原春夫「犯罪実行行為論（総論）」法学セミナー360号35頁以下（1984年），なお，野村稔「間接正犯の実行の着手時期」百選Ⅰ4版133頁。

18)　塩見淳「不能犯」法学教室202号38頁（1997年）。また，香川・前掲注(1)291頁注6。参照，また，原口伸夫「不能未遂についての予備的考察」中央大学大学院年報24号113頁以下（1995年）。

44　第1部　実行の着手

　このような考え方は，古くは，竹田博士が主張され[19]，比較的近時では，藤木博士，中野教授，大谷教授等にみられる。藤木博士は，「実行の着手も，被利用者の行為と合わせて全体として犯罪事実発生に接着する段階にいたったかどうかで定めるのが妥当である。被利用者は，犯罪事実に当面することからくる規範的障害を欠く者であるという意味で，利用者の道具ではあるが，被利用行為そのものは被利用者の意思に基づくものであって，機械のごとく一挙手一投足まで利用者によりあやつられる，という関係にはない」（傍点原口）と述べ[20]。中野教授は，「道具はかれ（間接正犯者，原口注）の手の延長であり，道具の動きはかれの行為そのものだとみることができる」[21]とし，「間接正犯者が道具を利用する行為それ自体（たとえば，被利用者に働きかける行為）が実行行為で，道具の動きは行為後の因果過程だとみる考え方が一般に強かった。しかし，それは自らの手でしたものだけがその者の行為であるといういわば自然主義的行為観を前提とするものであって，社会的な意味において行為というものを考えれば，……被利用行為をそのまま正犯者の実行行為とみることになんの支障もない」とする（傍点原口）[22]。また，大谷教授も，「利用行為と被利用行為が個別に刑法的に評価されるのではなく，間接正犯の意思によって利用行為と被利用行為が統一され，両者が一体となって利用者（行為者）の実行行為として評価されることを要する」[23]と論じている[24]。

　（5）このような考え方（行為帰属論）が，利用者標準説の問題点であるところの早すぎる着手時点および行為態様の問題を解決しうるのものと考えられ，優れていよう。

　近時有力になりつつある，未遂犯に対して結果としての危険を要求する立場は，行為態様の問題点を解決していないという点に加え，──これとも関

---

19)　竹田直平「間接正犯（1）」立命舘学叢4巻8号74頁（1933年），同・前掲注(4)立命舘学叢5巻2号91頁以下，106以下など。島田武夫『刑法概論（総論）』152頁（有斐閣書房，1934年）も参照。
20)　藤木・前掲注(3)279頁。
21)　中野・前掲注(3)78頁。
22)　中野・前掲注(3)80頁。同69頁も参照。
23)　大谷・前掲注(3)421頁以下。
24)　この他に，朝倉・前掲注(4)149頁，正田・前掲注(3)69頁も参照。

連するが——犯罪論における実行行為を軽視する傾向が看取される点でも従いえない。この立場の有力な主張者である山口教授は,「『実行行為』を犯罪論の中核的概念として,それに独自の意義を付与し,極めて重要視し……,因果関係論ばかりではなく,未遂論・共犯論にまで及ぶ犯罪論の根幹をなす概念」とする団藤博士・大塚博士に代表される犯罪論を,「かつての通説」と呼び[25],このような(理解の)変化をもたらした1つの重要な原因が間接正犯の問題の解決にあると理解されているようである。というのも,団藤博士・大塚博士に代表される犯罪論が「かつての通説」となるにいたった背景として,「違法論における結果無価値論の主張に伴い,……未遂犯を『既遂の結果を生じさせる危険』を要件とする結果犯とする理解の台頭」を指摘し[26],この見解と「かつての通説」との間には,「離隔犯の場合や間接正犯の場合において,いわゆる発送時や利用行為時ではなく,到達時や直接の行為者により現実の危険が生ぜしめられた段階で未遂の成立を肯定するという結論の相違となって現れるのである。そこでは,旧通説の背景にあり,その基礎をなしていると評することのできる考え方,すなわち,『実行行為』こそが犯罪の『本体』であり,それについて犯罪(未遂)の成否が論定されなければならず,またそれに着手した以上未遂としての罪責を問いうるという考え方が否定されることになり,旧通説の理論的基礎が,結論の一端から切り崩されたことになる」と論じているからである[27]。

　私自身は,なお「因果関係論ばかりではなく,未遂論・共犯論にまで及ぶ犯罪論の根幹をなす概念」としての実行行為概念を維持すべきであると考える。というのも,犯罪類型の中心的要素の1つはいうまでもなく実行行為であり,この罪刑法定主義的犯罪論体系の竜骨ともいうべき実行行為の観念[28]を維持すべきであると考えるからである。それゆえに,利用者標準説の問題点を回避しつつ,このような実行行為概念を維持する可能性をもつ行為帰属論を支持する。次節において,ドイツの比較的近時の議論も参照しつつ,こ

---

25)　山口・前掲注(4)『問題探究刑法総論』2頁。
26)　山口・前掲注(4)『問題探究刑法総論』4頁。
27)　山口・前掲注(4)『問題探究刑法総論』4頁。
28)　佐伯千仭『四訂刑法講義総論』344頁(有斐閣,1981年)も参照。

46　第1部　実行の着手

の考え方を検討していく。

## 第2節　行為帰属論とドイツにおける近時の議論状況

### 1　行為帰属論（全体的解決説）

（1）間接正犯者の実行の着手時期に関するドイツの近時の議論状況も単純ではない。その状況について簡潔にまとめれば，Georg Schilling が，1975年に，もっぱら間接正犯者の誘致行為に着目する個別的解決説（Einzellösung）と，行為の媒介者（＝道具）に割り当てられた働きと誘致行為からなる全体的行為（Gesamthandlung……，wie sie sich aus der Einwirkunghandlung in Verbindung mit den dem Tatmittler zugewiesenen Beiträgen ergibt）に着目する全体的解決説（Gesamtlösung）という議論枠組みを示し[29]，この対立枠組みの中で議論されるのが一般であり，その中で，Claus Roxin が1972年の論文[30]で提案した手放し公式（修正された個別的解決説）が学説において優勢な見解あるいは通説とされ，判例も BGHSt 30, 363（Urt. v. 26. 1. 1982）においてこの手放し公式を採るにいたった，とされている。

（2）他方で，全体的解決説（行為帰属論）も，少数説とはいえ，著名な論者によって主張されている[31]。例えば，次のように主張される。

---

29）　Georg Schilling,Der Verbrechensversuch des Mittäters und des mittelbaren Täters, 1975,S.11. 彼は，間接正犯者の実行の着手時期だけでなく，共同正犯者の実行の着手時期も，各々の個々の共同正犯者について，その者自身の働きに着目して論究されるべきであるとし（したがって，例えば，AとBが共同正犯とされる場合にも，AとBとでは，その役割分担に応じて，一方は未遂で，他方は予備段階でありうる）(a.a.O.,104ff., 112ff.)，このような考え方を個別的解決説と呼んだ（a.a.O.,S.1 und passim）。

30）　Claus Roxin,Der Anfang des beendeten Versuchs—Zugleich ein Beitrag zur Abgrenzung von Vorbereitung und Versuch bei den unechten Unterlassungsdelikten, Festschrift für Reinhart Maurach,1972,S.213ff.

31）　Eduard Dreher/Herbert Tröndle,Strafgesetzbuch und Nebengesetze,48.Aufl.1997, § 22 Rn.18a;Jürgen Eschenbach,Zurechnungsnormen im Strafrecht,Juristische Ausbildung(=Jura),1992,S.642;Karl Heinz Gössel,Anmerkung,Juristische Rundschau (=JR),1976,S.250;Bertold Kadel,Versuchsbeginn bei mittelbarer Täterschaft—versuchte mittelbare Täterschaft,Goltdammer's Archiv für Strafrecht (=GA),1983,S.306;Sven Krüger,Der Versuchsbeginn bei mittelbarer Täterschaft,1994,S. 82ff.;Kristian Kühl,Versuch in mittelbarer Täterschaft,Juristische Schulung(=JuS),1983,

第2章　間接正犯者の実行の着手時期　47

　ドイツ刑法22条（「行為についての彼の表象によれば，構成要件の実現を直接開始する者は，犯罪行為に着手するものである。」）の意味における直接性は，単に行為者自身の行為にだけ関係づけられてはならず，行為者によって彼の計画の道具として利用される人の行為にも関係づけられる。それに応じて，行為者は，彼の表象によれば，自分の行為あるいは利用される道具の行為が構成要件実現に直接流れこむ（einmünden）場合にのみ構成要件の実現を直接開始する（Gössel）。

　間接正犯者は，道具に対する働きかけそれ自体のように自らの手により実行する行為によって自分の行為を遂行するばかりでなく，彼によって支配された道具の行為によっても自分の行為を遂行するのである。道具の錯誤による行為は，間接正犯者の意思支配に基づいて間接正犯者に自分の行為として帰属する。間接正犯の未遂は，――間接正犯者の行為と道具の行為から構成される――全体的行為が構成要件的実行行為に直接流れこむ場合に初めて始まるのである（Kühl）。間接正犯は垂直的帰属の原理（Prinzip der vertikalen Zurechnung）に基づいているのである。構成要件において記述された行為を自ら行うのではなく，他人に行わせる者も正犯者でありうる。したがって，

――――――――――――――

　S.182,ders.,Strafrecht,Allgemeiner Teil,2.Aufl.1997.§20 Rn.91;Wilfried Küper,Der Versuchsbeginn bei mittelbarer Täterschaft,Juristenzeitung(=JZ),1983,S.369;Georg Küpper,Anspruch und wirkliche Bedeutung des Theorienstreits über die Abgrenzung von Täterschaft und Teilnahme,GA 1986,S.446f.;Reinhart Maurach/Karl Heinz Gössel/Heinz Zipf,Strafrecht,Allgemeiner Teil,Teilbd.2.7.Aufl.1989,§48 Rn.112ff.;Harro Otto,Versuch und Rücktritt bei mehreren Tatbeteiligten(1.Teil),Juristische Arbeitsblätter(=JA),1980,S.646;Günter Stratenwerth, Strafrecht,Allgemeiner Teil Ⅰ,3.Aufl.1981,Rn.838;Theo Vogler,in:Strafgesetzbuch,Leipziger Kommentar,10.Aufl.1985,§22 Rn.101. 後述，注33も参照されたい。

　さらに，少し以前は，Busch,Kohlrausch/Lange,Schönke/Schröder,Welzel 等によって，故意のない道具（gutgläubiges Werkzeug）（この場合，道具に対する働きかけによって既に未遂は始まる）か，故意ある道具（bösgläubiges Werkzeug）（この場合，道具が行為の実行を開始する場合に未遂が始まる）かによって区別して論ずる立場が主張されていた。Richard Busch,in:Strafgesetzbuch,Leipzier Kommentar,9.Aufl.1970,§43 Rn.33;Eduard Kohlrausch/Richard Lange,Strafgesetzbuch mit Erläuterungen und Nebengesetzen,43.Aufl.1961,vor§43 Ⅱ 3;Adorf Schönke/Horst Schröder, Strafgesetzbuch, Kommentar,17.Aufl.1974,§43 Rn.16;Hans Welzel,Das Deutsche Strafrecht,11.Aufl.1969,§24 Ⅲ 5. 近 時 で は，Hermann Blei,Strafrecht Ⅰ,Allgemeiner Teil,18.Aufl.1983,§72 Ⅱ 4. この立場は，故意ある道具に関する限りで，全体的解決説を採るものといえよう。

48 第1部 実行の着手

基準となる観点は，他人に対する働きかけなのではなく，行為支配が間接正犯者にあるという理由で間接正犯者に帰属するところの他人を介した構成要件の充足なのである（Kadel）。

未遂の可罰性にとって常に（間接）正犯者自身が犯罪的意思を行為に示すことが問題なのだから道具の行為に背後者の可罰性を依存させることは不合理である，という異議は，まさに行為者が行為を実行するために他人を利用するという点にあるところの間接正犯の本質を正しく評価していない。したがって，間接正犯の場合の未遂開始にとって基準となるのは「全体的行為」なのである（Vogler）。

（3）このような全体的解決説は，利用者の誘致行為の段階では実行の着手の要件である直接性の要件（ドイツ刑法22条）を充たしていないことや，その段階では法益に対する脅威がいまだ十分でないこと[32]と並んで，その時点の行為は，いまだ各則の構成要件において記述される動詞に相応する行為，つまり，各構成要件の要求する行為態様とはいえないということを論拠としている。最後の点について，例えば，次のように主張される。行為の成果（Handlungsergebnisse）の意味での結果は因果性により惹起者の仕業とみなされうるのに対して，このことは結果を媒介する行為遂行に関して同様には妥当しえないのであるから，道具の活動の帰属がなければ，法益侵害の特殊な態様——この態様はしばしば行為の行為無価値を型打ちする——は間接正犯者に帰属させえない。例えば，道具の行動を単なる因果要因と考えるならば，詐欺の場合，錯誤，財産的処分行為および損害の惹起は間接正犯のかたちでも肯定されうるが，欺罔行為の帰属は肯定されえないであろう[33]。ま

---

32) 全体的解決説の構想は，Küper によれば，①未遂の危殆化の観点（道具の投入による法益の脅威）を適切に考慮に入れることができ，②「間接」正犯のかたちでの犯罪遂行の構想——間接正犯は「他人を利用した」行為遂行である——に合致し，③未遂の拡張を避けることができる，という長所をもつ（Küper,a.a.O.[Fn.31],S.370）。

33) Krüger,a.a.O.(Fn.31),S.41.Vgl.Peter Cramer,Gedanken zur Abgrenzung von Täterschaft und Teilnahme,Festschrift für Paul Bockelmann,1979,S.387（間接正犯および共同正犯の場合，法律は，ある者が，彼自身が構成要件を実現せず，あるいは一部しか自分の手により実現しなかったのにもかかわらず，正犯者として評価されるということから出発している。ドイツ刑法25条以下がそれに基づいているところの限縮的正犯概念の基盤にたって，このことは次のことを意味している。すなわち，法律が正犯者の質を認めるところの者に，他人の行為が，あたかも彼自身が行為したかのように帰属するとい

うことである。間接正犯の場合には垂直的な帰属原理 vertikales Zurechnungsprinzip に従い，共同正犯の場合には水平的帰属原理 horizontales Zurechnungsprinzip に従うのである）。Küpper,a.a.O.(Fn.31),S.447 は，共同正犯について相互の帰属 gegenseitige Zurechnung，間接正犯について片面的な帰属 einseitige Zurechnung という言葉を用いている。

わが国でも，共同正犯については，このような行為の帰属が有力に主張されている。参照，斉藤誠二『特別講義刑法』203頁以下（法学書院，1991年），同「共犯の処罰の根拠についての管見」下村康正先生古稀祝賀『刑事法学の新動向上巻』5頁以下（成文堂，1995年），高橋則夫『共犯体系と共犯理論』328頁以下（成文堂，1988年），同「承継的共犯(1)」百選 I 4 版165頁，中野・前掲注(3)139頁。鈴木彰雄「共同正犯の未遂」法学新報96巻 1・2 号228頁以下（1989年）も参照。

手放し公式（後述）を主張する Roxin 等も，このような行為帰属を認めているようである（Krüger,a.a.O.[Fn.31],S.58f. は，Roxin や彼に従う論者が道具の行為を単なる因果性とみる見方をとっていない，とする）。例えば，Roxin は，責任無能力者が「盲目的因果的に」あるいは「いわば機械的に」行為するのではなく，それゆえに，「道具」という言葉が事態を的確に捉えているわけではないということは正しいとし，さらに，背後者が道具を機械の道具のように支配する，ということを背後者に対して要求するならば，間接正犯の構造を誤解しており，盲目的な因果要因の利用や機械的な補助手段の利用は，むしろ直接正犯の場合であるとし，間接正犯の場合には，答責性のある者が責任なく行為する者を使い，その結果，その責任なく行為する者の行動は規範的な基準により背後者に帰属する，とする（Claus Roxin,Bemerkungen zur actio libera in causa, Festschrift für Karl Lackner,1987,S.315）。この点，Roxin を博士学位の指導教授（Doktorvater）として学んだ Papageorgiou-Gonatas は一層明確に述べる。彼は，まず，間接正犯の構造について，原理的に，「間接正犯者の構成要件該当行為が道具に対する誘致行為にのみあり，道具の行動は単に因果経過の問題である」とする個別的解決説と，「間接正犯の本質が構成要件を実現するために他人を用いることにあり，構成要件の実現は間接正犯者自身の行為と道具行為からなり，これらの行為が規範的な統一一体を形づくる」とする全体的解決説がある，とした上で（Stylianos Papageorgiou-Gonatas, Wo liegt die Grenze zwischen Vorbereitungshandlungen und Versuch?,1988,S.303-304），間接正犯の構造については全体的解決説が正しいとする（a.a.O.,S.324）。しかし，ここで問題なのは間接正犯の既遂犯ではなく，未遂犯であるとして，既遂犯に関して妥当することがただちに未遂犯に関して妥当するわけではなく，全体的解決説が法治国家上承認可能な解決であることを認めつつも，法律の文言と未遂の概念（Versuchsbegriff）と両立しえないとし，結論的に，手放し公式に従う（a.a.O.,S.325）。彼のいう「未遂の概念」がなにを意味しているのかは——彼はこれについてとくに参照箇所を指示しておらず——必ずしも明らかではない（ちなみに，彼は未遂の処罰根拠について印象説を支持する。a.a.O.,S.200ff.,insb.209ff.）が，次のような考え方に従っているのではないだろうか。すなわち，未遂段階への移行を，行為者がそれ以降の経過に関して決定的な瞬間において自分の決意を持ちこたえる，ということに依存させる場合，間接正犯者の可罰性を道具の行動により評価することは刑事政策上不合理であろう，とする Roxin（a.a.O. [Fn.30], FS-Maurach,S.228. 参照，後述，第2節2（2）も）の考えや，未遂の可罰性にとって間接正犯者自身の犯罪的な意思活動（verbrecherische Willensbetätigung）に着目すべきなのだから，間接正犯者の可罰性を道具の行動に依存させることは不合理であろう，とする Rudolphi（Systematischer Kommentar StGB 1,20 Lfg.6.Aufl.,1993,§22

50　第1部　実行の着手

た，道具の行為の意味が，間接正犯者が始動させるところの単なる因果事象
に限局されるならば，間接正犯のかたちではせいぜいのところ単純な結果犯
しか実現されえず，結果惹起を超えて——あるいはそれとは無関係に——特
殊な行為態様を前提とし，したがって，構成要件の意味を歪めるという対価
を払ってしか惹起カテゴリーとして説明できないような構成要件は実現され
えないであろう。それゆえに，「間接」正犯の犯罪遂行の特徴は，その犯罪
遂行にとって特徴的な「媒介」が単に因果性としてだけでなく，特殊規範的
な帰属（活動の算入 Tätigkeitsanrechnung）として理解される場合にしか適切
に把握されえないであろう。道具の行動（そしてそこから生ずる結果）が，背
後者の優越的地位に基づいて，つまり道具についての背後者の行為支配に基
づいて，あたかも背後者自身が行為したかのように背後者に帰属せられる。
このような帰属を認めることが「他人を介した」遂行（ドイツ刑法25条1項
第2選択肢）の意味であり，この規定はまさにこのような帰属を指示する規
定なのである，と[34]。

　このことをわが国の判例で間接正犯と認められた具体例でみてみよう。ま
ず，大判明治37年12月20日刑録10輯2415頁の事案を例としよう。この事案で

---

Rn.20a）の考えである。

[34]　Küper,a.a.O.(Fn.31),S.369. このような「行為」の帰属を考える前提として，全体的
　解決説は「間接正犯者の行為は道具に対する誘致行為だけであり，それ以降の事象は因
　果性（およびそれによってひき起こされる結果）にすぎない」とする個別的解決説・利
　用者標準説に対して次のように批判する。すなわち，道具の行動は，存在論的にみて，
　自然の因果性のような「盲目的な因果経過（blinder Kausalprozeß）」ではなく，意思
　によって操縦される特殊人間的な人格的行為（spezifisch menschliches,vom Willen ge-
　lenktes,personales Tun）である（Küper,a.a.O.[Fn.31],S.369）。自然の因果性が意識的か
　つ意欲された操縦の欠如によって際立たせられるのに対して，人間の行為は意識的目的
　的に遂行される。自分の行為の射程を意識していない故意のない道具が利用される場
　合，道具の行動と因果的機械的な作用を等置することは容易に納得がいくように思われ
　るが，故意のない道具も意思なく目標なしに行為するのではなく，意識的に目的的に行
　為する（Krüger,a.a.O.[Fn.31],S.42.Vgl.auch Kühl,a.a.O.[Fn.31],Strafrecht,§20 Rn.91）。
　このことは，故意ある道具を承認する場合なおのこと妥当する，とするのである
　（Krüger,a.a.O.[Fn.31],S.42）。道具の性質について，わが国でも，例えば，「意思のない
　身体や物は道具になりうるが，意思にもとづく人間の行為は，厳密な意味では道具には
　なりえない。道具のようにというのは一種の比喩である」（平野・前掲注(2)『刑法総論
　Ⅱ』359頁）というような記述がときおり見受けられる。参照，青柳・前掲注(3)117頁，
　119頁，柏木・前掲注(3)110頁以下，前田・前掲注(2)402頁。前述，第1節2（4）も
　参照。

は，被告人は，Aに対する借金弁済の責を免れようとして，Aの三男Bが10歳に達せず是非の弁別のないことを知りつつ，Bに対し金100円の借用証書を自宅から取り出してくるように告げた。Bは，ことの善悪を知らないため，被告人からいわれた通りに，自宅の仏壇の抽斗内にしまってあった右証書を取り出して被告人に渡したというものである。この場合に間接正犯が成立することは学説も一般に認めている[35]。この場合に，間接正犯者の行為は誘致行為に尽き，その後は因果経過であると解する立場によれば因果経過は行為たりえないから，因果経過の途中で窃取行為もありえない。この事案の場合，Bに対して指示をした行為（誘致行為）が実行の着手であり，その誘致行為の終了とともに実行行為も終了する。このBに対する行為が，構成要件の行為記述に相応する行為，この場合は「財物を窃取」する行為（235条）といえるのであろうか。

　さらに，最決昭和58年9月21日刑集37巻7号1070頁を例にとろう。この事案では，被告人は，当時12歳の養女Aを連れて四国八十八か所礼所等を巡礼中，日頃被告人の言動に逆らう素振りを見せる都度顔面にタバコの火を押しつけたりドライバーで顔をこすったりするなどの暴行を加えていた同女に対し，本件各窃盗を命じてこれを行わせたというもので，最高裁は間接正犯を認めた。この判例がどのような理論，ことにどのような従属性の理論を採っているのか，ということについては種々の議論があるが，結論的には間接正犯を認めうるであろう[36]。この事案を少し変更し，被告人が，Aに窃盗を命じ，また，もし被害者が抵抗するようならば暴力を行使してでも取ってこいと命じたとしよう。この場合も，行為帰属を認めない立場によれば，被告人の命ずる行為（誘致行為）が実行の着手であり，その誘致行為の終了とともに実行行為も終了する。そして，その後は因果経過となる。Aが財物を（窃取もしくは強取して）もってきた場合には被告人は窃盗既遂の責任を負うの

---

35)　参照，大塚・前掲注(1)『刑法概説総論』155頁，団藤・前掲注(1)156頁以下，福田・前掲注(1)257頁など。

36)　参照，斉藤誠二「いわゆる『正犯の背後の正犯』をめぐって」警察研究55巻10号3頁以下（1984年），斎藤信治「『極端従属形式』は捨てられるべきか——昭和58年9月21日最高裁第1小法廷決定を機縁として——」法学新報91巻8・9・10号55頁以下（1985年），およびこれらの文献で引用されている文献。

52 第1部 実行の着手

か，強盗既遂の責任を負うのか。道具であるＡが被害者の抵抗にあい実際に暴力を行使して奪いとってきたならば——間接正犯を認めるならば——強盗の既遂になり，道具であるＡが窃取しただけであるならば窃盗罪の既遂となるのではなかろうか。もっとも，後者の場合は強盗罪の未遂だと主張されるかもしれないが，（居直り）強盗も辞さない意思で盗取行為をなしても，実際に暴行・脅迫行為にでなければ窃盗罪にとどまる[37]こととの均衡上も妥当とは思われない。そうであるならば，道具（Ａ）の行為（態様）を問題とせざるをえないであろう。やはり，行為者の誘致行為が構成要件の各則において記述されている実行行為であると言い切ることは困難である[38]。

（４）このような構成要件によって示されている行為態様は罪刑法定主義の原則からしても十分顧慮されなければならないであろう。そして，そのために，間接正犯者自らが直接このような実行行為を行うのではなく，直接的にはこのような「実行行為」を行う道具の行為を介して（この道具の行為は間接正犯者に自らの行為として帰属する）犯罪構成要件を実現する（行為帰属論）と考えるべきであろう。大塚博士をはじめ構成要件論を支持する論者は，一般論としてこのような構成要件の類型性（行為態様）を軽視するものではあるまい。例えば，大塚博士は，その間接正犯の研究で「かつての因果論は，類型的意味の不足のゆえに，正犯概念の基盤として充分の機能をはたしうるものではない」と論じ，拡張的正犯概念に対しても「間接正犯の構成要件該当性を示すことには成功したかにみえるが，規範的解釈を高調するあまり，構成要件行為の類型的意味を没却し，構成要件じたいを，ほとんど無内容のものと化せしめているきらいがある」と述べているからである[39]。

また，わが国においても実行の着手を論ずるにあたり，（実質的観点の重要性と並んで）形式的観点（この「形式」という表現があまり適切でなく，むしろ「行為」の観点といったほうがよいと思われる）の重要性も再評価されつつあ

---

37) 参照，大塚仁『刑法概説各論（第3版）』216頁（有斐閣，1996年），団藤重光『刑法綱要各論（第3版）』577頁（創文社，1990年），福田平『全訂刑法各論（第3版）』239頁（有斐閣，1996年）など。

38) 西原・前掲注(2)『刑法総論』317頁の利用者標準説に対する批判や，平野龍一『犯罪論の諸問題（上）』139頁以下（有斐閣，1981年）も参照。

39) 大塚・前掲注(1)『間接正犯の研究』123頁。

第 2 章 間接正犯者の実行の着手時期 53

る。例えば，いわゆる結果無価値を重視する山口教授も次のように述べている。「危険の発生を基準とするこの見解（実質的客観説，原口注）においては，危険概念の『柔軟性』により，実行の着手時期があいまいになりうる点に問題が生じる（……）。そこで，この立場もいわば形式的な基準による限界設定の意義を認めている（……）。こうした実質的客観説からのアプローチも，さきに触れた形式的客観説からのアプローチ（塩見……は構成要件の直前に位置する行為の開始を実行の着手とし，行為経過の自動性，時間的近接性，被害者領域への介入などを基準とする）も，目指すところにさほどの相違はない。……実質的基準と形式的基準は相互補完的関係にあるといってもよいであろう」[40]と述べる。このような「形式的」観点の重要性を指摘するのは，近時実行の着手について精緻な研究をなされた塩見教授である。次のように論ずる。「近時の有力説である，法益侵害ないしは構成要件実現の危険を判断規準とする見解には従いえないと考える。そして，基本的には，従来の通説であるフランクの公式を判断規準とする見解を支持したい。その理由は，法規の文言に忠実であり，従って，罪刑法定主義の要請を満たし，しかも実際的にも妥当な可罰的未遂の開始時期を提示できるからである。具体的に言えば，43条は『犯罪ノ実行ニ着手シ』となっており，『犯罪』とは各則の犯罪構成要件を意味し，『実行』とは構成要件中に書かれている動詞に当たる行為と解するのが素直であろう。問題となる行為が，日常用語としての『殺す』とか『窃取する』に当たるかという形で，『犯罪ノ実行』は判断される。……そして，未遂は，『実行』それ自体でなくでも，その『着手』の時点において成立するのであるから，『着手』を，行為者の犯罪計画上構成要件行為の直前に位置する行為と解することにより，未遂の成立範囲は適切に拡張され，実際的に見て妥当な帰結が得られるのである」[41]と。このような「形式的な」（＝行為の）観点を間接正犯者の着手時期でも考慮に入れるのがまさにここで主張される行為帰属論なのである。間接正犯の場合にだけこの観点がないがしろにされてよいはずはない。被利用者の行為の間接正犯者へ

---

40) 山口・前掲注(4)『問題探究刑法総論』206頁。参照，また，平野・前掲注(2)『刑法総論Ⅱ』314頁，前田・前掲注(2)125頁，147頁以下。

41) 塩見淳「実行の着手について（3・完）」法学論叢121巻6号16頁（1987年）。

の帰属という構成をとることによって，着手時期が「行為者の行為」を離れることなく，したがって，伝統的に認められてきたように，未遂が「実行行為」の開始であるという認識を放棄することなく，結論的にも，わが国の近時の学説・判例においておおよそ妥当と考えられている線（わが国の判例については，参照，後述，第3節1）を導きだすことができると思われるのである。

## 2　手放し公式（修正された個別的解決説）

（1）ドイツにおいても，被利用者に対する間接正犯者の働きかけ（誘致行為）だけに着目する純粋なかたちでの個別的解決説，つまり，わが国でいう利用者標準説も一定程度の支持はある[42]。しかし，このような見解は，今日では，ドイツ刑法22条の直接性の要件を必ずしも充たしているわけではないとして多くの論者によって拒否され，多数説はいわゆる手放し公式Formel vom Aus-der-Hand-Geben（修正された個別的解決説）を採っている，とされている。これは，行為者が，その行為を被利用者を介して完成させるために，自分の支配領域から事象を手放し[43]，または，行為[44]あるいは行為支配[45]を手放す場合に，間接正犯者の実行の開始があるとする[46]。

----

42)　Jürgen Baumann,Strafrecht,Allgemeiner Teil,8.Aufl.1977,§36 I 4a,ders.,Täterschaft und Teilnahme,JuS 1963,S.92ff.;Paul Bockelmann,Zur Abgrenzung der Vorbereitung vom Versuch,JZ 1954,S.473;Paul Bockelmann/Klaus Volk,Strafrecht,Allgemeiner Teil,4. Aufl.1987,§22 II 3b;Günther Jakobs,Strafrecht,Allgemeiner Teil,2. Aufl. 1991,21/105;Reinhart Maurach,Deutsches Strafrecht,4.Aufl.1971,§41 II 5;Schilling,a.a.O. (Fn.29),S.104f.;Ulrich Weber,in:Jürgen Baumann/Ulrich Weber/Wolfgang Mitsch, Strafrecht,Allgemeiner Teil,10.Aufl.1995,§29 V 5a.

43)　Roxin,a.a.O.(Fn.30),FS-Maurach,S.226,ders.,Tatentschluß und Anfang der Ausführung beim Versuch,JuS 1979,S.9ff,11,ders.,in:Strafgesetzbuch,Leipziger Kommentar, 11 Aufl.1992,§25 Rn.152.

44)　Rudoluphi,a.a.O.(Fn.33),§22 Rn.20a.

45)　Hans-Heinrich Jescheck,Lehrbuch des Strafrechts,Allgemeiner Teil,4 Aufl.1988,§64 IV 1.

46)　以上の他に，Rolf Dietrich Herzberg,Der Anfang des Versuchs bei mittelbarer Täterschaft,JuS 1985,6;Hans-Heinrich Jescheck/Thomas Weigend,Lehrbuch des Strafrechts,Allgemeiner Teil,5 Aufl.1996,§62 IV 1;Karl Lackner,Strafgesetzbuch mit Erläuterungen,22.Aufl.1997,§22 Rn.9;Jürgen Meyer,Kritik an der Neuregelung der Versuchsstrafbarkeit,Zeitschrift für die gesamte Strafrechtswissenschaft(=ZStW),87 (1975),S.608;Papageorgiou-Gonatas,a.a.O.(Fn.33),S.324ff.;Johannes Wessels,Strafrecht,

第2章　間接正犯者の実行の着手時期　55

（2）Roxin は，1972年に Maurach の記念論文集に捧げられた「実行未遂の開始」と題する論文においてこの手放し公式を提案し，以下のように基礎づけた[47]。彼は，それまでは実行未遂の場合（＝行為者が，彼の表象によれば，犯罪を完成するために必要なことをすべて行った場合）には実行の開始があるということは議論の対象とならず，また疑われてこなかったということを確認し，この実行未遂の場合には実行の開始もあるという自明の考え方を疑うことから始める[48]。そして，次のような例を考察の出発点とする。すなわち，妻Aは，夫Xが旅行に出かけているときにXのコーヒーの粉に毒を混ぜ，Xは帰ってきたときに自分でコーヒーを入れ，毒を摂取するという例である。この例で，Aは彼女の表象によれば自分の行うことをすべて終了している（＝実行未遂）が，この場合でも，少なくとも事象を自分の監督下に置

---

Allgemeiner Teil,27.Aufl.1997,Rn.613. Eser は，一般的な未遂の開始基準について危殆化を基準とする。つまり，実質的に，行為者の計画によれば，当該法益が行為者からみて既に直接危険にさらされていると思われる段階に達したかどうかが問われるべきであるとし，行為者の計画によれば，直接に，すなわち，構成要件に関連する侵害にいたるためのそれ以上の本質的な中間的ステップ（weitere wesentliche Zwischenschritte）が不必要なかたちで，当該法益が危険にさらされるように思われるような活動ないしは義務懈怠によって，未遂段階に到達するとする（Albin Eser,in:Schönke/Schröder, Strafgesetzbuch, Kommentar,25.Aufl.1997,§22 Rn.42）。このような一般基準に基づいて，間接正犯者の場合も，危殆化基準が決定的に問題であるとする。ただ，間接正犯の場合には，道具は単に執行機関（Vollzugsorgan）の機能を果たすにすぎないのだから，間接正犯者からみて，道具が本質的な追加的準備行為（wesentliche Zusatzvorbereitung）をすることなくただあらかじめ制御された行為を行えばよいというような場合には当該保護法益は既に直接危険にさらされているとする。したがって，間接正犯者の表象によれば，行為事象が――自然の因果性と比較できる程に――必然的に行為の実行にいたるに違いないというような方法で間接正犯者が行為事象をあらかじめ制御する場合には，道具が活動する前に既に未遂の開始があるとする。しかし，背後者の表象によれば，被害者を危険にさらすために道具がさらなる準備行為をしなければならない場合には，道具が情を知らない場合でさえまだ未遂は認められないとする。このような事例においては，間接正犯者が，彼の表象によれば，道具による当該法益の危殆化をもはや制御することができない時点で初めて未遂は肯定されるべきであるとする（Eser,a.a.O.,§22 Rn.54a）。したがって，Eser は，結局，間接正犯者の実行の着手時期については，間接正犯者自身の身体の動静のみを考えており，なお個別的解決の枠内にとどまっていると思われる。

47)　Roxin,a.a.O.(Fn.30),FS-Maurach,S.213ff. なお，Welzel は，これ以前に，故意のない道具に限ってであるが，行為者が，行為を道具によって完成させるために，行為を手放した時点で未遂が始まる，としていた（Welzel,a.a.O.[Fn.31],§24Ⅲ5）。

48)　Roxin,a.a.O.(Fn.30),FS-Maurach,S.213f.

56　第1部　実行の着手

いている場合には，例えば，行為客体の客観的な危険や，臨界状況に主観的に耐えぬくことというような未遂処罰の根拠がなく，したがって，未遂の可罰性を肯定することは疑問があるとし，このことをいくつかの事例の比較によって論証しようとする。

　まず，自分の行うべきことをすべて行った行為者がなお事象を掌握している場合，上の例では，Aが落着き払って自宅でXの帰宅を待っている場合，通常の実行未遂と比較した場合に，①行為者が犯罪を手放しておらず，②結果が行為を行うことによって直接近づけられていないという点で違いがあり，このことは未遂の可罰性を認めることに不利な材料を提供する。しかし，このことから，ただちに，この場合には予備行為である，ということにはならず，着手未遂の場合と比較すれば，①については，着手未遂の場合も行為者はなお事象を掌握しており，また，②についても，例えば，毒を何回かに分けて投与する場合に1回目の毒の投与によって実行の開始は認められるが，この場合のように結果が必ずしも切迫している必要はない，とする。しかし，着手未遂との相違として次の点を指摘する。すなわち，着手未遂の場合に，行為者は「行為の是非についての最後の決定的な決断が下される瞬間」を既に通過しているのに対し，上の例のAはその時点を通過していない点で異なり，また，数回に分けて毒を投与する場合の第1回目の毒の投与は，結果がなお遠くにあるとしても，保護法益に対する攻撃が始まっているのに対して，上の例のXはいまだ極めて健康であり，当分の間，脅威的なコーヒーの粉に対して安全であるという点で異なる，とするのである[49]。

　さらに，Roxinは，着手未遂のパラレルな事例と比較する。Xがコーヒーの粉を自分で取ってきて自分で入れて飲むのではなく，Aがその粉をテーブルの所まで持っていく習慣がある場合には，Aによる毒の調合が予備行為であることは疑いなく，AがXの帰宅後に毒入りコーヒーを持って朝食の部屋に近づく場合に初めて（着手）未遂が始まるであろう。ならば，Xが自分でコーヒーを取ってきて自分で入れて飲む場合と，妻がテーブルの所までもっていく場合との差異が，この差異がまだ現われない時点（＝毒の混入の時点）

───────────────
49)　Roxin,a.a.O.(Fn.30),FS-Maurach,S.215.

第2章 間接正犯者の実行の着手時期 57

にまで前者の事例の可罰性を早めることは納得できないとする。これらの事例を未遂処罰にとって重要な観点の下で同様に処理しようとするならば，前者の場合にも，Xがコーヒーの粉をとりに台所に向かうときに未遂を肯定する必要があろう，とする[50]。

このような事例の比較から，Roxin は，この段階で中間的な帰結として次のようにいうことができるとする。すなわち，行為者が彼の側で犯罪を完成するために必要であることをすべて行ったとしても（＝実行未遂），第1に，行為客体がなお直接危険にさらされておらず，第2に，その事象が行為者の支配領域内にとどまっており，彼によっていつでも止められうる限りで，不可罰な予備行為である，と[51]。

次いで，Roxin は，2つの前提（行為客体の危険の欠如と自分の支配領域内での事象の掌握）の一方が欠ける場合になお予備行為なのか，もはや未遂となるのかを検討する。この際には次のような例から出発する。すなわち，ある者が暗殺を計画し，被害者が演説する予定のホールに，その被害者が1週間後に演説する際に爆発するようにセットされた時限爆弾を取りつけるという例である。この場合にはなお被害者の直接の危険は欠けているが，行為者がそのうちにそのホールに近づけなくなる場合，その事象は彼の勢力範囲を脱してしまっている。冒頭の例でいえば，AがXの不在中に毒入りのコーヒーの粉を準備し，その後で旅行に出てしまうという場合がこれに当たるとする[52]。

このように行為客体にはまだ危険はないが，行為者が事象を手放す場合に Roxin は未遂を肯定するが，その理由を「直接の危険」というメルクマールを用いる見解に対する批判のなかで次のように基礎づける。すなわち，実行未遂の場合には[53]，直接の危険という基準は未遂段階への移行を行為者自身

---

50) Roxin,a.a.O.(Fn.30),FS-Maurach,S.216. この時点で初めて妻が給仕する場合（＝着手未遂）と同様の危殆化が生じ，また，妻が夫が近づいてくるのを聞くときが，彼女がコーヒーを処分できるぎりぎりのときであり，したがって，今や行為の是非についての決断を下さなければならないときである，と考えなければならないとする。

51) Roxin,a.a.O.(Fn.30),FS-Maurach,S.217f.

52) Roxin,a.a.O.(Fn.30),FS-Maurach,S.223.

53) これに対して，着手未遂の場合には，危殆化基準を用いるとしても，事象は直接の危殆化（そしてそれを超えて）まで行為者の手のなかにあるから，「直接の危険」をメ

58　第1部　実行の着手

から切り離し，広範囲にわたって偶然の[54]時点に（例えば，まったく不確実な Xの帰宅の期日）にずらす点に問題があり，不可罰性から可罰性への敷居は，着手未遂の場合，行為者が自分にとって今や事物の通常の経過によればもはや引き返すことができないと心のなかで考えざるをえない場合に，したがって，彼が「臨界状況の試練」に耐えぬいた場合にただちに踏み越えられる。このような時点は，行為者の行為が終了している場合，因果経過が行為者の「保護」から解放され，それ自体の法則性によりさらに展開する場合に既に到達されている。時限爆弾を取りつけた後で隠遁する暗殺者および毒を準備した後で時宜をえて帰宅する意思なく旅に出る妻は，「まだ何も起こっていない」というのではなく，むしろ「今や運命がそのまま進んでいく」というだろう。しかし，まさにこの点に，概して未遂の可罰性に関する刑事政策的根拠がある。つまり，行為を通して証明され，自発的な中止によってしか否定されえないところの犯罪計画を現実化する能力の点に，未遂の可罰性に関する刑事政策的根拠があるのである。臨界点を超えて持ちこたえられ，外部に表明されたこのような能力の点に，一般予防および特別予防上の制裁（Reaktionen）を招き，したがって，可罰性を肯定しなければならないところの平穏の妨害があるのである，と[55]。

　このような考察から，直接の危険がなく，かつ，行為者が事象をなお掌握している場合は予備にとどまるが，両者の基準の一方が充たされるにすぎないとしても未遂は肯定されるべきである。「直接の危険」と「行為者の支配領域からの解放」は，未遂の累積的な前提ではなく，択一的な前提であり[56]，これを間接正犯の場合に適用すれば，突き動かされた因果経過が背後者の支配領域を後にする場合に未遂があるのであり，道具が犯罪を開始する場合に初めてあるのではない，とするのである[57]。

---

　　ルクマールとすることへの以下の批判は当たらない，とする（a.a.O.[Fn.30],FS-Maurach, S.224）。

54）　Roxin,a.a.O.(Fn.30),FS-Maurach,S.224では，„anfälligen“ となっているが，Roxin, a.a.O.(Fn.43),JuS 1979,S.10では，その箇所を自ら括弧付きで引用して，„zufälligen“ と改めている。

55）　Roxin,a.a.O.(Fn.30),FS-Maurach,S.224-225.

56）　Roxin,a.a.O.(Fn.30),FS-Maurach,S.226. なお，斉藤誠二『刑法講義各論I〔新訂版〕』56頁以下（多賀出版，1979年）。

第2章　間接正犯者の実行の着手時期　59

（3）ドイツの判例（BGHSt 30, 363[58]）も，このような手放し公式を採る
にいたったとされている。その事案は次のようなものであった。被告人は彼
の恋敵Ｊを嫉妬から殺害しようとした。Ｊが被告人のことを知っており，失
敗した場合には発覚することを覚悟しなければならなかったので，被告人は
第三者を利用してその計画を実行しようと決意した。被告人はこの第三者に
自分の殺人の意図を秘し，強盗の対価として高価な盗品の見込みによって自
分の計画に引き入れようとした。そして，その第三者は行為を実行する際に
知らずに致死的な薬物を用いることになっていた。まず最初に，被告人は，
睡眠薬と偽ったが，実際には塩酸の入った瓶をＡに手渡した。Ａは，ＢとＣ
と一緒に直ちにＪを襲い，必要ならば力ずくでＪにその有毒な液体を投与
し，次いで彼の持ち物を奪うことになっていた。Ａらは，途中で好奇心から
その瓶の蓋を開けたところ，刺すような臭いがしたので，その中に睡眠薬で

----

57）　Roxin,a.a.O.(Fn.30),FS-Maurach,S.227. Roxin は，その後の論文で，(1)„Ansetzen" とい
　う概念がまだ終了していない行為者の行為をいっており，(2)„wer……ansetzt" という表
　現によって，立法者が単独の行為者を念頭に置いていると考え，単独正犯者の着手未遂
　(der unbeendete Versuch des Einzeltäters) が法律の基本形であり，間接正犯や共同
　正犯の場合にだれの開始が問題であるべきなのかは，法律の文言から読み取られえない
　ということから出発し（a.a.O.[Fn.43],JuS 1979,S.4. また，Jescheck/Weigend,a.a.O.,
　[Fn.46],§49Ｖ5は，22条の未遂規定は，単独で行為する作為の行為者の着手未遂
　unbeendigter Versuch des allein handelnden Begehungstäter に合わせて表現されてお
　り，不真正不作為犯や間接正犯の場合には，開始公式は適合せず，代替あるいは修正さ
　れなければならない，とする），単独正犯者の着手未遂の場合には，密接な時間的関連
　(enger zeitlicher Zusammenhang) と被害者領域との関係 (Beziehung zur Sphäre des
　Opfer) がメルクマールになる（これらを，この論文でも簡潔に法益が危険にさらされ
　る場合とも表現している）とし，Ｘが自分でコーヒーを取ってきて自分で入れて飲むよ
　うな場合は実行未遂ではあるが，構造上，行為者が最後までなお事象を掌握していると
　いう点で着手未遂と等しく，このような類似性 (Parallelität) は，予備行為と未遂の限
　界づけを着手未遂の場合と同じ観点によって行うことを正当化する。したがって，「事
　象の掌握」という観点の類似性により，行為者が彼の表象によれば必要であると思った
　ことをすべて行ったとしても，事象を掌握している限り着手未遂と同じ基準により処理
　すべきだとし，それに対し，事象を手放した場合にはその時点で未遂である，するので
　ある（a.a.O.[Fn.43],JuS 1979,S.9ff.）。
58）　Urt.v.26.1.1982. さらに，BGH NStZ 1986,547（Urt.v.5.8.1986). もっとも，その後，個
　別的解決説の枠組みにとどまらないようにも思われる判決もある。参照，BGHSt 40,257
　（Urt.v.13.9.1994). また，BGH NJW 1990,2702（Beschl.v.15.5.1990). また，BGHSt 30,363以
　前の，BGHSt 3,110（Urt.v.8.7.1952). BGHSt 4,270（Urt.v.3.7.1953) も道具の行為ないしは
　事象の進展状況を問題としている（Vgl.Maurach/Gössel/Zipf,a.a.O.[Fn.31],§48
　Rn.110)。

60 第1部 実行の着手

はなく，危険な酸が入っているということに気づき，そのことから行為を断念した。その後，被告人は，今度はDに，やはり偽って極めて有毒な液体の入っている瓶を手渡した。この液体は，少なくとも著しい形態の損傷（Entstellung）を惹起するのに適していた[59]。DはJにこの液体を直ちにひっかけ，被告人がJの住居から物を取ることができるようにJを一時的に病院に行くように促すことになっていた。Dは見かけだけ被告人の計画に応じたにすぎず，その瓶を警察に手渡した。このような事案について連邦通常裁判所は次のように述べて，謀殺未遂と重傷害未遂を認めた原判決を支持した。すなわち，予備行為と未遂の限界は，行為者が構成要件メルクマールを実現する場合に初めて超えられるのではなく，彼が次のような行為を行う場合には既に超えられるのである。すなわち，彼の行為計画によれば，構成要件メルクマールの充足の直前にあり，構成要件的行為に直接流れこみ，そして，保護法益を——行為者の表象によれば——具体的に危険にさらすような行為を行う場合である。それゆえに，妨げられずに進展すれば直接構成要件の充足にいたることになり，あるいは，構成要件充足と空間的および時間的に直結するような行為を行為者が遂行する場合に未遂はある，と一般的な未遂の開始基準を述べた上で，彼の表象によれば行為の媒介者に必要な働きかけを完了した者は，その結果，行為計画によれば行為の媒介者が直接引き続いて行為を実行することになっており，保護法益がそのことによって既にこの時点で危険にさらされている場合（……），間接正犯のかたちで犯罪行為に着手する。なぜなら，行為を他人を介して遂行しようとする者（……）は，彼が行為の媒介者に行為の実行をする気を起こさせ，行為の媒介者が今や構成要件に該当する行為を行うだろうと表象して，行為の媒介者を自分の影響範囲から解放する場合，計画された犯罪行為の構成要件の実現を直接開始するからである，と判示したのである。

---

59) この液体（メルク弗化水素酸 Merk-Flußsäure）も極めて有毒なものであり，ほんの5ml を口から摂取する場合，遅くとも4時間後には死にいたり，単に皮膚に触れる場合ですら致死的に作用するものであり，目に触れれば失明するというものであるとされているが，被告人の故意が刑法224条，225条の意味での重傷害に及んでいるにすぎないということが第1審において「疑わしきは被告人の利益に」により認定されたとされている（Küper,a.a.O.[Fn.31],S.361 Fn.2）。

第2章 間接正犯者の実行の着手時期 61

（4）ただ，手放し公式を主張するとされる重要な論者も，仔細に検討すると，その枠組みにとどまらないように思われる議論もしている。例えば，Wessels である。彼は，確かに，一般に手放し公式の論者として分類され，彼自身も Roxin の主張する支配的見解の立場と立つ，としている[60]。しかし，少なくとも，前述の Roxin 等の立場とは決定的に異なる点がある。

Wessels は，間接正犯者の未遂の開始について次のように述べる。事象を手放すことから結果として生ずるところの被害者に対する攻撃が，行為についての間接正犯者の表象によれば，それ以上の本質的な中間的ステップなしに，そして，比較的長い中断なしに，後続する事象経過において構成要件の実現に直接流れこむことになっているというかたちで，間接正犯者が彼によって始動させられた事象を手放した場合に未遂がある，と[61]。それに対して，Wessels は，間接正犯者の見方からも道具がなおさらなる本質的な準備行為をしなければならず，その結果として，被害者の危殆化がどの時点で差し迫った段階に達するのかよく分からないような時点で既に間接正犯者が事象を手放すような場合には，間接正犯者が事象を手放したとしても22条の直接性を要件を充たしていないと明確に述べている。したがって，事象を手放した場合には常に未遂がある（Roxin の択一公式）わけではなく，直接性の要件を充たすかたちで事象を手放した場合にのみ未遂があるとするのである。そして，このような場合には，22条の観点の下で，道具が彼の準備行為を完了した後で直接行為の実行を開始する場合に初めて間接正犯者の未遂があるとするのである[62]。この点での Roxin の見解との相違は，——実際はわずかなものかもしれないが——重要であると考える。つまり，この相違の分だけ，個別的解決の理論枠組みからはみ出しており，間接正犯者からみた行為全体の展開状況および道具の行為もその判断の中に組み入れられているといいうるからである。

Jescheck も，その教科書の第4版では，単に，間接正犯者が行為支配を手放す場合に未遂が肯定されるとしていた[63]のに対し，Jescheck/Weigend

---

60)　Wessels,a.a.O.(Fn.46),Rn.614.
61)　Wessels,a.a.O.(Fn.46),Rn.613.
62)　Wessels,a.a.O.(Fn.46),Rn.616.

62　第1部　実行の着手

の第5版ではこの部分を加筆（修正）して，間接正犯者が道具に指示を与え，道具が行為を直ちに遂行するだろうと考えて，道具を自分の影響範囲から解放した場合に未遂が肯定されると論じている[64]。間接正犯者の表象（計画）によっても，道具がただちに行為を遂行するわけではない（と考えていた）場合には，この第5版の表現によれば，道具を自分の影響範囲から解放しただけではなお未遂は肯定されないこととなろう。この意味で，Jescheck/Weigend の立場も，Wessels の場合と同様のことがいえよう。

　（5）確かに，現在ドイツではいわゆる手放し公式が通説・判例といってもよい状況にある。しかし，ドイツ刑法典とわが国の刑法典の規定上の相違には十分留意する必要があろう。ことに重罪についての教唆の企てを処罰する規定[65]の有無である。例えば，Roxin は次のようにいう。教唆の企ての場合（ドイツ刑法30条1項），重罪について，未遂は教唆者が正犯者をそそのかすことによって始まり，遅くともその正犯者が決意する時点で実行未遂となり，その結果，教唆者が因果経過を始動させることで不可罰の限界を超える以上，間接正犯の場合も事情は異なりえない。責任能力のある正犯者を謀殺に送り出す者が可罰的であるのに対して，同じ目的で責任無能力者を送り出す者が，その責任無能力者が被害者に対して手を振りあげない限り可罰的とはならないとするならば，そのことは耐えがたい評価矛盾であろう，と[66]。全体的解決説の論者も，全体的解決説を主張する場合にこのような不可罰の限界の評価についての（ドイツ刑法典の内部での）矛盾を一定の範囲で認めている[67]。しかし，翻ってわが国の刑法典をみると，このような教唆の企てを一般的に処罰する規定は存しない。このことは，間接正犯者の未遂の着手時期につき（ただちに行為帰属論しか採りえない，ということになるわけではないものの，少なくとも）間接正犯者の未遂の着手時期につき行為帰属論に有利

---

63）　Jescheck,a.a.O.(Fn.45),4.Aufl.§62Ⅳ1.
64）　Jescheck/Weigend,a.a.O.(Fn.46),5.Aufl.§62Ⅳ1.
65）　ドイツ刑法30条1項本文は「他人をして重罪を行うよう又は重罪を教唆するよう決意させることを企てた者は，重罪の未遂に関する規定によって処罰する」と規定する。
66）　Roxin,a.a.O.(Fn.33),FS-Lackner,S.316-317,ders.,ESJ Strafrecht,AT.2.Aufl.1984,S.165. Vgl.auch Weber,a.a.O.(Fn.42),§29 Rn.155.
67）　Krüger,a.a.O.(Fn.31),S.91ff.;Kühl,a.a.O.(Fn.31),JuS 1983,S.181;Küper,a.a.O.(Fn.31),S.372.

第2章　間接正犯者の実行の着手時期　63

な論拠になると思われる。

　さらに，Roxin が提唱し，現在ドイツで支配的見解および判例の採る手放し公式が，その主たる論拠を前述のような刑事政策的根拠に求めている点にも留意すべきである。私自身，Roxin らの常々強調する刑事政策的観点を考慮すべきだということに賛成するのに吝かではない。しかし，刑事政策的な観点は国および時代によって異なるべきところ[68]，わが国では，現在のところ，判例の立場（後述，第3節1参照）や近時の学説（前述，第1節）に鑑みれば，事象を手放した時点で常に行為者に未遂の刑罰を科すべきだ，という要請があるとみることは，若干難しいように思われる。

## 第3節　わが国の判例と未遂の処罰根拠

### 1　わが国の判例

　今まで間接正犯者の着手時期について学説を中心に検討してきた。ここで，判例の立場も検討しておく。

　わが国の大審院の判例が間接正犯の1形態である離隔犯の事例において到達時主義を採り，一貫して被利用者標準説を採っているという評価について特段異論はない[69]。それに対して，間接正犯者の実行の着手時期についての最高裁の判例はいまだ存しない。なお，この関連で以下の下級審判例が注目される。

　まず，殺害の目的で毒入りジュースを農道脇に置いたという事案である。

---

68)　ドイツにおいても，例えば，Vogler は，ドイツ刑法典22条が Roxin の提案する択一基準のいずれも規定しておらず，「構成要件の実現を直接開始すること」を規定しているだけであるとした上で（Vogler,a.a.O.[Fn.31],§22 Rn.73），刑事政策上の必要性の指摘は，法律をそもそも適用せず，あるいは修正して適用することの十分な法治国家上の正当化にはならないと批判している（a.a.O.[Fn.31],§22 Rn.74）。同様に，Kadel,a.a.O.(Fn.31),S.307. 前述，注57も参照されたい。

69)　大判明治43年6月23日刑録16輯1276頁（誣告罪），大判大正3年6月20日刑録20輯1289頁（詐欺罪），大判大正5年8月28日刑録22輯1332頁（恐喝罪），大判大正7年11月16日刑録24輯1352頁（殺人罪）。なお，大判昭和11年2月24日刑集15巻3号162頁（恐喝罪）の理解について若干の争いがある。この争いについては，参照，大沼邦弘「実行の着手」西原春夫ほか編『判例刑法研究第4巻』21頁以下（有斐閣，1981年），大塚仁・川端博編『新・判例コンメンタール刑法3総則（3）』8頁〔野村稔〕（三省堂，1996年）。

64　第1部　実行の着手

被告人は父Aらを殺害し，自らも自殺する一家心中を企て，某日午後9時頃，Aらの日常通行する自宅付近の農道の道端等3か所に毒物である農薬用テップ（有機燐剤日曹テップ）を注入したポリエチレン製袋入りジュース各2本合計6本を分散配置した。翌日午前6時30分頃，通行したB（当時34歳）が同所にあったジュース入袋を発見しうち2本を拾得して自宅に持ち帰り，さらに同人よりまだジュースがあった旨を聞きつけた同人の長男C（当時9歳）・次男D（当時7歳）も同所に赴き2本を拾得して持ち帰り，右自宅で，C，DおよびBの長女E（当時4歳）において右毒入りジュースを飲用した結果，同日午後7時40分頃，右3名をして右テップに含有する有機燐の中毒により死亡するにいたらしめたが，父Aらに対する殺害の企図は遂げなかった。宇都宮地裁（昭和40年12月9日判決，下刑集7巻12号2189頁）は次のように判示した。父Aらに対する尊属殺等について，「実行の着手については，……行為が結果発生のおそれある客観的状態に至つた場合，換言すれば保護客体を直接危険ならしめるような法益侵害に対する現実的危険性を発生せしめた場合をもつて実行の着手があつたと解する」とした上で，「農道に単に食品が配置されたというだけではそれが直ちに他人の食用に供されたといえないことは明らかである。すなわち農村においては野ねずみ，害虫等の駆除のため毒物混入の食品を農道に配置することもあるであろうし，道に棄てた物を必ずしも人が食用に供するとは限らないからである。尤も本件のようにビニール袋入りのジュースではこれを他人が発見した場合右のような目的に使用された毒物混入食品とは思わないであろうから比較的に拾得飲用される危険は成人はともかく幼児などについては相当大きいといわなければならない。……ただ左様な危険の存するからといつてただちに本件被告人の行為をもつて犯罪実行の着手と認めること」はできないとして，毒入りジュースの配置については尊属殺および普通殺人の各予備行為と解し，C・D・Eについて右ジュースが拾得飲用される直前に普通殺人について実行の着手があり，殺害によって普通殺人罪が既遂に達し，これと尊属殺人の予備罪とは観念的競合となると判示した。

　この事案の場合に行為者自身のなすべき行為は配置で終了しており，それ以降の犯罪事象の展開は（利用されることになっている）被害者の行動に依存

第2章　間接正犯者の実行の着手時期　65

している。しかし，毒入りジュースを農道上に置いた時点では被利用者が所期の行為にでるのかどうか確実ではなく[70]，また，殺人罪は財産犯等と比べればその実行行為が因果性によって規定されやすいように思われるものの，それでも，殺人罪として典型的な，殺意をもって切りつける行為，首を絞める行為，発砲する行為などと比較すれば，配置行為をもって殺人行為に着手した，とはいい難く，さらに，上述の切りつける行為などと同程度に衝撃的だとはとてもいえず（社会心理的衝撃性の考え方については，後述，2参照），この配置時点でただちに行為者の実行の着手を肯定するのは困難であろう。この判決で利用者標準説が退けられているのは明らかである。行為者の行為を作為と不作為の複合体として捉える西原説でも説明可能なように思われるが，その場合には，不作為につき問題となる時点での行為者の作為可能性についての事実認定がなされなければならないであろう。判決の表現（例えば，「結果発生のおそれある客観的状態」）は，結果としての危険を要求する立場と親和性をもつようでもあるが（この立場の問題点について，前述，第1節2（3）参照），行為者に帰属すべき被害者の行動に着目した行為帰属論からも説明可能であろう。いずれにせよ，下級審判例ながら，大審院時代の判例を踏襲しているものとして重要な意味をもつ判例である[71]。

　次に，情を知らない配達担当者に配達させて郵便物を窃取する目的で郵便物の宛名を書き替えて郵便物区分棚に置いたという事案である。東京高裁（昭和42年3月24日判決，高刑集20巻3号229頁）は，被告人の各所為は，「孰れも被告人が甲郵便局郵便課に勤務し郵便物区分の業務に従事していた際，……各差出人名義の郵便物在中の現金……等を領得しようと企て，同局郵便課事務室においてひそかに，それら郵便物の各受取名義人の記載を，被告人の当時の住居であつた乙番地の同姓虚無人であるＡと加筆訂正したうえ郵便物区分棚に差し置き，以て情を知らない配達担当者の配達によりそれら郵便物を自己に入手しうるよう工作を施し」，一部の郵便物は自宅に配達されて

---

70)　川端・前掲注(3)456頁以下，西原・前掲注(2)『刑法総論』259頁，317頁，西田・前掲注(3)百選Ⅰ2版147頁など。教唆犯と解し，結論的に支持するのは，野村・前掲注(17)百選Ⅰ4版133頁。
71)　大沼・前掲注(69)46頁。

66 第1部 実行の着手

所期の目的を遂げたが，一部の「郵便物は上司に怪しまれて配達されるに至らず目的を遂げなかつたことが明らかであり，孰れも各郵便物の管理者である甲郵便局長の処分意思に基かずしてその占有を離脱せしめ或は離脱せしめんとして遂げなかつたもので，それらの所為が窃盗罪の既遂及び未遂に該る」と判示した。

　この事案について，大沼教授は，「本判決は，本件郵便物が加害者宅に到達したときに窃盗の着手を認めるべきだとする控訴趣意を斥けており，郵便物のあて名を書き替えて郵便物区別棚に置いたときに着手を認めようとするものといってよい。これは，離隔犯の着手時期について発送時主義を採るものにほかならず，一貫して到達時主義を採ってきた大審院判例と対立するものといわざるをえないと思われる」。「判示文言からも，被告人としては，郵便局長の占有を離脱させる行為を，開始し，終えているとしているものと解され，本判決は，離隔犯につき発送時主義，間接正犯につき利用者説を採っているものといわざるをえないであろう」と評釈する[72]。しかし，次のように解する余地はないであろうか。すなわち，被告人が策を弄することなくそれら各郵便物をその場で（例えば，ポケットに突っ込み）窃取して持ち帰ろうとしたならば，当然，それら各郵便物の占有を（不法領得の意思をもって）取得した段階で窃盗罪の既遂となり，窃盗罪の既遂となるために自宅まで持ち帰ることは必要ない。占有を侵害される者は郵便局長であり（「各郵便物の管理者である甲郵便局長の処分意思に基づかずしてその占有を離脱せしめ或は離脱せしめん」），その段階で占有が侵害され，移転しているからである。これに近い行為を被告人は，郵便局員という道具を介して実現しようとした。とすれば，あたかも被告人自身が行為するかのように，被告人の道具である郵便局員がそれら各郵便物の占有を（局外に運搬のため持ち出し）取得する段階で，その取得行為が（間接正犯者である被告人自身に帰属する）「実行行為」であり，その時点で窃盗は既遂となる。そして，「郵便物の宛名を書き替えて郵便物区分棚に置いた」行為が（道具により）取得する行為に密接に関連する行為である，とする理解である。このように解釈できるならば，この判決

―――――――――――
72)　大沼・前掲注(69)47頁。同旨，大越・前掲注(4)155頁，内藤・前掲注(2)60頁，野村・前掲注(17)百選Ⅰ4版133頁，団藤・前掲注(1)355–356注5。

も大審院以来の判例の立場と大きく異なるものではなく，また行為帰属論によって無理なく説明できる。

　さらに，近時，関税法109条2項の禁制品輸入未遂罪の実行の着手時期について判決を下したものがある。事案は次のようなものであった。被告人は，ブラジル空港から日航機に搭乗するに際し，コカインを隠匿したスーツケースを機内預託手荷物として運送委託し，新東京国際空港に到着後偽造旅券で入国しようとしたところを入管職員に発見された。税関検査に際して，被告人は，税関職員の質問に対し携帯品はなく，税関に申告すべきものはない旨答えたが，その後，右スーツケースが引取り未了手荷物として保管されていることが判明し，被告人は税関職員に対しそれが自分のものであることを認め，検査の結果コカインが発見された。このような事実に対し，第1審判決（千葉地裁平成8年9月5日）は，麻薬及び向精神薬取締法65条2項の麻薬輸入罪については有罪としたが，関税法109条2項の禁制品輸入未遂罪については無罪とした。これに対して，検察官が控訴したところ，東京高裁（平成9年1月29日判決，判時1608号156頁，判タ944号281頁）は以下のように判示して，禁制品輸入未遂罪についても有罪とした。「関税法109条所定の禁制品輸入罪にいう輸入とは，外国から本邦に到着した貨物を本邦に引き取ることをいうと定義されているところ（同法2条1項1号），関税空港において通関線（旅具検査場）を通過する形態の輸入においては，空港内の通関線を突破した時点で同罪の既遂が成立すると解せられることに照らすと，同罪の実行の着手時期は，通関線の突破に向けられた現実的危険性のある状態が生じた時点をいうものと解すべきである。そして，禁制品である貨物が機内預託手荷物として飛行機に搭載された場合においては，税関検査を受ける意思のある犯人が，到着国の情を知らない空港作業員をして，貨物を駐機場の機内から機外に取り降ろさせ，空港内の旅具検査場内に搬入させた時点をもって実行の着手があったと解すべきであ」る。「右のような場合においては，犯人が貨物を携帯して通関線を通過する場合と異なり，貨物は犯人の行為を介在することなく情を知らない空港作業員により旅具検査場内に自動的に搬入されるのであり，このようにして貨物が旅具検査場内に搬入されるに至れば，通関線の突破に向けた現実的危険性のある状態が生じたといえるから」，

68 第1部 実行の着手

本件の場合に禁制品輸入罪の実行の着手も認められるとした[73]。

　本判決は、「犯人が……情を知らない空港作業員をして……」と判示していることから、間接正犯形態での犯罪遂行として捉え、また、「貨物は犯人の行為を介在することなく情を知らない空港作業員により旅具検査場内に自動的に搬入されるのであり、このようにして貨物が旅具検査場内に搬入されるに至れば、通関線の突破に向けられた現実的危険性のある状態が生じたといえる」として、行為者自身の行為ではなく、被利用者の行動に着目して行為者の実行の着手時期を論じており、本判決も行為帰属論の観点から説明しうるであろう（もちろん、結果としての危険説からも説明可能であろう）。

　以上のことから、大審院時代の判例、そして、戦後も、最高裁の判例はないものの、下級審の判例も厳格な態度を維持していると考えられ、従来、学説においては利用者標準説が圧倒的に主張されていたことを考えあわせれば、未遂の処罰範囲を過度に広げようとはしなかった判例の態度は十分に評価しえよう。もちろん、着手時期が遅ければ遅い程よい、とはただちにはいえまい。現在、若干の学説が認めているように、間接正犯者の誘致行為以降の事象がほぼ確実性をもってあるいはほぼ自動的に構成要件実現に流れこむような場合、さらに、行為者の犯罪計画によれば（そして、その状況を、行為者の犯罪計画を知っている普通の正常な感覚を備えた者がみたとしても）道具が時間的・場所的にただちに構成要件を実現するような場合には、道具の行動を待たず着手を認めることもできよう。例えば、医師が、情を知らない看護師に毒薬を注射させ患者を殺そうとしたが、3人は同じ部屋におり、医師の指示ですぐ注射がなされうる、というような状況において、看護師が初めからなにか変だと思って注射にとりかからなかったとしても[74]、あるいは、狩猟中、X自身は人であると認識している「動物」を撃つように、Yに対してそそのかすような場合には、被利用者の行動を待たずして、利用者の（誘

---

73)　本件評釈として、本田守弘「判例批評」警察学論集50巻4号201頁以下（1997年）。禁制品輸入罪の実行の着手時期と同様に考えることができる関税法111条の無許可輸入罪の実行の着手時期について、飛田清弘・松浦恂・澤新『改訂覚せい剤事犯とその捜査』67頁以下（立花書房、1992年）、平野龍一ほか編『覚せい剤取締法』『注解特別刑法第5巻』116頁以下〔香城敏麿〕（青林書院新社、1983年）が有益である。

74)　斎藤信治・前掲注(3)220頁の設例。

致）行為によって実行（この直接的な「実行行為」は道具によって遂行されるものの，道具の行動は間接正犯者自身の行為として帰属する）の「着手」はあったものと解しうるであろう[75]。

## 2　未遂の処罰根拠

これまでは，とくに行為の側面を中心として論じてきた。最後に，実質的な観点について検討しておく。なぜなら，未遂行為は，その可罰性について，行為の観点ばかりでなく，実質的な観点においても十分に基礎づけられなければならないからである。

（1）刑法の基本的役割の1つは法益の保護であるという考え方は，現在ではとくに論証を必要としないであろう。刑法は，法益を保護するために（法益が侵害されないように），ルール（禁止規範，命令規範）を設定し，そのルールに反する行為に対して刑罰という制裁を加えることを予定し，また，実際にその制裁を加える。とりわけ，刑法が，正義感や復讐心を平和的に満足させ，遵法精神・規範（尊重）意識等を支えることにより，また，社会倫理の中核を防衛し，教育・世論などと共に世人の倫理感情を支え，常識を維持・涵養することを通して法益の安全性を高め，法益を保護するという積極

---

75)　Stratenwerth は，間接正犯の場合，目的的な客観的正犯論からは，間接正犯者自身によって（自らの手により）行われる行為だけが重視されうるのではない。基準となるのは，間接正犯者がどの程度自分自身の体を利用するのか，そして，どの程度他人の媒介を利用するのかということを問わず，彼がどの人の行為を支配しているのかということだけである。それゆえに，間接正犯者の行為と道具の行為が，ひとまとまりとして，つまり，「全体的行為」としてみられるべきである。間接正犯者は道具を介して実行するのであり，したがって，道具よりも早く実行するのではない，と論じる（Stratenwerth,a.a.O.[Fn.31],Rn.838）。Herzberg は，この最後の部分（「間接正犯者は道具を介して実行するのであり，したがって，道具よりも早く実行するのではない」）をとらえて，これを純粋な全体的解決説のテーゼと解し，このような純粋な全体的解決説によると一定の事例において未遂の開始が遅くなりすぎると批判する（Herzberg,a.a.O.[Fn.46],S.2f.）。確かに，「純粋な」全体的解決説を Herzberg のいうように定義すれば，その批判は当たっていよう。しかし，その「純粋な」全体的解決説の定式化は，全体的解決説を適切に表現していない。行為帰属論（全体的解決説）は，行為者が既に行為の是非についての決定的な決断を下し，したがって，規範意識を既に乗り越え，かつ，間接正犯者に帰属する道具の行動か，既に間接正犯者の誘致行為のいずれかが構成要件の実現に直接流れこむような場合には，間接正犯者の実行の「着手」があると解すべきであろう。

70 第1部 実行の着手

的一般予防の観点が重要である[76]。このような法益保護のためには，既遂犯・侵害犯の処罰だけではなく，未遂犯・危険犯の処罰も合理的でありうる。それどころか，後者の方により合理性があるとすら考えられないでもない。例えば，殺人罪の場合，殺されてしまった者の生命はもはや回復することができず，その段階にいたった後ではその被害者に対して保護策のとりようがない[77]。生命という法益の重要性，その回復不可能性等を勘案すれば，被害者の死というような不幸な出来事が起こらないように，それ以前の段階で刑法が介入し，法益の保護を十全にするということから，犯罪の完成する前段階，つまり，未遂段階（さらには，予備等の段階）で介入することは十分に合理的であろう。

（2）この考えを推せば，刑法による法益の保護は，広く強い程よい，とも考えられそうでもある。しかし，刑法の介入，（禁止・命令）規範の設定，その適用というのは，種々の政策上の判断，例えば，他の法領域との関係（補充性の原理・刑法の謙抑主義），侵害された法益の回復可能性あるいはその難易，禁止（命令）規範を設定することによって生ずる行動の自由の制約の度合いとそのことによって守られる法益（の重要性）の兼ね合いというような観点（個人の生活へ国家が必要以上に介入すればする程，自由で生き生きとした社会的雰囲気を害し，法への共感も失わせかねず，恣意的な介入の余地も広がり，ある法益を保護するために行ったことが逆に他の法益の不必要な制約に導くということにもなりかねない）や，捜査・裁判・行刑の運用のための国民の税負担，限られた人的・財政的体制での（効率的）事件処理への制約，行為者が処罰されるにいたった場合には，「犯罪者」として受ける烙印，職場の喪失，家庭の崩壊なども考慮に入れられるべきであろう[78]。これらの観点もあわせ考えれば，「刑法による法益保護の程度は，それだけ保護されれば，わ

---

76)　斎藤信治・前掲注(3) 2 頁。Vgl.auch Claus Roxin,Strafrecht,Allgemeiner Teil,Bd. Ⅰ ,3.Aufl.1997,§2 Rn.9ff.
77)　もちろん，この場合に，（消極的および積極的）一般予防上の理由から，あるいは，行為者が自ら行ったことを内面化し，刑罰を受けることによって罪を償い，再び社会の一員として社会のなかに受け入れられるようにすることを含む，特別予防上の理由から，行為者に刑罰を科すことは必要であり，そのことは否定されえない。
78)　このことについては，斎藤信治・前掲注(3) 2 頁以下。

れわれ国民は，犯罪に対する関係で，『一応安らかに』生活できる，という程度で足りるとしなければならない。また，この程度の保護は必要である」。「もう少し詳しくいえば，処罰の可否と刑の重さは，基本的には，問題となる行為（法益の侵害・脅威にかかわる限りでの，主観面，状況・結果を含む客観面）を普通の正常な感覚を備えた国民が目撃・認識したと仮定すれば受けるであろうところの衝撃の有無・程度——いわば『社会心理的衝撃性』のいかん——によって決せられるべきだ」ということになる[79]。刑法による法益保護の原則は，このような社会心理的衝撃性の観点によって裏づけられ，また限界づけられることによって，より正確に規定されることになる。

　こうして，未遂犯についても，法を揺るがす印象を世人にひき起こす（社会心理的衝撃性を与える）かたちで，法益保護のために規範により禁じられた行為を行った（不作為犯の場合には命じられた行為を行わなかった）ことが処罰根拠である（本書は未遂を対象とするものであるが，この社会心理的衝撃性の観点は，未遂犯だけにとどまらず，広く刑法の解釈・適用，そして立法にかかわる指導的観点に高められるべきである）。

　（３）上述のような社会心理的衝撃性の考え方は，ドイツで通説的な印象説[80]の補正版ということもできよう[81]。印象説は，未遂の処罰根拠を，一面的に客観的要因に，あるいは主観的要因のなかにみるのではなく，犯罪的意思を行為に示すことが社会一般のなかに残すところの法を揺るがす印象を問

---

79)　斎藤信治・前掲注(3) 5 頁以下。また，同「不能犯とその基準」争点新版113頁など。

80)　Eser,a.a.O.(Fn.46),Rn.17,22 vor § 22;Gerald Grünwald,Zum Rücktritt des Tatbeteiligten im künftigen Recht,Festschrift für Hans Welzel,1974,712;Jescheck/Weigend,a.a.O.(Fn.46),§49 II 3;Maurach/Gössel/Zipf,a.a.O.(Fn.31),§40 Rn.40ff.;Meyer,a.a.O.(Fn.46),S.604;Papageorgiou-Gonatas,a.a.O.(Fn.33)，200ff.insb.209ff.;Roxin,a.a.O.(Fn.43), JuS 1979,S.1;Rudolphi,a.a.O.(Fn.33), Rn.13f.vor §22;Bernd Schünemann, Die deutschsprachige Strafrechtswissenschaft nach der Strafrechtsreform im Spiegel des Leipziger Kommentars und des Wiener Kommentars,GA 1986,310ff.;Vogler,a.a.O.(Fn.31),Rn.52ff.vor §22;Wessels,a.a.O.(Fn.46),§14 Rn.594. なお，塩見淳「実行の着手について（ 2 ）」法学論叢121巻 4 号13頁以下（1987年），同・前掲注(41)法学論叢121巻 6 号12頁以下。さらに，近時のドイツの未遂の処罰根拠の新たな傾向について，参照，塩見淳「ドイツにおける未遂論の客観化傾向について（ 1 ）（ 2 ）（ 3 ・完）」法学論叢137巻 1 号30頁以下， 2 号 1 頁以下， 3 号13頁以下（1995年）。

81)　斎藤信治・前掲注(3)『刑法総論』 7 頁。

72 第1部 実行の着手

題とする[82]。つまり，法秩序が妥当していることへの社会一般の信頼も問題にするのである。従来の見解は，未遂の処罰根拠について，一方で外部的行為に，他方で行為者の主観面にその根拠を求めようとしていたのに対し，印象説は，社会との関連（世人のうける衝撃）も考慮に入れる点にその意義がある[83]。もちろん，印象説は，未遂の場合に行為者が犯罪的意思（法敵対的意思，反社会的意思）を行為に示すことが重要であるという点については十分に承認している。しかし，他方で，とくにライヒ裁判所の採っていた主観説の問題性も認識している。つまり，主観的なものを強調しすぎる場合には，時間的な点（実行の着手あるいは構成要件の実現を直接開始することの問題）でも[84]，質的な点（不能未遂の問題）でも，未遂の可罰性が不相応に拡張されるおそれがあるからである。また，「悪い意思」それだけでは，——たとえ行為に示された（betätigen）としても——当罰的な不法も，行為の当罰性も十分に基礎づけるものではない[85]。

確かに，現在のドイツで印象説を主張する論者において，主観的側面がやや強調されているように思われる場合もある[86]。それは，ドイツ刑法22条，23条により不能未遂の可罰性が原則的に認められていることに起因するものと思われる。しかし，印象説が，行為者の（外面的な）行為，行為者の主観面に「加えて」，社会との関連（法秩序の妥当への社会一般の信頼）を問題とする立場と解するならば，例えば，行為者の行為について，不能犯の議論での具体的危険説的な立場の要求する行為適性を前提とした上で，それに加えて，法秩序の妥当への社会一般の信頼を問題とすることは可能であろう[87]。

---

82)　Eser,a.a.O.(Fn.46),Rn.17 vor §22.

83)　Vgl.Papageorgiou-Gonatas,a.a.O.(Fn.33),S.209. 印象説が未遂の問題の議論のなかに持ち込んだ新しい観点は，法の構成員（Rechtsgenossen）の法への信頼を保護する必要性を強調することであり，その点に，他の未遂論に対する印象説の独自性があるとする。そして，また，客観主義や主観主義という伝統的な立場の外側にある印象説の配置が，その実態を最も正しく評価するとしている。

84)　主観説をとるライヒ裁判所の判例が，実行の着手を相当に早い時点で肯定していることについて，参照，Maurach/Gössel/Zipf,a.a.O.(Fn.31),§40 Rn.29ff.

85)　Eser,a.a.O.(Fn.46),Rn.21 vor §22;Vogler,a.a.O.(Fn.31),vor §22,S.5 und Rn.48f.

86)　Papageorgiou-Gonatas,a.a.O.(Fn.33),S.201,204 は，印象説が，原理的に主観説として特徴づけられ，単に，社会一般に対する印象という考え方によって補充されるにすぎないという解釈に反対する。

87)　例えば，平野・前掲注(2)『刑法総論Ⅱ』326頁，佐伯千仞・前掲注(28)319頁。

第2章　間接正犯者の実行の着手時期　73

（4）以上のように考えれば，「一般に予備は不可罰（例外的に罪となる場合でも刑は格段に軽い），未遂は多く可罰的（刑もほぼ既遂並み）とされているのは，両者の間には，法益の安全性に関し社会に与える衝撃の点で，画然たる違いがあるからであり，したがって，両者の境界標をなす『実行の着手』というのは，社会心理的衝撃性の飛躍的に高まった段階であると解される。……たとえば，母親が幼児に『あそこのお店まで行って，黙って本を持ってらっしゃい』と言い付けても，幼児が従おうとしなければ，母親を窃盗未遂とし処罰するまでの必要性は認められない」[88]。それゆえに，このような観点からも，利用者標準説の帰結は是認することができない。

もちろん，本章でこれまで類型性の点を強調してきたように，各罪の既遂にしても未遂にしても，定型的に，それぞれの（法定）刑に照応した社会心理的衝撃性の具備を前提とするものといわなければならず，ある行為がそれらに当たるか否かを判断する場合には，――構成要件の記述に用いられている言葉の意味の枠内で――社会心理的衝撃性が問題とされなければならないであろう[89]。間接正犯の場合にこのような「行為」――各則の構成要件において記述されている動詞に相応する実行行為――の観点を基礎づけるのが，これまで論じてきた行為帰属論なのである。

したがって，実質的に社会心理的衝撃性の観点により，形式的に（行為の面からみて）行為帰属論により基礎づけられる個別化説が支持されるべきである。

---

88）　斎藤信治・前掲注(3)『刑法総論』220頁。定型性の点も含め啓発的な，平野・前掲注(2)『刑法総論Ⅱ』318頁以下も参照。
89）　斎藤信治・前掲注(79)争点新版113頁。

74　第1部　実行の着手

## 補節　間接正犯者の実行の着手時期——その後の動向

### 1　間接正犯者の実行の着手時期をめぐるわが国の近時の動向

#### ⑴　学説の近時の動向

　（ⅰ）間接正犯者の実行の着手時期の問題は，学説において，かつては利用者標準説が通説の地位を占め，到達時説（被利用者標準説）を採るとされる判例と対立する問題領域の1つを形づくっていた。しかし，その後個別化説が台頭し，現在の多数説となっている。前稿[1]発表後約20年が経つが，このような学説の状況は基本的に変わらないといえよう。

　ただ，（ア）利用者標準説の新たな支持が若干みられること[2]，（イ）個別化説ないし被利用者標準説を導く理論構成として，「未遂犯の処罰根拠である既遂の現実的・客観的危険は，未遂犯の独自の結果であり」，「未遂犯を一種の結果犯と解する」[3]結果犯説，さらに，未遂犯の成立要件として，「実行の着手」（構成要件実現の一般的・類型的危険性をもつ行為への着手）に加えて，危険結果（構成要件実現の具体的危険）の発生も必要であるとする見解[4]の支持が増えていることを書き留める必要があろう[5]。

　（ⅱ）かかる学説の近時の動向のなかで，利用者の行為のみに焦点をあてつつ（その点で利用者標準説の1バリエーションである），誘致行為の開始時

---

1)　原口伸夫「間接正犯者の実行の着手時期」法学新報105巻1号61頁以下（1998年）＝本書第2章（37頁以下）。

2)　日髙義博『刑法総論』403頁（成文堂，2015年），森住信人『未遂処罰の理論的構造』182頁，187頁，201頁，202頁，220頁（専修大学出版局，2007年）。不作為犯構成を採って，佐久間修『刑法総論』84頁以下（成文堂，2009年）。なお，伊藤渉ほか『アクチュアル刑法総論』257頁以下〔安田拓人〕（弘文堂，2005年）。後述，（ⅱ）も参照。

　　覚せい剤輸入罪など規制薬物の輸入罪に関して，航空機（貨物便）を利用して薬物をわが国に輸入する形態の場合，その既遂時期は荷物の陸揚げ時（航空機の場合には荷物の取りおろし時）であるところ，実行の着手時期を外国での荷物積載・運送委託時点に認めるべきとする見解が，実務家の論述においてみられる。たとえば，大塚仁ほか編『大コンメンタール刑法（第3版）第7巻』393頁〔河村博〕（青林書院，2014年），平野龍一ほか編「麻薬及び向精神薬取締法」『注解特別刑法第5-Ⅰ巻（第2版）』62頁〔千葉裕〕（青林書院，1992年）など。

3)　山口厚『刑法総論（第3版）』284頁（有斐閣，2016年）。

4)　曽根威彦『刑法原論』464頁以下（成文堂，2016年）など。

5)　これらの見解の主張者，および，この見解に対する疑問点について，本書第1章12頁以下参照。

（もしくはその終了時）ではなく，道具を自己の支配領域から手放した時点に着手を認める佐藤教授の見解は特色がある。教授は，①「行為者が結果実現のために必要な行為をなし終えていない場合」と，②「行為者が結果実現のために必要な行為をなし終えた場合」とを区別し，①の場合には切迫性を基準とし，②の場合は道具の手放しを基準とする。

　教授は次のようにいう。①の「行為者が結果実現に必要なことをいまだなし終えていない場合」，「危険性というあいまいな基準だけで実行の着手の有無を判断すると，未遂の成立範囲が際限なく前倒しされるおそれがあり，それにより国民の行動の自由が不当に制約される可能性があるため，切迫性という形式的な基準により絞りをかける必要が生じうる」[6]，「最終的な結果実現行為に至る可能性，そしてそれによって犯行が成功する可能性は，個々の事案における具体的事情に大きく依存するから，危険性のみを基準としたのでは，事案ごとに着手時期の判断に大きなブレが生じることになり，法的安定性の観点から問題があるからである。罪刑法定主義的な見地からも，『どこまでやれば未遂になるのか，どこまでなら予備にとどまるのか』が……ある程度明確に示されなければならない」。「したがって，このような場面では切迫性という形式的基準による制約には十分根拠がある」[7]と。そして，このような「切迫性という形式的基準」を「未遂犯の処罰根拠としての危険性とは切り離された外在的制約」[8]と位置づけるのである。

　それに対して，②に属する「間接正犯の場合，利用者が被利用者に結果実現を委ねた時点で，行為者としてなすべきことは終わっているから，いまだ切迫性が認められない時点で実行の着手を認めても，未遂の成立範囲が際限なく前倒しされるおそれはなく，行動の自由の制約の点でも何ら問題は生じ」ず，逆に，この場合に「外在的制約」にすぎない「切迫性を要求することは，未遂犯においても処罰を偶然性に委ねる」ことになる。「行為者が既になすべきことをなし終え，犯行の成否を後の因果経過に委ねた状態に至っ

---

6)　佐藤拓磨『未遂犯と実行の着手』240頁（慶應義塾大学出版会，2016年）。

7)　佐藤・前掲注(6)269頁。また，同「間接正犯・離隔犯の着手時期——着手論における切迫性・確実性の意義——」刑法雑誌50巻2号41頁（2011年）。

8)　佐藤・前掲注(6)『実行の着手』268頁以下。また，同・前掲注(7)刑法雑誌50巻2号41頁。

76　第1部　実行の着手

ていれば，当該行為が結果発生の危険性を内包する限りで，切迫性の有無といった偶然的な事情にかかわらず未遂犯処罰を認めた方が，一般予防の見地からは合理的である」[9]と論ずるのである。

　「危険性」という基準が「あいまいな基準」であり，（「際限のない」ものかどうかは別として）「未遂の成立範囲の前倒しするおそれがある」との指摘はあたっている面があろう。しかし，それは，論者の問題とする危険概念（構成要件実現の可能性の大小）により実行の着手を基礎づけることの問題性を示していると考えることもでき，「切迫性」が「外在的制約」にすぎないとする理由にはなっていないように思われる。構成要件実現の切迫性（「既遂との近さ」の観点）は，行為の発展段階のなかで可罰性の重要な区切りをする実行の着手においては，むしろ，「本質的な要素」であると考えるべきであろう[10]。構成要件実現と切迫性を「外在的制約」にすぎないとするその立論の出発点に疑問が残らざるをえない[11]。

　また，従来の利用者標準説と比べて事象の手放し時点まで未遂の成立時期を多少遅らせてはいるとはいえ，そこでの実行の着手の評価の対象は，利用

---

9)　佐藤・前掲注(6)『実行の着手』269頁以下。また，同・前掲注(7)刑法雑誌50巻2号43頁。

10)　本書第1章26頁参照。

11)　萩原滋「間接正犯における実行の着手」白山法学11号7頁（2015年）も，「外在的制約」という理解に対して，「未遂犯の処罰根拠を法益侵害の危険に求める場合その切迫性及び確実性は未遂犯成立の内在的基準と見るべきものである」と批判する。なお，塩見淳「間接正犯・離隔犯における実行の着手時期」川端博ほか編『理論刑法学の探究4』27頁（成文堂，2011年）は，「切迫性の要求が法的安定性の観点からの外在的制約という……理解を前提にしたとしても，手放し説の根拠づけは十分でないように思われる。行為者が事象経過を手放しただけでは，結果が発生するかどうかは偶然であって，事態が進展して結果発生に切迫した時点で着手を認める方が法的安定性に資するともいいうるからである。少なくとも，未終了未遂に関しては佐藤はそう考えている。間接正犯では異なって解する理由が，一般予防の見地から合理的というだけでは説得力に欠けるであろう」とする。処罰の偶然性の論拠，「その成否が行為者の手を離れた事態の推移に依存する『条件つき犯罪』の排斥」という論拠に対して，松原芳博「未遂犯における行為と結果——離隔犯・間接正犯ならびに不真正不作為犯における未遂犯の成立時期——」『山中敬一先生古稀祝賀論文集（上巻）』567頁（成文堂，2017年）は，「未遂処罰規定を欠く犯罪では，既遂結果の発生という行為者の手を離れた事態の推移によって犯罪の成否が決せられるし，広義の共犯の成立も正犯者ないし実行担当者の実行の着手という自己の手を離れた事態に依存しているのであって，刑法にとって『条件つき犯罪』は例外的な存在ではない」と指摘する。

者の行為に限定され，誘致行為（または手放し）以降の道具の行動ないしは事象の展開状況が着手判断のなかに組み入れられないことも問題である（後述，2参照）。

（ⅲ）塩見教授の主張も注目すべきであろう。教授は次のように主張する。「実行の着手は基本的に利用行為の中に見出されるべきだ」[12]としつつ，「直前行為の開始をもって未遂犯の成立を認めるのが刑法43条に示された立法者の判断だとしても，個別事案において，被害者（領域）がいまだ行為者（背後者）の視野に捉えられていない段階では，未遂犯の処罰根拠と考えられる『法益の安全に対する公衆の信頼』は少なくとも当罰的なほど動揺させられているとはいえず，未遂犯の成立は被害者領域への介入が認められる時点まで遅らせるべきだと解される」。したがって，「間接正犯・（人のシステムを利用した）離隔犯の着手時期は，原則として，後の経過が自動的といえるため構成要件行為の直前に位置してこれと一体と見られる利用行為を完了した時点である。ただし，犯罪類型において被害者領域が存在する場合は，被利用行為がこの領域に介入したと見られる事態が未遂犯の成立にさらに必要である」[13]と。

塩見教授の見解において，（ア）間接正犯の場合に原則的に着手が認められるのは，「利用行為（の完了）」が「構成要件行為の直前に位置してこれと一体と見られる」場合であるから，ここで考えられている「構成要件行為」は「利用行為の完了」の「後の」行為，すなわち，「道具の行為」であるとみていることになろう。そして，（イ）例外的な場合，つまり，「被害者領域への介入」が問題になる場合の理論構成について，教授は，「被利用行為説の考え方」を「現在のところはこれを修正のうえ援用して，被利用行為は利用者が既に着手している実行行為に帰属される」[14]と説明し，留保しつつも[15]，その限りで「行為帰属論」（的構成）を採り，これを「被害者領域へ

---

12)　塩見・前掲注(11)28頁。
13)　塩見・前掲注(11)30頁。また，同「間接正犯・不作為犯の着手時期」『刑法の道しるべ』107頁以下（有斐閣，2015年）。
14)　塩見・前掲注(11)『理論刑法学の探究』30頁。
15)　このような「被利用行為の考慮を許容する説明として行為帰属論が妥当なのか」はなお検討を要する（塩見・前掲注(11)『理論刑法学の探究』31頁）との留保をしている。

78　第1部　実行の着手

の介入を考慮した全体的解決」[16]と呼んでいるのである。留保を伴った主張ではあるが，伝統的な「未遂の構造」[17]を維持しつつつ，間接正犯者の場合の実行の着手時期に関する判例の立場を説明しようとする試みとして注目されるものである。

### (2)　判例の近時の動向

（i）大審院判例は，離隔犯に関して，毒を混入した砂糖を被害者宅に郵送した事案において，故意をもって「毒物ヲ其飲食シ得ヘキ状態ニ置キタル事実アルトキハ……毒殺行爲ニ著手シタルモノ」[18]と判示するなど一貫して到達時説を採り[19]，離隔犯と密接に関連する間接正犯[20]の実行の着手時期についても被利用者標準説を採るものと理解されてきた。

　最高裁の判例はないが，殺害目的で農道に毒入りジュースを置き，それを拾得飲用した子ども3名が死亡したという事案に関して，宇都宮地判昭和40年12月9日下刑集7巻12号2189頁が，「保護客体を直接危険ならしめるような法益侵害に対する現実的危険性を発生せしめた場合をもつて実行の着手があ」るとし，「被害者らによつて右ジュースが拾得飲用される直前に普通殺人について実行の着手があ」ると判示し，戦後も大審院判例を引き継ぎ，被利用者標準説に立つものと理解されてきた。

---

16)　塩見・前掲注(11)『理論刑法学の探究』28頁。

17)　これについて，本書第1章11頁以下参照。

18)　大判大正7年11月16日刑録24輯1352頁。

19)　大判大正3年6月20日刑録20輯1289頁は，電信爲替を偽造し銀行より金員を詐取しようとし，電報頼信紙を郵便局窓口に提出したが，局員に怪しまれ発電する前に発覚したという事案において，「銀行ニ對シ何等詐欺行爲ノ實行ニ著手シタルモノニ非サル」と判示し，大判大正5年8月28日刑録22輯1332頁は，「犯人カ恐喝ノ犯意ヲ以テ他人ヲ畏怖セシムルニ足ル文書ヲ郵便ニ付シテ到達セシメタルニ於テハ受信人ヲシテ其内容ヲ認識シ得ヘキ状態ニ置キ之ニ依リ其文書ハ行使セラレタルモノナルヲ以テ恐喝罪ノ實行ニ著手シタルモノ」と判示している。未遂処罰規定はなく，未遂の成否が問題になったものではないが，誣告罪（172条。現在の虚偽告訴罪）に関して，大判明治43年6月23日刑録16輯1276頁は，他人に刑事処分等を受けさせる目的で不実の事項を記載した「書面ノ到達セサル限リハ申告ノ事實」がないので，かかる「書面ヲ郵便ニ付スルモ未タ以テ犯罪行爲ニ着手セルモノト云フヲ得ス」と判示している。

20)　「離隔犯とは，行爲と結果の間に時間的・場所的離隔がある犯罪遂行形態をいう……。一方，間接正犯とは，直接正犯の対義語であって，人の行為を利用する犯罪遂行形態をいう。両者は，異なる観点によって定義された競合可能な概念である。たとえば，情を知らない部下に毒物を被害者宅に届けさせた場合は，間接正犯であると同時に離隔犯である」（松原・前掲注(11)560頁注4）。

第 2 章　間接正犯者の実行の着手時期　79

　ただ，到達時説とは傾向の異なる判決もあり，戦後の判例[21]がそもそも単純に到達時説（利用者標準説）に立つものとみてよいのかどうかは，なお検討を要するように思われる。たとえば，郵便物を区分する業務に従事していた被告人が，情を知らない配達担当者に配達させて郵便物を窃取する目的で郵便物の宛名を書き替えて郵便物区分棚に置いたが，（一部は）上司に怪しまれて配達されるに至らなかったという事案について，東京高判昭和42年 3 月24日高刑集20巻 3 号229頁は窃盗未遂罪の成立を認めている[22]。これにつき，到達時主義を採ってきた大審院判例と対立するものだとの見方[23]もあるが，「利用行為が被害者領域内で行われている点で大審院判例の事案とは類型を異にしている」との見方[24]もある。

―――――――――――――

21)　戦前の判例でやや議論があったのは，会社の重役を恐喝するために「此等ノ者ニ従属シテ補助行動ヲ為スニ過キサル者ニ對シテ恐喝手段ヲ施シ之ヲシテ其ノ事實ヲ通達セシメ以テ間接ニ叙上ノ者ヲ恐喝スル場合ニ於テモ亦恐喝罪ノ成立ヲ認ムヘク而モ斯ノ如ク間接ノ手段ヲ以テ叙上ノ者ヲ恐喝スル目的ヲ以テ其ノ補助者ニ恐喝手段ヲ施シタル場合ニハ已ニ其ノ時ニ於テ恐喝罪ノ實行ノ著手アリト解スルヲ相當ナリ」と判示した大判昭和11年 2 月24日刑集15巻 3 号162頁である。この判決に関して，庶務係を被害者の財産処分権を有する地位にある者と一体をなすものとみて，庶務係に恐喝手段を施したときに実行の着手を認めたと解する理解（たとえば，草野豹一郎「判例批評」『刑事判例研究第 3 巻』84頁〔厳松堂書店，1937年〕。なお，団藤重光編『注釈刑法(6)各則(4)』363頁〔福田平〕〔有斐閣，1966年〕）もあるが，（その結論の賛否とは別に）到達時説を採る判例の立場からすれば，庶務係が重役に脅迫内容を伝え，重役においてこれを知りえべき状態に置かれた時点で実行の着手を認めるべきであり，従来の判例と矛盾するとの理解も有力であった。参照，尾後貫荘太郎「判例批評」法学志林38巻 6 号130頁以下（1936年），島田武夫「判例批評」日本法学 2 巻 7 号56頁以下（1936年），吉田常次郎「判例批評」法学新報46巻 6 号119頁以下（1936年）。なお，牧野英一「著手と間接正犯」『刑法研究第 8 巻』243頁以下（有斐閣，1939年）。

22)　また，鉄道手荷物の荷札を管理者の不知の間にもぎ取り，これを被告人方に輸送させるようにした荷札につけ替え，被告人方に到着させ，または被告人方に輸送の途中で発見されたという事案に関して，最判昭和27年11月11日裁判集69号175頁は窃盗既遂罪・未遂罪の成立を認めた原判決を是認している。ただし，この判決は，大判大正 4 年 3 月18日大審院判決抄録62巻7976頁（刑録21輯309頁）を引用して判例違反である旨――この事件では詐欺にはなっても窃盗にはならないはずだと――の弁護人の上告趣意に対し，原判決に所論の判例違反はないとしたものにすぎず，窃盗罪の実行の着手時期が争われたり，とくにそれを問題としたうえでの判断ではないから，最高裁の判決とはいえ（「裁判集」への掲載にとどまり），間接正犯の実行の着手時期に関する「判例」としての意義については慎重に評価すべきものといえよう。なお，大阪高判昭和27年 4 月28日高刑集 5 巻 5 号714頁。

23)　大沼邦弘「実行の着手」西原春夫ほか編『判例刑法研究第 4 巻』47頁（有斐閣，1981年）。

80　第１部　実行の着手

　（ⅱ）近時の下級審判例には発送時説に立つ判決もある。次のような事案
が問題になった。Aは，営利の目的で大麻の輸入[25]を企て，情を知らないB
をして，タイのホテルにおいて，C運輸従業員Dに対して，大麻を隠して
ある潜水用ボンベを横浜市内のBの住居に発送することを依頼させ，当該潜
水用ボンベをDに引き渡させたという事案である。東京高判平成13年10月
16日東高刑時報52巻77頁は，「大麻を詰め込んだ本件潜水ボンベの輸出入の
方法は，ひとたび……運送を依頼しC運輸に引き渡してしまえば，Aらの関
与を要せず同会社等の運送機関の事務の流れにしたがっていわば自動的に本
邦に運送されるものであるから」，大麻の濫用による保健衛生上の「危害発
生の危険性は，……ホテルで……本件潜水ボンベを同会社従業員に発送を依
頼して引き渡した時点において生じている」。「本件大麻輸入及び輸出のいず
れについても未遂ではなく予備に止まるとした原判決の判断は，各実行行為
の着手時期に関する判断を誤……ったもの」であるとして，大麻輸入未遂罪
の成立を認めた。この判決は，わが国領土への陸揚げ（航空機による輸入の
場合は取り下ろし）によって既遂に達する大麻輸入罪に関して，荷物発送国
において荷物を運送会社に引き渡した時点で実行の着手を認め，したがっ
て，発送時に着手を認めたものである[26]。もっとも，A自身の（自然の）行
為は，情を知らない道具Bに対する誘致行為で終わっているから，かかる誘
致行為の「後の」道具Bの発送依頼・引渡し時に実行の着手を認めること
は，「利用者標準」説の理論枠組みからは困難であろう。道具Bの行動がA
に帰属するとみる（行為帰属論・個別化説）ことによって，誘致行為「後」
の道具Bの発送依頼・引渡し時に実行の着手を認める説明が可能となろう。
　（ⅲ）さらに，平成26年のうなぎの稚魚輸出未遂事件判決（最判平成26年11
月７日刑集68巻９号963頁）が，最高裁の示した判断でもあり，とりわけ注目

---

24)　塩見・前掲注(11)『理論刑法学の探究』５頁注７。また，伊東研祐『刑法講義総論』
　　311頁以下（日本評論社，2010年），佐藤拓磨「間接正犯における実行の着手時期」百選
　　Ｉ７版133頁，松原芳博「間接正犯における実行の着手時期」百選Ｉ６版132頁。本書第
　　２章65頁以下も参照。
25)　この事件では，大麻輸出罪も問われている。
26)　離隔犯における実行の着手に関する判例との関係を問題にするのは，鹿野伸二・最
　　判解（平成20年度）132頁（2012年），佐伯和也「判例批評」刑事法ジャーナル44号93頁
　　（2015年）。

に値しよう。最高裁は次のように判示した。すなわち、「入口にエックス線検査装置が設けられ、周囲から区画されたチェックインカウンターエリア内にある検査済みシールを貼付された手荷物は、航空機積載に向けた一連の手続のうち、無許可輸出が発覚する可能性が最も高い保安検査で問題のないことが確認されたものとして、チェックインカウンターでの運送委託の際にも再確認されることなく、通常、そのまま機内預託手荷物として航空機に積載される扱いとなっていたのである。そうすると、本件スーツケース6個を、機内預託手荷物として搭乗予約済みの航空機に積載させる意図の下、機内持込手荷物と偽って保安検査を回避して同エリア内に持ち込み、不正に入手した検査済みシールを貼付した時点では、既に航空機に積載するに至る客観的な危険性が明らかに認められるから、関税法111条3項、1項1号の無許可輸出罪の実行の着手があったものと解するのが相当である」と。

　機内預託荷物の場合、積載行為は航空会社の係員が行うことになるから、情を知らない係員を利用した間接正犯の事案と考えられる。この場合に、最高裁は、行為者、つまり、利用者の行為の段階で、しかも、被利用者たる係員に荷物を委託するという誘致行為よりも前の、荷物をチェックインカウンター内に持ち込み、それに「不正に入手した検査済みシールを貼付した時点では」「実行の着手があった」と判断した。この判断は、運送委託時点に至れば未遂罪が認められるとし、そこまで至っていなかったこの事案においては予備にとどまるとした原判決を破棄した判断であり、離隔犯・間接正犯の着手時期につき到達時説・被利用者標準説を採るとされてきたこれまでの判例の立場との関係が問われよう。なお、この最高裁判決も、既遂実現との時間的場所的近接性・事象経過の無障害性の観点から利用行為時に着手がある場合をも認める個別化説から説明できると思われる。

　（ⅳ）大麻譲渡し・譲受けの合意成立後、譲渡人が大麻を郵送する準備を整え、投函するだけの状態にした大麻在中の封筒を玄関に置いておいた段階で警察の捜索を受け、大麻を発見されたという事案において、東京高判平成17年5月11日高検速報（平成17年）112頁は、「大麻譲受け罪の実行の着手があるというためには、譲渡人と譲受人との間に大麻の譲渡し・譲受けの合意が成立した後に、譲渡人において譲受人の分として特定した大麻の所持を譲

82　第1部　実行の着手

受人に移転する行為自体を開始した場合に限らず，所持の移転のために密接かつ不可欠な直前行為を完了した場合も含むと解すべきである」と判示し，大麻譲受け未遂罪の成立を認めた。この判決では，さらに，「本件大麻は，後は郵便ポストに投函されるのを待つだけの状況にあり，投函を妨げるような特別の事情は何らうかがわれない。そして，本件大麻の所持を移転するための投函行為が実行行為に当たること，本件大麻が投函されて譲受人である被告人方の郵便受けに配達されれば，その時点で既遂になることは，いずれも異論なく認められるところである。そして，譲受人においては，大麻が注文どおりに確実に届けられればよく，譲渡人がそのためにどのような準備をしていつ投函するかなどについてはほとんど関心がないといってよいから，譲渡人の具体的な行為内容を知らないからといって，その行為で着手が認められることを不当とする所論はあたらない」(傍点原口) と判示している。

　この判決について，塩見教授は，「被利用者により行われるであろう薬物所持の移転を『実行』と捉えたうえで，これに密接する，ないしは直前に位置する（利用）行為が着目されていると解される」[27](傍点原口) と説明され，松原教授は，「本件は，郵便を用いた離隔犯について発送前の時点で実行の着手を認めている点で到達時説に反するように見える反面」，「譲受け罪の実行の着手を譲渡人……の行為の時点に求めている点では被利用者標準説に親和的であるともいえる」[28](傍点原口) と指摘している。

　本件は大麻「譲受け」罪が問われている事案であり，ここでの被告人は「譲受人」である。そうすると，前述の理解によれば，その「実行行為」は「被利用者＝譲渡人」により行われ，それに焦点をあてて着手時期（直前行為）が考えられているということになる。譲渡し・譲受けという対向的な犯罪類型の場合，行為者（ここでの譲受人）以外の者（とりわけ譲渡人）が「実行行為」を行うという特殊な犯罪類型と理解すべきなのか，譲渡人の行為が譲受人の行為として帰属されると理解すべきなのか，または，そもそも判決の「実行行為」の捉え方が適切ではない（たとえば，譲受人の注文行為を「実行行為」とし，所持の移転により既遂に達する等と構成すべきである等）のか。

---

27)　塩見・前掲注(13)『刑法の道しるべ』100頁。
28)　松原・前掲注(11)『山中古稀』564頁。

特殊な犯罪類型であるが，各規制薬物譲渡し罪の実行の着手時期は実務上問題になってきたものであり[29]，この犯罪類型における「実行行為」，着手時期の理論構成について，さらに検討を要しよう。

以上のような裁判例が，判例主流から逸脱するものなのか，判例全体の評価も含めて，今後なお検討を要するように思われる[30]。

## 2 行為帰属論（再論）——構成要件の規定する行為態様の考慮

### (1) 行為帰属論

（ⅰ）私は，間接正犯者の実行の着手時期に関する個別化説を導く構成として行為帰属論を主張してきた。すなわち，間接正犯とは，間接正犯者自らが直接に構成要件において記述されている行為態様（実行行為）を遂行するのではなく，直接的にはかかる「実行行為」を行う道具を介して構成要件を実現する遂行態様であり[31]，この道具の行動が行為支配に基づき間接正犯者に（いわば自己の手足の延長として）自らの行為として帰属する（行為帰属論）。実行の着手は，間接正犯者の行為と，間接正犯者の行為として間接正犯者に帰属する道具の行動からなる全体的行為を基準として判断される。この全体的行為が構成要件を直接実現することになる場合，もしくは犯罪実現プロセスにおいて特段の障害なく構成要件実現へと経過することになっている場合に実行の着手が認められる，と主張してきた[32]。

---

29) 熊田彰英「判例批評」研修691号27頁以下（2006年）は，「本判決は，実行の着手に関するこれまでの裁判例と同様の立場に依拠し，事例判断をしたものであるが，郵送による譲受け事案に関する初めての裁判例である上，近時，インターネットの普及に伴い，宅配便等を利用した規制薬物の譲渡し・譲受け事案が増加していることなどから，同種事案を処理する上で参考になる」としている。規制薬物の譲受け罪の実行の着手時期が争われたものとして，名古屋高金沢支判昭和31年10月16日高刑裁特3巻22号1067頁〔覚せい剤譲受け罪。積極〕，東京地判昭和52年5月27日刑月9巻5・6号364頁〔覚せい剤譲受け罪。消極〕（この評釈として，大堀誠一「判例批評」警察学論集31巻4号135頁以下［1978年］。この控訴審判決は東京高判昭和53年3月20日判時912号106頁［控訴棄却］）などがある。
30) 間接正犯・離隔犯の判例について，塩見・前掲注(13)『刑法の道しるべ』107頁は，「判例において未遂犯の認定に際して重視されたのは，危険というよりは，利用行為後の事象経過が，文書が『到達』し，砂糖が『受領』されるという新たな段階に入ったことではないかと思われる」と分析している。
31) 後述，（3）（ⅰ）（エ）の西田教授の見解も参照。

84　第 1 部　実行の着手

　このような理解は，「行為帰属」といった表現は用いられてはいないもの
の，これまでも主張されてきた考え方である[33]。

　（ⅱ）実行の「着手」（未遂の開始時期）だけを問題にするのであれば，事
象経過の無障害性（自動性）の観点から，「実行行為」に先行する直前行為
（利用者の誘致行為）にこれを認めることが可能な場合もあろう。しかし，行
為帰属論は，そのような場合の「着手」後になされる道具による「実行行
為」，または，誘致行為後にようやく「実行の着手」が認められる場合の道
具による「実行行為」を問題にし，間接正犯者へのそれらの帰属が考えられ
ないとすれば，構成要件において規定されている行為態様の評価として十分
ではなく，また適切な罪責の認定ができないであろうと主張してきた。利用
者の誘致行為が構成要件該当行為への「着手」であるといえるかというだけ
でなく，その場合の「構成要件該当行為」が被利用者の誘致行為に「尽き
る」といってよいのかどうか，を問題にしているのである。

　具体的な事例を用いて考えてみる。前稿では，次のような場合をあげて，
道具の「行為態様」の考慮の必要性を指摘した[34]。すなわち，甲が12歳の養
女乙を連れて四国を巡礼中，日頃から自分の言動に逆らう素振りを見せる都
度顔面にタバコの火を押し付けたりする暴行を加えて自己に従わせていた乙
に窃盗を命じ，これを行わせたという事案[35]を少し変更し，乙に窃盗を命
じ，また，もし被害者が抵抗するようならば暴力を行使してでも取ってこい
と命じたと仮定した場合，その後乙が財物を（窃取もしくは強取して）もっ
てきた場合，甲は窃盗（既遂）罪の責任を負うのであろうか，強盗（既遂）
罪の責任を負うのであろうか。このような場合，道具乙の行動を因果経過・
結果としてではなく，甲に帰属する行為態様，つまり，窃取行為，または強
取行為として考慮しなければ，甲の適切な刑事責任を判断できないであろ
う，と指摘してきたのである[36]。

---

32)　本書第 2 章43頁以下，46頁以下参照。
33)　本書第 2 章43頁以下。また，後述，3（ⅰ）（ウ）も参照。
34)　本書第 2 章51頁以下参照。
35)　最決昭和58年 9 月21日刑集37巻 7 号1070頁。
36)　裁判所職員総合研修所監修『刑法総論講義案（ 4 訂版）』315頁（司法協会, 2016年）
　　は，被利用者標準説をベースとした個別化説が妥当であるとし，最決昭和58年 9 月21日
　　の事例に関して，「たとえ意思を抑圧されているとはいえ12歳の養女に窃盗を命ずるこ

第2章　間接正犯者の実行の着手時期　85

　刑事未成年者を利用した間接正犯の場合[37]について一般的に考えてみると，利用者甲に利用される刑事未成年者乙の行為は，責任が阻却されるとしても，構成要件に該当し違法な行為である[38]のだから，甲の誘致行為のみを甲の「実行行為」であると理解するのであれば，この種の事案において，たとえば，万引きの場合に，店内で財物の占有を奪う行動が乙の「構成要件該当行為（窃取行為）」と評価される一方で，それ以前の甲の命令行為が甲の「構成要件該当行為」，つまり，窃取行為と評価されていることになり，同一の財物の奪取がかかわる窃盗の事案のなかで，「窃取行為」が分裂することになってしまおう。甲が責任能力のない子ども乙と責任能力のある子ども丙に同時に他人の物を窃取してくるように命令し，乙と丙が同時に同所で同一人所有の物をとってきたという場合[39]も，丙の窃取行為と，乙の関係での間接正犯者甲の窃取行為とで，同様の分裂的評価を招くことになろう。

　あるいは，この種の場合の間接正犯者の「窃取行為」を，道具から財物の占有を自己に移転する時点の行為に求めることも考えられる。しかし，道具が被害者の財物を管理する立場にある場合以外は，被害者の占有，当該財物に対する事実的支配は，すでに道具による被害者からの占有移転時に失われている（被害者側から行為者側に財物の支配が移っている）とみるべきであろう。このような理解の場合，既遂時点についての疑問とともに，述べてきたような「窃取行為」の分裂もやはり回避できない。

　また，文書偽造罪の間接正犯の場合を考えるならば，たとえば，相手の無

---

　ともって直ちに窃盗の実行行為であると解することはそもそも疑問であり，また仮に同女がたまたまその指示に従わず，そのまま逃走した場合」，利用者標準説に「従うと窃盗未遂罪の成立を認めざるを得なくなるが，これはいかにも不合理である」。このように利用者標準説には「その具体的帰結に疑問がある」とする。

37)　判例が間接正犯を認めてきた類型の1つである。たとえば，仙台高判昭和27年2月29日高刑判特22号106頁，仙台高判昭和27年9月27日高刑判特22号178頁，名古屋高判昭和49年11月20日刑月6巻11号1125頁，前掲注(35)最決昭和58年9月21日，大阪高判平成7年11月9日高刑集48巻3号177頁など。

38)　少年法上は触法行為となろう（少年法3条1項2号）。

39)　広島高松江支判昭和29年12月13日高刑集7巻12号1781頁〔「数名の子供らは同時に同所で同一の所有者所有の古銅板を剥ぎ取つて来たものであり，被告人はそれらの子供を使つて1個の窃盗罪を敢行したものと言うべく，たとえその子供らのうちに1人の責任能力を有する子供があつたとしても全体を包括的に観察して被告人に対して1個の窃盗罪を以て問擬するを相当とする」〕参照。

知・錯覚・混乱等に乗じ，相手を欺罔し，その了解していない種類・内容の文書に署名・捺印させる場合，具体的には，利息支払延期証と偽り延滞利息追加支払いと違約の場合の物件譲渡を約する契約書に署名・捺印させる場合[40]や，融資契約書と偽り売買契約書に署名・捺印させる場合に文書偽造罪の間接正犯を認めるのであれば[41)42)]，「偽造」，つまり，名義の冒用行為は文書へ署名等をする行為に求めざるをえないのではなかろうか。利用者の行為のみをもって「実行行為」だと解する立場からは，この場合の「偽造行為」をどの行為に求めることになるのだろうか[43)]。

「間接正犯者の実行行為」として誘致行為「のみ」に焦点をあてる見解[44)]は，構成要件において規定されている行為態様，構成要件的評価の対象とされるべき行為を不当に切り詰め，究極的には，構成要件を純粋な惹起カテゴリーに変えることになってしまおう。結果ではなく，行為の段階に関係づけられた実質的判断が追究されるべきであると考える。

## ⑵　判例に見られる行為帰属論的な考え方

実行の着手の肯否が問題になったものではない[45)]が，被害者を利用した間

---

40)　大判大正12年12月15日刑集 2 巻982頁。

41)　東京高判昭和50年 9 月25日東高刑時報26巻 9 号163頁。

42)　ほかに，大判明治44年 5 月 8 日刑録17輯817頁，東京高判昭和28年 8 月 3 日高刑判特39号71頁など。また，斎藤信治『刑法各論（第 4 版）』154頁，246頁（有斐閣，2014年）も参照。

43)　なお，中山教授は，「実質的客観説にしたがいながらも，形式との関連を慎重に配慮」し（中山研一『刑法総論』411頁［成文堂，1982年]），「実質的客観説といえども，構成要件に該当する行為との基本的な対応を予定せざるをえない」（中山・前掲412頁注 5 ）とし，間接正犯の場合にも，「実行の着手は『結果発生の切迫した危険』をもって画されるべきであるとの実質的客観説の基本理念」に立って，着手時期が「他人の動作に依存してしまうという難点……をさけようとすれば，利用行為後の不作為（結果防止義務違反）を措定するか（西原……），被利用者の行為を含めた全体行為（藤木……）といった構成が必要とされるであろう」（中山・前掲417頁）とするが，これらの構成は採らず，間接正犯の否定・縮小の方向へ向かう（中山・前掲475頁以下）。また，同『新版概説刑法Ⅰ』190頁以下，229頁以下（成文堂，2011年）も参照。間接正犯の否定の方向において本書と見解を異にするが，「構成要件に該当する行為との基本的な対応」を考慮・配慮しようとする方向においては適切なものといえよう。

44)　利用者標準説ばかりでなく，危険結果を要求することにより未遂の成立時点を誘致行為より後ろにずらす見解も，「間接正犯者の実行行為」を「誘致行為」に求める点では同様である。

45)　被利用者標準説の判例として引用されることがある（未遂処罰規定のない）誣告罪に関する前掲注(19)大判明治43年 6 月23日も実行の着手の肯否が問題になったのではな

接正犯の類型に関する判決において，被害者（道具）の行動に着目して「実行行為」を考えているとみられるものがある。

たとえば，Eが，自殺させて保険金を取得する目的で，極度に畏怖して服従していたFに対して，暴行・脅迫を交えつつ，岸壁上から車ごと転落するよう命令し，Fをしてそれを行わせたという事案において，最決平成16年1月20日刑集58巻1号1頁は，「被害者に命令して車ごと海に転落させた被告人の行為は，殺人の実行行為に当たる」と判示している。この判示に関して，その調査官解説は，「本決定は，『被害者に命令して車ごと海に転落させた被告人の行為』が殺人罪の実行行為に当たるとしているから，被害者の行為を含めて実行行為と評価したものと解するのが素直である」[46]（傍点原口）と解説している。

また，飲食店経営のトラブルに際して，Gが，Hのグラスに焼酎を注ぎ，怒号するなど強要してこれをHに自ら飲ませ，Hを急性アルコール中毒による心肺停止状態に陥らせ，その結果死亡させたという事案において，東京高判平成21年11月18日東高刑時報60巻190頁は，「本件では，飲酒行為自体はHが行っているが，その飲酒行為が被告人による行為と認められないと，被告人が傷害の実行行為を行ったことにはならない」としたうえで，「Hの飲酒は，被告人の行為そのものと十分に評価できるものであったといえる」とし，「被告人がHに飲酒させた行為は一連のものであるから，全体として傷害罪の構成要件に該当する行為であったということができる」と判示している。

さらに，「実行行為」の理解にかかわるものとして次の判例がある。すなわち，消防署員Iは，消防長Jに対する不満から，ひそかに消防長室にあるJのロッカー内の作業服ポケットに犬のふんを，事務机中央引き出し内にマーキュロクロム液で赤く染めた猫の死がいを入れておき，翌朝，Jをして

---

く，裁判上の土地管轄が問題になったものである。

46) 藤井敏明・最判解（平成16年度）23頁（2007年）。もっとも，調査官自身は，「『被害者に自動車ごと海中に飛び込むように命じるなどした』被告人の行為……それ自体が被害者を死亡させる具体的危険性のあるものであ」り（前掲23頁），「背後者自身の行為を実行行為とし，被害者自身の行為は，結果に至る因果の過程の問題であるとすることも考えられないではないように思われる」（前掲14頁）とする。

88　第1部　実行の着手

右犬のふんおよび猫の死がいを順次発見させ，よって恐怖感や嫌悪感を抱かせ，Jの業務を妨害したという事案において，最決平成4年11月27日刑集46巻8号623頁は，「右のように，被害者が執務に際して目にすることが予想される場所に猫の死がいなどを入れておき，被害者にこれを発見させ，畏怖させるに足りる状態においた一連の行為は，被害者の行為を利用する形態でその意思を制圧するような勢力を用いたものということができるから，刑法234条にいう『威力ヲ用ヒ』た場合に当たる」と判示している。この判例について，その調査官解説は次のように解説する。「本決定は……被告人らの行為を，被害者の行為を利用する点を含めた一連の行為として全体的に考察し，威力を用いたことに当たると判示している」[47]。「本決定が『被害者の行為を利用する形態』……と説示しているのは，被告人らの本件行為が被害者の一定の行動を当然に予定して，それを組み入れ，利用する構造の類型であることを明確に示すためのものと思われる」[48]。「被害者の行為を介して，すなわち被害者が猫の死がい等を自ら発見し，その存在，状況等を認識することによって，はじめて被害者に対し心理的威圧感を与えることが可能になる事情は，やはり本件の実行行為を考える際に重要な要素というべきである。したがって，物を入れておく行為とそれを発見するに至らせることを，『一定の物的状態の作為』と『その結果』とみるより，両者をあわせて一体として『威力ヲ用ヒ』る実行行為に当たるとみることが相当であると思われる。ちなみにそうすると，本件犯罪の成立時期も，被害者が引き出しを開けるなどして猫の死がい等がその目に触れたとき，ということになるものと解される」[49]（傍点原口）と。

---

47)　井上弘通・最判解（平成4年度）160頁（1994年）。
48)　井上・前掲(47)163頁。
49)　井上・前掲(47)164頁。また，浅尾俊久「威力業務妨害罪の成否」研修539号100頁（1993年）〔Jが「引き出しを開けて猫の死がいを発見した時」，「その時点で『威力を用い』る行為が完成」〕。これに対して，只木誠「判例批評」法学教室151号121頁（1993年）は，この最高裁決定が「威力行使の態様として『面前性』が要求されるとの前提に立ち，その上で，被害者を利用した一種の間接正犯的な理論構成をとることで『面前性』の要件が満たされると考えたのであろう」としたうえで，「確実に予想される被害者自らの行為を介して犯罪を実行する場合には，行為者自身によって結果に向かう直線的な因果の流れが設定されているのであるから，直截に直接正犯として考えてよいのではあるまいか」とする。

このように，「実行行為」の理解に関して，判例のなかに行為帰属論的な考え方がみられることは注目されてよいと思われる。

## ⑶　行為帰属論に向けられた批判に対する反論

（ⅰ）ドイツ刑法25条1項第2選択肢のような帰属規範の欠如

（ア）行為帰属論（私見）に対して，まず，「自らまたは他の者を介して犯罪行為を行った者は，正犯として処罰される（Als Täter wird bestraft, wer die Straftat selbst oder durch einen anderen begeht.）」（ドイツ刑法25条1項）という規定のあるドイツと異なって，「わが国のように，間接正犯も各則の条文のみを根拠に処罰せざるを得ない法典の下においては，間接正犯の成立要件は，直接正犯と呼ばれている場合と同じでなければならないはずなのである」[50]。行為帰属論は「間接正犯は本来正犯ではないが優越的地位に基づいて正犯とみな」す「類推」である[51]との批判が向けられてきた。もとより，行為帰属論も，「各則の条文が適用できないのに，それでも類推により処罰してよい」などというようなことを主張するものではない。間接正犯は道具を介して犯罪を実現する犯罪遂行形態であり，道具の行う行為が帰属されることにより，各則の条文を充足すると考えるのである[52]。総則に間接正犯に関する一般規定がなく，それを処罰する適用条文が各則の条文だけであることから，直接正犯と間接正犯がまったく同じ要件で考察されなければならない，ということにはならないと考える。たとえば，不真正不作為犯に関して，総則の一般的規定はなく，殺人罪・放火罪・詐欺罪などの各則の条文が適用されているところ，しかし，その際，作為義務・作為可能性（容易性）ないしは保障者的地位・義務といった作為犯と異なる要件の下でその成

---

50）　島田聡一郎『正犯・共犯論の基礎理論』130頁（東京大学出版会，2002年）。また，伊藤ほか・前掲注⑵258頁〔安田〕，小林憲太郎「実行の着手について」判時2267号3頁以下（2015年），佐藤・前掲注⑹『実行の着手』250頁注56，照沼亮介『体系的共犯論と刑事不法論』91頁注45（弘文堂，2005年），橋爪隆「実行の着手について」法学教室411号117頁注33（2014年）。

51）　島田・前掲注(50)128頁以下。

52）　「間接正犯は……他人の手を借り，これを利用するものであるが，それによって結局は自ら実行行為をしたことになるのであって，それゆえにこそ別段の規定がなくとも解釈上基本構成要件に該当する正犯なのであ」る（中野次雄『刑法総論概要（第3版補訂版）』78頁〔成文堂，1997年〕）。「改正刑法草案は，その点をはっきりさせるため，間接正犯に関する規定（26条2項）を設けている」（中野・前掲84頁注1）。

90　第1部　実行の着手

立が認められている。前述の批判を不真正不作為犯の場合に転用すれば，「わが国のように，〔不真正不作為〕犯も各則の条文のみを根拠に処罰せざるを得ない法典の下においては，〔不真正不作為〕犯の成立要件は，〔作為〕犯と呼ばれている場合と同じでなければならないはずなのである」ということになろう。しかし，不真正不作為犯の処罰を認める多くの見解はそうは考えていない。

　（イ）前述の批判は，ドイツにおいて，その25条1項（第2選択肢）が行為帰属を認める根拠条文（帰属規範）であるという理解にも基づくのであろう[53]が，かかる規定をもたなかった1975年改正前のドイツの学説において，故意のない道具と故意ある道具を区別し，後者の場合には道具が行為の実行を開始する場合に未遂が始まると考えるのが通説であった。たとえば，Welzel は次のように論じていた。すなわち，故意ある道具を利用する場合，その道具が行為の実行を開始する場合にはじめて未遂が始まる。その他の事例においては，機械の道具を用いる場合のように，行為者が道具によって行為を既遂に至らせるために行為を手放した時点ですでに未遂は始まる[54]，と。このような立場に立った場合，故意ある道具に関する限りで，行為帰属論のような構成を採ることが考えられる。

　（ウ）わが国においても，井田教授が，「間接正犯については，原則的には利用者基準説を採りつつ，例外的に故意行為を利用する事例に限っては被利用者の行為の時点で実行の着手ありとすべきである」とし，後者に関する「理論構成として，間接正犯は単なる単独犯行でなく，他人を利用するものであるから，実行の着手も，被利用者の行為とあわせて全体として結果発生に接着する段階に至ったかどうかで定めるべきだとすることは不可能とはいえないであろう」[55]と論じられた。

---

53)　たとえば，佐藤・前掲注(7)刑法雑誌50巻2号48頁は，「共同正犯については，60条の存在により行為帰属論の考え方が妥当しうるため，全体解決説を採用する余地があるが，間接正犯はそのような特別な規定を前提としないため，同様の議論があてはまらない点に違いがある」とする。

54)　Hans Welzel, Das DeutscheStrafrecht, 11.Aufl.1969, S.191（§24 Ⅲ 5）．そ の ほ か，Blei, Busch, Kohlraush／Lange, Schönke／Schröder など。文献の引用については，本書第2章47頁注31参照。

55)　井田良『刑法総論の理論構造』260頁（成文堂，2005年）。

第2章　間接正犯者の実行の着手時期　91

行為の帰属を認める場合は異なるが，萩原教授は，絶対的強制下の行為の利用や郵便制度の利用の場合について，「その行為主体は被利用者ではなく，被利用者の背後にあって被利用者をあたかも操り人形のように自己の意のままに動かした者であると見るべきであるから，被利用者の行為を利用者自身の実行行為とみなすことに不自然さはないと思われる」。このような場合，「被利用行為を間接正犯の実行行為とみなす全体的解決説……に賛同したい」と論じている[56]。さらに，間接正犯の場合一般につき，奥村教授は，「利用者により被利用者の行為が支配されている場合は，被利用者の行為は利用者の行為と一体となり，結果発生の現実的危険が発生した段階で実行行為の開始が認められる」。「間接正犯では利用行為と被利用行為とを一体として評価しうる」[57]と論じられ，岡野教授も，「危険発生は利用者の意思に支配されているのであるから，被利用者側の行為に利用者の実行行為を求めることができよう」[58]と論じられる。

　（エ）共犯論の研究で名高い西田教授[59]は，かつて，西原春夫教授が『間接正犯の理論』において示された「間接正犯における実行行為は利用者の利用行為と被利用者の結果惹起行為とを合したものである」[60]という行為帰属論的な見解に対して，自身と同様の結論[61]が「行為支配の理論を媒介とし被

---

56)　萩原・前掲注(11)16頁以下。もっとも，「過失行為利用事例及び農道毒入りジュース事例」のような場合には，行為帰属は認められないとし，不作為犯構成を支持する（萩原・前掲注(11)17頁）。

57)　奥村正雄「実行行為概念について」『大谷實先生喜寿記念論文集』155頁（成文堂，2011年）。また，同「実行行為概念の意義と機能」刑法雑誌45巻2号97頁（2006年）。

58)　岡野光雄『刑法要説総論（第2版）』248頁（成文堂，2009年）。また，小田直樹「共同研究にあたって——問題意識と若干のコメント」（特集　一連の行為をめぐる実体法と手続法の交錯）刑法雑誌50巻1号75頁注18（2010年）は，「間接正犯も，意図的な操縦を理由に，他者行為を『一体化』する特殊事例ではなかろうか」と指摘している。なお，前述，1（1）（ⅲ）の塩見教授の見解も参照。

59)　西田典之『新版共犯と身分』（成文堂，2003年），同『共犯理論の展開』（成文堂，2010年）など。

60)　西原春夫『間接正犯の理論』207頁（成文堂，1962年）。その後，西原教授が不作為犯構成に見解を変えられたことも含め，参照，本書第2章40頁注6。

61)　西田教授は，間接正犯者の実行の着手時期について次のように論じる。すなわち，「実行の着手時期は，結果発生の危険が生じたときとすべきである。それゆえ，実行の着手とは，未遂犯の処罰時期を画定する時間的な概念なのである」。間接正犯者の処罰対象行為は利用行為であるが，それは「未遂結果が生じたときに遡って実行行為となる」（西田典之『刑法総論（第2版）』301頁［弘文堂，2010年］）。「行為から相当因果関

利用者の行為をも利用者の実行行為に包摂せしめることによっても可能であろう」[62]と指摘されていた。さらに，公文書無形偽造の間接正犯の問題を論ずるなかで，教授は，間接正犯の理解について，「たとえば，甲が責任無能力者乙を利用して丙の家から財物を持ってこさせた場合には，一般に窃盗罪の間接正犯が認められるであろう。この場合も，窃取しているのはあくまでも乙であるが，乙の（違法）構成要件該当行為を利用することによって甲は窃盗罪の構成要件的結果を実現しているのである。このように，間接正犯とは他人の（違法な）構成要件的行為を利用した構成要件的結果の実現として理解さるべきものなのである」[63]（傍点原口）と論じられているところ，このような理解について，「間接正犯は規範的評価として他人が行った実行行為をあたかも自己が行ったかのように帰属されることを理由に正犯とされる」[64]という「見解に近い見解を主張されている」[65]との指摘がなされている。

---

係のある未遂結果が生じたときに，当該行為は実行行為性を取得すると考えるべきである」（西田・前掲『刑法総論』83頁）と。

[62]　西田典之「間接正犯の実行の着手時期」百選 I 159頁。もちろん，それに続けて，「しかし，その場合も……『段階を画する概念』としての『実行の着手』が前提となる。行為支配の概念によって実行行為の幅を拡げえたとしても，そのすべてが利用者の実行行為だというのであれば，形式的客観説からはやはり利用開始時に着手を認めることになるからである」とする。ただ，そのことは，いずれにせよ行為帰属の構成によって「実行行為の幅を拡げ」ることの可能性を認め，「実行行為」の開始が常に（43条の意味での）「実行」の着手であるといういわば固い形式的客観説を採らなければ別の結論に至りうることを示している。

[63]　西田典之「公文書無形偽造の間接正犯について」『西原春夫先生古稀祝賀論文集第3巻』275頁（成文堂，1998年）。西田・前掲注(61)『刑法総論』301頁でも，「間接正犯というのは，他人の行為を利用して犯罪構成要件を実現する行為である」としている。ちなみに，平野博士は，結果犯説の先駆的ともいえる主張を，佐伯千仭博士還暦祝賀において展開されたが，そこでは，目的または身分のない故意ある道具の場合を例として，「いずれにせよ正犯行為と実行行為との分裂を認めるならば，この場合利用者が正犯でその行為が正犯行為であり，道具の行為が実行行為だとする方がより自然ではなかろうか。……もともと実行の着手という概念は，その段階にきたときに処罰するという段階を画する概念であるから，それが正犯行為と一致しなければならない論理的な必然性はない。……正犯者でない者の行為が実行行為だということも不可能ではないだろう。実行行為とはこのような処罰に価する危険の発生を伴う行為ということになるからである」（平野龍一「正犯と実行」佐伯千仭博士還暦祝賀『犯罪と刑罰（上）』456頁［有斐閣，1968年］）（傍点原口）と主張された。

[64]　島田・前掲注(50)126頁以下。

[65]　島田・前掲注(50)139頁注26。もっとも，島田教授はこのような見解に批判的である。

第2章　間接正犯者の実行の着手時期　93

　（オ）どのような場合に行為の帰属が認められるのか，換言すれば，どの
場合に間接正犯が認められるのかは，さらに十分な検討と基礎づけを要する
ことは確かである[66]が，以上引用した見解にみられるように，間接正犯に関
する総則規定をもたないわが国の現行刑法のもとにあっても，行為帰属論の
構成が採りえない構成だとは思われない。

　（ii）誰の表象を問題とするのか

　さらに，「行為帰属論を採用した場合，利用者の表象を基礎とするのか，
被利用者の表象を基礎とするのかという問題が生じる」[67]との批判も向けら
れてきた。確かに，「行為についての自らの表象によれば，構成要件の実現
を直接開始する者は，犯罪行為の未遂を行った者である（Eine Straftat ver-
sucht, wer nach seiner Vorstellung von der Tat zur Verwirklichung des Tatbe-
standes unmittelbar ansetzt.）」と規定し，行為者の表象を基礎として直接性
を判断することを規定しているドイツ刑法22条のもとでは，誰の表象を基礎
とすべきかは重要な問題となり，実際，行為帰属論の論者の間でも争われて
いる。しかし，このような批判は，わが国の43条のもとでは重要な批判では
ない。

　実行の着手の判断において行為者の主観，さらに，行為計画も考慮すべき
であると考えるが，このような行為者の主観面の考慮に関して，2つの面を
区別して問題を考える必要があろう。

　第1に，未遂行為の対象となる構成要件を個別化するにあたっての故意の
考慮である（行為の構成要件該当性の判断）。この考慮は「未遂」の概念から
導かれる。すなわち，未遂とは「未だ遂げざる」場合であり，「遂げるべ
き」対象（構成要件）がまず措定され，そのうえで，その不充足が判断され
る。そして，その遂げるべき対象は，行為者が遂げようとする目標（意思）

---

66）　基本的には，行為支配（錯誤を利用した支配，強要による支配など）を問題とし，
　　判例の認めてきた範囲で間接正犯を認めることができると考えている。なお，利用者を
　　間接正犯と認めることができるのか否かということ（間接正犯性の基礎づけ）と，その
　　ように基礎づけられた間接正犯者の実行の着手がどの時点に認められるべきなのかとい
　　うことは異なる問題である。
67）　佐藤・前掲注(6)『実行の着手』250頁。また，伊藤ほか・前掲注(2)258頁〔安田〕，
　　島田・前掲注(50)132頁。

94 第1部 実行の着手

によって定められることになる[68]。この場合に問題になる主観面は，間接正犯者の「故意」である。故意犯として処罰される以上故意がなければならず，この点での考慮に関して，それ以上の要求はなされない。故意の「存在時点」の問題は，次の（ⅲ）の批判にかかわる問題である。

　第2に，構成要件実現の可能性（危険性）判断をする場合の故意・行為計画の考慮である。43条のもとでは，行為者の表象が判断の基礎を形成するのではなく，構成要件実現の可能性の判断材料の1つとして，故意・行為計画も考慮されるだけである。したがって，間接正犯者の行為計画も考慮に入れたうえで，全体的行為の進展状況を判断すればよい。ドイツ刑法のもとでの議論とはその前提が異なるのである。ここでの批判も，わが国の行為帰属論（全体的解決説）にはまったくあたらない。

（ⅲ）故意・責任能力の存在時点

　「行為帰属説ないし全体行為説は，被利用者の行為はいわば利用者の延長された腕であって規範的にみれば利用者の行為の一部であるとすることで，その時点で実行の着手を認めることを正当化する」。「しかし，行為者の身体の動静による行為寄与は利用行為に尽きる。この利用行為時に故意や責任能力等の責任要件が存在することによって初めて同時存在原則が充たされる。……利用行為後も利用者の行為が継続しているとする理論構成は，同時存在原則……の潜脱に道を開くことになろう」[69]と批判される。

　確かに，自然的な意味での「行為者の身体の動静」が「利用行為に尽き

---

68）　本書第1章3頁注2も参照。

69）　松原・前掲注(24)百選Ⅰ6版133頁。そして，「憲法39条は，犯罪の実行の時に適法であった行為は罰することができないとし，刑法6条は，犯罪後に刑の変更があったときは軽いものを適用するとしているが，これらも利用行為時を基準とすべきである。たとえば，利用行為と被利用行為との間に処罰規定が新設された場合に，被利用行為を実行行為とみることによって利用者に対して新規定を適用するのは不当な遡及処罰にほかならない」。行為帰属論は「遡及処罰禁止の潜脱に道を開くことになろう」と批判する。遡及処罰の禁止は，形式的には憲法39条前段の「実行」の文言の解釈にかかわる。しかし，一般に「実行」行為概念の相対性が認められ（予備の場合など），また，43条の「実行」も広義の結果を含むものだとの解釈も主張されており（本書第1章17頁参照），かりにかかる批判があたっているとしても，それは行為帰属論だけに向けられる問題ではないであろう。さらに，本質的には，遡及処罰の禁止の問題は，行動の自由の保障・予測可能性の保障というその禁止の趣旨・根拠から考えられるべき問題であるというべきであろう。

る」ことはその通りであろう。規範的な行為帰属という構成を採る場合も，間接正犯者の故意・責任能力の存在時点は，（道具により行われる「実行行為」が帰属される）利用（誘致）行為時である。それは，共同正犯者間の相互の行為帰属[70]が認められるべきところの，犯行現場に現在しない共謀共同正犯者の場合と基本的に同様に考えられる[71]。

　間接正犯の場合に行為帰属論という構成を採る場合も，故意・責任能力の問題に関しては，実質的な最終意思決定時，すなわち，利用行為時に責任能力があり，道具の行為が，間接正犯者の支配に基づくその意思決定の実現であると評価される場合，責任非難がなされてよい。また，適法か違法かを方向づける分岐点での違法な行為に向けての行動の選択をコントロールができればよく，その後の行為（経過）をすべてコントロールできたことまで要求されているわけではない（たとえば，実行の着手後の責任能力の低下の場合）。したがって，誘致行為の時点で，行為支配に基づき，意思決定の実現へと方向づけ，その実現とみうる程度にその後の道具の行為をコントロールしていればよいと考える。

　（ⅳ）行為帰属論に向けられた批判に対して，以上のように考える。

　間接正犯の場合の「構成要件的行為」を利用者の自然な意味での行為に求める理解には「間接」正犯という形態を適切に評価しているのかどうしても疑問が残り，間接正犯の「構成要件的行為」は道具の行動「も含めて」考えるべきであり，そのことにより，また，実行の着手の問題全体について，伝統的な「未遂の構造」を維持することのできる行為帰属論が妥当である。

---

70)　共同正犯の場合の相互行為帰属は，間接正犯の場合よりも，より広い支持があるといえよう。代表的なのは，高橋則夫『刑法総論（第3版）』440頁（成文堂，2016年）〔「共謀に基づく相互利用・相互補充による行為帰属」〕など。

71)　萩原・前掲注(11)15頁も参照。ここでも間接正犯と共同正犯の場合は異なる旨の批判が向けられるかもしれない。しかし，ここでは「故意・責任の存在時期」の問題に関して，共同正犯の場合を指摘しているのである。共同正犯とは異なる間接正犯に関して「行為帰属」が認められるのか否かという問題に関しては，前述（3）（ⅰ）参照。

96　第1部　実行の着手

# 第3章　実行の着手時期と早すぎた構成要件の実現

## はじめに

　本章において，クロロホルム事件最高裁決定（最高裁判所平成15年（あ）第1625号，殺人，詐欺被告事件，平成16年3月22日第1小法廷決定，上告棄却，刑集58巻3号187頁，判時1856号158頁，判タ1148号185頁）が，それ以前の実行の着手に関する判例のなかでどのように位置づけられるのか，さらに，それが早すぎた構成要件の実現の問題についてどのような立場を採ったものなのか等，クロロホルム事件最高裁決定について検討する。

　そこで，まず，クロロホルム事件の事実の概要，そして，その最高裁決定の決定要旨を確認し（第1節），その上で，クロロホルム事件最高裁決定が提起した各問題点について検討する（第2節〜第5節）。

## 第1節　クロロホルム事件最高裁決定における事実の概要および決定要旨

### 1　クロロホルム事件の事実の概要

　（1）被告人甲は，保険の外交を通じて知り合った不倫相手に多額の金銭を貢ぐなどしてできた借金の返済に窮したために，夫A（当時38歳）を事故死に見せかけて殺害し生命保険金を詐取しようと考え，被告人乙に「うちの殺してけね。殺してくれれば，保険金の半分やっから。」などと言って殺害の実行を依頼し，住宅ローンや信販会社からの借入金の返済に窮していた乙は，報酬欲しさからこれを引き受けた。そして，乙は，他の者に殺害を実行させようと考え，報酬として保険金の山分けを約束することにより，丙，丁および戊（以下「実行犯3名」という。）を仲間に加えた。なお，甲は，殺人の実行の方法については乙らに委ねていた。

第3章　実行の着手時期と早すぎた構成要件の実現　97

（2）乙は，実行犯3名の乗った自動車（以下，「犯人使用車」という。）を
Aの運転する自動車（以下，「A使用車」という。）に衝突させ，示談交渉を
装ってAを犯人使用車に誘い込み，クロロホルムを使って失神させたうえ，
最上川付近まで運びA使用車ごと崖から川に転落させて溺死させるという計
画を立て，平成7年8月18日，実行犯3名にこれを実行するよう指示した。
実行犯3名は，助手席側ドアを内側から開けることのできないように改造し
た犯人使用車にクロロホルム等を積んで出発したが，Aを溺死させる場所を
自動車で1時間以上かかる当初の予定地から近くの石巻工業港に変更した。

（3）同日夜，乙は，甲から，Aが自宅を出たとの連絡を受け，これを実
行犯3名に電話で伝えた。実行犯3名は，宮城県石巻市内の路上において，
計画通り，犯人使用車をA使用車に追突させたうえ，示談交渉を装ってAを
犯人使用車の助手席に誘い入れた。同日午後9時30分ころ，丁が，多量のク
ロロホルムを染み込ませてあるタオルをAの背後からその鼻口部に押し当
て，丙もその腕を押さえるなどして，クロロホルムの吸引を続けさせてAを
昏倒させた（以下，この行為を「第1行為」という。）。その後，実行犯3名
は，Aを約2キロメートル，自動車の走行時間にして数分程度離れた石巻工
業港まで運んだが，他所で待機していた乙を呼び寄せたうえでAを海中に転
落させることとし，乙に電話をかけてその旨伝えた。そして，同日午後11時
30分ころ，乙が到着したので，乙および実行犯3名は，ぐったりとして動か
ないAをA使用車の運転席に運び入れたうえ，同車を岸壁から海中に転落さ
せて沈めた（以下，この行為を「第2行為」という。）。

（4）その後，甲は，Aが不慮の事故によって死亡したものであるかのよ
うに装い，生命保険契約に基づく死亡保険金の支払方を請求し，1億3000万
円余りの死亡保険金を受け取り，乙らに分配した。

（5）なお，Aの死因は溺水に基づく窒息であるか，そうでなければ，ク
ロロホルム摂取に基づく呼吸停止，心停止，窒息，ショックまたは肺機能不
全であるが，いずれであるかは特定できなかったこと，Aは，第2行為の前
の時点で，第1行為により死亡していた可能性があったこと，そして，乙お
よび実行犯3名は，第1行為自体によってAが死亡する可能性があるとの認
識を有していなかったが，客観的にみれば，第1行為は人を死にいたらしめ

98　第1部　実行の着手

る危険性の相当高い行為であったことが確認されている。

　以上のような事実に対して，第1審の仙台地裁平成14年5月29日判決（刑集58巻3号201頁）は，「罪となるべき事実」のなかで，「Aが昏倒した後の経過の中で，同人をクロロホルム摂取に基づく呼吸停止，心停止，窒息，ショック若しくは肺機能不全又は溺水に基づく窒息により死亡させて殺害した」と述べて，甲ら5名に殺人罪および詐欺罪の共同正犯の成立を認めた（甲・乙は無期懲役，丙は懲役18年，丁は懲役16年，戊は懲役10年）。

　これに対して，甲・乙・丙・戊の弁護人は，第1行為はAを気絶させるためのものであって，被告人らに殺意はなく，第1行為は傷害致死罪にとどまり，第2行為時にはAは死亡していたものと考えられ，したがって，殺人の故意で死体遺棄罪に該当する行為を行ったもので，殺意が認められず不可罰，ないしはせいぜい殺人未遂罪にとどまる等と主張して控訴した。

　第2審の仙台高裁平成15年7月8日判決（刑集58巻3号225頁）は，次のように述べて被告人らの控訴を棄却した（なお，戊についてはその主張を一部認めて破棄自判し，懲役8年を言い渡した[1]）。すなわち，「殺害の意図を有した上記被告人ら4名は，クロロホルムを吸引させる行為自体によって被害者を死亡させるという認識はなく，それによって死亡する可能性があるとの認識もなかったものである。したがって，クロロホルムを吸引させる行為で被害者の死亡の結果をもたらしたとしたら，当該クロロホルムを吸引させる行為について，上記被告人ら4名に殺人の実行行為性の認識があったか否かが，殺人の故意の内容として問題となる」としたうえで，「クロロホルムを吸引させる行為は，単に，被害者を拉致し転落場所に運ぶためのみならず，自動車ごと海中に転落させて溺死させるという予定した直接の殺害行為に密着し，その成否を左右する重要な意味を有するものであって，被告人ら3名の予定した殺人の実行行為の一部をすでに成すとみなしうる行為であるということができる」。そして，「被告人ら3名は，クロロホルムを吸引させる行為について，それが予定した殺害行為に密着し，それにとって重要な意味を有

---

1)　戊について，保険金の詐取に関する共謀が否定され，殺害行為への加担により保険金の詐取を容易にしたにすぎないとされ，1審判決で詐欺罪の共同正犯とされた点が，控訴審では詐欺罪の従犯であるとされた（刑集58巻3号237頁以下）。

第3章　実行の着手時期と早すぎた構成要件の実現　99

する行為であると認識しており，殺人の実行行為性の認識に欠けるところは
ないというべきであり，被告人ら3名がクロロホルムを吸引させる行為を行
うことによって，殺人の実行行為があったものと認定することができる。な
お，その後，被害者を海中に転落させる殺害行為に及んでいるが，すでにク
ロロホルムを吸引させる行為により死亡していたとしても，それはすでに実
行行為が開始された後の結果発生に至る因果の流れに関する錯誤の問題に過
ぎない」と判示して，被告人らの控訴を棄却した。

　これに対して，甲・乙の弁護人は，被告人らが第1行為を行ったのは被害
者を気絶させるためであって殺人の故意はなく，傷害致死罪が成立するにす
ぎず，他方で，第2行為の際には被害者は死亡していたのであり，殺人の故
意で死体遺棄に該当する事実を実現したにすぎず，これらは殺人の不能犯と
過失による死体遺棄であり，現行法上不可罰である等と主張して上告した。

　最高裁判所は，各上告趣意はいずれも刑訴法405条の上告理由に当たらな
いとしたうえで，殺人罪の成否について職権で，前記のような事実の確認に
続けて以下のように判示し，上告を棄却した。

## 2　クロロホルム事件最高裁決定における決定要旨

　クロロホルム事件最高裁決定は次のような判断を示した。

　「認定事実によれば，実行犯3名の殺害計画は，クロロホルムを吸引させ
てAを失神させた上，その失神状態を利用して，Aを港まで運び自動車ごと
海中に転落させてでき死させるというものであって，第1行為は第2行為を
確実かつ容易に行うために必要不可欠なものであったといえること，第1行
為に成功した場合，それ以降の殺害計画を遂行する上で障害となるような特
段の事情が存しなかったと認められることや，第1行為と第2行為との間の
時間的場所的近接性などに照らすと，第1行為は第2行為に密接な行為であ
り，実行犯3名が第1行為を開始した時点で既に殺人に至る客観的な危険性
が明らかに認められるから，その時点において殺人罪の実行の着手があった
ものと解するのが相当である。また，実行犯3名は，クロロホルムを吸引さ
せてAを失神させた上自動車ごと海中に転落させるという一連の殺人行為に
着手して，その目的を遂げたのであるから，たとえ，実行犯3名の認識と異

100　第1部　実行の着手

なり，第2行為の前の時点でAが第1行為により死亡していたとしても，殺人の故意に欠けるところはなく，実行犯3名については殺人既遂の共同正犯が成立するものと認められる。そして，実行犯3名は被告人両名との共謀に基づいて上記殺人行為に及んだものであるから，被告人両名もまた殺人既遂の共同正犯の罪責を負うものといわねばならない。したがって，被告人両名について殺人罪の成立を認めた原判断は，正当である」。

## 第2節　クロロホルム事件最高裁決定が提起した問題

　未遂犯は「犯罪の実行に着手し」たことにより成立し（43条本文），既遂犯が成立するためにはこの未遂段階を通過しなければならない。「結果犯については，実行行為に因って構成要件的な結果を生じることによって，はじめて構成要件が充足される」[2]，「行為と結果との因果関係というとき，その行為は当該犯罪の実行行為でなければなら（ず）……予備行為から結果が発生しても，犯罪は既遂にはならない」[3]と論じられてきた。

---

2)　団藤重光『刑法綱要総論（第3版）』173頁（創文社，1990年）。

3)　平野龍一『刑法総論Ⅰ』134頁（有斐閣，1972年）。同様に，因果関係について，「実行行為」と結果の間の関係であるとするのは，大塚仁『刑法概説総論（第3版増補版）』171頁（有斐閣，2005年），大谷實『新版刑法講義総論（追補版）』223頁以下，231頁（成文堂，2004年），斎藤信治『刑法総論（第5版）』126頁（有斐閣，2003年），林幹人『刑法総論』118頁以下（東京大学出版会，2000年），堀内捷三『刑法総論（第2版）』68頁（有斐閣，2004年），前田雅英『刑法総論講義（第4版）』115頁，169頁（東京大学出版会，2006年）など。

これに対して，「実行行為」をいわば犯罪の本体として理解し，それを結果惹起とは独立に捉えることには疑問があるとし，また，「実行行為」という概念によって，その背後にある実質的な問題が包み隠され，実体的な価値判断が明るみに出されないまま結論が導き出されることになるきらいがあるという理由で，「実行行為」を構成要件要素とすることに反対するのは，山口厚『刑法総論（補訂版）』44頁以下（有斐閣，2005年）。同『問題探究刑法総論』2頁以下（有斐閣，1998年），同「『実行行為』論の一断面」研修627号3頁以下（2000年）。また，齋野彦弥「中止未遂の因果論的構造と中止故意について」『田宮裕博士追悼論集下巻』587頁（信山社，2003年）は，犯罪論体系における「実行行為」概念が無用であるばかりでなく有害ですらある，という認識が近時多くの支持を獲得しつつあるといってよいように思われるとし，高橋則夫「分科会の趣旨——『行為・実行・帰属』という問題——」刑法雑誌45巻2号57頁（2006年）は，犯罪論上中心的な地位を占めてきた実行行為概念は，現在では，「マージナルな領域に追いやられ，消滅の危機にあるといっても過言でないように思われる」とする（もっとも，高橋教授自身は，「行為・実行行為という概念は，犯罪論において依然として重要な地

第3章　実行の着手時期と早すぎた構成要件の実現　101

　本件被告人らの犯罪計画によれば，第1行為は第2行為による殺害を容易にするために被害者を失神させようとしたものにすぎなかったことから，まず，第1行為により殺人罪の実行の着手が認められるのか否かが問題となる。これが否定され，第1行為が予備行為にとどまると解するならば，殺人予備罪[4]と，致死結果に対する因果関係と過失が認められる限りで傷害致死罪の成立にとどまることになろう。つまり，このように解する場合には，予備段階で殺意もしくは殺害計画があり，結果的に致死結果が発生したとしても，殺人未遂罪が成立しない以上殺人既遂罪の成立は問題になりえないことになる。

　次に，第1行為が予備行為ではなく，既に実行の着手が認められるとしても，そのこと自体は殺人未遂罪の成立を意味するにすぎず，殺人既遂罪まで成立するとは直ちにはいえない。被害者の致死結果が被告人らの意図・計画した時点よりも早い時点で（しかし，実行の着手後に）発生してしまった場合に[5]，故意既遂犯の成立に必要な主観的要件が充たされていないという理由で殺人既遂罪の成立が否定されるべきなのか否かが検討されなければならない。

　そこで，以下において，まず，第1行為の時点で殺人罪の実行の着手が認められるのか否か（後述，第3節），次いで，これが肯定された場合に，被告

---

　位を占めているといわなければならない」としている。同「犯罪論における同時存在原則とその例外」佐々木史郎先生喜寿祝賀『刑事法の理論と実践』65頁［第一法規出版，2002年］）。
4)　なお，不能犯の理解の仕方および事案への当てはめによっては，第2行為の時点で殺人未遂罪が成立するとの構成も考えられうる（その場合，殺人予備罪は当然殺人未遂罪に吸収される）。しかし，この場合も，第2行為と致死結果の間の因果関係が証明できないため，殺人既遂罪の成立は認めえないことになろう。
5)　もちろん，本決定は，「Aの死因は，でき水に基づく窒息であるか，そうでなければ，クロロホルム摂取に基づく呼吸停止，心停止，窒息，ショック又は肺機能不全であるが，いずれであるかは特定できない。Aは，第2行為の前の時点で，第1行為により死亡していた可能性がある」としており，第1行為により死亡したのか，第2行為により死亡したのかを特定していない。しかし，第2行為により死亡したのであれば殺意をもって計画通り殺害したことになり，いずれの立場でも殺人既遂罪の成立に特段の問題は生じないと考えられるのに対して，第1行為により死亡した場合には被告人らの刑責がそれより軽くなる可能性が生ずることから，「疑わしきは被告人の利益に」の原則により，以下において，第1行為により死亡したということを前提として考察していくことにする。

102　第1部　実行の着手

人らの意思・認識が殺人既遂罪の成立を妨げるようなものなのか否か（後述，第4節）について検討していきたい。

## 第3節　実行の着手に関する判例のなかでの　クロロホルム事件最高裁決定の位置づけ

　（1）実行の着手に関するわが国の判例は，大審院時代においては，実行行為[6]の開始を問題とし，窃盗罪を中心として，たとえば，住居侵入窃盗の場合に金品物色のために箪笥に近寄る行為など，実行行為に「密接する行為」を行った場合に実行の着手を肯定し[7]，戦後の最高裁および下級審判例においても（これまで明示的な判例変更がなされていないことから）基本的にはそのような立場を受け継ぎつつ，窃盗罪以外の犯罪類型においても広く，より実質的な要因（とりわけ構成要件実現の危険性）も考慮して実行行為に密接する行為を行った場合に実行の着手を肯定してきていると考えられ[8]，このような判例の結論は学説によっても概ね支持されてきているといえよう[9]。

　学説では，実行行為またはそれに密接する行為もしくは直前に位置する行為の開始を問題とする形式的客観説[10]と，構成要件実現の危険性という観点から着手時期を判断する実質的客観説[11][12]とが現在有力な支持を集めてい

---

6)　（基本的）構成要件該当行為の同義語として用いられるのが一般的である。

7)　大判大正6年10月11日刑録23輯1078頁（窃盗罪。「他人ノ事實上ノ支配ヲ侵スニ付キ密接セル程度ニ達セサル場合」には着手はない），大判昭和9年10月19日刑集13巻1473頁（窃盗罪。「他人ノ財物ニ對スル事實上ノ支配ヲ犯スニ付密接ナル行爲ヲ爲シタルトキハ」着手がある）など。大審院時代の判例について詳細に，大塚仁「実行の着手」『総合判例研究叢書刑法(3)』7頁以下（有斐閣，1956年）。

8)　大審院時代から1970年代までの判例の流れを詳細に検討しているのは，大沼邦弘「実行の着手」西原春夫ほか編『判例刑法研究第4巻』1頁以下，とくに6頁，26頁，47頁など（有斐閣，1981年）。

9)　もちろん，個々の判決の結論についての批判がないわけではない。参照，注17，注23，注24，注29，注32，注39。

10)　塩見淳「実行の着手について（3・完）」法学論叢121巻6号16頁以下（1987年），団藤・前掲注(2)354頁以下など。なお，また，井田良『刑法総論の理論構造』251頁以下（成文堂，2005年）。

11)　「構成要件実現の危険性」という観点で着手時期を判断する実質的客観説には，実行の着手に関する理解を異にする見解が含まれているように思われる。1つは，構成要件実現の現実的危険性を含む「行為の開始」を重視する行為重視型実質的客観説であり，

第3章　実行の着手時期と早すぎた構成要件の実現　103

る[13][14]。

---

　もう1つは，問題とされる「危険」が（狭義の）行為とは切り離され，因果関係判断の両極の1つとして考えられるべき「結果」であることを強調する結果重視型実質的客観説（結果としての危険説）である。行為重視型実質的客観説に属すると考えられるのは，大塚・前掲注(3)『刑法概説総論』165頁，大谷・前掲注(3)388頁，佐久間修『刑法講義総論』311頁（成文堂，1997年），立石二六『刑法総論（第2版）』266頁（成文堂，2006年），福田平『全訂刑法総論（第4版）』226頁（有斐閣，2004年）など。結果重視型実質的客観説に属すると考えられるのは，大越義久「実行の着手」芝原邦爾ほか編『刑法理論の現代的展開─総論Ⅱ』142頁，151頁（日本評論社，1990年），内藤謙『刑法講義総論（下）Ⅱ』1219頁，1242頁以下（有斐閣，2002年），西田典之『刑法総論』279頁以下，311頁（弘文堂，2006年），林・前掲注(3)362頁，前田・前掲注(3)140頁，山口・前掲注(3)『刑法総論』233頁以下。先駆的に，平野龍一『刑法総論Ⅱ』313頁以下，319頁（有斐閣，1975年）。おそらく，堀内・前掲注(3)230頁，232頁以下，松宮孝明『刑法総論講義（第3版）』223頁（成文堂，2004年）。

　もちろん，実質的客観説に分類される見解が截然とそのように二分されうるというわけではない。たとえば，（狭義の）実行の着手に関しては，形式的客観説ないしは行為重視型実質的客観説のように考えたうえで，それとは別の未遂もしくは犯罪行為全般に共通する当罰性の観点から未遂の成立を限定する見解として，曽根威彦『刑法総論（第3版）』239頁，242頁（弘文堂，2000年）（実行の着手概念自体の理解としては，法益侵害の一般的危険性のある行為の開始という意味で行為の危険性説の方が妥当であろうとしつつ，未遂犯として成立するためには，結果の不発生という消極的要件のほか，法益侵害の具体的危険の発生という積極的要件を備えることが必要であるとする）。また，浅田和茂『刑法総論』371頁以下（成文堂，2005年）。なお，行為の危険性を事前判断，結果としての危険を事後判断とし，事前判断によって危険とされた行為は潜在的な実行行為であるが，事後判断によって具体的危険が発生したときに，遡って潜在的実行行為が真の実行行為に転化すると捉えるのは，山中敬一『刑法総論Ⅱ』681頁（成文堂，1999年）。

12)　実質的客観説といっても，注11で示したようにその内部で論者によりニュアンスに差がある見解が含まれているが，そのなかでとくに結果重視型実質的客観説は，「実行の着手」が「（危険）結果」であることを強調する点で賛同しえない。犯罪論概念における実行行為概念の重要性に鑑み，そして，実行の着手（43条の解釈）においては，依然として行為者の行う（間接正犯の場合には間接正犯者に帰属する被利用者の「行為」も含めて）実行行為を重視すべきであり，実行行為（との関係）・その密接行為を問題としていく立場が妥当であると考える。参照，原口伸夫「間接正犯者の実行の着手時期」『法学新報』105巻1号71頁以下（1998年）＝本書第2章43頁以下。注22も参照。

13)　かつては，市川秀雄「實行の著手」日本刑法学会編『刑事法講座第2巻』390頁以下（有斐閣，1952年），木村亀二『全訂新刑法讀本』243頁（法文社，1967年），牧野英一『刑法總論（上巻）』359頁（有斐閣，全訂版，1958年），宮本英脩『刑法大綱』179頁（弘文堂書房，1935年），八木國之「実行の著手の学説に関する基本観念の再検討──いわゆる折衷説の批判を契機として──」法学新報72巻11・12号187頁（1965年）（『増補新派刑法学の現代的展開』［酒井書店，1991年］所収。94頁以下）など，主観説も有力な論者により主張されていたが，行為者の主観面（とくにその反社会的性格）を強調するそのアプローチ，ことに着手時期を早い段階に認めやすいその傾向（ないしはそのようにとられかねない主観説の着手の表現）に対して批判が向けられ，現在は支持を失いつ

104　第1部　実行の着手

しかし，それらの見解が着手時期を判断する際にその形式的観点・実質的観点のいずれかしか考慮しないとすれば，それは妥当ではないであろう。すなわち，形式的客観説についていえば，確かに実行行為・密接行為の開始を問題にする点で43条の解釈として正しい出発点に立つものであるが，実行行為・密接行為は決して「形式的に」定まるものではなく，実質的な要因も考慮に入れて判断せざるをえず[15]，たとえば，詐欺罪の欺罔行為が詐欺の意思

つある。確かに，主観説が実行の着手の判断に当たって行為者の主観面を考慮すべきことを強く主張し，このような認識を強めた点では評価されるべきであり（参照，大塚・前掲注(3)『刑法概説総論』165頁），また，主観説も行為者の主観面のみにより実行の着手を判断するものではなく，外部的な行為の存在も必要としている（参照，木村亀二（阿部純二増補）『刑法総論（増補版）』345頁［有斐閣，1978年］，八木・前掲178頁以下）。しかし，その外部的な行為に行為者の反社会的性格の徴表的な意味しか認めない点でやはり問題であろう。

14)　行為の危険性や切迫した危険を判断するのに行為者の犯罪計画を考慮に入れる立場を折衷説（ないしは個別的客観説）として分類することも可能であり，着手の判断に際して行為計画も考慮すべきことを主張してきた点で重要な意義を有しているが，以下の理由から近時の折衷説は実質的客観説に含めてよいのではないかと考えている。すなわち，①「折衷」説という位置づけはかつての主観説・客観説の対立のなかでの両者の折衷という点で重要な意味をもっていた（たとえば，斉藤金作「実行の着手」日本刑法学会編『刑法講座第4巻』7頁以下［有斐閣，1963年］参照）が，注13で述べたように現在主観説が支持を失いつつあること，②その一方で「客観」説においても行為者の主観面を考慮する立場がむしろ多数説であり，そのように主観面を考慮する場合にはもはや「客観」説と称しえないとは一般に考えられていないこと（かりに「客観」説が行為者の主観面を一切考慮してはならない立場だとするならば，そのような「客観」説は妥当ではなく，その場合には折衷説という分類が重要になってこよう。後述，第3節(6)も参照），③折衷説に分類されることの多い，少なくとも近時の見解は本文の意味での実質的客観説にも分類できること，そして，④注11で述べたように，現在の学説の状況においては，その実質的客観説のなかでの実行の着手の捉え方の相違による下位区分，または主観面を考慮する程度による下位区分の方がより重要な意味をもちうると考えられることからである。近時折衷説に分類されることの多い見解は，川端博『刑法総論講義（第2版）』461頁以下（成文堂，2006年），斎藤信治・前掲注(3)216頁，野村稔『刑法総論（補訂版）』333頁（成文堂，1998年）などがあるが，いずれも本文の意味で実質的客観説に分類できるように思われる。

15)　もちろん，これは「形式」という言葉の定義・理解の仕方にもより，現在の形式的客観説の主張者も「実質的要因」を考慮しないということを主張しているとは考えられない。たとえば，塩見・前掲注(10)法学論叢121巻6号16頁以下参照（また，注51も参照）。塩見教授の見解は構成要件行為の直前に位置する行為の開始を問題にすることから，本稿では本文の意味での形式的客観説に分類したが，教授は自身の見解を広い意味での主観的客観（行為者の犯罪計画に基づき，それに客観説的な規準を適用して実行の着手を判断する見解と定義している。）と呼んでいる（塩見淳「実行の着手について（1）」法学論叢121巻2号4頁，5頁注3［1987年］，同・前掲注(10)法学論叢121巻6

第 3 章　実行の着手時期と早すぎた構成要件の実現　105

をもってする何らかの欺罔行為で足りるのではなく，財物・利益の詐取に向けられ，相手方の錯誤・交付行為をもたらしがちな欺罔行為でなければならないと考えるべきであり[16]，また，加重逃走罪の場合のように，そこでの手段たる行為の開始を判断する際に実質的な観点から一定の限定が必要となる場合もあるのではないのかということも問題になりうる[17]ところ，実質的観点を考慮せずに実行行為の密接行為・直前行為を問題とするならば，そのような場合もその手段たる行為の密接行為・直前行為も考えるべきことにもなり[18]，このような場合に着手時期が早い時点で認められることになりかねな

---

号20頁参照）。

16)　参照，斎藤信治『刑法各論（第 2 版）』136頁以下（有斐閣，2003年）。

17)　加重逃走罪について，手段たる損壊が開始されたときは実行の着手があるとするのが最高裁の判例である。すなわち，被告人ほか 3 名は，いずれも未決の被拘禁者として松戸拘置支所第 3 舎第31房に収容されていたが，逃走の目的をもって，右第31房の一隅にある便所の外部中庭側が下見板張りで内側がモルタル塗りの木造の房壁（厚さ約14.2センチメートル）に設置されている換気孔（縦横各約13センチメートル）の周辺のモルタル部分（厚さ約1.2センチメートル） 3 か所を，ドライバー状に研いだ鉄製の蝶番の芯棒で，最大幅約 5 センチメートル，最長約13センチメートルにわたって削り取り損壊したが，右房壁の芯部に木の間柱があったため，脱出可能な穴を開けることができず，逃走の目的を遂げなかったという事案について，最高裁昭和54年12月25日判決（刑集33巻 7 号1105頁）は，「刑法98条のいわゆる加重逃走罪のうち拘禁場又は械具の損壊によるものについては，逃走の手段としての損壊が開始されたときには，逃走行為自体に着手した事実がなくとも，右加重逃走罪の実行の着手があるものと解するのが相当である」と判示した（同趣旨の下級審判決として，名古屋高金沢支判昭和36年 9 月26日下刑集 3 巻 9 ・10号828頁。これに対して，佐賀地判昭和35年 6 月27日下刑集 2 巻 5 ・ 6 号938頁）。通説も判例を支持するものと考えられるが，最高裁昭和54年判決のような場合に損壊行為を行ったことが直ちに加重逃走罪の実行の着手となるわけではないとするのは，相内信「判例批評」警察研究55巻12号57頁以下（1984年），須之内克彦「判例批評」同志社法学32巻 1 号107頁（1980年），中山研一『刑法総論』415頁注 2 （成文堂，1982年），西田・前掲注(11)279頁，野村稔『未遂犯の研究』307頁注 2 （成文堂，1984年），林・前掲注(3)357頁。なお，「ほぼ通説・判例が妥当であろうが，一般に簡単には逃げられず，でなければあまり危険な囚人等ではないから（なお，懲罰も可能），『開始』とはいっても，ある程度は進んだ段階としてよかろう」とするのは，大谷實編『要説コンメンタール刑法各論〔罪〕』49頁〔斎藤信治〕（三省堂，1992年）。

18)　身代金を要求する目的でB女を略取しようと計画し，B家の裏木戸から押し入ろうとこれを開こうとしたが，その際，同家邸内から突如予期しなかった犬が吠えはじめたため，家人らに騒がれことが成就しないことを危惧して引き返し，その目的を遂げなかった行為について，営利目的略取誘拐未遂罪（当時は，身代金目的略取誘拐罪はまだ規定されていなかった）の成否が問題になった事案で，東京地裁昭和39年 5 月 9 日判決（下刑集 6 巻 5 ・ 6 号630頁）は，「被告人Cにおいて同女方外塀にしつらえられた裏木戸に手をかけようとしたに止まり，これらの段階においては未だ同女を略取するための

106 第1部 実行の着手

い[19]。

　実質的客観説についていえば，未遂犯処罰規定が侵害犯だけでなく，危険犯の場合にもあることから，実行の着手の判断においては，法益侵害の危険性ではなく，（一般に定義されているように）構成要件実現の危険性を問題にせざるをえず[20]，また，どの程度その危険性があれば着手が認められるのか

　　暴行，脅迫があつたといえないことは勿論，これらに接着する行為に出たということもできないので，略取の着手があつたと解することはできない」と判示し，実行の着手を否定した。この判示からすると，略取誘拐の手段たる暴行・脅迫・欺罔・誘惑に「接着する行為」があれば実行の着手が肯定される場合も出てこよう。

19）　もっとも，問題の行為の時点で構成要件実現（既遂）との時間的・場所的近接性が認められるような場合には，手段たる行為の直前の段階で着手を認めてよい場合もあろう。たとえば，高松高裁昭和41年8月9日判決（高刑集19巻5号520頁）は，いわゆる白タクの営業をしていた被告人が，乗客D女を姦淫しようと企て，Dの指示とは異なる方面に向かい，自動車が故障したと虚構の理由をつけて停車・下車し，停車した位置が前部がやや高くなるような傾斜地であったため，各後車輪に石で歯止めをし，後部座席の右側のドアを開いて後部座席にいたDの身辺に迫ろうとしたが，Dが咄嗟に被告人の開いた乗車口から被告人の傍をくぐり抜けるようにして飛び出して車外に逃れたため，強姦の目的を遂げなかったという事案で，被告人が「無言で自動車後部の右側ドアを開いて右座席の中央部に腰かけている同女に近づくため乗車しようとした」行為について，「この行為により同女は強度の畏怖状態に陥っていたことに徴すると，被告人の右行為は同女を強いて姦淫するための無言の威圧行為であり，ひいては，強姦の手段である暴行もしくは脅迫行為に極めて近接した行為であり，右行為によつて，同女に対する強姦の危険が外部から客観的に優に観察し得る状態に達したというべく，……強姦の着手行為であると認めるのが相当である」としている。本判決に肯定的なのは，平野・前掲注(11)『刑法総論Ⅱ』317頁，斎藤信治・前掲(3)『刑法総論』220頁。着手を認めたこの判断は支持できよう。ただ，一方で手段たる行為が行われても直ちに着手が認められるべきではない場合があり(注17)，他方で手段たる行為の直前の行為で既に着手を認めてよい場合もあるとすれば，その結論は手段たる行為が開始されたのか否かを「形式的に」考えることによっては得られず，実行行為の判断を中心としつつも，構成要件実現の切迫性という観点も考慮して判断しなければ導けないであろう。

20）　未遂は既遂に関係づけられた概念であり，法益侵害に対する関係とは問題の平面を異にしている。浅田教授も，「危険犯の未遂（放火罪の未遂など）の存在から明らかなように，未遂か既遂かは，構成要件的結果の発生の有無（構成要件レベル）の問題であって，法益侵害の有無の問題ではない」と指摘している（前掲注(11)363頁，370頁）。また，小田直樹「強姦罪における実行の着手」百選Ⅰ4版130頁以下。未遂犯を具体的危険「犯」と表現することの問題性もこれまでしばしば指摘されてきており，法益侵害の危険性と構成要件実現の危険性を区別せずに用いることは議論を混乱させるだけであるように思われる。また，理論的には，侵害犯であれ，危険犯であれ，その予備段階と考えられる行為ですら新たな立法措置により「既遂」として規定し，そのうえで，その「既遂」に対する未遂犯処罰規定を設けることも可能である（そのような立法が妥当な立法なのか否かは未遂の概念とは別の問題である）。近時の立法では，支払用カード電磁的記録不正作出準備罪（163条の4第1項）の未遂犯処罰規定（163条の5）がこれに

第3章　実行の着手時期と早すぎた構成要件の実現　107

という判断は，（判断の方向性を示す観点としての有効性は否定できないものの）予備と未遂の限界づけに必要な程度にまで明確にできるものとは考えられず[21]，実行行為との関係を考えた（うえでの実質的）判断の方が遥かに安定した判断になろう。さらに，判例が「客観的危険性」があることを理由に着手を肯定してきた事例において，そこでいわれる「危険性」が着手時期を前段階にずらす役割を果たしてきていることからも，実行行為ないしは構成要件で規定された行為態様（への近接）という「形式」もしくは「文言による限定」はやはり軽視することができないと考える[22]。したがって，43条本文

---

関して参考になろう。

21)　この点を強く指摘するのは塩見教授である。すなわち，「危険の判断は不安定だといわざるえない。法益侵害を促す事情と阻む事情のそれぞれを，どの範囲で，どのように衡量するかについて一般化された規準があるわけではなく，危険の程度の認定はそのやり方次第で大きく変動するからである」（塩見淳「放火罪における実行の着手」百選Ⅰ4版126頁とか，「構成要件実現の危険に着目する論者」も，「やはり西ドイツの危殆化規準説に対して指摘された，判断規準として確実とは言えないとの難点は免れない。具体的危険犯における危険の判断でさえ困難であるのに，少なくとも幾らかはそれよりさらに程度の低い危険を実際上確実に判断できるのかは極めて疑問であろう」（前掲注(10)法学論叢121巻6号15頁。また，同「実行の着手について（2）」法学論叢121巻4号9頁，21頁など［1987年］）と論じている。また，注34も参照。

22)　このような限定の必要性は，正当にもこれまでもしばしば指摘されてきた。たとえば，「実質的危険は実行の着手の判断にとって必ずしも制約的に働くものではなく，まさにその危険が認められるときに実行の着手が肯定されるという機能を持つものである。したがって，実行の着手を制約するメルクマールとしては，日常用語的意味に理解された構成要件該当行為を念頭に置かなければならないであろう」（野村・前掲注(14)『刑法総論』329頁注3）とか，「『着手』を段階を画する結果として捉える説は……罪刑法定主義の観点から疑いがあ」る。「形式からの枠づけのない実質的客観説は『危険』の認定に歯止めがない点で問題を残すと言えるであろう」（小田・前掲注(20)131頁）とか，「未遂処罰の開始時期は刑法43条における『実行の着手』の解釈の問題であるから，この文言の持つ制約を無視するならば，罪刑法定主義の見地からする疑義を免れないであろう」（井田・前掲注(10)251頁）などである。間接正犯の場合のこの問題点に関して，参照，原口・前掲注(12)77頁以下＝本書第2章48頁以下。

　実質的判断の必要性，または実行の着手の判断が危険結果の判断であると強く主張してきた論者にあっても，この点について原則論としては承認しているように思われる。たとえば，「切迫した危険といっても，その程度にはかなりの幅がありうる。したがって，これを明確にするためには，形式的ないし時間的な限定が必要である」（平野・前掲注(11)『刑法総論Ⅱ』314頁）。「形式との関連を慎重に配慮する」（中山・前掲注(17)411頁），「実質的客観説といえども，構成要件に該当する行為との基本的な対応を予定せざるをえない」（同・前掲注(17)412頁注5）とし，放火罪に関して，「実質的客観説は逆に，実質的な危険が認められれば点火行為は必ずしも必要ではないという方法に流れ易い。したがって，結論的には，形式的要件と実質的要件とは，互いに相互制約的に

108　第1部　実行の着手

の解釈において，形式的観点・実質的観点をともに考慮し，構成要件実現の切迫性という観点も重要な1判断要素として考慮したうえで実行行為・その密接行為の開始を判断していくのが妥当であると考える。

（2）さて，判例は，前述のように，大審院時代以来，密接行為を行った場合に実行の着手を肯定してきたと考えられるが，戦後の判例はこのことを（窃盗罪に限らず）より一般的に，しかも大審院時代よりも早い時点で密接行為を認めてきている。以下では，比較的早い時点での実行の着手の肯否が問題になり，学説において議論されている判例を中心に検討していくことにする。

　まず，ガソリン等の散布後，行為者が点火行為をする前に発火した場合に実行の着手を認めた一連の放火罪の事案が注目されよう。①被告人が，E子との情交関係のもつれから，Eの店舗兼住居に使用している簡易料理店に放火すること決意し，ガソリンスタンドでガソリン約10リットル購入し，人通りの途絶するのを見計らって，午前2時頃，右店舗入口硝子戸・硝子窓等にガソリン約5リットルを散布したところ，その一部が右硝子戸・硝子窓の隙間等から店内に滲出し，店内部に右ガソリンによる可燃性蒸気（爆発混合気体）が発生し，店内にあった煉炭コンロ内の火気に引火爆発し，同店舗内客席腰板および板壁の一部を焼損したという事案に関して，静岡地裁昭和39年9月1日判決（下刑集6巻9・10号1005頁）は，「犯罪の実行に着手があつたかどうかは，主観的には犯罪構成要件を実現する意思ないし認識を以つてそ

---

働くという形で，処罰範囲の明確化に資することが必要だというべきである」（中山研一「放火罪における実行の着手――判例の批判的検討――」判例評論460号16頁［1997年］）。「『切迫した危険』の概念も必ずしも明確でないことからみて，条文の文言に制約された『実行』＝構成要件該当行為という形式的限定は必要であると考える」（内藤・前掲注(11)1224頁）。「一定程度の（具体的）危険性という基準は，理論的説明にしか過ぎない面がある。理念的・抽象的で，未遂犯の処罰範囲の具体的基準としては実践的有用性に欠ける。……各構成要件の文言を基礎に，未遂犯として処罰をすべき範囲を具体的に類型化する作業が必要となる。……その作業は，外形的には形式的行為説に近づくことになる」（前田・前掲注(3)141頁）。実質的客観説の「危険性判断が貫徹できるわけではない。それは，犯罪類型によって手段たる行為が特定されている場合もあるからである。……実質的客観説も場合によって構成要件的制約を受けることは否定できないのである」（西田・前掲(11)注284頁）。「形式的な基準による限界設定の意義を無視することはできない」（山口・前掲注(3)『刑法総論』232頁。また，同・前掲注(3)『問題探究刑法総論』206頁）などである。

第３章　実行の着手時期と早すぎた構成要件の実現　109

の行為をしたかどうか，客観的には一般的にみて当該犯罪構成事実を実現する危険性ある行為がなされたかどうか，換言すれば各個の事件について，具体的に如何なる方法，行為によつて当該犯罪を遂行しようとするかを観察し，その行為により結果発生のおそれある客観的状態に到つたかどうかを考慮して決すべきである」とし，「被告人は本件建物焼燬の意思の下にガソリンを撒布したものであり且つ右行為により本件建物の焼燬を惹起すべきおそれある客観的状態に到つたものというべく，従つて被告人は放火の意思をもつて放火罪の構成要件に該当する行為を開始したものとみるのが相当であ」ると判示し[23]，また，②被告人が，自分の暴力に耐えかねて妻が家出してしまったのを悲観して，自宅（木造トタン葺平屋建）を燃やすとともに焼身自殺しようと決意し，某日午後11時半頃，6畳および4畳半の各和室の床並びに廊下などにガソリン約6.4リットルを散布し，しばらく妻から帰宅を知らせる電話があるかもしれないと思い待っていたが，電話がかかってこないので，翌日午前0時5分頃，ガソリンに火をつけて死のうと覚悟を決め，死ぬ前に最後のタバコを吸おうと思い，口にくわえたタバコにライターで点火したところ，ライターの火が散布したガソリンの蒸気に引火し爆発し，家屋を全焼させたという事案で，横浜地裁昭和58年7月20日判決（判時1108号138頁）は，「ガソリンの強い引火性を考慮すると，そこに何らかの火気が発すれば本件家屋に撒布されたガソリンに引火し，火災が起こることは必定の状況にあったのであるから，被告人はガソリンを撒布することによって放火について企図したところの大半を終えたものといってよく，この段階において法益の侵害即ち本件家屋の焼燬を惹起する切迫した危険が生じるに至ったものと認められるから，右行為により放火罪の実行の着手があったものと解するのが相当である」と判示し[24]，いずれも実行の着手を認め，さらに，現住

---

23)　本判決に批判的な立場として，中山・前掲注(22)判例評論460号14頁，藤木英雄「放火罪の予備と実行の着手」警察学論集22巻1号127頁以下（1969年）。本判決に肯定的な立場として，大沼・前掲注(8)32頁，斎藤信治・前掲注(3)『刑法総論』374頁，団藤重光『刑法綱要各論（第3版）』203頁（創文社，1990年），筑間正泰「放火罪」西原春夫ほか編『判例刑法研究第7巻』208頁（有斐閣，1983年），中森喜彦『刑法各論（第2版）』199頁（有斐閣，1996年），山口悠介「判例批評」警察研究41巻4号50頁（1970年）。

24)　本判決に批判的な立場として，浅田・前掲注(11)375頁，大塚仁ほか編『大コンメンタール刑法（第2版）第4巻』105頁〔野村稔〕（青林書院，1999年），曽根威彦「遡及

110　第1部　実行の着手

建造物放火罪の既遂犯を肯定している[25]。これらの事案では，行為者の犯罪計画によればその後に点火行為が予定されていたにもかかわらず，その点火を待たずに発火・焼損結果を生じさせたものであるが，（引火性の強い）ガソリン等の散布行為が放火罪の実行行為である「火を放つ」行為と時間的・場所的に近接していることから密接行為を既に行ったと評価されたものと考えられる。

（3）さらに，戦後の判例では，実行行為との時間的・場所的近接性が認められる行為（厳密な意味での直前行為。これを本章では狭義の密接行為と呼ぶ。）を行った場合に実行の着手を肯定するだけでなく，構成要件実現まで時間的にまたは場所的に多少の隔たりがあるように思える場合でも，問題となる障害を除去してしまえば[26]，その後の犯罪実現のプロセスにおいて特段の障害がなくないしはほぼ自動的に構成要件実現へと経過していくであろうと考えられる場合，そのような障害を除去する行為（これを本章では広義の密接行為と呼ぶ[27]。）を行った場合にも実行の着手を肯定する裁判例が蓄積し

---

禁止論と客観的帰属」板倉宏博士古稀祝賀『現代社会型犯罪の諸問題』152頁以下（勁草書房，2004年），中山・前掲注(22)判例評論460号14頁以下。判決に疑問が残るとするのは，塩見・前掲注(21)百選Ⅰ4版127頁。なお，放火未遂罪は認められるとするのは，松宮・前掲注(11)225頁，山口・前掲注(3)『刑法総論』195頁，同・前掲注(3)『問題探究刑法総論』142頁。本判決に肯定的な立場として，井田・前掲注(10)255頁，大塚仁ほか編『大コンメンタール刑法（第2版）第7巻』46頁〔村瀬均〕（青林書院，2000年），木藤繁夫「判例批評」警察学論集37巻7号207頁以下（1984年），西田典之『刑法各論（第3版）』267頁（弘文堂，2005年），平本喜祿「判例批評」捜査研究33巻11号54頁（1984年），堀内・前掲注(3)115頁。

25)　行為者の予定した点火前に発火してしまった場合に実行の着手を認めているのは，ほかに，広島地判昭和49年4月3日判タ316号289頁，福岡地判平成7年10月12日判タ910号242頁。

26)　「障害の除去」というのはやや広い意味においてであり，「既遂にいたるための道均し」のようにも表現できる。なお，この場合，行為時の判断において，その障害が現実的な可能性をもって除去できると考えられることが必要であろう。そうでない場合にまで障害除去行為を行うことによって実行の着手を認めるのは，実質上の密接性・切迫性の観点から疑問だからである。

27)　この密接行為の狭義・広義の区別はさしあたり本稿独自のものである。なお，実行の着手の判断にあっては，問題の行為と実行行為との時間的・場所的近接性の観点（狭義の密接行為の判断）が主たる観点になり，問題の行為の遂行後の行為経過の無障害性の観点（広義の密接行為の判断）が補充的な観点となるべきことについて，後述，第3節(7)参照。

第3章　実行の着手時期と早すぎた構成要件の実現　111

てきているように思われる。

　まず，窃盗罪に関して，①窃盗の目的で，Ｆ方の土蔵に侵入しようとして土蔵の壁の一部を破壊したが，家人に発見されて逃走し，また，Ｇ方の土蔵に侵入しようとして土蔵の扉の南京錠を破壊し外扉を開いたが，夜が明けて家人に発見されることをおそれて逃走したという事案で，名古屋高裁昭和25年11月14日判決（高刑集3巻4号748頁）は，他人の財物の事実上の支配を侵すにつき密接な程度に達した場合に窃盗の着手があると一般論を示したうえで，この事案につき実行の着手を肯定している[28)29)]。

　また，近時の判例において，②被告人が，窃取したキャッシュカードを用いて残高があれば現金自動預払機から現金を引き出そうと考え，現金自動預払機の画面にある残高照会の表示部分を押し，同機械を作動させたうえ，画面の指示に従って窃取したキャッシュカードを挿入口に挿入したが，既にそのカードの盗難届が出されていたためカードが機械の中に取り込まれ，その目的を遂げなかったという事案で，名古屋高裁平成13年9月17日判決（高検速報（平成13年）179頁）は，原判決が窃盗罪の実行の着手を否定したのに対して，次のように述べて原判決を破棄し，実行の着手を肯定している。すなわち，「窃盗罪において実行の着手があったといえるためには，……財物に対する事実上の支配を侵すにつき密接な行為を開始したことが必要と解されるところ，その判断は，具体的には当該財物の性質・形状，占有の形態，窃取行為の態様・状況，犯行の日時場所等諸般の状況を勘案して社会通念によ

---

28)　また，高松高判昭和28年1月31日高刑判特36号3頁，高松高判昭和28年2月25日高刑集6巻4号417頁，大阪高判昭和62年12月16日判タ662号241頁。

29)　本判決に批判的な立場として，大塚ほか編・前掲注(24)115頁〔野村〕，大沼・前掲注(8)40頁，斎藤信治・前掲注(3)『刑法総論』373頁，平野・前掲注(11)『刑法総論Ⅱ』316頁以下（なお，「せいぜい土蔵の鍵をねじ切ったときはじめて着手を認めるべきであろう」として，高松高裁昭和28年2月25日判決は支持するようである），松村格「窃盗罪における実行の着手」百選Ⅰ5版127頁。ただし，本判決は「住家の場合は，被告人の主観を除けば，窃盗するのか暴行するのか姦淫するのか客観的には判明しないので，窃盗の著手をしたものと認めることはできないが，土蔵の場合には，通常窃取すべき財物のみがあつて人が住んでいないのが通常であるから，これに侵入しようとすれば，右の財物を窃取しようと企てていることが客観的にも看取することができる」と，行為者の主観を重視した徴表説的な判示をしている点で問題があり，本判決に対する批判において，このような判示内容に対する批判も多分に含まれているようにも思われる。

112　第1部　実行の着手

り占有侵害の現実的危険が発生したと評価されるかどうかにより決すべきものであり，これを本件についてみれば，キャッシュカードを現金自動預払機……に挿入した時点で，犯罪構成要件の実現に至る具体的ないし現実的な危険を含む行為を開始したと評価するのが相当であ」る。「原判決は，キャッシュカードによる残高照会と払戻しという一連の行為を財物の存在を確認する行為とこの財物を窃取する行為の2段階に分け，前者のみでは窃盗の実行の着手とはいえないとしているが，払戻しとこれに先立つ残高照会とは，残高を確認して現金を盗もうとする窃盗犯人はもとよりのこと，一般の顧客においても密接に関連したものとして捉え，そのように利用しているのであり，この間の操作に障害となるものがないことなどに照らしても，確認行為と窃取行為の分離を強調する原判決の見解は採用できないところである」。

この判例は，（時間的・場所的近接性の観点から）残高照会行為がそれにひき続く（予定であった）払戻し行為の（狭義の）密接行為ということができ，既にそれを行ったことから実行の着手を肯定したものであるとも解されるが，判決では，また，現金自動預払機が「いわば堅固な金庫のような機能を果たし，その金庫の鍵に相当するのが，キャッシュカードと暗証番号の2つであり」，「被告人がキャッシュカードを挿入口に入れている以上，その行為は，いわば金庫の鍵穴に鍵を挿入した場合と同一視すべきものであ」るとも述べており，前述の土蔵等への侵入窃盗の事案と比較すれば，キャッシュカードの挿入行為を土蔵の扉の錠を破壊しようとする行為とパラレルに捉えることも可能であろう。そのように理解すれば，この判例も障害を除去することによるその後の行為経過の無障害性の観点から密接行為を認めた1事例と評価することもできるように思われる[30]。

（4）行為経過の無障害性の観点から広義の密接行為[31]を認める裁判例

---

30)　なお，駐車中の普通乗用自動車内から金員を窃取する目的で，助手席ドアのガラスの隙間に金尺を差込み解錠していたところ，第三者に発見されたためその目的を遂げなかった場合に窃盗罪の実行の着手を認めたものとして，山口簡判平成2年10月1日判時1373号144頁。ほかに，車上荒しの事案で窃盗罪の実行の着手を認めたものとして，東京高判昭和45年9月8日判タ259号306頁，東京地判平成2年11月15日判時1373号144頁がある。

31)　狭義・広義の密接行為について，前述，第3節(3)，注27参照。

第3章　実行の着手時期と早すぎた構成要件の実現　113

は，強姦罪の判例において多くみられる。①被告人ほか1名が，強姦の意思で，抵抗する被害者女性をダンプカー運転席に引きずり込み，車を発進させて同所より約5800メートル離れた護岸工事現場まで連れていき，運転席内で被害者の反抗を抑圧して順に姦淫したという事案で，最高裁昭和45年7月28日決定（刑集24巻7号585頁）が，「かかる事実関係のもとにおいては，被告人が同女をダンプカーの運転席に引きずり込もうとした段階においてすでに強姦に至る客観的な危険性が明らかに認められるから，その時点において強姦行為の着手があつたと解するのが相当であ」ると判示したのが重要である[32]。この最高裁決定を受けて，強姦する目的で通行中の女性を力ずくで自動車内に引きずり込もうとしたが，女性が激しく抵抗したため結局引きずり込むことに失敗したという事案に関して，一連の下級審判例でも，同様に実行の着手が肯定されてきている[33]。

　なお，近時の判例において，②被告人Hが，共犯者Iら3名と強盗の限度

---

32)　本決定に批判的な立場として，浅田・前掲注(11)374頁，大越・前掲注(11)143頁以下，大塚ほか編・前掲注(24)110頁〔野村〕，曽根・前掲注(11)『刑法総論』242頁，内藤・前掲注(11)1229頁，山中・前掲注(11)686頁。本決定に肯定的な立場として，井田・前掲注(10)256頁，大久保太郎・最判解（昭和45年度）254頁以下（1971年），木村栄作「判例批評」警察学論集23巻11号164頁以下（1970年），斎藤信治・前掲注(3)『刑法総論』221頁以下，下村康正「判例批評」判例評論145号36頁（1971年），墨谷葵「強姦罪における実行の着手」百選I2版145頁，立石・前掲注(11)268頁，団藤・前掲注(23)『刑法綱要各論』494頁注11，平野・前掲注(11)『刑法総論II』317頁，堀内・前掲注(3)229頁。

33)　最高裁昭和45年決定後，歩行中の女性を強姦目的で無理やり自動車に引きずり込もうとした段階で強姦罪の実行の着手を認めたものとして，名古屋高金沢支判昭和46年12月23日刑月3巻12号1613頁，東京高判昭和47年4月26日東高刑時報23巻4号79頁，東京高判昭和47年12月18日東高刑時報23巻12号235頁。まったく面識のない者を強姦の目的で自動車に無理やり乗せた事案ではなく，共犯者の顔見知りの女性（ただ，一面識のみ）を口実を設けて乗車させた事案で，広島地判昭和52年5月30日判時881号166頁は自動車後部座席に強引に座らせ，同車を発車させた時点に着手ありとしており，これも障害除去後の行為経過の無障害性の観点から実行の着手を認めたグループに分類できよう。これと同種の事案として，札幌高判昭和53年6月29日刑月10巻6・7・8号1045頁（知合いの紹介した女性を自動車に乗せた後の自動車内での脅迫が強姦[致傷]罪の実行の着手であるとした）。これに対して，任意で同伴した後で無理やり犯行場所に連れ込む類型では，行為者と被害者のそれまでの関係もあり，姦淫行為の場所での姦淫行為に直接向けられた暴行・脅迫が問題になることも多いであろうが，ホテル等に無理やり連れ込もうとする段階での暴行・脅迫が障害除去行為として考えられる場合がある。このようなものとして，名古屋高金沢支判昭和46年3月18日刑月3巻3号366頁や東京高判昭和57年9月21日判タ489号130頁がある。

114　第1部　実行の着手

で共謀のうえ（Hのみ金品強取のうえで強姦する意図があった），自転車で走行中のJ子に自己の運転する自動車を追突させJを転倒させたうえ，Hのみが降車し，自動車内に連れ込もうとJの腕や服をつかみ，さらに顔面を1，2回殴打するなどしたが，それでもJが抵抗をやめず，Iらの協力も得られなかったことから，自動車内への連れ込みをあきらめ財物の強取にとどまった事案で，大阪地裁平成15年4月11日判決（判タ1126号284頁）は次のように判示して強盗致傷罪の成立にとどめ，強姦罪の実行の着手（したがって，本件では強盗強姦未遂罪の成立）を否定している。すなわち，「本件において，強姦の実行の着手があったか否か，すなわち，被告人の暴行によって，強姦に至る客観的危険性が生じていたか否かについて検討する」としたうえで，「被告人が独力で，抵抗するJを車内に連れ込むことは困難であったところ，共犯者らにおいては，Jを自動車に連れ込むことについては，全く協力する気がなかったこと，また，さらに，Jを車内に連れ込んだ上，自動車を人目につかない場所に移動させて，車内等で同女を強姦するためにも，共犯者らの協力が重要であったと考えられるところ，その点についても，確実に共犯者らの協力が得られる見込みがあったとは考え難いこと，そして，Jを自動車に連れ込むにしても，共犯者らが協力をしなければ，そのスペースの確保も容易ではないこと，被告人とJが自動車付近にいた時間はそれほど長い時間ではなく，その間，自動車のドアが開くことはなかったこと，被告人は被害者を自動車に連れ込もうとして同女の腕等をつかんで自動車付近まで引っ張るなどし，さらに，顔面を1，2回殴打する等の暴行を加えているものの，被害者の抵抗を封じるためにそれ以上の暴行を加えることはなかったこと等は被害者が強姦される危険性の程度の判断において消極方向で考慮すべき事情である。さらに，被告人の強姦の犯意の強弱という観点からみても，当初，自動車内で輪姦の話が出た後も被告人は男性1名の被害者を襲っており，被告人が必ずしも強姦にこだわっていたわけではないこと，被告人は，Jを発見した際も，『あれいこか。』という程度で具体的な強姦の意図を明らかにしていないことなど強姦の犯意が強いとまではいえないこと等に徴すれば，被告人の強姦に向けた犯行意欲が強固なものであったとまではいえない。以上の諸点を総合すれば，……強姦行為の実行の着手はなかったとい

わざるを得ない」と判示した。

　本件におけるＨの暴行は，走行中の自転車に自動車を追突させＪを転倒させるといった相当に乱暴・危険な態様に始まり，自動車に連れ込むための最初の暴行後，手を振りほどき道路を横断して逃げたＪを追いかけて捕まえ，Ｊの顔面を１，２回殴打し，自動車の方へ引っ張ろうとするなど執拗なものであり，しかも，深夜２時過ぎで周囲に誰も助けてくれる人がいなかったこと，また，Ｉらは非協力的であったが，Ｈを積極的に止めようとはせず，車中にいたＩは「仮にＪが自動車に連れ込まれていたら，自分もＪを強姦していたかもしれない旨供述している」との事情もあったことからすると，前述の最高裁昭和45年決定およびそれ以降の下級審判決の同種事案で強姦罪の実行の着手を認めた事例と比較した場合にも，本件において強姦罪の実行の着手を認めることも可能であったようにも思われる（判決も「被告人の暴行によって，強姦に至る一定程度の客観的危険性が生じていたことは否定できない」としている[34]）。

　しかし，実行の着手を否定した京都地裁昭和43年11月26日判決（判時543号91頁）の事案[35]と同じように，この事案でも共犯者が協力的ではなく，車には行為者も含めて男４人が乗っていた点で類似している（ただ，本件の車

---

34) このような判示は，どの程度の危険性をもって，（原則的に不可罰な）予備行為と，（多くの犯罪類型で処罰され，しかも，既遂罪の法定刑の任意的減軽にとどまる）未遂行為とを区別することの難しさを具体的に示しているともいえよう。注21，注22も参照。

35) この事案は，被告人ほか３名が，強姦を共謀し，歩行中のＫ女の前に車を止め，被告人のみが下車しＫの腰部などに抱きつくなどして車内に引きずり込もうとしたが，車内の仲間が「人が来た」と告げたためＫを突き飛ばして逃走したというものであったが，京都地裁は，「本件犯行に供された軽四輪乗用車（ホンダＮ360）の定員は，前部座席２人，後部座席２人の計４人であって，同車に大人４人が乗車すれば車内はかなり狭隘となり座席に余裕はない。……右のような車内の状況では助手席に２名も乗車することは極めて困難なことである……。従って，右の如き状況の下においては，Ｋの反抗を著しく困難ならしめるような極めて強度な暴行脅迫を加えなければ，同女を無理に乗車させることは困難である。ところが，本件では（共犯者）３名は車中において被告人の行為を拱手傍観していたのであって，暴行を加えたのは被告人のみであるうえ，その暴行もＫの腰部に抱きつき，或いは助けを求める同女の口を手で覆い，車内に引きずり込もうとひっぱった程度である。してみると，右の如き被告人の暴行では，前記の自動車の狭隘さを考え併せると，抵抗するＫを車内に引きずり込むことすら極めて不可能な状況にあったもので，同女が姦淫される具体的危険性はその段階では生じていたものとは認められないので，強姦の実行の着手があったものとは言えない」と判示した。

116 第1部 実行の着手

の方が大きい車［セドリック］であった）。さらに，本件事実関係のもとで共
犯者間で強姦についての意思が合致していなかったことが重要であったよう
に思われる。すなわち，自動車内に連れ込むことが困難であった（判決の認
定によれば，「被告人は，抵抗するJを1人で車内に連れ込むことが困難であった
ことから，自動車をたたいて，車内にいたIらに対して，『お前ら，出てきて手伝
えよ。』などと言い，同人らの助力を求めた。しかし，I（ら3名）は，もともと
積極的に強姦に荷担する意思はなかった上，必死で抵抗するJを見て，ますます
その気持ちを強くして，被告人の呼びかけを無視したまま前を向いていた。なお，
被告人及びJが運転席ドア付近にいる間，自動車のドアが開くことはなかった」）
ことに加え，かりに自動車内に連れ込んだ場合でも，少なくともI以外の共
犯者への説得・協力が必要になり，他の共犯者の協力が得られなかった場合
も含めてさらに時間を要する事態も考えられ（判決では「確実に共犯者らの協
力が得られる見込みがあったとは考え難い」とし，また，Iについても，Hが，
自動車に引きずり込むことを断念し自動車に戻った後，Iらに対し，「お前ら，な
んで手伝ってくれへんねん。」と文句を言ったのに対して，Iは「H君，やりすぎ
やで。」と返答していることが認定されている）。したがって，このような事実
認定を前提とすれば[36]，問題の暴行の時点に立って判断した場合，Jを自動

---

36) なお，判決では，実行の着手を肯定する方向の要因と否定する方向の要因が示され
ており，どちらを重視して事実認定をするのかにより結論が分かれうる限界線上の事案
であったように思われる。ちなみに，本件においては，強盗致傷罪（平成16年法律第
156号による刑法一部改正前の法定刑は7年以上15年以下の懲役・無期懲役［240条前
段］）が問題なく肯定されている事案であり（被告人の宣告刑は懲役8年），それに加え
て，強盗強姦未遂罪（同じく改正前の法定刑は7年以上15年以下の懲役・無期懲役［241
条前段，243条］。強盗強姦致傷罪はなく，未遂減軽をすると強盗致傷罪よりも軽くなっ
てしまう）を認める必要性の乏しい事案であった。なお，亀山継夫「結合犯の未遂」研
修340号59頁以下（1976年）は，結合犯を強盗罪のような一罪的結合犯と，強盗強姦罪
のような数罪的結合犯とに区別し，「数罪的結合犯については，むしろこれを実質的数
罪である科刑上一罪と考えるべきである」（亀山・前掲62頁）とし，強盗既遂犯人がそ
の機会に強姦を犯そうとして未遂に終った場合，「強盗既遂・強姦未遂・強盗強姦未遂
の3罪が科刑上一罪の関係にあるものとして刑法54条を適用して処断すべきもの」とし
（亀山・前掲61頁），古江頼隆「判例批評」研修457号64頁（1986年）は，強盗既遂犯人
の強姦未遂の場合，強盗強姦未遂罪は「強姦罪との関係では法条競合（特別関係），強
盗罪との関係では，包括的一罪」になるとし，いずれも強盗強姦未遂罪について未遂減
軽をした場合にもその刑の下限は強盗（既遂）罪の刑の下限を下回ってはならないと論
ずる。これに対して，数罪を認める処断は強盗強姦罪が結合犯であることに矛盾し，こ
のような場合には「裁判の良識」に基づく量刑に委ねればよいとするのは，西村克彦

第3章 実行の着手時期と早すぎた構成要件の実現　117

車に引きずり込むことは不可能とまではいえないものの，それほど容易であったとは考えられず，さらに，Ｊを自動車に引きずり込めたとしてもその後の犯罪実現のプロセスにおいて特段の障害がなく構成要件実現に経過していくであろうとまでは考えられなかった事案であるように思われ，したがって，着手を否定した判断は是認できるように思われる[37)38)]。

---

『強盗罪考述』41頁以下（一粒社，1983年）。また，強盗が既遂の強盗強姦未遂罪の処断刑は強盗既遂罪の法定刑による制約を受けないとするのは，東京高判平成5年12月13日高刑集46巻3号312頁（ただし，裁判所の裁量権の適正な行使による妥当な量刑が期待されるとし，懲役4年に処した原判決を破棄し懲役5年を言い渡した）。

37) 本判決は，いずれにせよ，強姦罪の実行の着手時期に関する前記最高裁昭和45年決定で示された「強姦に至る客観的な危険性」の有無を問題にし，これを消極的に判断した事例判決であり，基本的な判断枠組みは前記最高裁昭和45年決定に従っている。参照，小川新二「判例批評」研修673号12頁（2004年），石山宏樹「判例批評」研修667号46頁（2004年）。なお，大久保・前掲注(32)255頁は，最高裁昭和45年決定の解説において，「本決定は，一般に，単に強姦の犯意をもって婦女を自動車に引きずり込もうとして手をかける行為があれば，強姦の着手を認めるのが相当だというものではない。本決定の摘示する事実関係を観察すれば，かかる行為の段階ですでに強姦に至る客観的な危険性が明らかに認められるとして強姦の着手があると判定しうるためには，まず，婦女がその抵抗を抑えられながら自動車内に引きずり込まれる相当に高い危険性があることが必要であり，また，婦女がいったん自動車内に引きずり込まれた場合に容易に車外に脱出できないと予測される状況が認められなければならない，ということができるのではなかろうか」としている。

38) なお，近時，次のような事案で，姦淫行為まで客観的に困難な事情（障害）が多くあったことを理由に強姦罪の実行の着手を否定した判決も同じ理由から是認できよう。すなわち，被告人は，大学生Ｌ女を強姦する目的で，Ｌ宅マンションの出入口から約20メートル先に自動車を停止して待ち伏せ，帰宅したＬが自転車置き場に自転車を置き，外階段を上がって2階のエントランスホールに向かうや，自動車から降りてＬに走り寄り，エントランスホール手前の踊り場付近で，その背後から抱きつき，口と腹部を手で押さえつけ，「おとなしゅうせえ。やらせえ。」などと言い自動車に連れ込もうとした。しかし，Ｌは，被告人の手に噛みつこうとしたり，悲鳴をあげて助けを求めるなどして抵抗し，また，被告人から腹部を蹴られその場にうずくまると，時間稼ぎをするためにわざと咳き込んで動けない振りをし，さらに，コンタクトレンズを落としたとして探す振りをしているうちに（被告人も一緒になってコンタクトレンズを探し始めた），Ｌの大学の同級生Ｍが友人を連れて帰宅したためＭらに助けを求めた。Ｍらは被告人に「男だったら分かるだろう。」などと言われてその場を追い払われたものの自室から警察に通報し，それにより警察官が駆けつけたため被告人は強姦の犯意を遂げることができなかったという事案について，広島高裁平成16年3月23日判決（今村智仁「判例批評」研修687号15頁以下［2005年］より引用）は，「被告人が被害者を姦淫しようとする犯意が強固であったことを併せ考慮してみても，被告人は単独で，しかも凶器を使用することなく本件犯行を遂行しようとしているところ，成人した被害者の激しい抵抗を排除して，マンションの外階段を降り，その出入口から約20メートル離れていて民家の前に停めてある自動車内に被害者を連れ込み，その停車場所で，あるいは，自動車を運転して

118 第1部 実行の着手

（5）殺人罪に関する名古屋地裁昭和44年6月25日判決（判時589号95頁）
も行為経過の無障害性の観点から実行行為を認めた事例グループに分類され
よう。被告人N女・Oらは、「Nの夫Pに睡眠薬を服用させたうえ、頭部を
木棒で殴打して気絶させ、その状態を利用してPを峠まで運び自動車の運転
席に座らせ、峠の崖に衝突させるか、または峠から谷間に自動車もろとも墜
落させるかして交通事故による死亡に見せかけて殺害する」との計画を立
て、NがPに睡眠薬を服用させた後、Oが睡眠中のPの上部顔面部分をすり
こ木で1回殴打し気絶させようとしたが、Pが眼をさまし抵抗したため、傷
害を負わせたにとどまったという事案で、名古屋地裁は、「本件の如く数個
の連続且つ殺人行為そのものに向けられた一連の計画的行為（従って茲では
例えば本件の場合睡眠薬を入手する行為或は木棒を準備する行為の如きは殺人
のための行為であっても殺人そのものに向けられた行為とは謂えない）換言すれ
ば、殺人行為そのものに向けられたということで限定された一連の計画中の
1つの行為の結果によって次の行為を容易ならしめその行為の結果によって
更に次の行為を容易ならしめ最終的には現実の殺人行為それ自体を容易なら
しめるという因果関係的に関連を持つ犯罪行為の場合においては、これら一
連の行為を広く統一的に観察し、最終的な現実の殺人行為そのもの以前の段
階において行われる行為についても、それらの行為によってその行為者の期
待する結果の発生が客観的に可能である形態、内容を備えている限りにおい
ては、……その行為の結果は後に発生するであろう殺人という結果そのもの
に密接不可分に結びついているわけであり、従ってその行為は殺人の結果発
生について客観的危険のある行為と謂うことができるから、その行為に着手
したときに、殺人行為に着手したものということができる」。本件について
みると、「本件の如く睡眠中という特殊の条件の下にある人の頭部を殴打す

───────────

適当な場所まで移動するなどした上、強いて姦淫行為に及ぶためには、客観的に困難な
事情が多々あったというべきである。そうすると、被告人が被害者に暴行脅迫を加えた
時点において、直ちに強姦の犯意を確実に遂行できるような状況にあったということは
できないのであって、本件暴行脅迫は、被告人の姦淫の意図を実現するための手段とし
ては、その客観的危険性を具備しておらず、その準備段階にあったというべきであるか
ら、いまだ強姦の実行に着手したということはできない」と判示し、強姦罪の実行の着
手を認めた原判決を破棄し、わいせつ目的略取誘拐未遂罪と傷害罪（の観念的競合）の
成立を認めた。

第3章　実行の着手時期と早すぎた構成要件の実現　119

れば，場合によっては気絶するに至ることも充分あり得るものと認められ，右段打行為は前記危険性を有する行為であったというべく，従ってこの行為に着手した時点において被告人らは，P殺害の実行に着手した」と判示した[39]。

　この判示内容，とくに実行の着手を肯定してよい理由について理解しづらいところもあるが，この事案でも，結果的に失敗したものの，被害者を気絶させることによりその後の犯罪実現のプロセスにおいて特段の障害がなく構成要件実現へと経過していくであろうような行為を行ったことにより実行の着手を肯定した1事例に分類できるように思われる。

　（6）なお，実行の着手の判断，つまり，密接行為の判断は，決して行為の外部的な側面や行為によってひき起こされた客観的な状態だけの判断ではない。外面的には同じような身体の動きであっても，行為者の意思・計画内容のいかんにより着手の認められる場合とそうでない場合があることは，たとえば，すり窃盗に関する判例に基づいて以前から指摘されており[40]，また，着手未遂の段階での構成要件実現の危険性・切迫性の判断が行為者の意思・計画内容を考慮しなければ判断できず，また，たとえば，ピストルを撃ったが被害者にすれすれで当たらなかったような場合に，殺人未遂になるのか，理論上傷害未遂（現行法上，暴行罪の成立に物理力が被害者の身体に接触することを必ずしも要しないと解する立場から，暴行罪）にとどまるのかは行為

---

39)　本判決に批判的な立場として，板倉宏＝鈴木裕文「実行の着手」阿部純二ほか編『刑法基本講座（第4巻）』29頁（法学書院，1992年），大塚ほか編・前掲注(24)84頁〔野村〕，大沼・前掲注(8)36頁以下，西田・前掲注(11)『刑法総論』283頁。本判決に肯定的な立場として，木村栄作・前掲注(32)169頁，斎藤信治・前掲注(3)『刑法総論』373頁，平木正洋「判例解説」ジュリスト1284号135頁（2005年）。

40)　最決昭和29年5月6日刑集8巻5号634頁（とくに原審の広島高判昭和28年10月5日刑集8巻5号641頁）。参照，八木・前掲注(13)189頁以下，同「窃盗罪における実行の着手」百選Ⅰ2版143頁。また，斎藤信治・前掲注(3)『刑法総論』221頁，野村稔「実行の着手——折衷説の検討を中心として——」中山研一ほか編『現代刑法講座第3巻』122頁（成文堂，1979年）（前掲注(17)『未遂犯の研究』所収。285頁以下）など。なお，「強姦に至る客観的な危険性」を問題として強姦罪の実行の着手を肯定した最高裁昭和45年決定に関しても，大久保・前掲注(32)255頁は，この決定の「判示は，一見客観説の見解のように見られないではないが，右判示にある『かかる事実関係のもとにおいて』という中には被告人らの甲女を強姦しようとする意図の強固さという点も当然考慮されていると見ることができるから，単なる客観説ではなく，むしろ折衷説（結合説）の傾向に属するものと考えたい」としている。

120 第1部 実行の着手

者の主観面を考慮しなければ判別できないことも指摘されてきており[41]，これらの指摘は妥当であろう[42]。さらに，未遂犯の主観的要件が充たされるためには，単なる所為傾向があるだけでは十分ではなく，行為を遂行しようとする決意の最終性が認められなければならないと考える[43]。つまり，行為者の犯罪計画のなかで行為者がまだ構成要件実現に向けた実質上の最終決断を下していない場合，そのような主観的な観点からの密接性が認められない場合には，たとえ行為者の主観面のいかんによっては着手が認められうるような身体の動きがあったとしても，実行の着手は認められないことになる。

（強盗）殺人罪に関する大阪地裁昭和57年4月6日判決（判タ477号221頁）はこのような主観的な観点から密接性（実行の着手）を否定したものと考えられる[44][45]。すなわち，被告人R・Sは，共謀のうえ，「呉服店経営者T女

---

41) 参照，平野・前掲注(11)『刑法総論II』314頁など。

42) これに対して，実行の着手の判断において，行為者の意思内容を考慮すべきではないとするのは，浅田・前掲注(11)366頁，大越・前掲注(11)149頁，内田文昭『改訂刑法I総論（補正版）』265頁以下（青林書院，1997年），内藤・前掲注(11)1227頁，中山・前掲注(17)『刑法総論』403頁。なお，前田・前掲注(3)142頁以下。

43) いわゆる条件付故意の議論において，犯罪遂行意思の最終性までは必要ではなく，行為者の犯罪遂行意思が犯罪抑制意思に優越していればよいとする見解も有力である（安達光治「条件付故意」百選I5版77頁，塩見淳「条件付故意について」刑法雑誌30巻1号86頁［1989年]，篠田公穂「条件付き故意」名古屋大学法政論集123号231頁［1988年]，園田寿「条件つき故意」百選I2版103頁）が，行為を遂行する決意の最終性を要求する見解が妥当であると考える。もっとも，決意の最終性といっても，「確固たる」「岩のように固い」「撤回不可能な」決意が要求されているわけではなく，両説を過度に対立的に捉えるべきではないであろう。決意の最終性を要求すると考えられるのは，大越・前掲注(11)162頁，斎藤信治・前掲注(3)『刑法総論』106頁（実質上の最終的決断），西村秀二「いわゆる『条件付故意』について――未完成犯罪を中心として――」上智法学論集30巻1号281頁以下（1987年），野村・前掲注(14)『刑法総論』172頁，原口伸夫「いわゆる条件付故意について」中央大学大学院研究年報23号179頁（1994年），堀内・前掲注(3)93頁，町野朔『刑法総論講義案I（第2版）』206頁以下（信山社，1995年）（実現意思の確定性），宮川基「条件付故意について（2・完）」法学63巻4号93頁以下（1999年）など。

44) 窃盗罪に関して実質上の最終決断の欠如を理由に実行の着手を否定したと考えられるものとして，仙台高判昭和30年11月8日高刑集8巻8号1113頁（隣室の人の様子などに注意して窃取の機会を窺っていたにすぎなかった事案）。

45) なお，被告人が，実父Qと口論になりQから罵られたことなどに憤激し，自己も同居していたQ所有の木造瓦葺平屋建居宅に放火することを決意し，和室の畳・廊下・玄関板張り床の上に灯油を散布したうえ，玄関前の屋外で，手に持った新聞紙にライターで点火したが，その段階で近隣住民に新聞紙を叩き落とされたため玄関床等への点火行為にはいたらなかったという事案で，千葉地裁平成16年5月25日判決（判タ1188号347

第3章　実行の着手時期と早すぎた構成要件の実現　121

（54歳）をひもで縛り上げて寝袋に入れ，権利証などを強取した後で気絶させ，一旦Tをその場に残したまま，奪った権利証を金融屋へ持ち込んで換金したり，T所有の自動車を解体屋に処分した後で再びT方へ戻り，自動車にTを積み込んで運び出し，Rが依頼したやくざ風の男にTを始末させてTが失踪したように装う」との犯行計画を考え，某日午前11時頃，T方店舗に赴きTを襲い，口の中にタオルを押し込み，両手足をひもで縛ったうえで寝袋に押し込み，さらにその上からひもで縛り，気絶させる目的で台所にあったガラス製灰皿でその頭部をこもごも3回位ずつ殴打して，預金通帳や指輪などを強取した。その後，TはRらが立ち去るのを待って，自力で寝袋から脱出し，隣家に救助を求めたため殺害にいたらなかったという事案で，大阪地裁は，「被告人らには本件現場での殺意は認められないものの，寝袋に入れたTを同女方から運び出した後，いずれは同女を殺害する意図をRが有し，

――――――――――――――
　頁）は，放火罪の実行の着手を否定し，放火予備罪の成立にとどめた。判決の事実認定をもう少し示すと，被告人は，「実父からの急を聞いて駆けつけた近隣住民らに対し，『火つけるぞ』，『30分後に火つけるぞ』などと叫びながら，その場で……新聞紙を棒状に丸め，その先端にライターで火をつけ，火のついた新聞紙を右手に持って振りかざし，さらに『こんな家は1回燃やした方がいい』などと叫んだ。……これに対し，集まっていた近隣住民のうちの1人が，被告人に近付き火のついた新聞紙を叩き落とした。被告人は，同住民に対し『お前誰だ』，『お前が止めるなら，お前んちに火をつけるぞ』などと言ったが，再度，本件居宅に火をつけようとする挙動に出ることは一切なかった」。また，「被告人は，玄関から屋外に出た後，終始本件居宅に背を向けて立ち，上記の廊下に散布した灯油に着火するような挙動に出ないうちに，被告人を取り巻いていた近隣住民の1人に新聞紙を叩き落とされた」との事実が認定されている。このような事実関係から，判タ1188号348頁匿名コメントでは，「新聞紙への点火行為が近隣住民らの面前でなされており，住民らによって灯油への点火行為が阻止される可能性が相当高かったことを重く見たもの，すなわち，結果発生の具体的危険性の判定に際し，第三者による阻止によって結果発生が妨げられる可能性が高かったという個別的事情を重視したものといえるのではないか」と指摘している。確かに，この事案では，灯油がガソリン等と比べて揮発性が低いことや，上記コメントの通り，灯油への点火行為が第三者により阻止される可能性を重視したものと考えることができようが，それとともに，放火の客体が自分も同居する実父の家であったことや，判決で示されている被告人の言動から，被告人において放火への実質上の最終決断がまだなされていなかったと考える余地もあるように思われる。（なお，判決では，「被告人は，弁論再開後の被告人質問において，灯油散布後は本件居宅に放火する意思がなくなったなどと供述しているが，関係証拠……に照らせば，新聞紙に着火した時点においても放火の故意はなお存在していたと認められ，これに反する上記公判供述は信用できない」としているが，実質上の最終決断の認められない場合，未遂犯は成立しないが，予備罪の故意まで否定されるわけではない）。

Sもこれを知つていた……（の）であるから，本件犯行が，同女を気絶させてその金品を強取し，権利証等を換金し，しかる後，罪証隠滅のため同女のブルーバードを持ち出してスクラップにすると共に同女を運び出して殺害する旨の犯行計画に従い，その一環としてなされたものであるということはできる。してみれば，右殺害に至るまでの行為を一連の実行行為とみて，本件犯行をもつて，右殺害の実行の着手とみるべきではないかということが問題となる。しかしながら，本件は……，午前11時ころTを襲い，同女を寝袋に入れて犯行現場に残したまま一旦被告人両名が右現場を離れ，同日午後9時ころ，再び引き返して，寝袋に入れた同女を外に運び出し，その後に同女を殺害することが予定されていたものであるところ，同女を灰皿で殴打して気絶させてからこれを運び出すまでには，相当の時間的間隔があり，これだけの長時間の間には，たとえ同女が右殴打によつて気絶させられていたとしても，意識を回復して自ら脱出するなり，あるいは同女の知人もしくは顧客が同女方を訪れて異変に気付き，同女が救出されるに至る可能性は十分に存するということができるのみならず，同女を運び出した後，これを殺害する手段，方法について具体的な計画が立てられていたということも証拠上全く認めることができない。右のような事実関係のもとでは，Tに対する本件殴打行為が，その後に予定されていた同女の殺害という行為そのものに密接不可分に結びついていると評価するのは困難であり，未だ殺人の結果発生について直接的危険性ないしは現実的危険性のある行為とは認め難く，従つて，本件犯行をもつて，T殺害の実行の着手とみることはできない」と判示し，強盗殺人未遂罪の成立を否定し，強盗傷害罪の成立にとどめた。

　このような判決に対して，「54才の女性を，その経営する店舗の表入口のシャッターを下した状況下で，後刻殺害する目的で，両手足をひもで縛り，口の中にタオルを押し込み，寝袋に押し込み，その上から更にひもで縛り，頭部を灰皿で殴打し（これにより73日間の治療を要する傷害を負わせ），そのうえ，被害者の逃走を防止するため寝袋の上から縛つたひもの端を水道の蛇口やタオル掛けに連結したとの一連の行為は，一般社会人の見地からすれば，殺害に直結する危険性のある行為，すなわち，殺害の単なる準備行為にとどまらず，実行行為の一部と評価することも可能ではなかつたろうか」[46]との

第3章　実行の着手時期と早すぎた構成要件の実現　123

意見もありうるところであろう。また，殺人未遂罪を認めた名古屋地裁昭和44年6月25日判決[47]と比較した場合，そこで被害者を気絶させることにより殺人の実行の着手が認められるのであれば，この事案でもガラス製灰皿の段打により気絶させようとする行為により着手が認められてもよさそうである。

　しかし，本件の場合，T殺害計画が固まっていなかったことが問題になる。つまり，Tを始末するためにRが依頼したとされる，「ノンちゃん」と呼ばれるやくざ風の男に関して，判決では，「Rの『ノンちゃん』なる人物に関する供述部分は措信し難く，他にその実在を窺うに足る資料がなく，結局，ノンちゃんは，同被告人の創作した架空の人物と考えるほかない」とされ，「同女を運び出した後，これを殺害する手段，方法について具体的な計画が立てられていたということも証拠上全く認めることができない」とされている。広義の密接行為[48]，つまり障害除去行為後の行為経過の無障害性の観点から着手が認められるのか否かが問題になる類型では，行為者の犯罪計画が明らかでなければ，障害除去行為の後に想定される事象経過，とくに構成要件実現にいたるまでの時間的・場所的関係は明らかにならず，それが明らかでない以上広義の密接性の判断はおよそなし難いといわざるをえない。このことは，また，Rらの主観面において，いずれ殺害しようとしていたという意味での殺意もしくは殺害計画はあったとしても，殺害へ向けた実質上の最終決断が下されていなかったということができよう[49]。逆に言えば，たとえば，殺害の実行犯が実在し，権利証等を換金した後でTを速やかに連れ出し，殺害する具体的な計画が決まっており，ガラス製灰皿で気絶させた段階でT殺害へ向けた実質的な最終決断が下されたと評価できる場合であれば，これまで示してきたような，障害除去行為後の行為経過の無障害性の観

---

46)　判タ477号222頁（匿名コメント）。
47)　前述，第3節(5)。
48)　狭義・広義の密接行為について，前述，第3節(3)，注27参照。
49)　小川・前掲注(37)11頁も，「本判決は，犯人が殺害について具体的な計画を立てておらず，計画の中で段打行為と殺害が密接に関連するといった関係になかったことや，犯人の意図からすれば結果発生の危険は切迫していなかったことなど，主観面を勘案して実行の着手に当たらないと判断している」とする。

124　第 1 部　実行の着手

点から実行の着手を認めてきた一連の判例のように，ガラス製灰皿での殴打
によって実行の着手を認めることも不可能とまではいえない事案であったで
あろう。

（ 7 ）以上のように，実行の着手に関する判例は，行為者の主観面，こと
に犯罪計画も考慮に入れて，構成要件の実現の危険性（切迫性）という観点
も重視しつつ，問題の行為と実行行為とを犯罪実現のひとまとまりの最終段
階と評価してよい程に時間的・場所的に密接に関連している場合，その密接
行為が一部でも行われたことにより実行の着手を肯定し，そして，その密接
行為の認められる 1 つの事例グループ（広義の密接行為[50]）として，構成要
件実現まで時間的にまたは場所的に多少の隔たりがあるように思える場合で
も，問題となる障害を除去してしまえば，その後の犯罪実現のプロセスにお
いて特段の障害がなくないしはほぼ自動的に構成要件実現へと経過していく
であろうと考えられる場合，そのような障害を除去する行為を行う場合に，
密接行為，すなわち，実行の着手を肯定してきていると考えられ，このよう
な実行の着手の判断は支持できよう。

もちろん，実行の着手の判断においては，実行行為とその直前に位置する
問題の行為との時間的・場所的近接性の観点（狭義の密接行為の判断）が第
1 次的に問題にされるべきであろう。そのことはまさに「密接」行為や「直
前」行為という表現にも示されており，たとえば，射撃の腕の下手な者が比
較的遠くからまさに発砲しようと被害者に狙いを定める行為でも殺人罪の実
行の着手と認められうる一方で，多くの構成員を擁し，自爆テロを繰り返す
過激なテロリスト集団による爆弾の調達行為がいまだ殺人の予備段階に属す
べきことも，「可能性」よりも「近接性（切迫性）」が第 1 次的には問題にさ
れるべきことを示していよう。そして，構成要件実現まで時間的にまたは場
所的に多少の隔たりがあるように思える場合に，第 2 次的にもしくは補充的
に，その隔たりを補う要因として行為経過の無障害性（広義の密接行為の判
断）が問題になると考えるべきであろう[51][52]。

---

50）　狭義・広義の密接行為について，前述，第 3 節（3），注27参照。
51）　塩見・前掲注(10)法学論叢121巻 6 号18頁以下は，実行の着手とは行為者の犯罪計画
　上構成要件行為の直前に位置する行為の開始であり，直前行為とは「機能的に見て構成

第3章　実行の着手時期と早すぎた構成要件の実現　125

（8）本決定も決して新しい方向性を打ち出すといったものではなく，以上検討してきた判例，とくに障害を除去することによるその後の行為経過の無障害性の観点から実行の着手を認めてきた一連の判例の流れのなかにあるものと位置づけることができる。しかし，本件事案を前提としたうえであるが，①「第1行為は第2行為を確実かつ容易に行うために必要不可欠なものであったといえること」という必要不可欠性の観点，②「第1行為に成功した場合，それ以降の殺害計画を遂行する上で障害となるような特段の事情が

　　要件行為に至る経過が自動的である行為，又は，構成要件行為に時間的に近接する行為である」とし（これを支持して，小田・前掲注(20)130頁以下），井田・前掲注(10)252頁以下は，犯罪実現の時間的切迫性か，犯罪実現の自動性（結果発生にいたるまでのプロセスにおける障害の不在性）のどちらかがあれば実行の着手を認めてよいとする。実行の着手の判断において私見は基本的な点でこれらの見解と方向を同じくするものと考えるが，時間的・場所的近接性（とくに時間的近接性）があくまで第1次的に重要で，障害除去行為に着目しての補正には限度があると考えるべきであろう。斎藤信治教授が，「危険のいわゆる切迫性を判断する際には，既遂に至る蓋然性の程度を合せ考慮すべきであろう。蓋然性が高い場合，時間的切迫性がやや低くても世人に与える衝撃の度合いは強く，蓋然性が低い場合には，時間的切迫度が高くならなければ社会心理的衝撃性は乏しいのが一般だからである」と論じている（前掲注(3)『刑法総論』221頁）のも重要である。

52)　このように時間的・場所的近接性の観点を密接行為の主たる判断要素とし，行為経過の無障害性の観点を時間的または場所的な多少の隔たりを補う観点として位置づけることに対して，基準の統一性という観点からの批判がありうるかもしれない。しかし，これについては次のように考えている。すなわち，未遂を処罰する実質的な根拠は，法秩序の実効性に対する社会一般の人々の信頼を揺るがすかたちで，もしくは社会心理的な衝撃性を与えるかたちで，法益保護のために規範により禁じられた行為を行った（不作為犯の場合には命じられた行為を行わなかった）ことであり（参照，原口・前掲注(12)法学新報105巻1号104頁以下，106頁＝本書69頁以下，71頁），未遂の一問題である実行の着手時期も，究極的にはこの観点から判断されるべきことになる。しかし，実行の着手時点の判断は犯罪行為の（一連の）発展段階の一時点を画するという非常に細かな・微妙な判断を要求されるのに対して，未遂の処罰根拠というかたちで抽象化・一般化すればする程，それに応じて，不可避的に具体的・個別的な判断をするのが難しくなってしまう（このことはどのような処罰根拠の観点を提示したとしても同じであろう。なお，注21，注22も参照）。そこで，できるだけ不安定な判断を回避できるように，そのような上位概念を，それぞれの問題の特性に応じて具体化する下位基準の提示が必要になってくる。実行の着手時期の判断に関するそのような下位基準が時間的・場所的近接性基準と事象経過の無障害性基準である。一方で，未遂の実質的な処罰根拠は，実行の着手時期の判断に関するそのような下位基準だけでなく，不能犯の問題，中止未遂の問題（参照，これに関して，原口伸夫「実行未遂の中止行為」桐蔭法学11巻1号30頁以下〔2004年〕＝本書第8章209頁以下），さらに，殺人罪をはじめとした未遂行為が処罰される犯罪類型と，器物損壊罪など未遂行為が処罰されない犯罪類型の選別も含めた大きな，そして統一的な方向性を提示するという役割を果たすべきことになろう。

存しなかったと認められること」という行為経過の無障害性の観点，③「第
1行為と第2行為との間の時間的場所的近接性」という時間的・場所的近接
性の観点という3つの判断要素をはじめて示して密接行為かどうかを判断し
た点で，また，その判断に際して行為者の主観面，ことに行為計画を考慮し
なければならないことを最高裁として明確にしている点で極めて重要な意義
を有する決定であると評価することができよう。

　ただ，本決定で示された密接行為の判断要素の相互関係等について多少検
討の余地があるように思われる。

　まず，①②③の3つの相互関係について，前述のように，問題の行為と実
行行為との時間的・場所的近接性の観点が密接行為を判断する主たる要素で
あり，必要不可欠性の観点や行為経過の無障害性の観点は時間的または場所
的な（多少の）隔たりを補う判断要素であると考えるべきであろう。

　次に，補充的な判断要素たるべき，必要不可欠性の観点と行為経過の無障
害性の観点の関係も問題になる。多くの予備行為，たとえば，殺害するため
の銃や包丁の入手，住居侵入窃盗を遂行するための合鍵の調達，通貨を偽造
するための精密な印刷機器の準備，または，協力者（共犯者）の誘い込みな
どの予備行為は，いずれも実行行為（本決定での第2行為）を「容易に」行
うために必要不可欠なものであるといえる場合が多いであろうから，予備と
未遂の限界づけにおいては，問題の行為が実行行為を単に「容易」にではな
く，「確実」（かつ容易）に行うために必要不可欠なものであるという観点が
限定的な観点になってこよう。その場合に，第1行為（問題の行為）の遂行
によって必ず第2行為（実行行為）を確実に行えることになると考えられれ
ば，それは，「第1行為に成功した場合」，第2行為を含めて「それ以降の殺
害計画を遂行する上で障害となるような特段の事情が存しな」いような場合
であるということができる。一方で，第2行為を確実に行うために必要不可
欠であることは，それを行えば必ず第2行為を確実に行えることを意味しな
い（さらに，別の行為が必要な場合もある）こともあり，必要不可欠性の観点
は，せいぜい行為経過の無障害性の観点の1側面にすぎず，時間的または場
所的な（多少の）隔たりを補う観点としては，行為経過の無障害性の観点で
判断すれば足りるように思われる。

第 3 章　実行の着手時期と早すぎた構成要件の実現　127

　なお，本決定は，「第 1 行為は第 2 行為に密接な行為であ」ると判断した
うえで，「実行犯 3 名が第 1 行為を開始した時点で既に殺人に至る客観的な
危険性が明らかに認められるから，その時点において殺人罪の実行の着手が
あったものと解するのが相当である」と続けている。この部分の判示は，実
行行為ないしは構成要件で規定された行為態様への近接という形式的要因
（文言による限定）と，構成要件実現の危険性（切迫性）という実質的要因と
をともに考慮すべきことを明確にしたものと考えることができ[53]，評価でき
よう。

　以上検討してきたように，本決定の示した密接行為を判断する各判断要素
はなおその相互関係が問題になりうるが，それらの観点を整理すれば，第 1
次的に，問題の行為と実行行為との時間的・場所的近接性を問題とし，補充
的に，構成要件実現まで時間的または場所的に多少の隔たりがあるように思
える場合に，障害除去行為によりその後の犯罪実現のプロセスにおいて特段
の障害なく構成要件実現へと経過していくであろうと考えられる場合に実行
の着手を肯定するような判断要素を示したものと考えることもでき，また，
その結論においても従来の判例との比較において十分に是認できるものと考
える[54]。

---

53)　平木・前掲注(39)135頁は，本決定は，「実行犯の殺害計画の内容も判断資料に加え
　　た上で」，43条の文言上の制約からくる「密接性の基準と」，未遂の処罰根拠から導き出
　　される「危険性の基準を満たすかどうかを検討し，本件の事実関係の下ではクロロホル
　　ムを吸引させる行為を開始した時点で殺人罪の実行の着手があったと認められるとした
　　ものであると思われる」とする。参照，また，第 3 節(1)。
54)　本決定が殺人罪の実行の着手を認めたことに批判的なのは，浅田・前掲注(11)377
　　頁，門田成人「判例批評」法学セミナー594号116頁（2004年）。本書第 1 章36頁注99も
　　参照。本決定が殺人罪の実行の着手を認めたことに肯定的なのは，井田・前掲注(10)
　　254頁，奥村正雄「判例批評」判例セレクト2004・31頁（有斐閣，2005年），吉川崇「判
　　例批評」警察公論59巻 9 号112頁（2004年），西田・前掲注(11)『刑法総論』284頁，福田
　　平「『早すぎた構成要件の実現』について」判タ1177号125頁（2005年），前田・前掲注
　　(3)118頁以下，同『最新重要判例250〔刑法〕第 5 版』15頁（弘文堂，2004年）。なお，
　　第 1 行為の時点で殺人罪の実行の着手を認めたことは是認するものの，殺人既遂罪まで
　　認めたことに批判的なのは，高橋則夫「『早すぎた構成要件の実現』の一考察――いわ
　　ゆるクロロホルム殺人事件をめぐって――」早稲田法学80巻 4 号12頁，14頁（2005年），
　　林幹人「早過ぎた結果の発生」判時1869号 5 頁以下（2004年），山口厚「実行の着手と
　　既遂」法学教室293号111頁（2005年）。このような見解については，次の第 4 節(1)参照。

## 第4節　早すぎた構成要件の実現と
## クロロホルム事件最高裁決定

（1）第1行為を行ったことにより実行の着手が肯定されるとしても，そのことによって殺人未遂罪の成立が（積極的に）基礎づけられたにすぎず，そのうえ，殺人既遂罪も成立しうるのか否かはさらに検討を要する。とりわけ，近時において，行為者らの計画によれば予定より早く結果が発生してしまった本件事案のような場合（いわゆる早すぎた構成要件実現）には未遂の故意とは区別されるべき既遂の故意が認められず，故意既遂犯は成立しないとの見解が有力に主張されてきており，このような見解の是非が問題になる。

早すぎた構成要件の実現の場合に未遂犯は成立しても，故意既遂犯は成立しないという見解のうち，まず，故意の意思的側面に着目する見解は次のように主張する。「結果の発生を帰責しうるためには，それを最終的に実現する行為をする意思が必要である」[55]。「Aを気絶させてから絞殺するつもりで，まずAの頭部を棍棒で殴打したところ，Aはそのまま死亡してしまったというような『早まった結果惹起』の場合には，発生した結果に対して故意を肯定することはできない。この場合にも，行為者の主観と客観的に発生した結果とは，相当因果関係の範囲で法的に符合している。しかし行為者には，その殴打行為によって結果を発生させようという意図はないのであり，結果を実現する意思のない行為から結果が発生したとしても故意犯を認めることはできない。……右の例で，殴打行為が既に殺人の実行の着手であるならば殺人未遂罪と過失致死罪とが……成立する」[56]。

また，既遂犯の構成要件該当行為と未遂犯の拡張された構成要件該当行為とは異なることを指摘して次のように論じられる。「未遂犯の構成要件は，既遂犯のそれと……構成要件該当行為，すなわち，実行行為の点でも，異なっていると解される。未遂犯の構成要件について『修正』とか『拡張』と

---

55)　町野・前掲注(43)208頁。
56)　町野・前掲注(43)248頁以下。また，同「因果関係論と錯誤理論」北海学園大学法学研究29巻1号230頁（1993年）。なお，同「法定的符合説(1)──故意の個数」百選Ｉ2版111頁。また，西村秀二『『早まった結果惹起』について」富大経済論集46巻3号136頁以下（2001年），宮川・前掲注(43)96頁。

いうときには，本来の既遂犯の構成要件該当行為よりも前の段階で構成要件該当性を認めるべきだということが意味されていた。これは逆からいえば，未遂犯の構成要件該当行為，すなわち……『実行の着手』があったとしても，本来の既遂犯の構成要件はいまだ充足していないということである。いいかえると，既遂犯の構成要件該当行為＝実行行為は，いわゆる手放し，すなわち，結果を発生させるために，行為者はもはやそれ以上別の行為を行なう必要がないような行為でなければならないということである。このような理解に立ち，そして，故意とは構成要件該当事実の認識だとする一般的な理解からすれば，未遂犯と既遂犯とで故意が異なることはむしろ当然だということになる。……着手未遂の場合，本来の既遂構成要件が修正・拡張されているので，その該当事実の認識をもってしては，既遂犯の故意としては十分でないのである。……本件のように，クロロホルムによりその前に死んでいたとしても，クロロホルムを吸引させた結果として死ぬ危険性の認識がなかった以上は，……その時点での殺意をもって殺人既遂罪の故意とすることはできない」[57]。

　さらに，故意の認識面に着目して，責任能力の捉え方を援用しつつ，次のようにも主張される。「早すぎた構成要件の実現の場合，たとえ客観的には行為と結果との因果関係（ないし客観的帰属）が肯定されても，行為者に結果発生にいたる十分な危険の実現が認識されていない場合には，発生した結果についての故意が阻却されると解すべきである。責任の基礎としての責任能力において，弁識能力だけでなく行為制御能力もが要求されていることからすれば，行為制御との関連においても故意の内容をとらえる必要があり，それは具体的な行為態様の内包する危険の認識によってもたらされるからである。自己の行為のもつ危険内容を完全に理解していない行為者には，具体的な結果回避行為の契機を認めることはできない。このような意味で，自己の行為の実現する危険の認識も当該犯罪の行為の『意味の認識』として必要である」とする[58][59]。

---

57)　林・前掲注(54)判時1869号 6 頁。また，林・前掲注(3)『刑法総論』254頁以下。
58)　石井徹哉「判例批評」現代刑事法42号94頁（2002年）。また，同「いわゆる早すぎた構成要件の実現について」奈良法学会雑誌15巻 1 ・ 2 号34頁以下（2002年）。なお，ま

130　第1部　実行の着手

　（2）これに対して，（おそらく）通説的な見解[60]は，早すぎた構成要件の
実現の場合，（原則的には）実行の着手の前後により区別し，予備段階で結果
が発生したような場合には，処罰規定がある限りで予備罪と過失犯（なお，
たとえば，殺人罪の実行の着手が否定されても，暴行罪・傷害罪の実行行為であ
ると認められれば，その結果的加重犯たる傷害致死罪が成立しうる），実行の着
手後に結果が発生したような場合には，因果関係の錯誤の問題として表象さ
れた因果経過から実際の因果経過が本質的な点で逸脱しているのか否かによ
り，もしくは，相当因果関係説に立つことを前提に因果関係の錯誤を論ずる
意味がないとし，結果との相当因果関係の有無により解決し，一般的には，

　　た，同「行為と責任の同時存在の原則」刑法雑誌45巻2号85頁以下（2006年）。同じよ
　　うに「自己の行為のもつ危険性の認識」を要求すると考えられるのは，安達・前掲注
　　(43)77頁，清水晴生「実行行為性の認識に関する符合判断について」白鷗法学24号57頁
　　以下，78頁以下（2004年）。なお，また，高橋則夫・前掲注(54)早稲田法学80巻4号13
　　頁以下（「その結果が自己の行為の作用として発生することの認識が必要」）。
59)　なお，「遡及禁止原理」から，結果について故意を有する第2行為（結果惹起行為）
　　を留保している行為者には，第1行為の段階では，構成要件外の行為（である第1行
　　為）を行うという認識・予見があるにすぎないから（既遂の）故意は認められず，た
　　だ，未遂犯が成立するにすぎないとするのは，山口・前掲注(3)『刑法総論』194頁以下。
　　また，同・前掲注(3)『問題探究刑法総論』141頁以下，同・前掲注(3)研修627号5頁以
　　下，同・前掲注(54)法学教室293号111頁。山口教授の遡及禁止論を批判的に検討してい
　　るのは，曾根・前掲注(24)『現代社会型犯罪の諸問題』147頁以下など。なお，「遡及禁
　　止論は，仮にこれを認めるにしても，複数の者が事象に関与した場合に，誰をどのよう
　　な関与類型とすべきか，という正犯・共犯論の議論と位置づけられるべきである。そし
　　て，複数の行為が1人の行為者によって行われた場合には，……いずれの行為を行った
　　のも行為者の責任である以上，こうした複数関与者を前提とした議論はあてはまらない
　　というべきではないだろうか」とするのは，島田聡一郎「実行行為という概念につい
　　て」刑法雑誌45巻2号67頁（2006年）。また，「なぜ，結果帰属ないし正犯・共犯の区別
　　の基準である『遡及禁止論』が，『故意』の有無の判断基準になるのかが明らかではな
　　い」とするのは，山中敬一「いわゆる早すぎた構成要件実現と結果の帰属」板倉宏博士
　　古稀祝賀『現代社会型犯罪の諸問題』121頁（勁草書房，2004年）。
60)　早すぎた構成要件の実現について，堀内教授は次のように学説を整理し，論じてい
　　る。「通説は，たとえ失神させるつもりで首を絞めた（と）しても，強く絞めすぎて死
　　亡させるということは経験上よくあることであり，相当因果関係を肯定できるとして，
　　そのような行為者の認識と死の結果との間には相当性を認め，殺人の故意を肯定する。
　　また，故意の危険性が結果に具体的に生ずる必要があると解しても，この場合にはまさ
　　にそれが具体的にあらわれていることになり，殺人の既遂が成立するであろう。そし
　　て，本書のような因果関係錯誤不要説の立場からしても，絞殺行為と死との間には相当
　　因果関係が肯定される以上，殺人の既遂である」（堀内・前掲注(3)115頁）。また，早す
　　ぎた構成要件の実現についてわが国の通説・判例の判断枠組みを検討しているのは，佐
　　藤拓磨「早すぎた構成要件実現について」法学政治学論究63号225頁以下（2004年）。

第3章　実行の着手時期と早すぎた構成要件の実現　131

実行の着手後の因果経過の逸脱は本質的なものではなく，もしくは結果との相当因果関係が認められることから，故意既遂犯が認められると解するものと思われる。

　早すぎた構成要件の実現の場合に，実行の着手後であれば（原則的に）故意既遂犯を肯定する見解は，論者によりニュアンスが異なるが，次のような主張が代表的であると思われる。

　たとえば，因果関係の錯誤の１場合であるとするいわゆるウェーバーの概括的故意の場合について，「第１の行為と第２の行為との場所的・時間的近接性を考慮しつつ，行為者が因果関係について事前に予見したところと，実際の因果関係の経過とが，相当因果関係の範囲内で符合しているとみられる限り，構成要件的故意を認めることに支障がな」いと解したうえで[61]，早すぎた構成要件の実現の場合も「因果関係の錯誤の問題であり，……第１の行為と第２の行為を一体化して殺人既遂罪が認められるべきである」[62]と論じられ，また，「故意の有無は実行に着手した時点で判断されるのであり」[63]，早すぎた構成要件の実現の場合は因果関係の錯誤の１種であり，「首を絞めた段階（第１行為の段階。原口注）の主観面を殺意と認定できるか否かの問題といえよう……。首を絞めた段階では，殺す気はないということであれば，殺人の実行行為の認識を欠き，暴行の故意のみが認定され傷害致死罪となる。ただ，最終殺害行為と前段階の行為が接着し密接に関連するものであれば，前段階の行為時に『一連の殺害行為の認識』が認められ故意既遂犯が成立しうる」[64]とされ，さらに，この問題の解決にとって実行の着手の有無が決定的であることを強く指摘して，「問題は，第１の行為がすでに実行行為といえるかどうかである。……（潜在的）実行行為性が認められるということは，当該行為は次段の行為と一体のものであるということを意味

---

61)　大塚・前掲注(3)『刑法概説総論』210頁。もちろん，ウェーバーの概括的故意の場合の取扱いについては争いがある。

62)　大塚・前掲注(3)『刑法概説総論』210頁注15。また，川端・前掲注(14)245頁，福田・前掲注(11)『刑法総論』120頁注５。

63)　前田・前掲注(3)『刑法総論』251頁注70。

64)　前田・前掲注(3)『刑法総論』252頁。同様に，大谷・前掲注(3)198頁，佐伯仁志「故意論(3)」法学教室301号41頁（2005年）。

132 第1部 実行の着手

し，結果惹起の故意があったことになる。……実行行為性が認められると，結果の帰属の問題が残る。……客観的帰属の問題として解決されるべきである。結論的には，因果経過の逸脱は本質的なものではなく，実行行為に帰属できる。したがって，行為者は，既遂の責任を負う」[65]と述べられている。

（3）この問題について，判例はこれまで正面から答えてこなかった。ただ，点火前に発火してしまった一連の放火罪の事案[66]において，実行の着手が認められれば，後はその実行行為と結果との間の因果関係の問題として捉え，その反面として，実行行為後の因果関係に関する行為者の錯誤は重要ではないと考えていることが窺われる。

①子ども2人をもうけたU子と未練を残しながらも内縁関係を解消するにいたった被告人が，その後のUの態度等に立腹し，Uが同棲するV宅を焼損してU子に対する鬱憤を晴らそうと決意し，付近のガソリンスタンドから18リットル入りガソリン2缶を買って同家に立ち帰り，2人の子どもが6畳の間で石油ストーブをつけ，テレビを見ている間に，台所で酒を飲みながら，台所のプロパンガスのホースをレンジから抜いて室内にガスを放出し，さらに4畳半の間にガソリン1缶を横倒しにしてガソリン約18リットルを溢出させた段階で，子どもを退出させるため6畳の間に通ずる襖を開けた際，台所および4畳半の間に充満していたガスが石油ストーブの火に引火炎上し，よってV宅を全焼させたという事案で，広島地裁昭和49年4月3日判決（判タ316号289頁）は，実行の着手を肯定したうえで，「本件焼燬の結果はストーブの火に引火して生じたものであるが，……証拠によれば，被告人はストーブの燃焼している事実は認識していたものと認められ，右引火の事実は実行着手後の相当因果関係の範囲内にあるものと認められる」と判示し，②横浜地裁昭和58年7月20日判決[67]でも，実行の着手が認められることを判示したうえで，「本件焼燬の結果は被告人自身がタバコを吸おうとして点火したライターの火に引火して生じたものではあるが，前記の状況の下でライターを

---

65) 山中敬一『刑法総論Ⅰ』342頁以下（成文堂，1999年）。同・前掲注(59)『現代社会型犯罪の諸問題』124頁以下。
66) 前述，第3節(2)参照。
67) 事案について，前述，第3節(2)参照。

点火すれば引火するであろうことは一般人に容易に理解されるところであって予想し得ないような事柄ではなく，被告人はライターを点火する時に本件家屋を焼燬する意思を翻したわけでもないから，右のような経緯で引火したことにより本件の結果が生じたからといって因果関係が否定されるものではなく，被告人は放火既遂罪の刑責を免れない」と述べている[68)69)]。

　したがって，早すぎた構成要件の実現の問題についてみれば，これまでの判例は，実行の着手が認められれば，後はその実行行為と結果との間の因果

---

68) なお，静岡地裁昭和39年9月1日判決（事案について，前述，第3節(2)頁参照）では，その趣旨は必ずしも明確ではないが，実行の着手を認定するに当たり，「以上の諸事実（放火した店舗の構造・材質，内部に火気の存すること等の諸事実。原口注）については，被告人としてもこれを認識し或は被告人と同様の立場に置かれた普通人であれば認識し得たものと認められる。右認定事実に照すと，被告人は本件建物燃燬の意思の下にガソリンを撒布したものであり且つ右行為により本件建物の燃燬を惹起すべきおそれある客観的状態に到つたもの」とし，被告人の認識・被告人の立場に置かれた普通人の認識可能性を問題にしている。

69) なお，被告人が，もはや妻W子との夫婦関係の修復を図るのは困難であると悟り，Wを殺害して自らも死のうと決意し，マンションの自室で，殺意をもって包丁でWの左胸部を数回突き刺すなどしたところ，Wがベランダに逃げ出し，マンション9階の被告人方ベランダの手すり伝いに隣の部屋に逃げ込もうとしたので，今度はガス中毒死させるためにベランダ上にいるWを部屋に連れ戻そうと掴みかかったところ，バランスを崩したWは転落死したという事案で，東京高裁平成13年2月20日判決（判時1756号162頁）は，「ベランダの手すり上にいる被害者を掴まえようとする行為は，一般には暴行にとどまり，殺害行為とはいい難いが，本件においては，被告人としては，被害者を掴まえ，被告人方に連れ戻しガス中毒死させる意図であり，被害者としても，被告人に掴まえられれば死に至るのは必至と考え，転落の危険も省みず，手で振り払うなどして被告人から逃れようとしたものである。また，刺突行為から被害者を掴まえようとする行為は，一連の行為であり，被告人には具体的内容は異なるものの殺意が継続していたのである上，被害者を掴まえる行為は，ガス中毒死させるためには必要不可欠な行為であり，殺害行為の一部と解するのが相当であり，本件包丁を戻した時点で殺害行為が終了したものと解するのは相当でない」として，殺人既遂罪の成立を認めている。この判決は，事案を早すぎた構成要件の実現の場合と捉えたのではなく，包丁での刺突行為から，ベランダで掴みかかる行為の後に予定されていたガスによる殺害行為までを，（具体的な殺害方法が変容しているものの）Wを殺害する意思に基づいて行われた一連の殺人の実行行為であり，殺意をもって行われた殺人の実行行為から殺害結果が発生し，その間の因果関係も認められる以上，殺人既遂罪が成立する旨を判示したものであるが，包丁での殺害行為が失敗に終った（Wを刺した後で包丁を台所に戻した段階で殺意が一旦なくなった）と解し，その後のガスによる殺害行為がそれとは別個の新たな殺害行為であると理解するならば，ベランダで掴みかかる行為による転落死は早すぎた構成要件実現の事案であるといえよう。ただ，このように理解したとしても，ベランダで掴みかかる行為は，その後のガス中毒殺の密接行為であると解しうるであろう。

134　第1部　実行の着手

関係の存否の問題と捉えていたと考えてよいように思われる。

（4）それに対して，本決定の原審では，「被告人ら3名は，クロロホルムを吸引させる行為について，それが予定した殺害行為に密着し，それにとって重要な意味を有する行為であると認識しており，殺人の実行行為性の認識に欠けるところはない」。「その後，被害者を海中に転落させる殺害行為に及んでいるが，すでにクロロホルムを吸引させる行為により死亡していたとしても，それはすでに実行行為が開始された後の結果発生に至る因果の流れに関する錯誤の問題に過ぎない」として実行行為性の認識について言及し，本決定でも，「実行犯3名は，クロロホルムを吸引させてAを失神させた上自動車ごと海中に転落させるという一連の殺人行為に着手して，その目的を遂げたのであるから，たとえ，実行犯3名の認識と異なり，第2行為の前の時点でAが第1行為により死亡していたとしても，殺人の故意に欠けるところはな」いとして，故意の問題にも踏み込んで判示している点で注目されよう。

（5）では，この早すぎた構成要件実現の問題についてどのように考えるべきであろうか。未遂の故意と既遂の故意を区別して，本件事案のような場合に実行の着手（したがって，殺人未遂罪の成立）は認めつつ，殺人既遂罪の成立を否定する見解には以下の点で疑問があり賛同できない[70]。

まず，本事案では結果的にみると第1行為により被害者が死亡していた（可能性があった）が，行為者らはそのことを知らずに計画通りの行動（第2行為まで）をすべてやり遂げており，したがって，第2行為による被害者の死亡が証明されたと仮定した場合に，その場合の主観面と本件行為らの主観面とはおよそ異なっているとは考えられないにもかかわらず，一方では犯

---

70)　未遂の故意と既遂の故意とを区別することを批判して，西田教授は，「実行の着手と未遂の故意を肯定しながら，既遂の故意のみを否定することは理論的に不可能であろう。……客観的に結果発生の危険を基礎づける事実を認識していたとすれば，それが結果に直結しないと思っていたとしても，それは評価の錯誤，あてはめの錯誤であって，故意を認めることができる。それは，2発目で殺そうと思って発砲したが，意に反して1発目が命中して死亡させた場合に殺人既遂を認めることと同じである。故意を未遂の故意と既遂の故意に分断することはできない」と論ずる（前掲注(11)『刑法総論』213頁）。また，未遂の故意と既遂の故意を区別する見解を批判するのは，福田・前掲注(54)判タ126頁以下など。

罪成立要件の主観面が否定され，他方ではそれが肯定されるというのはどうも納得がいかない[71]。もちろん，客観的な事実と主観的な認識との間にずれがあるのは確かであるが，そのずれ（自己の行為の有効性についての錯誤）も故意を阻却する程重要なものとは思われない。すなわち，一般の錯誤の取扱いにあっても，人間の認識能力・事象のコントロール能力には限界があることから，どのような立場であってもすべての錯誤に故意阻却という法効果を結びつけてはいない。もちろん，どのような基準で線引きすべきなのかは争われてきたところであるが，故意を阻却する程の重要な思い違いと，その程度ではない思い違いとを区別しない立場はないであろう[72]。また，故意という心理状態は，現在の事態の認識に尽きるものではなく，将来の事柄の予見も含めて考えられてきたのであり，自分の行為をやり終えたという認識がないことをもって，その先の事態の予見（既遂事実の予見もしくは意図）があるにもかかわらず，直ちに（既遂の）故意が認められないということはできな

---

71) 「本件のように，被告人らが本来の計画どおりの行動をすべて行って人の死という結果を発生させたのに殺人罪で処罰できないというのは，素朴な法感情とは相いれない」とするのは，高森高徳「判例批評」研修672号136頁（2004年）。なお，山口教授は，結論的に本件事案で殺人既遂罪の成立を認めることに反対するものの，「最高裁判例のような事案においては，既遂犯の成立を肯定する解決にも相当の説得力があることは否定しえない」とも述べている（山口・前掲注(54)法学教室293号111頁）。早すぎた構成要件実現の事案のなかでも，少なくとも本件事案のように犯罪計画をすべて実行に移した場合には，帰属可能な結果無価値と完全な行為無価値があり，そのことに鑑みれば，未遂の成立しか認めないことは技巧的で現実離れしている（gekünstelt und lebensfremd）印象を与えるとするのは，Claus Roxin,Zur Erfolgszurechnung bei vorzeitig ausgelöstem Kausalverlauf, Goltdammer's Archiv für Strafrecht(＝GA) 2003,S.265. なお，Roxin のこの論文について検討しているのは，山中・前掲注(59)『現代社会型犯罪の諸問題』116頁以下。
72) なお，「人間が自己の行為を完全にコントロールできるものではない以上，行為者が因果を自己の掌中に収めているつもりでも，そこから結果が生じるということは多々生じ得るのである。この場合，行為者が因果経過を手放していないと信じているからといって，常に行為者の故意に結果を帰責できないとすべきではない。行為者が因果経過を掌中に収めて結果実現に向けてコントロールしている以上，そこから生じた結果については，行為に客観的に帰属可能であり，かつ，当初の故意が実現したといえる範囲で生じているのであれば，行為者に帰責できるとする方が，刑法の法益保護の戦略としてはより優れていると思われる」とするのは，佐藤・前掲注(60)247頁以下。また，佐伯仁志・前掲注(64)40頁も，「人間が自己の行為を完全にコントロールできるものではない以上，最後の最後まで因果経過を行為者がコントロールしていたことを既遂の要件として要求するのは，過度の要求だと思われる」としている。

136 第1部 実行の着手

いであろう。早すぎた構成要件の実現の問題について，故意が認められれば
実行の着手が肯定されうる程に犯罪事象を進展させた段階で，その実行の着
手に当たると評価される行為を行っていることの認識があり，それに密接に
ひき続く行為により構成要件を実現することの予見があれば，故意の認識的
側面は充たされており，実行の着手段階以降の自分の行為の有効性について
の錯誤は，因果関係の錯誤が一般に重要でないものと考えられているのと同
様に重要な錯誤ではないと考えることは十分に可能であると考える[73]。

　このような考え方に対して，錯誤により解決されうる故意の認識面につい
てはそのようにいえても，故意の意思的側面，つまり，まだ構成要件を最終
的に実現させるつもりがなかったという意思の問題を錯誤の問題として処理
することはできないとの批判も考えられうる。確かに，構成要件実現につい
て実質上の最終決断の下されていない場合，典型的には予備段階から結果が
発生した場合には，未遂犯の成立に必要な実現意思が認められず，未遂犯ば
かりでなく，故意既遂犯も成立しえない。しかし，前述のように[74]，実行の
着手があるという判断，つまり，未遂が成立するという判断には，構成要件
実現に向けた実質上の最終決断が下されたという判断も含まれているのであ
る[75]。このような実質上の最終決断も含む実現意思が実行の着手により示さ

---

73)　島田・前掲注(59)68頁も，「既遂結果惹起意思を持って，自己がなそうとする最終的
　　行為と密接に関連し，それに接着した行為にとりかかった認識がある場合には，そこか
　　ら結果が生じれば，故意既遂犯を認めてよい，という解釈に，合理性があると思われ
　　る」とする。
74)　前述，第3節(6)。
75)　未遂犯の主観的要件として必要な決意の最終性について，宮川・前掲注(43)94頁以
　　下は，その限りで正当に次のように述べている。「最終的な決意を，……危機的状況と
　　いう厳しい試練を主観的に乗り越えた決意という意味で理解するほうが適切であると思
　　う。そして，危機的状況という厳しい試練を乗り越えた決意は，一般的犯罪計画とは異
　　なり，『今すぐに犯罪を実行する』ということを内容としているので，危機的状況とは，
　　行為者の主観面における不可罰の予備行為と可罰的な未遂との間の境目，すなわち主観
　　的な現実的葛藤状況を意味する。従って，このような葛藤状況から抜け出し，今すぐに
　　犯罪を実行するということを選択した場合には，未遂犯の主観的要件である行為決意を
　　認めることができるのである」（もっとも，宮川・前掲注(43)96頁は，故意既遂の罪責
　　を認めるためには，行為者が，結果発生のために必要であることすべてをなした，と思
　　うことが必要であるとする）。なお，「危機的状況」とは，まさに未遂段階に入るために
　　高い敷居を踏み越えるかどうかの心理的な境目の状況なのであるから，「臨界状況」と
　　でもいった方がよいように思われる。

第3章　実行の着手時期と早すぎた構成要件の実現　137

れ，それに基づく構成要件実現が（本件事案のように）なお行為者の犯罪計画の実現であると評価できる場合[76]には，故意既遂犯を認めてよいと考える[77]。したがって，本決定が，結論的に故意既遂犯，つまり殺人既遂罪を認めたのは妥当であると考える[78]。


## 第5節　まとめ——クロロホルム事件最高裁決定の意義——

以上，本件事案において，障害除去行為後の行為経過の無障害性という観点を指摘して第1行為の段階で実行の着手を肯定した判断が妥当であること，行為者らの計画に照らせば予定より早く結果が発生しているが，殺人既遂罪の成立を認めた判断も妥当であることを検討してきたが，最後に本決定の意義をもう一度まとめておくと，本決定は，実行の着手についての従来の一連の判例の流れのなかに位置づけられるものの，密接行為の判断に関して，必要不可欠性・事象経過の無障害性・時間的場所的近接性という3つの

---

76) 早すぎた構成要件実現の場合，意図された因果経過と実際の因果経過が等価値であり，その結果，その事象が，客観的に評価すれば，行為者の計画の実現として現れる場合には，故意既遂犯を肯定してよいとするのは，Roxin, a.a.O.(Fn.71), GA 2003, S.261, 266. また，Ders., Strafrecht, Allgemeiner Teil, Band 1, 4.Aufl., 2006, §12 Rn.185.

77) この点については，現行刑法において，着手未遂と（着手未遂との区別はそれ自体大きな問題であるにせよ，着手未遂の場合と対照的に，「やるべきことはなし終えた」と行為者が認識しているのが一般的であるところの）実行未遂とを条文上区別していないこと，つまり，立法者が（法定刑という枠において）両者の違法・責任の程度について段階づけを行わず，その限りで等しいものと考えているということも1つの参考になろう。この点につき，また，島田・前掲注(59)68頁，安田拓人・平成16年度重判158頁（2005年）も参照。ドイツ法に関してこの点を指摘するのは，Roxin, a.a.O.(Fn.71), GA 2003, S.264, ders., a.a.O.(Fn.76), Strafrecht, §12 Rn.188.

78) 本決定が故意既遂犯（殺人既遂罪）を認めたことに肯定的なのは，井田・前掲注(10)94頁以下，大塚・前掲注(3)『刑法概説総論』602頁以下，小川・前掲注(37)15頁，奥村・前掲注(54)31頁，同「実行行為概念の意義と機能」刑法雑誌45巻2号108頁（2006年），川端博「早すぎた構成要件の実現」研修688号12頁（2005年），吉川・前掲注(54)113頁，十河太郎「判例批評」受験新報647号15頁（2005年），西田・前掲注(11)『刑法総論』213頁，284頁，平木・前掲注(39)135頁，福田・前掲注(54)判タ1177号126頁，前田・前掲注(3)『刑法総論』119頁，同・前掲注(54)『最新重要判例250』15頁，安田・前掲注(77)158頁。なお，自己の行為をすべてなし終えたという認識・意思を要求する立場にあっても，被害者の殺害方法を乙および実行犯3名に委ねた共謀共同正犯者甲については，自己の行為をすべてなし終えており，このような認識も有していたであろうから，殺人既遂罪の故意は認められることになろう。

138　第1部　実行の着手

要因を挙げて判断している点で，また，実行の着手を判断する際に，密接行為という形式的観点（文言からの制約）と構成要件実現の危険性という実質的観点の双方を考慮すべきことを示すとともに，行為者の行為計画を考慮する必要があることを最高裁として明確にした点できわめて重要な判断を下したものであり，また，早すぎた構成要件の実現の問題に関して故意の問題に言及し，本件事案のような場合に故意既遂犯（殺人既遂罪）が成立することを示したものとして，その理論的・実務的意義は極めて大きいものと考える。

# 第4章　事後強盗罪の実行行為と実行の着手時期

## 第1節　事後強盗罪の実行行為

　事後強盗罪の実行行為をどのように理解すべきなのかという問題は，窃盗犯人でない者が事後強盗罪を構成する暴行・脅迫に関与した場合[1]の取扱いをめぐる議論において，より明確になってきたように思われる。すなわち，事後強盗罪を身分犯と解し，暴行・脅迫にのみ関与した者について共犯と身分の問題とする身分犯説[2]は，「事後強盗罪の実行行為は，窃盗行為自体を

---

1)　暴行・脅迫を加えた結果，人を負傷させ，または死亡させた場合には，さらに強盗致死傷罪（刑法240条。なお，以下，条文の引用はすべて刑法の条文である。）が問題になるが，本章では，記述の簡略化のため，以下では致死傷結果の発生した場合の記述を省略する。

2)　身分犯説も，大別すると，①事後強盗罪を真正（構成的）身分犯と解し，65条1項により事後強盗罪の共同正犯の成立を認める見解，②事後強盗罪を不真正（加重的）身分犯と解し，65条2項により暴行罪・脅迫罪の共同正犯が成立する，ないしは，65条1項により事後強盗罪の共同正犯が成立し，65条2項により暴行罪・脅迫罪の刑が科せられるとする見解，③窃盗犯人が財物を得てその取り返しを防ぐために暴行・脅迫を加える場合は真正身分犯であり，窃盗犯人が逮捕を免れ，罪跡を隠滅するために暴行・脅迫を加える場合は不真正身分犯であると区別する見解に分かれる。

　①の立場をとるのは，堀内捷三『刑法各論』135頁以下（有斐閣，2003年），前田雅英『刑法総論講義（第4版）』469頁（東京大学出版会，2006年），同「共犯と身分」芝原邦爾ほか編『刑法理論の現代的展開—総論Ⅱ』258頁（日本評論社，1990年）。判例として，大阪高判昭和62年7月17日判時1253号141頁。

　②の立場をとるのは，内田文昭『刑法各論（第3版）』285頁注1（青林書院，1996年），同「判例批評」研修490号10頁（1989年），大塚仁『刑法概説各論（第3版増補版）』224頁（有斐閣，2005年），大塚仁ほか編『大コンメンタール刑法（第2版）第12巻』390頁〔米澤慶治・高部道彦〕（青林書院，2003年），大谷實『新版刑法講義各論（追補版）』243頁以下（成文堂，2002年），岡野光雄『刑法要説各論（第4版）』142頁（成文堂，2003年），同「事後強盗罪」阿部純二ほか編『刑法基本講座（第5巻）』123頁（法学書院，1993年），同「事後強盗罪と共犯」研修494号9頁（1989年），曽根威彦『刑法各論（第3版補正版）』137頁以下（弘文堂，2003年），団藤重光編『注釈刑法(6)各則(4)』117頁〔藤木英雄〕（有斐閣，1966年），中谷瑾子「事後強盗」下村康正・八木國之編『法学演習講座⑨刑法各論』383頁（法学書院，1971年），日高義博「判例批評」判例評論328号62頁（1986年），同「事後強盗の身分犯性と共犯の問題」専修法学論集60号50頁

140 第1部 実行の着手

遂行することではなく，窃盗犯人である者が所定の目的で暴行・脅迫を加えることである。窃取行為を実行行為の一部終了とみることは，事後強盗罪の構成要件の前提条件と構成要件的行為とを混同するものである」[3][4]と解するのに対して，暴行・脅迫のみへの関与者について承継的共同正犯（共犯）の問題とする結合犯説（非身分犯説）[5]では，事後強盗罪の実行行為を窃取

---

（1994年），吉田敏雄「事後強盗罪をめぐる諸問題」現代刑事法12号46頁（2000年）。判例として，新潟地判昭和42年12月5日下刑集9巻12号1548頁，東京地判昭和60年3月19日判時1172号155頁。

　③の見解を主張するのは，佐伯仁志「事後強盗罪の共犯」研修632号10頁（2001年）。

3) 日高・前掲注(2)判例評論328号61頁。また，同・前掲注(2)専修法学論集60号33頁，43頁以下，佐伯仁志・前掲注(2)9頁，前田雅英『刑法各論講義（第3版）』203頁注26（東京大学出版会，1999年），吉田・前掲注(2)46頁。これに対して，内田教授は，「強盗致死傷罪等では，『強盗』は『実行行為』であると同時に，それが行為者に固有の『身分』たりうる」（前掲注(2)研修490号9頁注14）とし，また，事後強盗罪の実行の着手時期について「窃盗の着手をもって，事後的に事後強盗の着手とみることになろう」（前掲注(2)『刑法各論』284頁）としていることから，事後強盗罪についても「窃盗」を身分と解しつつ，同時に，実行行為とも解していると思われる。もしこのように解することができるのであれば，事後強盗罪の未遂・実行の着手時期に関する問題状況は結合犯説と同じであるといえよう。しかし，身分と実行行為の重畳性を認めるのは決して一般的ではないとするのは，小田直樹「事後強盗罪の共犯関係」刑法雑誌38巻1号104頁注2（1998年）。また，坂本武志「事後強盗罪は身分犯か」判時1202号20頁（1986年）。

4) なお，事後強盗罪の未遂・既遂を，窃盗行為が既遂に達したか否かではなく，238条所定の目的での暴行・脅迫を用いて最終的に財物を確保したか否かにより区別する立場（これについて，注7も参照）に立って，事後強盗罪を一種の不真正身分犯と解しつつ承継的共同正犯の問題を論ずる余地があるとするのは，曽根威彦「共犯と身分(3)」百選Ⅰ4版188頁。これに対して，内田・前掲注(2)研修490号11頁。

5) 承継的共同正犯（共犯）の問題とする立場も，承継的共同正犯の理解により，大別すれば，①事後強盗罪の共同正犯になるとする見解，②暴行罪・脅迫罪の限度で共同正犯になるとする見解，③暴行罪・脅迫罪の共同正犯と事後強盗罪の共犯の成立を認める見解に分かれる。

　①立場をとるのは，中森喜彦『刑法各論（第2版）』134頁（有斐閣，1996年），同「判例批評」判例評論353号72頁（1988年），古江頼隆「判例批評」研修457号70頁（1986年）。なお，窃盗が既遂の場合につき，西田典之『刑法各論（第3版）』163頁以下（弘文堂，2005年），同「『共犯と身分』再論」内藤謙先生古稀祝賀『刑事法学の現代的状況』192頁以下（有斐閣，1994年），同「続『共犯と身分』再論」『内田文昭先生古稀記念論文集』286頁（青林書院，2002年）。西田教授の見解について，注13も参照。被害者が返還請求権を有しており，その行使を困難とする暴行・脅迫を行う場合につき，島田聡一郎「事後強盗罪の共犯」現代刑事法44号20頁以下（2002年）。

　②の立場をとるのは，川端博「事後強盗と共犯」研修558号11頁（1994年），坂本・前掲注(3)20頁，萩原由美恵「判例批評」上智法学論集31巻3号183頁（1988年），山口厚『刑法各論（補訂版）』229頁（有斐閣，2005年），同「事後強盗罪再考」研修660号10頁（2003年），山中敬一『刑法各論Ⅰ』295頁（成文堂，2004年）。おそらく，植田重正「事

第4章　事後強盗罪の実行行為と実行の着手時期　141

行為と暴行・脅迫行為であると捉え，「窃盗及び暴行・脅迫が共に同罪を構成する法益侵害の内容をなしている」[6]と解することになる。

　このように事後強盗罪の実行行為についての理解は分かれているが，以下の理由から結合犯説の理解が妥当であると考える。

　まず，事後強盗罪の未遂・既遂が窃盗の点の未遂・既遂を基準とする[7]とされていること，つまり，窃取行為および暴行・脅迫行為の完全な充足をもって[8]事後強盗罪の構成要件充足＝既遂になるとされていることは，238

---

後強盗罪の問題点」関西大学法学論集26巻1号17頁（1976年）。

　　③の立場をとるのは，今上益雄「窃盗犯人でない者の事後強盗への共同加功」東洋法学36巻2号107頁以下（1993年），上野幸彦「判例批評」日本法学52巻2号143頁以下（1988年），斎藤信治『刑法総論（第5版）』289頁（有斐閣，2003年），斉藤誠二『特別講義刑法』277頁（法学書院，1991年），高橋則夫「事後強盗罪と共犯の成否」現代刑事法13号117頁（2000年）。

　　その他，承継的共同正犯の問題とするのは，伊東研祐「事後強盗の共犯」争点3版171頁。なお，林幹人教授は，窃盗罪の既遂（占有の取得・移転）とその終了（占有の確保）を区別し，窃盗罪の既遂後も財物を確保するまでは強盗罪が成立しうるとしたうえで，その終了後は暴行・脅迫罪の共犯になるとする（『刑法各論』222頁〔東京大学出版会，1999年〕）。

6)　山口・前掲注(5)『刑法各論』229頁。

7)　通説・判例（最判昭和24年7月9日刑集3巻8号1188頁など）である。なお，通説・判例と同様，窃盗が未遂の場合に加え，一旦は財物を取得したとしても財物が取り返されてしまった場合にも事後強盗罪は未遂であるとするのは，植松正『再訂刑法概論Ⅱ各論』394頁以下（勁草書房，1975年），岡本勝「事後強盗罪に関する一考察」香川達夫博士古稀祝賀『刑事法学の課題と展望』410頁注5（成文堂，1996年），香川達夫『刑法講義各論（第3版）』529頁（成文堂，1996年），曽根・前掲注(2)『刑法各論』138頁，西田・前掲注(5)『刑法各論』162頁，日高・前掲注(2)専修法学論集60号33頁，44頁。

　　これに対して，暴行・脅迫が未遂に終った場合が事後強盗罪の未遂であるとするのは，尾後貫荘太郎「竊盗罪及び強盗罪」日本刑法学会編『刑事法講座第4巻』858頁以下（有斐閣，1952年），草野豹一郎『刑法要論』342頁（有斐閣，1956年）。窃盗が未遂の場合には事後強盗罪は成立せず（この場合は窃盗未遂罪と暴行・脅迫罪とする），事実上財物を得ている窃盗犯人が所定の目的で暴行・脅迫する場合に限って事後強盗罪が成立し，事後強盗罪の未遂はないとするのは，西村克彦『強盗罪考述』126頁，137頁（一粒社，1983年）。暴行・脅迫により財物の取還を防ぐ等の目的を達したか否かにより事後強盗罪の未遂・既遂を決めるべきだとするのは，沢登佳人「暴行・脅迫の意義」日本刑法学会編『刑法講座第5巻』230頁（有斐閣，1964年）。

8)　ただ，暴行・脅迫の点の未遂（構成要件の不充足）については，それが実際にはほとんど考えられないとか，考えられたとしても，このような場合には事後強盗未遂としての可罰的価値につき疑問である（団藤編・前掲注(2)116頁〔藤木〕）といったことから，暴行・脅迫の点の未遂を事後強盗罪の未遂と評価しない（したがって，窃盗〔未遂〕罪のみが成立）のが一般的であるように思われる（これに対して，内田・前掲注

142　第 1 部　実行の着手

条の「窃盗」を身分と解し，その実行行為を暴行・脅迫行為に限定する場合には説明し難いように思われる[9]。また，身分の概念を判例のように広く解することが妥当であるのか否かはさておき[10]，事後強盗罪を真正身分犯と解する場合には，暴行・脅迫にのみ関与した者を（とくに窃盗が未遂の場合にも）事後強盗罪の共同正犯とする点で，その関与者の行為の評価としていくぶん厳しすぎるように思われる[11]。現行法上事後強盗罪が強盗と同様に扱わ

　（2）『刑法各論』284頁）。理論的には，加えられた暴行・脅迫が反抗を抑圧するに足りる程度ではなかった場合に暴行・脅迫の点の未遂を理由として事後強盗罪の未遂とすることも考えられないではないが，判例は，空き巣や万引きなどで窃盗に着手後発見され，追跡者に対して加えた暴行（傷害）が反抗を抑圧するに足りる程度ではなかった場合に，窃盗（未遂）罪と暴行罪（傷害罪）の併合罪とし，事後強盗未遂罪としていない（比較的近時のものとして，京都地判昭和53年 1 月24日判時894号129頁，東京高判昭和61年 4 月17日高刑集39巻 1 号30頁，浦和地判平成 2 年12月20日判時1377号145頁，大阪高判平成 7 年 6 月 6 日判時1554号160頁，東京地判平成15年 3 月31日判タ1126号287頁など）。したがって，暴行・脅迫それ自体が未遂にとどまる場合にはなおのこと事後強盗未遂罪は成立せず，窃盗罪の成立にとどまろう。なお，法定刑の軽い暴行（208条参照）・脅迫（222条参照）の未遂を理由として 5 年以上の有期懲役という事後強盗罪の法定刑が減軽されるのは不均衡であるとするのは，坂本・前掲注(3)20頁。暴行・脅迫の点の未遂を事後強盗罪の未遂と評価しない通説・判例の解釈は，強盗罪と比較した場合の事後強盗罪の犯情の軽さ（後述，注12参照）等も考え，その成立を合理的に限定しうることから是認しえよう。
　9）　参照，斎藤信治・前掲注(5)289頁，坂本・前掲注(3)20頁，高橋則夫・前掲注(5)116頁，中森・前掲注(5)判例評論353号71頁など。山口教授は，詳細に，「事後強盗罪を身分犯と解する場合，同罪の『身分』である『窃盗』が窃盗既遂犯人に限られるなら，先行する窃盗が未遂の場合には事後強盗罪の成立する余地はなくなる。これに対し，『窃盗』には窃盗未遂犯人も含むのであれば，先行する窃盗が未遂の場合でも，法所定の目的での暴行・脅迫により事後強盗罪は既遂となる。いずれにしても，事後強盗未遂罪の結論を導出することはできない」と指摘している（「事後強盗罪の成立範囲」法学教室296号130頁［2005年］。また，同・前掲注(5)『刑法各論』224頁，228頁，同・前掲注(5)研修660号 5 頁）。適切な批判である。身分犯説を主張する岡野教授も，「身分犯説からすれば，理論的には暴行・脅迫にその未遂・既遂を求めるべきである」ところ，強盗罪と刑法上同等に評価されるべき事後強盗罪の性格から，「理論上の不整合」を認めつつ，「窃盗の未遂・既遂にその未遂・既遂を求めざ（る）をえない」とする（前掲注(2)研修494号 8 頁。また，同・前掲注(2)『刑法基本講座』122頁）。
　10）　参照，最判昭和27年 9 月19日刑集 6 巻 8 号1083頁（「刑法65条にいわゆる身分は，男女の性別，内外国人の別，親族の関係，公務員たるの資格のような関係のみに限らず，総て一定の犯罪行為に関する犯人の人的関係である特殊の地位又は状態を指称する」）など。判例の採る広い身分概念が妥当なのか，当該身分に結びつけられた特定の役割・義務の違背・逸脱という観点で身分犯を限定すべきなのかは，「言わば定義値をめぐるものであり，それ自体で決着させるのは困難であろう」とするのは，伊東・前掲注(5)171頁。
　11）　参照，岡本・前掲注(7)402頁，斎藤信治・前掲注(5)289頁，坂本・前掲注(3)19頁な

れるのは確かであるが，正犯者でさえ犯情においては強盗罪よりも軽いと考えられるべき場合が少なくなく[12]，さらに，先行する窃盗が未遂の場合には本来の強盗との距離が一層遠くなることを認めざるをえないからである[13]。他方で，不真正身分犯と解する場合には，事後強盗罪の「通常の刑」（65条2項）を暴行罪・脅迫罪に求め，したがって，事後強盗罪をいわば加重暴行罪・加重脅迫罪のように理解する点でその罪質の理解に根本的な疑問がある[14]ことに加え，この立場では，財物強取の手段ではない事後強盗罪の暴行・脅迫は，窃盗犯人による暴行・脅迫であればよい，または所定の目的を達するに足りる程度の暴行・脅迫であればよいと考えられるべきではないかということも問題になろう[15][16]。

---

ど。もちろん，それが2項強盗罪にあたる（ような）場合には別である。

12) 参照，植松・前掲注(7)396頁は，「窃盗犯人が逮捕されそうになったときに暴行・脅迫をもって対抗したとしても，それは事の行きがかりから生じた心理自然のなりゆきであるから，その情状に酌むべきものがある（立法論としては，むしろ法定刑の重すぎることを指摘しなければならない。）し，それほどではないけれども，ひとたび入手したものを取り返されるのを防ぐためとか，罪跡を湮滅するためとかの動機による暴行・脅迫も，本来の強盗行為に比べれば，犯情の軽いことは明らかである」とし，岡野・前掲注(2)『刑法基本講座』124頁注1も，「立法論として考えた場合，事後強盗を強盗と同様に論ずべきかどうか，疑問とするところである。なぜなら，窃盗犯人が238条所定の目的をもって暴行・脅迫を行うことは，むしろ，自然の本能的行為ともいうべきであって，そのような行為に出ないことを期待するのは一般に困難といえるからである」と論ずる。また，沢登・前掲注(7)228頁，日髙義博「強盗罪をめぐる問題」刑法雑誌32巻3号165頁（1992年）。なお，山中・前掲注(5)288頁注14。

13) なお，西田教授は，「身分犯と承継的共犯のいずれの理論構成も可能である」（前掲注(5)『刑法各論』163頁）としつつも，「事後強盗は窃盗犯人が既に財物を得ているからこそ，また，その場合にのみ，強盗をもって論ずる実体を有する」のであり，窃盗未遂の場合にも事後強盗（未遂）罪が成立するという通説・判例の「解釈を前提としつつ同罪を構成的身分犯と解することは，……事後強盗の不合理性をさらに拡張することにな」るとし，承継的共犯の問題として，「財産犯（窃盗未遂）の部分を承継しないと解する」ことにより「事後強盗罪における共犯成立の範囲を適正な範囲に限定する」必要があると論ずる（前掲注(5)『内藤古稀』192頁以下）。

14) 参照，今上・前掲注(5)98頁，斎藤信治・前掲注(5)289頁，斉藤誠二・前掲注(5)277頁，高橋則夫・前掲注(5)115頁，中森・前掲注(5)判例評論353号71頁，古江・前掲注(5)70頁など。

15) 参照，斎藤信治・前掲注(5)289頁，坂本・前掲注(3)20頁。通説・判例（大判昭和19年2月18日刑集23巻1頁など）は反抗を抑圧する程度の暴行・脅迫であることを要すると解している。

16) なお，不真正身分犯説では，先行する窃盗罪が事後強盗罪に吸収されず，併合罪になるべきはずではないかとするのは，山口・前掲注(5)『刑法各論』229頁，同・前掲注

144　第 1 部　実行の着手

　したがって，事後強盗罪は身分犯ではなく，窃取行為と（238条所定の目的
での）暴行・脅迫行為とを結合した犯罪類型と解するのが妥当である[17]。し
かし，このような理解に対しては，次のような批判が向けられている。すな
わち，事後強盗の目的で窃盗に着手した場合，「なぜ事後強盗の未遂を認め
ないのであろうか。窃盗行為を実行行為の一部と解し，また，事後強盗と強
盗の罪質同一性を強調して事後強盗罪を強盗罪の一種・一類型と解するな
ら，暴行・脅迫と財物奪取の順序が異なるとはいえ，事後強盗罪の未遂を肯
定すべきではないかと思われる。……暴行・脅迫を加えなければ事後強盗
（その未遂も）とはならないということは，非身分犯説ではこれをよく説明し
えない」[18]という批判である。このような批判は結合犯説に妥当するものな
のだろうか，このような批判に対して結合犯説はどのように答えることがで
きるのだろうか。以下検討してみたい。

## 第 2 節　事後強盗罪の実行の着手時期

### 1　強盗罪の実行の着手時期との比較

　まず，結合犯の典型であるとされる（1 項）強盗罪[19]の実行の着手時期に
関する一般的な解釈を，強盗として論じられ，かつ，結合犯と解すべきであ
る事後強盗罪に推し及ぼすことができないのか否かを考えてみる。すなわ
ち，結合犯の着手時期は手段たる行為を開始したときである（このような考
え方を，以下，「手段着手説」と呼ぶ。）と論じられることが多く[20]，また，強

---

　(5)研修660号 8 頁以下。なお，また，大塚ほか編・前掲注(2)391頁以下〔米澤・高部〕。
17)　結合犯説を採った場合でも承継的共同正犯の理解により暴行・脅迫にのみ関与した
　　者の罪責は異なりうるが（注 5 参照），暴行罪・脅迫罪の限度での共同正犯と事後強盗
　　罪の共犯の観念的競合もしくは法条競合と解する立場が妥当であると考える。
18)　岡野・前掲注(2)研修494号 6 頁以下。また，小田・前掲注(3)102頁，105頁注16，曽
　　根・前掲注(4)百選 I 4 版189頁，堀内・前掲注(2)135頁，吉田・前掲注(2)47頁。
19)　結合犯の定義として，概ね異論のないものと思われるところの，「結合犯とは，独立
　　しても罪となるべき数種の行為を結合した構成要件である」（団藤重光『刑法綱要総論
　　（第 3 版）』440頁注 9〔創文社，1990年〕）という定義を前提とする。なお，強盗罪は結
　　合犯ではないとする異説として，香川・前掲注(7)518頁，同『強盗罪の再構成』1 頁以
　　下（成文堂，1992年）。
20)　たとえば，大越義久「実行の着手」芝原邦爾ほか編『刑法理論の現代的展開—総論

第4章 事後強盗罪の実行行為と実行の着手時期 145

盗罪の着手時期もその手段たる暴行・脅迫を開始したときであるとされ，た
とえば，①強盗の意思で凶器を携帯して住居に侵入したが，家人が熟睡した
まま目を覚まさなかったので，結局，暴行・脅迫に及ぶことなく財物を取っ
て帰ったような場合，財物を取得しようとしたときに強盗罪の実行の着手は
認められず，この場合，窃盗罪の成立にとどまり，そのことから，②右の例
を「財物をつかもうと手をのばしたところで家人に見つかり，家人に暴行・
脅迫を加えて財物を強取した」というように変更した場合，暴行・脅迫を加
えた時点ではじめて強盗罪の着手時期が認められることになる[21]。さらに，
③当初は窃盗の故意で財物奪取行為に着手し，財物奪取の途中（窃盗未遂の
段階）で家人に見つかり，居直って暴行・脅迫を加えて財物を強取した場
合，暴行・脅迫を加えた時点で強盗罪の実行の着手が認められ，先行する窃
盗未遂は強盗罪に吸収されて強盗罪の包括的一罪になる[22]。

　事後強盗罪についても同じように考えて，(a)財物窃取後において必要なら
ば暴行・脅迫を加えることも辞さないという心理状態（事後強盗の条件付行
為意思またはその未必的認識）で財物を窃取し，結局，誰にも見つからずその
場を立ち去った場合には，強盗罪の①の場合と同様に，財物窃取の段階では
まだ事後強盗罪の実行の着手は認められず，窃盗罪の成立にとどまり，(b)右
(a)の場合と同様の心理状態で財物窃取後，家人に発見され（238条所定の目的
で）暴行・脅迫に及んだ場合，強盗罪の②の場合と同様に，暴行・脅迫行為
を行う時点ではじめて事後強盗罪の実行の着手が認められることになり，さ
らに，(c)当初は窃盗の故意で財物窃取後，家人に発見され（238条所定の目的
で）暴行・脅迫に及んだ場合（典型的な事後強盗罪のケース）も，強盗罪の③

---

　　Ⅱ』143頁（日本評論社，1990年），川端博『刑法総論講義（第2版）』464頁（成文堂，
　　2006年），内藤謙『刑法講義総論（下）Ⅱ』1249頁（有斐閣，2002年），西原春夫『刑法
　　総論（改訂版）上巻』327頁（成文堂，第4刷，1998年），堀内捷三『刑法総論（第2
　　版）』234頁（有斐閣，2004年）など。
[21]　大越・前掲注(20)143頁，佐伯千仭『四訂刑法講義総論』303頁（有斐閣，1981年），
　　内藤・前掲注(20)1249頁。事後強盗罪を身分犯と解する論者も，内田・前掲注(2)『刑法
　　各論』278頁，大塚・前掲注(2)216頁，大谷・前掲注(2)234頁以下，曽根・前掲注(2)
　　『刑法各論』134頁，藤木・前掲注(2)101頁など。
[22]　植松・前掲注(7)396頁以下，西田・前掲注(5)『刑法各論』161頁。事後強盗罪を身分
　　犯と解する論者も，大谷・前掲注(2)235頁，前田・前掲注(3)『刑法各論』198頁注15な
　　ど。

146　第1部　実行の着手

の場合と同様に，暴行・脅迫を加えた時点が事後強盗罪の実行の着手時ということになろう。そうであれば，強盗罪の実行の着手時期に関して一般的に認められている解釈を，このように事後強盗罪の場合にも推し及ぼすことにより，事後強盗罪の実行行為を窃取行為と暴行・脅迫行為であると解したうえで，その実行の着手時期を暴行・脅迫行為着手時に求めることができるようにも思われる。

　しかし，強盗罪の実行の着手時期との比較からそのような結論を直ちに導くことは難しいように思われる。というのは，そもそも実行の着手時期に関して強盗罪との比較が可能なのか否かが問われなければならないからである。すなわち，事後強盗罪の（238条所定の目的での）暴行・脅迫は財物奪取の手段となっていないから，手段着手説は事後強盗罪には適用できないのではないかということが問題になる。このような疑問は，結合犯の分析に基づき，強盗罪型の結合犯（手段・目的型結合犯）と，それ以外の強盗強姦罪型の結合犯とを区別すべきだとする主張からも裏付けられよう。たとえば，高田教授は次のように分析されている。すなわち，「広く結合犯といわれるものには主観的なそれと客観的なそれとが区別される。前者，たとえば強盗罪においては第1の行為たる暴行・脅迫に着手すれば強盗罪そのものの着手があつたものと解され，財物奪取の目的を遂げなくても強盗未遂罪……として処断される。これに反して，後者，たとえば墳墓発掘死体等損壊罪……においては，行為者の目的には関係なく単純に墳墓発掘罪……と死体等損壊罪……とを結合して加重的な構成要件としたものであるから，たとえ墳墓中の死体を損壊する目的で墳墓の発掘を開始しても191条の罪の着手があつたことにはならない。同時に，墳墓を発掘したにとどまり，死体損壊の目的を遂げなかつた場合でも191条の罪の未遂ではなく（同罪の未遂罪は規定されていない），189条の罪が成立するにすぎない」とされ[23]，このような結合犯の区別は，①実行の着手に関して，先行行為に着手した時点で当該結合犯の実行の着手が認められるべきなのか，後行行為への着手をまってその着手が認められるべきなのか，そして，②故意に関して，当初先行行為（たとえば，強

---

23)　団藤重光編『注釈刑法(2)のⅡ総則(3)』565頁〔高田卓爾〕（有斐閣，1969年）。

盗）のみの故意で先行行為を遂行し，その後，後行行為（たとえば，強姦）
の故意を生じて後行行為を遂行したとしても，当該結合犯（強盗強姦罪）が
成立するのか否かということを区別の重要な観点として，（用いられる表現，
分類の細部や，それぞれ解決しようとするテーマは異なるものの）その区別の大
枠は基本的には支持されてきているように思われる[24]。このような結合犯の
区別によれば，前述①②のいずれの点からみても事後強盗罪は強盗罪型の結
合犯とはいえず，したがって，その構造の重要な相違から強盗罪の実行の着
手時期についての一般的な解釈を直ちに転用することは難しいといわざるを
えまい。さらに，強盗罪に関しても，そもそもなぜ手段着手説が妥当なのか
ということについて，実行の着手に関する一般的な議論から考察がなされな
ければならないであろう。したがって，次に，この点について検討してい
く。

## 2　実行の着手に関する一般的な議論からみた事後強盗罪の着手時期

　実行の着手に関して，実行行為またはそれに密接する行為（もしくは直前
に位置する行為）を行ったことを問題とする形式的客観説と，構成要件実現
の危険性という観点から着手時期を判断する実質的客観説が現在有力な考え
方であると考えてよいであろう。

　形式的客観説[25]は，実行行為・密接行為の開始を問題にする点で43条の解

---

24)　一罪的な結合犯（強盗罪，加重逃走罪，常習特殊強窃盗罪）と数罪的な結合犯（強
　盗強姦罪，墳墓発掘死体損壊罪，事後強盗罪，強盗致死傷罪）とに区別するのは，亀山
　継夫「結合犯の未遂」研修340号59頁以下（1976年）（この見解について，注41も参照），
　手段・目的関係で結合されている（加重逃走罪）のか否（強盗殺人罪，強盗強姦罪，墳
　墓発掘死体損壊罪）かにより区別するのは，龍岡資晃・最判解（昭和54年度）441頁
　（1983年），強盗罪型の真正結合犯と強盗強姦罪型の不真正結合犯とを区別し，さらに，
　事後強盗罪はいずれとも異なる結果的結合犯とするのは，古江・前掲注(5)65頁以下。
　なお，結合犯（注19参照）より広く，数個の故意的行為を結合して一罪とされるものを
　複合行為犯と呼び，「犯罪形態上の分類」として，先行行為が後行行為の手段である目
　的的複合行為犯（強盗罪，強姦罪，加重逃走罪など）と，後行行為が先行行為の結果で
　ある結果的複合行為犯（事後強盗罪，強盗強姦罪など）に分けて分析するのは，西村克
　彦『解罪説法集』65頁注28，68頁（鳳舎，1980年），同・前掲注(7)『強盗罪考述』19頁
　以下など。
25)　植松正『再訂刑法概論Ⅰ総論』315頁以下（勁草書房，1974年），香川達夫『刑法講
　義総論（第３版）』291頁以下（成文堂，1995年），団藤・前掲注(19)354頁以下など。な
　お，また，塩見淳「実行の着手について（３・完）」法学論叢121巻６号16頁以下（1987

148　第1部　実行の着手

釈として正しい出発点に立つものであるが，結合犯の場合，それを構成する行為の一部（またはその密接行為）への着手があれば，そのときをもって当該結合犯そのものの着手を認めるべきことになるはずであり[26]，事後強盗罪の実行行為を窃取行為と暴行・脅迫行為であると解するならば，この立場から，後行行為たる暴行・脅迫行為時が実行の着手であるとするのは難しいように思われる[27]。事後強盗罪を結合犯と解する見解に対する批判（前述第1節参照）は，実行の着手についてのこの形式的客観説を前提とした場合にまさに妥当するといえよう。

　では，実質的客観説ではどうであろうか。実質的客観説[28]からは，結合犯の場合も，「実行行為の一部開始の有無にかかわらず『構成要件実現の切迫した危険』が生じれば，またその場合にのみ，実行の着手を認める」（傍点，原口）と論じられる[29]。このように解した場合，手段たる行為時とか，後行行為時とか，着手時点を一定の行為に固定して考えるのではなく，要求される構成要件実現の危険性・切迫性の認められる時点が実行の着手時点（もし

---

年）。また，井田良『刑法総論の理論構造』251頁以下（成文堂，2005年）。

26)　団藤重光編『注釈刑法(2)のⅡ総則(3)』469頁〔香川達夫〕（有斐閣，1969年），同・前掲注(25)『刑法総論』297頁。また，植松・前掲注(25)『刑法総論』318頁。形式的客観説に立った場合，前述第2節1で示した強盗罪の実行の着手時期に関する①と②の場合に暴行・脅迫をまって強盗罪の実行の着手を認めるのは難しいように思われる。実際に，香川・前掲注(19)『強盗罪の再構成』107頁以下は，強盗の故意で財物を奪取したが，暴行・脅迫には及ばなかった場合に，強盗未遂罪を認めるべきだとしている。

27)　もちろん，先行行為たる窃取行為時に暴行・脅迫を加える意思・（未必的）認識がない場合に，窃取行為だけに着目して結合犯たる事後強盗罪の実行の着手を認めるのは問題であろう。ここに事後強盗罪の特殊性があり，このことを考慮すべきことについては後述する。

28)　実質的客観説の主張者について，注32，注37参照。なお，行為の危険性や切迫した危険を判断するのに行為者の犯罪計画を考慮に入れる立場が折衷説（ないしは個別的客観説）として分類されることもあるが，近時のこのような折衷説は，行為者の犯罪計画に照らして「構成要件の実現の危険性・切迫性」を判断することから，実質的客観説に含めて考えてよいと思われる。このような立場として，たとえば，川端・前掲注(20)『刑法総論』461頁以下，斎藤信治・前掲注(5)221頁，野村稔『刑法総論（補訂版）』333頁（成文堂，1998年）など。

29)　島田・前掲注(5)17頁。なお，また，中森教授は，どの形態の結合犯も「当該犯罪の不法が全体として開始されたといえなければ未遂（は）成立しない」（前掲注(5)判例評論353号72頁注5）とし，「事後強盗の開始が，盗取行為後の暴行・脅迫の時点であることは，盗取行為が，事後強盗の実行行為の一部として取り扱われることを妨げるものではない」とする（前掲注(5)判例評論353号71頁）。

第4章　事後強盗罪の実行行為と実行の着手時期　149

くは未遂が可罰的となる時点）ということになろう。たとえば，強盗罪のように，複数の犯罪行為が手段・目的という緊密な関係にあることから結合されている結合犯においては，「先行行為（暴行脅迫）も後行行為（奪取）ともに実行行為であり，その間に手段−目的という緊密な関係があるために，先行行為への着手は結合犯全体の既遂構成要件実現の切迫した危険を内包しており，先行行為への着手をもって結合犯の未遂を論じ得るのに対して」，強盗強姦罪のように，複数の犯罪行為（強盗と強姦）が同一の機会に行われることの多さに着目して結合されている結合犯においては，「先行行為も後行行為もともに実行行為ではあるが，しかし，先行行為への着手は，必ずしも結合犯全体の既遂構成要件実現の切迫した危険の発生を意味しない。……先行行為への着手によって結合犯全体の未遂が成立する場合（例えば，強盗と強姦とをほぼ同時にもしくは相前後して行おうとの決意のもとに，それらの手段としての暴行脅迫に着手した場合）と，後行行為への着手があって初めて結合犯全体の未遂の成立を認めるべき場合とが存在する。後者が原則であり，即ち，事後強盗罪の未遂が成立するには，原則として後行行為への着手がなければならないと解すべきである」と説明されることになろう[30]。結合犯の実行の着手時期の判断も，実行の着手に関して一般的に妥当する議論から考えられる必要があり，実質的な観点として，全構成要件実現＝既遂の切迫性を考慮して判断することが必要であり，妥当であろう[31]。

---

30)　岡本・前掲注(7)408頁以下。また，島田・前掲注(5)17頁以下も，「確かに，手段・目的の関係で結合されている犯罪類型においては，手段としての行為が行われれば，引き続いて直ちに目的とされる行為に移行することが多い。また，こうした犯罪の典型例とされている強盗罪の場合には，第1行為が反抗を抑圧するに足る暴行・脅迫であるから，それが加えられれば，通常，被害者の抵抗可能性は排除され，構成要件が実現される可能性は極めて高くなる。これに対し」，墳墓発掘死体損壊罪や事後強盗罪のように，単に同一機会に行われることが多いこと等を理由として結合されている「類型においては，先行する行為の着手があっても，それは必ずしも第2行為を行うため（の）手段ではないから，移行可能性は前者の場合ほど高くない。また，事後強盗罪においては，強盗罪と異なり，窃盗が行われた段階では，被害者の抵抗可能性は何ら弱められていない。そうだとすると，同罪を結合犯と位置づけたとしても，反抗を抑圧するに足る暴行・脅迫の着手がない限り，事後強盗罪の着手を認めるべきではないように思われる」とする。

31)　なお，参照，Albin Eser,in:Schönke/Schröder StGB,27.Aufl.2006,§22 Rn.37f.58;Claus Roxin,Strafrecht,Allgemeiner Teil, Band 2,2003,§29 Rn.114,172も。

150 第1部 実行の着手

ただ,「構成要件実現の危険性・切迫性という観点から着手時期を判断する見解」としてまとめられる実質的客観説は,さらに,そのなかでも,構成要件実現の危険性・切迫性をどのようなものと捉え,また,実質的観点とともに形式的観点をどのように考慮するのかということについて無視できない重要な相違があるように思われる。

近時有力なのは,問題とされる構成要件実現の「危険」が(狭義の)行為とは切り離され,因果関係判断の両極の1つとして考えられるべき「結果」であることを強調する結果重視型実質的客観説(結果としての危険説)[32]である。しかし,43条で規定する実行の着手は,結果としての危険の問題ではなく,従来からの理解のとおり,行為者の行う行為[33],つまり,実行行為・密接行為の開始を問題にするのが妥当であると考える[34][35]。確かに(全)構

---

32) 結果重視型実質的客観説に属すると考えられるのは,大越・前掲注(20)142頁,151頁,内藤・前掲注(20)1219頁,1242頁以下,西田典之『刑法総論』279頁以下,311頁(弘文堂,2006年),林幹人『刑法総論』362頁(東京大学出版会,2000年),前田・前掲注(2)『刑法総論』140頁,山口厚『刑法総論(補訂版)』233頁以下(有斐閣,2005年)。先駆的に,平野龍一『刑法総論Ⅱ』313頁以下,319頁(有斐閣,1975年)。おそらく,堀内・前掲注(20)『刑法総論』232頁以下。これに対して,構成要件実現の現実的危険性を含む「行為の開始」を重視する行為重視型実質的客観説に属するのは,大塚仁『刑法概説総論(第3版増補版)』165頁(有斐閣,2005年),大谷實『新版刑法講義総論(追補版)』388頁(成文堂,2004年),福田平『全訂刑法総論(第4版)』226頁(有斐閣,2004年)など。

33) 間接正犯の場合には,間接正犯者(利用者)の行為と,間接正犯者の行為として間接正犯者に帰属する道具(被利用者)の行動からなる全体的行為を基準として,この全体的行為が構成要件を直接実現し,もしくは犯罪実現プロセスにおいて特段の障害なく構成要件実現へと経過することになっている場合に実行の着手が認められる(行為帰属論)と考えるべきである。参照,原口伸夫「間接正犯者の実行の着手時期」法学新報105巻1号61頁以下(1998年)=本書第2章(37頁以下)。注35も参照。

34) 実行の着手に関して,実質的観点も考慮しつつ密接行為を判断している近時の重要な判例として,最決平成16年3月22日刑集58巻3号187頁。

35) 結果重視型実質的客観説は間接正犯・離隔犯の場合の実行の着手時期に関して,利用者標準説の問題点を鋭く指摘して有力化してきたといえようが,この見解も間接正犯者の実行の着手時期の説明においてなお問題点を残しているといわざるをえない。すなわち,この理解によれば,未遂犯は,既遂犯(とくに結果犯の既遂犯)と同様の構造をもつことになり,それゆえに,理論的には,因果関係の起点としての(予備行為である)正犯行為 ⇨ 因果関係 ⇨ 結果としての危険の発生(=実行の着手。未遂犯成立)⇨ 因果関係 ⇨ 既遂結果の発生(既遂犯成立)というように理解されることになろう。したがって,「間接正犯者の行為」(正犯行為)は,利用者標準説と同様に間接正犯者自身の誘致行為に限定され,それ以降の事象は因果経過および結果と理解されることにな

第4章　事後強盗罪の実行行為と実行の着手時期　151

成要件実現＝既遂の切迫性という実質的観点を考慮することは重要であり，また，判断の方向性を示す観点としての有効性は否定できない。しかし，危険性・切迫性というさまざまな程度の考えられる概念によって，可罰性の有無・程度が決定的に異なる予備と未遂の限界づけにとって必要な程度にまで明確にできるものとは考えられず，むしろ実行行為との関係を考えたうえでの実質的判断の方が遥かに安定した判断になると考えられるからである。さらに，判例が「客観的危険性」があることを理由に着手を肯定してきた事例において，そこでいわれる「危険性」が着手時期を前段階にずらす役割を果たしてきている[36]ことも看過できず，実行行為ないしは構成要件で規定された行為態様（への近接）といった「文言による制約」（罪刑法定主義の要請。形式的観点）も軽視することはできない。したがって，43条本文の解釈において，形式的観点・実質的観点をともに考慮すべきであり，構成要件実現の切迫性という観点も重要な1判断要素として考慮したうえで実行行為・その密接行為の開始を判断していくのが妥当である。したがって，このような理解からは，結果重視型実質的客観説の理論構成には疑問が残らざるをえない。

　また，実行の着手概念自体の理解としては，構成要件実現の一般的危険性

---

る。そこで，たとえば，利用者が被利用者に「とってこい」とそそのかす行為をもって構成要件行為（235条）と解さざるをえず，この点で刑法典各則において記述されている行為態様を十分に考慮しているとはいえまい。判例で間接正犯が肯定された例でいえば，たとえば，Xが12歳の養女Yを連れて四国を巡礼中，日頃から自分の言動に逆らう素振りを見せる都度顔面にタバコの火を押し付けたりする暴行を加えて自己に従わせていたYに窃盗を命じ，これを行わせたという事案（最決昭和58年9月21日刑集37巻7号1070頁）で，事案を少し変更し，Aに窃盗を命じ，また，もし被害者が抵抗するようならば暴力を行使してでも取ってこいと命じたと仮定した場合，結果重視型実質的客観説も，Yに命ずる行為（誘致行為）のみがXの行為（正犯行為）であり，その誘致行為の終了とともに正犯行為も終了し，その後は因果経過および結果となる。そうだとすると，Yが財物を（窃取もしくは強取して）もってきた場合，Xは窃盗（既遂）罪の責任を負うのか，強盗（既遂）罪の責任を負うであろうか（理論的には強盗未遂罪という解決も考えられうる。ただし，前述，第2節1も参照）。この場合，道具Yの行動も因果経過・結果としてではなく，Xに帰属する行為態様（窃取行為か，強取行為か）として考慮しなければ，Xの適切な刑事責任を判断できないであろう。

36)　たとえば，放火罪に関して，静岡地判昭和39年9月1日下刑集6巻9・10号1005頁，横浜地判昭和58年7月20日判時1108号138頁など，強姦罪に関して，最決昭和45年7月28日刑集24巻7号585頁など。

152 第1部 実行の着手

のある行為の開始という意味で行為の危険性説の方が妥当であろうとしつ
つ，未遂犯として成立するためには，結果の不発生という消極的要件のほ
か，構成要件実現の具体的危険の発生という積極的要件を備えることが必要
であるという構成[37]も主張されている。このような構成によれば，確かに，
行為不法を支えるところの刑法典各則で記述された行為態様も十分に考慮に
入れている点で構成として優れているが，（43条の意味での）実行の着手時点
と未遂の可罰性の時点を分離する結果，必然的に「実行の着手後の予備罪」
を認めざるをえない点でなお疑問が残る[38]。

　行為態様の問題も十分に考慮し，かつ，「実行の着手後の予備罪」という
構成を回避するためには，2つ（以上）の行為が手段・目的の関係にはない
が，同一の機会に行われることの多さ，その機会を利用する行為の悪質性・
抑止の必要性の高さ等に鑑みて結合されて1つの犯罪類型とされ，そのよう
な犯罪類型の特徴から，故意に関して一般原則と異なり，当初先行行為（た
とえば，強盗や窃盗）だけの故意で先行行為を遂行し，その後で，後行行為
（強姦，一定の目的での暴行・脅迫）の故意を生じて後行行為を遂行した場合
にも当該結合犯（強盗強姦罪，事後強盗罪）が成立するような，先行行為に事
後的に別の故意行為が加わることによってその刑が加重される犯罪類型，い
わば加算型（ないしは累積型）結合犯の場合には，先行行為も当該結合犯の
不法（行為不法，法益侵害）を基礎づける（広義の）実行行為であるが，その
犯罪類型の特徴から，43条本文の意味での「実行」に当たる行為を限定的に
解釈することが必要であり，かつ，それは可能であるように思われる。すな
わち，実行の着手の判断に当たり行為者の故意の考慮が不可欠であり[39]，ま

---

37)　曽根威彦『刑法総論（第3版）』239頁，242頁（弘文堂，2000年）。また，浅田和茂
『刑法総論』371頁以下（成文堂，2005年）。事後強盗罪の実行の着手時期に関して，岡
本・前掲注(7)409頁。

38)　小田・前掲注(3)105頁注16は，「実行の着手（実行行為の開始）の時期と未遂成立時
期を分断する把握」について，「そこまでの『解釈』が許されるかは疑問である」とす
る。

39)　実行の着手の判断において行為者の主観面（故意・犯罪計画）を考慮すべきことに
ついて，参照，八木國之「実行の著手の学説に関する基本観念の再検討――いわゆる折
衷説の批判を契機として――」法学新報72巻11・12号189頁以下（1965年）（『増補新派
刑法学の現代的展開』［酒井書店，1991年］所収。94頁以下），同「窃盗罪における実行
の着手」百選I2版143頁。また，斎藤信治・前掲注(5)221頁，野村稔「実行の着手

第4章　事後強盗罪の実行行為と実行の着手時期　153

た，そもそも問題となる犯罪行為（全体）についての故意のない時点でその実行の着手を認めることができないにもかかわらず，先行行為の段階で後行行為の故意がないのが一般であると考えられる[40]犯罪類型が設けられたということから立法者の意思を推測すれば，そのような犯罪類型について先行行為の段階でその未遂犯の成立（43条の意味での実行の着手）を予定していないということを合理的に推論してよく，したがって，そのような結論を導きうる解釈が考えられてよいと思われるからである[41]。

　したがって，このような加算型結合犯の場合は，その犯罪類型の特徴から，先行行為も当該結合犯の不法（行為不法・法益侵害）を基礎づけるという意味で（広義の）実行行為であるとしつつ[42]，43条の意味での実行行為は

---

――折衷説の検討を中心として――」中山研一ほか編『現代刑法講座第3巻』122頁（成文堂，1979年）など。

40)　先行行為の段階で後行行為を行おうという意思・未必的認識があるように思われる場合でも，後行行為を行う状況がなお具体化されていない時点でのそのような意思・認識は，未遂犯の成立に必要であるところの，行為を遂行する最終的な決断が欠ける場合が多いと考えられ，その意味でも先行行為の段階ではなお当該結合犯の実行の着手は認められえないように思われる。

41)　なお，亀山・前掲注(24)59頁以下も，加算型結合犯の故意の取扱いが特殊であることに着目して，罪数処理について次のように主張している。すなわち，「一罪である故意犯については，着手の際に，その一罪の構成要件の全部について認識があることが要求されるのが原則であり，このことは，その構成要件が数個の行為から成り立っている場合でも全く同じである。結合犯も一罪であるという以上この原則に従うべきものであろう。強盗罪等にあっては，まさしくこの原則どおりである。これに対して，強盗強姦等においては，当初からA（先行行為のこと。原口注）＋B（後行行為のこと。原口注）の認識で行為に着手する場合を排除するものでないことはもちろんであるが，むしろ，当初はAの認識のみで行為し，次いでBの故意を生じてこれを実行するという場合を予定しているといえるのであって，このような態様の犯罪をなお実質的一罪とすることは，一罪の一部について当初からの認識を要しない犯罪を認めることであり，それ自体はなはだ異例のものといわざるを得ないであろう。更に，このような……段階的に事実の認識が生ずるような場合には，最初のA罪を実行しているだけではC罪（A罪＋B罪の結合犯のこと。原口注）の実行の着手ありとはいえないであろうから，一罪の一部を現に実行しながらその罪に着手したとはいえないという構成要件理論上異例な場合を認めざるを得ない結果となろう……。以上のことから，いわゆる結合犯については，一罪的なそれと数罪的なそれとの区別を認め，前者については単純一罪と同様の取扱いをすることとする一方，後者については，AB両行為について着手があったと認められる時点でC罪の着手を認めることとし，更に未遂の処断等においては，むしろ実質的数罪に近い処理をして行くのが正しい解決の方法であると思われる」。

42)　なお，概念の混乱を避けるためには，別の表現（たとえば，先行行為を基本行為と呼ぶなど）が考えられた方がよいかもしれない。ただ，事後強盗罪の窃取行為の呼称は

154　第1部　実行の着手

後行行為に限定されると解するのが合理的である。そして，このように解することにより，事後強盗罪のような加算型結合犯に関しても，実行の着手に関して妥当なものと考えられるところの，（全）構成要件実現の切迫性という観点も1判断要素として考慮したうえでの実行行為・密接行為の判断をすることができるのである。

　なお，事後強盗罪の実行行為・実行の着手時期に関しては，既に，「①すべての窃盗行為は，事後強盗罪に発展していく可能性をもつものであり，窃盗行為は事後強盗罪の潜在的な実行行為である，②ただ，事後強盗の実行の着手は，暴行・脅迫に着手した時点である，先行する窃盗行為は，財物の取還を拒ぐなどのために暴行・脅迫をおこなうことによって，（いわば，顕在化して）結果的に，事後強盗罪の実行行為になるものである」[43]とか，「窃盗行為に着手した時点では，いまだ何らの暴行・脅迫も加えられていないのであり，強盗行為に準ずる性格を認めることはできない。したがって，事後強盗の未遂は，先行する窃盗への着手後，法所定の目的で暴行・脅迫を開始した時点以降において肯定されるべきものであると解されるのであり，事後強盗罪は窃盗行為後法所定の目的で暴行・脅迫が行われることにより，『結果として』事後強盗という評価が与えられ得るにすぎないものとも解される」[44][45]という解釈が有力に主張されてきている。このような解釈も事後強

――――――――――

　　ともかく，事後強盗罪の不法内容の重要な部分を基礎づける238条の「窃盗」を身分とするのは問題が大きいように思われる。

43)　斉藤誠二・前掲注(5)278頁。このような見解をいち早く主張したのは，古江・前掲注(5)67頁。これを支持して，伊東・前掲注(5)171頁，今上・前掲注(5)101頁，高橋則夫・前掲注(5)116頁，118頁。

44)　山口・前掲注(5)研修660号10頁。

45)　山中教授は，実行の着手に関する一般論について，「行為の危険性を事前判断，結果としての危険を事後判断とし，事前判断によって『危険』とされた行為は，潜在的な実行行為であるが，事後判断によって，『具体的危険』が発生したときに，遡って，潜在的実行行為が，真の『実行行為』に転化する」という事後的遡及評価説を主張され（『刑法総論Ⅱ』681頁［成文堂，1999年］），事後強盗罪について「潜在的実行行為である窃盗行為は，暴行・脅迫の時点で遡って全体として事後強盗の実行行為と評価され」，これは「実行の着手に関する事後的遡及的評価説……の帰結である」（同・前掲注(5)『刑法各論Ⅰ』293頁以下）とされるが，行為の危険性を肯定するために必要とされる「結果発生につながる『危険』」（同・前掲『刑法総論Ⅱ』681頁）が窃取行為により既に創出されたといえるのかという点（たとえば，山中教授は「医師が看護婦をいいくるめて，患者を殺害するよう毒入り注射器を手渡して殺害させた場合，……事前判断とし

第4章 事後強盗罪の実行行為と実行の着手時期 155

盗罪が特殊な結合犯であるという理解を前提としていると考えられ，本章での主張（事後強盗罪は結合犯であるが，加算型結合犯であるから，43条の意味での事後強盗罪の「実行」行為は暴行・脅迫行為に限定すべき）とは窃取行為が43条の意味での実行行為ではないことの説明において異なっているにすぎないものと考えられる。

　なお，事後強盗罪の実行の着手時期に関しては，さらにもう1つ検討すべき問題が残っている。すなわち，事後強盗罪の未遂・既遂を窃盗の点の未遂・既遂により判断し[46]，かつ，実行の着手を（全）構成要件実現の危険性・切迫性を唯一の基準として判断するとした場合，窃盗未遂犯人が逮捕免脱または罪跡隠滅目的で暴行・脅迫を加える類型においては，実行の着手時点と考えられるべき暴行・脅迫時点ではもはや構成要件実現＝既遂の危険性・切迫性はなく，この場合に不能犯にはならないと考えられたとしても[47]，実行の着手を認めることができないのではないかという問題である。

――――――――――――――――

　て，必然的危険を創出しておらず，それは，潜在的実行行為ではない」〔同・前掲『刑法総論Ⅱ』681頁〕とし，「自動車で他の場所に連行したうえで，強姦しようとして女性を自動車の中に引きずり込もうとした……場合，……自動車の中に引きずり込む行為は，結果に対する必然的危険を創出するものではないから，事前的に既に危険創出がな」い〔同・前掲『刑法総論Ⅱ』682頁以下〕としている），さらに，実行の着手に関する一般論では「実行行為の開始と未遂の可罰性の始期とを一致させる」（同・前掲『刑法総論Ⅱ』681頁）ことを意図されており，そうであれば，事後強盗罪の場合，窃取行為の開始時が遡及的に実行の着手時になるはずではないのかという点で，その主張される実行の着手に関する一般論の帰結といえるのか疑問が残る。

46)　注7参照。

47)　沢登・前掲注(7)230頁は，この場合，窃盗の未遂・既遂により事後強盗罪の未遂・既遂を判断する通説・判例の立場に立つならば，「最初から絶対に事後強盗罪の既遂となることの不可能なことが客観的に明らかな行為」であり，「事後強盗罪の不能犯」とならざるをえないとして，通説・判例の未遂の理解を批判する（注7も参照）。これに対して，植田・前掲注(5)10頁以下は，「その窃盗そのものが未遂になるか既遂になるか――これは結局当該の具体的事情の偶然によって決まるのであり」，「窃盗の着手時から見ていくと，事後強盗罪においても必ずしも不能未遂を可罰未遂にふりかえたということにはならない」（傍点，原口）とし，島田・前掲注(5)22頁注23は，「窃盗未遂の場合には，暴行を加える時点で，もはや構成要件が完全に実現される可能性は存在しないので，事後強盗未遂とすることについて疑問が生じる余地がある。しかし，この点については，窃盗と暴行とを一体として見れば，事後強盗の構成要件が完全に実現された可能性があった，という説明が可能であろう」（傍点，原口）とする。植田教授・島田教授の説明は窃盗未遂の場合の事後強盗未遂罪が不能犯になるものではないことを説明しうるものであろう（ただし，身分犯説ではこのような説明はできないであろう）。しかし，構成要件実現の切迫した危険が発生した場合にのみ実行の着手を認めるのであれば，構

156　第1部　実行の着手

この問題は未遂の構造の理解にもかかわりうるものと考えられ[48]，したがっ

---

成要件実現＝既遂の切迫した危険が発生していない（窃盗が未遂の場合の）暴行・脅迫
時に事後強盗罪の実行の着手を認めるのは困難なのではないだろうか。

[48]　このような問題が生じるのは以下の理由によるものと考えられる。すなわち，未遂
犯を考える場合，普通，行為者が将来のある事態・目標（この事態は法律上は既遂であ
るが，その企ての完成を実質的に考えれば，既遂と必ずしも一致するわけではない。）
を目指して行為を進展させていく1時点（目標への途中）に実行の着手時点が認めら
れ，それ以前が予備・それ以降既遂までの状態が未遂犯であると考えられている。つま
り，時間軸に沿って予備 ⇨ 未遂 ⇨ 既遂と発展していくことを前提としたモデルであ
る（これを発展モデルと呼ぶ）。このモデルに従えば，未遂段階での故意はその先の事
態を目指す主観的超過要素となり，そのような故意の認められない過失犯についてはこ
の意味での未遂犯は存在しえないと考えられることになろう。また，一定の観点から既
遂にいたる可能性を問題とし，その可能性のない場合を可罰的な未遂から排除する不能
犯の議論もこのモデルから導かれよう。43条が「実行に着手してこれを遂げなかった」
場合が未遂であるとしているのもこの理解を前提としているように思われる。これに対
して，事後強盗罪の場合，この発展モデルとは異なる観点，つまり，構成要件の不充足
＝未完成という観点から既遂でないこと（これは未遂とは限らず，予備も含む）が考え
られており，この観点では時間的側面が考慮されない（これを未完成モデルと呼ぶ）。
ちなみに，塩見教授は，「未遂に相当する概念は，ドイツ法では Versuch，英米法では
attempt であるが，どちらも『企てる』，『試みる』といった意味で事態を事前から捉え
ている。これに対して，『未遂』では事後的観点が強く表れている点が興味深い」と指
摘している（「未遂犯と中止犯」西原春夫編『危険犯と危険概念』76頁注1［成文堂，
2005年］）が，ここでいう発展モデルは事前的な考察に親しむモデルであり，未完成モ
デルは事後的観点が強く現れる考察方法ともいえるかもしれない。

実行行為が1個の，一般的な犯罪類型の場合には，目標が（主観的に）挫折すればそ
れ以降の行為の継続は考えられず，2つのモデルの時間的観点の違いは顕在化しないの
に対して，事後強盗罪の場合には，窃取行為（先行行為）時は財物の占有の取得・確保
を意図し，それが挫折し（行為が既遂にいたりえないことが決定づけられ）た後も，そ
れにもかかわらず暴行・脅迫（後行行為）が，先行行為とは異なる事態（逮捕免脱・罪
跡隠滅）を目指して当該結合犯の実行行為を継続するといった，既遂（もしくはその先
の目標）を目指して発展していくというモデルに適合しない事態が生ずることになった
のである。

事後強盗罪の場合に生ずるこのような特殊な事態を回避するためには，未遂の理解に
おいて一般に考えられている発展モデルに適合するように事後強盗罪の未遂を考えてい
く解釈，具体的には，①複数の行為が規定されている犯罪類型においては，先行行為が
既遂でなければそもそも当該犯罪は成立しないという解釈や，②先行行為の未遂・既遂
にかかわりなく，後行行為の未遂・既遂に当該犯罪の未遂・既遂を依存させるというよ
うに，未遂・既遂の判断基準となる行為を後行行為1個に限定するような解釈を採るこ
とが考えられる。事後強盗罪に関して①の解釈を主張するのが西村教授である。西村教
授が，「純理からいえば，未遂犯といえば，犯人が実行に着手する時点を出発点とし，
将来にわたって，この罪を遂げないという状態が持続していることである。単に，その
罪の構成要件の一部が未完成であるというだけでは足りない。通説の認める事後強盗未
遂犯というのは，……基本犯である窃盗……の実行の着手をもってその罪の実行の着手
とみなすことはできないので，暴行脅迫……をまって，あとからみて，窃盗……がすで

第4章　事後強盗罪の実行行為と実行の着手時期　157

て，簡潔な考察により最終的な解決を導くことは難しいと考えるが，前述の
ように，構成要件実現の切迫性という観点を重要な1判断要素として考慮し
て，行為不法を基礎づける実行行為・その密接行為の開始（問題の行為への取
りかかり）を判断していく立場（実質的観点も考慮にいれたうえで行為の発展段
階を判断する立場）からは，問題の類型では暴行・脅迫の時点で既遂への切
迫性が認められないものの，形式的観点（43条の意味での事後強盗罪の実行行
為たる暴行・脅迫行為への着手）がこの場合の実行の着手を基礎づけることに
なる。例外的ではあるが，なお実行の着手を認めうるのではないかと考え
る。

---

に未遂であったことを……未遂犯であるとみなしているだけである。このようなの
（は）本当の未遂犯ではない」（前掲注(7)『強盗罪考述』127頁。傍点原文）とし，窃盗
が未遂の場合には事後強盗罪は成立しない（前掲注(7)『強盗罪考述』126頁，137頁）と
するのは，未遂を発展モデルによってのみ理解すべきだとするものであろう。②の解釈
は強盗強姦罪の場合に通説・判例の採る解釈である。すなわち，通説・判例の解釈で
は，241条の「強盗」とは強盗の実行に着手した者を意味し，強盗強姦罪の未遂・既遂
は後行行為である強姦の未遂・既遂を基準にすると解されている。
　未遂の構造論から事後強盗罪の成立を窃盗既遂の場合に限定しうる程の十分な論拠を
提示できるのか否かはなお検討を要する課題であり（なお，強盗として扱われる事後強
盗罪の性格から，そして，立法の沿革も踏まえて，本来は，事後強盗罪は窃盗既遂の場
合にしか成立しえないという解釈の方が妥当ではないかとするのは，西田・前掲注(5)
『内藤古稀』192頁以下。また，同・前掲注(5)『刑法各論』162頁），現段階では，窃盗未
遂の場合も事後強盗罪が成立するという解釈が長く安定し，判例として確立したものと
なっていることを尊重する必要もあろう（参照，西田・前掲注(5)『内藤古稀』193頁
も）。そうだとすると，強盗と同様に扱われる現行238条を前提とした場合，事後強盗罪
の未遂・既遂を暴行・脅迫の未遂・既遂にかからしめる見解や，事後強盗罪の場合に未
遂はないと解する見解と比べて，判例・通説（これに一旦取得した財物が取り返された
場合も未遂とする見解も含めて）のように，窃盗未遂の場合には事後強盗罪の「未遂」
とする解釈の方が，事後「強盗」という性格に照らして妥当であり，また，事後強盗罪
の刑の厳しさを（多少なりとも）緩和することが可能となり，したがって，この点での
判例・通説の解釈を前提にし，そのことと未遂の一般論との整合性をできるだけ保ちう
るような説明を探究するという方向が適切であるように思われる。

158　第1部　実行の着手

# 第5章　規制薬物輸入罪の既遂時期・未遂時期

## はじめに

　規制薬物の濫用が個人・社会に深刻な害悪をもたらし，また，その密売利益が犯罪組織の大きな資金源となっており，薬物事犯の取締りが，国内的にも，国際的にもきわめて重要な課題であることは多言を要しない。また，周囲を海洋に囲まれたわが国にあっては水際での規制対象物の搬入阻止が重要であることも繰り返し指摘されてきたところである。したがって，覚せい剤取締法等の各薬物規制法規の「輸入罪」が薬物事犯取締りの要のひとつとなるところ，昭和の終りころ以降，輸入罪の既遂時期，未遂時期の解釈にかかわる最高裁判所の重要な判断がいくつか下され[1]，これらをめぐる議論にも──通信技術の発達等による密輸の容易化・巧妙化，国際的な取締りの連携・強化の要請なども相まって──新たな動きがみられるように思われる。そこで，本章では，これらの近時の議論を整理し，わずかばかりの考察を加えてみたい。

## 第1節　当該薬物の規制法規違反と関税法違反

　規制薬物を輸入した場合，現行法上，当該薬物を規制する法規の違反とともに関税法違反が成立する。覚せい剤の輸入であれば，覚せい剤取締法の覚せい剤輸入罪（同法13条，41条）と関税法の禁制品輸入罪（同法109条）[2]が成

---

1)　最判昭和58年9月29日刑集37巻7号1110頁，最決平成11年9月28日刑集53巻7号621頁，最決平成13年11月14日刑集55巻6号763頁，最判平成20年3月4日刑集62巻3号123頁。なお，「輸出」罪に関して，最判平成26年11月7日刑集68巻9号963頁。

2)　覚せい剤・大麻は，平成元年の関税定率法の改正前は，関税法上輸入制限貨物等とされ，その輸入は無許可輸入罪（同法111条）・関税ほ脱罪（同法110条）で処罰されていたが，右改正により関税法上輸入禁制品に加えられ（関税定率法21条1項1号），そ

立し，麻薬，大麻，あへんの輸入であれば，それぞれ，麻薬及び向精神薬取
締法の麻薬輸入罪（同法12条，13条，64条，65条），大麻取締法の大麻輸入罪
（同法4条，24条），あへん法のあへん輸入罪（同法6条，51条）とともに，関
税法の禁制品輸入罪が成立し，両罪は観念的競合となる[3]。

## 第2節　規制薬物の輸入罪の既遂時期──「輸入」の意義

（1）関税法は，2条1項1号において，「『輸入』とは，外国から本邦に
到着した貨物（外国の船舶により公海で採捕された水産物を含む。）又は輸出の
許可を受けた貨物を本邦に（保税地域を経由するものについては，保税地域を
経て本邦に）引き取ることをいう。」と規定し，「輸入」の定義規定を置いて
いる。「本邦に引き取ること」という文言と，関税の徴収等と税関手続きの
適正な処理というその目的（関税法1条参照）から，判例・通説は，関税法
の禁制品輸入罪・無許可輸入罪について，外国貨物が税関の管理を離れ内国
貨物として自由に流通しうる状態になったのか否かに着目し，(1)保税地域，
税関空港等外国貨物に対する税関の実力的管理支配が及んでいる地域[4]（以
下，「保税地域等」という）を経由して外国貨物を引き取る場合，通関線を突
破した時点で既遂に達し，(2)保税地域等を経由しない場合，当該貨物をわが
国領土に陸揚げした時点で既遂に達すると解している[5]（以下，「通関線突破

───────

の輸入は禁制品輸入罪にあたることになった。参照，伊藤榮樹ほか編「覚せい剤取締
法」『注釈特別刑法第8巻』213頁〔宮崎礼壹〕（立花書房，1990年），平野龍一ほか編
「覚せい剤取締法」『注解特別刑法第5－Ⅱ巻（第2版）』62頁，138頁以下〔香城敏麿〕
（青林書院，1992年）など。その後，平成18年の改正により，輸入禁制品の列挙が，関
税定率法から，関税法69条の11第1項に移されている。なお，かつては，覚せい剤の輸
入が禁止され（輸入すれば覚せい剤輸入罪成立），申告しても輸入が許可されることは
ありえないのに，関税法上有税品とされ，無許可輸入罪・関税ほ脱罪が成立するのは矛
盾ではないかという問題があった（参照，亀山継夫「覚せい剤の密輸入と関税法違反」
研修308号53頁以下〔1974年〕，土本武司「密輸入をめぐる法律問題（2）」警察研究49
巻1号23頁以下〔1978年〕）が，平成元年改正により立法的に解決された。

3)　後述，注14参照。

4)　「保税地域」と「税関の設けられている空港」の関係について，参照，最判昭和33年
3月14日刑集12巻3号556頁，金築誠志・最判解（昭和58年度）307頁注4（1987年）。

5)　参照，平野龍一ほか編「関税法」『注解特別刑法補巻(3)』21頁〔植村立郎〕（青林書
院，1996年）など。最決昭和33年10月6日刑集12巻14号3221頁（保税地域等以外），最

160　第1部　実行の着手

説」という）。

　（2）それに対して，覚せい剤取締法，麻薬及び向精神薬取締法，大麻取締法，あへん法は「輸入」についての定義規定を設けておらず[6]，その意義が争われてきた。

　学説は，①わが国の領海または領空内に規制薬物を搬入した時点で既遂に達すると解する領海説[7]，②わが国領土に規制薬物を陸揚げした時点で既遂に達すると解する陸揚げ説[8]，③関税法と同様に通関線突破説を採る見解[9]，さらに，④行為の主体や輸入態様に応じて既遂時期を個別に考える個別化説[10]が主張されてきた。

　判例は，昭和50年代まで，最高裁の判断はなかったが[11]，下級審判決にお

決昭和36年12月27日刑集15巻12号2098頁（保税地域）。

6)　あへん煙輸入罪（刑法136条）を規定する刑法や，銃器の輸入規制をする銃砲刀剣類所持等取締法なども同様である。輸入を規制するその他の法規について，参照，土本武司「判例批評」法学新報91巻8・9・10号425頁（1985年）。

7)　あへん煙輸入罪に関して，植松正『再訂刑法概論Ⅱ各論』196頁以下（勁草書房，1975年），大塚仁『刑法概説各論（第3版増補版）』510頁（有斐閣，2005年），藤木英雄『刑法講義各論』123頁（弘文堂，1976年）など。領海説に対する批判について，参照，北川佳世子「国境犯罪の各論的問題，人と物の国境間移動に伴う犯罪をめぐる最近の議論」刑法雑誌43巻1号180頁（2003年）。

8)　通説である。参照，伊藤ほか編・前掲注(2)207頁〔宮崎〕，木村栄作「大麻取締法」研修264号16頁（1970年），佐野昭一・千葉裕「特別刑法の解釈上の諸問題（第1分冊）——覚せい剤取締法」司法研究報告書29輯2号94頁以下（1980年），飛田清弘・松浦恂・澤新『改訂覚せい剤事犯とその捜査』55頁以下（立花書房，1992年），平野ほか編・前掲注(2)108頁以下〔香城〕など。この立場も，空路の密輸入に関しては，(a)着陸時説（東京高判昭和56年3月18日高検速報（昭和56年度）112頁），(b)搬出可能時説（福岡高那覇支判昭和57年5月21日判時1063号225頁），(c)取りおろし説（伊藤ほか編・前掲注(2)207頁〔宮崎〕，平野ほか編・前掲注(2)120頁〔香城〕）にわかれていた。なお，龍岡資晃・最判解（昭和58年度）502頁（1987年）は，大麻取締法関係の下級審裁判例に着陸時説が多いのは，大麻取締法に未遂処罰規定がなかったことと無関係ではないように思われると指摘していたが，平成2年の改正により未遂処罰規定が設けられた。

9)　岡野光雄「判例批評」判例評論303号67頁（1984年），北川佳世子「密輸入罪の成立時期」『西原春夫先生古稀祝賀論文集（第3巻）』412頁以下（成文堂，1998年），土本武司「密輸入罪の既遂時期と罪数」判時1092号11頁（1983年），野村稔「判例批評」現代刑事法45号57頁（2003年）。薬物と銃器等を区別して，薬物に関して通関線突破説を採るのは，亀山・前掲注(2)62頁。

10)　古田佑紀「覚せい剤の輸入の意義をめぐる諸問題」捜査研究33巻2号19頁以下（1984年），渡邉一弘「薬物5法における『輸入』の意義とその実行の着手，既遂時期について」研修546号103頁以下（1993年）。

11)　あへん煙輸入罪に関して，大判昭和8年7月6日刑集12巻1125頁は，「刑法第百三十

いては，たとえば，「たとえ保税地域内であっても，我国に陸揚された以上
は覚せい剤取締法にいう輸入の既遂に達する」[12]と判示されるなど，おおむ
ね陸揚げ説で固まっていたといえよう。

　そのようななか，Ａがキャリーバッグの底に覚せい剤を隠匿携帯して韓国
釜山空港から航空機に搭乗し，大阪国際空港到着後，旅具検査場において覚
せい剤を発見されたという事案において，覚せい剤輸入罪と無許可輸入罪[13]
の罪数関係が争われたところ，最判昭和58年9月29日刑集37巻7号1110頁
（以下，「昭和58年判決」と略記する）は，罪数判断を行う前提として，保税地
域等に外国から船舶または航空機により覚せい剤を持ち込み，携帯して通関
線を突破しようとした場合，「無許可輸入罪の既遂時期は，覚せい剤を携帯
して通関線を突破した時である」が，覚せい剤輸入罪は，「覚せい剤を船舶
から保税地域に陸揚げし，あるいは税関空港に着陸した航空機から覚せい剤
を取りおろすことによつて既遂に達する」。「けだし，関税法と覚せい剤取締
法とでは，外国からわが国に持ち込まれる覚せい剤に対する規制の趣旨・目
的を異にし，覚せい剤取締法は，覚せい剤の濫用による保健衛生上の危害を
防止するため必要な取締を行うことを目的とするものであるところ（同法1
条参照），右危害発生の危険性は，右陸揚げあるいは取りおろしによりすで
に生じており，通関線の内か外かは，同法の取締の趣旨・目的からはとくに
重要な意味をもつものではない」からであると判示し，最高裁として陸揚げ
説を採ることを明確にした[14]。

――――――――――――

　　六條ニ阿片煙ヲ輸入スルトハ……海上ニ在リテハ國外ヨリ渡來セル船舶ヨリ阿片煙ヲ陸
　　揚シテ我帝國領土内ニ運ヒ入ルル所爲ヲ指稱スルモノニシテ阿片煙ヲ積載シタル船舶カ
　　我領海内ニ入ルモ未タ陸揚ヲ爲ササルトキハ……阿片煙ノ輸入アリタルモノト云フヲ得
　　サルコト既ニ久シク本院ノ判例トスルトコロ」と判示していた。
12)　東京高判昭和49年3月27日東高刑時報25巻3号21頁。ほかに，東京高判昭和30年8
　　月30日高刑集8巻8号1011頁（麻薬輸入罪），福岡高那覇支判昭和49年5月13日刑月6
　　巻5号537頁（麻薬輸入罪），東京地判昭和51年7月9日判時847号110頁（大麻輸入罪），
　　東京高判昭和54年5月28日高刑集32巻2号138頁（覚せい剤輸入罪），東京高判昭和54年
　　11月19日刑月11巻11号1367頁（覚せい剤輸入罪），福岡高那覇支判昭和55年7月1日刑月12巻
　　7号511頁（覚せい剤輸入罪），前掲注(8)福岡高那覇支判昭和57年5月21日（大麻輸入
　　罪）など。東京地判昭和50年12月25日高刑集30巻1号145頁（麻薬・大麻・拳銃の密輸
　　入）は通関線突破説を採ったが，陸揚げ説に立つ控訴審（東京高判昭和52年3月2日高
　　刑集30巻1号137頁）により破棄された。
13)　前述，注2参照。

162　第1部　実行の着手

　続いて，Bが大麻を隠匿携帯してサイパン国際空港から航空機に搭乗し，成田空港到着後，旅具検査場において大麻を発見されたという事案につき，最決昭和58年12月21日刑集37巻10号1878頁も大麻輸入罪に関して同様に陸揚げ説を採る旨判示するとともに，「原判決が『大麻取締法の輸入罪は……空路外国から本邦に到着した時点で既遂に達する』旨判示している点」について「首肯し難い」とし，ただ，「大麻を携帯して……航空機から取りおろしていることは明らかであるから」，大麻輸入罪の成立を認めた原判決の結論は相当であると判示し，陸揚げ説の論者間でも争いのあった空路の場合の輸入罪の既遂時期を確認した。

　（3）その後，海上での瀬取り方法による密輸入事案において，検察官は，昭和58年判決の射程がこのケースに及ばず，領海搬入時に既遂に達する旨主張し，争った。

　事案は次のようなものであった。Cらは，覚せい剤輸入を企て，東シナ海の公海上において北朝鮮国籍の船舶から覚せい剤約290キログラムを受けとり，船舶を航行し，①鹿児島県南西の本邦領海内に覚せい剤を搬入し，②鹿児島県沖，宮崎県沖を経由して航行しながら，陸揚げ後の陸上輸送担当者と連絡を取り合い，土佐清水港（不開港）に入港・接岸し，覚せい剤を陸揚げしようとしたが，警察官らの警戒をおそれて離岸し，その後，③航行中海上保安庁の巡視船に追尾され，後日の回収を期し，覚せい剤入りの袋を高知県沖合の海中に沈め逃走した，というものである。

　検察官は，昭和58年判決の判示において重要なのは，覚せい剤濫用による

———————————————

14)　昭和58年判決は，覚せい剤輸入罪と無許可輸入罪との罪数関係について，保税地域等を経由する場合，「両罪はその既遂時期を異にするけれども，外国から船舶又は航空機によつて覚せい剤を右地域に持ち込み，これを携帯して通関線を突破しようとする行為者の一連の動態は，法的評価をはなれ構成要件的観点を捨象した自然的観察のもとにおいては，社会的見解上1個の覚せい剤輸入行為と評価すべきものであり」，両罪は「観念的競合の関係にある」と判示した。実務的な処理は固まったとはいえ，構成要件的行為の同時性を欠く，連続的・発展的な行為を「1個の行為」（刑法54条1項前段）とみてよいのかどうかは，理論的になお検討の余地があろう。参照，伊藤榮樹ほか編『特別刑法と犯罪の個数』『注釈特別刑法第1巻』570頁以下〔山火正則〕（立花書房，1985年），坂本武志「輸入罪の罪数」判時901号13頁（1978年），堀内捷三「判例批評」法学教室42号105頁（1984年），虫明満「密輸入罪と罪数」『海上犯罪の理論と実務——大國仁先生退官記念論集』131頁以下（中央法規出版，1993年）。

第5章　規制薬物輸入罪の既遂時期・未遂時期　163

保健衛生上の危害発生の危険性が生じる時点で輸入罪が既遂に達するという点であり，その危険性が生じる時点，つまり，既遂時点は輸入形態により異なり，瀬取り形態においては，いつでも，どこの港へでも容易に覚せい剤を運ぶことが可能になるのだから，①の事実につき，覚せい剤の領海内搬入時点で保健衛生上の危害発生の危険性が顕在化・現実化し，その時点で輸入罪は既遂に達する等と主張した[15]。

　しかし，第1審判決[16]は，その主張を退け，「船舶による輸入の場合，……一義的に本邦領土内への陸揚げによって既遂に達する」と判示し，覚せい剤輸入予備罪の成立を認め[17][18]，控訴審判決[19]も第1審判決を支持した。

　検察官は上告したが，最決平成13年11月14日刑集55巻6号763頁（以下，「平成13年決定」と略記する）も次のように判示し，その主張を退けた。すなわち，「覚せい剤を船舶によって領海外から搬入する場合には，船舶から領土に陸揚げすることによって，覚せい剤の濫用による保健衛生上の危害発生の危険性が著しく高まるものということができるから」，「覚せい剤輸入罪は，領土への陸揚げの時点で既遂に達すると解するのが相当であ」る。「所論の指摘する近年における船舶を利用した覚せい剤の密輸入事犯の頻発や，小型船舶の普及と高速化に伴うその行動範囲の拡大，GPS（衛星航法装置）等の機器の性能の向上と普及，薬物に対する国際的取組みの必要性等の事情を考慮に入れても」，Cらが「覚せい剤を領海内に搬入した時点で前記覚せい剤輸入罪の既遂を肯定すべきものとは認められない」。

---

15)　検察官の主張につき，勝亦藤彦・平成13年度重判169頁以下（2002年），田中利幸「判例批評」判例評論513号54頁以下（2001年）も参照。

16)　東京地判平成12年2月29日刑集55巻6号799頁。

17)　②の事実につき禁制品輸入未遂罪，③の事実につき覚せい剤営利目的所持罪の成立を認め，Cを懲役18年および罰金600万円に処し，付加刑として，押収した覚せい剤，瀬取りに使った漁船1隻を没収し，海中投棄により溶解流失し没収できなくなった覚せい剤分につき約14億647万円を追徴した。控訴審・上告審もこの量刑を維持している。

18)　第1審判決の判示によれば，「検察官は，裁判所が右土佐清水港までの事実を予備的訴因（覚せい剤輸入未遂罪）として追加するよう繰り返し強く勧告したにもかかわらず」，領海内搬入時点での輸入既遂罪成立に固執し，予備的訴因の追加勧告に従わず，「領海内に搬入した時点までの事実を記載した本件公訴事実の範囲内での処罰を求める趣旨」であると釈明した（刑集55巻6号814頁以下）。

19)　東京高判平成12年12月20日高刑集53巻2号109頁。

164　第1部　実行の着手

　昭和58年判決，この平成13年決定により，規制薬物の輸入罪の既遂時期（「輸入した」）は，保税地域等を経由する場合か否かを問わず，海路・空路を問わず，実務上，陸揚げ（空路の場合は取りおろし）説で決着をみた[20]。

　覚せい剤など規制薬物濫用による保健衛生上の危害発生の危険性（の明確化・顕在化）の程度は，輸入形態，輸送手段，天候，取締り体制等々に応じてかなりの幅で可変的であり，実質的にみるならば，輸入罪の既遂時期の多元化，したがって，その不明確化へと至らざるをえない[21]ところ，最高裁は個別的な判断を避け，「類型的な」流通・濫用等の危険を問題にする立場を支持したといえよう。他の規制薬物の「輸入」の解釈や，さらには，銃器等その他の輸入罪の解釈にも及びうる判断であることから，解釈の明確性・法的安定性を重視したその判断は首肯しえよう[22]。

## 第3節　輸入罪の実行の着手時期に関する近時の見解

　（1）規制薬物の輸入罪における「輸入」の意義（既遂時期）が，実務上，陸揚げ説で固まった後，「実行の着手」の解釈により，処罰時期を早めようとする見解が主張されることとなる。その背景には，瀬取り船等の小型船舶による「密輸入事犯が増え，陸揚後の検挙が困難になっている実情は放置しておくことはできない」。「輸入既遂という解釈は採れないまでも……輸入未遂の成立の余地を検討すべきである」[23]といった問題意識がある。

---

20)　近時領海説を支持するのは，佐々木史朗・渡邊卓也「判例批評」判タ1045号63頁（2001年），中野目善則「覚せい剤密輸入罪の処罰と同罪の性質の関係」法学新報112巻1・2号528頁以下（2005年）。限定的に支持するのは，小林憲太郎「判例批評」ジュリスト1262号166頁以下（2004年）。なお，山中敬一『刑法各論（第3版）』573頁（成文堂，2015年）。

21)　この点を問題視するのは，平成13年決定の第1審判決（刑集55巻6号811頁以下，控訴審判決（高刑集53巻2号129頁以下）。

22)　輸出罪における「輸出」が，外国に仕向けられた船舶・航空機その他輸送機関に物を積載することを意味し，領海（空）外への搬出を要しないとの解釈が固まっていることから，輸出・輸入を対比すれば，陸揚げ説の方がバランスがとれるように思われる。参照，平野ほか編・前掲注(2)116頁〔香城〕。なお，朝山芳史・最判解（平成13年度）220頁以下（2004年）。

23)　北川佳世子「小型船舶を利用した密輸入事犯について」佐々木史朗先生喜寿祝賀『刑事法の理論と実践』506頁（第一法規出版，2002年）。大塚裕史「薬物・銃器輸入罪の成

第5章　規制薬物輸入罪の既遂時期・未遂時期　165

　このような見解として，「輸入」をわが国に薬物を搬入する「一連の継続的行為」と把握し，いわば「実行行為の拡張」により未遂犯の成立時期を早めようとする見解がある。すなわち，陸揚げを既遂時期とみたうえで[24]，「輸入とは『物が外国から積み出されて本邦の領域内に入り最終的に国内に引き取られるまでの継続的行為』」をいうのであり，「各種薬物規制法……であえて輸入の定義規定を設けなかったのは，輸入という一連の継続的行為の中の限定された一部分のみを取り出すのではなく，むしろ全体を構成要件的行為の内容と理解」するのがよいと考えたからであると主張する[25]。そして，未遂犯の成立時点について，「危険物の国内への運搬によって流通・拡散の危険がある程度認められる時点に実行の着手時期を求める」[26]べきであるとし，具体的には，平成13年決定のような瀬取り事案では，「覚せい剤が本邦領海内に入った時点で……覚せい剤輸入未遂罪が成立する」とする一方で，「領海線を突破して覚せい剤を国内に搬入しただけでは未遂罪は成立しない」場合も認める[27]。

　確かに，「一連の継続的な行為」を「輸入」という構成要件的行為として理解するのは，当該構成要件の解釈としてありうるものである。しかし，その「構成要件的行為」と刑法43条の規定する「実行の着手」の関係が問題となろう。すなわち，論者のいう「構成要件的行為」（実行行為）の開始時，つまり，外国からの薬物の積み出し時，または領海搬入時に，つねに「実行の着手」（＝未遂の開始）を認めるわけではないとすると，その構成では「構成要件的行為を行っているにもかかわらずなお予備行為である」という場合，または，「実行の着手後の予備罪」を認めるということになり，実行の

---

立時期」『三原憲三先生古稀祝賀論文集』558頁（成文堂，2002年）は，船舶を利用した覚せい剤の密輸入事犯の頻発等を考慮すると，「伝統的な解釈枠組みに固執し，陸揚げ直前にならない限り……予備罪しか成立せず，あとは覚せい剤所持罪等で対処すればこと足りるとする判例の姿勢にはやはり問題がある」と批判する。

24)　大塚裕史・前掲注(23)557頁。なお，大塚裕史・前掲注(23)566頁以下注21の記述など必ずしも明確ではないところもある。

25)　大塚裕史・前掲注(23)560頁。

26)　大塚裕史・前掲注(23)561頁。

27)　大塚裕史・前掲注(23)562頁。「領海内に搬入されただけでは処罰に値するほどの危険性は認められないのが原則である」（大塚裕史・前掲注(23)563頁）とも論ずる。

166　第1部　実行の着手

着手論において一般に前提とされてきたこととの整合性が問われ，少なくとも説明が求められよう[28]。結合犯（多行為犯）など構成要件的行為として複数の行為が規定されており，先行する構成要件的行為に取りかかった段階では（全）構成要件の実現（＝既遂）がなお切迫しているとは認められないような場合に，限定的に解釈する（たとえば，当該結合犯を直接既遂に至らせることになる後行の構成要件的行為への着手時点を問題とする等）というのはひとつの考え方であるが，結合犯のような犯罪類型でない場合に，また，処罰時点を早める目的で構成要件的行為を拡張して理解するという解釈には疑問が残らざるをえない。他方で，論者が問題にする流通・拡散の危険が「ある程度認められる」時点の線引きも問題となろう。

　（2）輸入罪の「実行行為」に焦点をあてるのではなく[29]，実行の「着手」に関して，既遂（陸揚げ）の現実的危険性の生ずる時点を問い，その現実的危険性の発生時を，領海搬入時，または，さらに前の時点に認めようとする見解もある。次のように主張する。輸入未遂の成立時期は，領海線突破時，接岸時，または陸揚行為の開始時といった形式的観点・単一的視点から決まるものではなく，「実質的観点ないし複合的視点から，いつ陸揚げの現実的危険性が発生したかを判断すべき」であり，「①時間的場所的近接性ないし切迫性」，「②陸揚げに向けての態勢の確立度（陸上担当者との連絡，陸揚地の決定，積荷状況等），③税関や取締機関の監視を回避することによって陸

---

28)　岡山地判昭和57年5月10日刑月14巻5・6号369頁は，覚せい剤取締法の「輸入」は，「本邦内に搬入するための一連の行為を全体として捉え」，「遅くとも本邦の港を目指して……本邦領海内に達した段階では実行の着手がある」とする。曽根威彦『刑法原論』476頁以下（成文堂，2016年）は，「実行行為開始後に具体的危険が発生した段階で実行の着手を認めるとすると，実行行為を実行の着手以後の行為と解する従来の用語例から大きく逸脱することになり，実行の着手が予備行為と実行行為とを分かつ機能を果たしえなくなる」と指摘している。これに対して，高橋則夫『刑法総論（第3版）』109頁（成文堂，2016年）。

29)　もっとも，論者は，「私見によると，輸入の実行行為は国外から国内へ有害・危険物を搬入して流通拡散させる一般的危険性のある一連の行為であれば足りる」（北川・前掲注(23)『佐々木喜寿』513頁。また，北川・前掲注(9)『西原古稀』420頁）と論じており，前述第3節（1）の見解と同様の問題を生じよう。実際，論者自身，「実行行為を開始した後に未遂犯の成立時期としての実行の着手が認められる場合を認めることになり，実行行為の着手という観念と相容れないとの批判もある」（北川・前掲注(9)『西原古稀』420頁）としている。

第 5 章　規制薬物輸入罪の既遂時期・未遂時期　167

揚げや自由流通を阻止する要因が取り除かれたこと等」を「総合的に勘案して輸入未遂の成立を判断すべきである」[30]。そして，平成13年決定の事案，つまり，公海上で覚せい剤受領後，不開港を目指し，通常の日本の沿岸航行船舶を装い，陸上担当者との連絡を取り合い，陸揚候補地を選定しながら日本近海を航行する事案では，「領海の内外を問わず，すでに既遂に至る現実的危険性が認められ，輸入未遂を認めるべきである」[31]と論ずる。

　（3）さらに，実行の着手に関する密接行為説に立って，「密輸入のみを目的とし，犯行遂行のために有用かつ不可欠な高度の通信機器を備えた小型船舶を用いて，公海上で輸入禁止物を瀬取りし，一路，陸揚げする場所に向けて航行するのは，陸揚げに密着した行為が行われ，陸揚げの現実的危険性のある状態が生じたとして，領海に入った時点で，実行の着手」が認められる[32]との見解も主張されている。

　これらの主張が，その構成や結論において，特殊，薬物密輸事犯の処理としてではなく，実行の着手の一般的な議論に照らして妥当なものかどうかが問題になろう。次節において，規制薬物の輸入罪の実行の着手時期について，判例を検討し，考えてみたい。

## 第4節　輸入罪の実行の着手時期1——海路の場合

　（1）判例は，規制薬物の輸入罪の既遂時期を前述のように陸揚げ時と

---

30)　北川・前掲注(7)刑法雑誌43巻1号181頁以下。

31)　北川・前掲注(7)刑法雑誌43巻1号182頁以下。また，同・前掲注(23)『佐々木喜寿』513頁以下。北川・前掲注(9)『西原古稀』421頁は，その他の輸入形態も含めて結論を示しているが，通関線突破説を前提とする点は別としても，未遂に関して，税関の突破・回避と陸揚げとの関係を択一的に問題とする根拠や，本文引用の論述との関係が問題となろう。

32)　土本武司「判例批評」判例評論518号51頁（2002年）。支持するものとして，山本高子「判例批評」法学新報116巻1・2号409頁（2009年）。より一般的に領海（空）搬入時に未遂成立を認めるのは，本江威憙「判例批評」捜査研究33巻8号42頁（1984年），松田昇「覚せい剤取締法における輸入の意義（その2・完）」研修413号46頁（1982年）。国外での荷物積載・運送委託で着手を認めるのは，大塚仁ほか編『大コンメンタール刑法（第3版）第7巻』393頁〔河村博〕（青林書院，2014年），平野龍一ほか編『麻薬及び向精神薬取締法』『注解特別刑法第5－I巻（第2版）』62頁〔千葉裕〕（青林書院，1992年）。

168　第1部　実行の着手

し，その実行の着手を陸揚げ行為ないしそれに密接（着）する行為を開始したときに認め[33]，近時では，現実的危険性という観点も併せ考慮してその判断をしてきている[34]。それは，実行の着手の一般論に関する判例の動向と軌を一にしているということができよう[35]。

　具体的には，(1)保税地域等を経由した密輸入の場合（以下，「第1類型」という），規制薬物を陸揚げするために岸壁に接岸し，船舶内から運び出し始め，または，陸揚げの態勢を整え，薬物を引き渡す者と連絡を取り，陸揚げの機をうかがうような場合に実行の着手を認めてきたといえよう[36]。(2)保税地域等を経由しない場合，つまり，不開港または一般海岸にひそかに接岸し陸揚げする形態の密輸入の場合（以下，「第2類型」という），税関通過という障害がないことから，第1類型よりもやや早い段階で着手時点が考えられてきたといえよう[37]。

　学説において，第1類型の場合，たとえば，船舶の乗員等が覚せい剤を隠匿携帯して上陸する場合，「覚せい剤を陸揚げするために船舶内から運び出

---

33)　大阪地判昭和58年10月28日判時1104号157頁，大阪高判昭和58年12月7日刑月15巻11・12号1184頁，大阪高判昭和59年11月9日判タ555号349頁，松江地判平成12年3月30日公刊物未登載（参照，門田成人「判例批評」法学セミナー546号116頁［2000年］，森脇尚史「判例批評」捜査研究54巻8号38頁以下［2005年］）など。

34)　前掲注(16)東京地判平成12年2月29日。後述第4節（2）注42引用の東京地判平成19年3月13日など。

35)　鹿野伸二・最判解（平成20年度）124頁（2012年）は，「判例の基本的立場は，刑法43条の文言から，『構成要件該当行為ないしこれに密接する行為に着手する』という形式的客観説の観点を残しつつ，具体的判断については，その行為の客観的危険性によって着手の有無を決める実質的客観説によっており，その危険性判断の中に，犯人における計画性を要素として取り入れる立場とみてよい」とする。また，川端博ほか編『裁判例コンメンタール刑法（第1巻）』407頁〔伊東研祐〕（立花書房，2006年）。

36)　前掲注(33)大阪地判昭和58年10月28日，前掲注(33)大阪高判昭和58年12月7日。判例集未登載の判決につき，参照，飛田ほか・前掲注(8)57頁以下，また，70頁。嘉門優「判例批評」国学院法学46巻4号197頁（2009年），日山恵美「判例批評」刑事法ジャーナル12号108頁（2008年）も参照。

37)　保税地域等を経由しない場合の関税法の無許可輸入罪等の既遂時期は陸揚げ時であり，覚せい剤輸入罪等と既遂時期を同じくするところ，贓物故買罪と旧関税法76条の無免許輸入罪の罪数関係が問題となった事案において，最判昭和31年3月20日刑集10巻3号374頁は，「無免許輸入罪は，海上では陸揚行為の着手のときに，その実行の着手がはじまるものと解すべきであるから，本件の場合，……伝馬を岸壁に向つて漕ぎ進めたときに実行に着手したもので」あると判示している。

第5章　規制薬物輸入罪の既遂時期・未遂時期　169

しのための行為を開始した時点から，領土上への搬入の行為が始ま」り，未遂罪が成立する。それ以前の段階，「例えば，外国からわが国に仕向けられた船舶内へ覚せい剤を積込むこと」，「船舶をわが国の港に入港させること，覚せい剤を陸揚げするため岸壁に接岸させることなどは」，「輸入の予備罪をもって問擬すべきである」[38]といった理解が有力であったといえよう。

　第2類型の場合，「密輸入船を仕立てて密かに本邦領土内に搬入する場合」，第1類型「より以前，密輸入船で接岸を図る行為に出たときに実行の着手を認めることができる」[39]というように説明されてきた[40]。

　（2）第2類型に関して，最判平成20年3月4日刑集62巻3号123頁（以下，「平成20年判決」と略記する）が，近時，重要な判断を下した。事案は次のようなものであった。すなわち，Dらが海上での瀬取りの方法で覚せい剤の輸入を企て，北朝鮮を出航した密輸船が島根県沖に到達したが，荒天で風波が激しかったことから，日本側の回収担当者Eと密輸船側の関係者との間で連絡を取り，覚せい剤の投下地点を，当初予定の日本海海上よりも陸地に近い内海の美保湾内海上に変更し，1個約30キログラムの覚せい剤の包み8個をロープでつなぎ，目印のブイ・重しを付けるなどして海上に投下した。Eは投下地点等の連絡を受けたものの，悪天候のため回収船を出港させることができず，数時間後いったんは出港したが，投下地点までたどり着けず引き返した。投下された覚せい剤は，その後，海岸に漂着し，警察に押収されたというものである[41]。

---

38)　平野ほか編・前掲注(2)121頁〔香城〕。また，飛田ほか・前掲注(8)57頁，平野龍一ほか編「大麻取締法」『注解特別刑法第5－Ⅱ巻（第2版）』106頁〔植村立郎〕（青林書院，1992年），古田佑紀・齊藤勲編「覚せい剤取締法」『大コンメンタールⅡ薬物5法』180頁〔新庄一郎〕（青林書院，1996年），虫明・前掲注(14)130頁。

39)　平野ほか編・前掲注(2)121頁〔香城〕。

40)　伊藤ほか編・前掲注(2)211頁〔宮崎〕（陸揚げ説からは，「わが海港に到着したというだけでは……陸揚げに密接した行為が行われたというには不十分」であるが，「密輸船を使い，正規の開港でない海浜にひそかに乗りつけて陸揚げを図るような場合には，接岸の段階では優に実行の着手を肯認できるし，事案によってはそれ以前の段階でもこれを認め得る場合がある」）。やや厳格に，野村・前掲注(9)57頁（「実行の着手に関する折衷説からすれば」，「保税地域を経由することなく輸入する場合は陸揚げする場所に接岸しただけで容易に陸揚げ可能な場合には接岸した時点が，接岸しただけでは容易に陸揚げできずさらに陸揚げの準備行為が必要な場合はその準備行為を始めた時点と考えるべきである」）など。これに対して，注32参照。

170　第1部　実行の着手

　第1審判決[42]は，禁制品輸入罪と覚せい剤輸入罪の実行の着手時期は，「物品が本邦領土内に陸揚げされる現実的な危険を生じさせたとき，すなわち，本邦領土内へ陸揚げする行為を開始したとき又はそれに密接する行為を行い陸揚げの現実的危険性のある状態が生じたときである」と判示したうえで，瀬取り船で覚せい剤投下ポイントに向かい，その回収を図ろうとした段階にいたっては，「陸揚げに密接した行為が行われ」，「覚せい剤が本邦領土内に陸揚げされる現実的な危険性が生じている」として各未遂罪を認めた[43]。これに対して，控訴審判決[44]は，第1審判決の実行の着手の一般論自体は相当であるとしたが，「瀬取り船に乗り込んだ行為者が覚せい剤……をその実力的支配の下に置き，陸揚げするために瀬取り船で陸地への接岸を図る行為あるいはこれと同視できる行為に及ぶなど，社会通念に照らして，覚せい剤……の陸揚げに至ることが確実視される状況に立ち至ったときに」，陸揚げの現実的な危険を生じさせたとし，この事案では，荒天のため瀬取り船が覚せい剤投下地点に到達できず，投下物自体の確認すらできなかったのであるから，「陸揚げに至ることが確実視される状況」に至っていないとして，各未遂罪の成立を否定した。最高裁も，「本件においては，回収担当者が覚せい剤をその実力的支配の下に置いていないばかりか，その可能性にも乏しく，覚せい剤が陸揚げされる客観的な危険性が発生したとはいえないから，本件各輸入罪の実行の着手があったものとは解されない」と判示した。

　平成20年判決は事例判断を示したものにすぎないが，それでもいくつかのことがいえるように思われる。すなわち，「覚せい剤が陸揚げされる客観的な危険性」を問題としていることから，（ア）実行の着手の判断が関係づけられるべき既遂時期について，陸揚げ説を前提としている。（イ）その「客観的な危険性」は，陸揚げのために予定された，覚せい剤回収後の一連の行

---

41)　Dらはこれ以前に同様の方法で覚せい剤輸入に2回成功している。

42)　東京地判平成19年3月13日刑集62巻3号142頁。

43)　共犯者に関する裁判では未遂罪の成立が否定されている。参照，田辺泰弘「判例批評」研修708号33頁以下（2007年）。また，二本栁誠「判例批評」清和法学研究17巻1号117頁注2（2010年），東京地判平成20年5月14日判時2012号151頁，控訴審である東京高判平成24年12月14日東高刑時報63巻283頁も参照。

44)　東京高判平成19年8月8日刑集62巻3号160頁。

第5章　規制薬物輸入罪の既遂時期・未遂時期　171

為の遂行方法に左右されるから，その判断は，行為者の意思・計画を考慮にいれた判断となろう[45]。（ウ）瀬取り形式での密輸事案において実行の着手が認められるために，最高裁が「回収担当者が覚せい剤をその実力的支配の下に置く」必要があると解したとみるべき[46]かどうかは見方がわかれているが，平成20年判決は，「陸地への接岸を図る行為あるいはこれと同視できる行為」を着手肯定例として示す控訴審判決の「陸揚げに至ることが確実視される状況」よりも柔軟性のある表現をしていることから，陸揚げされる客観的な危険性という観点により，接岸前の時点での着手肯定を示唆している[47]とみることができ，したがって，密輸船が規制薬物を陸揚げすべく，その後に障害が特段予想されない状況で，いよいよ接岸に向けた行為の最終局面に入ったとき，実行の着手を認めるものとみることができよう[48]。その反面，領海通過時点で未遂犯成立を認める立場（前述，第3節）は採らないと考えられる[49]。

---

45)　最決昭和45年7月28日刑集24巻7号585頁は，Ｆらが被害者を「ダンプカーの運転席に引きずり込もうとした段階においてすでに強姦に至る客観的な危険性」が認められ，強姦行為の着手があったと判示したが，これは，その後の姦淫行為までのＦらの意思・計画を考慮するがゆえに，その時点で「客観的危険性」があるとしたものである（大久保太郎・最判解（昭和45年度）255頁〔1971年〕も参照）。近時，最判平成26年11月7日刑集68巻9号963頁は，うなぎの稚魚を輸出しようとした関税法の無許可輸出未遂の事案において，荷物を「航空機に積載させる意図の下」チェックインカウンターエリア内に持ち込み，「不正に入手した検査済みシールを貼付した時点では，既に航空機に積載するに至る客観的な危険性」が認められ，実行の着手があったと判示した。これも行為者の意思・計画を考慮に入れて，「客観的危険性」，その中身は，その後の行為経過の無障害性を判断したものと考えられる。

46)　嘉門・前掲注(36)201頁以下，日山・前掲注(36)110頁。事情によりその「可能性」でも足りる趣旨であると理解するのは，大久保仁視「判例批評」警察公論63巻6号114頁（2008年），佐藤拓磨「判例批評」判例セレクト2008・32頁（有斐閣，2009年），高橋則夫・松原芳博編『判例特別刑法』259頁〔二本栁誠〕（日本評論社，2012年）。実行の着手の判断基準を示すものではないとするのは，松尾誠紀「判例批評」論究ジュリスト6号176頁（2013年）。

47)　鹿野・前掲注(35)133頁，137頁。

48)　関根徹「判例批評」『速報判例解説』3号174頁（日本評論社，2008年），西田典之『刑法総論（第2版）』305頁（弘文堂，2010年），日山・前掲注(36)110頁，松澤伸・平成20年度重判181頁（2009年）も参照。

49)　鹿野・前掲注(35)139頁は，最高裁の覚せい剤輸入罪・禁制品輸入罪の各既遂時期に関する判断をみると，既遂時期の判断であるものの，「その判文ないし解説において，実行行為をかなり限定的（既遂直前）にとらえている傾向がみてとれ」，平成20年判決の事案で「覚せい剤の投下で実行の着手を認めること」は「従前の判例の流れと整合し

172　第1部　実行の着手

（イ）（ウ）のように理解される判例の立場は，行為計画を考慮に入れ，行
為経過の無障害性等の観点から，直接的に既遂をもたらす行為の前段階に位
置する行為に実行の着手を認めるクロロホルム事件最高裁決定[50]などの近時
の実行の着手に関する判例とも整合的であり，妥当なものといえよう。

## 第5節　輸入罪の実行の着手時期2——空路の場合

　空路での，保税地域等経由の[51]密輸入事案における実行の着手時期[52]に関
する判例として，最決平成11年9月28日刑集53巻7号621頁が注目される。
Ｇがスーツケース内に大麻を隠匿して航空機に搭乗し，成田空港に到着し，
上陸審査を受けたが，出入国管理及び難民認定法の条件不適合のため，ただ
ちに本邦からの退去を命じられ，出国前の税関検査を求められたところ，旅
具検査場においてスーツケース内から大麻が発見されたという事案におい
て，通関線を突破する意思（故意）の放棄後では実行行為（その着手）が認
められないことから，実行の着手時期が争われた。最高裁は，国外退去を命
じられ，退去のため即日航空機に搭乗することとした時点において，Ｇは
「大麻を通関線を突破して本邦に輸入しようとする意思を放棄した」けれど
も，「それまでに……黒色スーツケースは空港作業員により旅具検査場内に
搬入させ，……紺色スーツケースはＧが自ら携帯して上陸審査場に赴いて上

---

ない」と指摘する。たとえば，朝山・前掲注(22)231頁は，前述第3節で示した未遂犯
の成立時期を早める見解は「陸揚説との整合性に問題を残すことから」，平成13年決定
は，かかる見解とは「異なる立場に立つものとみるのが素直な理解であろう」とする。

50)　最決平成16年3月22日刑集58巻3号187頁。参照，原口伸夫「実行の着手時期と早す
ぎた構成要件の実現」法学新報113巻3・4号608頁以下（2007年）＝本書第3章（96頁
以下）。

51)　空路での，保税地域等以外経由の密輸入事案として，那覇地判昭和57年10月12日刑
月14巻10号755頁。

52)　裁判では，主に，空港到着後荷物取りおろし（この時点で規制薬物輸入罪は既遂）
後に薬物が発見された場合が争われており，関税法違反の予備・未遂が問題となってき
た。学説では，規制薬物の輸入罪の場合，とくに貨物便・荷物の機内預けの場合に——
間接正犯の利用者標準説的観点から——荷物積載時に着手を認める見解も有力である。
参照，伊藤ほか編・前掲注(2)208頁以下〔宮崎〕，飛田ほか・前掲注(8)58頁，古田・前
掲注(10)18頁。また，東京高判平成13年10月16日東高刑時報52巻77頁。これに対して，
金築・前掲注(4)318頁。

第 5 章　規制薬物輸入罪の既遂時期・未遂時期　173

陸審査を受けるまでに至っていたのであるから，この時点においては」「禁制品輸入罪の実行の着手が既にあった」と判示し，退去命令・輸入意思放棄前の上陸審査を受けた時点で実行の着手を肯定した[53]。

　学説において，この結論を支持する見解もある[54]一方で，着手肯定のためには「上陸検査を通って旅具検査場に入り，機内預託手荷物の場合はそれを受け取り，または携帯手荷物の場合はそれを携帯して，旅具検査台の方に向かう行為が必要である」[55]とし，「上陸検査を受けた段階で既に実行の着手を肯定したのは疑問である」[56]旨の批判的な見解も多い。ただ，いずれの見解でも，海路での瀬取り事案における議論と比較すれば，空港到着後通関線突破前という時間的場所的に限定的な範囲内で段階づけが争われているといえる。判例の立場も，直接的に既遂に至らしめる行為との密接性（時間的場所的近接性）の観点から，既遂に至る最終局面を問題とするものとしてなお是認できるように思われる。

## ま と め

　本章では，昭和の終りころ以降の規制薬物の輸入罪に関する判例・学説の動向をみてきた。最後に，それを，現在の判例の立場を中心にまとめておくこととする。

　(一)「輸入」の意義は各法規の構成要件の解釈の問題であるから，各規制

---

53)　コカインを隠匿したスーツケースを機内預託手荷物として運送委託して航空機に搭乗し，成田空港に到着したが偽造旅券であることが発覚した事案において，東京高判平成9年1月29日高刑集50巻1号1頁は，「税関検査を受ける意思のある犯人が，到着国の情を知らない空港作業員をして，貨物を駐機場の機内から機外に取り降ろさせ，空港内の旅具検査場内に搬入させた時点をもって実行の着手があったと解すべきであり，犯人が搬入された貨物を現実に受け取ったことや，更に進んで犯人がその貨物を持って検査台に進むなどの行為に出たことまでは必要としない」と判示している。

54)　小川新二「判例批評」研修626号26頁（2000年）。前掲注(53)の東京高裁平成9年判決に関して，本田守弘「判例批評」警察学論集50巻4号207頁（1997年）。

55)　野村稔・平成11年度重判149頁（2000年）。

56)　野村・前掲注(55)重判149頁。また，佐々木・渡邊・前掲注(20)63頁，塩見淳「判例批評」現代刑事法21号60頁（2001年），島田聡一郎「判例批評」ジュリスト1189号119頁（2000年）。

の趣旨・目的等を考慮し，構成要件ごとの異なる解釈も考えられえたが，それまでの下級審判例の動向も踏まえ，昭和58年判決，平成13年決定，平成20年判決の累次の最高裁の判断により，規制薬物の輸入罪の既遂時期は，保税地域等を経由する場合か否かを問わず，海路か，空路かを問わず，陸揚げ説で固まった[57]。薬物事犯の取締り，とりわけ水際対策の重要性は繰り返すまでもない[58]が，陸揚げ説からも，陸揚げ前に所持罪，輸入予備罪は成立しうるのであり，これらに基づく取締りが可能であることから，「取締りの必要性」は「輸入」時点確定の決定打とはならないといえよう[59]。

　（二）一方，実行の着手（刑法43条）の解釈は，特殊薬物事犯だけにかかわる問題ではない。未遂判断の基準となるべき既遂時点[60]が定まれば，それに実行の着手「総論」の基準が適用されるべきことになる。輸入罪の実行の着手に関する判例は，現実的（客観的）危険性という観点も考慮しながら，直接的に既遂に至らしめる行為（陸揚げ）との密接性という観点から着手時点を判断しているといえ，具体的には，（ア）保税地域等を経由する場合，（ア－１）空路の（通関線突破により既遂となる関税法違反の）場合，機内預託手荷物であれば，空港作業員をして旅具検査場に搬入させ，携帯手荷物であれば，携帯して上陸審査を受けた時点で実行の着手を認め，（ア－２）海路

57)　銃砲刀剣類所持等取締法のけん銃輸入罪にも最高裁判例の射程が及ぶのかは検討を要するが，別異に解する特段の事情がない限り同様に解すべきであるとするのは，福岡高那覇支判平成14年11月5日高検速報（平成14年）179頁，福岡高判平成14年11月19日研修656号15頁。また，金築・前掲注(4)325頁参照。なお，刑法上の偽造通貨輸入罪（148条2項），偽造有価証券輸入罪（163条1項），不正電磁的記録カード輸入罪（163条の2第3項）に関して，いずれも陸揚げ説が有力である。参照，斎藤信治『刑法各論（第4版）』237頁（有斐閣，2014年）。

58)　より広く，国境を超えて行われる犯罪，とりわけ経済的利益の獲得を目的として反復継続的に行われる組織犯罪への対処につき，参照，中野目善則編『国際刑事法』（中央大学出版部，2013年）。また，松澤伸「覚せい剤輸入罪の既遂時期と実行の着手時期」早稲田大学社会安全政策研究所紀要3号223頁以下（2010年）も参照。

59)　平成13年決定の第1審判決（刑集55巻6号809頁）・控訴審判決（高刑集53巻2号128頁），朝山・前掲注(22)226頁も参照。もちろん，取締りの必要性とは別に，違法性・責任に相応する刑の重さは問題になりえよう。

60)　「未遂」という概念は，その遂げる対象としての「既遂」に関係づけられた形式的な概念であり，既遂時点が変われば，未遂時点もそれに連動する。「法益侵害」と論理的に定まった関係にはない。未遂で問われるべき「危険」は，既遂（構成要件実現）のそれである。

の場合，規制薬物を陸揚げするために岸壁に接岸し，船舶内から運び出し始め，または，陸揚げの態勢を整え，薬物を引き渡す者と連絡を取り，陸揚げの機をうかがうような場合に実行の着手を認めてきた。（イ）保税地域等を経由しない場合，密輸船が規制薬物を陸揚げすべく，その後の障害が特段予想されない状況で，いよいよ接岸に向けた行為の最終局面に入ったとき，実行の着手が認められるといえよう。

　なお，次の指摘に留意すべきであろう。すなわち，現在，実行の着手に関して実質的客観説が多数説であるといえるところ，その問題点，「すなわち，『既遂結果発生ないしは法益侵害結果の危険性』という実質的基準のみによる判断方法にともなう，実行の着手時期の早期化の問題は，密輸入事案において特に顕在化する。なぜなら，輸入罪は抽象的危険犯（そもそも法益自体が非常に抽象的である）であり，輸入未遂罪はさらにその危険性判断を行うことになるため，侵害犯の場合に比して，必ずしも，危険を明確に示すことが」できないからである[61]との指摘である。したがって，「形式的基準と実質的基準とは，相互補完的関係にある」と考え，「形式的な基準によって限界設定を行うことの意義を無視できない」[62]という見方が，規制薬物輸入罪の関係ではとくに実践的に重要な意味をもってこよう[63]。この点で，規制薬物の輸入罪に関する判例は，密接性という観点から，着手時点の過度の前置化に歯止めをかけてきたと考えられ，そのような動向は，実行の着手論の総論的観点から支持しうるものである。もちろん，密接性や現実的危険性と

---

[61]　嘉門・前掲注(36)200頁。つとに，実行の着手判断における危殆化基準の問題を指摘してきたのは，塩見淳「実行の着手について（3・完）」法学論叢121巻6号15頁（1987年）など。

[62]　山口厚『刑法総論（第3版）』283頁（有斐閣，2016年）。また，浅田和茂『刑法総論（補正版）』371頁（成文堂，2007年），井田良『講義刑法学・総論』398頁（有斐閣，2008年），西田・前掲注(48)305頁，橋爪隆「実行の着手について」法学教室411号120頁以下（2014年），松原芳博『刑法総論』287頁以下（日本評論社，2013年）など。前田雅英『刑法総論講義（第6版）』105頁（東京大学出版会，2015年）は，「一定程度の（具体的）危険性という基準は，理念的・抽象的で，理論的説明にしか過ぎないといえよう。未遂犯の処罰範囲の実務上の具体的基準としては実践的有用性に欠ける。……各構成要件の文言を基礎に，未遂犯として処罰をすべき範囲を具体的に類型化する作業が必要となる」と指摘してきた。

[63]　伊藤渉ほか『アクチュアル刑法総論』256頁〔安田拓人〕（弘文堂，2005年）。

176　第1部　実行の着手

いう基準の精密化は必要であり，時間的場所的な近接性（切迫性）と行為経
過の無障害性（自動性）の関係の明確化も課題となろう。

　今後も，薬物事犯のあるべき対処方法の多面的な検討[64]とともに，特別法
の領域においても，実行の着手論その他の刑事法の総論的基準に照らした判
例や実務の動向の検討を続け[65]，そして，翻って，必要があればかかる基準
自体の再検討も行う必要があろう。

---

64）「薬物濫用が……社会，経済，文化等の諸要因，つまり社会の実相と深く絡みあって
　発生して」おり，「取締りの強化のみによってこれを克服しきれるものではなく」，「総
　合的な施策の実施と連動したものでなければなら」ず，「究局的には国民の健全な規範
　意識に支えられていなければならない」（古川元晴「薬物に係る犯罪」石原一彦ほか編
　『現代刑罰法大系第3巻』298頁［日本評論社，1982年］）との指摘も重要であろう。供
　給の遮断とともに需要の根絶が不可欠である。
65）　近時，規制薬物の運び屋等として覚せい剤（営利目的）輸入罪で起訴された事案に
　おいて故意（知情性）が争われるケースも少なくない。これにつき，参照，安東章「覚
　せい剤輸入罪の故意の認定について」安廣文夫編著『裁判員裁判時代の刑事裁判』399
　頁以下（成文堂，2015年）。

# 第2部　中止未遂

# 第 6 章　中止未遂論の現状と課題

## はじめに

「犯罪の実行に着手してこれを遂げなかった」(43条本文[1]) 場合のうち，「自己の意思により犯罪を中止した」(43条ただし書) 行為が，中止未遂 (中止犯) である。中止未遂に関するわが国の議論は，近年，この分野のモノグラフィーが何冊も公刊されている[2]ことからもうかがわれるように，活発に議論され，議論に新たな動きがみられるように思われる。以下，「中止未遂の処分・効果」(第 1 節)，「中止未遂の認められる根拠」(第 2 節)，「自己の意思により (任意性)」(第 3 節)，「中止した (中止行為)」(第 4 節)，「既遂の中止」(第 5 節)，「予備の中止」(第 6 節)，「共犯と中止未遂」(第 7 節)，「裁判員制度の影響」(第 8 節) の順に検討する。

## 第 1 節　中止未遂の処分・効果

43条ただし書の要件が充たされた場合，当該犯罪の既遂罪 (たとえば，殺人未遂罪の場合，199条) の刑に照らして，その刑が必ず減軽または免除されなければならない (必要的減軽・免除)[3]。

---

1)　法令名の記載のない条文は，「刑法 (明治40年＝1907年法律第45号)」の条文である。
2)　2000年以降に公刊された中止未遂のみを扱ったモノグラフィーを発行年順にあげると，山中敬一『中止未遂の研究』(成文堂，2001年)，町田行男『中止未遂の理論』(現代人文社，2005年)，金澤真理『中止未遂の本質』(成文堂，2006年)，野澤充『中止犯の理論的構造』(成文堂，2012年) があり，これらより以前のものとなると，香川達夫『中止未遂の法的性格』(有斐閣，1963年) まで遡らなければならない。
3)　なお，中止未遂の問題は，理論的に興味深いが，「実務的にはそれほど重要でないように見える。わが国の刑法は，法定刑の幅が極めて広く，しかも，懲役 3 年まで執行猶予をつけることができるので，減軽を行わなくとも適切な量刑ができる場合が多いし，減軽が必要な場合でも，刑法43条本文による減軽を行えば足りるからである。さらに，

180 第2部 中止未遂

中止未遂の認められるＡ罪（たとえば，殺人未遂罪，強盗未遂罪）のなかに，その実行行為により生じたＢ罪の既遂にあたる事実（たとえば，傷害，暴行・脅迫の事実）が含まれていても，それはＡ罪のなかで評価されており，別にＢ罪を構成しない。そこで，たとえＡ罪の刑が中止未遂により免除されたとしても，免除の判決も有罪判決の一種であり（刑事訴訟法333条，334条参照），Ａ罪成立の点で変わらないので，Ａ罪の「刑の免除」によりＢ罪が成立することもない。予備行為を行い，進んで実行に着手した後で自己の意思により犯罪を中止した場合の予備罪についても同様である[4]。このような解釈の背景には，わが国の中止未遂の限定的な効果（必要的減免）を減殺するのは妥当ではないという実質的な考慮もあるように思われる。

## 第2節　中止未遂の認められる根拠

（1）前述のように，中止未遂の場合には刑が必要的に減免される。それに対して，通常の未遂犯（障害未遂）の場合には刑の任意的減軽にとどまる。このように，中止未遂が，障害未遂と比較して，なぜ有利に扱われるか，その根拠が問われてきた。

---

検察官には起訴猶予の権限が認められているので，刑の免除が適当であるような事件が起訴されることは極めて稀だと考えられる。窃盗の中止犯を認めた裁判例を見ないのは，以上のような事情のためであろう」（佐伯仁志『刑法総論の考え方・楽しみ方』368頁［有斐閣，2013年]）との指摘もある。これに対して，「中止未遂は，障害未遂とは異なって，刑の必要的減免事由に該当するものであり，実務上においても，これが成立するとしないとでは，量刑の面において，相当程度違った形で考慮されるケースが多いように見受けられる」（池田修・杉田宗久編『新実例刑法（総論）』291頁［佐伯恒治］［青林書院，2014年]）との見方もある。なお，免除が認められた事例は，和歌山地判昭和35年8月8日下刑集2巻7・8号1109頁（強姦未遂），和歌山地判昭和38年7月22日下刑集5巻7・8号756頁（放火未遂）が知られているくらいである。

4)　それに対して，中止した犯罪と併合罪（45条）の関係にある罪はもちろん，科刑上一罪（観念的競合・牽連犯，54条1項）の関係の別罪についても，中止未遂の効果は及ばない。なお，わが国の罪数論に関しては，第4回日中刑事法シンポジウム報告書のなかの，只木誠「罪数論・競合論」『21世紀日中刑事法の重要課題』73頁以下（成文堂，2014年）を参照。詳しくは，只木誠『罪数論の研究（補訂版）』（成文堂，2009年）。特殊な立法であるが，明文の規定により未遂と既遂を同じく処罰するものがある。たとえば，盗犯等ノ防止及処分ニ関スル法律2条の常習特殊強窃盗罪などである。この場合，43条は適用されないと解されている。

第6章　中止未遂論の現状と課題　181

　従来，とりわけ1950年代以降の根拠論において，自己の意思により事態を未遂にとどめたことにより，主観的違法要素の消滅もしくは危険状態を消滅させた点に違法性の減少・消滅を認め（違法性減少説），または，規範的意識の具体化，行為者の積極的な人格態度等の点に責任の減少・消滅を認める（責任減少説）というように違法性・責任に関連づけて説明する「法律説」と，実行の着手まで事態を進展させた犯罪者に立法者が引き返すための橋を架けたものだという意味での刑事政策説（黄金の橋の理論，奨励説）とを対置するかたちで議論の整理がなされてきた。もっとも，中止未遂の法効果が寛大なものとはいえ，必要的減軽・免除にとどまることから，いずれか1つの観点のみで説明するのは難しいと考えられ，複数の観点を併用して説明する見解が多数であった（違法性減少・責任減少説，違法性減少と刑事政策説，責任減少と刑事政策説，すべての観点を考慮する総合説など）。

　（2）それに対して，説明の重点を「刑事政策」に置く見解は，かつては少数であったが，近時では，ややその支持者を増やしつつあるのが注目される。もちろん，その説明の仕方や重点の置きどころはさまざまである。たとえば，「中止犯は，未遂犯の成立によって危険にさらされた被害法益を，侵害の間際で，その危険を消滅させて侵害から救助することを行為者自身に奨励するために設けられた純然たる政策的規定である」と説明する見解[5]や，刑罰目的からみた一般予防ないし特別予防の必要性が小さくなることを根拠とする刑罰目的説が代表的といえる。後者は，より詳しくは，「任意の中止行為に出た者については，その法益敵対的態度の消滅によって改善・教育の必要性が低下するとともに，一般人の法益尊重意識の低下を防ぐという意味での一般予防の必要性も低下するため，当該未遂行為の要罰性が低下する」[6]等と説明される。さらに，犯罪論のなかに「可罰性」や「可罰的責

---

5)　山口厚『刑法総論（第3版）』294頁（有斐閣，2016年）。また，西田典之ほか編『注釈刑法第1巻』669頁以下〔和田俊憲〕（有斐閣，2010年）。中止未遂制度の意義として黄金の橋の理論の意味での刑事政策を強調するのは，野澤充「中止犯の理論的構造について」刑法雑誌49巻2・3号31頁以下（2010年），松宮孝明『刑法総論講義（第5版）』247頁（成文堂，2017年）。

6)　松原芳博『刑法総論（第2版）』344頁（日本評論社，2017年）。また，城下裕二「中止未遂における必要的減免について──『根拠』と『体系的位置づけ』──」北大法学論集36巻4号224頁（1986年）も参照。主たる理由を社会心理的衝撃性（実体的には特

任」というカテゴリーを設けて，前述のような刑事政策的な考慮を犯罪論体系中に組み入れようとする見解[7]も主張され，議論は多様化の傾向にあるといえる。中止未遂の認められる根拠を論ずる意味，それと中止未遂の体系的位置づけとの関係について，改めて整理し直す必要も生じてきているように思われる。今後の課題といえよう。

## 第3節　「自己の意思により」（任意性）

（1）43条ただし書の要件は，「自己の意思により」という任意性の要件と，「中止した」という中止行為の要件に分けられる。

「自己の意思により」という要件に関しては，大きく分ければ，主観説，客観説，限定主観説が対立してきている。主観説は，外部的障害が行為者の認識を通じて内部的動機に強制的な影響を与えたのか否かを問題とし，とりわけ「やろうと思えばできたがやらなかった」（任意性あり）のか，「やろうと思ってもできなかった」（任意性なし）のかというフランクの公式を用いて任意性を判断する見解であり，客観説は，犯罪を遂げない原因（行為者の認識した事情）が，社会一般の通念に照らして，通常障害と考えられるべき性質のものでないとき，「自己の意思により」といえるとし，限定主観説は，反省，悔悟，憐憫，同情などの広義の後悔（これは「たいへんなことをした」，「かわいそうに」といった感情でもよい）に基づいて中止行為が行われた場合に限定する見解である。

その対立の構図は現行刑法制定以降大きくは変わっていないといえる。限定主観説は，古くから現在まで有力な論者の支持があるものの，「自己の意思により」との現行の規定以上のことを要求することになるとか，つねに広義の後悔を必要とするのは刑の必要的減免事由にすぎない法効果に照らして

---

別予防・一般予防の必要性）の減少に，従たる理由を政策的妥当性に求めるのは，斎藤信治『刑法総論（第6版）』211頁，226頁（有斐閣，2008年）。原口伸夫「刑法43条ただし書における『中止した』の解釈について」刑法雑誌51巻2号72頁（2012年）＝本書第7章202頁以下も参照。

7)　高橋則夫『刑法総論（第3版）』408頁（成文堂，2016年），山中敬一『刑法総論（第3版）』806頁以下（成文堂，2015年）。

第6章　中止未遂論の現状と課題　183

厳格に失するなどと批判され，少数説にとどまっている。一方，客観説は，後述する最高裁判例の影響もあり，以前は通説とも位置づけられたときもあったが，「自己の意思による」かどうかの判断は行為者（の主観・判断）を基準とすべきであり，一般的経験を標準とするのは妥当ではないという批判が向けられてきた。これらの見解に対して，主観説が，現在では，相対的に優位にあるといえよう。しかし，主観説に対しても，（ア）AがBを射殺しようとBに拳銃の狙いをつけたところ，警察官が近づいてきたという状況で，Aは「逮捕を覚悟すればBを射殺できる。」と考えたが，逮捕されたくなかったので発砲することをやめ逃走したという場合，主観説によれば「殺害しようと思えばできたが，やらなかった」場合ではないか。また，（イ）「自己の意思により」といえるために広義の後悔に基づく中止であることを要しないが，広義の後悔に基づいて中止した場合には，主観説の論者であれ，客観説の論者であれ，「自己の意思により」といってよいとするのが一般的であるところ，殺害にとりかかったCが（致命的ではない）傷害を負い痛がるDをみて「かわいそうでこれ以上とてもできない。」と考えて，それ以上の行為を遂行しなかった場合，本人を基準とする主観説によれば，「やろうと思ってもできなかった」というべきではないか[8]。しかし，（ア）で中止未遂を認め，（イ）で中止未遂を認めないとすれば，その結論は疑問であると指摘されてきた。結論の適否も意識して，判断（基準）の客観性を要求し，外部的表象に伴う行為者のうけとり方を客観的に評価する，主観的表象にもとづく動機形成過程を客観的に判断するなどと考えるならば，その「主観説」と客観説との距離は狭まることになろう[9]。

　（2）任意性に関する「判例」の評価は難しい。最判昭和24年7月9日刑集3巻8号1174頁[10]は，強姦未遂事件において，血の付着をみて驚愕したこ

---

8)　そもそも「行為者について判断するのに行為者を『標準』とすることなどできないはずで，現に止めている以上，中止犯は常に否定されてしまう」（葛原力三ほか『テキストブック刑法総論』253頁〔塩見淳〕〔有斐閣，2009年〕。また，林幹人『刑法総論（第2版）』368頁〔東京大学出版会，2008年〕）との批判もある。

9)　なお，井田良『講義刑法学・総論』430頁（有斐閣，2008年），今井猛嘉ほか『刑法総論（第2版）』339頁以下〔橋爪隆〕（有斐閣，2012年），佐伯・前掲注(3)365頁なども参照。

10)　それ以前に，大判昭和12年9月21日刑集16巻1303頁も，保険金詐取目的での放火未

とが本件犯行中止の動機であるが,「その驚愕の原因となつた諸般の事情を考慮するときは,それが被告人の強姦の遂行に障礙となるべき客観性ある事情である」と判示して,中止未遂を認めなかった原判決を是認し,最決昭和32年9月10日刑集11巻9号2202頁は,母親Aを殺害して自らも服毒自殺しようと考えたXが,就寝中のAの頭部をバットで殴打し,自室に戻ったが,その後,Aが自分の名を呼ぶのを聞き,Aの部屋に戻ったところ,頭部から流血し痛苦するAの姿をみて驚愕恐怖し,その後の殺害行為を続行することができなかったという事案において,本件の場合「Xにおいて更に殺害行為を継続するのがむしろ一般の通例であるというわけにはいかない」。すなわち,Xは,Aの流血痛苦の様子をみて驚愕恐怖するとともに当初の意図どおりの殺害の完遂ができないことを知り,殺害行為続行の意力を抑圧せられ,また,右意力の抑圧が「Xの良心の回復又は悔悟の念に出でたものであることは原判決の認定しないところであるのみならず」,外部からの侵入者の犯行であるかのような偽装行為に徴しても首肯しがたい。本件の「事情原因の下にXが犯行完成の意力を抑圧せしめられて本件犯行を中止した場合は,犯罪の完成を妨害するに足る性質の障がいに基くものと認むべき」であり,「自己の意思により犯行を止めたる場合に当らない」と判示した。その後,最高裁の判断はなく,これらが判例変更されていない現時点では,形式的には「判例」は客観説に立っているといいうるようにも思われる。もっとも,その後(1957年以降)約半世紀間,下級審の判断は必ずしも統一的ではなく,その意味で,前述の最高裁の判決・決定が,先例としての拘束力を事実上どれだけもっているかは疑わしいとの見方もあるかもしれない。「現在の判例では,広義の反省などを必要とする,ゆるやかな限定主観説が圧倒的主流を占めているといってよい」[11]という評価も有力である。ただ,中止の動

---

遂事件において,被告人が「放火ノ媒介物ヲ取除キ之ヲ消止メタルハ放火ノ時刻遅ク發火拂曉ニ及フ虞アリシ爲犯罪ノ發覺ヲ恐レタルニ因ルモノ」であり,「犯罪ノ發覺ヲ恐ルルコトハ經驗上一般ニ犯罪ノ遂行ヲ妨クルノ事情タリ得ヘキモノ」であり,障害未遂であると判示している。

11) 西田典之『刑法総論(第2版)』321頁(弘文堂,2010年)。なお,判例が「中止犯を肯定する際に基準として限定主観説から任意性を判断している,というよりは,むしろ『中止犯の成立を認めるべき(と裁判所が判断した)事例において,限定主観説の観点から任意性が認められるであろうような事情を事実認定した上で,中止犯の成立を認め

機として反省・悔悟・憐憫の情等を重視しない旨判示する判決も現れており，任意性に関する「判例」は，揺れ動いているというべきかもしれない。

　最後に言及した判決は次のようなものである。ホテルの一室で被害者Aを姦淫しようとしたXが，強姦の遂行に実質的障害がなかったのに，Aの「警察を呼ぶ」などの言葉を聞き，「咄嗟に正気に戻り，このまま強引に姦淫すれば警察に通報されてしまう，警察に捕まって刑務所に行きたくはないなどと思って（最近までの受刑体験を想起したようでもある。）」犯行を中止したという事案[12]において，東京高判平成19年3月6日高検速報（平成19年）139頁は，「Xが姦淫を止めた主たる動機が，Aへの憐憫の情や真摯な反省から出たものではなく，自らの逮捕，その後の刑務所への服役を覚悟してまで強引に犯行を継続したくないとの点にあったとしても，なお，姦淫についてはXが自らの意思によりこれを中止したと認めるのが相当である」と判示している。

　判例の評価が必ずしも定まらないなかで，近時の次のようの判例の分析も注目される。すなわち，「判例は，①行為者の認識した事情が一般的に犯罪遂行の障礙とならないものか，及び，中止の動機に規範的価値が認められるか，という2つの責任減少要素を考慮し，②これら2要素の値を合算して必要的減免に相応しいといえる一定の基準値に達するとき任意性を肯定し，③その基準値は2要素がそれぞれ単独でも達しうるものとしている」。「客観説と限定主観説の基準の併用ともいうべきこの任意性判断は……責任減少の下に統一的な把握が可能で」あり，「動機を考慮するため客観説の難点を，逆に動機の限定をしないため限定主観説の難点を，いずれも回避できる」[13]との分析である。

　（3）任意性に関する最高裁の新たな，法令解釈を統一する判断が待たれるとともに，任意性に関する「判例」の評価・位置づけ（適切な分析）が今

───────────

　ている』」（野澤充「中止行為の任意性」百選Ⅰ7版141頁）との評価もある。
12)　この判決の評釈として，佐藤拓磨「判例批評」刑事法ジャーナル10号115頁以下（2008年）。この事件では，Aに傷害が生じているため，強姦致傷罪（181条2項）が成立し，43条ただし書の適用はなく，中止したことが情状として考慮されている。なお，浦和地判平成4年2月27日判タ795号263頁。後述第8節も参照。
13)　西田ほか編・前掲注(5)698頁〔和田〕。なお，斎藤信治・前掲注(6)227頁も参照。

186 第2部 中止未遂

後の重要な課題となろう。

## 第4節 「中止した」（中止行為）

（1）中止行為に関しては，古くから，着手未遂の中止は行為者がそれ以上の行為をやめること，不作為で足りるのに対して，実行未遂の中止は積極的な既遂阻止行為，作為を要すると一般に説明され，そのような「着手未遂」と「実行未遂」とで異なる中止行為の内容をもたらすことから，その区別に関して，かつては多くの議論がなされてきた。しかし，現在では，既遂を阻止するためにいかなる行為が必要なのかという観点を重視し，行為者の当初の計画のいかんにかかわらず，中止行為の時点で，行為者がそれ以上の行為をしなくとも，因果関係の進行だけで結果発生の可能な状態が生じているか否かに着目する点で広い一致がみられるといえ，判例の立場も同様といえよう。

ただ，細かくは，中止時点での実際の事態と，それに関する行為者の認識に食い違いがある場合，その判断を客観的になすべきか，行為者の認識をも考慮に入れて行うべきかは議論がある。たとえば，行為者が，実際には軽傷の被害者に致命傷を負わせたと考え，（ア）それ以上行為しなかった場合，（イ）被害者を病院に搬送した場合，要求される中止行為が問題になる。行為者の認識も考慮して必要な中止行為を判断する見解によれば，いずれも積極的な中止措置が要求され，（ア）の場合それが欠け，中止未遂が否定される。その状態を客観的に判断すべきだと考えれば，客観的には結果発生の可能な状態に至っていないことから，中止行為としては不作為態様の中止で足りることになるが，その判断とは別に「中止故意」（中止意思，中止行為の認識）を要求することにより，（ア）の場合，中止故意を欠き，中止未遂が否定され，（イ）の場合，不作為を超える積極的な行動を理由に「中止した」と考えることになろう[14]。

---

14) 参照，斎藤信治「実行未遂と着手未遂」百選Ｉ6版142頁以下，西田・前掲注(11) 318頁，原口・前掲注(6)76頁以下＝本書第7章206頁以下。不作為態様の中止を問題とするならば，主観面として行為の続行必要性および可能性の認識，客観面として行為の

第6章　中止未遂論の現状と課題　187

（2）中止行為の内容として積極的な既遂阻止措置が要求される（実行未遂の）場合，そのために他人の協力を得る場合も多く，むしろ他人（とくに医師，消防士などの専門家）の協力を得た方が確実かつ迅速に結果を回避できる場合が少なくなく，行為者が自らどのような行動をとらなければならないのかが問題となる。放火した後，現場から離れる際に他人に「よろしく頼む」と行って立ち去り，自らは消火にあたらなかったという放火未遂の事案において，大判昭和12年6月25日刑集16巻998頁は，結果発生防止は必ずしも犯人単独で行う必要がないのはもちろんであるが，自らそれを行わない場合には，少なくとも犯人自身が防止にあたったのと「同視スルニ足ルヘキ程度ノ努力」を払う必要があると判示し，中止未遂を否定した。その後の下級審判例も，この判例に依拠し，自らそれにあたったのと同視しうる真剣な努力を要するとしてきた。

　通説は判例を支持してきたのに対して，近時の学説においては，「努力の真摯性」という要件が倫理的な，過大な要求につながりかねないとして，真剣な努力という表現を避け，結果発生防止に適切な努力，客観的にみて結果を防止するにふさわしい積極的な行為，犯罪実現の回避が十分に見込まれる行為など，「真剣な努力」を必要とする見解よりも広く中止行為を認めていこうとする傾向にある[15]。

　議論のある判決をいくつかみてみると，たとえば，Xが，殺意をもってAを包丁で刺し，傷害を負わせた後，Aを病院に搬送したため未遂に終ったという事案において，大阪高判昭和44年10月17日判タ244号290頁は，Xが，犯人は自分ではなく，誰に刺されたかわからないなどの虚言を弄し，病院到着

---

継続可能性が問われ，それらのいずれかが欠ければ中止未遂の成立が否定されるように思われる。また，「中止行為」と認められるために，その行為と既遂阻止結果との間の因果関係が必要であるとの理解に立つならば，その「積極的行為」をもって「中止行為」とみることは難しくなろう。この問題は，行為者が，殺意をもって，実際には致死量に足りないが，致死量であると考えていた毒物を被害者に投与した後で翻意し，被害者を病院に搬送したといった場合（不能な未遂の中止）にも問題になり，改正刑法草案24条2項は「行為者が結果の発生を防止するに足りる努力をしたときは，結果の発生しなかつたことが他の事情による場合であつても」，「その刑を軽減し，又は免除する」という規定を提案していた。

15)　判例・学説の詳細については，原口伸夫「実行未遂の中止行為」桐蔭法学11巻1号1頁以下（2004年）＝本書第8章（209頁以下）参照。

前に凶器を川に投棄し犯跡を隠蔽しようとするなどしており，「病院の医師に対し，犯人が自分であることを打明けいつどこでどのような兇器でどのように突刺した」かを告げたり，「医師の手術，治療等に対し自己が経済的負担を約するとかの救助のための万全の行動を採つたものとはいいがたく，単に被害者を病院へ運ぶという一応の努力をしたに過ぎ」ず，「この程度の行動では……真摯な努力をしたものと認めるに足りない」と判示し，中止未遂を認めなかった。しかし，この結論や論拠に対して学説の批判が強い。

　もう１つ議論のあるものとして，娘Ａを包丁で刺し，家に火を放ち，自らも自殺を図ったＸが，しばらくしてＡの声を聞きかわいそうになり，Ａを助けだそうという気持ちになり，Ａを自宅の外まで引きずっていったが，自らも重傷を負っていたため意識を失いその場に倒れ込んでしまったところ，付近を偶然通りかかった通行人がＡを発見して，Ａを病院に搬送し，Ａは一命をとりとめたというものがある。これについて，東京地判平成７年10月24日判時1596号125頁は，夜間の人通りのほとんどない住宅街での事件であった等の，当時の時間的・場所的状況等に照らすと，Ｘの「右の程度の行為が結果発生を自ら防止したと同視するに足りる積極的な行為を行った場合」とはいえず，Ａの救助は「偶然通り掛かった通行人の110番通報により病院に収容され……た結果によるものであった」と判示し，中止未遂を認めなかった。学説の多くはこの判決を支持するが，Ｘは置かれた状況下においてなしうる限りの力を尽くし，結果的に未遂にとどまったのだから中止未遂を認めるべきではなかったかとの見方もある。

　（３）なお，「着手未遂の中止行為は不作為で足りる」と解する通説的理解に対する異論もある。たとえば，殺人未遂事件で，致命的ではないが，相当な程度の傷害を負わせたあと，自己の意思によりそれ以上の行為をやめ，しかし，傷の手当てなどは一切せず立ち去ってしまったような場合に関して，既遂を阻止するために客観的，事後的にみれば不作為で足りる場合であるとしても，「殺人の過程で傷害が生じたのであれば，たとえ軽微であっても，治療行為（作為）に出て初めて」中止行為を認めるべきだとする[16]。

---

16)　塩見淳「中止行為の構造」『中山研一先生古稀祝賀論文集第３巻』259頁（成文堂，

第6章　中止未遂論の現状と課題　189

（4）事態に関して錯誤がある場合に要求される中止行為，着手未遂の中止はつねに不作為で足りるのか，積極的な（作為態様の）中止行為の具体的内容に関して，今後その判断基準の一層の明確化が期待されよう。

## 第5節　既遂の中止

　中止行為が功を奏さなかった場合の43条ただし書類推適用の可否について，中止未遂は未遂犯の1態様であり，既遂に至れば（43条本文の充足を前提とする）43条ただし書は適用されず，類推適用もされるべきではないというのが通説であるが，中止しようとしたものの，それが功を奏さず，意に反して結果発生に至ってしまった場合に，中止しようとした努力を評価して43条ただし書を類推適用すべきとする少数説もある。

## 第6節　予備の中止

（1）犯罪準備後実行の着手に至る前に犯罪の続行を中止し，または実行

---

1997年）。また，西田ほか編・前掲注(5)676頁〔和田〕。なお，原口・前掲注(6)刑法雑誌51巻2号77頁以下＝本書第7章207頁以下も参照。このような場合そもそも着手未遂というべきかどうか，「結果発生の可能な状態」を事後的・客観的に考えるべきかどうかが問われるべきであるように思われる。この点で，①殺意をもって千枚通し様のたこ焼きピックで被害者の頸部等を数回突き刺したものの，目的を遂げなかったという事案において，東京地判平成14年1月22日判時1821号155頁が，「既遂に至る具体的危険」の有無は「事前の一般人の立場からの判断を基準とすべきであり，事後的な客観的判断を基準とすべきではない」と判示しているのが注目される。また，②長崎地判平成16年6月30日 LEX/DB 文献番号28095541は，殺人未遂の事案で，「一般的にみれば，このままでは被害者の生命に危険を生じかねない状況」であるとし，119番通報などの「一連の救護措置は，結果発生回避のための真摯な努力と評価できる」とし，③岡山地判平成21年10月9日 LEX/DB 文献番号25460191は，殺意をもって果物ナイフで被害者の左胸部を突き刺したが，殺害するに至らなかったという事案において，「犯行直後の状況からすると……被害者に死の危険性があったことは，一般人の目から見て明らかであ」り，その後も「一般人は，そのままの状態では何がおこるかわからず，被害者は死んでしまうかもしれないと思うものであり，なお被害者には死の危険性が認められる」にもかかわらず，被害者を病院へ連れて行く等「被害者に生じた死の危険性を除去するに足る行為を何もしていない」と判示して，中止未遂を否定している。②③の判決につき，西田眞基・木山暢郎・福島恵子「中止未遂（下）」判タ1382号59頁〔判例番号A-4〕，67頁〔判例番号B-3〕（2013年）においてその要旨が紹介されている。

を開始する意思を放棄した場合，43条ただし書が類推適用されうるのか否か
が争われてきた。なお，予備罪の規定において「情状による刑の免除」を規
定しているものもある（113条，201条参照）ことから，この議論の実益は，
情状による刑の免除を認めない強盗予備罪（237条）などの場合にある。

　判例は，最大判昭和29年1月20日刑集8巻1号41頁が，強盗予備の事案に
おいて，「予備罪には中止未遂の観念を容れる余地のないものであるから，
被告人の所為は中止未遂であるとの主張も……採ることを得ない」と判示す
るなど，一貫して消極説に立ってきた。学説において，判例を支持する見解
は少数説にとどまっているが，予備罪の規定には情状による刑の免除を規定
するものと規定しないものとがあり，これは「免除」に関して立法者が意識
的に区別して規定したものと考えるのが合理的であり，また，未遂犯ほど法
益侵害の危険性が切迫していない予備段階においては刑の減免により中止を
奨励する必要性は高くはないなどの理由から，近時，消極説の支持者がやや
増加している[17]のが注目される。

　しかし，現在でも多数説は積極説に立っている。その大きな理由は，もし
43条ただし書の類推適用を認めないと，実行に着手してから中止すれば刑を
免除される可能性があるのに，それより前の予備段階で中止する場合には刑
の免除の可能性がなくなってしまい，刑の不均衡が生じ，ひとたび予備行為
をなした以上は，そこで中止するよりも実行に着手してから中止した方が有
利になってしまうという点にある。また，予備・未遂・既遂という犯罪の発
展段階において未遂の前段階に位置づけられるべき予備の性質も指摘され
る。

　（2）予備の中止の場合の43条ただし書の類推適用を積極に解する場合，
減軽・免除の対象となる刑が既遂罪の法定刑なのか，予備罪の法定刑なのか
も争われてきた。積極説のなかでの多数説は，予備罪は既遂罪の修正形式で
あるとの理解から，予備の刑はすでに減軽されていると考え，法律上の減軽
を1回に限定している68条の趣旨に照らして，減軽の対象を，予備罪の法定

---

17)　野澤・前掲注(5)刑法雑誌49巻2・3号45頁以下，山口・前掲注(5)304頁，和田俊憲
　「中止犯論——減免政策の構造とその理解に基づく要件解釈——」刑法雑誌42巻3号7
　頁（2003年）など。

刑ではなく，既遂罪の法定刑に求める。これに対して，予備の刑を基準に減軽・免除を認めるべきだとする見解も有力である。

（３）予備の中止をめぐる議論において，前述のように消極説が勢力を増しつつあり，また，163条の４（支払用カード電磁的記録不正作出準備罪）のように「情状による減軽・免除」がなく，しかもその未遂処罰規定（163条の５）をも有する比較的近時の立法もあり，今後，各見解の立論に用いられている根拠論等の是非も含めて，さらなる議論が予想される。

## 第７節　共犯と中止未遂

（１）共犯と中止未遂の問題について，（ア）共犯者（共同正犯者も含む。以下同じ）が，正犯者の実行の着手後既遂に至る前に，正犯者の実行行為を妨げ，もしくは結果の発生を阻止した場合，すなわち，犯罪行為の既遂を阻止した場合に，43条ただし書が類推適用されうるということ，（イ）中止の効果が一身的にしか作用しないということについて，現在，見解の一致がみられる。もっとも，問題がないわけではない。（ア）に関して，43条ただし書は43条本文の意味で「実行に着手し」た者を前提としているところ，教唆者・幇助者は43条の意味で実行行為をする者ではなく，そのことから，狭義の共犯者には厳密いえば中止未遂はないのではないかという問題がある。しかし，共犯者が自分の寄与をなし終えたとしても，犯罪の既遂に至るまでは単独正犯者の実行未遂と同様の状況にあり，狭義の共犯者についても，自己の意思により積極的な犯罪防止措置をとるなどして犯罪行為の既遂を阻止した場合には，実質的に考えれば同様に扱ってよいと考えるのが通説である。

共犯者について43条ただし書の類推適用を認める場合，任意性・中止行為の要件は単独犯の場合と同じである。ただ，共犯者の中止が問題となる状況は，他の共犯者がなんらかのかたちですでに活動しはじめている状況であろうから，積極的な中止措置が求められる場合が多いといえよう。求められる中止行為は，正犯者と共働したものでもよく，第三者による助力を受けてもよい。たとえば，被害者毒殺のための毒薬を正犯者に調達した共犯者が，自ら被害者に解毒剤を飲ませたのであれ，彼が医者を呼んだのであれ，正犯者

192　第2部　中止未遂

を説得して正犯者をして中止措置をとらせたのでもよい。真剣な努力でなければならないのか，適切な努力でよいのか等について，単独犯の場合の議論と同様である。

　（2）なお，かつては，共犯と中止未遂の問題（共犯者への43条ただし書の類推適用の問題）と，共犯からの離脱の問題（離脱者が離脱後の共犯者の行為および結果について責任を負うのか否か）とが必ずしも区別して論じられず，中止未遂論の共犯への応用により議論が展開されていたが，とくに1980年代以降，共犯からの離脱に関する議論が大きく進展し，（共同正犯を含めた）共犯の処罰根拠を構成要件該当事実の実現に対する因果性に求める因果的共犯論への支持の広がりを背景として，現在では両者の問題を区別し，ある共犯者が，離脱することにより，離脱後の残余の共犯者の行為・結果に対する自己の寄与の物理的・心理的な因果的効果を解消したか否かを問題にする因果性遮断説が通説的地位を占めるに至った。近時の判例も基本的に因果性遮断説に立っていると理解されている[18]。

　近時の最決平成21年6月30日刑集63巻5号475頁が重要である[19]。これは次のような事案であった。Xらは強盗を共謀し，被害者A方の下見などをした後，共犯者YらがまずA方に侵入し，共犯者の侵入口を確保したが，見張り役Zが現場付近の状況から犯行発覚をおそれ，Yらに電話をかけ，「危ないから待てない。先に帰る。」などと伝え，Xとともに現場を去ってしまった。YらはいったんA方を出て，Zらの立ち去りを知ったが，残っていた共犯者とともに強盗に及び，Aに傷害を負わせたというものである。最高裁は，「Xにおいて格別それ以後の犯行を防止する措置を講ずることなく待機していた場所から見張り役らと共に離脱したにすぎず，残された共犯者らがそのまま強盗に及んだものと認められる。そうすると，Xが離脱したのは強盗行為に着手する前であり，たとえXも見張り役の……電話内容を認識した上で離脱し，残された共犯者らがXの離脱をその後知るに至ったという事情があったとしても，当初の共謀関係が解消したということはできず，その後

---

18)　参照，原口伸夫「共犯からの離脱，共犯関係の解消」（斎藤信治先生古稀記念論文集）法学新報121巻11・12号201頁以下（2015年）＝本書第10章（297頁以下）。

19)　これ以前にも，最決平成元年6月26日刑集43巻6号567頁。

の共犯者らの強盗も当初の共謀に基づいて行われたものと認めるのが相当である」と判示し，Xに強盗致傷罪の共同正犯を認めた。単なる立ち去りだけでは，Xの（共謀）参加により与えられた（促進的な）影響・効果は解消されず，なお残存する効果が強盗のなかにまで及んでいたと考えられたといえよう。

やや講壇事例ともいえるが，たとえば，Xが窃盗を企図するYに合鍵を渡し，Yがその合鍵を用いて倉庫の扉を開けた[20]が，同行したXはそこで後悔し，Yから合鍵を取りあげ倉庫の扉も再び閉めたところ，Yは念のために携行した道具によってその扉を壊して中に侵入し，財物を取得して窃盗を既遂に至らしめた場合，その合鍵の提供以外の共犯行為（犯罪計画策定，情報提供や心理的な強化等）もなかったと仮定すれば，因果的共犯論の立場から，Xは，合鍵での扉の開扉までしか因果的に寄与していない以上，合鍵を取り戻し扉を閉めた後のYの行為について責任を負わず，窃盗未遂の幇助（または共同正犯）の責任にとどまることになろう。共犯からの離脱に関して，因果性遮断説は，犯罪行為に一旦関与した共犯者も，その犯罪が既遂に至る前に翻意して犯罪事象から離れ去る場合，その共犯者は，自分の寄与の因果的効果を解消すれば，その犯罪事象の段階を問わず，他の共犯者による以後の行為および結果について責任を問われないと考える。その場合，その離脱者の責任は犯罪の未遂にとどまり，43条ただし書の要件を充たしていれば，つまり，自己の意思により，自分の寄与の因果的効果を解消するという中止行為をすれば，中止未遂による減免を受けることができると考えることになろう。

---

20）　窃盗罪の実行の着手が認められるのかどうかは問題となりうる。通常の住居侵入窃盗の場合，住居に侵入した時点ではまだ窃盗罪の実行の着手は認められず，物色行為を必要とするのが判例・通説といえる。しかし，倉庫や土蔵へ侵入しての窃盗の場合，財物の性質・形状，占有の状態なども考慮し，物色行為に至らなくても，窃盗の目的で侵入を始めたときに着手を認めることができよう。参照，名古屋高判昭和25年11月14日高刑集3巻4号748頁など。

## 第8節　裁判員制度の影響

　2009年8月より裁判員裁判が実施され[21]，すでに8年以上経過した。制度の実施に伴い，裁判員に対して法律上の概念をわかりやすく説明する必要性が生じ，そのための説明案が検討されてきた。中止未遂も例外ではない[22]。

　もちろん，裁判員裁判においても法解釈は裁判官の専権事項であり（裁判員の参加する刑事裁判に関する法律6条2項参照），「裁判員制度が導入されたからといって刑法解釈学が変わる必要はない」という指摘には留意を要しよう。たとえば，佐伯教授は，「裁判員裁判と刑法解釈学の関係一般について……従来の刑法解釈学は精緻すぎて法律の素人には理解できないので，裁判員制度のもとではよりわかりやすいものに変わる必要があるとの意見もある。しかし，参審制度をとるドイツにおいて精緻な刑法解釈学が発展してきたように，裁判員制度が導入されたからといって刑法解釈学が変わる必要はないと思われる。刑法理論と裁判員に対する説明は別ものである」[23]と指摘している。このような理解に立ったうえで，なお，裁判員裁判が判例（さらに刑法理論）に影響を与える事実上の可能性が問題となろう。

　この関係で，大阪地判平成23年3月22日判タ1361号244頁[24]が興味深い。これは，母親（62歳）が，自宅に火をつけて娘（2名）・孫（2名）を殺害し，自らも自殺する無理心中を企てたが，娘1名の絞殺後孫らが起きてしまい，すでに火種を置いていたもののその火を消し，殺人・放火の遂行を断念し，110番通報をするなどしたという事案であり，殺人未遂罪（199条，203

---

21)　裁判員の参加する刑事裁判に関する法律は，平成21年5月21日から施行され，裁判員裁判第1号事件（殺人事件）は，同年5月22日に起訴，同年8月3日から5日まで3日間公判審理，8月6日に判決の言渡しがなされた。東京地判平成21年8月6日判タ1325号68頁参照。

22)　参照，西田眞基・木山暢郎・福島恵子「中止未遂（上）」判タ1380号75頁以下（2012年），同・前掲注(16)52頁以下。

23)　佐伯仁志「裁判員裁判と刑法解釈の在り方」ジュリスト1417号110頁（2011年）。また，高橋則夫「裁判員裁判と刑法解釈」刑事法ジャーナル18号7頁（2009年），橋爪隆「裁判員制度のもとにおける刑法理論」法曹時報60巻5号8頁（2008年）など。

24)　この判決の評釈として，小田直樹「判例批評」刑事法ジャーナル33号89頁以下（2012年）。この事件では，3名に対する殺人未遂罪，現住建造物放火未遂罪とともに，娘1名に対する殺人既遂罪が成立している。

第6章　中止未遂論の現状と課題　195

条）・現住建造物放火未遂罪（108条，112条）につき中止未遂が成立するかどうかが問題になった。大阪地方裁判所は，「中止未遂の判断基準」という判示項目のもとで，「中止未遂が成立するためには，①犯人が『自己の意思により』その犯罪をやめたこと（自発性）と，②犯人がその犯罪を『中止した』こと（中止行為）が必要であるが，各要件の解釈については各種の考え方があり得るものの，本件において，裁判所が，公判前整理手続において当事者と合意の上で設定し，かつ，公判と評議の際に使用した各要件の判断基準は，以下のとおりである。まず，①（自発性の要件）については，当時被告人の周囲に起こった出来事を前提にしながら，被告人が殺人・放火の犯行をそのまま続けることにつき，『やろうと思えばやれたが，やらなかった』場合，被告人は自発的に殺人・放火を中止したものと認められるが，殺人・放火の犯行を引き続き『やろうと思っても，やれなかった』場合には自発性が認められないと判断する」と判示し，これを事案にあてはめ任意性を否定した。

　前述第3節（2）のように，任意性に関する「判例」が必ずしもはっきりせず，主観説に親近性のあると考えられる判決があるのも確かである。しかし，「主観説が判例である」とまではいえず，フランクの公式を基準として明示し，事案にあてはめた判決は公刊物ではみられないように思われる。そうだとすると，大阪地裁平成23年判決は，これまでの判決よりも踏み込んだ判断を示したものとの評価もありえよう。当該事案での裁判員への説明のしやすさ，あるいはわかりやすさという観点から，フランクの公式に依拠する判断が，「自己の意思により」の法解釈として（当事者の合意のうえで）選択されたのだとすれば，それは裁判員制度が刑法の解釈に影響を及ぼしたものといえるのではないであろうか。もっとも，具体的な処理の当否については，意見が分かれるものと思われる。

　本判決の理解の仕方や本判決の判示内容の是非も含め，裁判員制度が中止未遂の解釈（さらに刑法の解釈）に及ぼす影響[25]について，今後も注視する

---

25）　中止未遂の成否の判断のなかでの量刑的な考慮も否定できず（注12も参照。なお，中止未遂を法定の量刑事由と考えるのは，西田・前掲注(11)316頁），具体的な事件の判断において，「このような場合に寛大な扱いを認めるべきではない」という裁判員のや

必要があるように思われる。

## まとめ

中止未遂論の現状と課題について，最後に簡潔にまとめれば，中止未遂の認められる実質的な根拠に関して中止の奨励や刑罰目的の減少を重視する見解の増加や，それに伴う議論の多様化が指摘でき，中止未遂の認められる根拠を論ずる意味や，それと中止未遂の体系的位置づけとの関係について，改めて整理し直す必要も生じてきているように思われる。中止未遂の要件に関しては，とりわけ任意性に関する判例をどのように位置づけ，評価するのかが今後の重要な課題であるといえる。中止行為の判断基準の一層の明確化も必要であろう。予備罪の中止については「論じ尽された」といわれることもあったが，さらなる議論が予想される。さらに，裁判員裁判の時代に入り，中止未遂論への影響も注視していく必要があろう。

---

や感覚的な判断，または，一般人の意識といってもよいかもしれないが，それらが要件の解釈に影響してくる可能性も否定できないように思われる。今後，たとえば，功利的または打算的な理由から犯行の継続をやめたような場合に，中止未遂の成否，とりわけ任意性がどのように判断されるのかも注目される。

# 第7章　刑法43条ただし書における
# 「中止した」の解釈について

　1　43条ただし書で規定する中止未遂の解釈をめぐっては，これまでも活発に議論されてきたが，本報告では，とくに「中止した」の要件に焦点をあてて検討する。

　中止行為に関しては，古くから，着手未遂の中止は行為者がそれ以上の行為をやめること，不作為で足りるのに対して，実行未遂の場合には積極的な結果発生防止行為，作為を要すると一般に認められてきた。中止行為の内容として不作為で足りる着手未遂においては，任意性の検討が中心問題となるのに対して，実行未遂の場合には，他人の協力を得て既遂が阻止される場合も多く，どのような行為が中止行為として要求されるのかが大きな問題となり，「犯罪を中止した」という要件の解釈が重要な問題となる。

　実行未遂の中止行為の内容として，判例および従来の通説は，真剣な努力，ないしは，真摯な努力を要すると解してきた[1]のに対して，近時では，かかる「努力の真摯性」という要件が倫理的な，過大な要求につながり，妥当でないとして，真剣な努力という表現を避け，結果発生防止に適切な努力[2]，客観的にみて結果を防止するにふさわしい積極的な行為[3]，犯罪実現の回避が十分に見込まれる行為[4]など，真剣な努力説よりも広く中止行為を認めていこうとする見解（以下，これらをまとめて「適切な行為説」と呼ぶ。）が有力に主張され，さらに，そのような「努力」，「適切な行為」といった中

---

1)　判例・学説の詳細については，原口伸夫「実行未遂の中止行為」桐蔭法学11巻1号1頁以下（2004年）＝本書第8章（209頁以下）参照。
2)　内藤謙『刑法講義総論（下）Ⅱ』1312頁（有斐閣，2002年）。
3)　曽根威彦『刑法総論（第4版）』229頁以下（弘文堂，2008年）。
4)　井田良『講義刑法学・総論』426頁（有斐閣，2008年）。結果防止にとって必要かつ相当な行為を問題とするのは，大谷實『刑法講義総論（新版第3版）』394頁（成文堂，2009年）。

止行為それ自体のもつ性質を重視するのではなく，中止行為と結果不発生も
しくは危険消滅との間の因果関係の有無を問題とする見解[5]（以下，これを
「因果関係必要説」と呼ぶ。）も有力化してきており，43条ただし書の「中止し
た」という要件に関する近時の学説の状況は以前よりも相当に多様化してき
ているように思われる。しかし，その一方で，各学説からの具体的な結論に
ついては必ずしも十分に明らかにされてきてはいないようにも思われ，そこ
で，本章では，結論ができるだけ明確になるように具体的な事例を用いなが
ら，43条ただし書の「中止した」という要件の解釈を検討していきたい。

そこで，まず，①放火した後立ち去る際に出会った叔父に「放火したので
よろしく頼む」と叫びながら立ち去ったという大審院昭和12年6月25日判決
（刑集16巻998頁。以下，「よろしく頼む事例」という。）の事案，次に，ドイ
ツの事例で，②重傷を負わせた妻を病院に連れて行こうとしたものの，病院の
通用口から95メートルのところで妻を車から降ろし，1人で歩いて行かせ，
妻がその途中で意識を失って倒れてしまったところ，その後通行人により発
見され，救助されたという病院事例[6]，3つ目は，③夫に毒を投与した妻
が，その毒が作用しはじめたとき，夫の要請に基づいて救急車を呼び，その
結果，夫は一命をとりとめたものの，妻は，到着した医師に対して，夫が
「コーヒーと青い薬を飲んだ」とだけ告げたという毒事例[7]の3つの事例を
素材として検討をはじめたい。なお，これらはいずれも判例において中止未
遂の成立が否定されたものである。

真剣な努力説からは，よろしく頼む事例はもとより，病院事例，毒事例に
おいても中止行為を認めないことになると思われる。

適切な行為説の場合も，前述①〜③の3事例に関する結論は，真剣な努力
説と概ね同じになると考えてよいように思われる。

それに対して，因果関係必要説からは異なる結論に至りうるように思われ
る。前述①〜③の3事例ではいずれも，問題の行為と危険消滅・結果不発生

---

5) 山口厚『刑法総論（第2版）』281頁，283頁以下（有斐閣，2007年）など。
6) BGHSt 31,46(Urt.v.27.4.1982). 詳しくは，原口・前掲注(1)15頁，61頁注46＝本書第
8章227頁以下，228頁注46参照。また，同・26頁以下＝本書第8章244頁以下も参照。
7) BGH NStZ 1989,525(Urt.v.1.2.1989). 詳しくは，原口・前掲注(1)15頁，62頁注47＝
本書第8章228頁，228頁注47参照。

との間に条件関係が認められるうえ，論者の一部のように，相当因果関係も
必要[8]だと解したとしても，中止行為は必ずしも否定されることにはならな
いように思われるからである。たとえば，よろしく頼む事例の場合では，
「よろしく頼む」という行為から，依頼された者の行為に基づく危険消滅・
結果不発生までの因果のプロセスは，この事例ではとりわけ放火者の親類に
依頼しており，決して稀有，偶然的なものとはいえないと思われる。病院事
例においても，途中で意識を失った被害者を誰かが発見し，治療を受けさせ
ることが客観的に予想されうるような場所まで被害者を連れて行った場合で
あれば，問題とされる因果関係が肯定されることになるであろう。救急車を
手配し，実際に救助された毒事例の場合も因果関係の肯定に支障はないと思
われる。

　もっとも，実は，因果関係必要説の内部でも具体的事案の結論について見
解が分かれ，よろしく頼む事例でみた場合，因果関係の有無のみを純粋に問
題にし，中止未遂を否定した判例の結論に反対するとみうけられる見解[9]も
あるのに対し，論者の一部は判例の結論を容認し，このよろしく頼む事例で
は，中止行為と危険消滅との間の因果関係ないしはその認識が欠ける[10]と
か，犯罪論における正犯性に類似したものが欠ける[11]と指摘し，そこに中止
未遂不成立の理由を求めるべきだとする。このように判例の結論を容認する
立場は，「よろしく頼む」などと他人まかせにして逃げてしまうような場合
は，それにより危険が消滅することの確かな認識があるとは認めがたいと
か，主体的な防止行為が必要なところ[12]，これが欠けるというような理解で

---

8)　今井猛嘉ほか『刑法総論』324頁〔橋爪隆〕（有斐閣，2009年），西田典之ほか編『注
　釈刑法第1巻』681頁〔和田俊憲〕（有斐閣，2010年），和田俊憲「中止犯論──減免政
　策の構造とその理解に基づく要件解釈──」刑法雑誌42巻3号10頁（2003年）。

9)　山本輝之「中止犯の法的性格と成立要件──結果無価値論の立場から──」現代刑
　事法45号45頁（2003年）。おそらく，また，林幹人『刑法総論（第2版）』367頁（東京
　大学出版会，2008年），堀内捷三『刑法総論（第2版）』248頁以下（有斐閣，2004年）。

10)　山口・前掲注(5)285頁。なお，伊藤渉ほか『アクチュアル刑法総論』271頁〔安田拓
　人〕（弘文堂，2005年），齋野彦弥「中止未遂の因果的構造と中止故意について」『田
　宮裕博士追悼論集下巻』608頁（信山社，2003年），佐久間修ほか『刑法基本講義──総
　論・各論』90頁〔上嶌一高〕（有斐閣，2009年）。

11)　西田ほか編・前掲注(8)680頁〔和田〕。

12)　なお，結果の不発生を決定づける行為を行為者自身が主体的に支配しうる限りで中

あると思われ，実質的には適切な行為説に接近していくように思われる。

**2**　では，中止行為のあるべき内容をどのように考えるべきであろうか。その内容を考える場合に中止未遂の刑の減免にかかわる実質的な根拠が重要になってくるものと考えるところ，近時，「後戻りための黄金の橋」の理論（Theorie von der goldenen Brücke, Anreiztheorie）と，刑罰目的説（Strafzwecktheorie）とを対立させて考え，その対立から一定の要件解釈を導きだそうとする試みも主張されてきている。具体的には，黄金の橋の理論は，中止未遂規定を設けることによって行為者自身に結果発生を防止するように動機づける効果を狙っているものととらえ，この動機づけ効果を強調し，かかる効果をできるだけ大きくするためには結果発生の防止という要件以外の要件を付け加えるべきではない，という方向性を導こうとする試みである[13]。

　実質的な減免根拠と要件解釈を有意義に結びつけようとの試みは注目すべきであり，その主張内容につき首肯すべきことも多いが，黄金の橋の理論と刑罰目的説が二者択一的なものなのかという疑問のほかに，黄金の橋の理論を主軸とした説明，少なくとも黄金の橋の理論のみによる説明には，どうしても疑問が残らざるをえない。

　まず，中止未遂規定による行為者に対する動機づけ効果を重視する黄金の橋の理論に対しては，これまでも指摘されてきたように，社会一般の人々が中止未遂制度をあまり知らないのであれば，知らない者をも動機づけうるとするのは背理であり，裁判においても，後悔してやめたとか，大変なことをしたと思いやめたという事例は少なからずあるところ，行為者が「中止すれば裁判において刑の減免を受けられるだろう」と考えて中止したという事例はあまり指摘されてきてはいない。また，中止奨励効果の関係で，身代金目的略取誘拐罪の解放による刑の減軽の規定（228条の2）が援用されることもあるが，身代金目的での略取誘拐の場合には，類型的に，実行の着手から身

---

　　止行為が肯定されるとするのは，金澤真理「中止犯」争点93頁。また，同『中止未遂の本質』247頁，251頁（成文堂，2006年）。

13)　参照，野澤充「中止犯の理論的構造について」刑法雑誌49巻2・3号31頁以下（2010年）など。

第 7 章　刑法43条ただし書における「中止した」の解釈について　201

代金の取得等までの時間が比較的長く，その間に，他の者による説得，行為
者自身の再考・利害打算をする十分な時間を考えうるのに対し，中止未遂規
定の適用が問題になるのは，実行に「ついさっき」踏み切ったばかりの状況
下であり，かかる状況下で，刑の減免の見込みそれ自体が，突然，結果発生
防止に出る刺激になりうるのかは疑わしく，このような相違から，動機づけ
効果につき両者を同列に論ずるのは難しいように思われる[14]。やはり黄金の
橋の理論は，少なくともその動機づけ効果を過大視しすぎているといわざる
をえない。

　そこで，前述の黄金の橋の理論と刑罰目的説を対立させる考え方が妥当で
あるとすれば，実質的な減免根拠として，黄金の橋の理論を要件解釈の主軸
に据えるのではなく，むしろ，刑罰目的説に重点を置き，刑の減免に値する
行為を考えていくべきだと考える[15]。

　なお，この刑罰目的説に関して注目されるものとして，松宮教授の見解が
ある。すなわち，黄金の橋の理論の意味での「刑事政策説は，素人の多くが
43条ただし書きを知らない場合には意味がないし」，「未遂自体の違法性や責
任が減少すると考える『法律説』には無理があ」り，「刑罰目的からみた
『一般予防』ないし『特別予防』の必要性が小さくなることを根拠とする見
解——これを刑罰目的説という——が，比較的無難といえようか。」[16]と述
べられる。これは重みのある見解であると考える。もっとも，その後で，し
かし，「現行法の立案関係者〔が〕『刑事政策説』を前提にしていたという事
実」が問題であると指摘し，「その立法趣旨が現行憲法に反して不当なもの
でない限り，現行法の解釈としては『刑事政策説』に従」わざるをえない
（等）と結論づけられている[17]。

---

14)　また，43条ただし書の中止奨励効果を仮定したとしても，42条の自首規定の存在が，
　　中止奨励効果を減殺してしまうようにも思われる。参照，原口・前掲注(1)80頁注100＝
　　本書第 8 章256頁注100。
15)　刑罰の意味を応報に求めるならば，中止未遂の減免根拠を「中止行為という良き行
　　いに対する応報」ととらえ，43条ただし書を「刑の減免という褒賞を与える規定と理
　　解」することもできよう。参照，佐伯仁志「未遂犯論」法学教室304号131頁（2006年）。
　　この点につき，中山研一ほか『レヴィジオン刑法 2』132頁〔松宮孝明〕（成文堂，2002
　　年）も参照。
16)　松宮孝明『刑法総論講義（第 4 版）』244頁（成文堂，2009年）。

202　第2部　中止未遂

　この最後の点に関して，黄金の橋の理論は，現行刑法の立案関係者がそれ
を前提にしていたとしても，現行刑法自体においてそれを明確に示している
わけではないことから，解釈において，それを前提にしなければならないと
は思われない。もっとも，（ア）条文上，単に「自己の意思により」とある
こと，また，（イ）刑の「減軽」にとどめる場合も認められていることが，
黄金の橋の理論に有利に援用されうるものとも考えられる。しかし，この2
つは任意性につき一律に広義の後悔まで要求する限定主観説とやや調和しに
くいだけと考えられ，また，現行刑法の立案関係者も，黄金の橋の理論だけ
でなく，刑罰目的説をも共存させていたようにも思われる[18]。そこで，やは
り刑罰目的説に重点を置き，そこから刑の減免に値する行為を考えていくべ
きであろう。もちろん，その場合，どのような事情が刑罰目的の減少，つま
り，一般予防・特別予防上の必要性の減少をもたらすことになるのかが，さ
らに問われることになろう。

　中止未遂のこれまでの研究において，規範的意識の具体化[19]，合法性への
帰還[20]ないしはそれに類似した観点がしばしば指摘され，真剣な努力，適切
な行為の議論の関係でも，合規範的意思の中止行為への表動[21]，法的義務に
ふたたび合致しようとする態度[22]といった観点が言及されてきており，本書
も，刑罰目的の減少をもたらす事情の重点をそこに求め，「中止した」とい
う要件も，そのような意思が具体化したものと考え，ただ，刑法が法益保護
を重要な任務としていることから，中止措置への法益尊重意思の具体化と表
現するのがよいのではないかと考える。

　一旦は犯罪行為に着手し，その犯罪事実そのものが「なかったもの」とは
ならない[23]としても，行為者が法益尊重意思を具体化し，事後的であれ自ら

---

17)　松宮・前掲注(16)244頁以下。
18)　参照，倉富勇三郎ほか監修（松尾浩也増補解題）『増補刑法沿革綜覧』2147頁（信山
　　社，1990年）。
19)　香川達夫『刑法講義総論（第3版）』307頁（成文堂，1995年），同『中止未遂の法的
　　性格』97頁（有斐閣，1963年）など。
20)　山中敬一『刑法総論（第2版）』753頁（成文堂，2008年）。
21)　西原春夫『刑法総論（改訂版）上巻』339頁（成文堂，第4刷，1998年），曽根・前
　　掲注(3)229頁。
22)　川端博『刑法総論講義（第2版）』480頁（成文堂，2006年）。

第 7 章 刑法43条ただし書における「中止した」の解釈について 203

法の要求にかなう行為を示したことにより，犯罪が未遂にとどまった場合，中止前の行為にのみ着目して刑罰を科す必要性が減少・消滅する，すなわち，故意をもって実行に着手したことにより，各法定刑に見合う程度に揺るがされたところの，法秩序の実効性に対する社会一般の人々の信頼が，法益尊重意思の現れである既遂阻止行為によって再び安定化され，積極的一般予防上働きかける必要性が減少・消滅し，また，かかる行為者に対して特別予防上働きかける必要性も減少・消滅し，刑の減免にふさわしくなると考える[24]。

　そして，ここでいう法益尊重意思の具体化の程度も問題になるところ，それは行為者の行為に対して社会から寛容さが示される程度であり，前述の刑罰目的に関連づけて考えれば，法秩序の実効性に対する揺るがされた社会一般の人々の信頼を安定化する程度のものであることになり，これを定式化すれば，一般の人がその状況に置かれたならば，既遂を阻止するためにとるであろうような措置，つまり，「人並みの」法益尊重意思を示す行為が必要であり，それで十分であると考えることができよう。

　このように，法益尊重意思の具体化よる刑罰目的の減少・消滅を問題にすることにより，一定の中止措置をなしたにもかかわらず既遂に至ってしまった場合には43条ただし書の適用も，準用も認められないことの説明も可能となる。すなわち，そのような場合，責任・非難可能性の減弱はなお認められうるとしても，社会の人々の受ける印象，社会一般の人々に働きかける必要性の程度が異なり，少なくとも一般予防の必要性はあまり減弱しないとみることができるからである[25]。

　なお，このような法益尊重意思の具体化は，既遂の阻止との関係で考えられるべきであり，既遂の阻止とは直接関係しない要因，たとえば，自己の犯行を申告しないことや，犯跡隠蔽措置をなしたことなどは中止行為を判断するにあたり考慮されるべき要因ではなく，犯跡隠蔽等までも理由に加えて，

---

23)　佐伯・前掲注(15)129頁以下も参照。なお，浅田和茂『刑法総論（補正版）』391頁（成文堂，2007年）。
24)　斎藤信治『刑法総論（第6版）』226頁（有斐閣，2008年）も参照。また，原口・前掲注(1)75頁注92，77頁注93＝本書第8章251頁注92，252頁注93も参照。
25)　参照，斎藤信治・前掲注(24)226頁。

中止行為を認めなかった大阪高裁昭和44年10月17日判決（判タ244号290頁）はやはり問題があるといえよう。

以上のように考えれば，よろしく頼む事例のような放火事件において，消火活動を他人まかせにするのではなく，自らもその消火活動にあたり，ないしは少なくとも消火活動に協力することも一般に必要になってくるものと考えられ，殺傷事件においては，それを行いうる状況であるならば，救急車を手配し，あるいは，自ら被害者を病院に搬送するなどにより，被害者を医療機関に委ねるという，一般の人からみて，「被害者の救助の見込みが立つ，一応の救助の目処をつけた」と考えられうるような措置が要求されることになるであろう。投毒行為の事案では治療にあたる者にとって毒の種類により処置が異なり，毒についての情報を与えないことが被害者の生命救助の成否を憂慮すべき程度で偶然にゆだねるような場合にはその情報提供も必要になってくると思われる。

このような中止行為に関する結論は，真剣な努力説，ないしは，適切な行為説によって従来考えられてきた結論と大きく異なるものではないと思われるが，真剣な努力説の場合，真剣な努力という表現に含まれうる行為の幅が問題となり[26]，適切な行為を問題とする場合，行為者の能力が，はじめから，あるいは，具体的な状況下で限定されている場合もあることを十分に考慮できるのか，ということが問題となる。

この点を，東京地裁平成7年10月24日判決（判時1596号125頁）の事案で考えてみたい。これは，被告人が無理心中を企て，子どもの胸部を包丁で突き刺し，住居に火を放ったうえで，自らも胸部等を突き刺して自殺を図ったものの，その後翻意し，子どもを屋外まで引きずり出し，さらに付近の人家の敷地内まで引きずっていったところで意識を失ってしまったところ，偶然通りかかった通行人がこれを発見，救助したという事案である。この場合，被告人らが倒れ込んだ場所は夜間人通りのほとんどない住宅街に位置し，偶然通りかかった通行人が子どもを発見したのは夜間の午前3時55分ころであり，このような場所的，時間的状況から考えれば，確かに，「客観的にみて

---

26) なお，伊東研祐『刑法講義総論』331頁以下（日本評論社，2010年）も参照。

第7章　刑法43条ただし書における「中止した」の解釈について　205

結果を防止するにふさわしい」積極的な行為，「犯罪実現の回避が十分に見込まれる」行為とはいいがたいように思われる。そこで，東京地裁も，「結果発生を自ら防止したと同視するに足りる積極的な行為を行った場合であるとまでは言い難」いとして，結論的に中止未遂の成立を否定し，学説上も，この判決は有力な支持を得ている[27]。

　しかし，この事案では，前述の①〜③の3事例の場合とは異なり，行為者は意識を失って倒れ込んでしまうまで，可能な限り精一杯の努力を尽くしており，それでも中止行為と認める余地はないのであろうか。

　確かに，行為者が自ら負傷していない状態で，同様の段階で立ち去ってしまったとしたら，人並みの法益尊重意思の具体化を認めるのは難しいといえるであろう。しかし，この事案の状況下では，救助のためにとりうる手段のなかでの最善の措置をとったとも評価でき，かかる場合に，行為者の置かれた具体的な状況，行為者の能力を捨象して，救助の見込みの高い一定の標準的な救助行為を措定し，要求することは，それができる状況では望ましいとしても，制約された状況下では酷な要求ではなかろうか。そこで，とるべき措置を一般化し，客観的に固定化して考えるのではなく，行為者の置かれた当該具体的な状況，とりわけ行為者の能力も考慮できるよう，法益尊重意思の具体化を問題にすべきであると考える。つまり，中止行為は，人並みの法益尊重意思の現れと認められるものであれば足る，とすべきであろう。

　この点，山中教授が，新しく，この東京地裁の事案についても論及され，結果発生防止行為としては，原則的に，「中止行為時にほぼ確実に結果の発生を防止できる蓋然性の高い行為」を要するとしつつ，「結果発生防止のための行為にその当時最善を尽くしたが，力尽きて完成できなかったような場合には，……例外的に，中止行為を肯定してよい」と論じている[28]のが，注目される。

　中止行為をこのように考える場合，「中止した」と認めうるのは，この東

---

27)　たとえば，金澤・前掲注(12)『中止未遂の本質』230頁，西田典之『刑法総論（第2版）』319頁（弘文堂，2010年），前田雅英『最新重要判例250［刑法］第8版』23頁（弘文堂，2011年）。以前は，山中敬一『中止未遂の研究』295頁（成文堂，2001年）。なお，現在は注(28)参照。
28)　山中・前掲注(20)『刑法総論』763頁。また，すでに，斎藤信治・前掲注(24)395頁。

京地裁平成7年判決の事案のように結果不発生に対して少なくとも条件関係のある場合だけではない。自己のなした中止措置と結果不発生との間に条件関係すらない場合にも，すなわち，なされた実行行為にそもそも結果惹起力が欠ける場合，第三者の自発的な救助行為，もしくは被害者自身の行為の結果として既遂に至らなかった場合，またはそれらが競合する場合，つまり，いわゆる非因果的な中止行為のすべての場合に「中止した」と認めることができることになる。

3 以上で実行未遂の中止行為の内容についての本書の考え方を示しえた。以下では，これまで論じてきたこととの関連で，中止行為を考える前提となる着手未遂と実行未遂の区別，とくに錯誤の場合の扱い[29]について簡潔に示したい。

着手未遂と実行未遂の区別に関して，現在では，実行行為の終了時期が問題というより，既遂を阻止するためにいかなる行為が必要なのかという観点から，行為者の当初の計画のいかんにかかわらず，中止行為の時点で，「因果関係を遮断しなければ結果が発生してしまう状態が惹起されたか否か」[30]に着目する見解が広く支持されてきている。本書も，基本的にこの見解が妥当であると考えるが，中止時点での客観的な状態と，それについての行為者の認識に食い違いがある場合に，その判断を「客観的に」なすべきか，行為者の認識をも考慮に入れて行うべきかがなお重要な問題となると思われる。本書の中止行為の考え方からは，客観的な事態そのものが重要なのではなく，その事態の主観面への反映，「人並みの法益尊重意思の現れ」の有無の評価が重要であり，したがって，中止時点での行為者の認識内容を基礎として[31]，一般の人がその状況に置かれたならば，既遂を阻止するためにとるであろう措置を考えることになる。

具体的には，実際には軽傷の被害者に致命傷を負わせたと考え，それ以上

---

29) これについて，斎藤信治「実行未遂と着手未遂」百選Ⅰ6版142頁以下，西田・前掲注(27)318頁も参照。
30) 西原・前掲注(21)338頁。
31) なお，井田良・川端博「対談・中止犯論の現在と課題」現代刑事法45号21頁，22頁〔井田〕(2003年) も参照。

第7章　刑法43条ただし書における「中止した」の解釈について　207

行為しなかった場合，行為者の認識を基礎に判断すれば，「重傷を負わせた」との行為者の認識を基礎とし，この場合に積極的な中止行為が要求され，それが欠け中止未遂が否定されることになる。そこで，実際には軽傷の被害者に致命傷を負わせたと考え，被害者を病院に搬送した場合には，行為者の認識に対応した積極的な措置を行っていることから中止行為の要件が充たされることになる[32]。さらに，実際には致命傷を負った被害者を軽傷にすぎないと考え，それ以上行為しなかったところ，無関係の第三者が被害者を病院に搬送した場合にも，行為者の認識を基礎に判断して人並みの法益尊重意思の具体化が認められる場合であれば，不作為態様の中止行為で足りうる場合もあることになる。

**4**　最後に着手未遂の中止行為の内容についても簡単に触れて本章を終わりにしたい。たとえば，殺人未遂事件で，致命的ではないものの相当な程度の傷害を負わせたあと，自己の意思によりそれ以上の行為をやめ，しかし，傷の手当てなどは一切せず立ち去ってしまったような場合，既遂を阻止するために客観的，事後的にみれば不作為で足りる場合であるとしても，「殺人の過程で傷害が生じたのであれば，たとえ軽微であっても，治療行為（作為）に出て初めて」中止行為を認めるべきだとし[33]，「着手未遂の中止は不作為で足りる」との考え方に対して有力な異論も唱えられている。

前述のように，着手未遂と実行未遂の区別に関して，中止の時点で既遂を

---

32)　この場合，客観的には結果発生の可能な状態に至っていないことから，中止行為として不作為態様の中止で足りる場合ととらえたうえで，（大は小を含む式に）不作為を超える積極的な「防止」行為を行ったことを理由に中止行為を肯定することも考えられよう。しかし，結果発生が可能な状態であるとの行為者の認識にもかかわらず，中止行為を不作為に求めることが適切なのか，（このような理解によれば中止行為として要求される）行為の不継続それ自体をみた場合，それが結果回避意思，中止意思に担われているといえるのか，また，不作為態様の中止が問題であるならば行為の続行可能性の有無が問題になるところ，その有無により中止未遂の肯否を区別（続行可能性がない場合に中止行為を否定）するのが合理的なのか，ということなどが問題になりえよう。

33)　塩見淳「中止行為の構造」『中山研一先生古稀祝賀論文集第3巻』259頁（成文堂，1997年）。また，内田文昭『刑法概要中巻（犯罪論(2)）』395頁以下（青林書院，1999年），西田ほか編・前掲注(8)676頁〔和田〕。なお，葛原力三ほか『テキストブック刑法総論』248頁〔塩見淳〕（有斐閣，2009年）。

阻止するためにとるべき行為態様を問題とし，かつ，中止行為の内容について既遂の阻止に直接関係する要因に限定して考えるべきだとすれば，「着手未遂の場合はそれ以上の行為をやめればよい」という考え方はなお維持されてよいと考える。着手未遂の場合には，それ以上の行為をやめさえすれば，少なくとも問題となっている法益，先の例では，生命それ自体との関係では，「人並みの法益尊重意思」の現れといえるので，「中止した」といってよいと考えられるからである。

　ただ，ここで問題の場合が着手未遂に分類されるべきか否か，不作為態様の中止行為でよいと考えるべき場合か否かがなお問題とされるべきであろう。客観的，事後的にみればそのまま放置しても既遂に至りえなかったという場合でも，行為者の認識を基礎とした一般人の判断において，既遂の阻止に向けた然るべき措置が必要だと考えられる場合であれば，それに相応した程度での積極的な措置が必要な場合，つまり，「実行未遂」に分類されるべき場合であると考える。着手未遂の場合に常に不作為態様の中止行為でよいのかという問題提起は，結果発生の可能な状態を，客観的，事後的に判断すべきではないことを裏づけているように思われ，判例においても，殺意をもって千枚通し様のたこ焼きピックで被害者の頸部を数回突き刺したものの，目的を遂げなかったという事例で，東京地裁平成14年1月22日判決（判時1821号155頁）が，「既遂に至る具体的危険」の有無は「事前の一般人の立場からの判断を基準とすべきであり，事後的な客観的判断を基準とすべきではない」と判示しており，このような判例も「人並みの法益尊重意思」を問題とすることと親和的であるように思われる。

　5　以上のように，43条ただし書の「中止した」と認められるためには，「人並みの法益尊重意思の現れであることが必要であり，かつ，それで足りる」こと，その具体的判断は，中止時点での行為者の認識を基礎として，一般の人がその状況に置かれたならば，既遂を阻止するためにとるであろうような措置を問題とすべきであると考える。

# 第8章 実行未遂の中止行為

## はじめに

　中止未遂により刑の減免が認められるためには、「自己の意思により」「犯罪を中止した」ことが必要である（刑法43条ただし書）[1]。前者が任意性の要件、後者が中止行為の要件である。後者の中止行為の要件に関して、古くから、着手未遂の場合と実行未遂の場合とで分けて、（作為犯について）着手未遂の場合には行為者がそれ以上の実行行為をやめること、つまり、不作為で足りるのに対して、実行未遂の場合には既遂を阻止するための積極的な阻止行為、つまり、作為を要するということが一般的に認められてきた[2][3]。判

---

1)　43条ただし書は43条本文を前提としており、したがって、43条ただし書が適用されるためには、さらに、行為者が43条本文の意味で「実行に着手し」たこと、および「これを遂げなかった」こと（つまり、犯罪が既遂にいたらなかったこと）も要件となる。そこで、実行に着手する前の段階で（可罰的な）予備行為を中止する場合や、教唆者、幇助者、実行行為を分担しない共同正犯者が既遂にいたる前に中止する場合に、43条ただし書が準用（もしくは類推適用）されるべきか否かが問題になる。後者の問題について、参照、原口伸夫「共犯者の中止未遂」佐藤司先生古稀祝賀『日本刑事法の理論と展望（上巻）』351頁以下（信山社、2002年）＝本書第9章（274頁以下）。

2)　異説として、実行未遂は常に障害未遂であり、中止未遂たりえないとするのは、植松正『再訂刑法概論Ⅰ総論』324頁以下（勁草書房、1974年）。もっとも、一旦行為を終了した後であっても、そのまま放置すれば当然既遂に達すべき事態が生じているのに、行為者が真剣な努力によって結果の発生を防止しえた場合に、例外的に、固有の中止犯に準じて刑の減免規定の類推適用を認める（前掲329頁以下）。また、齊藤信宰『刑法講義総論（第3版）』415頁以下（成文堂、2001年）など。しかし、このような見解は、適切にも通説・判例によって退けられている。

　なお、どのような場合が着手未遂であり、どのような場合が実行未遂であるのかについても争われてきた。本章はこの着手未遂と実行未遂の区別の問題を検討の対象にするものではないが、以下の考察において、実行未遂として、中止行為の段階（中止の時点）で、行為者のそれ以上の行為がなくても既遂に向かう因果経過が始動しはじめており、かつ、行為者がそのことを（錯誤せずに）認識している場合を念頭においている。

3)　なお、着手未遂の場合の中止行為が不作為で足りるのか否かについて近時有力な異論も唱えられている。たとえば、殺人未遂事件で、致命的ではないが相当程度の傷害を負わせた場合に、後悔してそれ以上の実行行為をやめただけで、傷の手当てなど一切せ

210 第2部 中止未遂

例も，たとえば，「中止犯ノ成立スルニハ，實行ノ著手アルモ未ダ行爲完了前ニ在リテハ，行爲者ガ單ニ行爲ヲ止ムルノ不作爲ニ出デタルコトヲ以テ足ルモ，既ニ行爲完了後ニ在リテハ，行爲者ガ進ンデ結果ノ發生ヲ防止スルノ作爲ニ出デ，而カモ現實ニ結果ノ發生ヲ防止シ得タルコトヲ要ス」[4]と判示

---

ず立ち去ってしまったような場合である。任意性の要件につき必ず広義の後悔まで必要とすべきかどうかは別として，いずれにせよ後悔してやめた場合には任意性の要件は充たされると考えてよい。また，やめることにより既遂にいたらないことを予想（認識，表象）していれば中止意思も否定されまい。そこで，もし中止未遂の成立を否定すべきだとすれば着手未遂の中止行為を否定するか，このような事例を実行未遂の領域に分類することになろう（判例は後者の傾向にあるように思われる）。この点について，塩見教授は，「被害者が死に至る危険が生じてさえいなければ，次の攻撃をやめるだけで殺人の中止犯の恩典を受けうるとする帰結は本当に妥当といえるだろうか」と，着手未遂の中止は不作為で足り，実行未遂の中止は作為を要するという従来の考え方を疑問視し，「問題となる時点で結果発生の危険がなければ，行為をやめるだけで構成要件実現の危険が消滅することはたしかであるけれども，そのことと，そのような不作為のすべてに中止行為としての適格があるかどうかは区別されるべき問題である。殺人の過程で傷害が生じたのであれば，たとえ軽微であっても，治療行為（作為）に出て初めて，実質的な意味で殺人未遂の危険が減少した，即ち，刑法の立場から『中止行為』があったといえよう」とする（「中止行為の構造」『中山研一先生古稀祝賀論文集第3巻』258頁以下［成文堂，1997年］）。また，内田教授も，着手未遂の中止は不作為で足り，実行未遂の中止は積極的な既遂回避努力が必要であるという「理解に拘泥することは妥当でない。着手未遂においても，単なる実行行為の『放棄』では足りず，さらに，既遂回避のための『真摯な努力』が要請されなければならない場合があることを看過してはならないのである。主観的・客観的に数回に亘る攻撃が想定される状況では，最初の一撃は未だ『着手未遂』の域にとどまるというのが一般的な理解であるといえようが，第2攻撃以後を『放棄』するだけで『中止未遂』が成立するといえないのは自明であるといわなければなるまい。最初の一撃によって生じた『被害』の拡大を防止し，『死の結果』を回避しえたときに，はじめて『殺人の中止未遂』が肯定されるのである」とする（『刑法概要中巻〔犯罪論(2)〕』395頁以下［青林書院，1999年］）。重要な問題提起であると思われる。なお，木村光江「中止犯の一考察」東京都立大学法学会雑誌39巻1号88頁（1998年）。他方，塩見教授の見解に対して，「過多の要求」であるとするのは，山口厚『問題探究刑法総論』228頁（有斐閣，1998年），鈴木茂嗣『刑法総論（犯罪論）』179頁（成文堂，2001年）。「中止未遂の成立範囲を極端に狭めることとなり，疑問」とするのは，金澤真理「中止犯」争点3版93頁。

4) 大判昭和12年12月24日刑集16巻1728頁。また，東京高判昭和51年7月14日判時834号106頁（「中止未遂はもとより犯人の中止行為を内容とするものであるところ，その中止行為は，着手未遂の段階においては，実行行為の終了までに自発的に犯意を放棄してそれ以上の実行を行わないことで足りるが，実行未遂の場合にあつては，犯人の実行行為は終つているのであるから，中止行為といいうるためには任意に結果の発生を妨げることによつて，既遂の状態に至らせないことが必要であり，そのため結果発生回避のための真しな努力が要求される所以である」），福岡高判昭和61年3月6日高刑集39巻1号1頁（「中止未遂における中止行為は，実行行為終了前のいわゆる着手未遂においては，

第8章 実行未遂の中止行為 211

し，このような区別を前提としてきている。そのような区別をする場合，着
手未遂の場合には中止行為が不作為で足りることから，もっぱら任意性が認
められるか否かの検討に重点が置かれるのに対して，実行未遂の段階にい
たった場合には，たとえば，殺傷事件では被害者の傷を治療するために素人
である行為者には手に負えず，専門家である医師の助力を必要とすることが
多く，また，放火事件でも独力の消火活動だけよりも，近隣の人々や消防士
の助力を得て消火する方がより確実かつ迅速に消火できるのが一般であるた
め，このように他人の助力を得て既遂を阻止した場合にも「犯罪を中止し
た」といえるのかどうか，さらに，これが肯定される場合に，翻意した行為
者自身がどの程度の阻止行為ないしは阻止への寄与をすれば「犯罪を中止し
た」といえるのかという中止行為の問題が重要になってくる[5]。本章では，
このような実行未遂の中止行為の問題について考察する。

## 第1節　実行未遂の中止行為に関する判例の立場

### 1　宜しく頼む事例判決までの大審院判例

　実行未遂の中止行為の要件，とくに他人の助力を得て既遂を阻止した場合
の取扱いについて，大審院時代の当初の判例は必ずしも明確ではなかった。
病気の妻の療養費を調達するため，火災による混乱に乗じ財物を窃取する目
的で，雇用されていた診療所に放火したが，火勢が激しいのを見て恐怖の念
を生じ，他の雇人等と共に消火に努めて鎮火した事案[6]，夫死亡後病気の子
供を抱えながら小売業を営むなかでその医療費等に苦慮し保険金詐取の目的
で放火したが，火勢に驚き大声で隣人を呼びその助力を得て消火した事案[7]
で，いずれもその理由を明確にせずに中止未遂を肯定したものがある[8]一方

---

　実行行為を中止すること自体で足りるが，実行行為終了後のいわゆる実行未遂において
　は，自己の行為もしくはこれと同視できる程度の真摯な行為によつて結果の発生を防止
　することを要すると解すべきところ」）など。
[5]　実行未遂を中止する場合にも，当然に任意性も問題になるが，何らかの積極的な既
　遂阻止措置を行う場合には，少なくとも任意性を推測する事情となる場合が多いであろ
　う。
[6]　大判大正15年3月30日大審院判例拾遺1巻刑事判例21頁。
[7]　大判大正15年12月14日新聞2661号15頁。

212　第2部　中止未遂

で，放火した後近隣の住人がその場に駆けつけ消火した事案で，「縦令所論ノ如ク被告人カ近隣ノ人々ノ消防ニ助力シタル事實アリトスルモ右ハ被告人自發ノ意思ニ因リテ放火行爲ニ着手後其ノ結果ノ發生ヲ獨力防止シタルモノニ非サレハ刑法第四十三條但書ノ場合ニ該當セス」と判示し，独力の既遂阻止を要求し中止未遂を否定したもの[9)]，保険金を詐取する目的で賃借する家屋に放火したが，しばらくして同居人が火災を発見し消火に着手したため，被告人もこれに協力せざるをえなくなり，その結果消火するにいたった事案で，「本件ノ放火カ未遂ニ終リタルハ判示ノ障碍ニ基因スルモノナルコト明白ナルカ故ニ」中止未遂の主張は認められないとしたもの[10)]，不本意な扱いに対する鬱憤を晴らすため雇い主の店舗に放火したが，居合わせた店員等が火災を発見し，被告人も消火行為に協力して消火した事案で，「他人ニ於テ犯罪ノ完成ニ要スル結果ノ發生防止ニ著手シタル上犯人ニ於テ之ニ協力シ因テ右結果ノ發生ヲ防止シ得タル場合ニ於テハ右結果ノ發生防止ハ犯人ノ自發ニ出タルモノニ非スシテ他人ノ發意ニ基クモノニ外ナサラルニ依リ犯人ノ協力ハ最早障礙未遂犯ノ成立ヲ阻却スルノ効力ナク中止犯ヲ以テ論スルコトヲ得ス」と判示して，自発の既遂阻止でないことを理由に中止未遂を否定したもの[11)]があり，他人の助力を得て既遂を阻止した場合の取扱いについて，概

----

8)　なお，放火後，独力で，すなわち，自ら直ちに水を注いで消火した事案につき，中止未遂を肯定したものとして，大判昭和2年7月4日大審院裁判例2号刑事判例17頁。

9)　大判昭和2年10月25日新聞2762号11頁。この判決は，確かに，「独力で防止したものでないからという理由で中止犯の成立を認めなかった」のは「不当である」（西原春夫『刑法総論（改訂版）上巻』339頁［成文堂，第4刷，1998年］）。ただ，この判示の前に，「原判決ニハ被告人カ近隣ノ人々ト共ニ消防ニ盡力シタル事實ヲ認定セサルノミナラス」としており，被告人が共に消防に尽力していないという事実であれば，この事案で中止未遂の成立を否定した結論は妥当であった。

10)　大判大正15年4月13日大審院判例拾遺1巻刑事判例31頁。

11)　大判昭和6年12月5日刑集10巻688頁。なお，学説においても，任意性の要件について，ときに「自発性」という表現が同義に用いられることがある（たとえば，瀧川幸辰『改訂犯罪論序説』189頁以下［有斐閣，1947年］，団藤重光『刑法綱要総論（第3版）』363頁［創文社，1990年］，藤木英雄『刑法講義総論』262頁以下［弘文堂，1975年］，荘子邦雄『刑法総論（第3版）』431頁以下［青林書院，1996年］，内田・前掲注(3)『刑法概要中巻』393頁以下，清水一成「中止未遂における『自己ノ意思ニ因リ』の意義」上智法学論集29巻2・3号266頁以下［1986年］など）が，本章で問題とする実行未遂の中止の場合や，また，共犯者の中止未遂を考える場合，第三者（もしくは他の共犯者）から促され，または示唆されて第三者（もしくは他の共犯者）と共同で（または促された行為者がその後主導的に）既遂阻止行為をした場合に，促されて翻意した行為者がそ

ね自発性の有無に着目して区別しているようであるが，それ以上のことは明らかではなかった。

## 2 宜しく頼む事例判決

このような状況のもと，大審院昭和12年6月25日判決（刑集16巻998頁。「宜しく頼む事例（判決）」と表記）が下されることになる。すなわち，被告人は，自らの身勝手な振る舞いに対する同居の父等の対応に対し（これまた身勝手に）憤慨し，その鬱憤を晴らそうと，某日午後10時30分頃，父等の不在に乗じ，台所の土間の竈と東側出入口板戸との間に長さ約4，5尺，周囲一抱えの枯松枝3束，蘭草1束を積み重ね，竈の上にあったマッチで一番下の松枝束に点火し放火し，即時その場を立ち去った。しかし，裏手の叔父A方門前に差しかかった際に，屋内より炎上する火勢を認め恐怖心を生じたため，Aに対し「放火したるに依り宜敷頼む」と叫びながら走り去ってしまった。その後，A等において直ちに現場に駆けつけ消火した結果，松枝蘭草の各一部を燃焼するにとどまったという事案に関して，他人の助力を得て既遂を阻止した場合の一般的基準について，「結果發生ニ付テノ防止ハ必スシモ犯人單獨ニテ之ニ當ルノ要ナキコト勿論ナリト雖其ノ自ラ之ニ當ラサル場合ハ少クトモ犯人自身之力防止ニ當リタルト同視スルニ足ルヘキ程度ノ努力ヲ拂フノ要アルモノトス」（以下，この考え方を「同視基準」と略記）としたうえで，ただ「宜敷頼む」と依頼しただけで叫びながら走り去ってしまった本件

---

のことから直ちに「自己の意思により」といえないというのは妥当ではないように思われる。柏木千秋『刑法総論』261頁（有斐閣，1982年）も，「他人が結果の防止に着手した後犯人がこれに協力したのではいけないという判例もあるが（大判昭6・12・5集10・688），一概にそうもいえない」とする。その意味で，「自発性」という表現より，「任意性」という表現の方が適切だと考える。

なお，木村亀二博士は，着手未遂の場合には強制に対する意味での「任意」であるが（阿部純二増補『刑法総論（増補版）』362頁以下［有斐閣，1978年］），実行未遂の場合には他人の発意に対する意味での「自発の意思」であるとして，着手未遂と実行未遂の場合で「自己の意思により」を異なる意味に解釈し（前掲366頁以下），「他人の注意・忠告によって行為者が後悔により任意に結果発生防止行為に出て結果を防止しても中止未遂とはいいえず障礙未遂と解すべきである」とする（同『犯罪論の新構造（下）』43頁［有斐閣，1968年］）。前述の点に加え，両者をこのように区別すべき合理的な理由があるか疑問である。

214 第2部 中止未遂

については，この同視基準を充たしていないとして中止未遂を否定した。この判例は，第1に，既遂を阻止するために他人の助力を得てもよいことを明確にし，第2に，その場合の基準として同視基準を示した点で重要な意味をもち，その後の判例に大きな影響を与えることになった。

### 3 宜しく頼む事例判決以降の判決

この宜しく頼む事例判決の後，実行未遂の中止行為に関する最高裁判例はないが，下級審判例において，同視基準を示したうえで，それに具体的事例を当てはめようとするのが主流である。たとえば，青酸カリを与えて被害者の自殺を幇助し，その後被害者が苦悶しはじめたので旅館の人に知らせて医師を呼び迎えるように依頼し未遂にとどまった事案で，実行未遂の場合に，「被告人のみがその後結果の発生を防止するか又は自ら防止したと同視するに足る行為をして，その結果未遂となつた場合に限り中止未遂を以て論ずることができると解すべきである」とするもの[12]，放火後その家の娘に火事だと知らせ，その娘と2人で火事だ火事だと大声で叫んだので付近の者が駆けつけて消火し未遂にとどまった事案で，「中止未遂であるがためには，犯人自ら結果の発生を防止するか又は自ら防止したと同一視するに足るべき程度の努力を払うことを必要とするものと解すべきを相当とする」と判示するものである[13]。

第2に，同視基準に「真摯な努力」を付け加えるものがある。住込みでの家事手伝い先の小児に睡眠薬を飲ませて殺害しようとしたが，小児が口から泡を吹き始める等の様子に驚き，大変なことをしたと思い，警察に電話した結果未遂にとどまった事案で，宜しく頼む事例判決を引用し，「犯罪の実行行為終了後におけるいわゆる実行中止による中止未遂の成立要件とされる結果発生の防止は，必ずしも犯人単独で，これに当る必要はないのであつて，結果発生の防止について他人の助力を受けても，犯人自身が防止に当つたと

---

12) 東京高判昭和25年11月9日高刑判特15号23頁（否定）。
13) 東京高判昭和26年12月24日高刑判特25号115頁（否定）。同様に，新潟地長岡支判昭和38年5月17日下刑集5巻5・6号551頁（殺人未遂罪。否定），大阪地判昭和59年6月21日判タ537号256頁（殺人未遂罪。否定），東京地判平成7年10月24日判時1596号125頁（殺人未遂罪。否定）。

第8章　実行未遂の中止行為　215

同視するに足る程度の真摯な努力が払われたと認められる場合は，やはり，中止未遂の成立が認められるのである」と判示するものである[14]。

　第3に，同視基準には触れず，単に「真摯な努力」を要すると判示するものがある。たとえば，宜しく頼む事例判決の後の共犯者の中止未遂に関する判決であるが，「假リニ所論ノ如ク被告人ニ於テ翻意シテ共謀者ノ一人Bニ對シテ『一切ノ手ヲ引クカラ承知シテ呉レ』ト申聞ケタルノ事實アリトスルモ，之ヲ目シテ結果ノ發生ヲ防止スルノ眞摯ナル努力ニ出デタルモノト爲スコト能ハザルハ勿論，亦結果ノ發生ヲ防止スルノ實效ナカリシノ事跡ニ徴スレバ」，中止未遂を認めなかったのは妥当であると判示し[15]，また，被告人が，Cを毒殺し保険金を詐取する目的でCに胃腸薬と称して青酸カリを交付した後で翻意し，C方で当該薬品を取り戻そうとしたが，Cが偽って既に服用したと告げたため，Cに異常のないことに安心して敢えて取り戻さずにいたところ，数日後にCが服用して死亡してしまったという既遂にいたった事例に関して，「結果發生前結果ノ發生ヲ現實ニ防止シタルモノニアラサルカ故ニ中止未遂ニ當ラサルモノト蓋シ苟モ青酸加里ノ如キ毒物ヲ服用シテ激變ナカリシカ如キハ輒ク首肯スヘキ事柄ニ非ス被告人ニシテ眞ニ結果ノ發生ヲ防止セントセハ宜シク其ノ曩ニ交付シタル薬品カ毒物ナリシコトヲ告白スルノ眞摯ナル態度ニ出テサルヘカラサルヲ以テ被告人カ單ニCノ言ニ依リテ其ノ儘放任シ置キタルハ未タ結果ノ發生ヲ防止スル行爲ヲ爲シタリト云フヲ得サレハナリ」と判示するもの[16]，戦後の下級審判例でも，アパートに放火

---

14)　東京地判昭和37年3月17日下刑集4巻3・4号224頁（肯定）。同様に，東京地判昭和40年4月28日下刑集7巻4号766頁（殺人未遂罪。肯定）。東京地判昭和40年12月10日下刑集7巻12号2200頁（殺人未遂罪。肯定）。宮崎地都城支判昭和59年1月25日判タ525号302頁（殺人未遂罪。肯定），前掲注(4)福岡高判昭和61年3月6日（殺人未遂罪。肯定），東京地判平成8年3月28日判時1596号125頁（殺人未遂罪。肯定）。

15)　前掲注(4)大判昭和12年12月24日（恐喝罪。事案では既遂にいたっており否定）。

16)　大判昭和13年4月19日刑集17巻336頁（殺人罪。事案では既遂にいたっており否定）。この判決について，内藤教授は，「毒物であることを告白しなかったのであるから，結果発生防止のための積極的行為としての中止行為それ自体が存在しなかったのであり，とくに『真摯』性を問題とする必要はなかったといえよう」とする（『刑法講義総論（下）Ⅱ』1313頁［有斐閣，2002年］）のに対して，浅田教授は，「本件ではすでに結果が発生しているのでそもそも中止犯の余地はなかったとも評されている……。理論的には，結果が発生した場合にも中止犯成立の余地を認めるか……，青酸カリを渡した行為と死亡との因果関係を（被害者の行為の介在を理由に）否定して未遂とするか（本事案

216　第2部　中止未遂

後翻意してアパート所有者方に赴いて火災を知らせ，所有者が消火に当った
ため未遂にとどまった事案で，「およそ実行未遂の中止未遂は，結果発生を
防止するため真摯な努力をなすことが要件であると解すべきところ」と判示
するものがある[17]。

　なお，その他，妻に対し殺意をもって自動車内で気を失うまでその頸部を
力一杯絞めたが，妻の意識が戻った後，妻に対し「俺には，わいはやっぱり
殺しきれんやった。」と述べ，それ以上の実行を思いとどまり未遂にとど
まった事案で，「本件の実行行為は終了していたものと解され……被害者の
救護等結果発生を防止するための積極的な行為が必要とされるというべきで
あ」ると判示するものもある[18]。これは従来の判例よりも緩やかな中止行為
の要件を提示するものだとの理解もありえようが，本件においては，実行行
為が終了しておらず自らの意思で頸部を絞める行為をやめれば中止未遂が成
立する旨の弁護側主張に対して，本件は実行未遂の事案であり，したがっ
て，実行行為の放棄では十分ではないにもかかわらず被害者を病院に連れて
行くなど何ら積極的な救助行為をしなかった以上中止未遂が認められないと
いうことを簡潔に示し，弁護人側の主張をしりぞけたもので，従来の判例の

───────────

　　では無理であろう）したうえで，はじめて中止行為の真摯性が問題になりうる。その場
　　合であっても十分な中止行為とはいえないとするのが，判例の基準といえよう」（「中止
　　犯」芝原邦爾編『刑法の基本判例』56頁以下〔有斐閣，1988年〕）と評釈している。
17）　大阪地判昭和42年11月9日判タ218号264頁（否定）。同様に，大阪高判昭和44年10月
　　17日判タ244号290頁（殺人未遂罪。否定）。大阪地判平成14年11月27日判タ1113号281頁
　　（殺人未遂罪。肯定）。他人の助力を得て既遂を阻止した事案ではなく，金員喝取目的で
　　の脅迫行為により被害者を畏怖せしめた後，そのまま放置したために既遂にいたらな
　　かった恐喝未遂の事案につき，東京高判昭和47年3月13日判タ278号392頁（否定）。な
　　お，名古屋高判平成2年7月17日判タ739号243頁は，一般的基準を示すものではない
　　が，「本件はいわゆる実行未遂の事例ではあるが，被告人は，被害者の右胸部を1回突
　　き刺したのち，自ら実行行為を中止したうえ，被害者の死亡という結果の発生を防止す
　　るため積極的で真摯な努力をしたもの」として，殺人罪の中止未遂を肯定し，横浜地川
　　崎支判昭和52年9月19日刑月9巻9・10号739頁は，「着手中止の色彩が強い」としつ
　　つ，「結果防止に真摯な努力をしなかつたとはいえず」中止未遂が認められるとしてい
　　る。
18）　福岡高判平成11年9月7日判時1691号156頁（否定）。本判決につき，参照，大山弘
　　「判例批評」法学セミナー545号106頁（2000年），金澤真理「判例批評」『判例セレク
　　ト '86～'00』532頁（有斐閣，2002年），神垣英郎「判例批評」警察時報56巻1号49頁以
　　下（2001年），塩見淳・平成11年度重判150頁以下（2000年）。

第 8 章　実行未遂の中止行為　217

変更を意図するものではないと理解できるように思われる[19)20)]。

## 4　小　括

　以上のように，実行未遂の中止行為，とりわけ他人の助力を受けた場合の中止行為の要件について，宜しく頼む事例判決以降の判決の表現は，(1)自ら防止したのと同視するに足る努力，(2)自ら防止したのと同視するに足る程度の真摯な努力，さらに，(3)単に真摯な努力を要すると表現するものに大別できる。これらの表現は同じことを意味しているのか，同視基準と真摯性基準とは異なるものなのかは必ずしも明らかではない。しかし，原則的な判例の立場は，同視できる程度の真摯な努力を要する（同視基準は真摯性基準を限定ないしは具体化するもの）という意味で，宜しく頼む事例判決の同視基準に従っているものと解釈できるように思われる。実際に，既に古く，牧野博士

---

19)　やや古く，同様に，殺人未遂事件で死の結果発生を阻止する何ら積極的な行為をとらなかった事案で，前橋地判昭和33年３月５日一審刑集１巻３号345頁も，「実行未遂の場合において中止未遂が成立するためには，犯人が結果の発生を阻止する積極的行為をなすことを要するものと解すべきところ」と判示している。

20)　なお，一般的な情状について判示するのみで，実行未遂の中止の認められる基準についてとくに言及しないが，中止未遂を肯定したものとして，仕事でのトラブルから他人所有の糞尿運搬船に放火したが，火勢をみて悔悟の念にかられ，自ら機関室に入り顔面および両手に火傷を負いながら消火に努め，さらに，付近住民の協力を求めてこれを消火したため既遂にいたらなかった事案（和歌山地判昭和38年７月22日下刑集５巻７・８号756頁。情状について「特に重要な点は犯罪の実行に着手後直ちに悔悟の念にかられ，身の危険を顧みず，狭隘な機関室に身を挺して飛び込み，顔面や両手等に全治約10日間を要する火傷を負いながら消化(ママ)に努め，略その目的を達し，更に近隣の者の応援を求めて完全消化(ママ)に努めた結果殆んど被害が発生しなかつたこと」を挙げている），登校拒否や暴力を繰り返す長男の将来を悲観した母親が，長男を殺害して自分も死のうと考えて包丁で長男の前胸部などを刺したが，長男が謝罪の言葉を発する等したことから犯意を喪失し，殺害を中止した事案（横浜地判平成10年３月30日判時1649号176頁）がある。また，札幌高判平成13年５月10日判タ1089号298頁は，不倫関係のもつれから被害者の左胸部をマキリ包丁で２回突き刺したが，被害者が機転を利かせて「もうお店を辞めるから。」，「本当は好きだったんだよ。」，「病院に連れて行って。」等と被告人の要求に応ずる旨や気を引くような言葉を繰り返したことにより，行為者は殺害を思いとどまり病院に搬送したため未遂にとどまった事案で，任意性について重点的に判示し，これを肯定したうえで，中止行為につき「被告人がそれ以上の攻撃を行わず，同女を病院に搬送し，医療措置を可能としたことにより一命をとりとめることができたものと認められるから，本件殺人未遂については中止未遂が成立する」と判示している。それぞれ事案の特殊性を考慮すべきであるように思われる。最後の札幌高裁平成13年判決につき，参照，門田成人「判例批評」法学セミナー574号105頁（2002年）。

218　第 2 部　中止未遂

は，宜しく頼む事例判決の評釈において，「判例が『犯人自身之が防止に當りたると同視するに足るべき程度の努力』としてゐるところを，わたくしは『眞摯性』と呼びたい」[21]と判例の同視基準を（その表現の言い換えが適切なものか否かは別として）真摯性という語に置き換え，その後も，宜しく頼む事例判決について，「中止未遂において眞摯性が必要であることを認めたものである」[22]とか，「中止行為に真摯な結果防止の態度を要求する立場を一般的前提としつつ，さらに，とくに他人の協力をえる場合に，犯人がどの程度の努力を払ったならば中止犯を認めうるかの基準を示したもの」[23]と理解されてきている。

　もちろん，同視基準と真摯性基準を——その表現が違う以上——別個の異なる内容をもった基準であると理解することも可能である（本来ならば，別個のものととらえるべきであろう）。しかし，いずれにせよ，同視基準は，他人の助力を受ける場合に「どの程度の阻止措置をとれば」同視できるのかについては何ら明らかにするものではなく（したがって，この意味で「基準」というのも不適切かもしれない），一方で，真摯な努力というのも，一般的には，既遂を阻止するための力の及ぶ限りの努力，一生懸命な努力またはひたむきな努力というようなことであろうが，具体的事案でとるべき措置の内容には相当な幅が考えられ（このような不明確性がむしろ問題とされるべきである），内容が定まらない以上一般論として両者の比較またはその関係を述べることは困難である[24]。ただ，宜しく頼む事例判決で消火を依頼して走り

---

21)　牧野英一「中止行為の眞摯性」『刑法研究第 7 巻』452頁（有斐閣，1939年）。
22)　市川秀雄『刑法總論』127頁以下（春秋社，1955年）。
23)　木村静子「中止犯」西原春夫ほか編『判例刑法研究第 4 巻』62頁（有斐閣，1981年）。注16も参照。また，荒川雅行「結果防止行為の真摯性」百選 I 4 版145頁，城下裕二「結果防止行為の真摯性」百選 I 5 版143頁，山本輝之「中止犯の法的性格と成立要件——結果無価値論の立場から——」現代刑事法45号43頁（2003年）（宜しく頼む事例判決につき，「文言上は，『真摯な努力』を必要とはしてはいないが，『行為者自身が結果防止に当たったと同視するに足る努力』というのが『真摯な努力』を意味するものであると一般に理解されている」）など。
24)　ちなみに，同視基準を用いる注12，注13の事案はいずれも中止未遂の成立が否定された事案であり，逆に，同視基準に真摯性をプラスする注14の事案では，表現だけを考えれば真摯性の分だけ要件が厳しくなっているはずであるが，いずれも中止未遂が肯定されているという点は興味深い。中止未遂を肯定する際に，「これだけの努力をしたのだから肯定してよい」というような裁判官の心理も判示の表現に影響しているのであろ

第8章　実行未遂の中止行為　219

去った行為が中止行為として認められなかったことから，同視基準を挙げる判例であれ，真摯性基準を挙げる判例であれ，判例によれば，既遂の阻止について自ら責任をもたず他人任せにするような場合に中止行為は認められない，という限りで一致を見いだすことができよう。しかし，当該具体的事案においてどのような行動をとったために（もしくはとらなかったために）中止行為と認められ（もしくは認められない）のかは必ずしも十分に明らかにされてきておらず，したがって，中止行為を判断する際にどのような要因が重視されているのかを個々のケースごとに分析することが重要になってこよう[25]。

## 第2節　実行未遂の中止行為に関する学説の状況

### 1　学説の整理

### (1)　真剣な努力説

　実行未遂の中止について，従来の通説は真摯な（真剣な）努力を要すると解してきた（以下，「真剣な努力説」と略記）[26]。なぜ真摯な努力が必要なの

うか。

25)　判例の分析については，また，後述，第3節2（263頁以下）も参照。

26)　阿部純二『刑法総論』212頁以下（日本評論社，1997年），板倉宏『新訂刑法総論（補訂版）』146頁以下（勁草書房，2001年），同「中止犯」阿部純二ほか編『刑法基本講座（第4巻）』40頁以下（法学書院，1992年），内田・前掲注(3)『刑法概要中巻』395頁以下，同『改訂刑法Ⅰ総論（補正版）』272頁（青林書院，1997年），大塚仁『刑法概説総論（第3版）』246頁（有斐閣，1997年），吉川経夫『三訂刑法総論』241頁（法律文化社，1989年），木村静子「中止犯」日本刑法学会編『刑法講座第4巻』29頁（有斐閣，1963年），佐久間修『刑法講義総論』328頁以下（成文堂，1997年），荘子・前掲注(11)『刑法総論』432頁（「真剣に且つ誠実に結果発生を未然に阻止する努力を傾けたこと」），正田満三郎『刑法体系総論』138頁以下（良書普及会，1979年），団藤・前掲注(11)『刑法綱要総論』365頁，中義勝『講述犯罪総論』215頁（有斐閣，1980年），中野次雄『刑法総論概要（第3版補訂版）』133頁注4（成文堂，1997年），西原・前掲注(9)『刑法総論』338頁以下，萩原滋『刑法概要総論』145頁以下（成文堂，2002年），福田平『全訂刑法総論（第3版増補）』231頁（有斐閣，2001年），藤木・前掲注(11)『刑法講義総論』263頁以下，船山泰範『刑法』172頁以下（弘文堂，1999年），前田雅英『刑法総論講義（第3版）』170頁（東京大学出版会，1998年），前田雅英ほか編『条解刑法』165頁（弘文堂，2002年），森下忠『刑法総論』176頁（悠々社，1993年）。なお，木村亀二・前掲注(11)『刑法総論』366頁，368頁注13，平場安治『刑法総論講義』142頁（有信堂，1961年）。実行未遂を中止する場合に真摯な（真剣な）努力を要すると解し，さらに，その

か，また，その内容としてどのような中止行為が考えられているのかということについて，この立場のすべての論者が十分に明確にしているわけではないが，中止行為が認められるために規範に合致した意思の現れや態度がなければならないということが指摘され，このことが真剣な努力と表現されることが多い。たとえば，西原教授は，「実行中止の成立のためには，単に偶然的に結果が生じなかっただけでなく，結果防止を真に目的とした行為者自身の努力（もちろん行為者にとって可能な限度内での努力）が必要である。このような要件が要求されたのは，……合規範的意思の中止行為への表動がなければ違法性の減少を認めて刑を減免するわけにはいかないからである」と論じ[27]，川端教授は，真摯性の要求は「形式的に中止行為がなされただけでは責任減少をみとめるべきではないとする思考に由来する。いったん違法『行為』を終了してしまっている以上，法的義務にふたたび合致しようとする態度があるといえるためには，真剣に結果発生防止に取り組む必要がある。つまり，真摯な中止行為がなされてはじめて，中止行為者の『法敵対性』が弱まると見られるのである」と述べている[28]。その他，結果を防止する義務が指摘されることもある。江家教授は，「一旦犯罪の実行に著手し結果発生の危険を生ぜしめた以上は，結果の発生を防止するため『真摯な努力』をしない限り，中止未遂として取扱われないということである。何となれば，自己の作為により結果発生の危険を生ぜしめたものは，結果の発生を防止すべき義務があるからである（先行行爲に基く防止義務。……）」と論じている[29]。

---

努力にもかかわらず既遂にいたってしまった場合にも努力の真摯性を評価して43条ただし書の準用（ないしは類推適用）を認めるのは，市川・前掲注(22)『刑法總論』127頁以下，井上正治『刑法学總則』199頁（朝倉書店，1951年），岡野光雄『刑法要説總論』260頁（成文堂，2001年），江家義男『刑法（總論）』160頁以下（千倉書房，1952年），牧野英一『重訂日本刑法上巻』315頁以下（有斐閣，1938年）。既遂にいたった場合に刑の減軽の限度で43条ただし書の類推適用を認めるのは，川端博『刑法総論講義』470頁以下（成文堂，1995年）。

27) 西原・前掲注(9)『刑法總論』339頁。

28) 川端・前掲注(26)『刑法総論講義』470頁。

29) 江家・前掲注(26)『刑法總論』160頁。なお，法益保護の観点から，犯罪避止義務に違反して犯罪に着手した者に，着手未遂の段階では犯罪中止義務が課せられ，実行未遂の段階では結果発生防止義務が課せられると理解し，このような理解から，実行未遂の中止行為は，行為者が客観的に十分な結果発生防止義務を履行することが必要であると解するのは，大塚仁ほか編『大コンメンタール刑法（第2版）第4巻』134頁以下〔野

なお，香川教授の見解は若干複雑であるが，結論的に真剣な努力説とほぼ同様といえよう。すなわち，この見解は，(1)教授のいう本来的な意味での中止行為の場合と，(2)結果の不発生が確定的な場合や，第三者の介入によって結果発生が防止された場合（さらに，未遂の段階で中止したにもかかわらず，結果が発生した場合も含める）を分け，(1)の場合に，「着手した犯罪の完成を阻止しえたこと」，すなわち，「本来的な構成要件における実行行為のもたらす因果関係の遮断」を要件とし[30]，(2)の場合には，既遂阻止と中止措置との間の因果関係を要求すると，着手未遂の中止における中止行為との関連で中止の認められる要件がより厳格になることなどから，因果関係に代わる要件として真摯性を要求する[31]。そして，(2)の第三者の介入によって結果発生が防止された場合のなかに，(2)-①行為者が既遂の阻止に条件を与えた場合と，(2)-②条件を与えていない場合の両者を含めるため[32]，わが国の判例で

---

村稔〕（青林書院，1999年），同『刑法総論（補訂版）』364頁以下（成文堂，1998年），同『未遂犯の研究』471頁以下（成文堂，1984年）。

30) 団藤重光編『注釈刑法(2)のⅡ総則(3)』484頁以下〔香川達夫〕（有斐閣，1969年）。これが「中止行為のもつ原則的な形態である」（団藤編・前掲484頁〔香川〕），「本来的な意味で中止行為とは，これのみに限定されるべきであろう」（団藤編・前掲485頁〔香川〕）とする。同様に，同『刑法講義総論（第3版）』313頁以下（成文堂，1995年）も，「典型的な意味での中止行為を，そう把握するのは正しい」とする。

31) 団藤編・前掲注(30)485頁以下〔香川〕。「真摯性が要件とされるのは，それが因果関係を遮断しえたと同視しうる程度のものであること……，そして，その遮断しえなかった事情が，中止行為と関連のない客観的事情の介在によるばあいにかぎるべきである」（団藤編・前掲注(30)486頁〔香川〕），「真剣な努力とは本来的な中止行為の修正原理として作用するだけでのことあつて，中止行為そのものに現実性を不要ならしめるための原理なのではない」（団藤編・前掲注(30)487頁〔香川〕）とする。同様に，同・前掲注(30)『刑法総論』314頁（「因果関係の代役」）。

32) 団藤編・前掲注(30)487頁以下〔香川〕。(2)-①の場合，行為者の中止措置が既遂阻止結果に対して少なくとも条件関係の認められる場合であり，また，事案によっては相当因果関係の認められると考えるべき場合もあり（参照，後述，第2節3〔239頁以下〕），したがって，「因果関係に代わる要件としての真摯性」ということを主張される教授の基本的な立脚点からすると首尾一貫していないところがあるように思われる。それに対して，(2)-②の場合は，ドイツ刑法24条1項2文で規定するいわゆる「非因果的な中止」の場合にほぼ対応するが，努力にもかかわらず既遂にいたった場合まで含めるべきではなかろう。すなわち，非因果的な中止の場合として，第三者の介入や被害者自身の措置によって既遂が妨げられる場合，実行行為が不能であったために既遂にいたらなかった場合や，共犯事例では，正犯者や他の共犯者の中止行為により既遂が妨げられた場合で，かつ，いずれの場合も行為者がそのような未遂の失敗を知らずに中止措置をとった場合に限定すべきであろう。

222　第 2 部　中止未遂

同視基準（等）が問題となっているところの（実行未遂の中止行為の典型的な場合である）(2)−①の類型は，真摯な努力が要件となり，この限りで通説と同じ見解となる[33]。そして，このような真摯な努力の要求は，「要求される法的義務に合致しようとする意欲」，「そうした規範的意識の具体化としてなされた中止であって，はじめて責任の消滅減少事由として作用する」[34]という中止未遂の理解とも密接に関連しているものと思われる。

### (2)　適切な努力説

　真剣な努力説に対してかつてはそれほど異論が向けられてこなかったが，近時では，（その表現にニュアンスはあるが）真剣な努力という表現を避けもしくは限定し，中止行為の認められる範囲について真剣な努力説よりも若干広く（緩やかに）認めていこうと志向する見解が有力に主張され，支持されてきている。代表的なのは，客観的に結果を防止するのにふさわしい積極的な行為で足りるとする曽根教授や，結果発生防止に適切な努力を要するとする内藤教授の見解であろう（以下，「適切な努力説」と呼ぶ[35]）。次のように論じられる。「実行中止の成立のためには，単に偶然的に結果が生じなかっただけでなく，結果防止を目的とした行為者自身の積極的な努力が必要である。このような要件が要求されるのは，合規範的意思の中止行為への表動がなければ，非難可能性（責任）の減少を認めて刑を減免するわけにはゆかないからである。……従来，中止行為が認められるためには真摯な努力が必要であるとされてきたが，刑法上の責任を法的責任と解して倫理的（道義的）

---

33)　なお，香川達夫『中止未遂の法的性格』116頁など（有斐閣，1963年）では，前記(1)と(2)の場合で異なる要件を考えるのではなく，むしろ，すべての中止行為に真摯な努力を要求しているようである。

34)　香川・前掲注(30)『刑法総論』307頁，同・前掲注(33)『中止未遂の法的性格』97頁以下。

35)　「積極的な」という表現は，その表現のみからは，「着手未遂の中止は不作為で足り，実行未遂の中止は作為による阻止が必要である」という意味での作為＝積極的な行為を超える意味でその要件を考えているのか否かが必ずしもはっきりしないので，「客観的に結果を防止するのにふさわしい」という観点の方が強調されるべきであるように思われる。積極的な行為で足りると表現する古い学説は，「実行未遂の中止は作為による阻止が必要」という意味で考えているように思われる。たとえば，草野豹一郎『刑法要論』109頁（有斐閣，1956年），斉藤金作『刑法總論（改訂版）』213頁（有斐閣，1955年），瀧川・前掲注(11)『犯罪論序説』190頁，宮本英脩『刑法学粋』379頁（弘文堂書店，1931年），同『刑法大綱』185頁以下（弘文堂書店，1935年）など。

第8章　実行未遂の中止行為　223

責任から区別する立場では，努力の『真摯性』は過度の要求というべきであろう。客観的にみて結果を防止するにふさわしい，行為者の積極的な行為およびその認識があればそれで十分である」とされ[36]，また，「もともと，『努力』の語は，目標実現のため，心身を労してつとめることを意味しているから，そのうえに，まじめで，ひたむきなさまを意味する『真摯な』の語を付け加えて，それを強調することは，中止行為に条文の文理にもない過大な要求をしていることになろう。たしかに，道義的（倫理的）責任論の見地から道義的非難可能性の減少を中止犯における必要的刑減免の根拠とするならば，努力の『真摯性』を強調することになるかもしれない。そして，その考え方は，任意性の要件も道義的悔悟による場合に限定することに連なるおそれがある。しかし，法的責任論の見地から刑罰を手段とする法的非難可能性の減少を問題とするならば，『真摯性』の要件は必要でなく，結果発生防止に適切な努力をすれば足りると解することになる。たしかに，他人の助力を得た場合に，故意の自発的放棄が中止行為に表現されているとして責任減少を認めるためには，自分の行為が結果発生を防止するための中止行為であることを認識していることは必要である……。いわゆる『真摯性』の要件にあたるものは，そのような認識を意味するにとどまると理解すべきであろう。そして，その認識は『努力』の語に表現されているように思われる。さらに，結果の発生を防止するという法政策的な観点からみても，右の程度の努力がなされれば十分であろう」と述べられている[37)38)]。

---

36)　曽根威彦『刑法総論（第3版）』255頁（弘文堂，2000年），同『刑法の重要問題（総論）補訂版』269頁（成文堂，1996年）。同様に，佐伯千仭『四訂刑法講義（総論）』326頁（有斐閣，1981年），奈良俊夫『概説刑法総論（第3版）』269頁（芦書房，1998年）。おそらくまた，柏木・前掲注(11)『刑法総論』261頁以下，立石二六『刑法総論（補正版）』267頁以下（成文堂，2004年）。なお，大谷實『新版刑法講義総論』414頁（成文堂，2000年）。

37)　内藤・前掲注(16)『刑法講義総論（下）Ⅱ』1312頁。同様に，鈴木茂嗣・前掲注(3)『刑法総論』180頁。また，鈴木彰雄「実行中止における第三者の関与」関東学園大学法学紀要2号27頁以下（1991年）。

38)　なお，結果防止に相当な行為とするのは，浅田・前掲注(16)57頁。主体的な努力を要するとするのは，塩見・前掲注(3)262頁注50。また，他人の援助を借りることは差支えないが行為者の努力が中心でなければならないとするのは，青柳文雄『刑法通論Ⅰ総論』343頁注3（泉文堂，1965年）。

224　第2部　中止未遂

　また，真摯な努力という表現を用いることが必ずしも排斥されるわけではないが，その表現を用いるとしても，それが行き過ぎた限定にならないように，前記の適切な努力説と同じような表現で，真摯な努力の内容として要求されることの範囲が限定され明確にされる場合もある。たとえば，山中教授は，「積極的結果防止行為は，結果の発生を防止するに足りる行為をすることで十分である……。通説・判例は……結果発生防止のための『真摯な努力』を要求する……。真摯性を要求するとしても，倫理的評価とは切り離して，ただ，真に結果の発生を防止するよう意欲したかどうかを問題にすべきであるが，第1次的には，客観的に結果発生を防止するために適当で必要な行為（中止行為）をすればよいのであって，その客観的行為に結果発生防止の意欲（中止意思）が表れておればよい。『真摯な努力』とは，このような意味で用いられるべき概念である。すなわち，真摯な努力は，あくまで結果防止のために必要な行為で足り，自己が犯人であることを自ら告げたかどうかなど，法秩序に対する全面的な恭順の意を示すことまでも要求するものであるべきではない」と論じ[39]，井田教授は，「中止行為とは，犯罪実現回避のため行為者に期待された行動要請にかなう行為のことであるから，中止行為時において（＝事前判断を基準として）犯罪実現の回避が十分に見込まれる行為でなければならない。……判例・通説によると，中止行為は，結果の発生を防止するについての『真摯な努力』を示す行為でなければならないとされる……。『真摯性』とは誤解を招きやすい表現であるが……，中止行為を行うにあたって他人の手を借りるとき，他人まかせであってはならず（それは結果発生の阻止を保証できる行為ではない），みずから結果不発生の確度の高い行為を行うことを要求する趣旨であれば，それは妥当なものといえよう」と論じている[40][41]。

---

39)　山中敬一『刑法総論Ⅱ』722頁（成文堂，1999年）。なお，山中敬一『中止未遂の研究』260頁以下（成文堂，2001年）は，確実に結果発生防止が客観的に予測しうるまで，結果不発生への因果経過を少なくとも潜在的に支配していなければならないとする。

40)　井田良「中止犯」現代刑事法25号100頁（2001年）。同様に，井田良・川端博「対談・中止犯論の現在と課題」現代刑事法45号17頁，28頁以下〔井田〕（2003年）。

41)　なお，斎藤信治教授も，着手未遂と実行未遂の区別に関連してであるが，「作為形態での実行を止めても，既に結果発生の危険を生じているのを認識しており，放置または御座なりの態度が（不真正）不作為形態での実行継続と認められるときは，無論全体と

### (3) 因果関係必要説

　さらに，近時において，真剣なもしくは適切な「努力」といった中止行為それ自体の性質（努力や，中止措置のもつ既遂阻止適性）を重視するのではなく，因果性の観点から解決しようとする見解，すなわち，狭義の中止行為と既遂阻止（もしくは危険消滅）の間の因果関係の有無を問題とする考え方（以下，「因果関係必要説」と略記）が有力な論者により主張されてきている。たとえば，山口教授は，「犯罪を中止した」といえるためには「中止行為と危険の消滅との間に因果関係が必要であり（客観的中止要件），行為者には自己の中止行為により危険を消滅させることの認識が必要である（主観的中止要件）」とその基本的立場を簡潔に示され[42]，また，和田教授は，中止規定のもつ犯罪予防機能を重視・強調する立場[43]から次のように論ずる。すなわ

---

　　　して『中止した』ことにならない……とするのが，妥当であろう……。しばしば，実行行為を終えている場合に中止犯が認められるためには『真摯（真剣）な』結果発生防止が必要だ，と説かれるのも」，この「趣旨の限度においてのみ理解しうる」としている（『刑法総論（第5版）』232頁［有斐閣，2003年］）。

[42]　山口厚『刑法総論』243頁（有斐閣，2001年）。また，246頁。同・前掲注(3)『問題探究刑法総論』228頁以下。同様に，林幹人『刑法総論』374頁以下（東京大学出版会，2000年），堀内捷三『刑法総論（第2版）』242頁，249頁（有斐閣，2004年），山本・前掲注(23)40頁以下。おそらく，先駆的に，平野龍一「中止犯」日本刑法学会編『刑事法講座第2巻』407頁以下（有斐閣，1952年），同『刑法総論Ⅱ』337頁以下（有斐閣，1975年）。また，對馬直樹「中止行為について」明治大学大学院紀要法学篇30集145頁以下（1993年）。ただ，中止行為をなしたにもかかわらず結果が発生した場合にも法的義務に合致しようとする意欲を評価して43条ただし書の準用を認める。なお，犯罪論体系における従来の実行行為概念，そして，その対概念としての中止行為という構成を批判し，結果不発生に対する行為者の因果的寄与を重視するのは，齋野彦弥「中止未遂の因果論的構造と中止故意について」『田宮裕博士追悼論集下巻』587頁以下（信山社，2003年）。

[43]　和田俊憲「中止犯論」刑法雑誌42巻3号281頁以下（2003年）。論者のいう「予防政策説」は若干複雑である。この説は，未遂行為者を中止行為に誘導して犯罪が既遂に達するのを防止するという政策目的に減免の根拠を求めつつ（黄金の橋の理論），その予防政策を実現する観点から，減免予防の必要性，行為者のコントロール可能性，報奨性という3つの制限的観点により，その予防目的に一定の限定がなされるとする（284頁以下）。このような考え方から，（本文で引用する）狭義の中止行為と中止結果との間の相当因果関係が必要であり，かつそれで十分であることのほか，予備罪の中止に43条ただし書の類推適用を認めるべきではないこと（287頁），（可罰的な）未遂犯が当初から具体的に不能である場合に43条ただし書の適用・類推適用を認めるべきではないこと（288頁），任意性に関して主観説が妥当であること（292頁）という帰結が体系的に一貫した解釈として導かれるとする。

226 第2部 中止未遂

ち，「狭義の中止行為と中止結果との間の因果関係を中止犯の成立要件として要求すべきか否かである。今日の有力説は因果関係を不要と解している。それは，行為者が十分なことを為したのであれば，未遂の罪責に留まる限りでは中止犯の成立を認めるべきであるという判断に基づいている。しかし，一旦因果関係を不要とすると，行為者がどれだけのことを為したら十分であるのか，その基準を見つけることは困難であるように思われる。仮に，結果発生を防止するための真摯な，あるいは積極的な努力，という基準が，十分に根拠があり明白なものであるとしても，因果関係が認められる事案においてもそれらの要件が重ねて要求される結果，中止犯の成立範囲を不当に狭めるおそれがあり，妥当ではない。逆に，因果関係を要求しても，行為者の行為が明らかに中止行為として不十分である場合には，相当因果関係を否定することで中止犯の成立を制限することが可能である。しかも，因果関係を要求して初めて，未遂に留まったことを中止犯の単なる形式的・外在的要件とはせずに済むことにもなる。即ち，中止減免は中止結果を発生させ未遂を未遂に留めたことに対する報奨として為されるものである，という説明が可能になるのである。それ故，狭義の中止行為と中止結果との間に因果関係が認められる場合に初めて，そしてそのときには必ず，『犯罪を中止した』と言えると解すべきであるように思われる」[44]と。

### (4) 小括——以下の考察の出発点

　以上のように，学説において，従来の通説である真剣な努力説のほかに，近時では，これを緩和もしくは適度に限定しようとする適切な努力説，さらに，既遂阻止（ないし危険消滅）結果に対する因果関係を重視して「中止行為」を考えていこうとする因果関係必要説が有力に主張・支持されてきている。さらに，それぞれの分類の中での各論者の微妙な相違も考えると，かつては比較的安定した状態にあったように思われる学説の状況が近時にわかに多様化してきているといえよう。その一方で，それぞれの学説に立った場合に具体的にどのような違いが出てくるのか，換言すれば，——判例の同視基準と真摯性基準との関係について述べたのと同じように——具体的にどのよ

---

44)　和田・前掲注(43)289頁以下。

うな場合に中止行為が認められ，また認められないのかということは，これ
までの議論において必ずしも十分に明らかにされ，深められてこなかったよ
うに思われる。もちろん，実行未遂の中止行為の行われうる状況が多種多様
であるために，その要件がどうしても一般的・抽象的なものにとどまらざる
をえないということは確かであろう。しかし，少なくとも裁判での事案の解
決の指針になりえ，また，建設的な批判の対象になりうる程度の明確化は必
要であろう。

　そこで，このような関心から，以下の考察において（わが国およびドイツ
の判例で問題になった）具体的な事案を前提として，それを手がかりに各説
の結論を（できるだけ）明らかにしつつ，各説の適否を検討していきたい。
具体例として，わが国の判例においてよく知られており，この問題の出発点
を形づくっている宜しく頼む事例，ドイツの判例で近時議論の対象となって
いる病院事例・毒事例を用いる。というのも，これらの事例により各説の結
論の異同がある程度浮き彫りになると考えられるからである。

　そこで，ここでは，以下の考察に先立って，各事例について示しておくこ
とにする。宜しく頼む事例については前で示した[45]。病院事例と毒事例の事
案は次のようなものであった。

　（イ）病院事例　　被告人は，妻に離婚するように要求したが，これを拒
否されたことに憤激して，ビールびんや重いガラス製の灰皿，さらに木製の
椅子で妻を激しく殴った。彼女が頭から激しく出血したとき，彼は殴るのを
やめた。彼女は膝から崩れ落ち，しばらくの間意識を失っていた。被告人は
彼女を病院に連れていこうと決意し，途中まで車に乗せていったが，病院の
通用口まで約95メートルのところで出血している妻を降ろし，1人で歩いて
病院に行かせ，そこを離れた。その後，病院の正面入口から約40メートル離
れた所で意識を失って倒れていた彼女は通行人によって発見され，救助され
た。彼女は出血多量で，頭の怪我は脳水腫の危険があり，直ちに医療上の処
置をしなければ，少なくとも心不全および循環不全のために死亡する可能性
があったという状態であった。なお，被告人は妻が病院まで行けたかどうか

---

45)　参照，前述，第1節2（213頁以下）。

不安だったためもう１度病院の近くに戻り，そこで病院のなかに妻らしき人物を確認して家に戻った，というものである[46]。

　（ロ）毒事例　　被告人は，彼女の夫に E-605 という１服の毒を与えた。その毒は医師による即座の救助がなされなければ死へと導くものであった。呼吸中枢を麻痺させるその毒の作用が現れはじめたとき，彼女は，夫の要求に基づいて，（Arbeiter-Samariter-Bund という）救急医療機関に電話し，「夫の具合が悪く，彼が台所でよろめいている」と知らせ，救急車の派遣を要請した。それに基づいて到着した救急医が夫を救助することができた。なお，彼女は，到着した医師に対して，まったく毒のことを指摘せず，かえって，「夫がコーヒーと青い薬を飲んだ」と意識的に誤解を招く説明をした，というものであった[47]。

---

46)　BGHSt 31,46(Urt.v.27.4.1982). 連邦通常裁判所は，次のように述べて不処罰となる中止を否定した。すなわち，「構成要件に該当する結果が自分の構成要件に該当する行為に基づいて発生するということを予想する者は，または，そのことをありうると考えるにすぎない者も，行為の既遂の阻止に向けられた活動を展開しなければならない。彼は，彼の表象において，構成要件に該当する結果の実現の危険をつくりだした。その結果，彼は，行為の既遂にいたらせないことを目指し，そして，客観的にまたは少なくとも彼の見方からはそのために十分であるような行為によって，行為を断念する意思を表明しなければならない（……）。彼によりよい阻止手段が意のままになる場合，彼は，彼が認識したように，（もしかしたら）不十分である（かもしれない）措置で満足してはならない。そのような阻止手段を彼は汲み尽くさなければならない（……）。彼は，偶然を回避しうるところで，その偶然に余地を与えてはならない。彼が偶然に余地を与える場合，彼は自分の活動によって行為の既遂を回避しない（……）。彼は，常に結果発生の全リスクを負う（……）。結果が——不能未遂の事例におけるように——発生しえなかったために，または第三者の介入が行為の既遂を阻止したために，行為者の阻止的行為にかかわりなく結果が発生しないということが判明する場合，確かに，結果回避の成功という要件は必要ない。しかし，結果を発生させないことに向けられた行為者の行為に対して，その行為を展開する時点で課されるべき要求は，そのことによって何ら変わらない。……既遂を阻止しようとする『任意で真剣な努力』（刑法24条１項２文）は，ことの本質によれば，結果回避の意図によって決定される努力でしかありえない。行為者は，彼の知っているところの客観的に十分な，または少なくとも彼の見方から十分な阻止手段を汲み尽くさなければならないのである」。参照，本件について紹介しているのは，鈴木彰雄・前掲注(37)17頁以下，山中・前掲注(39)『中止未遂の研究』261頁注４。

47)　BGH NStZ 1989,525(Urt.v.1.2.1989). 連邦通常裁判所は，次のように述べて不処罰となる中止を否定した。「被告人は，差当り彼女の見方から救助のために必要なことを行った後も，救助にひき続き協力することが——彼女が認識していたように——必要であったにもかかわらず，その協力を拒んだ」。「そのことによって，被告人は，——たとえ彼女が差当り夫を救助する気があったとしても——有害な結果の阻止にさらに寄与するこ

第 8 章　実行未遂の中止行為　229

　以下，これらの事例を手がかりとしつつ各学説の結論・適否について検討
していく。

## 2　真剣な努力説と適切な努力説

　これまでの学説の対立においては，従来の通説である真剣な努力説に対し
て，適切な努力説の側から，「努力の真摯性」という要件が倫理的な要求に
つながり，そのような要求は不適切である，または，中止行為を認めるにあ
たって過大な要求である（または過大な要求になりうる）ということが批判さ
れ，法的な観点からもしくは中止未遂の認められる実質的な根拠から，中止
行為の合理的な範囲を導き出すことができるような基準として，適切な努力
という基準（ほか，論者が妥当と考える基準）が提案されてきた[48]。このよう
な適切な努力説の関心は適切かつ妥当なものである。ただ，これまでの真剣
な努力説と適切な努力説のこのような対立は，その背後にある体系的な関心
等一旦を度外視し，実行未遂の中止行為の要件としてのみみた場合には，そ
の批判や用いられる表現（真摯な努力か，適切な努力か）が与える印象ほど大
きなものではないように思われる。むしろ，両者の結論は基本的にほぼ一致
している（いた）のではないかと考えられる。以下，いくつかの観点からこ
のことを検討する。

### ⑴　犯跡隠蔽措置と中止行為

　真剣な努力説に対するこれまでの主たる批判であったところの倫理性云々
ということに関して，一般論として，真剣な努力説の論者も，批判されるよ
うな倫理的な反省・悔悟や，道徳的にあるべき態度・事後措置を強調・重視

---

とが必要であり，また彼女にとって可能であった時点で，このような救助意思（Bereit-
schaft）を再び放棄した」。つまり，「被告人は，夫の生命が救助されるためには，毒の
投与について医師に情報を与えなければならないであろうと考えていたにもかかわら
ず，毒の投与を黙っていた」のであり，このことから，継続する中止意思（fortbestehenden
Rettungswillen）が認められず，したがって，不処罰となる中止未遂は認められない。
参照，本件について紹介しているのは，鈴木彰雄・前掲注(37)19頁，山中・前掲注(39)
『中止未遂の研究』258頁。また，実行未遂の中止行為に関するその他の重要なドイツ判
例について，参照，鈴木彰雄・前掲注(37)14頁以下，山中・前掲注(39)『中止未遂の研
究』253頁以下。

48)　参照，前述，第2節1⑵（222頁以下）。

230 第2部 中止未遂

し，中止行為を必要以上に限定しようと意図したものとは各論述から読み取れない。たとえば，前述のように，この真摯性という表現について，かつて牧野博士は判例の同視基準を真摯性という語に置き換え[49]，また，別の論者も，「中止行為が真摯な努力の現われでなければならぬ」としつつ，「しかし，真摯な努力は結果の防止に相当な行為の主観的裏づけの限度において要求されるべきであり，主観的態度はそれ以上に評価されるべきではない」と論じ[50]，近時でも，明確に「ここにいう真摯性は倫理的評価とは直接，関係を有せず，結果の不発生を真に意欲して行動したか否か，という観点から判断されることになる」と述べられているからである[51]。

　ただ，この倫理性云々という批判との関係で，真剣な努力を要求する場合に，中止行為の際にまたはその後で自己の犯行であることを救急医療機関の関係者・現場に駆けつけた警察官などに申告しないこと，さらに，より積極的に犯跡を隠蔽する措置をなしたことが中止行為を否定する方向で重視されることになるのではないのか，ということが問題になりうる。実際に，裁判例では救助措置に際しての犯跡の隠蔽措置等を重視して中止未遂を否定したものがある。事案は，被害者の腹部を包丁で刺し（肝臓に達する深さ約12センチメートルの刺創を負わせ）た後，被害者が激痛に耐えかね，「痛い痛い」と言って泣きながら「病院へ連れて行ってくれ」と哀願したので，被告人は憐憫の情を発するとともに事の重大さに恐怖驚愕して死の結果発生を防止するため被害者を自己運転の自動車に乗せ，直ちに近くの病院に運び込み，一命をとりとめたというものであった（以下，犯跡隠蔽事例と表記）。このような事案に対して，大阪高裁昭和44年10月17日判決[52]は次のように判示して中止未遂を否定した。すなわち，「本件のように実行行為終了後重傷に呻吟する被害者をそのまま放置すれば致死の結果が発生する可能性はきわめて大きいのであるから，被告人の爾後の救助活動が中止未遂としての認定を受けるた

---

49)　参照，前述，218頁。
50)　木村静子・前掲注(26)『刑法講座』29頁。また，前述，224頁以下の山中，井田，斎藤信治各教授の論述も参照。
51)　川端・前掲注(26)『刑法総論講義』470頁。ちなみに，ドイツ刑法24条1項2文，2項2文の「真摯性」概念も道徳的・倫理的な要求をするものだとは解されない。
52)　前掲注17。

第 8 章　実行未遂の中止行為　231

めには，死亡の結果発生を防止するため被告人が真摯な努力を傾注したと評
価しうることを必要とするものと解すべきである。そこで救助の段階におけ
る被告人の言動を検討すると……被害者を……病院へ運ぶ途中自動車内にお
いて，被告人は被害者に対し『わしに刺されたといわんようにしてくれ』と
言つたところ，被害者はそれを断つてはまた刺されて殺されると思い，かつ
一刻も早く病院へ運んでほしかつたので，『お前のよいように言うておけ』
と返事した，というのであり，……被害者を病院へ担ぎ込んだ時同人が被告
人に『お前がやつたと警察へは言うなよ』と言つたのでその好意に甘えた，
というのであつて，その動機は何れとも断定しがたいが，被告人が被害者を
病院へ担ぎ込み，医師の手術施行中病院に居た間に被告人，被害者の共通の
友人数名や被害者の母等に犯人は自分ではなく，被害者が誰か判らないが他
の者に刺されていたと嘘言を弄していたこと及び病院に到着する直前に兇器
を川に投げ捨てて犯跡を隠蔽しようとしたことは動かし得ない事実であつ
て，被告人が被害者を病院へ運び入れた際，その病院の医師に対し，犯人が
自分であることを打ち明けいつどこでどのような兇器でどのように突刺した
とか及び医師の手術，治療等に対し自己が経済的負担を約するとかの救助の
ための万全の行動を採つたものとはいいがたく，単に被害者を病院へ運ぶと
いう一応の努力をしたに過ぎないものであつて，この程度の行動では，未だ
以て結果発生防止のため被告人が真摯な努力をしたものと認めるに足りない
ものといわなければならない。従つて本件が中止未遂にあたるとする所論は
採用するに由なく本論旨は失当である」と。

　この判決は，中止行為の関係において，学説から最も批判を受けているも
のである。たとえば，凶器を川に投げ捨てたことや犯人が自分でないと虚言
を弄したことのような犯跡隠蔽措置をなしたことや，医療費の経済的負担を
約束しなかつたことのように，「結果の防止行為とは何ら関係ない被告人の
事後的な態度までをも判断材料の射程に入れた判例の立場にはきわめて問題
があるように思われる」[53]，「本判決が『真摯な努力』の内容として要求す

---

53)　荒川・前掲注(23)145頁。同様に，井田・前掲注(40)100頁，斎藤信治・前掲注(41)
　　『刑法総論』374頁，塩見・前掲注(3)262頁注50，内藤・前掲注(16)『刑法講義総論（下）
　　Ⅱ』1311頁以下など。

232　第2部　中止未遂

る諸事情は，結果防止行為とは直接関係のない事後的な態度までもが対象と
なっており……，その点ですでに『中止行為』の要件を逸脱しているといわ
ざるを得ない」[54]と批判されてきた。

　中止行為を考えるにあたり，真剣な努力説の立場から，このような自己の
犯行であることの不申告やより積極的な犯跡隠蔽措置のように，既遂の阻止
に直接関係しない事情を重視するのであれば，やはりそれは疑問といわざる
をえず，前記批判にはもとより異論はない[55]。しかし，真剣な努力説から
も，むしろ次のような理解が一般的ではないかと考えられる。すなわち，
「結果回避（防止）のための真摯な努力という場合に，大切なことは，法益
侵害の結果を防止するに役立つような努力をしているか否かであって，殊勝
な態度をとることではないはずである。つまり，本件なら，生命救助のため
に必要な努力がなされていればよいのである。とくに，H（＝被害者。原口
注）にとって不可欠なのは，いち早く医師による専門的な医療行為を受ける
ことであって，素人がなすべきことは医師のところへ連れていくことであ
る。したがって，判例が指摘するように，G（＝被告人。原口注）が自分は犯
人でないと虚言を弄したり，凶器を川に捨てたり，医療の経済的負担を申し
出ないことなどをもって，万全の行動を採ってないとするのは，見当違いと
いわざるをえない。この判例は中止犯の要件としての真摯な努力について誤
解をしているものであり，判例の全体的な流れに影響を与えるものではな
い」[56]という理解である[57]。このような理解を前提とすれば，犯跡隠蔽事例

---

54)　城下・前掲注(23)143頁。

55)　参照，また，後述，第3節1(2)(254頁以下)も。

56)　船山・前掲注(26)『刑法』173頁。同様に，板倉・前掲注(26)『刑法総論』147頁（「医
療のように専門家の力を仰がなければならない場合は，被害者をすみやかに医療施設に
送り，治療を受けさせるように努力すれば，真剣な中止行為と認めることができよ
う」）。また，神垣・前掲注(18)55頁。この点に関する判例の態度につき，後述，269頁
以下も参照。

57)　なお，前田雅英『最新重要判例250〔刑法〕第4版』22頁（弘文堂，2002年）は犯跡
隠蔽事例判決にやや理解を示しているように思われる。なお，また，米山哲夫「中止未
遂と償いの思想」早稲田大学大学院法研論集29号（1983年）は，判例が実行未遂の中止
に関してかなり厳格な要件を課しているとしつつ，そのような厳格な要求が出てくる理
由は，「自分の犯した犯罪の発覚，そしてそれによって科せられるべき様々な不利益を
嫌わない態度が，犯人自身の結果防止行為によって示されるということなのではなかろ
うか。そうした態度に対して法は刑の必要的減免という恩典を与えるべきものとしたの

第8章　実行未遂の中止行為　233

判決は，自己の犯行であることの不申告やより積極的な犯跡隠蔽措置のように，既遂の阻止に直接関係しない事情の評価に関して，一般的に主張されている真剣な努力説とは大きく異なる判断をするものであり，この判決をもって真剣な努力説を批判するとすれば，それは公正ではないように思われる。むしろ，真剣な努力説の一般的な理解と適切な努力説とでは，中止行為の際またはその後の犯跡隠蔽措置の評価に関して，原則的に違いはないと考えてよいように思われる。

　もっとも，「真摯な（真剣な）努力」という表現の意味する内容に相当な幅があることも確かであり，犯跡隠蔽事例判決にみられるように，中止行為を評価する者の（価値）判断によって――もちろん，このような価値判断は，それを表面に出すのか否かは別として，法解釈をするうえで避けることはできないが――大きく左右される可能性があることから，真剣な努力という表現を用いる場合には，内容を合理的に限定したうえでその概念を用いることが必要になってこよう。

⑵　宜しく頼む事例の場合には真剣な努力・適切な努力は認められない

　次に，犯跡隠蔽措置のような既遂の阻止に直接関係しない事情の評価以外でも，真剣な努力説と適切な努力説は基本的には一致しているものと考えられる。

　宜しく頼む事例について，真剣な努力説の立場から，「行為者みずから消火行為をしえたと思われるので，真摯な努力というには不十分である」とさ

---

ではないかと考えられるのである」（326頁以下）と判例の「厳格な要求」に理解を示し，これを支持し，さらに，「自首，首服（刑法第42条）の場合の裁量的減軽にも同じ意味あいが込められているように思う」（329頁注２），「真摯な結果防止行為であるかどうかを，犯罪の発覚，自らの逮捕を嫌わない態度であるかどうかを基準として判断することを，１つの方法として考慮することを考えてもよいのではなかろうか」（329頁注３）とする。自首制度は東洋の律における伝統であることが指摘されており（参照，たとえば，小野清一郎『新訂刑法講義総論』291頁［有斐閣，1950年］，団藤・前掲注(11)『刑法綱要総論』526頁注１。また，佐伯・前掲注(36)『刑法講義総論』321頁など），一方で，明治以降の西洋法の継受の過程で取り入れられた中止未遂制度はそれに比べて歴史が浅く，そのような歴史の違い（そして，そのことに基づく制度の定着・普及の程度の相違）がこのような理解を生む原因になっているのかもしれないが，自首制度と中止未遂制度は区別されるべきであり，このような理解は真剣な努力の理解としても特異な説であろう。

234　第2部　中止未遂

れ[58]，適切な努力説の立場からも，宜しく頼む事例判決の「結論は妥当であ
る」とし，「本件の場合，中止行為を認めるためには，少なくとも，放火の
現場に引き返してＡ（＝隣人。原口注）らとともに自ら消火作業に当たるこ
とが必要であろう」と論じられている[59]。したがって，宜しく頼む事例に関
して，いずれの立場でも要求される「中止行為」が否定される点で一致して
いるといえよう。

### ⑶　病院事例・毒事例——中止措置を途中から他人任せにする場合，もしく はおざなりな態度で心身を労さない場合には真剣な努力・適切な努力は認め られない

　さらに，宜しく頼む事例の場合をより一般化して，翻意した行為者が既遂
阻止へ向けての因果の流れを始動させたが，その後の中止措置は他人任せに
する場合，もしくはおざなりな態度で心身を労さないような場合，典型的に
は，放火事件や殺傷事件で，消防車や救急車の派遣を依頼をした後でただち
に現場から立ち去ってしまったような場合にも，両説とも，——もちろん，
具体的な事案でとられるべき措置は，たとえば，殺傷事件の場合，被害者の
傷害の部位・程度や犯行現場の状況などの具体的な事情にも大きく依存する
が，実行未遂の場合にはそのまま放置すれば死にいたる程度の傷害を被害者
に負わせているということが前提になることからすれば，一般的には——真
剣な努力・適切な努力を認めないように思われる。確かに，119番・110番通
報自体がある意味で「既遂を阻止するのに適した」行為と評価しうることか
ら，とくに適切な努力説において既遂阻止の純客観的な確率だけを問題とす
るならば，このような通報だけで（一般的に）中止行為と認めてよいとも考
えられうるものの[60]，適切な努力説の代表的論者の論述からみて，一般論と

---

58)　西原・前掲注(9)『刑法総論』339頁。板倉・前掲注(26)『刑法総論』147頁，木村静
　　子・前掲注(23)『判例刑法研究』61頁，佐久間・前掲注(26)『刑法講義総論』329頁，荘
　　子・前掲注(26)『刑法総論』432頁，中・前掲注(26)『講述犯罪総論』215頁，藤木・前掲
　　注(11)『刑法講義総論』264頁，前田・前掲注(26)『刑法総論講義』170頁など。

59)　内藤・前掲注(16)『刑法講義総論（下）Ⅱ』1311頁。また，大谷・前掲注(36)『刑法
　　講義総論』414頁，柏木・前掲注(11)『刑法総論』261頁。

60)　救助にいたる客観的な確率ないしはその客観的な予見可能性（中止措置の既遂阻止
　　適性）を問題とするBoßの見解について，参照，後述，第2節3⑶(ii)（245頁以下）。
　　このような立場は，以下で示される「適切な努力説の代表的論者の理解」よりも，次項

第8章　実行未遂の中止行為　235

して119番・110番通報をしただけでは中止行為として十分なものとは考えていないように思われる。

　たとえば，内藤教授は，「努力」という表現に「目標実現のため，心身を労してつとめる」という意味を認めたうえで「適切な努力」という要件を示し，具体的に，110番通報に加えて，止血のためのお絞りの手交や救急車到着までの被害者への付き添いなどという行動も指摘して中止行為を肯定した宮崎地裁都城支部昭和59年1月25日判決[61]や，救急車の派遣要請に加えて，

---

で検討する因果関係必要説に近づくことになろう。

61）　前掲注(14)。宮崎地裁都城支部昭和59年判決の事案は次のようなものであった。被告人は，スナックの経営者Dに一方的に恋慕していたが，そのうちDの態度が急変し冷たくなったものと邪推し，Dを殺害して自分も自殺しようと決意するにいたった。そして，D経営の店舗内で，「御免，一緒に死んでくれ」と言いながらDの首に絞殺用に準備携帯したファスナー（長さ約93センチメートル）を1回巻きつけて絞めつけたが，右ファスナーが切れたため，店内調理場から刃渡り約12センチメートルの包丁1本を持ち出し，これを右手逆手に握ってDの頸部前面を左から右に真横に1回切り裂いた。しかし，多量の出血を見て驚き，正気を取り戻すや，Dを助けようと考え，直ちにDに対し治療措置を受けさせるべく，救急車の出動を求めて緊急電話119番をしたがかからなかったので，緊急電話110番をもって救急車の手配を依頼するとともに，Dの求めに応じ，出血個所を押えて止血するため，Dに対し店内にあったお絞り2本を手交し，さらに救急車の到着する頃を見計らってDを促して同店前まで付き添うなどし，同店前に急行した救急車によってDを付近の病院に収容させ治療を受けさせた結果，Dに対し入院加療78日間，通院加療39日間を要する頸部切創，頭部外傷および加療約20日間を要する球結膜下出血の傷害を負わせたにとどまった。このような事案に対し，判決は次のように判示し中止未遂を肯定した。本件「事実関係のもとにおいて，被告人に中止未遂の成立が認められるためには，単に殺害行為を中止するのみでは足りず，被告人がすでに加えた前記行為に基づく死の結果の発生を防止するため，積極的な行為に出て現実に結果の発生を防止し得たことが必要であると考える。そして，右結果発生の防止行為は，必ずしも犯人が単独でこれに当る必要がないものの，他人の助力を受けても犯人自身が防止に当つたと同視し得る程度の真摯な努力が払われた場合でなければならないと解すべきである。本件の場合，被告人が結果発生防止のためにとつた措置は前示のとおりであり，加えて，被告人は右措置を本件犯行後極めて短時間の内に了しており，また，警察署に対する救急車の手配を依頼した際には，自らが被害者を切創したものであるとは伝えていないものの，現場に急行した警察官に対しては『私がたつた今包丁で彼女の首を切りました。彼女を殺して自分も死ぬつもりでした。110番したのは私です。早く救急車を呼んで下さい。』などと述べ，傷害の原因について素直に真実を申告し，あくまでも被害者の救助を求める意思を表明していることからすると，右措置は，特に有効な治療措置を加える知識，経験をもたない被告人としては，できるだけの努力を尽くしたものというべきであり，また，結果発生防止のため被告人のとり得る最も適切な措置であつたということができる。そうだとすると，被告人は，被告人自身が結果発生を防止する行為に出たと同視するに足る真摯な努力を払つたものということができ，その行為は，中止未遂の要件を充足するものと認めるのが相当である」。

236 第2部 中止未遂

止血措置をしたり被害者を励ましながら救急車の到着を待ち，救急車の到着後速やかな搬送を手伝うといった行動なども指摘し中止行為を肯定している福岡高裁昭和61年3月6日判決[62]について，「努力の『真摯』性に過大な要求はなされていないように思われる」としているからである[63]。

---

62) 前掲注4。福岡高裁昭和61年判決の事案は次のようなものであった。すなわち，被告人は，E子の経営する店内で，未必的殺意をもってE子の頸部を果物ナイフで1回突き刺した直後，E子が大量の血を口から吐き出し，呼吸のたびに血が流れ出るのを見て，驚愕すると同時に大変なことをしたと思い，直ちにタオルをE子の頸部に当てて血が吹き出ないようにしたり，E子に「動くな，じっとしとけ。」と声をかけたりなどしたうえ，店内から消防署に架電し，傷害事件を起こした旨告げて救急車の派遣と警察署への通報を依頼し，その後，「救急車がきよるけん心配せんでいいよ。」とE子を励ましたりしながら救急車の到着を待ち，救急車が到着するや，1階出入口のシャッターの内側から鍵を差し出して消防署員にシャッターを開けてもらい，消防署員とともにE子を担架に乗せて救急車に運び込み，そのころ駆けつけた警察官に「別れ話がこじれてE子の首筋をナイフで刺した」旨自ら告げてその場で現行犯逮捕された。E子は直ちに病院に搬送され手術を受けた結果，加療約8週間を要する頸部刺傷等（頸部刺傷は深さ約5センチメートルで気管内に達し，多量の出血と皮下気腫を伴うもので，出血多量による失血死や出血が気道内に入って窒息死する危険があった）の傷害を負うにとどまった。このような事案に対し，判決は次のように判示し中止未遂を肯定した。実行未遂の事案である本件において，「被告人が，本件犯行後，E子が死に至ることを防止すべく，消防署に架電して救急車の派遣を要請し，E子の頸部にタオルを当てて出血を多少でもくい止めようと試みるなどの真摯な努力を払い，これが消防署員や医師らによる早期かつ適切な措置とあいまつてE子の死の結果を回避せしめたことは疑いないところであり，したがつて，被告人の犯行後における前記所為は中止未遂にいう中止行為に当るとみることができる」。

63) 内藤・前掲注(16)『刑法講義総論（下）Ⅱ』1315頁。また，内藤教授は，「過大な要求はなされていない」ものとして，前掲注(17)横浜地裁川崎支部昭和52年9月19日判決も挙げている。ただ，これは傷害の程度が比較的軽かった事案であった（また，妻の介護に疲れての無理心中崩れの事案という特殊性もあった）。すなわち，この事案は次のようなものであった。被告人は，妻Fが「部屋に感度器が仕掛けられている。」旨言うなど被害妄想の症状を呈するようになったため，兄弟に相談したうえFを精神科に入院させた。しかし，Fがこれを嫌がって帰宅を望むことから完治しないまま自宅に連れ帰ったため，依然被害妄想がとれず「映写機で写される。」などと口走るFと過ごすうち被告人自身の気持ちも不安定な状態となり，仕事も退職してしまった。右状態をみかねた兄弟からFを再び入院させるよう勧められたが，Fが入院を強く拒むばかりか，入院させるなら離婚する旨言うので，離婚する気のまったくなかった被告人はFが可哀想だと思う気持ちも手伝って入院に反対したものの，その後は退職後の就職先も見つからないことからくる老後の不安も重なって思い悩んでいたところ，某日午前4時頃，目覚めて眠れないまま台所からウイスキー入りの瓶を持ち出してコップに半分程度のウイスキーを2杯飲み，足指の爪を切ろうと裁ち鋏を持ち出したりした後暫くまどろみ，午前6時30分頃再び目覚めて隣に床をとっていたFと話しているうち，思い余っていっそFを殺害して自殺しようと決意するにいたり，7時30分頃ウイスキー瓶を右手に握りこれでFの左前額部を1回殴打し，さらに裁ち鋏の真中を右手に持ち刃先の部分でFの咽喉

第8章 実行未遂の中止行為 237

さらに，結果防止に適当で必要な行為を要求する山中教授は，救急車等の派遣要請後立ち去ってしまった場合や投毒後の情報提供をしなかった場合について一層明確に次のように述べている。「例えば，重傷を負わせた者が，救急車を呼ぶべく電話しただけでその場を逃走した場合，放火後火勢を恐れ，よろしく頼むと叫び逃走する場合……，青酸カリの投与後，他人に医者を呼び迎えるよう依頼しただけの場合……には，いまだ結果防止にふさわしい結果防止行為とはいえない」[64]とし，また，毒事例について，「本判決は，『救助の意思』の問題に還元しているが，本件における『結果発生防止行為』の時点，すなわち，電話をした時点では，救助の意思は否定できないのではないだろうか。問題は『電話をする』行為のみでは積極的結果防止行為としては客観的に十分でなかったという点にある。本件の事案が示すように，結果の不発生に向かう因果連鎖を進行に置く行為が存在するだけでは十分でなく，確実に結果の発生を防止することができる行為が必要なのである」と指摘し[65]，「医師の手当てが適切に行われ，確実に結果発生を防止するためには，例えば，医師に当該の傷害をもたらした凶器ないし毒物について説明し，治療の促進を図るべきである」と論じている[66]。また，中止行為時において犯罪実現の回避が十分に見込まれる行為であることを要求する井田教授も，同じように，「救急車を呼ぶために電話しただけとか，他人に救助を依頼して逃げ去ったとかいうだけでは被害者が救助される確実性が低

---

部から右頬にかけて10数回突き刺し，電気炊飯器用の電気コードでFの頸部を絞めつけたが，Fの出血を見て驚愕するとともに，憐憫の情を抱き自ら中止したため，Fに対し加療約2週間（入院6日間）を要する左前額部挫傷，右頬・右耳・咽喉部刺創の傷害を負わせたにとどまり，その後自首した。このような事案に対して，横浜地方裁判所川崎支部は，次のように判示して中止未遂を肯定した。「前叙のような傷害，出血の程度，被害者が受傷後自ら消毒をしたり電話に出ることができた状況等に照らすと，本件は実行行為の終了前にその実行を放棄した着手中止の色彩が強いばかりか，被告人が自家治療行為に出なかったとはいえ，結果の悪化を防止するためその後直ちに救急車を呼んだことから結果防止に真摯な努力をしなかったとはいえず，その結果被害者は確実に死を免れたのであつて，その面では実行中止の要素もあり，結局のところ本件は外部的障害の存在は否定されないけれどもそれのみによつて未遂に終つたとはいえず，むしろ積極的な自己の意思により殺害を中止したと認めて差支えのない事案である」。

64) 山中・前掲注(39)『刑法総論Ⅱ』724頁。
65) 山中・前掲注(39)『中止未遂の研究』258頁以下。
66) 山中・前掲注(39)『中止未遂の研究』260頁。

238　第2部　中止未遂

く，中止行為として十分でないが，被害者を病院に運び込み，傷害に至った経過を医師に説明したうえで，治療させたというのであれば中止行為の要件をみたすであろう」と論じている[67]。

　したがって，以上のような適切な努力説の代表的主張者によれば，被害者の救助の成否を病院までの被害者自身の独力での歩行または第三者の救助に委ね（しかも，宜しく頼む事例とは異なって，第三者に救助を依頼していない），重傷の被害者を病院付近で降ろして立ち去ってしまった病院事例において，要求される「適切な努力」という中止行為の要件は充たされず，また，毒の投与や毒の種類についての情報提供をせず，救急車を呼ぶにとどまった毒事例においても同様に中止行為は否定されることになろう。そして，このことは真剣な努力説でも同様であろう[68]。つまり，既遂阻止へ向けての重要な因果の流れを始動させたものの，その後の中止措置（の進展・新たな状況への対応）については自ら責任をもたず，他人任せにしてしまう場合，もしくはおざなりの態度で心身を労さないような場合に，真剣な努力説も適切な努力説も中止行為は認めないものと考えられる。

## (4)　小括

　確かに，適切な努力説はさまざまなニュアンスで主張されており，また，しばしば，「適切な努力」その他要求される基準を充たしているか否かをどのように判断するのか，または，具体例においてどのような結論になるのかということは必ずしも十分に明らかにされていないことから，論者によってはここで示された結論とは異なる結論を導く場合もあるかもしれない。しかし，検討したように，真剣な努力説の一般的理解によって要求される中止行為と，従来主張されてきた適切な努力説の代表的な主張者によって要求される中止行為とは，その結論において基本的に異なるものではないと考えてよいように思われる[69]。具体的には，いずれの立場でも，犯跡隠蔽事例では中

---

67)　井田・前掲注(40)100頁。なお，また，斎藤信治教授は，犯跡隠蔽事例判決に関してであるが，「死んでもよいと考え救命に必要な情報提供等を拒んだような場合でない限り，中止行為ありとすべきであった」とし，情報提供が必要な場合もあることを指摘している（前掲注(41)『刑法総論』374頁）。
68)　板倉・前掲注(26)『刑法総論』147頁，西原・前掲(注9)『刑法総論』339頁。
69)　実際に，荒川教授は，1991年に，学説の状況を次のようにまとめている。すなわち，

止行為が肯定され，宜しく頼む事例，病院事例，毒事例では否定されるものと考えられる。

　このような結論の基本的な同一性は，実行未遂の中止行為の要件の根拠として指摘されている実質的観点の類似性からも裏づけられるように思われる。前述のように，いずれの立場でも，その要件に関する表現の違いはあれ，実質的な観点として「合規範的意思の中止行為への表動」や「法的義務にふたたび合致しようとする態度」を問題とする論者が多く[70]，また，内藤教授も，前述のように，「努力」という表現に「目標実現のため，心身を労してつとめる」という意味を認めたうえでこの表現を用いている[71]。したがって，このような実質的な観点からも，既遂阻止へ向けての重要な因果の流れを始動させ――結果的に生じた既遂の阻止と行為者の中止措置との間に（条件関係はもとより相当）因果関係が肯定され――た場合でも，その後の中止措置（の進展・新たな状況への対応）については自ら責任をもたず，他人任せにしてしまう場合，もしくはおざなりの態度で心身を労さないような場合に要求される中止行為を肯定しないであろうと考えられるからである。

## 3　因果関係必要説の射程

　真剣な努力説と適切な努力説が，その一般的なもしくは代表的な論者の理解において，その結論の点で基本的にほぼ一致するものと考えられるのに対して，近時有力な論者によって主張されてきている因果関係必要説の結論は，そのような従来ある程度一致がみられた結論からの隔たりが大きいように思われる。以下において，毒事例，宜しく頼む事例，病院事例の順に，因

---

　「学説においては，中止犯の法的性格に関しては，おおくの対立があるにもかかわらず，実行未遂における結果の発生防止義務については，『真摯性』の要件が必要であるとはしているものの，その内容や程度については比較的緩やかに解している点では，ほぼ一致しているとみてよいであろう」（荒川雅行「結果防止行為の真摯性」百選Ⅰ 3 版149頁。同・前掲注(23)145頁）。

70)　前述，第 2 節 1 (1)，(2) (220頁以下) の西原教授，川端教授，香川教授，曽根教授の各論述参照。また，山中教授も，中止未遂の法的性格に関して，「義務違反の意欲が事後的に合法的な意欲へと復帰したこと」を問題としている（前掲注(39)『刑法総論Ⅱ』714頁）。

71)　参照，前述，223頁。

240　第2部　中止未遂

果関係，とくに相当因果関係が認められるのか否かを検討していく。

## (1)　毒事例の場合，相当因果関係が認められる

　因果関係必要説の論者は，「相当因果関係は……救急車を呼んで救助した場合はそれ以上の積極的努力の有無に拘わらず肯定される」[72]としており，救助に当たった医療関係者に毒の投与のことを一切言及しなかったものの，救急車の派遣を依頼した毒事例については中止行為が肯定されることになろう。

## (2)　宜しく頼む事例の場合に相当因果関係は認められないのか

　因果関係必要説によれば，宜しく頼む事例の場合に相当因果関係が否定されると明確に論ずる論者もいる[73]。しかし，宜しく頼む事例において中止措置（宜しく頼むという依頼）と既遂（独立燃焼段階その他適切と考えられる放火罪の既遂段階にいたることの）阻止結果との間の条件関係はもとより，相当因果関係も肯定されるべきであろう。すなわち，出火に気づいていなかった近隣の者（宜しく頼む事例の場合には，とりわけ放火者の親類）が近所での出火を知らされれば，それを（現在であれば）消防署等に通報し，または自らが（場合によっては近隣の人の協力を求めて）消火活動に出て，（もちろん，既遂を阻止できるか否かについては放火の態様・燃焼している物の素材，放火の時刻・天候や，火災の進捗状況等に大きく依存するであろうが）焼損にいたらないことも決して稀有な事態ではなく，むしろ通常ありうるプロセスであろう[74]。つまり，この場合のよろしく頼むという既遂阻止行為のいわば「教唆」行為から他人による既遂阻止結果までの因果のプロセスは決して特異・偶然的なものではなく，その本質的な因果経過も予見可能であり，したがって，（相当因果関係説の折衷説であれ，客観説であれ）相当因果関係は否定されえないと考えられる[75]。

---

72)　和田・前掲注(43)294頁。また，山口・前掲注(3)『問題探究刑法総論』230頁（後述，注77も参照）。

73)　和田・前掲注(43)294頁。また，齊野・前掲注(42)608頁（後述，注77も参照）。なお，山口・前掲注(3)『問題探究刑法総論』230頁，同・前掲注(42)『刑法総論』246頁。

74)　相当因果関係説の問題とする相当性の程度も問題になるが，「極めて偶然的なものを除くという趣旨」（平野龍一『刑法総論Ⅰ』142頁［有斐閣，1972年］）であればなおさら，宜しく頼む事例においてその依頼行為と既遂阻止結果との間の相当因果関係を肯定すべきことになろう。

第8章　実行未遂の中止行為　241

　実際に，古く，吉田常次郎教授は，宜しく頼む事例判決の評釈において，「假に中止行爲は結果發生防止に對し相當原因力あるものに限るとすることが正當なりとするも放火したるに依り宜敷頼む旨を近親に依頼したるときは其の依頼を受けたる者は消火に努力すること一般の經驗に照し明白なるが故に右依頼行爲は鎭火に對し相當原因力あるものといはねばならぬ」としており[76]，また，近時では，危険消滅説の立場からも，宜しく頼む事例の場合に

75)　放火後翻意して他人に出火を知らせたが，判例が中止未遂の成立を否定した他の放火事例に関しても概ね同様のことがいえよう。たとえば，前掲注(13)東京高判昭和26年12月24日（事案について，前述，214頁を参照）や，被告人がアパート2階2号室の食卓上の新聞紙にマッチで点火して放火した後隣の3号室（自室）に暫く潜んでいたところ，次第に恐怖心に駆られ，廊下に出て見ると2号室から煙が出ていたのでそのまま放置すると大火事になると思い，1階のアパート所有者方に赴いて火災を知らせ，所有者に同道して2階2号室前廊下に引き返し，その後所有者に同室入り口の開戸の一端を無理に引けば隙間からでも部屋内に入れることを教えたほかは，所有者が開戸の錠を金槌で外して開け，階下の炊事場から2回に亘りバケツで水を運んで消火する間，何らなすところなく傍観していた事案（前掲注(17)大阪地判昭和42年11月9日）においても，被告人が火災を知らせた行為と，他人による既遂阻止結果との間の相当因果関係は認められよう。なお，仮に「宜しく頼む」との依頼がなくても，いずれにせよ近隣の者が出火を発見し消火活動に出て，既遂前に消火したかもしれないとしても，それは仮定的な代替原因であり，現実の因果性について変えるものではないであろう。

76)　吉田常次郎「第三者の協力に依る結果防止と中止犯」法学新報47巻12号121頁（1937年）。また，124頁。もっとも，吉田常次郎教授自身は，「主観主義的な刑法理論から言へば原因力が相當なりや否に關係なく結果の發生を防止せんとする眞面目なる努力自體に重點を置くべきである」（吉田・前掲123頁）という立場から，宜しく頼む事例について，「辯護人の上告論旨に依ると被告人は放火後Aに放火したるに依り宜敷頼むと叫びながら走り去りたる當時は心神喪失状態に陷り自ら消火する力なかつたのである。若し眞に被告人は當時左様な状態にあつたとすれば右の如き依頼を爲して走り去り自らは消火行爲を爲さなかつたからといつて眞面目に消火する意思なかつたものとは言はれぬ。故に被告人が果して當時右の如き状態にあつたか否かを檢討すべきである」（吉田・前掲120頁以下）と行為者の責任能力の点等を問題とし，この判決に批判的な見方を示している。なお，牧野・前掲注(21)『刑法研究第7巻』450頁以下，同「中止犯と中止の眞摯性」『刑法研究第8巻』296頁以下（有斐閣，1939年）は，宜しく頼む事例の場合に相当因果関係が認めらないとする趣旨か。また，宜しく頼む事例の評釈として，参照，草野豹一郎「放火罪と中止犯」『刑事判例研究第4巻』122頁以下（巖松堂書店，1939年），佐瀬昌三「中止犯」法学志林40巻2号59頁以下（1938年）。なお，木村静子・前掲注(23)『判例刑法研究』61頁も，「この事案において，被告人は『放火したからよろしく頼む』といったが，これは消火を依頼する意味であることは明らかであり，また，被告人はその際A等の消火行為によって火が消し止められるであろうことも予想していたに違いない。しかし，それだけでは，被告人自身に結果防止のための真摯な努力がなされたとはいい難いこともちろんであって，被告人に中止犯が認められるためには，少なくともAらとともに放火の現場に引き返して，みずから積極的に消火作業にあたったことが必

242　第2部　中止未遂

「行為者の行為と危険消滅との間に因果関係が認められることは明らかである」。「中止犯を一般の犯罪の裏返しのものとして理解するならば，中止行為と危険消滅との間に因果関係さえ認められれば，中止未遂の成立を肯定すべきであるように思われる」と論じられている[77]。

### (3)　病院事例の場合に相当因果関係は認められるのか

重傷の被害者を病院の通用口から95メートル離れた所で降ろした病院事例について，因果関係必要説の論者が，いずれにせよ病院の近くまで被害者を運んだ行為と，既遂阻止結果ないしは危険消滅との間の相当因果関係を認めるのか否かは明らかではない。そこで，因果関係必要説と類似すると考えられるドイツの学説を検討することによって，因果関係必要説のこの事案における結論を考えてみたい。

(i)　客観的帰属を問題とする立場

まず，構成要件該当性判断（すなわち，因果関係論）でのわが国の相当因果関係説と類似する思考から条件関係を限定しようとする客観的帰属論を用いて，客観的に帰属可能なかたちで既遂の阻止をもたらした場合には不処罰となる中止が認められるべきであると主張するドイツの有力な見解が1つの参考になろう。

たとえば，Bloy は，既遂阻止結果の客観的帰属可能性を問題とし[78]，行

---

要である」とする。
77)　山本・前掲注(23)45頁。それに対して，齊野・前掲注(42)608頁は，「放火した後に，単に消火について『よろしく頼む』と走り去るような行為は，結果的には第三者によって消火されても，通常，依頼されたから消火されるという因果法則は成立しないと考えられるのであるから，因果的寄与はないといえる」とするが，ここでいう「通常」というのがどのような場合を考えているのか（たとえば，放火犯人が通りがかりの赤の他人に消火を依頼するような場合なのか）定かではないが，宜しく頼む事例の具体的事案を前提にした場合，本文のように考えるべきであろう。なお，山口・前掲注(3)『問題探究刑法総論』230頁は，宜しく頼む事例について，「もしも中止犯の成立を肯定することはできないとすれば……消火される保障がない以上，たまたま他人により消火されて既遂に至らなかったとしても，危険消滅との間に条件関係・相当因果関係がないか，危険消滅についての認識がないと考えられるからなのである」として，この場合に相当因果関係が認められないとまでは断定しておらず（また，同・前掲注(42)『刑法総論』246頁），一般論としては，「119番通報が中止行為になりうることを否定する理由はないから，素人に可能な消火を依頼するのでは足りないとする根拠はない」ともしている。
78)　René Bloy,Zurecktnungsstrukturen des Rücktritts vom beendeten Versuch und Mitwirkung Dritter an der Verhinderung der Tatvollendung,Juristische Schulung

為者が既遂を阻止するために第三者と共働する場合を類型化し，既遂の阻止について，行為者が第三者の助言や援助を受けるだけの（単独）正犯形態，間接正犯形態または共同正犯形態の場合には，問題なくその既遂阻止結果は行為者に帰属し，教唆形態の場合には，医師・消防士等の専門家[79]または素人に既遂の阻止を要請する場合と，第三者（と意を通じず，そ）の介入を誘発するように状況のお膳立てをする（arrangieren）にすぎない場合とに分けるが，いずれの場合も原則的には阻止結果は行為者に帰属し[80]，病院事例はこの教唆形態の後者に属し，行為者に不処罰となる中止が認められなければならなかったであろうと（中止未遂の成立を否定した）判例を批判している。

同様に，Rudolphi も，ドイツ刑法24条1項1文第2選択肢の意味での行為の既遂の阻止という要件が充たされるために，最善の救助措置をとる必要はなく，行為者が行為の既遂を客観的に帰属可能な方法で阻止するということで十分であり，換言すれば，彼が危険にさらされている法益に関して救助の重要なチャンスを創出し，その創出されたチャンスが既遂にいたらないこと

---

（=JuS),1987,S.533ff. 同様に，既遂阻止結果の客観的帰属可能性を問題とするのは，Kristian Kühl,Strafrecht,Allgemeiner Teil,4.Aufl.2002,§16 Rn.73ff.;Karl Lackner/Kristian Kühl,Strafgesetzbuch mit Erläuterungen,24.Aufl.2001,§24 Rn.19a,19b;Hans-Joachim Rudolphi,Rücktritt vom beendeten Versuch durch erfolgreiches,wenngleich nicht optimales Rettungsbemühen,Neue Zeitschrift für Strafrecht(=NStZ) 1989,S.511ff.;ders.,in;Systematischer Kommentar zum Strafgesetzbuch I ,20.Lfg.6.Aufl.1993,§24 Rn.27c;Günter Stratenwerth,Strafrecht,Allgemeiner Teil I ,4.Aufl.2000,§11 Rn.90. 若干限定して，Harro Otto,Grundkurs Strafrecht,Allgemeine Strafrechtslehre,6.Aufl.2000,§19 Rn.46f. おそらくまた，Albin Eser,in;Schönke/Schröder,Strafgesetzbuch,26.Aufl.2001,§24 Rn.59,66. なお，Bloy の見解については，鈴木彰雄・前掲注(37)28頁以下も参照。

79) Bloy は，このような専門家に既遂の阻止を要請する場合が，第三者と共働して中止する原型（Prototyp）であるとし（a.a.O.[Fn.78],S.534），未遂行為と中止行為が鏡像的なものでなければならないとするならば，未遂行為の正犯者は，正犯的に既遂を阻止しなければ不処罰となる中止にならないであろうが，これは「ばかげた論理（absurde Logik）」だと指摘している（a.a.O.[Fn.78],S.534）。近時，中止未遂の法的性格をめぐるわが国の議論において，中止未遂の問題が「裏返された犯罪論」であるということが強調されることが多いが，中止未遂論において犯罪論をどの程度裏返して考えられるのか，また考えるべきなのかについてなお慎重な検討を要しよう。

80) 後者の場合において，中止者が，最終的になされた救助がもはや彼の行為（Leistung）として現れない程度にしか状況のお膳立てをしない場合には，その阻止結果は中止者に帰属せず（a.a.O.[Fn.78],S.535），また，救助している第三者を単に幇助するにすぎない場合も，その阻止結果は中止者に帰属しないとする（a.a.O.[Fn.78],S.535）。

244 第2部 中止未遂

のなかに現実化する場合に，行為者は行為の既遂を阻止するとし，病院事例
について，行為者が，彼の行動によって——たとえば，BGHSt 31,49におい
て致命傷を負わせられた被害者を病院の近くに運ぶことのように——自らイ
ニシアチブをとって第三者が救助作業を完成させるような状況を創出する場
合でも十分であるとしている[81)82)]。

81) Rudolphi,a.a.O.(Fn.78),NStZ 1989,S.511,514,ders.,a.a.O.(Fn.78),SK-StGB,§24 Rn.27c.
82) ドイツにおける従来の通説は，これよりも緩やかに，既遂阻止結果に対して中止者
の措置が条件関係のあること（共に原因になっていること）で足りると解してきた。参
照，Hans-Heinrich Jescheck/Thomas Weigend,Lehrbuch des Strafrechts,Allgemeiner
Teil,5.Aufl.1996,§51 Ⅳ 2 Fn.41;Michael Köhler,Strafrecht,Allgemeiner Teil,1997,S.475f.;
Reinhart Maurach/Kahl Heintz Gössel/Heintz Zipf,Strafrecht,Allgemeiner
Teil,Teilband 2,7.Aufl.1989,§41 Rn.88;Ingeborg Puppe,Der halbherzige Rücktritt,NStZ
1984,S.490ff. なお，Herbert Tröndle/Thomas Fischer,Strafgesetzbuch und
Nebengesetze,51.Aufl.2003,§24 Rn.35. 若干限定して，Johannes Wessels/Werner
Beulke,Strafrecht,Allgemeiner Teil,33.Aufl.2003,Rn.644. なお，この立場に関して，Puppe
が次のように述べているのが参考になる。すなわち，ドイツ刑法24条の中止規定にとっ
て，被害者を救助するチャンスを与えるために，行為者に結果を回避する「黄金の橋」
を架け，それを可能な限り長く維持することが重要である。中止規定全体を説明するこ
とができるのは，このような「『終わりよければすべてよし』という粗野な原理
(grobschlächtige Prinzip,,Ende gut,alles gut")」である（黄金の橋の理論の意味での刑
事政策観）。したがって，既遂の阻止に対してその中止措置が共に原因になってさえい
れば，すなわち，中止行為と既遂阻止との間に条件関係が認められれば，24条でいう
「既遂の阻止」が認められ，行為者が結果の回避に成功した場合，彼の努力の真摯性，
彼がいつでも手を貸す気でいること，いわんや犠牲を払うのをいとわないこと，または
彼の慎重さといった要件（Anforderungen an die Ernstlichkeit seines Bemühens,seine
Einsatz- oder gar Opferbereitschaft oder auch an seine Sorgfalt）は必要でない（a.a.O.,
S.490）と論じている。
　一方で，近時では，ドイツ刑法24条1項1文第2選択肢による中止の場合にも，24条
1項2文と同様に，真剣な努力（もしくは最善の中止措置）を要求する立場も有力に主
張されてきている。参照，Jürgen Baumann/Ulrich Weber/Wolfgang Mitsch,Straf-
recht,Allgemeiner Teil,10.Aufl.1995,§27 Rn.28;Hermann Blei,Strafrecht Ⅰ,Allgemeiner
Teil,1983,S.242,245;Rolf D.Herzberg,Problemfälle des Rücktritts durch Verhindern der
Tatvollendung,Neue Juristische Wochenschrift 1989,S.865ff.;Günther Jakobs,Rücktritt
als Tatänderung versus allgemeines Nachtatverhalten,Zeitschrift für die gesamte
Strafrechtswissenschaft(=ZStW) 104(1992),S.89ff.,ders.,Strafrecht,Allgemeiner Teil,2.
Aufl.1991,26/21;Hans-Jürgen Römer,Fragen des „Ernsthaften Bemühens" bei Rücktritt
und tätiger Reue,1987,S.54f.,65f.,ders.,Vollendungsverhinderung durch „ernsthaftes
Bemühen",Monatsschrift für Deutsches Recht 1989,947;Eberhard Schmidhäuser,Straf-
recht,Allgemeiner Teil,2.Aufl.1975,15/89. なお，Theo Vogler,in:Strafgesetzbuch,Leipzi-
ger Kommentar 10.Aufl.1985,§24 Rn.121f. しかし，他方で，Rn.120,123.
　なお，Roxin は，自分の手により結果を阻止する（救助措置を1人でかつ自分の手に
より成し遂げる）場合と，他人の手によって結果を阻止する場合とを区別し，前者の場

第 8 章　実行未遂の中止行為　245

　このような既遂阻止結果の帰属可能性と同様に（もしくは類似して）相当因果関係を考えるであれば，同様に，病院事例においても相当因果関係は肯定されることになろう。ただ，わが国の従来の相当因果関係説（または近時の修正された相当因果関係説）と，近時有力になりつつある客観的帰属論の相互の関係はそれ自体１つの大きな問題であり，両者が少なくともまったく同様なわけではない以上，Bloy や Rudolphi などの既遂阻止結果の客観的帰属の有無を問題にする見解から，相当因果関係説による病院事例の結論を断定することは難しいであろう。

(ⅱ)　中止行為の適性を問題にすることによる限定

　さらに，既遂阻止結果を（事前に）予見可能なものと思わせる中止措置（中止行為の適性）を問題とし，前述の既遂阻止結果の客観的帰属のみを問題とする立場よりも中止行為の範囲を限定的に解する立場がより参考になるように思われる。というのも，この判断は相当因果関係説（の折衷説）の判断と重なる部分が大きいように思われるからである[83]。

　この立場を主張する Boß は，行為者の中止阻止と既遂不発生の間に条件関係があるだけでは十分ではなく，既遂の阻止に関するその中止措置の適性（すなわち，事前判断をして，行為者が，客観的に，中止結果の発生を予見可能なものと思わせるような適する中止行為を行うこと）を要求し[84]，病院事例等に

---

合には，最善の救助行為である必要はなく，帰属可能な方法で結果を阻止すれば足りるのに対して，後者の場合には，行為者は認識できる（おおよそ）最善の救助措置をとらなければならないという立場を主張する（Claus Roxin,Die Verhinderung der Vollendung als Rücktritt vom beendeten Versuch,Festschrift für Hans Joachim Hirsch,1999,S. 335ff.,ders.,Strafrecht,Allgemeiner Teil,Band Ⅱ,2003,§ 30 Rn.243ff.）。

83)　もっとも，因果関係必要説の論者は，かりに中止行為の適性を問題としたとしても，事前判断より，事後判断という方法をとる傾向があり，その意味では，以下で示す見解よりも中止行為（の適性）をより広く認めることも考えられる。

84)　Hendrik Boß,Der halbherzige Rücktritt,Zum Rücktritt des Alleintäters vom beendeten Versuch,2002,S.186,196f. なお，例外的に，結果の阻止が「行為者の仕業として」現れるのか否かを問題とする。すなわち，適性が救助行為の予見可能性によるだけでは決定されえないということは，適性の要件が導かれるところの基本思想から生ずる。その基本思想は，因果的不法概念から人的不法概念への移行に基づいている。中止に転用すれば，この考え方から，行為者に中止結果を「帰属する」ために単なる「共同」原因性では十分ではないということが推論される。中止結果が行為の「仕業」とみなされうることも必要である。行為者がまったく重要でない行為を行い，その行為が簡単に被害者または第三者によっても肩代わりされ（übernehmen）うるであろう場合には，その

246 第2部 中止未遂

ついて，この要件を以下のように当てはめている。

病院事例の場合に，中止行為の適性を考えるにあたり，(1)妻が自力で病院に到達しうることの予見可能性と，(2)通行人による発見・病院への搬送についての予見可能性が問題となるとし，大要次のように述べて，その予見可能性，したがって，中止行為の適性は認められえないとする。すなわち，(1)については，椅子の脚でのような堅い物体による頭部の殴打および妻の多量の失血に基づいて，彼女が——実際に意識を失ったように——意識を失いうるであろうということは予見可能であった。したがって，妻を降ろして1人で病院に行かせることは，救助結果をひき起こすのに適するものではなく，客観的な予見可能性，したがって，事前の客観的適性は認められえない。また，(2)に関して，被害者を病院の前で降ろすことは救命治療をひき起こすのに一般的に適していないわけではなく，事情によっては，たとえば，病院の正面入口の前で降ろした場合のように，病院の来訪者の多さ次第では，被害者がそこで意識を失ったとしても，職員，面会者または患者が被害者に気づき，彼女を助けることが蓋然性のある場合もあるが，この事例の場合には，夫は，正面入口ではなく，通用口から95メートル離れた所で被害者を降ろし，しかも，妻が茂みのなかに意識を失って倒れた（そのことから，彼女は助けを呼ぶことができず，それどころか，すすり泣くことやうめき声を上げるこ

---

ことは原則的に認められない（a.a.O.,S.192）。

既遂阻止結果に対する中止措置の条件関係もしくは既遂阻止結果の客観的帰属可能性で足りるとする立場と，最善の行為を要求する立場の中間的な結論を基礎づけようとするのは，Boß の他に，Hubertus Kolster,Die Qualität der Rücktrittsbemühungen des Täters beim beendeten Versuch,1993（未遂の処罰根拠を主観的観点において法敵対的な意思傾向，客観的観点においてこの法敵対的意思が保護法益への攻撃という形で外部的に表明されたことであると理解したうえで［S.40,111f.］，中止未遂はこの処罰根拠を相殺するために不処罰になるとし，既遂意思が救助意思に変わり，行為の状況および行為者の個人的な能力を顧慮したうえで，この救助意思が，外部的に現れた適切な救助措置に表明される場合に，中止未遂が肯定されるとする ［S.112］);Volker Krey, Deutsches Strafrecht,Allgemeiner Teil,Band 2,2001,§47 Rn.507（行為者が十分に確実な救助活動を意図的に怠り，結果の阻止を広範囲にわたって偶然に委ね，そのことにより，結果発生の具体的な危険をわざと創出する場合には，結果的に既遂結果が生じなかったとしても中止は認められない）; Hans Lilie/Dietlinde Albrecht,in:Strafgesetzbuch,Leipziger Kommentar 11.Aufl.2002,§24 Rn.188ff.（行為者の見方から必要であり，かつ信頼できる救助手段をとること）;Rainer Zaczyk,in:Nomos Kommentar zur Strafgesetzbuch,2001,§24 Rn.61（行為者が彼の見方から信頼できる手段を選択すること）。

第8章　実行未遂の中止行為　247

とも不可能であった）ということも考慮すれば，通りすがりの通行人にとっ
て直ちには認識可能ではなく，通行人が時機を失しないで発見する可能性は
事前にはきわめてありそうもないものであり，妻が実際に通行人によって時
機を失せずに発見されたということは，事前の見方からは，まったくの偶然
としてしか評価されえない。したがって，この点でも客観的な予見可能性，
したがって，救助行為の客観的な適性は否定されるべきである，と[85]。

　因果関係必要説が，Boßと同じような中止行為の適性（事前判断での客観
的な予見可能性）を問題とするならば，客観的帰属可能性を問題とする前述
(i)でみた立場よりは限定的に，病院事例の場合には中止行為が否定されるこ
とになろう。しかし，その場合でも，Boßが論じるように，条件が多少変
われば，たとえば，被害者が病院まで連れて行かれなくても，病院の正面入
り口付近など重傷の被害者がそこで意識を失っても誰かにすぐに発見され治
療を受けられることが客観的に予想しうるような場所まで連れて行かれれば
中止行為の認められる場合も考えられよう。

---

85)　Boß,a.a.O.(Fn.84),S.188f. なお，毒事例について，Boß は以下のように論じ，中止行
　為の適性を肯定する。すなわち，原則的に，専門的な救助者に急報することは，被害者
　を救助するのに客観的に適している。また，被害者の負傷の状態について詳細に申告し
　なくても，専門的な救助者を呼び寄せることで原則的に十分である。なぜなら，医学的
　に素人である行為者は，しばしば，被害者の健康状態についての適切な申告をなすこと
　ができないだろうからである。決定的なのは，救助スタッフを動かして決然とそして迅
　速に介入させることなのである。この事例で，妻は，通話の際に，夫の具合が悪く，台
　所であちこちよろめいていると誤解の余地なくはっきり告げたのだから，その電話は，
　事前に，救急車の即座の派遣を促すのに客観的に適していた。しかし，彼女が毒の投与
　について申告しなかったことから，救急車の派遣が予見可能であったというだけでな
　く，事前判断において，毒の投与についての情報がなくても，救急医が客観的に被害者
　を救助することができたのか否かがさらに問われなければならない。このことは次の理
　由から肯定されるべきである。すなわち，救急医が毒の投与の現象を認識し，然るべき
　措置を始めるということは，救急医に対して期待することができるからである。した
　がって，救助結果の予見可能性に関して，妻が彼女の電話によって，夫に対する迅速な
　救助の切っ掛けをつくったということで十分であり，その電話の客観的な適性は肯定さ
　れるべきである（Boß,a.a.O.[Fn.84],S.193f.）。もっとも，とくに危険な毒が与えられ，
　その毒が限られたわずかの時間内で解毒剤を注射することによってしか中和されえない
　ような場合には事情が異なるとする。このような場合には，夫の救助にとって，投与さ
　れた毒の申告も決定的に重要であるが，ここで問題の毒事例の場合にはそのような事態
　ではないとする（Boß,a.a.O.[Fn.84],S.194）。

248　第2部　中止未遂

## (4)　小括

　以上の検討から，因果関係必要説からは，毒事例の場合に中止行為は認められ，宜しく頼む事例の場合にも——否定する論者もいるが——中止行為は認められることになり，病院事例のような場合には，少なくとも，被害者が傷害の程度から考えて自力でなんとか病院までたどりつくことが客観的に予想しうるような場所まで運ばれた場合や，被害者が重傷でありそこで意識を失ったとしても誰かにすぐに発見され治療を受けられることが客観的に予想しうるような場所まで運ばれた場合（もしくはこれよりも緩やかに）には中止行為が認められることになろう。

　このような結論が適切に推論されているならば，前で示したように，これまでの真剣な努力説および適切な努力説によって導かれる結論[86]，そして，宜しく頼む事例以降を積み重ねられてきたこれまでの（必ずしも不当な結論をとってきたとはいえないと思われる）判例[87]との乖離が大きいことが指摘できよう。

　以上でそれぞれの学説から導かれる結論が（ある程度）明らかになったので，次節では，実行未遂の中止行為についてどのように考えるべきなのか各説の適否を検討する。

# 第3節　実行未遂の中止行為の要件

## 1　中止措置への人並みの法益尊重意思の具体化

### (1)　中止未遂の認められる実質的な根拠からの演繹

　前節の考察において，実行未遂の中止行為に関して，従来の真剣な努力説および適切な努力説によって導き出される結論と，近時有力な論者によって主張されている因果関係必要説の結論とが大きく異なる（少なくとも異なりうる）ということが示された。すなわち，宜しく頼む事例や毒事例の場合に，前者からは中止行為が否定されるのに対して，後者からは肯定されるこ

---

86)　参照，前述，第2節2（229頁以下参照）。
87)　参照，後述，第3節2（263頁以下参照）。

とになろう。病院事例のように被害者を病院の外で降ろして立ち去ってしまった場合にも，前者からはその後の中止措置（の進展，新たな状況への対応）について自ら責任をもたず他人任せにし，もしくはおざなりな態度で心身を労さないものとして中止行為が認められないのに対して，後者からは事情によっては（相当）因果関係が認められる限度で中止行為が認められる場合も考えられよう。

このような結論にいたる各説の適否を考えるうえで，43条ただし書の文言は決定的な論拠を提供しえない。確かに，43条ただし書の「中止した」（平成7年までの文言では「止メタ」）という多義的な文言のもとで，中止措置と既遂阻止結果の間の（相当）因果関係が必要であり，かつそれで足りると解するのも現行法上1つの可能な解釈であり，そこから導き出される前述のような結論も，必要的減軽・免除という柔軟性のある法効果のもとでまったくとりえない結論だというわけではなかろう（具体的事案において中止未遂を肯定したうえで減軽にとどめる——判例において免除まで認められた事例はきわめて少ない——ならば，障害未遂による減軽をした場合と処断刑は同じである。もちろん，任意的減軽か，必要的減軽かという類型的な法効果の違いが重要だとも考えられよう）。しかし，逆に，既遂の阻止に対する因果関係が必要であると解すべき文言上の必然性もないといえよう[88]。このような43条ただし書の文言の多義性は次のような規定と比較することにより一層明らかになろう。たとえば，「自己の意思によつて，犯罪の実行を中止し，又は結果の発生を防止したため，これを遂げなかつた者は」と規定する改正刑法草案24条1項（昭和49年5月29日法制審議会総会決定），また，単独正犯者の実行未遂の中止について「既遂を阻止する（Vollendung verhindert）者は」と規定するドイツ刑法24条1項1文第2選択肢や，実行未遂の中止について「重罪又は軽罪の既遂に属する結果の発生を自分の行為により回避した（den Eintritt des zur Vollendung des Verbrechens oder Vergehens gehörigen Erfolges durch ei-

---

88) もちろん，43条ただし書は43条本文を前提としており，中止措置をとったにもかかわらず犯罪行為が既遂にいたった場合，43条本文の「これを遂げなかった」という要件を充たしておらず（実質的にも，法を揺るがす印象は，既遂結果が発生した場合か否かで格段に異なる），そのことから43条ただし書も適用されない。あとは，予備罪の中止，共犯者の中止と同じように，準用の可否が問題になるにすぎない。なお，注1も参照。

250　第2部　中止未遂

gene Tätigkeit abgewendet hat）場合」と規定していたドイツ刑法旧46条2
号のような規定と比較する場合である。これらのような文言が用いられてい
たとすれば，少なくとも文言上は，中止措置と既遂阻止結果との間の因果関
係が必要であるとする解釈がより説得的なものになろう。しかし，43条ただ
し書において，これらの規定と比べて，既遂阻止結果に対する中止措置の
（相当）因果関係を要求する文言上の根拠は弱い。むしろ，ドイツ刑法24条
の規定のもとですら，そこでの「既遂の阻止」という要件を充たすために，
既遂阻止結果に対する中止措置の条件関係もしくは既遂阻止結果の客観的帰
属可能性では十分ではないとする見解が増えてきている[89]ことにこそ注目す
べきであろう。いずれにせよ，43条ただし書の「中止した」という相対的に
多義的な文言のもとでは，中止未遂の認められる実質的な根拠がより重要に
なってこよう[90]。

　前述のように，実行未遂の中止行為について真剣な努力を要求する立場で
も，適切な努力を要求する立場でも，「合規範的意思の表動」ないしはそれ
と類似する観点が指摘され，中止未遂の他の要件の関係でも，しばしば規範
意識（の具体化）といったものが（それ自体は正当に）問題とされてきたよう
に思われる[91]。ただ，法益保護を重要な任務とする刑法の役割および実行未

---

89)　前述，注82，注84参照。

90)　ここでは中止未遂の体系的位置づけ（ないしは法的性格）を問題にするのではない。
　　各国法制において中止未遂の取扱いがまちまちなこと（参照，たとえば，香川・前掲注
　　(33)『中止未遂の法的性格』1頁以下），たとえば，責任主義というような立法者をも拘
　　束する（すべき）刑法の基本原理と比べて，中止未遂の取扱いについて立法者の裁量の
　　余地が相対的に広く認められていることも考慮に入れたうえで，これまでも指摘されて
　　きたように，体系的位置づけの問題と中止未遂の認められる根拠の関係についてもう一
　　度整理・再検討が必要であるように思われる。

91)　参照，前述，220頁以下の西原，川端，香川，曽根各教授の論述のほか，任意性の関
　　係で（ただ，これを「広義の後悔」と表現するのは，常に後悔まで要求するのが妥当な
　　のかということに加え，「自己の意思により」という文言との関係でも問題であろう），
　　内田・前掲注(26)『改訂刑法Ⅰ』272頁，275頁注11，齊藤信宰・前掲注(2)『刑法講義総
　　論』411頁以下，佐伯千仭・前掲注(36)『刑法講義総論』322頁以下，中・前掲注(26)『講
　　述犯罪総論』212頁以下，宮本・前掲注(35)『刑法学粋』376頁以下，同・前掲注(35)『刑
　　法大綱』184頁以下など。なお，林・前掲注(42)『刑法総論』378頁は，「中止犯の場合に
　　刑の減免を与えるのは，いったん生じた未遂犯の不法・責任を，責任消滅へと行為者を
　　動機づけることによって，不法を消滅させようとするためである。このような中止犯の
　　目的を達成するためには，任意性とは，責任，すなわち，法益侵害意思に基づく反規範
　　的意思がなくなり，反対に，法益保護または規範遵守の意思が生じ，これが動機となっ

遂の中止行為という観点から表現すれば，中止措置への法益尊重意思の具体
化と表現するのがよいであろう。法益尊重意思が中止措置に具体化されるこ
とによって，故意（法益侵害意思）をもって実行に着手した（さらに，実行未
遂の段階にいたらしめた）ことによって（各法定刑に見合う程度に）揺るがさ
れたところの法秩序の実効性に対する社会一般の人々の信頼が再び安定化さ
れ，もしくは未遂によりひき起こされた社会心理的な衝撃が事後的に緩和さ
れることにより，（積極的）一般予防上の働きかけの必要性も減少・消滅し，
加えて，そのような法益尊重意思を具体化した行為者に対して国家財政を投
入しての（刑事施設内での規律正しい生活や刑務作業等を通じた）刑罰による特
別予防上の働きかけの必要性も減少・消滅し，刑が減免されると考えること
ができる[92)93)]。そして，ここでいう法益尊重意思の中止措置への具体化の程

---

て中止行為に出た場合を意味すると解するべきであろう。このような意思があったこと
を根拠として責任の減少を認め，刑の減免を与えることによって，将来同一の状況が生
じたときに，法益保護または規範遵守の意思が生じるように動機づけようとするのであ
る」と論ずる。
　中止未遂の法的性格に関係づけて，責任減少を重視する立場から，奈良・前掲注(36)
『概説刑法総論』267頁（「自己の意思による自発的な犯罪の中止は，法の要求する規範
意識に合致するものとして責任の減少を考える」），中山研一『刑法総論』435頁（成文
堂，1982年）。責任減少と政策的考慮を併用する立場から，山中・前掲注(39)『刑法総論
II』714頁以下（「法秩序に帰還したことに対する褒賞」，「義務違反的意欲が事後的に合
法的な意欲へと復帰したことに非難可能性の減少」）。なお，松宮孝明『刑法総論講義
（第3版）』230頁（成文堂，2004年）。総合説的な立場から，正田・前掲注(26)『刑法体
系総論』139頁，143頁注8（中止行為は，犯罪の実行行為とは相反する合規範的な態度）。
一般予防・特別予防上の必要性を問題とし，人的刑罰消滅・減軽事由と解する立場か
ら，城下裕二「中止未遂における必要的減免について——『根拠』と『体系的位置づ
け』——」北大法学論集36巻4号224頁（1986年）（「不必要な規範意識の確認・強化を
行わないためと同時に，法規範の内容を一般人に知らせるため」）。
92)　中止未遂は一般予防的な観点と特別予防的な観点から刑罰という制裁を科す必要性
が減少・消滅するため寛大に取り扱われるとするのは，斉藤誠二「中止未遂を寛大に扱
う根拠」争点新版107頁。また，城下・前掲注(91)224頁，鈴木彰雄・前掲注(37)31頁。
中止未遂の場合に，社会心理的衝撃性（「実体的には特別予防・一般予防の必要性」）が
弱まり，刑の減免が認められるとするのは，斎藤信治・前掲注(41)『刑法総論』228頁以
下。また，山中教授は，「法秩序に帰還したことに対する褒賞として，特別予防上考慮
され，あるいは，それに対して報いることで，法秩序に対する信頼を強固にし，社会的
統合を促進するという意味での積極的一般予防的効果を考慮されるという意味で，刑事
政策的観点が，減免根拠に入り込むことは否定できないように思われる」とし（前掲注
(39)『刑法総論II』714頁。また，715頁），「可罰的責任判断は，行為者の行為がもたら
した法益侵害とそれによる法秩序の動揺に対する，処罰の必要性の観点からみた行為の
非難可能性の判断である」とする（「中止犯の減免根拠に関する考察」『宮澤浩一先生古

252 第2部 中止未遂

稀祝賀論文集第2巻』462頁［成文堂，2000年］〔前掲注(39)『中止未遂の研究』所収。47頁以下〕)。木村光江教授も，「『行為者が決定的な時点で，自らが法に忠実であることを示した以上，一般予防の必要はない』という刑罰目的説の考え方は，中止行為については国民に規範違反の確認をわざわざ行うまでもないという意味で，わが国においても援用しうる考え方のように思われる」とし（「中止犯論の展望」研修579号6頁［1996年]），「わが国で用いられている政策説のかなりの部分には，ドイツで主張されている褒賞説や刑罰目的説が含まれているということを確認しなければならない」とする（7頁。また，同・前掲注(3)東京都立大学法学会雑誌39巻1号70頁)。また，井田教授は，中止犯規定が国民一般に対し行為規範ないし行動準則を定立し，ポジティブ・サンクションを提示することにより中止行為を奨励して，規範による行動コントロールを通じての法益の保護という一般予防目的を果たすという考え方から，「『法益を侵害する行為をするな』という規範に違反した者が，侵害されようとしている法益を保全する行為をしたときには，規範的一般予防の必要性が減少し，規範違反性の評価が軽くなる」とする（前掲注(40)97頁)。なお，積極的特別予防上行為者を処罰する必要性が減少・喪失するとするのは，伊東研祐「積極的特別予防と責任非難――中止犯の法的性格を巡る議論を出発点に」香川達夫博士古稀祝賀『刑事法学の課題と展望』275頁（成文堂，1996年)，刑の免除に当たる場合につき特別予防の観点（行為者の社会復帰を図る見地）を重視するのは，森下・前掲注(26)『刑法総論』174頁。

　古く，黄金の橋の理論とは異なる合理的な刑事政策的理由を求め，中止未遂の場合に規範意識の覚醒があることに基づいて刑罰を科す必要性が減少・消滅することを指摘していたのは，井上・前掲注(26)『刑法学総則』197頁。また，43条ただし書に関して，刑法改正政府提出案理由書が，「中止犯ヲ無罪ト為ス法制ノ不當ナルハ論ナキトコロナリ然レトモ犯罪ノ實行ニ著手シタル後自己ノ意思ニ因リ之ヲ止メタル者ハ社會ニ及ホス害悪少ナク且犯情モ亦憫察ス可キ所アルヲ以テ之ヲ罰スル場合ニモ一般ニ減輕スルモノトシ情狀ニ因リ其刑ヲ免除スルコトヲ得セシメ以テ刑ノ適用ニ不權衡ナカラシメタリ」（松尾浩也増補解題『増補刑法沿革綜覧』2147頁［信山社出版，1990年]）として（なお，これに続けて，黄金の橋の理論の意味での中止奨励効果も加えている)，自己の意思により中止した場合に社会に及ぼす害悪が少ないとしている点が注目される。

93)　未遂の処罰根拠（さらに，刑法の解釈・適用，また立法に関する重要な観点）に関する印象説（社会心理的衝撃性の考え方）について，参照，斎藤信治・前掲注(41)『刑法総論』5頁以下，原口伸夫「間接正犯者の実行の着手時期」法学新報105巻1号104頁以下（1998年）＝本書第2章69頁以下。ドイツの印象説についても，参照，原口・前掲法学新報105巻1号108頁注12＝本書第2章71頁注80。また，未遂行為により法秩序の実効性に対する社会一般の信頼を動揺させたこと，そして中止行為によりその信頼を安定化させたことを（しばしば他の観点とともに）指摘するのは，Baumann/Weber/Mitsch,a.a.O.(Fn.82),§27 Rn.8;Matthias Bergmann,Einzelakts- oder Gesamtbetrachtung beim Rücktritt vom Versuch?,ZStW 100(1988),S.334f.;Eser,a.a.O.(Fn.78),§24 Rn.2b;Claus-Jürgen Gores,Der Rücktritt des Tatbeteiligten,1982,S.155f.;Jescheck/Weigend,a.a.O.(Fn.82),§51 I 3;Detlef Krauß,Der strafbefreiende Rücktritt vom Versuch,JuS 1981,S.888;Kühl,a.a.O.(Fn.82),§16 Rn.5;Maurach/Gössel/Zipf,a.a.O.(Fn.82),§41 Rn.12ff.;Rudolphi,a.a.O.(Fn.78),NStZ 1989,S.511;Wessels/Beulke,a.a.O.(Fn.82),Rn.626; Vogler,a.a.O.(Fn.82),§24 Rn.20など。これに関して，Baumann/Weber/Mitschの以下のような論述が簡潔に要点を示しているように思われる。すなわち，未遂を中止する場合には，刑法という手段による行為者に対する予防的な働きかけ（特別予防）および社会に対する予防的な働きかけ（一般予防）は必要ではない。行為者は，彼が任意

度が問題になるが，この社会心理的衝撃性の考え方からは，法秩序の実効性に対する（揺るがされた）社会一般の人々の信頼を安定化し，もしくは社会心理的な衝撃を緩和できる程度のものである必要があり，かつその程度で足りると考えるべきであり，これを定式化すれば，一般の人がその状況に置かれたならば，被害者の救助（厳密には既遂の阻止）のためにとるであろうような措置，つまり，「人並みの」法益尊重意思を示す必要があり，それで十分であると考えることができよう[94]。

　そのように考えれば，宜しく頼む事件のような放火事件において，近隣の者に消火を依頼しただけでその場を立ち去ってしまうことでは十分ではなく，（火災の進捗の程度等によるが，少なくともまだ放火罪の既遂にいたっていない状態では）他人任せにするのではなく，自らもその消火活動に当たりないしは消火活動に協力することも一般に必要になってこよう。また，殺傷事件においては，119番（ないし110番）通報による救急車の手配は確かに決定的に重要な措置であるが，それを行った後直ちに立ち去ってしまうのではな

---

に後戻りすることによって，自力で規範に合致した生活態度（normkonforme Lebensführung）への帰路を見つけ，したがって，国家の刑事司法によって再社会化される必要はないということを示している。社会一般の人々は一般予防的に呼びかけられる必要はない。なぜなら，行為者の中止は，彼の未遂の規範を不安定にする効果（normdestabilisierende Wirkung）を中立化したからである。結局のところ法秩序は確証され，法の実効力（Geltungskraft）への社会一般の信頼は後まで残る程には損なわれなかった。それどころか，法の保護的な作用が，未遂を中止することのなかにとくに印象的に示されているとさえいうことができる。なぜなら，この場合に，既に違法なことへ決定的な一歩を踏み出したが，それでも彼の行為の最も決定的な時点（am kritischsten Punkt）でなんとか引き返す行為者に対して，結局，法は自分の意思を押し通した（sich durchsetzen）からである。その限りでは，中止する行為者に模範機能（Vorbildfunktion）に近いものが認められうるであろう（a.a.O.[Fn.82]，§27 Rn.8）と。

94)　この人並みの法益尊重意思の具体化という中止行為の要件に関して，とりわけ，斎藤信治教授の次のような責任に関連する見解，すなわち，「社会人としての最低限の法益尊重心を欠いた」のか否かを責任非難の要点とし（前掲注(41)『刑法総論』26頁以下，また，114頁，211頁以下），責任故意・過失を，「法規範の見地からみた非良心的な主観的態度——社会人としての最低限の法益尊重心を欠いた主観的態度」として捉え（前掲注(41)『刑法総論』100頁，また，103頁。過失につき，116頁以下，155頁），未必の故意と認識ある過失の区別での蓋然性説を支持して，「普通の法益尊重感覚でみれば行為を思い止まるに違いない程度の可能性の高さを『蓋然性』」である（前掲注(41)『刑法総論』107頁）とし，また，過剰防衛の関係で，「『人並みの良識を明瞭に逸脱した』ときに初めて過剰防衛となる」（前掲注(41)『刑法総論』194頁。また，181頁以下）とする見解に多くの示唆を受けた。

く，救急車の到着まで可能な範囲で応急処置を施す，被害者に付き添っている（場合によっては救急車に乗り込み病院にも付き添う）など，自分が怪我を負わせた以上，それに対する善後策として，そして，状況の変化への対応も視野に入れて人並みの法益尊重意思を具体化するような「常識的な」救助措置を行ってはじめて，法秩序の実効性に対する社会一般の人々の信頼を安定化し，もしくは社会心理的な衝撃を緩和できる程度に達し，社会の立場から寛容さを示すことができるものといえよう。

## ⑵ 既遂の阻止に直接関係する要因への限定

このような実行未遂における「中止行為」と認められるために必要な法益尊重意思の具体化は，既遂の阻止との関係で考えられるべきである[95]。既遂の阻止とは直接関係しない要因，たとえば，自己の犯行を申告しないことや，より積極的に犯跡隠蔽措置をなしたことは中止行為を判断するにあたり考慮されるべきではない。条文上も43条ただし書は「犯罪を中止」すればよいのであり，42条，80条等のような自首による減免の規定[96]とは異なる趣旨・要件の規定であり[97]，実際にも通説・判例は，着手未遂の中止行為について，自己の意思によりそれ以上の実行行為をやめれば足りると解しており，それに加えて，たとえば，改悛等は要件とされておらず，また，実行未遂の中止のうち独力で中止行為をする場合も同様であろう。そうであれば，条文上は着手未遂と実行未遂を区別していない43条ただし書のもとで，実行未遂の中止行為，そのなかでも他人の助力を受ける場合についてだけ，同視

---

95) このことは，真剣な努力説も含めて学説において一致していると考えられる。参照，前述，第2節2⑴（229頁以下）。

96) したがって，中止未遂と自首は同時に成立しうる。たとえば，前掲注⑰横浜地川崎支判昭和52年9月19日，前掲注⑭東京地判平成8年3月28日。もちろん，その場合も法律上の減軽は1回である（68条）。

97) 野澤充「中止犯論の歴史的展開⑴──日独の比較法的考察──」立命館法学280号37頁（2002年）も，「行為者が警察官等に対し自分が犯人であることを隠蔽しようとした点から，中止未遂の成立を否定しようとする一部の判例の考え方が挙げられる。すなわちこれは結局として中止未遂制度を自首制度（42条）と混同するものである。……『犯罪を中止する』という中止犯の定義内容以上のものを事実上行為者に要求しているとも考えられ，犯人が進んで捜査官憲に対して自己の犯罪事実を告げることを要件とする自首制度との混同があるのではないかと考えられるのである」と指摘している。また，同「中止犯論の歴史的展開⑶──日独の比較法的考察──」立命館法学282号108頁，111頁，119頁（2002年）。

基準ないしは真摯性基準のもとで自己の犯行の申告等，既遂阻止との関係を超えた事情を要求するのは，43条ただし書の条文解釈内でも均衡を失し妥当ではない。したがって，中止行為はあくまで既遂阻止との関係で考えるべきである。

　なお，毒事例のように，事案によっては，たとえば，殺害するために毒を投与し，治療に当たる者にとってもどのような種類の毒物かによって処置が大きく異なり，毒についての情報を与えないことが（結果として救助に成功したとしても）被害者の生命救助の成否を憂慮すべき程度で偶然に委ねるような場合には，毒についての情報提供（必ずしも「自分が投与した」ことまで言及する必要はない）が必要になってこよう。このような情報提供は，適切かつ迅速な治療という「既遂の阻止に直接関連する事情」と考えられ，人並みの法益尊重意思の具体化という観点からも必要になってくる場合も少なくないと考えられよう。

## ⑶　因果関係必要説に対する疑問点

　前述のように，実行未遂の中止行為について，中止措置のなかに人並みの法益尊重意思を具体化することが必要であると解する本書の立場から，因果関係必要説に対して次のような疑問が生ずる。

　第1に，これまで本章で示してきたような因果関係必要説の結論に賛同することができない。実行未遂の中止行為と認められるためには，なされた救助措置と既遂阻止との間に相当因果関係が認められるだけでは十分ではない場合があり，他方で，必ずしも相当因果関係が認められることも必要ではない場合もある。中止措置のなかに人並みの法益尊重意思を具体化することが必要であり，かつそれで十分である。このような理解からすると，因果関係必要説は宜しく頼む事例，毒事例，事情によっては病院事例の場合のように，相当因果関係が認められる限りで（中止未遂の認められる根拠から考えて疑問のあるかたちで）緩やかに中止行為を肯定する一方で，非因果的中止の場合に中止行為を認めない限りで[98]中止行為を限定しすぎている。

---

98)　後述のように，可罰的な「不能」未遂を中止する場合には見解が分かれる。なお，43条ただし書の「適用」に関して，中止措置と既遂阻止結果の間の因果関係を必要としたうえで，非因果的な中止の場合にはこれとは異なる要件を設定し，43条ただし書を

256 第2部 中止未遂

第2に，被害者保護の観点からも疑問が残る。確かに，黄金の橋の理論の意味での刑事政策的効果を強調し，できるだけ緩やかな要件を設定した方が行為者に対する中止奨励（動機づけ）効果が上がり，その分被害者にとっても利益であるとの考えもある[99]が，これまでも中止未遂の議論においてくり返し指摘されてきたように，黄金の橋の理論の意味での刑事政策的効果には疑問があり[100]，中止規定の補充的な理由になりうることまでは否定しない

---

「準用」するという解釈も考えられる（参照，なお，前述，221頁以下の香川教授の見解。なお，ドイツ刑法24条1項1文［因果的な中止］と1項2文［非因果的な中止］についての通説的解釈）。ただ，この場合には，適用の場合と準用の場合で要件が異なること，それによって生じうる不均衡，また準用の場合にどのような要件を設定すべきなのかということが問題になろう。さらに，このような準用を認めるのであれば，中止措置と既遂阻止結果の間の因果関係を必要と解する文言上の根拠も明白でない以上，むしろ，43条ただし書適用の要件として因果関係を不要と解したうえで，その中止行為の要件を設定した方が簡明ではないかということも問題になろう（もちろん，適用・準用を区別する場合には，因果関係の認められる限りでその緩やかな要件が適用されるので，まったく同じ結論になるというわけではない）。

99) 中止奨励効果を重視して，既遂阻止結果に対して中止措置の条件関係が存在するだけで足りるとする Puppe の見解について，参照，前述，注82。

100) 社会一般の人々は，中止未遂規定とその効果（刑の減免）を（あまり）知らないのだから，そのような減免が行為者の動機づけに（それ程）なっているとは考えられず，また，裁判実務において，後悔してやめたとか，大変なことをしたと思ってやめたという事例は少なからずあるが，行為者が「中止することによって刑の減免が受けられるだろう」と考えて（つまり，刑の減免が直接の動機になって）中止したという事例はこれまで指摘されてきておらず，中止規定の中止動機づけ効果を仮定する黄金の橋の理論は，いずれにせよその効果を過大視しすぎているといえよう。なお，不処罰を認めるドイツと異なり，わが国は刑の減免を認めるにすぎないから中止奨励効果はあまり期待できないとの指摘に関しては，とくに実行未遂の場合には，ドイツ刑法でも，遂行された未遂行為のなかに既に既遂に達した犯罪行為が含まれている（殺人行為を中止したが，既に傷害結果が生じている）限りで，その既遂行為が原則的に処罰されることから，この限りではドイツの中止規定が「黄金の橋」で，わが国の中止規定が「鉛の橋」とはいえない。むしろ，43条ただし書の中止奨励効果を仮定したとしても，わが国の刑法においては，中止未遂による刑の（必要的）減免に加えて，自首（42条）による刑の（任意的）減軽を認めていること方が，43条ただし書の中止奨励効果を減殺する効果の点で大きいように思われる。なぜなら，必要的減免（43条ただし書）と任意的減軽（42条）という法律上の効果に大きな違いはあるものの，一般の人はこの違いをおそらくあまり（厳密に）意識しないであろうと考えられること，そもそも自首制度と中止未遂制度のわが国における歴史の違い（参照，前述，注57）から，中止未遂制度よりも自首制度の方が（正確ではないにせよ，経験・事件報道等を通じて）認知度が格段に高いであろうということも考えあわせれば，「仮に」これらの規定の動機づけ効果が（十分に）あると考えた場合にも，その動機づけ効果は中止未遂制度より自首制度の方が優っているのではないか（その結果，刑が軽くなるとの誘因だけならば，「何も中途でやめなくでも，

ものの，中止未遂の認められる決定的・中心的な理由にはなりえないという
べきであろう。仮に行為者に対する十分な動機づけ効果があると仮定した場
合にも，あるいはその場合にはなおさら，中止行為をする段階でおざなりの
措置であれ，心身を労さない措置であれ，「ともかくなんらかの中止措置を
とることが重要であり，結果的に既遂阻止結果と相当因果関係が認められれ
ばよい」とするよりも，中止行為をする段階で「ある程度既遂阻止結果の見
込まれる措置」や，本書の立場からは「人並みの法益尊重意思を具体化する
措置をとる必要がある」との法解釈・法適用を周知徹底する方が，具体的な
被害者の保護，少なくとも多くの事例が積み重ねられるなかでより多くの被
害者の保護・救助の観点から有意義であるように思われる[101]。

　第3に，行為者の中止措置と危険消滅との（相当）因果関係を問題とする
場合，そこでいわれる危険概念・危険減少概念も問題になる。たとえば，致
死量に足りない毒物を投与した後で後悔して救急車を呼んで医療措置を施さ
せたが，救急車を呼ばなくてもその毒の量では死にはいたらなかったであろ
うというような（可罰的な）「不能」未遂を中止する場合に，山口教授は，

---

やるだけやって既遂までいたらせた後で，その必要があるなら自首をすればよい」と
いった考えを抱かせかねない。しかし，いずれにせよこのような打算的な考慮を促すこ
とになるかはやはり疑問である）と考えられるからである。また，中止奨励効果を肯定
すべき1つの根拠として，身代金目的誘拐罪の解放による刑の減軽（228条の2）の存
在が指摘されることもあるが，身代金目的での誘拐の場合には，一般的に（類型的に），
実行に着手してから，（構成要件上既遂の後の問題であるが）最終目的達成（身代金の
取得）までの時間が比較的長いことが多く，その間に，行為者に熟慮・再考・利害打算
をする十分な時間が考えられる犯罪類型であるという特性が考慮に入れられていると考
えることができる。したがって，「よしやろう」と最終決断をし，実行についさっき踏
み切ったばかりの段階において，刑の減免（不処罰）の見込みが，実際にどの程度，再
びその行為の継続を放棄させるだけの十分な刺激になりうるのかは疑わしい，というよ
うな批判（参照，たとえば，Eser,a.a.O.,[Fn.78]，§24 Rn.2）が一般的には（一般の犯罪
類型の場合に，つまり，43条ただし書について）妥当するとしても，前述のような特性
をもつ228条の2の犯罪類型の場合には妥当しない。このように考えられるとすれば，
228条の2の存在は，43条ただし書に関する黄金の橋の理論の十分な根拠にはならない
といえよう。
101)　Roxin も，Puppe の考え方に反対して，不処罰となる中止を手に入れるのが容易で
あれば容易である程，それだけ一層，行為者はわれを忘れてつい危険な行為に走るだろ
う，ということもできるし，被害者を保護するという意味では，いうまでもなく，あま
り熱のこもっていない努力よりも最善の行為の方が役に立つということも考慮すべきで
あるとする（a.a.O.[Fn.82]，FS-Hirsch,S.337;ders.,a.a.O.[Fn.82]，AT,§30 Rn.247）。

258　第2部　中止未遂

かつては，「行為者の未遂行為が結果を惹起するために『具体的に不能』で
あったとしても肯定することが可能である。不能犯ではなく，未遂として処
罰可能なのは既遂結果惹起の危険を発生させたからであり，これを消滅させ
れば中止行為としては十分だからである」としていた[102]が，近時では，「構
成要件的結果を惹起することが具体的に不能である場合には，既遂の具体的
危険が存在するために未遂犯は成立するが，中止行為と危険消滅との間に因
果関係を欠くため，中止犯は成立しない」としている[103]。一方で，危険消
滅説を支持する他の多くの論者は，この場合に危険消滅との相当因果関係を
認めている[104]。このように，危険消滅説のいうところの危険概念にはなお
不明確さが残る（さらには混乱がある）ように思われる[105]。

　以上のことから，因果関係必要説に従うことはできない。

### ⑷　真剣な努力説に対する疑問点

　学説において主張されてきた真剣な努力説の結論は，本書で主張される立
場と基本的にはほぼ同じにものなると考えられ，その限りで異論はない。し
かし，前にも指摘したように[106]，「真剣な努力」という表現に含まれうる中
止行為の——無限定とまではいえないが——相当な幅が問題となる。そこ
で，その概念を合理的に限定し，もしくは適切に言い換える必要があり，ま
た，裁判での事案の解決の指針になりえ，建設的な批判の対象になりうる程
度の基準という観点から，本書で示した中止行為への人並みの法益尊重意思
の具体化という基準が優先されるべきである。

---

102)　山口・前掲注(3)『問題探究刑法総論』228頁以下。同・町野朔ほか『考える刑法』
　　281頁（弘文堂，1986年）。

103)　山口・前掲注(42)『刑法総論』245頁

104)　林・前掲注(42)『刑法総論』375頁，山本・前掲注(23)45頁。おそらく，また，堀
　　内・前掲注(42)『刑法総論』248頁。

105)　金澤・前掲注(3)92頁以下は，「危険消滅説の説く危険は，未遂犯の違法性を基礎づ
　　けた危険と同一のものではあり得ない」と指摘している。その他，危険消滅説の批判に
　　ついて，参照，山中・前掲注(39)『刑法総論Ⅱ』710頁以下，同・前掲注(92)『宮澤古稀』
　　450頁以下。さらに，また，不能犯との関係で客観的危険説の結論のばらつき，したがっ
　　て，そこで問題とされる危険概念の不明確さを適切に批判するのは，斎藤信治「不能犯
　　(3)」百選Ⅰ5版136頁以下。

106)　参照，前述，233頁。

第8章　実行未遂の中止行為　259

## (5)　適切な努力説に対する疑問点

　実行未遂の中止行為の合理的な限定ということに関しては，真剣な努力説よりも，むしろ適切な努力説（の代表的主張者の理解）の方が妥当であるともいえる。しかし，適切な努力説は，「その表現どおりに」適用した場合に，その状況下での行為者の能力を十分に考慮に入れることができるのか，という点で疑問が残る。このことを考えるうえで，東京地裁平成7年10月24日判決[107]が参考になろう。これは次のような無理心中の事案であった。

　被告人はG子と婚姻するとともにG子の連れ子H（犯行当時13歳）と養子縁組をし，親子3人で暮らすようになったが，被告人の酒癖の悪さなどに嫌気をさしたG子がHを残して家を出てしまった。そのようななかで，某日午前3時30分頃，自宅6畳間でうつぶせになって就寝中のHをぼんやり見やっているうちに，G子が家出してからの苛立ちと家族の将来の生活を悲観する気持ちが一気に高まって自殺しようと思うとともに，残されたHが不憫であると考えてHも殺してしまおうと決意し，台所から出刃包丁（刃体の長さ約14.5センチメートル）を持ち出し，前記6畳間に戻り，Hを仰向けにしたうえ，「お父さんと死んでくれ。」などといいながら，殺意をもってその左胸部を出刃包丁で1回突き刺した（Hは左乳頭内側に幅約5.5センチメートルの刺創を負い，その刺創は，第3肋間からやや上方に向かい，左上葉肺を内側約5センチメートル，外側約2センチメートル弱の幅で貫通するという重大なもので，わずか数ミリメートルでもずれていれば心臓や大動脈を傷つけて致命傷になりうるものであった）後，放火して被告人ら共々その財産のすべてを灰にしてしまおうと考え，整理たんすや押入れ等に灯油を散布しライターで点火した（現住建造物放火罪については，その後，焼損にいたり既遂）。その直後，被告人は，右出刃包丁で自らの左胸部および喉を突き刺したうえ，右頸部を切って自殺を図り，Hの足元付近にうつ伏せに倒れた。被告人はその後しばらく意識を失っていたが，室内に立ち込めた煙により息苦しくなり目を覚ました。すると，上半身を起こして壁に寄りかかるようにしていたHが，被告人に向かって「お父さん，助けて。」と言ったことから急にHのことがかわいそう

---

107)　前掲注13。

になり，煙に巻かれないうちに助け出そうという気持ちになり，Hを玄関から室外に引きずり出し，道路に出たうえ，付近甲方出入口の門扉を開けてその敷地内までHを引きずっていったが，意識を失ってその場に倒れ込んでしまったところ，午前3時55分頃，同所付近を偶然通りかかった通行人がこれを発見して110番通報したため，Hは病院に収容され緊急手術により一命をとりとめた[108]。

　このような事案に関し，東京地裁は次のように判示して中止未遂の成立を否定した。すなわち，被告人の行為の任意性は認められる。しかし，「被告人は，Hを被告人方から甲方敷地内まで運び出してはいるものの，それ以上の行為には及んでいないのであって，当時の時間的，場所的状況に照らすと，被告人の右の程度の行為が結果発生を自ら防止したと同視するに足りる積極的な行為を行った場合であるとまでは言い難く，Hが一命をとりとめたのは，偶然通り掛かった通行人の110番通報により病院に収容されて緊急手術を受けた結果によるものであったことを併せ考慮すると，本件が被告人の中止行為によって現実に結果の発生が防止された事案であるとは認められない」。

---

108)　本事案が因果的な中止の事案なのか，非因果的な中止の事案なのかは問題になりうる。本件被告人がHを屋外に連れ出さなければHは発見され救助されることもなかったであろうから，被告人の措置と既遂阻止結果との間の条件関係が認められることは異論がないであろう。この意味で，既遂阻止結果に対してまったく因果的寄与を及ぼしていない典型的な「非因果的な中止」の事案から区別される。ただ，相当因果関係が認められるかは疑問である。判決も指摘するように，「被告人らが倒れ込んだ……甲方敷地付近は，夜間の人通りのほとんどない住宅街に位置」し，「犯行当日の午前3時55分ころ，同所付近を偶然通り掛かった通行人が被告人及びHを発見」したという「当時の時間的，場所的状況に照らすと」因果経過の相当性（相当因果関係）は否定されるように思われる。したがって，構成要件該当性の段階での因果関係の判断に相当因果関係を要求し，中止未遂の阻止結果にも同様に相当因果関係を問題とするならば，本件事案は既遂阻止結果の帰責（帰属）に必要な相当因果関係が欠けるという意味での「非因果的な中止」に分類されるとも考えられる。ただ，非因果的な中止を認めない場合や，非因果的な中止の場合に因果的な中止と異なる要件で中止未遂を認める場合には，この区別が決定的に重要になるであろうが，本書では，前述のように，43条ただし書の「中止した」といえるために，中止措置と既遂阻止結果の間の因果関係は不要であると解し，人並みの法益尊重意思の具体化が認められればよいと解するので，因果的な中止と非因果的な中止を（概念上の分類は別として，43条ただし書を適用するうえで）区別する実益はない。

第8章　実行未遂の中止行為　261

　確かに，たとえば，被告人が自ら傷害を負っていない状態で，同様に室外に連れ出し，甲方敷地内までHを引きずっていった段階で逃走してしまったとしたら，人並みの法益尊重意思の具体化という中止行為の要件を充たしていないと考えるべきであろう。しかし，自らも重傷を負った状態でなお力を振り絞ってHの救助に当り，力尽きて自らも意識を失ってしまった本件の場合，行為者からしてみれば「その状況下での最善の行為」もしくは「精一杯の努力」をしたと評価することもでき，このような場合に，行為者の置かれた具体的な状況・行為者の能力を捨象して，たとえば，人を刺した場合にとるべき救助措置を一般化して，いかなる場合にも自ら直ちに応急処置をしなければならず，かつ，速やかに110番ないしは119番通報をしなければならない，というような要求をすることは，それができる状況では望ましい救助措置ではある[109]が，本件のように行為者にできうることが相当に制約されている事案では酷な要求といえよう[110]。したがって，中止行為を考えるに当っ

---

109)　前田教授が，本件について，「包丁で生じたケガの治療に向けられた行為（ないし治療が行われる高い蓋然性のある状況にもっていく行為）がなければ，本件事案についての中止犯の成立は認めがたい」（前掲注(57)『最新重要判例』22頁）とするのは，具体的な行為者の能力を捨象して中止行為の要求を一般化しすぎている嫌いがある。

110)　実行未遂の中止行為を考えるにあたり，行為の状況（犯行現場，犯行時間，攻撃手段，結果発生の蓋然性の程度，被害者の行動など），救助の可能性，期待可能性の限界や行為者の主観的能力などを考慮に入れるべきであり，中止行為と認められるか否かは状況により条件づけられ，人によって異なる（べき）ことを適切に指摘しているのは，Kolster,a.a.O.(Fn.84),S.112f. なお，また，Goresは，ドイツ刑法24条1項2文における真剣な努力の要件を充たすために，非現実的なもしくは迷信的な手段によって既遂を阻止しようと努力する場合でもよいのか否かの検討においてではあるが，この場合に超自然的な力の介入（たとえば，健康回復の祈り）によって構成要件的結果が阻止されるだろうという信頼はそれのみでは自分の努力ではないという限定をしつつ（a.a.O.[Fn.93],S.195），次のように論じているのも，「客観的に適切な措置」に限定すべきではない点で参考になる。すなわち，中止意思のある者が，少なくとも彼の確信によれば切迫している構成要件的結果を阻止するために，しばしば瞬時に決断し，行為しなければならないということが考えられるべきである。冷静で落ち着いて考察するならば笑いを誘うような誤った措置も，そのような状況において，誰もが共感することができ，その結果，法共同体は，その措置の客観的な無思慮さにもかかわらず，その措置をよい意思の証拠として「真剣に」受けとることができる。行為者が規則的に落ち着いて熟慮する時間をもっていたところの愚かな未遂の諸事例（ドイツ刑法23条3項）との根本的な相違がここにある。加えて，とくに強くショックを与えられ，極度の同情または後悔に襲われた中止意思のある者が，規則的に冷静さを失い，無思慮な中止措置をとるということも考えられるべきである。そのことから，その種の客観的に愚かなまたは笑うべき中止措置でも十分なものとすることは正当化されるように思われる（a.a.O.[Fn.93],S.196）と。

262 第2部 中止未遂

て行為者の置かれた当該状況や，とりわけ行為者の能力も顧慮し，そのような状況下で，法益尊重意思の具体化が認められるのか否かを判断する必要があると思われる。このように考えた場合，ここでの被告人の場合に必要な法益尊重意思の具体化は優に認められ，中止が認められてよかったと思われる[111]。

　判例も，確かに非因果的な中止を肯定していない[112]が，行為者の置かれた当該状況やその状況下での行為者の能力については，これまでも考慮に入れてきている。たとえば，古い判例であるが，夫死亡後も病気の子供を抱えながら小売業を営んでいた被告人が，その営業が思わしくなく，子供の医療費もかさみ苦慮していたところ，家財商品等の動産に火災保険がかけられていることに思い至り，家屋・家財等を焼燬し右保険金を騙取しようと決意し，某日午前2時ごろ，商品陳列棚に置かれた蓄音機の上に載せてあった新聞紙にマッチで点火した後で，新聞紙等の燃焼する火勢に驚き，犯行を中止する意思をもってバケツに水を汲んだが，当時病気にかかり衰弱していたため（数日前より頭痛と下痢で臥床）独力で消火することができず，大声で隣人を呼びその助力を得て消火し，家屋については柱等を焦がしたにとどまり，焼燬するにはいたらなかったという事案で，大審院大正15年12月14日判決[113]は，中止未遂の認められるべき中止行為の内容に言及してはいないが，結論的に中止未遂を認めている。これは病気で衰弱していた当該被告人の能力も考慮したうえでの判断であったものと考えられる。また，戦後の下級審

---

111)　斎藤信治教授も，本件について，「懸命の結果発生防止行為までしているのだから，『犯罪を中止した』とみるべきはむしろ当然で，実質論としても，責任・違法性・衝撃性……も大きく減少しているし，政策的にも褒賞にふさわしい」とする（前掲注(41)『刑法総論』374頁）。なお，本件についての結論を明確にしているわけではないが，「行為者にとって可能な限度内の努力」を問題とする真剣な努力説（西原・前掲注(9)『刑法総論』339頁。また，萩原・前掲注(26)『刑法概要総論』146頁など）や，実行未遂の中止を結果発生防止義務の履行として理解し，「当該具体的な状況において行為者としてなし得る行為」を問題とする立場（大塚ほか編・前掲注(29)135頁〔野村〕）も同様の結論になるべきではないだろうか。

112)　大判昭和4年9月17日刑集8巻446頁など。ただし，判例が，構成要件該当性の段階での因果関係の判断で条件説を妥当とし，中止未遂の阻止結果についても条件説を適用するならば，本件は非因果的な中止の事案ではない。参照，注108。

113)　前掲注7。

判例においても,「被告人としての精一杯の努力を尽くした」,「被告人なりに出来るだけの努力を尽くした」,「被告人としては,なしえた最善の措置」であったとして中止未遂を肯定するものも多い[114]。判例が,このように当該状況下での行為者の能力を考慮するのであれば,このような判例の立場からしても,本件について中止行為が認められてよかったように思われる。

これに対して,「客観的にみて結果を防止するのにふさわしい」積極的な行為,「結果発生防止に適切な」努力や「犯罪実現の回避が十分に見込まれる」行為を要求する場合,その趣旨が行為者の能力を顧慮しないということまで意図するものではないのかもしれないが,少なくともその表現をそのまま適用した場合には,本件被告人の行為は要求される中止行為の要件を充たしていないように思われる。

したがって,中止行為を考えるに当って,行為者の置かれた当該状況や,とりわけ行為者の能力も考慮に入れるべきであり,そしてそれを考慮に入れることができるという点で,適切な努力説の要件よりも,この意味で柔軟性のある,中止措置への人並みの法益尊重意思の具体化という要件の方がより適切であると考える。

## 2 宜しく頼む事例判例以降の下級審判決の分析

最後に,宜しく頼む事例判決以降に下された以下の下級審判決[115]について検討・分析して本章を締めくくりたい。これらの事案・結論(肯定例12例,否定例10例。罪名別では,殺人未遂事件[自殺関与未遂事件も含む]18例,放火未遂事件3例,恐喝未遂事件1例)を分析すると,概ね[116]前述の観点から

---

114) 参照,後述,第3節2(とくに265頁以下)。近時において,被告人が高齢であったことも指摘して,真剣な努力を肯定しているのは,前掲注(17)大阪地判平成14年11月27日。

115) これらの下級審判決は,第1節3(214頁以下)で,それぞれの示す実行未遂の中止行為の基準(同視基準,真摯性基準など)により既に整理し,初出ではないが,これまでのように「前掲注~」として掲記するのは煩雑なばかりか,分かりづらくなると考え,ここで改めて掲載判例集も含めて掲記し判例番号を付し,以下ではその判例番号により示すことにした。なお,掲載判例集の後の参照頁(注)は事案などが比較的詳しく示されている箇所である。

116) ⑩判決は本稿の立場からも支持できないだけでなく,一連の判決の中でも異質であり,判例から逸脱する判断をしていると考えられるため検討からも除外する。⑩判決に

264　第2部　中止未遂

支持できるように思われる。

① 東京高判昭和25年11月9日高刑判特15号23頁

② 東京高判昭和26年12月24日高刑判特25号115頁

③ 前橋地判昭和33年3月5日一審刑集1巻3号345頁

④ 東京地判昭和37年3月17日下刑集4巻3・4号224頁

⑤ 新潟地長岡支判昭和38年5月17日下刑集5巻5・6号551頁

⑥ 和歌山地判昭和38年7月22日下刑集5巻7・8号756頁　（注20参照）

⑦ 東京地判昭和40年4月28日下刑集7巻4号766頁

⑧ 東京地判昭和40年12月10日下刑集7巻12号2200頁

⑨ 大阪地判昭和42年11月9日判タ218号264頁　（注75参照）

⑩ 大阪高判昭和44年10月17日判タ244号290頁　（230頁以下参照）

⑪ 東京高判昭和47年3月13日判タ278号392頁

⑫ 横浜地川崎支判昭和52年9月19日刑月9巻9・10号739頁　（注63参照）

⑬ 宮崎地都城支判昭和59年1月25日判タ525号302頁　（注61参照）

⑭ 大阪地判昭和59年6月21日判タ537号256頁

⑮ 福岡高判昭和61年3月6日高刑集39巻1号1頁　（注62参照）

⑯ 名古屋高判平成2年7月17日判タ739号243頁

⑰ 東京地判平成7年10月24日判時1596号125頁　（259頁以下参照）

⑱ 東京地判平成8年3月28日判時1596号125頁

⑲ 横浜地判平成10年3月30日判時1649号176頁

⑳ 福岡高判平成11年9月7日判時1691号156頁　（216頁以下参照）

㉑ 札幌高判平成13年5月10日判タ1089号298頁　（注20参照）

㉒ 大阪地判平成14年11月27日判タ1113号281頁

　まず，否定判例で被告人のとった措置を検討すると，救助措置など，既遂
を阻止するために何ら積極的な措置をとらなかった場合に中止行為が否定さ
れた3例（③，⑪，⑳）はもとより，宜しく頼む事例判決で他人に消火を依

---

ついては，参照，230頁以下。また，⑰判決も支持できない。参照，前述，259頁以下。

頼しただけで逃げ去った場合に同視基準を充たさないということが示されたのを受けて，同様に，旅館の人に知らせて医師を呼ぶように依頼しただけでその後は自ら関与しなかった場合（①），放火した家の娘に火事だと知らせ，その娘と2人で火事だ火事だと叫んだだけで消火活動には協力しなかった場合（②），放火後所有者方に赴いて火事を知らせ，部屋への入り方を教えたほかは傍観していた場合（⑨）のように，救助措置・消火活動を他人任せにした場合に中止行為と認められず，さらに，被害者を刺した後，被害者を飲食店まで背負っていったものの，それが他人の指示によるものであり，かつ，他人がその飲食店から医師を呼ぶように手配した場合（⑤）や，被害者の指示により110番通報をして救急車を呼んだ場合（⑭）[117]のように，既遂の阻止に関してある程度重要な救助活動をしたものの自らイニシアチブをとらない，もしくは積極性にかける措置しかとらなかった場合にも中止行為が否定されている。そこで，これらの否定判例から，判例は，中止措置と既遂阻止との間の相当因果関係が認められ，もしくは既遂を阻止するための重要な切っ掛けを創出しただけでは十分ではなく，それを超えた措置，たとえば，既遂の阻止を他人任せにするのではなく（力の及ぶ限りで）自らイニシアチブをとってもしくは主導的にその中止事象に関与したといったことも要求しているものと考えられる。

　このことは，中止未遂を肯定した判例からも裏づけられるように思われる。肯定判例を検討すると，性質の違う放火未遂事件を除き，残りの殺人未遂事件11例すべて（④⑦⑧⑫⑬⑮⑯⑱⑲㉑㉒）において，119番ないし110番通報により救急車を呼び（ないしは警察官に通報し），または，自ら運転する自動車で病院に搬送しないしは病院に連れて行き，医師による専門的な治療を受けさせている。したがって，このように専門家による治療を受けさせるという意味で，既遂を阻止するための「適切な」措置をとり，もしくはその重要な切っ掛けを創出するということが，行為者のとるべき必要な措置として要求されているものと考えられるが，それを超えて，救急車が到着するまでの間の応急措置や，被害者への付き添い等の措置がしばしば言及されてお

---

117)　注119も参照。

266 第2部　中止未遂

り，それらの措置がなされていないような場合には，それがなされえなかっ
た事情を考慮し，行為者が当該状況下ではとりうる精一杯の措置をとってい
たとして，中止行為が肯定されることが多い。

たとえば，殺害する意図で小児Ⅰに多量の睡眠薬を飲ませた後で翻意し，
緊急電話により警察官に通報連絡したものの，応急措置は採らなかった事案
（④）では，「医療知識のない被告人に応急の救護処置を期待し得べくもな
く，Ⅰの生命を助けるため……被告人として精一杯の努力を尽したものとい
うべきであり，その処置は，当時の差し迫つた状況下において，被告人とし
て採り得べき最も適切な善後処置であつた」とし，また，駆けつけた警察官
を「Ⅰを寝かせた2階に案内するなど，速やかにⅠに対する救護処置が講ぜ
られるように必死になつて協力していたことがうかがわれ」るということが
指摘されており[118]，また，登山中の遭難を装って殺害する計画で被害者の
頭部に石を投げつけるなどして重傷を負わせた後で翻意し，約1時間にわ
たって焚火で被害者の体を暖め，傷口を縛るためのタオルを与え，濡れた衣
服を自己の予備の衣類に着換えさせる等の措置を行ったうえ，下山の途につ
き病院に連れて行ったという事案（⑦）では，「本件のように医療設備の勿
論あり得る筈のない山中において，しかも医療智識のない被告人に医学的に
完全な応急の医療乃至は救護の処置を期待し得べくもないことは当然であ
り，本件の如き環境，傷の状況等においては，何よりも先づ早急に医師の診
断治療を受けさせること並びにそれまでの間に対処する素人なりの応急措置
を採ること等が最善の措置といつてよいであろう。そうだとすると，被告人
が判示の場合に判示のような措置を採つたのは，被告人なりに出来るだけの
努力を尽くしたというべきであり，またその措置は，結果発生防止のため被
告人としてなし得る最も適切な措置であつたといつて差支えないと考える」
と判示し，さらに，別居中の妻との復縁話のもつれからズボンの布製バンド
で妻の頸部を締めつけ殺害しようとしたものの翻意し，右バンドをゆるめ，
直ちに妻の顔に水を吹きかけ，あるいは濡れたタオルを頭に載せる等の措置
を講じたけれども，依然妻が苦しみ続けていたところから，近所に住む雇主

---

118）　なお，また，⑬判決（注61参照）も。

第 8 章　実行未遂の中止行為　267

J 方に走って，J に対し，妻の救護につき助力を求め，J の指示により隣人
に救急車の手配を依頼するなどした結果未遂にとどまったという事案（⑧）
で，「被告人が結果の発生阻止のためにとつた措置は，前示のとおりであつ
て，直ちに自分が被害者を医師のもとに連れていくとか，医師を現場に呼ぶ
などの措置を講じなかつたとはいえ，経験豊かな人間に助力を乞い，その指
示に従つて行動したことは，知識経験に浅く突如このような事態に遭遇した
被告人としては，なしえた最善の措置というべきであ」ると評価してい
る[119]。

---

119)　この⑧判決との比較で，殺人未遂行為の後で翻意して救急車を呼んだ被告人の行動
　が，「結局のところ，被害者の指示のもとで被害者自身が救急車の手配をするのを手助
　けしたものと大差な」いとの理由から中止行為を認めなかった⑭判決は疑問が残る。こ
　の⑭判決の事案は次のようなものであった。被告人はKと結婚したものの，Kが生活費
　を入れず被告人から借金をし，また女性関係が絶えなかったこと等から半年余りのうち
　に離婚し，その後一旦縒りを戻し同棲したが，再び同様の問題から別居するにいたり，
　その後Kが今までの生活態度を改めるからと懇願してきたため，K方で 3 度目の同棲生
　活を開始するにいたった。しかし，Kが相変わらず他の女性との関係を絶たず，生活費
　も入れなかったため，K方において，女性問題や生活費，Kに対する貸金のことでKと
　口論になった際，Kからこれらの問題についてまともに取り合ってもらえず，かえって
　居直った態度をとられ「出て行け。」等と罵られ，頭髪をつかんで玄関口まで引きずら
　れたうえ手拳で顔面を殴打されたことから，Kからこのような仕打ちをされたことに屈
　辱を感じるとともに，これまでKから女性問題について裏切り続けられ，また自分が働
　いて得た収入も吸い取られてきたことに対して押え難い怒りを感じ，憤激のあまり果物
　ナイフ（刃体の長さ約10センチメートル）を持ち出し，かがんでいたKの背後から，殺
　意をもって果物ナイフで背中を 1 回刺したが，入院加療19日間を要する右背部および肺
　刺創の傷害を負わせるにとどまったというものである。このような事案に対して，大阪
　地方裁判所は次のように判示した。実行未遂の本件において「中止未遂が認められるた
　めには，被告人自らのまたはこれと同視できる行為によつて結果の発生が防止されたこ
　とが必要であるところ，関係証拠によれば，被告人が果物ナイフで被害者の背中を突き
　刺した後，被害者は自らナイフを抜き取り，被告人に対して救急車を呼ぶよう指示し，
　被告人は被害者から指示されまた同人が出血しているのを見て大変なことをしたとの気
　持ちも伴つて，直ちに 1 階に降りて公衆電話から119番したが通じなかつたため，110番
　して自らの犯罪を申告するとともに救急車の手配を要求したが，その時被害者も自力で
　同所へ降りて来ていて被告人に対して救急車の手配を指示していること，被害者はその
　後救急車で運ばれ医師の手当が功を奏したため結果の発生を防止することができたこと
　が認められるが，その間の被告人の行動は，結局のところ，被害者の指示のもとで被害
　者自身が救急車の手配をするのを手助けしたものと大差なく，もとより結果の発生は医
　師の行為により防止されており，したがつてこの程度の被告人の行為をもつてしては，
　未だ被告人自身が防止にあたつたと同視すべき程度の努力が払われたものと認めること
　ができず，本件が中止未遂であるということはできない」。
　　⑧判決での行為者の行動との相違を挙げれば，⑧判決の事案では，近所に住む雇主方

268 第2部 中止未遂

さらに，被害者の胸部をナイフで刺した後翻意して119番通報して救命措置を講じた結果未遂にとどまった事案（⑱）で，「被告人自身は，L子に対して止血措置を取るなどの行為には何ら出ていないものの，本件犯行後約数分の間に，まず，119番通報を試みたが通じず，次に直ちに110番通報し，その後，再度119番通報し，右通報中に警察官が到着し，警察官が被告人に質問している最中に救急隊員が到着したというものであって，被告人は，死の結果発生を防止すべく出来るだけ早く電話をかけようと努力していて，他の止血措置等を取る時間的余裕はほとんどなかったものというべきである」ということから，被告人の行った119番および110番通報は，「犯行後において，被告人が結果発生防止のためにとり得る最も適切な措置であ」り，真摯な努力といえるとしている。

　この他の肯定判例でも，被害者の頸部にタオルを当てて出血を多少でも食い止めようと試みたこと（⑮），傷口を着衣の上から押さえていたこと（⑯）に言及し，他方で，このような事情に言及しない事案は，傷害の程度が加療約2週間（入院6日間）と相対的に軽かった事案（⑫），自動車内で包丁で刺した後そのまま病院に連れて行き，主としてその任意性が問題になった事案（㉑），登校拒否や暴力を繰り返す長男の将来を悲観した母親が，長男を殺害して自分も死のうと考えて，包丁で長男の前胸部などを刺した事案（⑲）で，応急措置等がとられず，または判決のなかでそのような点に触れられていないものもあるが，それはそれぞれの事案の性質もしくは特殊性によるものと考えられよう。

――――――――――

　まで走って助力を求めたという限りで，救助のチャンスを行為者が積極的に創出したと考えられるのに対して，⑭判決の事案では，「被害者は自らナイフを抜き取り，被告人に対して救急車を呼ぶよう指示し」，また，被告人が公衆電話から110番した際にも，「被害者も自力で同所へ降りて来ていて被告人に対して救急車の手配を指示している」とされており，被害者の指示が直接的・積極的であり，その反面，被告人の行動が受動的なものにとどまっていたと考えられようか。しかし，⑭の事案で（判決文からは明らかではないが），これまでの夫婦生活において被害者（夫）が（亭主関白であった，暴力的に振舞っていたなど）主導的な関係であったとか，被告人があまり逆らえないような関係にあったとすれば，そのような事情（男女の力関係なども）も考慮に入れて中止行為を評価する必要があったのではないかと思われる。また，⑭判決の結論に疑問を投げかけているのは，浅田・前掲注(16)57頁，内藤・前掲注(16)『刑法講義総論（下）Ⅱ』1314頁。

第 8 章　実行未遂の中止行為　269

　また，放火未遂の事案（⑥）で，情状（量刑事由）についての判断ではあるが，身の危険を顧みず，狭隘な機関室に身を挺して飛び込み，顔面や両手等に全治約10日間を要する火傷を負いながら消火に努めたことが指摘されている。

　以上のような否定判例および肯定判例から，判例は，殺傷事件においては救急車を呼び医療措置を手配し，放火事件においては消防車を呼びもしくは近隣の人の助力を求めるといった，既遂を阻止するためのこの意味で適切な措置の重要な切っ掛けをつくったことに加えて，止血などの応急措置や，救急車が到着するまでまたは病院への被害者への付き添い，消火活動への自らの関与など，必ずしも客観的には最善の措置ではないにせよ，行為者の置かれた当該状況・行為者の能力や，火災や傷害の程度等を考慮したうえで，行為者として可能な範囲内でできるだけの努力を要求しているものと考えられる。もっとも，行為者の「可能な範囲内でできるだけの」努力といっても，その程度に関しては，非常に高度なものを要求しているというよりも，本書で示したような，一般の人がその状況に置かれた場合に，既遂を阻止するために（制約された）当該状況下で通常とるであろうような「常識的な」救助措置をとったか否かという程度といえるのではないかと思われる。その意味で，実行未遂の中止行為に関する判例の表現には多少問題は残るものの，実質的には概ね支持できると考える。

　なお，自己の犯罪事実の不申告等に関して，犯跡隠蔽事例のような問題のある判決[120]もあるが，そのような判例から逸脱する判決を除けば，判例は，自己の犯罪の申告のような既遂の阻止とは直接関係しない要因を，中止行為を認めるための必要不可欠な要因と考えていないのではないかと思われる。なぜなら，まず，(1)このような事実は，中止未遂は別にしても，被告人に有利な情状を示すものとして必要な判示であり，自己の犯行の申告に言及しているからといって，そのことから，それが直ちに中止行為を認めるために必要な要因であるということにはならないと考えられること，実際に，事実認定においては，自己の犯罪の申告を認定しているものの，中止行為か否かを

────────────────
120)　参照，第 2 節 2 (1)（229頁以下）。

270　第2部　中止未遂

判断するにあたりこのような事情を挙げていない判決（⑮⑯）もあること，また，(2)自己の犯罪の申告がない場合ないしは判決内でそれが示されていない場合でも肯定されている判決があり（⑥⑧⑲），中止未遂の成立と同時に，自首の成立を認めている判決もある（⑫⑱）こと，さらに，(3)山中での殺人未遂事件で，当初被害者が山で遭難したと医師や捜査機関に偽っていたことについて，「このことは結果の発生防止という点からみれば異質のことであつて」救助努力の「真摯性を否定するものではない」と明確に判示するものもある（⑦）からである。したがって，判例も既遂の阻止とは直接関係しない要因，典型的には自己の犯行の申告のような要因を，被告人に有利な事情として，また中止行為がより一層認められやすい要因としてしばしば言及するものの，中止行為を判断する際の必要不可欠な要因とまではしていないといえるように思われる。

## おわりに

　本章において，中止未遂の認められる実質的な根拠について，人並みの法益尊重意思が中止措置に具体化されることによって，故意（法益侵害意思）をもって実行に着手した（さらに，実行未遂の段階にいたらしめた）ことにより（各法定刑に見合う程度に）揺るがされたところの法秩序の実効性に対する社会一般の人々の信頼が再び安定化され，もしくは未遂によりひき起こされた社会心理的な衝撃が事後的に緩和されることにより，（積極的）一般予防上の働きかけの必要性も減少・消滅し，加えて，そのような法益尊重意思を具体化した行為者に対して国家財政を投入しての（刑事施設内での規律正しい生活や刑務作業等を通じた）刑罰による特別予防上の働きかけの必要性も減少・消滅し，刑が減免されることになると考え，このことから，実行未遂の中止行為と認められるためには，一般の人がその状況に置かれたならば，被害者の救助（厳密には既遂の阻止）のためにとるであろうような措置，つまり，人並みの法益尊重意思を示す必要があり，それで十分であると考えるべ

---

121)　参照，第3節1(1)（248頁以下）。

きであること[121]が示された。また，そのような中止行為を考えるにあたって，行為者の置かれた当該状況や，とりわけ行為者の能力も考慮に入れられるべきであることが論じられた[122]。

このような考え方・結論に対しては批判も予想されうるが，いずれにせよ，これまで必ずしも十分に明らかにされてこなかったように思われる実行未遂の中止行為の具体的内容，とりわけ具体的事案における結論についての議論を多少なりとも深められたのではないかと考える。今後，本章の考察が細部において未決定にしたままである着手未遂と実行未遂の区別[123]，中止未遂の体系的位置づけ[124]，また中止未遂の重要問題である任意性の要件[125]について，本章で示された基本的な考え方に基づいて今後明らかにしていきたい。

---

122) 参照，第 3 節 1 (5)（259頁以下）。
123) なお，参照，注 2 。
124) 注90。
125) 中止行為の判断について「法益尊重意思の具体化」を重視することは，任意性の問題につき限定主観説をとることになるわけではない（注91で挙げられている論者の任意性についての見解も参照）。むしろ，「人並みの」法益尊重意思を中止行為に具体化することによる「（積極的）一般予防上の働きかけの必要性」（社会一般の人々に対する影響）の減弱を問題にすることにより，任意性についての客観説的な立場（行為者の中止の動機を，客観的・規範的な基準により評価する立場）を基礎づけることができるのではないかと考えているが，これについての十分な検討は今後の課題としたい。

272　第2部　中止未遂

[資料] 実行未遂の中止行為が問題となった判決において被告人のとった措置

| | 肯定判例（12例） | 否定判例（10例） |
|---|---|---|
| ① | | ［自殺関与未遂］旅館の人に知らせて医師を呼ぶように依頼。 |
| ② | | ［放火未遂］放火した家の娘に火事だと知らせ，2人で火事だ火事だと叫ぶ。 |
| ③ | | ［殺人未遂］何ら措置をとらず。 |
| ④ | ［殺人未遂］緊急電話で事態を警察に通報。駆けつけた警察官を被害者を寝かせた2階に案内するなど，速やかに救護措置が講ぜられるよう努力。<br>※警察官に率直に犯行の告白。 | |
| ⑤ | | ［殺人未遂］第三者甲の指示により被告人が現場付近から飲食店まで被害者を背負う。甲が被害者の傷をタオルで押え，甲がさらに別の者に医師を呼ぶように依頼。 |
| ⑥ | ［放火未遂］身の危険を顧みず火傷を負いながら消火活動。近隣の者に応援を求める。 | |
| ⑦ | ［殺人未遂］被害者を焚火で暖め，タオルを与え，衣服を着替えさせる。下山後医院に同行，さらに十分な手当てを受けさせるため大学病院に入院させ，病院で協力・世話。<br>※当初医師や捜査官に遭難と偽る。 | |
| ⑧ | ［殺人未遂］濡れたタオルを頭に載せる経験豊かな雇主に助力を求め，その指示により隣人に救急車の手配を依頼。 | |
| ⑨ | | ［放火未遂］所有者方に赴いて火災を知らせ，部屋への入り方を教えたほかは傍観。 |
| ⑩ | | ［殺人未遂］自己の運転する自動車で病院に運ぶ。 |

| | | |
|---|---|---|
| | | ※凶器の隠蔽，犯人は自分でないと虚言。 |
| ⑪ | | ［恐喝未遂］恐喝目的で被害者を畏怖させた後そのまま放置。 |
| ⑫ | ［殺人未遂］救急車を呼ぶ（なお，着手未遂の色彩が強い）。 | |
| ⑬ | ［殺人未遂］110番・119番通報。止血のためにお絞りを手交。救急車到着まで付き添い。<br>※警察官に傷害の原因を率直に申告。 | |
| ⑭ | | ［殺人未遂］被害者の指示により110番通報。<br>※自らの犯罪を申告。 |
| ⑮ | ［殺人未遂］救急車の派遣を依頼。被害者を励ましタオルで止血し，救急車の到着を待つ。被害者の搬送につき消防隊員に協力。<br>※傷害事件を起こした旨告げる。 | |
| ⑯ | ［殺人未遂］119番通報。傷口を押さえていた。<br>※救急隊員にナイフで刺したことを説明。 | |
| ⑰ | | ［殺人未遂］放火した部屋から被害者（自分の子供）を屋外に連れ出し，そこで意識を失った。 |
| ⑱ | ［殺人未遂］110番・119番通報。<br>※現場で警察官に自らの犯罪を申告。 | |
| ⑲ | ［殺人未遂］119番通報。 | |
| ⑳ | | ［殺人未遂］何ら措置をとらず。 |
| ㉑ | ［殺人未遂］自己の運転する自動車で病院に搬送。<br>※病院の関係者に被害者を刺した旨申告 | |
| ㉒ | ［殺人未遂］110番通報し，その指示に従う。<br>※通報の際および到着した警察官に率直に事情を説明。 | |

274　第 2 部　中止未遂

# 第 9 章　共犯者の中止未遂

## 第 1 節　共犯者の中止未遂に関するわが国の学説および判例

### 1　43条ただし書の準用について

　共犯者の中止未遂の問題について，（イ）共犯者（共同正犯者も含む。以下同じ）が，正犯者の実行の着手後既遂にいたる前に，正犯者の実行行為を妨げ，もしくは結果の発生を阻止した場合，すなわち，犯罪行為の既遂を阻止した場合に，43条ただし書が準用もしくは類推適用（共同正犯者の場合には適用されうるが，以下，「準用」と略記する）されうるということ，（ロ）中止の効果が一身的にしか作用しないということについて，現在，見解の一致がみられるといってよい。もっとも，共犯者の中止行為への43条ただし書の準用に問題も考えられうる。すなわち，43条ただし書は43条本文の意味で実行に着手した者を前提としているところ，教唆者・幇助者は43条の意味で実行行為をする者ではなく，そのことから，狭義の共犯者には厳密いえば中止未遂はないのではないかという問題である。しかし，共犯者が自分の寄与をなし終えたとしても，犯罪の既遂にいたるまでは単独正犯者の実行未遂と同じ状況にあり，43条ただし書の意味が，自己の意思により犯罪の既遂を阻止した行為者に刑の減免を認めるということにあるとすれば，狭義の共犯者についても，自己の意思により積極的な犯罪防止措置をとるなどして犯罪行為の既遂を阻止した場合には，実質的に考えて同様に取り扱われるべきであり，43条ただし書が準用されると考えるのが妥当である[1]。

---

1)　参照，西田典之「共犯の中止について——共犯からの離脱と共犯の中止犯——」法学協会雑誌100巻 2 号222頁（1983年）。なお，狭義の共犯者の場合の中止「未遂」についての問題を指摘するのは，大塚仁『刑法概説総論（第 3 版）』329頁注27（有斐閣，1997年），香川達夫『刑法講義総論（第 3 版）』418頁以下（成文堂，1995年），団藤重光『刑法綱要総論（第 3 版）』430頁注 4（創文社，1990年），福田平『全訂刑法総論（第 3 版）』294頁注 2（有斐閣，1996年）。なお，教唆犯は正犯の 1 態様と考え，従犯につい

第9章　共犯者の中止未遂　275

## 2　自分の寄与の因果的効果の解消と中止未遂の成否

　問題なのは，共犯者の中止行為への43条ただし書の準用が，共犯者が犯罪行為の既遂を阻止した場合に限定されるべきなのか，さらに，他の共犯者が犯行を継続して既遂にいたらしめたとしても，共犯者が，未遂段階で，自己の意思により，当初なした自分の寄与が既遂行為のなかにもはや何も影響を及ぼしていないように自分の寄与の因果的効果を解消（以下，「寄与の解消」という）した場合にもその準用が認められるべきなのか，ということである。

　かつては，43条ただし書の準用が認められる場合として，既遂を阻止した場合だけを挙げるのが一般であった。たとえば，「共犯が中止するにはいかなる行為が必要か。正犯を未遂に終らせるためには，その実行行為を防<sup>（ママ）</sup>げるか，結果発生の防止をするかしなければならない。したがつて共同正犯では，自分でやめただけでは足りず，他の正犯者の行為又は結果を防<sup>（ママ）</sup>げなければならない。共同して中止するばあいを除けば，一方が中止したときは，他方について中止犯成立の可能性がなくなる。教唆・幇助についても同様である」[2]とか，「共犯者の1人の犯行の中止は，他の共犯者が結果を惹起し

────────────

て，その実質は他人予備行為であり，危険犯であって，正犯結果を実現するものではない（それゆえに，正犯結果との間はもとより，正犯行為との間にも因果関係は不要である）という立場から，野村稔『刑法総論（補訂版）』434頁以下（成文堂，1998年），大塚仁ほか編『大コンメンタール刑法（第2版）第4巻』148頁〔野村稔〕（青林書院，1999年）。しかし，いずれの論者にあっても，結論的には43条ただし書の準用を認めている。なお，共犯の処罰根拠論と43条ただし書の準用の意味について，山中敬一『刑法総論Ⅱ』891頁（成文堂，1999年）参照。

2)　かつて，平野龍一「中止犯」日本刑法学会編『刑事法講座第2巻』420頁（有斐閣，1952年）。また，植松正『再訂刑法概論Ⅰ総論』332頁以下（勁草書房，1974年），大塚・前掲注(1)328頁以下，吉川経夫『三訂刑法総論』245頁（法律文化社，1989年），木村亀二（阿部純二増補）『刑法総論（増補版）』410頁（有斐閣，1978年），西原春夫『刑法総論』337頁以下（成文堂，1977年），団藤・前掲注(1)430頁。

　もっとも，平野龍一『刑法総論Ⅱ』384頁以下（有斐閣，1975年）は因果関係の切断により中止未遂が認められうることを論じており，団藤・前掲注(1)431頁は，「教唆者・幇助者がいったん被教唆者・被幇助者に与えた物理的ないし心理的な加功を撤回しその影響力を完全に消滅させたのちであれば，被教唆者・被幇助者があらたな決意のもとに，かりにはじめの計画と同様の実行行為をしたとしても，それは別個の犯罪であって，やはり，教唆者・幇助者の罪責は問題にならない」とし，また，表現にやや難があるともいえようが，つとに，木村亀二『全訂新刑法読本』282頁（法文社，1967年）は，「共同者の1人が自己の分担した行為を任意に中止したが，他の方法で他の共同者が犯罪を完成させたときは，中止者の行為は結果に対し因果関係がないから中止未遂をもっ

たときは，これを中止未遂とするを得ない」と論じられた[3]。判例も，「假令被告人に於て……犯罪實行行爲の一部に著手したる後自己のみ犯意を飜して爾餘の實行行爲に關與せさりしとするも共謀者たる原審相被告人の共同犯意に基く實行行爲を阻止せさる限り被告人のみに付中止犯として論することを得さるを以て其の共犯者の行爲に依りて遂行せられたる犯罪の責任を免るるを得す」（原文カタカナ）[4]とか，「２人以上共同して犯罪の實行行爲に出で，而かも其の行爲既に完了せるが如き場合に於て，共犯者中の１人に中止犯の成立を認めむには，少くとも其の者に於て共同犯行に因る結果の發生を防止するの作爲に出で，而かも其の結果の發生を防止し得たることを要するものと解せざるべからず」（原文カタカナ）と判示している[5]。

このような解釈の理由を比較的詳細に論じているのは植松教授である。教授は，Ａ・Ｂ・Ｃ３人で強盗を計画し，３人の分担まで決めて手筈を整えたが，Ｃが翻意し決行当日に約束の集合場所に行かず，Ａ・Ｂ２人だけで強盗をしたという例[6]を挙げ，Ｃに43条ただし書が準用されえない「理由は，結局，条文には『之ヲ止メタルトキ』とあるのに，犯罪は止められていないで，実行されてしまつたということにあるのである。Ｃ個人だけの行動を考えてみると，実行を思いとゞまつたのだから，『之ヲ止メタル』もののようであるが，Ａ，Ｂ，Ｃ３人の共犯として全体を考えると，Ｃがやめても，犯罪はＡ，Ｂにより実行されたのだから，なんら『止メタル』ことにはならない。だから，中止犯を考える余地がないのである。共犯現象というものは，

---

て論ずべきである。たとえば，共同者の１人たる甲が自己の合鍵で一旦金庫を開いたが任意に中止してこれを閉じたところ，後に，乙が自己の合鍵でこれを開いて在中物を盗んだ場合は，甲の行為は中止未遂である。……従犯の中止未遂は幇助者が幇助行為を任意に撤回し結果の発生を阻止した場合，たとえば，甲が一旦渡した合鍵を乙から取り戻し，そのために乙の窃取行為が未遂におわったようなときに成立する。他の方法で正犯が完成しても，幇助行為は結果に対し因果関係がないから，従犯が中止未遂たることには変わりはない」と述べている。

3) 斉藤金作「共謀共同正犯」『総合判例研究叢書刑法(2)』63頁（有斐閣，1956年）。また，下村康正『共謀共同正犯と共犯理論』175頁以下（学陽書房，1975年）。
4) 大判昭和10年6月20日刑集14巻722頁。
5) 大判昭和12年12月24日刑集16巻1728頁。また，最判昭和24年7月12日刑集3巻8号1237頁，東京高判昭和32年6月26日東高刑時報8巻6号162頁など。判例について，下村・前掲注(3)176頁以下。
6) 植松正「共犯の中止・予備の中止」時の法令97号39頁（1953年）。

共犯者全員が一体となつて，あたかも1人の人間の如くに活動するのであるから，数人の共犯者のうちの1人がやめただけでは，単独犯の場合に，行為者が内心において『やめようかな』と考えてみたが，やめずに実行したというのと同じようなもので，現実にやめたことにはならない。従つて，中止犯ではない。実行を中止してこそ，中止犯なのであるから，共犯の場合には，他の仲間の者にもみんなやめさせなければ，中止犯にはならない。この例の場合なら，Cは集合場所に行かなかつたというだけでは，刑を法律上減免してもらうわけにはいかない。AやBにも説いて止めさせなければダメだ。説いて応じなければ，彼等の手足を縛してでも止めさせなければ，中止犯にはならない。結局において現に実行が中止されないことには，中止犯にはならないのである」と説明している[7]。

　これらの論述が，自分の寄与を解消したとしても一旦関与した犯罪が他の共犯者によって既遂にいたらしめられれば43条ただし書準用の余地はない，ということまで意味しているのかは必ずしも明らかではない。植松教授は，挙げられた例について，Cは「この犯罪に無関係なのではないから，無罪と考えるわけにはいかない。最初に3人相談したときに，Cがもつとも熱心で，一番有力なプランを立て，また，AやBに対して命令的な態度をとつたかも知れない。そんな場合だつたら，Cが途中から脱退したにしても，AとBの犯罪実行はCの考に由来するところが多いといわなければならない。それほどでないにしても，Cはとにかくこの犯罪について共謀したのであるから，AやBの実行に対しても，なにほどかの心理的原因を形づくつていることは間違ない。こういうわけで，Cは途中から脱退しても，責任なしとするわけにはいかない」[8]ということを前提とし，したがって，Cの行為の（少なくとも心理的）因果性の継続が前提となっているからである。また，香川教授は，自分の寄与を解消した場合（例として，殺人犯人に凶器を提供した従犯が中途で翻意して凶器を取り戻したが，正犯者が別の凶器で犯罪を実行した場合や，ＡＢ共謀のうえＡ所有の爆発物で橋梁を破壊しようとしたが，中途で翻意し当該爆発物をもちかえったものの，Ｂが他の方法で目的を達成した場合を挙げ

---

7)　植松・前掲注(6)41頁。
8)　植松・前掲注(6)40頁。

278　第2部　中止未遂

る）について，「ここにおいては当初の共同現象とは別個の，……因果関係をかいた他の行為が展開されているのである。したがつて，その後の正犯の行為が既遂であると未遂であると，それは当初の共同現象それ自身にとつてなんら関係のある事象ではない」[9]。「したがつて，通説としてもこのばあいに中止未遂の成立を認めるについて格別の異論があるわけでもあるまい」[10]と論ずる。もちろん，香川教授が挙げる例は，実行の着手前の離脱と考えられ，その意味で中止未遂の問題は（予備罪の中止は別として）生じえないが，その考え方を推し及ぼせば，未遂段階で寄与を解消した場合にも中止未遂が認められうることになろう。

　あるいは，かつての通説的見解の背後には，予備段階であればともかく，共犯事象が未遂まで進捗した段階で自分の寄与だけを孤立して解消することはない（あるいは実際上考えがたい）との考えがあるのかもしれない。寄与が解消されたかどうかは事実認定の問題であるところ，たしかにその判断はときに微妙であり[11]，未遂段階で寄与を解消する場合がそれ程多くは考えられないとしても，まったくないとはいいきれまい。

　他方で，未遂段階で自分の寄与を解消したとしても，一旦未遂にまで関与した以上，他の共犯者によって継続された行為および結果に対しても責任を負わなければならない，との考えに基づいているということも否定しえない。たとえば，大塚教授は，自分の寄与が解消されていない場合でも，既遂を阻止しようと真剣に努力したことを評価して障害未遂に準ずる責任にとどめる一方で，自分の寄与を解消した場合にも同様の解釈論を展開する[12]。後者の場合の例として，「共同正犯者中の一部の者が，共同実行の途中で自己の犯罪行為を放棄するとともに，他の共同者から離脱についての了承を得，それによって，その者の他の共同者の犯行への影響が消失したとみられる場

---

9)　香川達夫「共犯の中止とその成立要件（1）」警察研究33巻11号36頁（1962年）。
10)　香川・前掲注(9)警察研究33巻11号37頁注11（また，注2も参照）。
11)　団藤・前掲注(1)431頁。また，原口伸夫「共犯からの離脱」東海大学文明研究所紀要21号94頁以下（2001年）。
12)　大塚・前掲注(1)『刑法概説総論』329頁以下，同「共同正犯関係からの離脱」『刑法論集(2)』31頁以下（有斐閣，1976年），大塚仁ほか編『大コンメンタール刑法（第2版）第5巻』23頁以下〔大塚仁〕（青林書院，1999年）。

合」，共同正犯関係からの離脱が認められ，共同正犯の障害未遂に準ずる責任にとどまり[13]，従犯関係からの離脱は，「従犯者が，正犯者の実行行為前または実行行為中に，従犯の故意を放棄し，自己の幇助行為によって正犯者の実行を有利にしていた状態を完全に払拭しえた場合に考えられ……従犯の障害未遂に準じた取扱いがなされるべきである」と論ずる（傍点は原口）[14]。これらの場合に，共同正犯にせよ，従犯にせよ，未遂行為までは因果的影響を及ぼしていても，その段階で犯行への影響を消失させ，正犯者の実行を有利にしていた状況を完全に払拭したならば，因果的共犯論の立場からは，その共犯者の寄与は既遂事実に対して因果関係が認められず，自分の寄与が既遂に対して影響を及ぼしていない以上，他の共同者の了承（等）の有無にかかわらず，既遂罪の共犯の責任は問われないと考えるべきことになろう。それにもかかわらず，この場合にも離脱者の罪責を限定するために特別な「離脱論」を展開し，「障害」「未遂に準ずる」とするのは，このような場合にも離脱者が原則的に既遂事実に対しても責任を負うということを前提としているものと考えられる[15]。なお，野村教授は，教唆犯・従犯について通説とは異なる理解に立ちつつ，次のように論ずる。すなわち，「中止者の『加功が結果に対して有しうる因果的影響力を消滅させた』こと（……）では不十分である。自己の犯罪を実現するために，他人の行為を自己の行為の中に取り込んで利用した以上，その他人の行為は自己の行った行為と同視できるのであり，この意味で，単独犯の場合と同様に，中止未遂になるために

---

13) 大塚・前掲注(1)『刑法概説総論』330頁。なお，他の共犯者の離脱の「了承」について，離脱しようとする者が，これを不満とする他の共犯者の妨害も排除して離脱した場合にも離脱を認めるべきだとして，「任意の了承の意味に限定して理解すべきではあるまい」とする（前掲注(12)『刑法論集(2)』33頁，40頁）。

14) 大塚・前掲注(1)『刑法概説総論』332頁。なお，従犯について，川端博『刑法総論講義』597頁以下（成文堂，1995年）。

15) なお，自分の寄与を実質的に解消していない場合に，既遂を阻止しようとする「真剣な努力」を要件として離脱を認めるのは，教授が，単独正犯者の中止について，「中止者の主観面を重視して，中止行為が真剣に行われた以上，たとい，結果は生じても中止犯となるとする見解もあるが（……），現行刑法においては，中止犯は広義の未遂犯の1態様として規定されているのであるから，既に結果が発生している場合には，これを認めることはできない」（大塚・前掲注(1)『刑法概説総論』247頁）と論じていることとの関係が問題になるだけでなく，自分の寄与を解消した場合には「真剣な努力」を要件とせず，基準として統一性を欠くように思われる。

280　第2部　中止未遂

は，自己の行為と同視できる他人の行為およびそこから発生する結果を現実に防止しなければ中止未遂は肯定できない」。もっとも，中止未遂は認められないが，「他人の行為を阻止するべく客観的に必要な真剣な努力をしたにもかかわらず，功を奏さず他人の行為が行われ，また，そこから結果が発生したときには，……共犯関係からの離脱を認め，阻止できなかった他人の行為については，これを自己の行為に取り込んだことを否定して，それについては責任を負わない」[16]とする。

　かつての通説的見解がどのように解していたのかは必ずしも明らかではないにせよ，共犯の処罰根拠の議論，とくにそれに基づいた共犯からの離脱の問題についての議論が深められてきた現在において，これを踏まえて，共犯と中止未遂の問題も検討されなければならない。共犯からの離脱の問題について，犯罪行為に一旦関与した共犯者が，その犯罪が既遂にいたる（場合によっては，それを超えて，一連の犯罪行為が終了する）前に翻意して犯罪事象から離れ去る場合，その共犯者は，自分の寄与を解消すれば，その犯罪事象の段階を問わず，他の共犯者による以後の行為および結果について責任を問われない，という立場が妥当である[17]。なぜなら，共犯従属性説の立場からは，共犯はいわば結果犯であり，未遂罪の共犯は正犯者の可罰的な実行の着手を，既遂罪の共犯は正犯の既遂事実発生を結果としており，結果犯においては，結果との因果関係がその責任を問うための最低条件となり，また，法益保護という刑法の基本的役割から，共犯も間接的にであれ法益を侵害し，あるいは法益に脅威を及ぼすものであるために処罰されると考えるべきであり[18]，自分の寄与を解消すれば，それ以降の事象とは因果関係は認められないからである。したがって，共犯者の中止未遂の問題を考えるにあたっても，このことが出発点となるべきである。そして，近時では，共犯からの離脱の問題についてこのような因果性の解消を問題とする立場から，共犯者の中止未遂の問題について「任意性＋犯罪の完成阻止か加功の撤回で足り

---

16)　野村・前掲注(1)『刑法総論』435頁注3，大塚ほか編・前掲注(1)『大コンメンタール刑法第4巻』147頁〔野村〕。注(1)も参照。

17)　参照，原口・前掲注(11)91頁以下，103頁。

18)　参照，斎藤信治『刑法総論（第4版）』248頁，252頁（有斐閣，2002年）。

第9章　共犯者の中止未遂　281

る」[19)]ということを明確にする立場が有力になってきている[20)]。

## 3　共犯からの離脱の問題と共犯者の中止未遂の問題

　もっとも，共犯からの離脱の問題と，中止未遂規定の準用の適否の問題は異なる問題であり，前者について，自分の寄与を解消したのか否かを基準とする立場が妥当であるとしても，そのことから，どのような要件を充たせば43条ただし書が準用されるのか，換言すれば，離脱者の「中止」行為が刑の減免に値するのか，ということが直ちに導かれるわけではない。たとえば，Xが窃盗を企図するYに合鍵を渡し，Yがその合鍵を用いて倉庫の扉を開けたが，同行したXはそこで後悔し，Yから合鍵を取りあげ倉庫の扉も再び閉めたところ，Yは念のために携行した道具によってその扉を壊して中に侵入し，窃盗を既遂にいたらしめた場合，その合鍵の提供以外の共犯行為（犯罪計画策定，情報提供や心理的な強化等）もなかったと仮定すれば，因果的共犯論の立場から，Xは，合鍵での扉の開扉までしか因果的に寄与していない以上，合鍵を取り戻し扉を閉めた後のYの行為について責任を負わず，窃盗未遂の幇助（ないしは共同正犯）の責任にとどまるべきであろう。

　他方で，Xの責任が未遂罪の共犯にとどまったとしても，刑の減免を認めないという立場も考えられうる。たとえば，Xが自分の寄与を解消した（合鍵を取り戻した）後で，Yの窃盗行為の継続を認識しており，また，その場でYの行為の継続を容易に阻止できたにもかかわらず，Xは自分の寄与の解消で満足し，Yの行為をただ漫然と傍観していた場合，刑の減免を認めるために，共犯者として一旦犯罪事象に関与した以上，自分の寄与の解消に加えて（自分の寄与とは因果関係のない）他の共犯者によって継続される行為の既

---

19)　西田・前掲注(1)254頁。

20)　今井猛嘉「共犯関係からの離脱」争点3版117頁，大谷實『新版刑法講義総論』498頁（成文堂，2000年），斎藤信治・前掲注(18)296頁以下，曽根威彦『刑法総論（第3版）』306頁（弘文堂，2000年），中山研一『刑法総論』506頁以下（成文堂，1982年），林幹人『刑法総論』394頁（東京大学出版会，2000年），平野・前掲注(2)『刑法総論Ⅱ』384頁以下，福田・前掲注(1)294頁注4，堀内捷三『刑法総論』297頁（有斐閣，2000年），前田雅英『刑法総論講義（第3版）』466頁（東京大学出版会，1998年），山口厚『問題探究刑法総論』258頁以下（有斐閣，1998年），山中・前掲注(1)889頁以下。共同正犯について，川端・前掲注(14)597頁。

282　第2部　中止未遂

遂の阻止（あるいは既遂を阻止しようとする努力等）も必要である，というような立場も考えられうる。このような立場に立てば，Xは中止未遂の恩恵には浴しえないが，罪責は窃盗未遂の共犯にとどまることになる。

　このような解決を採っているのがドイツ刑法24条2項である[21]。ドイツにおいて，この規定によって共犯者の中止未遂の要件が明確に示された一方で，この規定の施行以前の法状態と比べてその要件が加重され，これをめぐって多くの議論があり，共犯者の中止未遂規定をもたないわが国の刑法の解釈論にとってもなお参考になることが多いと思われるので，以下，ドイツ刑法24条2項をめぐる議論を検討することにより，わが国の場合の共犯者の中止未遂の問題についての解釈論を検討してみたい。


## 第2節　共犯者の中止未遂の要件

### 1　ドイツ刑法24条2項

　ドイツ刑法24条2項は，共犯者の中止未遂について，「行為に複数の者が関与する場合，任意にその既遂を阻止する者は未遂としては処罰されない。行為が彼の阻止的行為がなくても既遂にいたらず，もしくは行為が彼のそれ以前の寄与にかかわりなく遂行される[22]場合には，彼が不処罰となるためには，その行為の既遂を阻止しようと任意かつ真剣に努力することで十分である」と規定している[23][24]。

---

21)　わが国でこのような考え方を採るのではないかと思われるものとして，中野次雄『刑法総論概要（第3版補訂版）』152頁，158頁（成文堂，1997年）。

22)　「彼のそれ以前の寄与にかかわりなく遂行される」という文言は，「彼のそれ以前の寄与にかかわりなく既遂にいたる」という意味に解釈されている。参照，これについて，原口・前掲注(11)104頁注6。

23)　なお，この中止未遂規定は，正犯行為が既に未遂段階に達しているということを前提としており，したがって，どのような理由からであれ正犯行為が未遂にいたらない場合，または，正犯行為が未遂に，さらに既遂にいたるとしても，予備段階で関与した者の寄与が実行行為に対してもはや因果性をもたず，もしくはその他の理由から未遂行為がその共犯者に帰属しない場合には，24条2項の規定とかかわりなく，その共犯者は可罰的ではない（なお，ドイツ刑法30条により関与の企てが可罰的である限りで，31条により不処罰が認められる）。それに対して，犯罪計画策定や犯行用凶器の調達などを行った共犯者が，まだ予備段階のうちに翻意し他の共犯者との関係を断ったとしても，残りの共犯者が彼の寄与を利用し，彼の寄与が既遂行為に対して因果的効果を及ぼしていた

第9章　共犯者の中止未遂　283

　1文では，共犯者が犯罪行為の既遂を阻止するという中止未遂規定適用の原則的な場合を規定している。既遂の阻止は，共犯者が彼の中止措置によって既遂の阻止に何らかの寄与をした（共働した）場合に認められ，共犯者の中止措置のみが原因である必要はない。第三者による助力を受けてもよい。たとえば，被害者の毒殺を謀った共犯者が，自ら被害者に解毒剤を飲ませたのであれ，彼が医者を呼んだのであれ，正犯者を説得して正犯者をして中止措置をとらせたのであれ，既遂の阻止の原因が共犯者の中止措置に（も）帰せられればよい。被害者に警告し，あるいは警察に通報し，そのことによって既遂が妨げられたのでもよい。既遂を阻止するために，通常は共犯者の積極的な中止措置が必要であるが，事情によっては不作為でも十分である[25]。それは，共犯者がそれ以上行為しないことによって残りの共犯者による犯行の継続を不可能にしうる程に事象を掌握している場合に，その共犯者がその不可欠で決定的な寄与を思いとどまる（そして，実際に既遂にいたらない）場合に考えられる。たとえば，被害者に複数回毒を飲ませることによって，それらの毒が相俟って致死量に達し被害者を殺害する計画で，共犯者が（他の

───────────

場合には，既遂の共犯の責任を負わなければならず，この場合も，24条2項は問題にならない。

24)　24条1項と2項の適用範囲について若干の争いがある。すなわち，どのような場合に「複数の者が行為に関与する場合」(„Sind an der Tat mehrere beteiligt")に当たるのか，たとえば，教唆されもしくは幇助された単独正犯者が中止する場合，間接正犯者が中止する場合，さらにまた，共同正犯者が共同で中止する場合に，1項が適用されるのか，2項が適用されるのかについて若干の争いがある（もっとも，適用条文の相違は，いずれにせよ結論の相違をもたらさない）。この問題について詳細に，Wolfgang Mitsch,Der Rücktritt des angestifteten oder unterstützten Täters,Festschrift für Jürgen Baumann, 1992,S.89ff.;Fritz Loos,Beteiligung und Rücktritt──Zur Abgrenzung zwischen Abs.1 und Abs.2 des §24 StGB──,Juristische Ausbildung 1996,S.518f. Vgl.auch Claus Roxin,Der Rücktritt bei Beteiligung mehrerer,Festschrift für Theodor Lenckner,1998, S.269f.

25)　単独正犯者の中止未遂に関する24条1項は，行為のそれ以上の実行を放棄することによる中止（着手未遂の中止）と，行為の既遂を阻止することによる中止（実行未遂の中止）とを区別し，後者について積極的な作為によって既遂を阻止しなければならないと解されているところ，通説は，1項の「既遂の阻止」と2項のそれとを同義には解さない。それに対して，Theodor Lenckner,Probleme beim Rücktritt des Beteiligten,Festschrift für Wilhelm Gallas,1973,S.295;Guntram von Scheurl,Rücktritt vom Versuch und Tatbeteiligung mehrerer,1972,S.77f. は両者を同義に解し，共犯者が不作為によって中止する場合に24条1項を類推適用しようとする。

284 第2部 中止未遂

者では調達しえない）その毒を調達することになっていたが，何回か毒を投
与した後で，その毒の調達を思いとどまるような場合である。

　共犯者の阻止的行為がなくても，行為が既遂にいたらない場合，たとえ
ば，共犯者の阻止的行為と関係なく，第三者の介入や被害者自身の防衛行為
によって既遂が妨げられる場合，正犯者や他の共犯者の中止行為によって既
遂が妨げられる場合，さらに，不能未遂[26]であることから既遂にいたらない
場合には，中止意思のある共犯者の中止措置は既遂の阻止に対して因果性を
持ちえないが，このような場合に，2文第1選択肢は，既遂を阻止しようと
任意かつ真剣に努力する共犯者に，中止未遂による不処罰を認めるものであ
る。

　2文第2選択肢は，共犯者の寄与がたしかに未遂に対しては因果関係があ
るが，既遂に対しては因果関係の認められない事例にかかわる。たとえば，
共犯者が（一旦）関与した犯罪事象が既遂にいたる場合でも，共犯者が未遂
段階で自分の寄与の因果的効果を解消し，かつ，効果がなかったにせよ既遂
を阻止しようと真剣に努力した場合には，中止未遂による不処罰が認められ
る。「それ以前の寄与にかかわりなく遂行された」とは，中止者の寄与が犯
罪行為の既遂に対してもはや因果的ではなかったということを意味する。共
犯者が提供した道具を取り返すなどして，自分の寄与を自ら解消する場合だ
けでなく，その共犯者の寄与（たとえば，提供された道具）が，残りの共犯者
によって利用されず，その結果，中止意思のある共犯者の寄与が，既遂に対
して因果関係が認められなかったという場合でもよい。刑法24条2項の施行
前は，共犯者は，行為が既遂にいたる前に自分の寄与を解消すれば，不処罰
となることができた[27]のに対して，この規定により，自分の寄与を解消する

―――――――――――――――

26)　「不能未遂」の定義の違いはある（わが国では，不能犯ないしは不能未遂という概念
　は不可罰な未遂を特徴づけるものとして用いられ，この概念によれば，可罰的な不能未
　遂というのはそもそも概念矛盾となってしまう）が，このような中止の状況はわが国で
　も問題になりうる。判例は，たとえば，致死量に足りない空気注射による殺人の企ての
　事例（最判昭和37年3月23日刑集16巻3号305頁）で未遂犯を認めているが，そのよう
　な場合に，XとYが殺害する目的でAに毒物を投与したが，その後，Xは後悔してAを
　病院につれていく。しかし，実は投与された毒物は致死量に達しておらず，XがAを病
　院につれていかなかったとしても，Aは死を免れたであろう，といった場合が問題とな
　りえよう。

第9章 共犯者の中止未遂 285

場合であっても，さらに，行為の既遂を阻止しようと真剣に努力しなければ
ならない，というように共犯者の中止未遂の要件が加重された。

## 2 共犯者の中止未遂の要件の加重の理由

　このように中止の要件を加重した理由を刑法改正に関する特別委員会は次
のように説明している。すなわち，委員会において詳細な討論の対象となっ
たのは，62年草案28条2項において提案されたように，複数の者が関与する
場合に，中止者が行為の既遂を阻止する場合にのみ中止が不処罰という効果
をもつべきかどうかという問題であった。そのような規定は，現行法の判例
と比べて厳格化（Verschärfung）を意味する。判例は，この場合に，不処罰
となる中止に関して，共犯者が自分自身の寄与を取り消したということで満
足する。対案の起草者らの見解によればそのような厳格化の必要性はないの
だから，彼らは現行法の規定の維持を推奨した。それに対して，委員会は，
……ドイツ62年草案で規定されていた解決の方を選択した。このような決定
にとって決定的であったのは，複数の行為者の関与する行為がたいてい単独
の者の行為よりも危険であるという考慮，そして，個々の寄与の取り消しに
よってこのような高い危険性（diese erhöhte Gefährlichkeit）が帳消しにされ
ていないという考慮であった。共同正犯者は，他の行為者がそれぞれの活動
に取りかかったということに寄与したのだから，彼に対して，原則的に，彼
がその行為の既遂を阻止するということが要求されるべきである。ただし，
行為が彼のそれ以前の寄与にかかわりなく遂行される限りで，彼が不処罰に
なるためには，行為の既遂を阻止しようとする任意かつ真剣な努力だけで十
分であるべきである，と[28]。このような説明に対しては，以下検討するよう

---

27) Richard Busch,in:Strafgesetzbuch,Leipziger Kommentar,9.Aufl.,1970,§46 Rn.44ff.;
Gerald Grünwald,Zum Rücktritt des Tatbeteiligten im künftigen Recht,Festschrift für
Hans Welzel,1974,S.702ff.;Lenckner,a.a.O.(Fn.25),S.281;v.Scheurl,a.a.O.(Fn.25),S.69,
78f.,143f.;Adolf Schönke/Horst Schröder,Strafgesetzbuch,Kommentar,17.Aufl.,1974,§46
Rn.42f.;Hans Welzel,Das Deutsche Strafrecht,11. Aufl.,1969,S.199. なお，ドイツのかつて
の判例について，西田・前掲注(1)224頁注4。

28) Zweiter Schriftlicher Bericht des Sonderausschusses für die Strafrechtsreform
über den Entwurf eines Strafgesetzbuches(StGB),Deutscher Bundestag,5.
Wahlperiode, S.12.

286 第2部 中止未遂

に批判が強く[29)30)]，また，これ以外の説明についても同様に批判の対象となっている。

### 3 共犯事象の危険性による説明

まず，複数の行為者が関与する行為の危険性は高く，個々の寄与の取り消しによって，このような高い危険性は帳消しにされていないという前述の特別委員会の説明は説得力がないとの批判が向けられている。すなわち，寄与の解消とは，共犯者が彼の関与した犯罪事象からあらゆる因果的効果を取り除くということを意味しており，彼が自分の寄与を解消しないならば，彼は既遂行為の共犯の理由で処罰され，寄与を解消したならば，つまり，既遂行為に対して彼が因果的に何も効果を及ぼしていないならば，彼は彼のひき起こした高い危険性も再び除去しているのであり，したがって，このような危険性を理由とした要件の加重は正当化できない，と[31)]。このような批判は妥当であろう。なお，共犯の場合に危険性が高いならば，なおこのこと中止の意義も大きいともいえ，（後述5の中止未遂規定のもつ犯罪防止効果の評価にも

---

29) Albin Eser,in:Schönke/Schröder,Strafgesetzbuch,Kommentar,26.Aufl.,2001,§24 Rn. 102;Grünwald,a.a.O.(Fn.27),S.701ff.;Hans-Heinrich Jescheck/Thomas Weigend,Lehrbuch des Strafrechts,Allgemeiner Teil,5.Aufl.,1996,§51 VI 3 Fn.60;Jürgen Meyer,Kritik an der Neuregelung der Versuchsstafbarkeit,Zeitschrift für die gesamte Strafrechtswissenschaft 87(1975),S.619ff.;Mitsch,a.a.O.(Fn.24),S.97f.;Harro Otto,Versuch und Rücktritt bei mehreren Tatbeteiligten(2.Teil),Juristische Arbeitsblätter,1980,S.712 Fn.63;Claus Roxin,Unterlassung,Vorsatz und Fahrlässigkeit,Versuch und Teilnahme im neuen Strafgesetzbuch,Juristische Schulung,1973,S.333,ders.,a.a.O.(Fn.24),FS-Lenckner,S.279;Eberhard Schmidhäuser,Strafrecht,Allgemeiner Teil,2.Aufl.,1975,15/94; Günter Stratenwerth,Strafrecht,Allgemeiner Teil I,4.Aufl.,2000,§12 Rn.111f., Rn.168; Theo Vogler,in:Strafgesetzbuch,Leipziger Kommentar,10.Aufl.,1985,§24 Rn. 155f.; Michael Walter,Zur Strafbarkeit des zurücktretenden Tatbeteiligten,wenn die Haupttat vollendet wird,Juristische Rundschau,1976,S.100ff.

30) Grünwald は，このような改正を青天の霹靂のようなもの（aus heiterem Himmel）であるとしている（a.a.O.[Fn.27],S.701）。

31) Vgl.Eser,a.a.O.(Fn.29),§24 Rn.102;Grünwald,a.a.O.(Fn.27),S.708;Jescheck/Weigend,a.a.O.(Fn.29),§51 VI 3,Fn.60;J.Meyer,a.a.O.(Fn.29),S.621;Lenckner,a.a.O.(Fn.25),S.305;Roxin,a.a.O.(Fn.29),JuS 1973,S.333,ders,a.a.O.(Fn.24),FS-Lenckner,S.279; Vogler,a.a.O.(Fn.29),§24 Rn.155. また，西田・前掲注(1)253頁（「この理由づけには説得力がないように思われる」。共犯行為の高い「危険性との関係は，中止者が自己の加功が有していた因果的影響力を払拭することにより切断される」）。

よるが）寛大な扱いを受けうる要件を加重して中止への動機を弱めるような政策をとるべきではないとも考えられうる。また，複数の者の関与が創出するところの法益に対する高い危険性は，より早い段階での刑法の介入（たとえば，関与の企ての処罰）の理由とはなっても，中止の要件を加重する理由とはならない，との批判もあり[32]，さらに，危険性が高いという特別委員会の説明は，せいぜい共同正犯の場合に当てはまるにすぎず，たとえば，1人の教唆者と1人の正犯者の場合に，その犯罪事象の危険性は教唆されていない単独正犯者の場合と異なるわけではなく，共同正犯の場合でも，すべての共同正犯者が，予備の際だけでなく，実行の際にも行為に共働する形態に当てはまるにすぎないとの指摘もなされている[33]。これらの批判で示されているように，共犯事象の高い危険性から，要件の加重を基礎づけるのは難しいといえよう。

## 4　心理的効果の残存の可能性

　要件の加重を，心理的効果が残存する可能性から説明する立場もある。v.Scheurl は，特別委員会の理由書の説明を批判しつつも[34]，要件の加重を次のように説明する。すなわち，自分の寄与を解消した共犯者も，なお何らかの形で犯罪行為に対して共に責任を負うという考え方は，一定の意味で納得がいく。一般的な諸原則が既遂の責任を許容しない場合でも，共犯者の先行する行為がなければ行為が行われなかったであろうという可能性は，確実には排除されえない。それ以前の行動がひき続き効果を及ぼしている可能性が証明されえないとしても，そのわずかな可能性のために（wegen der entfernten,wenn auch nicht nachweisbaren Möglichkeit wieterer Mitwirksamkeit des vorherigen Verhaltens），寄与の中立化では十分ではない。行為に共に巻き込まれた（Mitverstrickung in die Tat）という印象を取り消すために，中止意思のある者に対して，少なくとも既遂を阻止しようとする真剣な努力と

---

32)　v.Scheurl,a.a.O.(Fn.25),S.148.

33)　Mitsch,a.a.O.(Fn.24),S.97f. なお，J.Meyer,a.a.O.(Fn.29),S.621f.

34)　v.Scheurl,a.a.O.(Fn.25),S.148. 彼は，刑法旧46条の中止未遂規定のもとでは，自分の寄与の解消で十分であるとしている（a.a.O.[Fn.25],S.78f.,143f.）。

288 第2部 中止未遂

いう形で追加的な努力が要求されるのである[35]，と。Dreher/Tröndle/
Fischer が，共犯者が，通常，自分の寄与がどの程度心理的な影響を後に残
すのかを見通すことができないのだからなおさら不処罰に値しない[36]，と述
べるのも同様に理解することができよう。

　しかし，このような説明にも次のような批判が向けられている。心理的幇
助の方法であったとしても，寄与が既遂行為のなかにひき続き効果を及ぼし
ているならば，この既遂行為は「それ以前の寄与にかかわりなく遂行され
て」おらず，その場合には，既遂の共犯の責任を負わなければならない。そ
れに対して，共犯者が自分の寄与を完全に解消した（あるいは，解消したこ
とを証明することができた）ならば，既遂犯に彼が関与したかもしれない嫌疑
のために可罰性を生じさせてはならず，寄与が解消されたのかどうかの不確
実性は，既遂よりも軽い未遂の可罰性で埋め合わせられてはならない，
と[37]。

　心理的効果が残っているかもしれないという可能性から，あるいは，その
影響が残っているかどうか証明することが難しいという実際的な考慮から，
寄与の解消だけでは中止未遂規定による不処罰を認めず，中止意思のある共
犯者の翻意が外部的により明確に認識できるように，積極的な中止措置，こ
こでは既遂を阻止しようとする真剣な努力を追加的に要求するというのは，
妥協的な立法的解決という意味では1つの解決であるかもしれない。しか
し，既遂に関与していたかもしれないという理由で（不処罰が認められず，
その結果）未遂の責任を負う，というのは理論的な批判を免れえまい。

　寄与の解消（の難しさ）という事実問題からではなく，むしろ，規範的な
評価として，たとえば，中止未遂の減免の根拠から，端的に，一旦犯罪行為
に関与した（そして，未遂まで進捗させた）者は，その段階で自分の寄与を解
消したとしても，他の共犯者の犯行の継続を消極的に傍観していただけで

---

35)　v.Scheurl,a.a.O.(Fn.25),S.149. 参照，西田・前掲注(1)254頁。また，Scheurl の心理
　　的幇助の捉え方についても，西田・前掲注(1)235頁。

36)　Eduard Dreher/Herbert Tröndle/Thomas Fischer,Strafgesetzbuch und Neben-
　　gesetze,50.Aufl.,2001,§24 Rn,40.

37)　Walter,a.a.O.(Fn.29),S.102. また，Grünwald,a.a.O.(Fn.27),S.709;Lenckner,a.a.O.
　　(Fn.25),S.305. また，西田・前掲注(1)254頁。

は，刑の減免という恩典を受けるに値しえない（もちろん，既遂に対して効果を及ぼしていなければ，因果的共犯論によりいずれにせよ既遂行為の責任は問われない）と考えられるべきかどうかが検討されるべきであろう。

## 5　刑事政策説に基づく説明

　前述の刑法改正に関する特別委員会の理由書は，共同正犯者は，他の行為者がそれぞれの活動に取りかかったということに寄与したのだから，彼に対して，原則的に，彼がその行為の既遂を阻止するということが要求されるべきであると説明し，また，Dreher/Tröndle/Fischer は，犯罪的企図に積極的にかかわり合う（aktiv verstrikt ist）者は，彼が身を引き，そして自分の寄与を撤回し，他の者がどのように続行するのかを消極的に傍観する（passiv mitansieht）ということによるだけでは不処罰に値しえないと論じている[38]。

　このような考え方の背後には，犯罪行為をできる限り阻止するように中止未遂規定を規定（解釈）すべきであるという刑事政策的目的に中止未遂規定の根拠を求める立場（刑事政策説[39]）があるとされ，しかし，その刑事政策説は現在のドイツにおいて支持されておらず[40]，それに基づく要件の加重は

---

38)　Dreher/Tröndle/Fischer,a.a.O.(Fn.36),§24 Rn.40. また，Reinhart Maurach/Karl Heinz Gössel/Heinz Zipf,Strafrecht,Allgemeiner Teil.Teilband 2,7.Aufl.,1989.§50 Rn.117.

39)　ここでいう刑事政策説とは，行為者に中止による不処罰（もしくは刑の減免）を約束することによって，行為者に対して，犯罪が既遂にいたる前にその未遂行為をやめ，必要ならば既遂事実を阻止するようにとの刺激が与えられるべきである，という考え方（Theorie von der goldenen Brücke,Anreiztheorie）を指している。ドイツで有力な褒賞説（Prämientheorie）や刑罰目的説（Strafzwecktheorie）も広い意味で刑事政策説といえようが，ここでは狭い意味で用いている。中止未遂により不処罰が認められる根拠に関するドイツの議論について，参照，山中敬一「中止犯」中山研一ほか編『現代刑法講座第5巻』351頁以下（成文堂，1982年），木村光江「中止犯論の展望」研修579号5頁以下（1996年），詳細に，金澤真理「中止未遂における刑事政策説の意義について（1）（2）」法学63巻5号39頁以下（1999年），64巻1号53頁以下（2000年），城下裕二「中止未遂における必要的減免について――『根拠』と『体系的位置づけ』――」北大法学論集36巻4号173頁以下（1986年）。

40)　刑事政策説に対して，社会一般の人々はそのような約束（中止未遂規定とその効果）を知らないのだから，不処罰を約束することは行為者の決意に影響を及ぼすものとは考えられず，また，裁判実務において，中止の事例はさまざまな動機に基づいているが，

290 第2部 中止未遂

疑問であるとされる[41]。

　このような理由づけの適否は，中止未遂規定の犯罪防止効果をどのように
考えるのかにかかってこよう。刑法の重要な目的の1つが法益の保護にある
以上，中止未遂規定もこの目的に役立つべきだ，という考え方はそれ自体
もっともなものであろう[42]。ただ，目的は正当であっても，その目的を達成
するために効果的な手段かどうかも問われなければならない[43]。そもそも中
止未遂規定が行為者に中止を促す切っ掛けになりえないと考えるならば，要
件を加重したとしても，およそ効果的な手段とはいえまい。その切っ掛けに

---

　中止によって不処罰になるだろうと考えて中止した事例は見いだされないといったこと
から，行為者に中止を促す刺激になるという考え方は現実に合わないものだとの批判が
なされている。また，刑事政策説に対する批判について，参照，金澤・前掲注(39)法学
63巻5号71頁以下。さらに，かりに行為者の動機に実際に影響を及ぼすとするならば，
未遂段階でやめれば不処罰になるのだから，ともかく一旦未遂段階までことを進める
ことができるというように誤解されかねない，との批判もある。他方で，未遂段階までこ
とを進めた以上，そこで行為をやめようが続けようが，どのみち処罰されることに変わ
りがないというような考え（毒を食らわば皿まで）を行為者に起こさせ，行為者の退路
を断つべきではない，といった刑事政策説の消極面では一定の支持がある（Vgl.
Jescheck/Weigend,a.a.O.[Fn.29],§51 I 2;Johannes Wessels/Werner Beulke,
Strafrecht,Allgemeiner Teil,30.Aufl.,2000,§14 Rn.626. なお，Grünwald,a.a.O.
[Fn.27],S.709）。

41)　Lenckner,a.a.O.(Fn.25),S.306;Roxin,a.a.O.(Fn.24),FS-Lenckner,S.279;Walter,a.a.O.
(Fn.29),S.101.

42)　共犯者が自分の寄与を解消する場合に，その責任を未遂罪の共犯の責任にとどめる
限りで，その共犯者はいずれにせよ未遂罪までは関与しているのであるから，他人の行
為に関する責任（Haftung für das Verhalten anderer）を認めるものであるとの批判
（Jescheck/Weigend,a.a.O.[Fn.29],§51 VI 3 Fn.60;Roxin,a.a.O.[Fn.29],JuS 1973,
S.333;Vogler,a.a.O.[Fn.29],§24 Rn.156）は必ずしも当たらないようにも思われるが，寄
与の解消以後の他の共犯者の行為に対する対応（態度）により刑の減免が左右される限
りではそのようにいえなくもない。なお，Dreher/Tröndle/Fischer は，きわめて重大
な犯罪の場合ですら，その共犯者には138条による告知義務がないのだからなおさら不
処罰に値しないとも論じている（a.a.O.[Fn.36],§24 Rn.16）。しかし，これに対しては，
この場合に，共犯者が不処罰になりうるのか否かは，彼がもはや関与していないところ
の犯罪事象の阻止に依存させられているが，他人の犯罪行為を阻止しないことに刑法上
の不利益を結びつけるのは，刑法138条や328条cのような特殊な場合だけである，とい
う批判が向けられ（Roxin, a.a.O.[Fn.24],FS-Lenckner,S.279），西田教授も，「ドレーヤー
の主張のうち，告知義務に関する部分は法感情の面からは理解できる。しかし，実質的
にみれば，それは中止犯の要件を加重することによって不告知罪を新設ないし拡張する
ものであり妥当でない」とする（前掲注(1)253頁。また，236頁）。

43)　法益の保護と他の観点によるその制約について，参照，原口伸夫「間接正犯者の実
行の着手時期」法学新報105巻1号105頁以下（1998年）＝本書第2章69頁以下。

なりうると考えたとしても，刑の減免に値するのが難しければ難しい程，共犯者は中止を決意しなくなるとも考えられ[44]，中止の要件を厳しくすることが，犯罪の既遂を防止するための有効な方法とも一概にはいえない。わが国では刑事政策説が完全に否定されているわけではないが，中止未遂規定を知っている者の数がそれ程多いとは考えられないこと[45]，刑の必要的減免にとどまっていることから，既遂を阻止するように動機づける効果は相対的に小さく，さらに，刑事政策説では免除と減軽を区別する基準を示すことができないことなどが指摘され，違法性ないし責任の減少を補充する意味を認めるにとどまるのが一般である。そうであれば，わが国でも，中止未遂規定の要件の解釈を厳しくすることによって，犯罪の既遂を阻止しようという意味での刑事政策目的は十分に達成できるとは考えられないであろう。

## 6 印象説に基づく説明

ドイツにおいて，未遂犯の処罰根拠を印象説によって説明する立場が有力であるところ[46]，その裏面として，中止未遂による不処罰の実質的な根拠を，未遂行為によってひき起こされたところの法を揺るがす印象の除去（そして，そのことによる法的平穏の回復）に認め，その立場から，自分の寄与の解消では十分ではないという現行24条の立場を支持する（ないしは説明しようとする）見解も主張されている。

Grünwaldは，このような実質的な根拠から考えた場合，規範を承認しそれを確証するために（um der Norm zum Siege zu verhelfen），共犯者がその犯罪的企図から自分の分担分を再び取り去るということだけでは十分ではな

---

44) Vgl.Grünwald,a.a.O.(Fn.27),S.710.
45) なお，植松・前掲注(2)『再訂刑法概論』323頁以下。また，身代金目的誘拐罪の解放による刑の減軽（228条の2）は，既遂後の問題であるが，被誘拐者の生命・自由等を守る（安全な帰還をはかる）ための政策的規定だとされる。大塚仁『刑法概説各論（第3版）』96頁（有斐閣，1996年），大谷實『新版刑法講義各論』106頁（成文堂，2000年），斎藤信治『刑法各論』51頁（有斐閣，2001年），団藤重光『刑法綱要各論（第3版）』487頁（創文社，1990年），中森喜彦『刑法各論（第2版）』57頁（有斐閣，1996年），西田典之『刑法各論』81頁（弘文堂，1999年），平川宗信『刑法各論』184頁（有斐閣，1995年），前田雅英『刑法各論講義（第3版）』91頁（東京大学出版会，1999年）。
46) 参照，原口・前掲注(43)106頁以下＝本書第2章71頁以下。

292 第2部 中止未遂

く，彼が規範の側に立ち，そのことによって明確に犯罪行為と距離を置くことを要求することができ，他方で，結果と因果関係のない未遂行為に由来するところの法意識に対する否定的な影響を相殺することが問題である場合，既遂の阻止という積極的な効果が生じなくても，真剣な努力という行為価値がもたらされれば既に，そのような否定的な影響は相殺される，と論ずる[47]。

Gores も，単に自分自身の寄与の有効性を除去するにすぎず，行為それ自体を阻止しようと真剣に努力しないような共犯者の行動が，未遂によってひき起された法的平穏の撹乱を除去し，ないしはもはや処罰が必要とは思われない程に減少させるために，主観的に功績を認めることができるのか否かという問題を設定し，離脱する共犯者が，彼の離脱の時点ないしは中立化行為の時点で，自分の先行する寄与が心理的にひき続き効果を及ぼす可能性を完全に排除しえない（寄与の効果が実際に完全に除去されたのかどうかをただちに予見することができない）という観点に重要な意味を認め，そのような共にかかわり合う可能性を考えに入れなければならない者に対して，共にかかわり合う可能性がどれ程少ないものであるとしても，法を揺るがす印象の除去という観点のもとで，寄与を任意に中立化する以上のことを要求することができるし，さらに，自ら未遂に関与した者は，行為を阻止するために，決まって，残りの者に対して影響を及ぼす可能性をもっているのであり，それでもなお，彼が行為を阻止しようと真剣に努力しない場合，自分の先行する行動から彼が離れることはそれ程功績のあるものではないのだから，そのような共犯者に不処罰を認めないことは是認できる，とする[48]。

たしかに，ドイツ刑法のように，共犯者の中止行為を自分の寄与と因果関係のない既遂行為の阻止に関係づけ，自分の寄与の解消以上のことを要求することが，1つの立法的解決であるということまでは否定しえない以上，解釈論としてそれを説明する試みが必要となってこよう。しかし，それでも印象説に基づく説明に対して，そのような法を揺るがす印象は自分の寄与を解消する場合に既に取り消されているとの批判が向けられている[49]だけでな

---

47) Grünwald,a.a.O.(Fn.27),S.711. なお，Eser,a.a.O.(Fn.29),§24 Rn.102.
48) Claus-Jürgen Gores,Der Rücktritt des Tatbeteiligten,1982,S.232ff.

く，このような考え方を主張する論者自身，未遂によりひき起こされたところの法を揺るがす印象が既に自分の寄与の任意の中立化によって，未遂への共犯の理由での処罰がもはや必要ではないと思われる程に除去される，という見解も主張されうるとし[50]，ただ，そもそも中止未遂に不処罰という恩典を認めるか否かがその裁量の範囲内にある立法者には，どのような前提条件のもとで法を揺るがす印象が埋め合わせられるのかという問題についても裁量の余地が認められ，中立化を超え真剣な努力を要求することもその裁量の範囲内にある，と主張するにすぎないのである[51]。そうであれば，ドイツ刑法24条2項のような明確な立法上の解決がなされていないわが国において，これまで検討したように，ドイツでの要件の加重を根拠づける試みが十分に成功しているとはいいがたいこと，また，わが国の中止規定では，中止の効果が刑の減免にとどまっていること[52]も考慮すれば，ドイツ刑法のように，自分の寄与とは因果関係のない行為の阻止に向けられた行為を要求することはなおのこと問題であろう。

　共犯事象の高い危険性は要件の加重の根拠となりえないのだから（前述，3），共犯者への43条ただし書の準用の要件を単独正犯者の場合よりも厳格にすべき根拠はない。そこで，問題となるべきなのは，共犯者の場合に，単独正犯者の既遂の阻止とパラレルに考えられるのは何か，ということである。単独正犯者に中止未遂による刑の減免が認められるための要件の1つは既遂事実の不発生である。より厳密にいえば，行為者の行為と因果関係のある既遂事実の不発生である。たとえば，殺意をもって被害者に重傷を負わせた後で後悔して入院させたところ，たまたま病院が火事になって被害者が死

---

49)　Lenckner,a.a.O.(Fn.25),S.306;Vogler,a.a.O.(Fn.29),§24 Rn,155.

50)　Gores,a.a.O.(Fn.48),S.233;Grünwald,a.a.O.(Fn.27),S.711. なお，Eser,a.a.O.(Fn.29),§24 Rn.102;v.Scheurl,a.a.O.(Fn.25),S.149.

51)　Gores,a.a.O.(Fn.48),S.233.

52)　ただ，ドイツ刑法24条が「未遂としては（wegen Versuchs）」不処罰であるとしている点では，わが国の43条ただし書の解釈より厳しい面も有している。すなわち，ドイツ刑法24条の解釈では，遂行された未遂行為のなかに既に既遂に達した犯罪行為が含まれている場合，中止未遂の効果として，その既遂行為は，原則としては不処罰にならない。たとえば，殺人未遂を中止する場合，傷害罪は可罰的なままでありうる。Vgl. Jescheck/Weigend,a.a.O.(Fn.29),§51 VI2;Eser,a.a.O.(Fn.29),§24 Rn.109f. また，団藤・前掲注(1)367頁注2。

亡したといった場合，行為者の行為と被害者の死の結果との（相当）因果関係が否定され，行為者の責任は未遂にとどまり，既遂事実の不発生という要件は充たされることになる[53]。このことを共犯者の場合に類比すれば，共犯者が自分の寄与を解消したならば，その寄与は，他の共犯者によってひき続き継続される行為および結果との因果関係は認められず，その共犯者の責任は未遂にとどまり，（自己の関与した）既遂事実不発生という要件は充たされている。後は，自己の意思によりその中止行為，すなわち，寄与の解消を行っていれば，43条ただし書が準用されるべきことになろう。

　したがって，わが国の43条ただし書の解釈では，共犯者は，犯罪行為の既遂を阻止した場合だけでなく，自己の意思で自分の寄与を解消すれば中止未遂による刑の減免が認められる，という解決に従うのが妥当であると考える[54]。

# 第3節　結　論

　したがって，共犯者は，自己の意思により犯罪行為の既遂を阻止するか，自己の意思で自分の寄与を解消すれば，43条ただし書が準用されるべきである。このような解釈は，犯罪行為が既遂にいたった以上中止未遂は認められない，もしくは既遂を阻止しなければ中止未遂は認められないという命題を維持したとしても，その場合に，そこでいう「既遂」の概念を，その共犯者の寄与によって共にひき起こされた既遂事実であると解すれば，なお主張可能であろう。なぜなら，共犯者が自分の寄与の解消によりその（共にひき起こされる）既遂を阻止したと解することができるからである。第1節2で引用した判例でも，その判示における「共同犯意に基く實行行爲」の阻止（大判昭和10年6月20日刑集14巻722頁），「共同犯行に因る結果の發生」の防止（大判昭和12年12月24日刑集16巻1728頁）をそのように理解する余地もあろう。

　なお，自分の寄与を解消した後で，共犯者の犯行の継続を容易に阻止しえ

---

53) 参照，西原・前掲注(2)294頁。また，斎藤信治・前掲注(18)232頁，曽根・前掲注
　(20)255頁以下，中山・前掲注(20)439頁注4，野村・前掲注(1)『刑法総論』366頁，山
　中・前掲注(1)724頁。
54) 参照，西田・前掲注(1)254頁以下。また，注20で挙げられている文献。

たにもかかわらず，その継続をただ漫然と傍観しもしくは成り行きに任せていたような場合に，単独正犯者の中止未遂（とくに実行未遂）の場合に真摯なもしくは積極的な中止行為を要件とする立場から，この真摯性等の要件が欠けると考えられるかもしれない。しかし，この真摯性等の要件の適否およびその内容について暫らく措くとしても，この場合に問題にされるべき中止行為は自分の寄与を解消する行為（たとえば，犯行用凶器の取り戻し，心理的な強化の解消等）であり，寄与を解消した後の行為ではない。したがって，たとえば，犯行用凶器を「真剣に」取り戻し，そのことによって自分の寄与を解消したならば，その後の共犯者の行為は，新たな不作為による共犯の可能性を別とすれば[55]，当初の共犯行為とは関係のない行為である。

　また，ドイツ刑法24条2項2文第1選択肢で認められている中止の可能性が，わが国でも認められるべきであろう。すなわち，中止意思のある共犯者の阻止的行動にかかわりなく犯罪行為が既遂にいたらない場合，具体的には，第三者の介入や被害者自身の防衛措置によって既遂が阻止される場合，正犯者や他の共犯者の中止行為によって既遂が阻止される場合や，実行行為が「不能」であったために既遂にいたらなかった場合に，行為者がそのような失敗を知らずに真剣な中止措置をとれば，あるいは結果の発生を防止するに足りる努力をすれば，43条ただし書（の準用）により刑の減免を受けることができると解すべきであろう。単独正犯者については，このような状況において43条ただし書による刑の減免を認める立場が現在では有力であり[56]，共犯者についても同様に——このような状況は単独正犯者の場合以上に生じ

---

55)　たまたま通りがかった際に犯行を目撃しただけの者と異なり，犯罪計画を（ほぼ）知っている者として，犯罪阻止義務が課されうるのか否かが問題となろう。なお，注42も参照。

56)　参照，大塚・前掲注(1)『刑法概説総論』247頁，川端・前掲（14）注470頁以下，木村亀二・前掲注(2)『刑法総論』368頁注13，斎藤信治・前掲注(18)232頁，曽根・前掲注(20)256頁，団藤・前掲注(1)366頁注10，野村・前掲注(1)『刑法総論』365頁以下，福田・前掲注(1)231頁，前田・前掲注(20)169頁，山中・前掲注(1)『刑法総論Ⅱ』723頁以下。また，改正刑法草案（昭和49年5月29日法制審議会総会決定）24条2項。なお，中止行為と既遂阻止との間の因果関係は不要であるが，危険消滅との因果関係を要求して，林・前掲注(20)375頁以下，山口・前掲注(20)228頁以下。平野・前掲注(2)『刑法総論Ⅱ』337頁以下も同様か。中止行為と既遂の阻止との因果関係を必要とするが，結果発生の不能な場合には43条ただし書を準用するは，大谷・前掲注(20)415頁。

うると考えられ——このような中止の可能性も認めるのが妥当であると考える。

# 第10章　共犯からの離脱，共犯関係の解消

## はじめに

共犯からの離脱の問題について，すでに以前検討したことがある[1]。そこでは次のような結論を示した。

①「犯罪行為に一旦関与した共犯者が，その犯罪が既遂にいたる（場合によっては，それを超えて，一連の犯罪行為が終了する）前に翻意して犯罪事象から離れ去る場合，その共犯者は，自分の寄与の因果的効果を解消すれば，その犯罪事象の段階を問わず，他の共犯者による以後の行為および結果について責任を問われない」。

②「自分の寄与を十分に解消できなかったとしても，共犯者が離脱するこ

---

1)　原口伸夫「共犯からの離脱」東海大学文明研究所紀要21号91頁以下（2001年）。その際，「犯罪行為に一旦関与した共犯者（共同正犯者も含む。）が，その犯罪が既遂にいたる前に翻意して犯罪事象から離れ去ること」を「自己のなした寄与の因果的効果の解消の有無にかかわらず……『離脱』と表現」した（原口・前掲91頁）。本稿でも同様に離脱（者）を事実行為（をする者）の意味で用いる。最決平成21年6月30日刑集63巻5号475頁（後述，第1節（3）参照）の調査官解説は，「『離脱』という用語について，実際にその場から離れるという事実行為としての意味で用いたり，共犯関係の解消という法的評価を加えた意味で用いたりする例が見られた」が，最高裁平成21年決定は「『離脱』を事実行為の意味でのみ用いており，法的評価を加えた場合には……『共謀関係の解消』（『共犯関係の解消』……）という表現を用いている」（任介辰哉・最判解（平成21年度）172頁以下［2013年］）と解説している。今井猛嘉ほか『刑法総論（第2版）』369頁〔島田聡一郎〕（有斐閣，2012年），高橋則夫『刑法総論（第2版）』486頁（成文堂，2013年），豊田兼彦「判例批評」刑事法ジャーナル27号83頁注2（2011年）も参照。すでに相内信「共犯からの離脱，共犯と中止犯」阿部純二ほか編『刑法基本講座（第4巻）』259頁注29（法学書院，1992年）は，因果的共犯論からは，「『離脱』という用語は，あくまで現象を示すもので，理論的意味をもつものではない」と指摘していた。もちろん，「離脱」，「共犯関係の解消」等の用語（の意味）について，別の用い方もありうるであろう。たとえば，原田國男・最判解（平成元年度）178頁（1991年）。また，塩見淳「共犯関係からの離脱」法学教室387号94頁以下（2012年）も参照。いずれにしても，議論の混乱・すれ違いを回避するために，意味を明確にした用語の使用は好ましいことといえよう。後述，注48も参照。

298 第2部 中止未遂

とによって，とりわけ他の共犯者への説得や阻止的行動等の働きかけによっ
て，当初関与した犯罪行為と後に他の共犯者によって再開された犯罪事象と
が別個独立の新たな共犯関係であると評価されうるならば，その共犯者は，
自分が関与した具体的な犯行を阻止したということができ，他の共犯者に
よって新たに始められた犯罪事象について責任を問われない。たとえば，共
犯者の働きかけによって正犯者もしくは共同正犯者が一旦犯意を（真意で）
放棄するにいたったが，その後新たに決意して，もしくは新たな共謀に基づ
き犯罪行為を再開する場合，共犯者の離脱によって犯罪計画を大幅に変更せ
ざるをえなくなった場合や，離脱により当面の犯罪の実行を頓挫させ時間的
な延期を強いるような場合に，別個独立の新たな共犯関係であると評価され
よう」。

③「さらに，自分の寄与を解消することができず，また，犯罪事象の同一
性が認められる範囲内での他の共犯者の行為を阻止することができなかった
としても，当初共同正犯的に共働し，あるいは，自分に割り当てられた寄与
を計画どおりなしたとすれば共同正犯の責任を負うような者は，意思連絡の
断絶前に自分に割り当てられた寄与をすべてなしおえていた場合や，他の者
によっては代替できないような不可欠な寄与を既になしており，その寄与が
なければそれ以降の事象も行われえなかったであろうような場合を除けば，
犯意を放棄して意思連絡を断ち犯罪事象から離れ去ることによって，それ以
降の事象に対しては教唆犯もしくは従犯の責任にとどまる」[2]。

現在も，基本的に，以上の考え方に変更はない。ただ，その後，共犯から
の離脱に関する重要な最高裁決定が下され[3]，学説においても，因果性遮断
説をめぐる議論の動き[4]，共謀の射程の議論[5]など関連する注目すべき議論

---

2) 原口・前掲注(1)103頁。
3) 注1掲記の最高裁平成21年決定。また，下級審判決においても，後述，注13，注
   17，第2節（2）（ウ）も参照。
4) 参照，後述，第2節（1），第3節（1），第4節。
5) 鈴木彰雄「共謀共同正犯における『共謀の射程』について」『立石二六先生古稀祝賀
   論文集』509頁以下（成文堂，2010年），十河太朗「共謀の射程について」川端博ほか編
   『理論刑法学の探究3』73頁以下（成文堂，2010年），同「共謀の射程と量的過剰防衛」
   『川端博先生古稀記念論文集（上巻）』705頁以下（成文堂，2014年），仲道祐樹「共謀に
   よる義務付けと共謀の射程」法学セミナー707号100頁以下（2013年），橋爪隆「共謀の

の動きもみられる。そこで，このような動向を踏まえ，とりわけその近時の動きにかかわる前記②の点に重点を置き，もう一度，共犯からの離脱の問題を考えてみたい。

## 第1節　共犯からの離脱に関する判例の立場

（1）かつては，共犯からの離脱の問題（離脱者が離脱後の共犯者の行為・結果について責任を負うのか否か）と，共犯と中止未遂の問題（共犯者への43条ただし書の適用・準用の問題）[6]とが必ずしも区別して論じられず，中止未遂論の共犯への応用により議論が展開されていたが，とくに1980年代以降，共犯からの離脱に関する議論が大きく進展し[7]，（共同正犯を含めた）共犯の処罰根拠を構成要件該当事実の実現に対する因果性に求める因果的共犯論への支持の広がりを背景として，ある共犯者が，離脱することにより，離脱後の残余の共犯者の行為・結果に対する自己の寄与の物理的・心理的な因果的効果（以下，単に「寄与の因果的効果」と略記する）を解消したか否かを問題にする因果性遮断説が通説的地位を占めるに至った[8][9]。本書もこの見解を

---

射程と共犯の錯誤」法学教室359号20頁以下（2010年），同「共謀の限界について——共謀の射程・共謀関係の解消——」刑法雑誌53巻2号169頁以下（2014年）など。

6)　これに関して，参照，原口伸夫「共犯者の中止未遂」佐藤司先生古稀祝賀『日本刑事法の理論と展望上巻』351頁以下（信山社，2002年）＝本書第9章（274頁以下）。

7)　西田典之「共犯の中止について——共犯からの離脱と共犯の中止犯——」法学協会雑誌100巻2号1頁以下（1983年）〔『共犯理論の展開』240頁以下（成文堂，2010年）所収〕が，この問題に関するその後の議論に大きな影響力をもった。先駆的に，平野龍一『刑法総論Ⅱ』384頁以下（有斐閣，1975年）。それ以前にも，井上正治「判例批評」刑法雑誌2巻1号239頁（1951年），同「共犯と中止犯」平野龍一ほか編『判例演習（刑法総論）』209頁以下（有斐閣，1960年），大塚仁「共同正犯関係からの離脱」研修301号3頁以下（1973年）〔『刑法論集(2)』31頁以下（有斐閣，1976年）所収〕の議論・問題提起は，問題点もあり（参照，原口・前掲注(1)東海大学文明研究所紀要21号94頁，99頁），多くの支持を得るには至らなかったものの，議論の発展にとって重要な意味をもっていたといえよう。また，熊谷烝佑「共犯からの離脱」百選Ⅰ202頁以下，鈴木義男「実行着手前における共謀関係からの離脱」『刑法判例研究Ⅱ』126頁以下（大学書房，1968年）。

8)　近時のものとして，浅田和茂『刑法総論（補正版）』465頁（成文堂，2007年），井田良『講義刑法学・総論』505頁以下（有斐閣，2008年），伊東研祐『刑法講義総論』386頁以下（日本評論社，2010年），今井猛嘉「共犯関係からの離脱」争点118頁，斎藤信治『刑法総論（第6版）』295頁以下（有斐閣，2008年），佐伯仁志『刑法総論の考え方・楽

300 第2部 中止未遂

支持している（前述，はじめに①参照）。

（2）判例においても，とくに戦後の下級審判例において重要な判断が積み重ねられてきた[10]が，最決平成元年6月26日刑集43巻6号567頁[11]が，「被告人が帰つた時点では，Aにおいてなお制裁を加えるおそれが消滅していなかつたのに，被告人において格別これを防止する措置を講ずることなく，成り行きに任せて現場を去つたに過ぎないのであるから，Aとの間の当初の共犯関係が右の時点で解消したということはできず，その後のAの暴行も右の共謀に基づくものと認めるのが相当である。そうすると，……かりにBの死の結果が被告人が帰つた後にAが加えた暴行によつて生じていたとしても，被告人は傷害致死の責を負う」と判示し，共犯からの離脱に関する最高裁としての初判断を示した。また，この決定の調査官解説において，「因果関係の切断の有無を実質的な判断基準として採用しているように窺われる」[12]と

---

しみ方』388頁（有斐閣，2013年），西田典之『刑法総論（第2版）』368頁以下（弘文堂，2010年），林幹人『刑法総論（第2版）』385頁（東京大学出版会，2008年），前田雅英『刑法総論講義（第5版）』543頁以下（東京大学出版会，2011年），松原芳博『刑法総論』390頁以下（日本評論社，2013年），山口厚『刑法総論（第2版）』352頁（有斐閣，2007年），山中敬一『刑法総論（第2版）』957頁以下（成文堂，2008年）など。なお，川端博『刑法総論講義（第3版）』630頁，633頁（成文堂，2013年），高橋則夫・前掲注(1)486頁。実務家からも，大塚仁・佐藤文哉編『新実例刑法（総論）』390頁以下〔長岡哲次〕（青林書院，2001年），大塚仁ほか編『大コンメンタール刑法（第2版）第5巻』469頁〔安廣文夫〕，582頁〔堀内信男＝安廣文夫〕（青林書院，1999年）など。

　島田聡一郎「共犯からの離脱・再考」研修741号5頁（2010年）は，「因果性遮断説は，狭い意味での惹起説，因果的共犯論を必ずしも前提とするものではなく，共犯の処罰根拠に関する異なる理解からも支持されてしかるべき，より普遍的な学説である」とする（また，同「判例批評」判例評論641号32頁［2012年]）。

9) 町野朔「惹起説の整備・点検——共犯における違法従属と因果性——」内藤謙先生古稀祝賀『刑事法学の現代的状況』138頁以下（有斐閣，1994年）は心理的因果性の切断を重視するが，多くの批判があるように，心理的因果性と物理的因果性の区別可能性，両者の扱いを異にする合理性も含め，物理的因果性の遮断を十分に考慮しない点で疑問がある。

10) 後述，第2節（2）参照。

11) 事案は次のようなものであった。被告人・Aの両名は，Bに暴行を加える意思を相通じ，A方において，約1時間ないし1時間半にわたり，竹刀や木刀でこもごもBの顔面・背部等を多数回毆打した。その後，被告人は，「おれ帰る」といっただけで，Aに対してBへの制裁の中止を求めたりせず，現場をそのままにしてA方を立ち去った。その後ほどなくして，Bの言動に激昂したAはBの顔を木刀で突くなどした。Bは頸部圧迫等により窒息死したが，その死の結果が，被告人が帰る前の共同の暴行により生じたのか，被告人立ち去り後のA単独の暴行により生じたのか断定できなかった。

第10章　共犯からの離脱，共犯関係の解消　301

解説されたのも大きな影響があったといえよう[13]。

（3）さらに，最決平成21年6月30日刑集63巻5号475頁が，強盗の実行の着手前に離脱した事案において，因果性遮断説に依拠していると考えられる判断を下した。事案は次のようなものであった。犯行に誘われた被告人は，被害者方やその付近の下見などした後，他の共犯者7名との間で，甲宅での強盗を共謀し，Cら2名がまず甲方に侵入し，内側からドアの施錠を外して他の共犯者の侵入口を確保した。しかし，見張り役Dが，現場付近に人が集まってきたのを見て犯行発覚をおそれ，Cらに電話をかけ，「人が集まっている。早くやめて出てきた方がいい。」，「危ないから待てない。先に帰る。」などと伝え，強盗の実行行為に及ぶべく外で待機していた被告人ほか1名とともに現場を去った。Cらはいったん甲方を出て[14]，被告人ら3名の立ち去りを知ったが，現場に残っていた共犯者5名で強盗に及び，甲に傷害を負わせるなどした[15]。最高裁は，「被告人において格別それ以後の犯行を防止す

---

12)　原田・前掲注(1)182頁。

13)　最高裁平成元年決定後，①共犯者数名で被害者を監禁し，その近親者に身の代金を要求し，被告人がこれを受け取りに行ったところ，被告人は，張り込んでいた警察官に現行犯逮捕され，その後捜査に協力したという事案において，東京地判平成12年7月4日判時1769号158頁は，被告人が逮捕後警察官の「説得に応じて捜査協力をしたことにより，自らの加功により本件各犯行に与えた影響を将来に向けて消去したものと評価できるから，その時点において……当初の共犯関係から離脱したものと認めるのが相当である」と判示した。参照，島田聡一郎「判例批評」判例評論534号40頁（2003年）。②消極判断であるが，暴走族グループによる殺人未遂・監禁事件において，神戸地判平成18年7月21日判タ1235号340頁は，被告人の離脱時点以降においても「当初の共謀に基づく実行行為の心理的，物理的な効果はなお残存しており，これを利用してなお犯行が継続される危険性が十分あったのに」，被告人は「これを何ら除去することなく……立ち去ったのであるから，共犯関係から離脱したなどとは到底いえない」と判示した。なお，③東京地判平成8年3月6日判時1576号149頁は，包括一罪としての医薬品の無許可製造につき，「被告人が現実に製造から外れたからといって，共同正犯から離脱したとすることもできない」と判示している。

14)　Cらは，侵入口確保のための甲方侵入後，いったん屋外に出て他の共犯者とともに強盗に及ぶまでの間に，甲方1階事務所において，現金20万円および腕時計などを窃取している。

15)　本件は，資産家を狙った組織的，計画的かつ職業的な住居侵入強盗の事案であり，被告人らは3つの事実について起訴された。第1の事実は，平成15年10月2日の乙宅における強盗致傷事件であり，現金約4170万円，金延板等時価約860円相当を強取し，乙に加療約2か月を要する傷害を負わせ，第2の事実は，平成16年3月22日の丙宅における強盗致傷事件であり，現金3万円，パソコン等時価約48万円相当を強取し，丙に加療約2週間を要する傷害を負わせた。そして，第3の事実が，本文記載の平成16年3月31

302 第2部 中止未遂

る措置を講ずることなく待機していた場所から見張り役らと共に離脱したにすぎず，残された共犯者らがそのまま強盗に及んだものと認められる。そうすると，被告人が離脱したのは強盗行為に着手する前であり，たとえ被告人も見張り役の上記電話内容を認識した上で離脱し，残された共犯者らが被告人の離脱をその後知るに至ったという事情があったとしても，当初の共謀関係が解消したということはできず，その後の共犯者らの強盗も当初の共謀に基づいて行われたものと認めるのが相当である」と判示し，被告人に住居侵入罪・強盗致傷罪の共同正犯を認めた[16][17]。

　因果的共犯論からすれば，その離脱が実行の着手前か後かが決定的な意味をもつわけではなく，また，離脱意思の表明と他の共犯者による離脱の了承もそれ自体が不可欠なものではない[18]ところ，最高裁は，強盗の実行の着手前でも，共謀関係解消のための「犯行を防止する措置」を指摘していることから，「実質的には，共犯行為による物理的因果性及び心理的因果性の両者を遮断したかどうかという観点で具体的に判断するという枠組みが重要」[19]

　　　　日の強盗致傷事件である。被告人は，第1・第2の犯行では，共犯者とともに，住居内に侵入し，家人に暴行を加えたり，室内を物色して金品を探し出すなどの役割を担当し，第1の犯行により各共犯者とほぼ同等の600万円の分け前を得ていた。

16)　　最高裁平成21年決定を支持するのは，緒方あゆみ「判例批評」CHUKYO LAWYER 15号65頁（2011年），豊田・前掲注(1)86頁，西田・前掲注(8)『刑法総論』373頁，西田典之ほか編『注釈刑法第1巻』863頁〔島田聡一郎〕（有斐閣，2010年），橋爪隆「共犯関係の解消(1)」百選Ⅰ7版191頁，日髙義博「判例批評」専修ロージャーナル6号255頁（2011年），山本高子「判例批評」法学新報117巻3・4号358頁（2010年）など。なお，寄与の因果的効果を解消していないとしても，共同正犯性の要件，共同正犯と従犯の区別の考え方により，関与形式が共同正犯のままなのか，従犯に格下げされるべきなのかが問題となりえよう。参照，斎藤信治『刑法各論（第4版）』441頁（有斐閣，2014年），照沼亮介「共犯からの離脱」松原芳博編『刑法の判例（総論）』278頁，279頁注21（成文堂，2011年），松原芳博「共同正犯をめぐる議論の概観」刑法雑誌53巻2号141頁（2014年），山中敬一「共謀関係からの離脱」『立石二六先生古稀祝賀論文集』578頁以下（成文堂，2010年），前述，はじめに③も参照。このような見解について，島田・前掲注(8)判例評論641号34頁も参照。最高裁平成21年決定に批判的なのは，金子博「判例批評」立命館法学332号299頁（2010年）など。

17)　　なお，住居侵入・強盗の実行の着手前における首謀者の離脱が問題になった事案で，旭川地判平成15年11月14日研修670号27頁は，「積極的に共犯関係を作り出し，犯行実現に大きな原動力を生じさせた首謀者」の場合，「共謀を解消させて共犯関係がなかった状態に復元させるなどの相当な措置を取ることが必要である」としている。

18)　　これに関して，また，後述，第2節（2）（オ）も参照。

19)　　任介・前掲注(1)180頁。林幹人「共犯の因果性――最高裁平成21年6月30日決定を

第10章　共犯からの離脱，共犯関係の解消　303

であるとの認識に基づき，実行の着手前か後かの図式的な解決に固執せず，寄与の因果的効果の解消（残存）の有無を問題としたものと考えることができよう。そして，この事例では，共犯者との同種犯行の反復から，被告人の共謀参加それ自体が心理的な影響（重み）をもっており，離脱前にすでに，下見を実施し，共犯者が被害者宅への侵入口を確保するといった共謀内容の重要な部分の具体化がなされており，それにひき続き，その状態を利用して強盗が実行されたことから，単なる立ち去りだけでは，被告人の（共謀）参加により与えられた（促進的な）影響・効果が解消されず，なお残存するその効果は離脱後の住居侵入・強盗のなかにまで及んでいたといえよう。

（4）共犯からの離脱に関する判例が基本的に因果的共犯論・因果性遮断説に立っているとの理解は，「共犯の離脱の問題と並ぶ，因果共犯論のもう1つの試金石である承継的共犯の問題」[20]に関して，その後，因果的共犯論に立った判断を下したと考えられる最決平成24年11月6日刑集66巻11号1281頁の判断とも整合的といえよう。最高裁は，Ｅらが第1現場でＦらに傷害を負わせ，その後，被告人が合流した第2現場で共同でＦらにさらに激しい暴行を加え，傷害を負わせたという事案に関して，「被告人は，共謀加担前にＥらが既に生じさせていた傷害結果については，被告人の共謀及びそれに基づく行為がこれと因果関係を有することはないから，傷害罪の共同正犯としての責任を負うことはなく，共謀加担後の傷害を引き起こすに足りる暴行によってＦらの傷害の発生に寄与したことについてのみ，傷害罪の共同正犯としての責任を負う」と判示し，後行者が，関与後の，自ら因果的に寄与した行為・結果についてしか責任を負わないという意味での（承継的共同正犯）否定説に立つことを明確にする判断を下した[21]。

---

　契機として——」法曹時報62巻7号3頁（2010年）は，本決定は因果的共犯論を「明示的に採用した」とする。また，小林充・植村立郎編『刑事事実認定重要判決50選（上）（第2版）』295頁〔佐々木一夫〕（立花書房，2013年）。

20）　林・前掲注(19)法曹時報62巻7号5頁。

21）　最高裁平成24年決定が，「原判決の……認定は，被告人において，ＦらがＥらの暴行を受けて負傷し，逃亡や抵抗が困難になっている状態を利用して更に暴行に及んだ趣旨をいうものと解されるが，そのような事実があったとしても，それは……共謀加担前の傷害結果について刑事責任を問い得る理由とはいえない」と判示している点も重要である。参照，小林憲太郎「承継的共犯」百選Ⅰ7版166頁以下，照沼亮介・平成25年度重

304　第2部　中止未遂

（5）このように，共犯からの離脱に関して，基本的に，因果的共犯論，それに基づく因果性遮断説の立場から共犯関係の解消の有無を判断する判例の立場は，その後の承継的共同正犯に関する判例ともいわば共同歩調をとり，いっそう強固なものになってきていると評価することができよう。

## 第2節　共犯関係の解消・新たな共犯関係の形成

（1）因果性遮断説が通説・判例になったといえる現在の課題は，さらにその先にあるといってよい。因果的共犯論，そして，共犯からの離脱の問題へのその適用である因果性遮断説からは，離脱者は寄与の因果的効果を解消すれば，離脱後の他の共犯者の行為・結果に対して責任を問われない。ここでの考察の出発点である。次の問題は，離脱者が寄与の因果的効果を解消できず，他の共犯者が残存するその効果を利用して犯罪を行った場合，離脱者は離脱後の他の共犯者の行為・結果に関して常に責任を問われるべきなのかということである[22]。

　以下でみるように，判例は，離脱者が寄与の因果的効果を完全には解消し

---

判165頁（2014年）など。朝山芳史「実務における共同正犯論の現状」刑法雑誌53巻2号185頁（2014年）も，最高裁平成24年決定は「因果的共犯論と親和的であり，最高裁が因果的共犯論を裏から支持したものとみることができる」とする。ただ，この関係で留意すべきなのは，このような立場に立っても，たとえば，強盗・詐欺・恐喝の財物取得にだけ関与した場合に，後行者の関与後（のみ）の行為につき強盗等の共犯（従犯）と「評価」することは可能であることである。参照，斎藤信治・前掲注(16)『刑法各論』440頁。このような見解として，佐伯仁志・前掲注(8)387頁，髙橋直哉「承継的共犯に関する一考察」法学新報113巻3・4号151頁以下（2007年），西田・前掲注(8)『刑法総論』366頁以下。最高裁平成24年決定の千葉裁判官の補足意見も参照。

22）島田・前掲注(8)研修741号6頁は，「因果性遮断説が有力になったため，かえって忘れ去られてしまった問題点が，なお未解決のまま残されている」。「それは，行為者の与えた影響が，事実としては，なお残存していたが，離脱を認めるのが適切と考えられる事案の扱いである」と指摘している。また，今井康介「判例批評」上智法学論集54巻2号149頁以下（2010年），小林・植村編・前掲注(19)292頁〔佐々木〕，吉田宣之「判例批評」警察研究63巻11号49頁（1992年）。すでに堀内捷三『刑法総論（第2版）』304頁以下（有斐閣，2004年）は，離脱後も「教唆に伴う物理的・心理的効果が残存する場合，離脱が認められるかが問題になる」。「このような場合でも，他の共犯者の行為を阻止するのに効果的な行為」をとった場合，「因果関係が消滅したと同様の効果を認めることができよう」。「刑法の謙抑性の原則を考慮するならば，共犯の因果性が認められるにしても共犯の成立を否定すべき場合がある」と論じている。

第10章　共犯からの離脱，共犯関係の解消　305

たとは考えられない場合にも，「共犯（共謀）関係の解消」を認め，離脱後
の共犯者の行為・結果について離脱者の責任を問わない場合も認めてきた。
学説においても，寄与の因果的効果の完全な解消は難しい場合も多く，ま
た，離脱者にそれを要求することが酷なように思われる場合もあるとの認識
から，因果性の遮断の判断は「規範的判断」（を含むもの）であるとの指摘が
なされてきた。たとえば，「『解消』といっても，因果性を『ゼロ』にする必
要はない。『結果……を帰責する必要はないという程度に弱いものか否か』
という規範的評価」である[23]。離脱は「共謀と共同実行の心理的・物理的な
因果性からの，少なくとも規範的離脱を意味するべきである」[24]。「ここで
決定的なのは，因果的思考ではなくて，規範的・評価的思考である」[25]など
である。

　このような「規範的判断」は因果性遮断説と矛盾するとの見方もあり[26]，
重要な指摘である。しかし，「規範的判断」により対処しようとしたこと
は，「当初の共犯関係とは別個の新たな共犯関係」（犯罪事象が同一かどうか）
という因果性の遮断とは別の視点から対処し，その結論を説明できるように
思われる。すなわち，共犯（関係）からの「離脱」を考えるためには，離脱
すべき対象，つまり，どこから，いかなる共犯関係からの離脱が問われるの
か，ということも問題とされなければならない。離脱すべき共犯関係が存在
しなければ，そもそも「離脱」も問題になりえない。このこと自体には特段
異論はないであろう（その判断基準は問題になりうる）。ある共犯者が犯罪と

---

23)　前田・前掲注(8)545頁。
24)　山中・前掲注(8)『刑法総論』960頁。
25)　松宮孝明『刑法総論講義（第4版）』316頁以下（成文堂，2009年）。岡田雄一「共犯
　　からの離脱」龍岡資晃編『現代裁判法大系㉚『刑法・刑事訴訟法』』74頁（新日本法規
　　出版，1999年），島岡まな「共犯からの離脱(2)」百選I 6版195頁，照沼・前掲注(16)
　　『刑法の判例』284頁なども参照。
26)　川口浩一「共犯からの離脱(2)」百選I 5版189頁は，規範的判断をする見解は「因果
　　共犯論（惹起説）の観点からみて一貫しているかどうか疑問」であるとし，葛原力三・
　　平成21年度重判180頁（2010年）は，諸事情を考慮して総合的な規範的評価をする場合，
　　「因果性遮断論はその基盤である因果的共犯論を放棄したといわざるを得ない」。「判例
　　は，必ずしも因果的な要因のみによっては事を決しようとはしておらず，因果性遮断論
　　による説明には，控えめにいっても，無理がある」とし，豊田・前掲注(1)85頁は，共
　　犯関係の解消の問題が規範的評価の問題であると認める見解は「正しい方向を示してい
　　る」が，これを「『因果性遮断説』と呼ぶのは無理があろう」とする。

かかわりをもち，その後それと距離を置いた後，他の共犯者がそれに関連して犯罪を行った場合，離脱前後の犯罪（の共犯関係）の同一性がなければ，離脱後の犯罪は，離脱者がかかわっていない（共犯関係のない）犯罪と評価されることになる。つまり，因果性の遮断とは異なる観点として，離脱の対象たるべき共犯関係（の範囲）も——事実認定の側面も強いが——問われなければならないのである[27]。

　因果的共犯論との関係では，「因果的共犯論も，共謀と因果関係を有するすべての結果について共同正犯の成立を肯定する見解ではないはずである。……共犯行為と構成要件的結果とが因果関係を有することは共犯成立の最低限の要件にすぎない」。因果関係以外の各成立要件の充足も必要であり，「因

---

27)　参照，井田・前掲注(8)505頁〔離脱の「前提は，行為者間に一定の共同正犯関係がすでに成立していることである。どの時点において，何罪についての，いかなる内容の共謀の成立があったかの検討が先行する」〕，今井・前掲注(8)119頁〔「因果性遮断説……の射程を考える際には共謀の範囲を確認する必要がある。共謀による心理的因果性が及ぶ範囲は……まず検討されるべき点なのである」〕，佐久間修ほか『刑法基本講義—総論・各論（第2版）』239頁〔橋本正博〕（有斐閣，2013年）〔「当初共謀されたところから外れた事実について共犯が成立することはない。したがって，共謀の及ぶ範囲を確定することが」必要になる〕，照沼・前掲注(16)『刑法の判例』270頁〔離脱の可否を論じる前提として，どこから『離脱』するのかという問題，すなわち，当初にいかなる範囲で共犯関係が形成されていたのか」の確認が必要である〕など。また，中村雄一「共同正犯からの離脱」秋田法学35号22頁（2000年），詳細に，十河・前掲注(5)『川端古稀記念』720頁以下。なお，因果性遮断説を詳細に展開した西田教授が，1983年の論文（同・前掲注(7)法学協会雑誌100巻2号1頁以下）では「実行の着手前の離脱を念頭に……論じていたため，『共犯からの離脱』という用語を使用していたが，犯行が一旦終了した場合に残余の共犯者が更に犯行を継続した場合には，そこに元々の共謀の影響力が残存しているのか，それとも新たな共謀に基づく別個の犯罪と見るべきかという判断基準を新たに設けた方が理論構成としては明快であることから，現在では，『共犯関係の解消』という用語も使用している」（同・前掲注(7)『共犯理論の展開』285頁）とし，「別個の犯罪事実論」（「実行正犯が実現したのが新たな行為決意に基づく『別個の犯罪事実』と評価される場合には，当初の行為のみに関与した者は，離脱行為の有無にかかわらず，新たな犯罪事実について罪責を負わない」〔島田・前掲注(8)研修741号7頁〕という見解）について，「私も，……そのような方向性は示しておいたつもりであるが，それをより精緻化したものとして注目に値しよう」（同・前掲注(7)『共犯理論の展開』288頁）と述べているのも注目される。すでに植松正「共犯の中止・予備の中止」時の法令97号40頁（1953年）は，強盗後共犯者の一部が公務執行妨害罪に及んだ事例に関して，「誤解する者は，Aの行つた公務執行妨害傷害罪についてまで，Bも責任を負うべきものとして回答した。勿論，そんな馬鹿なことはない。共犯は通謀した事実の範囲内において共犯としての責任を負うのであつて，全くAが勝手にやつた公務執行妨害傷害の事実についてまで，Bが責任を問われる理由はない」と指摘している。

第10章　共犯からの離脱，共犯関係の解消　307

果的共犯論に立つとしても，共犯関係からの離脱の根拠について因果関係の切断の点に拘泥する必要はない」[28] と考えることができよう。

（2）離脱後の共犯者の行為・結果の負責の可否を問題としてきた判例も，「当初の共犯関係とは別個の新たな共犯関係」（犯罪事象の同一性）を問題としたと考えられるものが少なくない。以下，裁判例をみてみることにする。

（ア）まず，「共犯関係の消滅」の場合がある。時が経過し，当初の共犯関係を支える諸事情の変化により，共犯関係が自然に消滅してしまう場合である。共犯者甲が，当初のa罪の共犯関係により生じ，なお残存する効果を利用してb罪を実行したとしても，a罪の共犯関係が消滅していれば，b罪はa罪とは「別個の新たな犯罪」である。その場合，b罪（の共謀・実行）にかかわっていないa罪の共犯者乙は，a罪の共犯関係を理由にb罪の責任を問われない。そのために乙にはb罪を防止すべき措置も要求されない[29]。乙にとって，b罪に関して「離脱」すべき共犯関係が存在しないからである。この例として，1つの部屋に寝泊りしていた被告人ら5名がトルエン6缶を窃取した後，別々の場所で生活するようになり，集まる機会も少なくなるなかで，共犯者の1人がトルエン1缶を販売し，その代金を独り占めしたという東京地判昭和52年9月12日判時919号126頁の事案がある。東京地裁は，トルエン窃取の際，「6かんのうち1かんは皆で使用し，他の5かんは売却する。だれがどれだけ売っても金は皆で公平に分ける」旨の共謀がなされたことは証拠上明らかであり，販売行為までに「共謀の解消についての話し合いが行われたとか，共謀関係からの離脱の意思表示がなされたとかの形跡はうかがわれない」が，「共謀の背景にあった諸事情が2か月余の時間の経過とともに大巾に変化し，遅くとも本件販売行為……直前までには，右共謀が暗黙のうちに解消していたのではないかとの疑いが濃いと思われる」と判示して，毒物及び劇物取締法違反につきトルエン販売者の単独犯行と認定した。

---

28)　十河・前掲注(5)『理論刑法学の探究』97頁以下。また，町野・前掲注(9)116頁以下も参照。
29)　なお，b罪それ自体に関する不作為犯は問題になりうる（作為義務の存否が重要な問題となる。慎重な判断を要しよう）。この点を指摘するのは，島田・前掲注(8)研修741号12頁以下。これを疑問とするのは，金子・前掲注(16)296頁注49。

308　第2部　中止未遂

この事案では，共謀に基づき窃取されたトルエンの缶が売却されており，窃取行為と売却との物理的な因果関係は否定しがたい。しかし，当初の共犯関係とは別個の新たな単独犯行であると評価され，売却を行っていない共犯者は，寄与の因果的効果の解消措置を講じていないにもかかわらず，売却行為の責任が問われなかったものである[30]。

　（イ）ａ罪の後ａ罪の共犯者甲により実行されたｂ罪に，先行するａ罪の共謀が及んでいない場合も，ａ罪の共犯者乙にとって離脱すべき共謀関係が存在せず，乙がｂ罪の責任を負わないためにｂ罪防止措置は要求されない。たとえば，浦和地判平成3年3月22日判時1398号133頁が参考になろう。事案は次のようなものであった。被告人（暴力団組長）が，同一系列の暴力団幹部Ｇに対し制裁を加えることを組員Ｈと共謀し，Ｈに対してＧを組事務所に連行するように指示した。被告人を除くＨらが，Ｇ方前の路上ほか1か所でＧに暴行を加えＧに重傷を負わせた（第1現場・第2現場での暴行）ところ，死んだかと思ったＧが「死なねえよ。」などと声を発したことから，Ｈらは，後日の報復を恐れ，将来の禍根を断つためその殺害を決意し，Ｇを川の土手に運び，川に蹴落とすなどしＧを溺死させた（第3現場での暴行）。浦和地裁は以下のように判示し，被告人に第3現場での殺人の責任を問わなかった。すなわち，第3現場の行為は，Ｇ「殺害という新たな目的に向けて行われたものである上，その動機・目的は，同人の『報復を怖れて』というもので，それまでの『制裁ないし復讐のため』とは明らかに異質である」。また，殺害現場は第2現場から約4キロメートル離れた場所で，殺害行為はそれまでの暴行とはまったく異質な手段・方法により行われ，これらの点から「右は，第1，第2現場での犯行（傷害罪）から発展して行われた，同一被害者に対する有形力行使を内容とするものではあっても，主観・客観の両面からみて，これとは異質な別個独立の犯罪（殺人罪）として，併合罪を構成」する。第三者（乙）に犯罪を指示し実行させた者（甲）の刑責は，「原則として，(1)右乙が甲の指示に基づいて実行した犯罪と一罪の関係に立つものに限られ」，「(2)これと一罪関係に立たない別個の犯罪につき甲の刑責を問

---

30)　参照，西田ほか編・前掲注(16)865頁〔島田〕。

第10章　共犯からの離脱，共犯関係の解消　309

い得るためには，当初の指示・命令の中に……右別個の犯罪の実行をも指示・容認する趣旨が含まれており」，「右犯罪が，甲乙両名の合致した意思（共謀）に基づいて実行されたと認め得る特別な事情の存することが必要である」。第3現場でのG殺害行為は「それ以前に実行された傷害罪とは別個独立の殺人罪（併合罪）を構成し」，(1)の場合にあたらず，被告人の指示・命令は「第3現場におけるHらの行為をも容認する趣旨のものでな」く，また，「Hらの行為が，当初の共謀に基づくものと認め得」ず，(2)の場合にもあたらず，G殺害行為につき被告人に共謀共同正犯の刑責を問うことはできない，と[31)32)]。本判決の結論の是非，そして，共謀の及ぶ範囲を判断する基

---

31)　もっとも，中森喜彦「判例批評」判例評論400号63頁（1992年）は，「実行の全体的な流れからすれば，殺害を第1・第2暴行の発展と見て，共謀からの連続性を認める余地も十分にあ」り，「被告人に傷害致死罪の限度で刑責を問うことは可能であったのではないか」，罪数判断も「全体を包括一罪とする余地」もあったのではないかとしている。なお，松原・前掲注(8)『刑法総論』415頁も参照。

32)　共謀の範囲を限定的に解したものとして次のものがある。①ヨットスクールの手伝いをしていた被告人が，他の者と共同して，訓練生Iを無理やり自動車に押し込んで右スクール合宿所に連行し，格子戸付き押し入れ内に監禁したという事案において，右監禁期間中，監視行為に関与していない被告人が，他の者によりIに加えられた暴行・傷害についても責任を負うのかが問題になった。名古屋高判昭和59年9月11日判時1152号178頁は，「共謀の内容をなす被告人の犯意は……監禁行為を遂行継続するために通常予想される有形力の行使をも含む」とはいえ，「それ以上に，被告人が，右監禁行為に随伴するものとして通常認識予見し得ないような暴行及びこれに起因する傷害についてまで右共謀による責任を認めるのは相当でない」とし，病院での健康診断の際監視の目を盗み付近の民家に逃げ込んだIに対してスクール関係者により連れ戻しのために行われた暴行・傷害については，「本件監禁行為に当然随伴するものとして認識予見し得る範囲を逸脱したものであった」とし，被告人の責任を否定した。②被告人（暴力団組長）がJの拉致・監禁を共犯者と（順次）共謀したところ，拉致に失敗した共犯者が「被告人のためではなく」自分たちの「代貸としての男の意地のために」Jを殺害したという事案において，東京高判昭和60年9月30日判タ620号214頁は，本件順次共謀の「各段階における謀議内容の間に同一性，連続性が保たれていることが必要である」ところ，共犯者による，J殺害の謀議は，拉致・監禁の際の暴行による傷害・致死を越える範囲において，拉致・監禁の謀議とは同一性，連続性を有せず，「別個の新たな共謀である」として，J殺害に関して，「被告人に対し，傷害致死罪の限度においても，その刑責を問い得ない」と判示した。裁判所職員総合研修所監修『刑法総論講義案（3訂補訂版）』324頁以下（司法協会，2008年）も参照。①②に関して，大塚ほか編・前掲注(8)300頁以下〔村上光鵄〕も参照。③昏睡強盗の共謀をしたが，共犯者が強盗（傷害）に及んだ事案で，東京地判平成7年10月9日判時1598号155頁は，「昏睡強盗とは手段方法が質的に異なっている暴行脅迫を手段とする強盗についての共謀が認められないのであれば，右暴行によって生じた致傷の結果について直ちに被告人に責任を負わせることはできない」とした。この判決の共謀の射程の見方について，参照，橋爪・前掲注(5)刑法雑誌

準についてはなお検討を要しようが，一般論として，事前の共謀に加わった者も，共謀の範囲を超え，またはそれに基づくとはいえない共犯者の行為についてまで（故意）責任を問われないという点では支持しえよう。

（ウ）離脱者による寄与を打ち消す方向の一定の行動も相まって，残余の共犯者により新たな共犯関係が形成されたとみるべき場合がある。離脱者のかかる行動があるため因果性の「遮断」の議論の枠内で扱われやすい。因果性の遮断という観点でみた場合，厳密にはそれを認めるのが難しく，しかし，共犯者の行為の責任を問うべきではないと考える場合に，前述のように「規範的な判断」が登場してきた。本書も「規範的な判断」それ自体を否定するものではない。しかし，「規範的な因果性の遮断」ということによって，問われるべき重要な問題点が覆い隠されてしまう場合があるように思われる。つまり，問題の事例において焦点をあてられるべきなのは，前述の（ア）（イ）の場合と同様，離脱の対象となる「共犯関係の存否」なのではないか，ということである。

　ここで考えているのは，ある共犯者を排除して残余の共犯者で新たな共犯関係を形成したと評価すべき名古屋高判平成14年8月29日判時1831号158頁の場合である。この事案は，被告人が，KとともにLに暴行を加えた（第1暴行）後，Lをベンチに連れて行って「大丈夫か」などと問いかけたところ，勝手なことをしていると考えて腹を立てたKが，被告人を殴りつけ失神させ，その場に放置したまま，他の共犯者とLを別の場所に連れて行き，さらにLに暴行を加え，傷害を負わせた（第2暴行）が，第1，第2のいずれの暴行により生じたのか判明しない傷害があったというものである。名古屋高裁は，「Kを中心とし被告人を含めて形成された共犯関係は，被告人に対する暴行とその結果失神した被告人の放置というK自身の行動によって一方的に解消され，その後の第2の暴行は被告人の意思・関与を排除してK……らのみによってなされたものと解するのが相当である」と判示した。この事案において，Lは反抗を抑圧され，抵抗できない状態であったのであり，第1暴行によりもたらされた「心理的，物理的な効果は残存しており，Kがこ

---

53巻2号174頁以下。これに対して，十河・前掲注(5)『理論刑法学の探究』107頁以下。

れを利用してなお犯行を継続する危険性があった」[33]といえ，因果性の遮断の有無を問うならば，消極に解すべきことになろう。たとえば，「問題はあくまでも，排除後の犯行が当初の共謀の影響のもとで行われているか否かであ」り，共同の第1暴行によりＫの「犯意は強化され，また，被害者……が抵抗できない状態，すなわち継続的に暴行を加えやすい状況が形成されている。これらの状況に基づいて第2暴行が行われたのであれば，たとえ『共犯関係からの排除』というべき事実があっても，共犯関係の解消という結論を正当化することは困難である」[34]とされる。しかし，この事案において，被告人の排除により新たな共犯関係が形成され，第2暴行は当初の（第1暴行の）共謀に基づくものではないと評価でき，共犯関係の解消を認めたのは妥当であろう[35]。この判例は「因果性の遮断」と「共犯関係の存否」（新たな共犯関係の形成）とを区別して論ずる必要性を示す好例を提供しているといえよう。

　共犯関係の解消，その裏面として，新たな共犯関係の形成を考える場合，当初の共謀の及ぶ範囲がかかわってくるのであるから，被告人らの具体的な共謀の内容（動機・客体・行為態様，計画遂行の障害に直面して許容される変更の程度なども）がその考察の出発点となるが，そこからの逸脱の程度とも相関しつつ，離脱者のなした寄与および離脱の際の行動に基づくその因果的効果の減弱・残存の程度も判断の重要な要因となろう[36]。大判昭和9年2月10

---

33)　名古屋高裁判決の原審である名古屋地判平成14年4月16日判時1831号162頁の認定。また，小林・植村編・前掲注(19)301頁〔佐々木〕は，「その結論自体は妥当であろう」としつつ，被告人が「排除（除外）されるまでの加功による因果性は残存しているといわざるを得ず（明白な離脱行為もない），因果性遮断説からは『因果関係の解消』を肯定する説明が困難な裁判例といえよう」とする。

34)　橋爪・前掲注(5)刑法雑誌53巻2号181頁。また，小林憲太郎「判例批評」判例評論546号40頁（2004年）。事案は異なるが，「ＡＢがＡの調達した合鍵によりＸ宅に侵入し財物を物色中Ａは翻意してＢにも強く中止を迫ったが，却ってＢに殴り倒されて気絶しているうちにＢが財物を奪って逃走したような場合」について，西田・前掲注(7)法学協会雑誌100巻2号47頁は，「Ａの加功によりＢの犯行が容易になり既遂に達したという事実を否定しえない以上」，「Ａを窃盗既遂の共犯とせざるをえないであろう」とする。

35)　参照，高橋則夫・前掲注(1)490頁，山中・前掲注(16)『立石古稀』546頁など。なお，名古屋高裁が，第1，第2のいずれの暴行により生じたのか判明しない傷害について，被告人は「同時傷害の規定によって刑責を負うべき」であるとしたのは疑問である。参照，斎藤信治・前掲注(8)『刑法総論』276頁以下。

312 第2部 中止未遂

日刑集13巻127頁の事例が参考になろう。Mが，変造株券を利用した詐欺を企て，その入手方を被告人に依頼し，被告人がそれを調達できる人物をMに紹介したところ，その後，Mは，被告人に利益をわけるのが惜しくなり，変造株券買入れを中止したと偽り，被告人を仲間から除外したうえで変造株券を入手し，これを担保に金員を詐取したという事案において，大審院は，被告人が「何等實行阻止ノ手段ヲ講」じなかったのであり，被告人は実行された変造有価証券行使・詐欺の従犯の責任を負うとした。犯罪実現のなかに占める被告人の寄与の重要性（変造株券調達に不可欠な人物の紹介），被告人のなした寄与の因果的効果の減弱の程度（の少なさ。被告人紹介の人物を介しての変造株券の入手），被告人排除によるその後の犯罪遂行への影響（の少なさ）などを考えると，共犯関係からの排除にもかかわらず，当初の共犯関係は解消していないとした（犯罪の同一性を肯定した）判断は是認できよう[37]。

　（エ）第1現場の強姦と包括一罪の関係にある第2現場での強姦を離脱者に帰責しなかった神戸地判昭和41年12月21日下刑集8巻12号1575頁も，新たな共犯関係が形成された事例といえる。神戸地裁は次のように判示した。被告人は，Nほか数名とO子の強姦を共謀し，甲療養所付近へ自動車でO子を連行し，Nらが同女を姦淫したが，この時点で被告人は自ら同女を姦淫する意思を放棄し，「Nらに対してその旨表明し，Nらの了承を得て，現場を離

---

36)　大塚ほか編・前掲注(8)416頁以下〔佐藤文哉〕の指摘が参考になる。すなわち，「離脱の成否は，……離脱を主張する者の正犯者としての加功の影響が残っているかどうかという面と，実行行為が離脱を主張する者を正犯としては除外して行われたか否かという2つの面から考察し，両者を総合して決するのが適当と思われる。後者の面が肯定できれば，原則として離脱を認めてよいが，加功の影響が強く残っていて，それがなければ実行行為が行われなかったであろうという関係がある場合には，例外として離脱を認めることはできない」。「後者の面からは，残余の者だけで改めて共謀が行われたり実行の意思確認が行われたような事実の有無，離脱前の共謀内容と実際の犯行との相違，離脱を主張する者の犯行の動機の強弱，財産犯であれば利得の帰属等一切の事情が考慮されるべきである。たとえば，残余の者だけで改めて実行の意思確認が行われた事実があれば，加功の影響が少し残っていても，離脱を認めやすいであろう」，と。

37)　なお，判決が被告人を共同正犯ではなく，従犯としている点も注目されよう（利益目当ての犯罪で最終的に利益分配から外されている点が重要であろうか）。ただ，判決が「中止犯ニ依ル刑ノ減免」に言及しているのは，共犯からの離脱の問題と中止未遂の成否の問題との未整理・混同がみられる。本判決について，滝川幸辰「従犯と幇助行為の中止」『刑事法判決批評第1巻』131頁以下（立命館出版部，1937年）も参照。なお，山中・前掲注(16)『立石古稀』546頁。

第10章　共犯からの離脱，共犯関係の解消　313

れ帰途に」ついたのだから，その後はO子強姦に関する「当初の共謀関係は
崩れ去つてしまつたと解するのが相当であり」，Nら数名がひき続き同女の
強姦を企て，「甲療養所付近から場所的にかなり離れ，しかも被告人が予想
もしなかつた」乙方へ連行し，NらがO子を強姦した場合，2個の強姦は法
律的に包括一罪と評価しうるが，「社会的事実としては別個の姦淫と見るの
が相当であつて，右乙方における姦淫の共謀について被告人は何ら関知して
いないのであるから，右乙方における強姦の罪責を被告人に負わせることは
できない」と。この場合に，被告人のなした因果的効果が解消されたとみう
るかはなお疑問であろう。しかし，神戸地裁が離脱者を除いた新たな共犯関
係（「当初の共謀関係は崩れ去つ」た，「社会的事実としては別個の姦淫」）が形成
されたと評価したのは妥当である[38]。

　（オ）実行の着手前に離脱者による離脱意思の表明と他の共犯者の了承を
指摘して離脱後の他の共犯者の行為・結果の責任を問わなかつた判断も，
──（エ）の場合もその1つともいえるが──新たな共犯関係の形成の場合
といえよう。たしかに，この場合寄与の因果的効果を実質的に解消したとい
える場合もあり，いずれにせよ共犯者相互の心理的な結びつきは断ち切れる
といえよう[39]。しかし，必ずしも物理的寄与や情報提供の効果が除去される
とはいえない。たとえば，共犯者から「どこか押し入るのによい所はない

---

38)　なお，被告人が共犯者Pらと共謀のうえ塩素酸カリウム等を所持した事案において，
　　東京地判昭和51年12月9日判時864号128頁は，結論的に共謀関係から離脱を否定した
　　が，その判示において，「共謀関係から離脱したといいうるためには，被告人らにおい
　　て，右Pから判示薬品を一たん取り戻すなどして同人の占有を失わせるか，或は，その
　　ための真摯な努力をなしたにもかかわらず，同人においてこれが返還等をなさず，以後
　　の判示薬品の所持が当初の共謀とは全く別個な同人独自の新たな意思に基づいてなされ
　　たものと認めるべき特段の事情がなければならない」としている。路上生活者同士のい
　　さかいから集団で投石して被害者を殺害した事案において，東京地判平成7年10月13日
　　判時1579号146頁は，共犯者2名の「とどめの共同暴行が当初の被告人ら5名間の共犯
　　関係解消後の別個独立の犯行といえるか否かを検討」し，「とどめの共同暴行も，当初
　　の共同暴行の余勢を駆って，その共謀の目的を完遂するためになされたものであり，当
　　初の共謀暴行に際して形成された……殺害の共謀に基づくものとみるのが相当である」
　　と判示している。
39)　参照，東京高判昭和25年9月14日高刑集3巻3号407頁。なお，大塚・佐藤編・前掲
　　注(8)393頁〔長岡〕は，この判決につき「全く別の共謀に基づく犯行と評価したもので
　　ある」としている。

か」と相談された被告人が，「この先の峠で２人の子供を抱えた後家さんが店をしている，入るには都合がよい，その上今日は炭坑の勘定日だから掛金が集まり相当の金があるだろう」と告げ，強盗の共謀が成立したが，被告人は強盗の着手前に１人立ち去り，その後，共犯者が強盗を実行したという事案において，福岡高判昭和28年１月12日高刑集６巻１号１頁は，被告人について強盗罪の共同正犯を否定した。しかし，この結論に対して因果性の遮断という観点からの批判が強い。たとえば，被告人は教唆犯的役割を果たしているとも考えられるし，幇助的役割にすぎないとしても，被告人の与えた指示・情報はその後の「犯行全体に明確な物理的影響力を有して」おり，「単なる共謀からの離脱でその加功の因果性の切断を認めることはできない」[40]といった批判である。被告人が廃車証明書の偽造・売却を共謀し，知事の署名のある廃車証明書用紙を多数印刷した後，特定の廃車証明書の作成に着手する前に，共犯者Ｑの諒承を得て離脱したが，その後Ｑがその偽造・売却を実行したという事案においても，東京地判昭和31年６月30日判例体系31－３巻1100の６頁は被告人に離脱後のＱの行為・結果の責任を問わなかったが，同様の批判がある[41]。因果性の遮断を問題とするならば，理解できる批判である。しかし，着手前の離脱につき離脱意思の表明とその了承を問題としてきた判例は，これが充たされれば「当初の共謀関係は解消され，残余共犯者による離脱後の実行行為（構成要件の実現）は離脱者を除いた残余共犯者間の新たな共謀関係に基づくものと認められる」[42]と考えたものとみることが

---

40) 西田・前掲注(7)法学協会雑誌100巻２号20頁以下。同様に，相内・前掲注(1)255頁，大塚・佐藤編・前掲注(8)394頁〔長岡〕，林・前掲注(8)『刑法総論』387頁，原田・前掲注(1)189頁など。

41) 参照，相内・前掲注(1)255頁，西田・前掲注(7)法学協会雑誌100巻２号20頁。それに対して，大塚・佐藤編・前掲注(8)395頁〔長岡〕，王昭武「共犯関係からの離脱」同志社法学58巻１号201頁（2006年）。

42) 成瀬幸典「共犯論における判例の変容——共犯からの離脱を素材として」法学セミナー705号15頁（2013年）。また，大越義久「共犯からの離脱」芝原邦爾編『刑法の基本判例』78頁（有斐閣，1988年）〔『共犯論再考』139頁以下（成文堂，1989年）所収〕〔「判例は，離脱意思の表示を離脱了承の有無を判断する際の１資料として捉え，他の共犯者が離脱を了承したか否かを軸にして共謀関係が解消されたか否かを判断しているのではなかろうか」〕，山中・前掲注(16)『立石古稀』545頁〔後の実行行為者が，『黙示の離脱意思表示を受領したとき』は，当該の『離脱者の共謀による犯意の遂行』とは異なるものであり，共同正犯の責任を負わないものとしたもの」〕。すでに藤木英雄『刑法講義総

第10章　共犯からの離脱，共犯関係の解消　315

できよう。

　比較的近時のものでは，大阪地判平成2年4月24日判タ764号264頁の事案
がある。被告人（暴力団の若頭補佐）は，若頭Rから，仲間の組員を射殺し
たSの殺害を指示され，拳銃と実包を受け取ったが，その後，Sの所在不明
のため報復の対象をT会系暴力団員に変えるなどするうち実行の意欲を失
い，共犯者Uに拳銃を預け，連絡を絶ってしまった。連絡を絶つ前のUとの
やりとりにおいて，被告人が「おまえが音ならしたら，わしはわしで格好つ
けたるがなあ。」と曖昧なことをいったため，Uは怒って「もうよろしい
わ。」と答え，その後，Uが，被告人には報復を実行する気がない旨Rに伝
えると，RはUに実行を命じ，UらがT会系暴力団員に向け発砲した（未
遂）という事案において，大阪地裁は，被告人は，仲間の組員殺害の報復と
して一旦「Rらと当初はSらを殺害することを，次いで他のT会系暴力団員
を場合によっては殺害するに至ってもやむを得ないとの意思のもと」銃撃を
共謀したが，遅くともUによるT会系暴力団員への発砲の前日頃には，右犯
行の「共謀から離脱したものと認める」と判示した。この場合，被告人自身
も明確な離脱の意思表示をせずに共謀した犯罪行為と距離を置いたものであ
るが，被告人の実行の意欲喪失を知った残余の共犯者が，別の実行者へ変更
したことにより，「被告人を除いた新たな共犯関係が形成された」と評価さ
れたものといえよう。もちろん，共犯関係の解消の有無の判断において，前
述（ウ）で言及したような種々の事情の総合的な判断となり，寄与の因果的
効果の減弱・残存の程度もその判断の重要な1要素となることには留意を要
しよう。

---

　　論』291頁（弘文堂，1975年）は，「他の共謀者が脱落者の脱落を承知し自分たちだけで
　も犯行を続けるつもりであったときには，あらたに縮小された合意が形成され，犯行は
　そのあらたな合意によるものとみるべきであるから，脱落者は実行された事実について
　の責任を免れる」と指摘している。

316 第2部 中止未遂

## 第3節 「因果性の遮断」の判断と
## 「新たな共犯関係の形成」の判断

（1）「規範的な判断」，因果性の「規範的な遮断」が主張される契機となってきた諸判例を，前述第2節でみたように，「共犯関係の解消」，その裏面として「新たな共犯関係の形成」が問題になる場合として理解することは，因果性遮断説に対する批判的な立場からも一定の賛同が得られるように思われる。たとえば，共同意思主体説に立ち，共同正犯の離脱の問題は，実行の着手の前後を問わず，形成された共同意思主体の解消・消滅ないしは崩壊の問題であり，必ずしも因果関係の遮断の問題とは直結しないと考える岡野教授の見解[43]からも，共謀関係の解消に関する限りでは賛同が得られよう。また，「因果性を問題にするときは，ほとんどの場合に離脱を認めることが困難となる」との認識の基づき，「物理的・心理的因果性を重視する立場は妥当でな」く，「離脱前の共犯関係が離脱によって解消し，新たな共犯関係ないし犯意が成立したといえるかどうか」が重要であると説く大谷教授の見解からも同様であろう[44]。

　しかし，これらの見解が，因果性の遮断の判断をすべて共犯（共謀）関係の解消の判断枠組みのなかに（その1要素として）取り込んでしまうとすれば，それは行き過ぎであるように思われる。十河教授は，共犯関係からの離脱は，「①離脱の時期，②離脱の意思表示の有無，③残余者の了承の有無，④離脱前の共犯行為の寄与度・効果，⑤結果防止措置の有無などの事情から総合的に判断して，従前の行為との因果関係ないしその影響力が消滅した

---

43)　岡野光雄「共同正犯からの離脱」研修509号5頁，10頁（1990年）。

44)　大谷實『刑法講義総論（新版第4版）』470頁（成文堂，2012年）。十河教授も，離脱の根拠を因果関係切断に求めることは「必ずしも実態に即してない」（十河・前掲注(5)『理論刑法学の探究』97頁）との認識から，「離脱の根拠は，当初の共謀がいったん解消し，それとは別の新たな共謀ないし犯意に基づいて実行行為が行われたところにあると説明する方が適切である」（十河・前掲注(5)『理論刑法学の探究』98頁）とする。また，王・前掲注(41)233頁。なお，「残余者の犯行を離脱者に帰属させるべきではない」という規範的評価を問題とし，その基準を①離脱者側の態度（自己の寄与を『帳消しにした』と評価しうる態度など）と②残余者側の態度（離脱者を『排除した』と評価し得る態度など）に分けて分析するのは，豊田・前掲注(1)85頁以下。

第10章　共犯からの離脱，共犯関係の解消　317

か，離脱後の行為が新たな共犯関係ないし犯意に基づいてなされたといえるかを具体的な事実関係に即して実質的に決めるほかない」[45]とし，因果性の遮断の観点を総合判断のなかの1要素とする（かのようである）。しかし，寄与の因果的効果の解消が事実上難しい（場合が多い）ということによって，因果性が遮断された場合にも，他の要素を考慮して，たとえば，積極的な離脱行為をとらなかったことを理由に遮断後の他人の行為・結果の責任を問うてもよいということにはならず，論者もそのことを認めるわけではあるまい[46]。そうだとすると，「因果性の遮断」（を判断する要素）以外の要素が考慮されるのは，因果性が遮断されていない場合になお他の要素（離脱者のとった行動等）を考慮して「共犯関係の解消」等が（免責の方向で）判断されるということになろう。十河教授の見解も，そのように理解できるのであれば，「因果性の遮断」の有無の判断と，それとは別の，総合的に判断される「共犯関係の解消」の有無の判断とで二元的に構成されるべきことになろう。また，因果性遮断説に批判的な岡野教授も決して因果的共犯論の帰結を排斥していない。すなわち，「離脱行為と結果との間の因果関係が切断されたときは未遂となり，離脱行為に『任意性』の認められる……場合は中止犯とする」因果性遮断説の「結論は，理論上むしろ当然のことである」。「因果関係が存在しなければ結果に対する罪責を論ずる余地はな」いと述べているのである[47]。因果的共犯論を出発点とするならば，「自己の行為と因果関係のない他人の行為・結果に対して責任を負わず，したがって，寄与の因果的

---

45)　十河・前掲注(5)『理論刑法学の探究』100頁。

46)　十河教授も因果的共犯論に立っていることは，注(28)参照。十河太朗「判例批評」判例セレクト2009・31頁（有斐閣，2010年）も参照。

47)　岡野・前掲注(43) 9頁。また，同『刑法要説総論（第2版）』347頁（成文堂，2009年）。なお，共同意思主体説に立つ萩原教授は，団体責任論に立脚する共同意思主体説と個人責任原理に立脚する因果的共犯論・因果性遮断説との調和を問題にし，共同意思主体説とは，共謀に加わった者が犯罪団体の一員であるという一事をもって共同正犯の責任を負わせる理論ではなく，「共謀共同正犯の処罰根拠も犯罪の実現に対して因果的寄与を及ぼしたことに求められる」とし（萩原滋「共犯の離脱・解消」岡山大学法学会雑誌58巻2号17頁以下［2008年］），同様に共同意思主体説を支持する日高教授は，「他の共同者のその後の犯罪遂行に対する心理的・物理的影響を遮断してはじめて，共謀関係の解消が認められる」と論じている（日高・前掲注(16)254頁以下）。また，注8。前述，本書第9章275頁以下注2，276頁以下も参照。

効果を解消した離脱者に離脱後の共犯者の行為・結果の責任を問いえない」というその帰結は動かしがたいところである。この点が「規範的判断」「総合判断」のなかで曖昧にされるべきではない。また，因果関係の判断である「因果性の遮断」の判断と，具体的な共謀・意思疎通の内容を出発点とした種々の事情の総合判断となる「共犯関係の消滅」，「新たな共犯関係の形成」の判断とは，異なる観点を問題とした判断であることから両者の判断は区別して行うべきであると考える[48]。

　「共犯関係の解消」に一元化しようとする試みとは反対に，因果関係（客観的帰属）の判断がそもそも規範的な判断であることなどを理由とし，第2節（ア）〜（オ）でみてきた場合（の多く）を「規範的に因果性を遮断した」と説明し，「因果性の遮断」に基準を一元化し（または「因果性の遮断」＝「共犯関係の解消」と考え）ようとする試みも考えられる。しかし，このような試みにも疑問がある。というのは，因果性（の遮断）に固執することにより，妥当とは思われない結論に至るか，または，それを回避するために因果関係の判断の中身を離脱の問題以外の場合とは異なって理解することに至る（そうでなくても「因果関係」「客観的帰属」のもとであまりに多くのことを考慮することになる）ように思われるからである[49]。後者の場合，その考える

---

48) 　前述，注27も参照。また，坪井祐子・増田啓祐・杉原崇夫「共犯(3)の2──共犯をめぐる周辺的問題についての裁判員に対する説明の在り方」判タ1388号43頁以下（2013年）も参照。もちろん，離脱者が寄与の因果的効果を解消した場合，「その離脱者を含む当初の共犯関係」が「解消された」と考えることもでき，そのように「共犯関係の解消」という概念を用いることも可能であろう。その場合，たとえば，「因果性の遮断による共犯関係の解消」と，因果性は遮断されていないが，それ以外の事情も考慮して判断される「新たな共犯関係形成の結果としての共犯関係の解消」というように区別してもよい。ここで問題にしているのは，因果性が遮断されていなくても，「共犯関係が解消された」と考えるべき場合があるということである。

49) 　西田教授は，「共犯者が全員一致の真摯な合意により，犯行計画を中止したが，後日，一部の者たちが新たな犯意にもとづき犯行を行い，その際，すでに離脱した者によって調達されていた拳銃を使用したような場合には，物理的因果性の切断を認めるべきであろう」（西田・前掲注(8)『刑法総論』370頁）と論じられる。しかし，これに対して，「結論は妥当だが……因果関係それ自体は否定できないように思われる。このような場合については，むしろ，共犯の因果性を問題とする前提として，犯罪の同一性が必要であり，当初想定された犯罪と実際に行われた犯罪とが別の犯罪と評価される場合には，そもそも因果性を問う前提が欠けていると考えるべきではないだろうか」（西田ほか編・前掲注(16)864頁以下〔島田〕）との批判がある。適切な批判であると考えるが，

第10章　共犯からの離脱，共犯関係の解消　319

因果関係（客観的帰属）論のなかでの整合性とともに，とりわけ大阪南港事件（最決平成2年11月20日刑集44巻8号837頁）以降の判例との関係も問題となりえよう。因果性の「規範的な遮断」に対しては，すでに「その基盤である因果的共犯論の放棄」であるといった批判も向けられているところである[50]。この関係で問題とされてきた「規範的な」考慮は，それ自体正当なものであるが，「因果性の遮断」の判断とは区別し，「新たな共犯関係の形成」（犯罪事象の同一性）の判断のなかで考慮すべきであろう。「共犯関係がなお存続し，そこから『離脱』した場合」（本書の表現では「因果性を遮断した」場合）と区別して，共犯関係の「解消」（その結果として「新たな共犯関係の形成」）を問題とすることにより，「『解消』が肯定されると，従前の共犯関係における関与が『別個の犯罪』に事実的には影響を与えている（物理的・心理的な因果性は残っている）としても，共犯の成立が否定されることになる。この点に『離脱』と区別する実益」[51]も存在するのである。

　（2）「因果性の遮断」の判断と「新たな共犯関係の形成」の判断の区別を考えるにあたり参考になるように思われるのは，共同の防衛行為後に一部の者が過剰防衛に及んだ事案である最判平成6年12月6日刑集48巻8号509頁である。事案は次のようなものであった。被告人・V・W・X・Y子ら男女6人が，歩道上でZと口論になり，ZがY子の髪をつかみ引き回す乱暴をはじめた。Vら4名はこれを制止しようとZの顔面や身体を殴る蹴るなどした

---

論者は，これとは別に，西田ほか編・前掲注(16)865頁以下〔島田〕において，「行為者が結果発生の阻止に向け，積極的に努力したが，自らが生じさせた影響を消滅させることに失敗した場合」，「行為者の立場でなし得る，通常であれば行為者が生じさせた危険を消滅させるに足る真摯な努力を行ったにもかかわらず結果が生じた場合には，それは異常事態であり，因果関係・客観的帰属が否定される」と論ずる。しかし，この場合，自己の作り出した因果系列とは別の（異常な）因果系列が介入し，それにより結果が発生した場合（たとえば，病院の火事の設例）ではなく，そもそも自己が作り出した（関与した）因果系列とは別の意思決定に基づく自己の阻止的な介入が「異常な経過で失敗した」ことにより，結果的には当初創出された危険が現実化しただけであるといえよう。ここで問われるべき「経過の異常性」ないし「危険の現実化」は，当初の寄与と結果との間の関係であり，阻止的行為と結果との関係ではないであろう。「当初作り出された危険」の現実化という点が十分に考慮されていないように思われる。

50)　参照，前述，注26。また，中村・前掲注(27)3頁以下，20頁以下，王・前掲注(41)194頁。
51)　塩見・前掲注(1)94頁以下。

が，ZはY子の髪をつかんだまま道路を横断していった。Vら4名はZの後を追いかけ，Zを殴る蹴るなどし，ようやくZがY子の髪から手を放すに至った。それでもZはなお悪態をつき，応戦する気配を示しながら後ずさりするように移動し，その後を追ったV・WがZに殴りかかろうとしたが，Xがこれを制止した。しかし，その後VがZの顔面を手拳で殴打し，Zが転倒し傷害を負ったというものである。ZがY子の髪から手を放した（急迫不正の侵害終了）後自らは暴行を加えなかった被告人の罪責が問題になり，最高裁は次のように判示し，傷害罪の過剰防衛とした原判決を破棄し，被告人に無罪を言い渡した。すなわち，「本件のように，相手方の侵害に対し，複数人が共同して防衛行為としての暴行に及び，相手方からの侵害が終了した後に，なおも一部の者が暴行を続けた場合において，後の暴行を加えていない者について正当防衛の成否を検討するに当たっては，侵害現在時と侵害終了後とに分けて考察するのが相当であり，侵害現在時における暴行が正当防衛と認められる場合には，侵害終了後の暴行については，侵害現在時における防衛行為としての暴行の共同意思から離脱したかどうかではなく，新たに共謀が成立したかどうかを検討すべきであって，共謀の成立が認められるときに初めて，侵害現在時及び侵害終了後の一連の行為を全体として考察し[52]，防衛行為としての相当性を検討すべきである」。被告人に関して，反撃行為は正当防衛となり，追撃行為について新たな暴行の共謀の成立は認められない，と。

　この判決に関して，共同正犯とは「違法な構成要件該当行為」を共同する場合であるとの理解から，正当防衛を行ったVら4名は暴行罪の共同正犯にはならず（個々の暴行罪とその違法性阻却），したがって，そこからの離脱の問題も生じないとする理解がある[53]。この理解が離脱対象の共犯関係の不存

---

52）　量的過剰防衛の一体的評価に関して，原口伸夫「量的過剰防衛について」『立石二六先生古稀祝賀論文集』271頁以下（成文堂，2010年），同「正当防衛にみる『正』と『不正』——量的過剰の観点から——」桐蔭横浜大学法学部20周年記念『法の基層と展開』87頁以下（信山社，2014年）参照。

53）　野村稔「判例批評」法学教室177号73頁（1995年），林・前掲注(8)『刑法総論』205頁，389頁，船山泰範「判例批評」判例評論448号70頁以下（1996年），松宮・前掲注(25)317頁など。なお，最高裁平成6年判決の理解をめぐる学説について，詳細に，十河・前掲注(5)『川端古稀記念』706頁，710頁以下。

第10章　共犯からの離脱，共犯関係の解消　321

在を指摘する点では賛同できる。しかし，「共同の」防衛行為が共同正犯の構成要件に該当しないとする理解には与しえない。第1に，共同正犯の成否は，（修正された）構成要件該当性の問題であり，犯罪論の体系上，違法性阻却事由である正当防衛（さらに過剰防衛）の成否の前に，その判断の対象となる行為（共同正犯の成立範囲）が確定されるべきである[54]。第2に，共同正犯における「一部実行全部責任」の根拠が，相互利用・補充関係による犯罪実現の容易化・確実化にある，つまり，主観的には，共同者の存在により心強くなり，規範的障害が低減すると同時に自己の存在が他の共犯者の心理的な強化・促進にもなる一方で，自分だけは抜けられないと心理的に拘束しあい，それとともに，客観的には，役割分担により単独での実行より効率的になり，また失敗のリスクを減少させ（巧妙化し），目的実現の可能性が高められるということにみるべきであり，このことは行為の違法性（阻却）とは関係しないからである[55]。

　そこで，暴行罪の共同正犯の構成要件該当性を認め，共犯からの離脱の議論の枠内で，因果性の遮断の有無を問い，この事案では反撃行為が追撃行為に因果的影響を及ぼしていないがゆえに被告人は追撃行為の責任を負わないと主張される。すなわち，①「物理的因果性の面では，反撃行為時の被告人の行為は，被害者を六分の力で数回蹴ったというにとどまり，後の行為に全く影響力を持っていない」。②「心理的因果性の面でも，被告人が当初の共謀の形成に主導的な役割を果たしたわけではな」く，「他の者より常に遅れてついていっているに過ぎず」，V・Wの「犯意を強化するような行為は行って」おらず，当初の共謀の心理的影響力はXの「制止行為によって切断されていると見得ること，などを考慮すれば，当初の共謀は追撃行為に因果的影響力を有して」いないと論じられる[56]。しかし，この事案で因果性の遮

---

54）　参照，小田直樹・平成6年度重判143頁（1995年），佐伯仁志「判例批評」ジュリスト1125号149頁（1997年），只木誠「共犯からの離脱(3)」百選Ⅰ5版191頁，橋爪・前掲注(5)刑法雑誌53巻2号175頁注10など。

55）　佐伯・前掲注(54)ジュリスト1125号149頁，橋爪・前掲注(5)刑法雑誌53巻2号175頁など。

56）　佐伯・前掲注(54)ジュリスト1125号150頁。問責対象行為を，①第1行為の際の意思連絡（共謀），②第1行為の際の暴行（物理的・心理的寄与），③第2行為の際の不阻止（不和随行による心理的寄与）に分けて分析し，これを支持するのは，嶋矢貴之「共犯

322 第 2 部　中止未遂

断を認めるのは難しいように思われる。すなわち，本件では，4 人の共謀に
基づいて Z への「反撃行為が開始され，その反撃行為の影響が残存する状況
において追撃行為が行われている」。また，追撃行為の際，被告人は遅れて
移動したとはいえ V らの近くにいたのであり，被告人の「行為から生じた物
理的・心理的効果が追撃行為の時点で消滅し」たとはいえず，「従来の判例
の基準を前提とする限り……共犯関係の解消を認めるのは困難で」あり，
「本判決が，当初の暴行の共同意思から離脱したかどうかという観点から本
件を解決すべきではないとしたのも，その点を考慮したからである」[57]。も
ちろん，論者の因果関係（客観的帰属）の考え方によっては「因果性が遮断
された」と考えうることは否定しない。しかし，この事案において焦点をあ
てられるべきなのは，前述第 2 節でみたのと同様に，因果性の遮断の有無で
はなく，離脱の対象となる共犯関係の存否，ここでは防衛行為の意思連絡
（共謀）の内容・射程であるといえよう[58]。Y 子に対する不正な侵害の排除

――――――――――

　からの離脱(3)」百選 I 6 版196頁。

[57]　十河太朗「共犯関係の解消(3)」百選 I 7 版195頁。また，井田良「判例批評」判例セ
　レクト '95・34頁（有斐閣，1996年），川崎友巳「判例批評」同志社法学48巻 4 号246頁
　（1996年），只木・前掲注(54)191頁，林・前掲注(19)法曹時報62巻 7 号10頁など。本件
　の場合に因果性が遮断されたと考える嶋矢・前掲注(56)196頁以下も，「本件では，『積
　極的な危険防止措置』はとられておらず，判例実務からすれば，因果性・影響力がなお
　残存していると考えることもできる事案といえる」ともする。

[58]　参照，井田・前掲注(8)『講義刑法学』507頁，十河・前掲注(57)百選 I 7 版195頁，
　橋爪・前掲注(5)刑法雑誌53巻 2 号175頁〔「本判決は，正当防衛としての第 1 暴行につ
　いて共謀を遂げたとしても，その共謀の射程には，侵害終了後の第 2 暴行までは含まれ
　ないとして，被告人を無罪としたものと解される」〕，山中・前掲注(8)『刑法総論』960
　頁。また，川口政明・最判解（平成 6 年度）223頁（1996年）〔正当防衛状況下で「侵害
　阻止という正当目的により攻撃意思を形成し，他の者との間でその旨の意思疎通を成立
　させたからといって，正当防衛状況が消滅した後に，今度は，加害という不当目的によ
　り攻撃意思を形成し，他の者との間でその旨の意思疎通を成立させるということには，
　当然にはつながらない」〕，小田・前掲注(54)143頁，成瀬幸典・安田拓人編『判例プラ
　クティス刑法 I 総論』421頁〔齊藤彰子〕（信山社，2010年）なども参照。なお，東公明
　「判例批評」創価法学26巻 2・3 号180頁（1997年）は，被告人の暴行の意思は，Y 子に
　対する侵害排除のために形成されたのであるから，「侵害が終了すれば，当該意思は当
　然に消滅」し，追撃行為の責任を問われないために意識的な離脱は必要ないとし，塩
　見・前掲注(1)95頁注 8 も，最高裁平成 6 年判決は「侵害現在時の暴行の共謀は正当防
　衛の成立により解消したと見ていることになろう」とする。また，鈴木茂嗣『刑法総論
　（第 2 版）』241頁（成文堂，2011年），王・前掲注(41)208頁。当初の共謀の射程が及ん
　でないと考えるか，当初の共謀が「消滅」したと説明するかは異なるが，いずれにせよ
　離脱すべき共犯関係が存在しないと解している点で基本的な見方は同じであるといえよ

第10章　共犯からの離脱，共犯関係の解消　323

目的で形成されたところの，防衛行為（反撃行為）についての意思連絡（共
謀）に，侵害終了後の追撃行為まで含まれていなければ，被告人の寄与の因
果的効果がなお残存しており，それを利用してＶらの追撃行為がなされたと
しても，反撃行為の意思連絡をしただけの者に関しては，追撃行為は当初の
意思連絡（共謀）の射程の及ばない「別個の新たな違法行為」ということに
なろう[59]。このような理解が最高裁平成6年判決の判示の意味するところで
あると考える。

## 第4節　遮断しようとする積極的な措置の重視する見解

　共犯からの離脱の関係でしばしば主張されてきた「規範的な判断」の実態
を分析し，遮断しようとする積極的な措置に着目すべきだとの見解も主張さ
れており，注目される。すなわち，「『遮断』の規範化といえる……理解から
は」，「先行する関与行為の結果に対する作用が現実に失われたかではなく，
介在する自らの中止措置——中止意思の表明とその了承，金庫の鍵の取戻
し，等々——が規範的に離脱と評価できるか」が問われている。「結果との
因果性というよりも，その者がとった行動や態度の離脱としての適格性
（……『離脱行為』……）にこそ意味があると解されるのである。かくして，
『行為者の立場でなし得る，通常であれば行為者が生じさせた危険を消滅さ
せるに足る』措置がとられれば，異常な経過か否かを検討することなく，そ
のこと自体で離脱が肯定されることになろう。また，因果的影響を除去した
とはいいがたい，外在的事情により犯罪からいわば『排除』されて遂行不能
になった者について離脱を認めるという下級審判例の傾向も，離脱行為の観
点から説明できる」[60]。

---

　う。

[59]　もっとも，追撃行為をした者に関しては，精神的動揺の一体性など責任減少に重点
　　がある過剰防衛の場合の一体的評価の基準（原口・前掲注(52)『法の基層と展開』91頁
　　以下参照）に従い反撃行為と追撃行為が一体的に評価されうる。

[60]　塩見・前掲注(1)100頁。また，「因果関係の遮断は，規範的評価の問題とされている
　　ように，精確には，結果への作用・影響を事実的に失わせたことではなく，失わせると
　　評価すべき，離脱としての適格性ある措置がとられたことが重要と考えられる」（塩見・
　　前掲注(1)101頁）とする。なお，佐伯・前掲注(8)『刑法総論の考え方』390頁は，最高

324 第2部 中止未遂

離脱者のとった措置の適格性に焦点をあてる解決は興味深い。しかし，この見解を評価するにあたり，まず，そこでいわれる「離脱行為」が問題になる局面を整理する必要があろう。①論者も因果的共犯論・因果性遮断説を出発点としており[61]，したがって，離脱行為がなされなくても，（他の原因によるのであれ）因果性が遮断されれば，離脱後の共犯者の行為・結果の責任を負わないと考えることになろう。さらに，②共犯関係からの離脱は，「共犯関係」が解消されず，「同一性を保って存続していることを前提に検討される」[62]。共犯関係の解消が認められるのは，「共謀に基づく犯罪が，関与者全員の話合いにより一旦は断念された場合」などのほか，「犯罪遂行の合意が時の経過や各関与者を取り巻く状況の変化によりいわば立ち消えた場合や，犯行の日時・場所，被害者，行為態様や犯罪により達成しようとした動機・目的などが実質的に変更された場合にも，新たな共謀に基づいて組み直された共犯者らにより犯罪が遂行されたと考えてよい」[63]とする。そうすると，③因果性の遮断（①）がなされず，かつ，共犯関係の解消（②）がなされていない場合が，「適格性のある離脱行為」による免責という構成が登場する場面ということになろう。このような理解が正しければ，自己のなした寄与が構成要件的結果に対して因果性があり，かつ，他の共犯者の行為が「新たな共犯関係」に基づくものとも評価できないにもかかわらず，それでもなお「適格性のある離脱行為」を根拠にその責任を負わない理由が問われることになろう。その理由として，たとえば，単独犯の場合に「既遂に至った場合でも中止行為（の真摯性など）を評価して43条ただし書を類推適用する」という解釈と同様の考慮が考えられる。1つの解釈ではあるが，これは

---

　裁平成元年決定は，「明言はしていないが，被告人の行為によって生じた結果発生の危険を消滅させるための措置をとっていれば，生じた結果について責任を負わない，ということを裏側から判示したもの」であり，「例えば，必死で止めようとしたが，他の共犯者に殴られて気絶してしまい，気がついたら犯行が終わっていた，というような場合は，共犯関係は解消し，新たな犯罪が行われたものと評価されるべきであろう」とする。

61)　共犯からの離脱の「判断に際しての基本的な考え方は……因果関係遮断説……が説くように，従前の関与により生じた作用・影響（寄与）を失わせたかどうかである」とする（塩見・前掲注(1)101頁）。

62)　塩見・前掲注(1)101頁。前述注(51)も参照。

63)　塩見・前掲注(1)95頁。

第10章　共犯からの離脱，共犯関係の解消　325

通説・判例の採るところではない[64]。論者がこのような理由づけを採用しているということではないが，「適格性のある離脱行為」による免責の理由はなお明らかではないように思われる。前記①の「因果性の遮断」，②の「共犯関係の解消」の限りではその主張に賛同できるが，③の離脱行為に関しては，むしろ本稿で問題としてきた「新たな共犯関係の形成」の判断のなかで考慮できるように思われる。

## おわりに

　共犯からの離脱の問題に関する私見は，本章冒頭の「はじめに」で示したとおりである。本章では，とくに，離脱による「因果性の遮断」の判断と，離脱の対象たる「共犯関係の存否」（新たな共犯関係の形成の有無）の判断を区別し，問題となる局面でそれぞれ別に判断すべきであることを論じてきた。その場合，どのような場合に「新たな共犯関係の形成」と評価されるのかが問題になる。これは，共謀成立の場合[65]と同様に，明確な定式化が難し

---

64)　これは共犯からの離脱の議論ではなく，中止未遂論の議論のなかに位置づけられる問題ともいえよう。論者のいう「適格性のある離脱行為」には「中止行為」との親近性がみられる。中止行為に関する近時の議論について，原口伸夫「刑法43条ただし書における『中止した』の解釈について」刑法雑誌51巻2号66頁以下（2012年）＝本書第7章（197頁以下）。この意味で，「『行為者が十分な努力を傾注していれば共犯関係の解消を認めてもよい』という方向の議論をすべきではない。共犯関係の解消は離脱に向けた努力に対する報奨ではない」（橋爪・前掲注(5)刑法雑誌53巻2号177頁）との批判は，「共犯からの離脱」の議論に関する限りでは妥当であろう。しかし，共犯からの離脱・解消の議論とは別の局面における構成としては成り立ちうる。ただ，その構成が説得的に理由づけられるかどうかは問題となろう。

65)　裁判例において，共謀ないし共謀共同正犯の認定は，①共謀者と実行行為者の関係（上下・主従，対等関係，犯罪組織内における地位，組織の拘束力の強さなど），②犯行の動機（犯罪事実実現に関する利害関係，経済的利益を目的とする犯罪の場合の予定の分配利益の大小など），③共謀者と実行行為者間の意思疎通行為の態様・経過，④被告人が行った具体的加担行為ないし役割（計画立案・謀議の主催・現場指揮・実行担当・見張り，また，分担の変更可能性など。謀議の際の合意形成への影響力の程度，積極性，実行に関与するかどうかを決定した事情なども），⑤犯行後の行動・分配利益（犯跡隠蔽行為，実際の分け前分与，実行行為後に続く行為への参加など）等の点にわたり，これに犯罪の性質（罪種）・内容なども考慮して総合的に判断されると指摘されている。参照，小林充・香城敏麿編『刑事事実認定――裁判例の総合的研究――（上）』348頁以下〔石井一正＝片岡博〕（判例タイムズ社，1992年），大塚・佐藤編・前掲注(8)

326 第2部 中止未遂

いが，当該の具体的な共謀（意思連絡）の内容（犯行の動機，予定された客体・行為態様，役割分担・共犯者のなかで占める地位など。計画遂行の障害や状況の変化に応じて予定されまたは許容されうる計画変更の程度なども）をその出発点とし，その当初の共謀内容に照らして，前後の犯罪事象の異同（当初の共謀からの逸脱の程度），とりわけ時間的・場所的隔たりの有無・程度，犯意・動機の継続性の有無・程度，離脱の際にとった措置などを総合的に判断し，離脱者を除いた犯罪遂行がなお「当初の共犯関係に基づくものといえる」のか否か（当初の共謀内容に照らして犯罪がなお同一といえるか否か，または，犯行の枠組みが組み直されたと評価すべき場合か否か）が判断されるべきこととなろう[66]。具体的には，本章冒頭の「はじめに」②の場合のほか，前述第2節の（ア）共犯関係の消滅，（イ）当初の共謀の範囲外，（ウ）共犯関係からの排除，（エ・オ）離脱意思の表明とその了承による新たな共犯関係の形成，の各先例（類型）が，比較対象の先例として参考となろう。

---

306頁以下〔山内昭善〕，小林・植村・前掲注(19)285頁〔菊池則明〕，木谷明編『刑事実認定の基本問題（第2版）』152頁以下〔朝山芳史〕（成文堂，2010年），裁判所職員総合研修所監修・前掲注(32)328頁など。

66) 十河教授は，共謀の射程の判断基準について，「具体的には，①客観的な事情としては，ⓐ従前の共犯行為の寄与度，影響力，ⓑ当初の共謀と実行行為の内容との共通性（被害者の同一性，行為態様の類似性，侵害法益の同質性，随伴性など），ⓒ当初の共謀による行為と過剰結果を惹起した行為との関連性（機会の同一性，時間的・場所的近接性など），ⓓ過剰結果を惹起した行為への関与の程度などを，②主観的な事情としては，ⓐ犯意の単一性，継続性，ⓑ動機・目的の共通性，ⓒ過剰結果の予測可能性の程度などを考慮すべきであろう」（十河・前掲注(5)『理論刑法学の探究』101頁。なお，十河・前掲注(5)『川端古稀記念』721頁以下）とまとめられており，基本的には支持できるが，当初の共謀の内容→そこからの逸脱という判断の方向性を明確にする方がよいように思われる。鈴木彰雄・前掲注(5)514頁，518頁も参照。

# 第3部　不能未遂

329

# 第11章　不能犯論の現状と課題

## 第1節　不能犯の意義など

　不能犯（不能未遂。untauglicher Versuch）に関して現行法上規定はない[1]。しかし，一般に，不能犯として，行為者がある犯罪[2]を実現しようとして行為するが，その行為の性質，行為客体の不存在などから，問題となる犯罪との関係において，その行為が（客観的または事後的にみれば[3]）およそ既遂に

---

1)　改正刑法草案（昭和49年5月法制審議会総会決定）25条が「行為が，その性質上，結果を発生させることのおよそ不能なものであつたときは，未遂犯としてはこれを罰しない」と規定する。この規定につき，「『その性質上』というのは，『いわゆる方法の不能の場合に狭く限定する趣旨ではなく，行為の主体，客体，目的，手段，情況等すべての事情を全体的に考察したうえで，結果を発生させることが可能な性質のものであるかどうかを判断することとする趣旨であり』，また，『およそ不能』というのは『客観的見地において一般的に結果が発生することのありえない場合をさし，判例（最1小判昭25・8・31……）にいう絶対的不能の場合を含むことはもちろんであるが，判例による絶対不能・相対不能の区別をそのまま固定化しようとする趣旨ではなく，具体的にどういう場合がこれにあたるかについては，今後における判例及び学説の発展にまつところが大きい』とされている（説明書116～7頁。なお，本条とまったく同文の規定である準備草案23条に対する理由書109頁にも同趣旨の説明がみられる）」（中義勝「犯罪論」平野龍一・平場安治編『刑法改正——刑法改正案批判』42頁［日本評論社，1972年］）との説明がある。内藤謙「未遂犯」平場安治・平野龍一編『刑法改正の研究1概論・総則』226頁（東京大学出版会，1972年），同『刑法講義総論（下）Ⅱ』1253頁（有斐閣，2002年）も参照。また，大谷實「不能犯規定新設の是非」竹田直平博士・植田重正博士還暦祝賀『刑法改正の諸問題』49頁以下（有斐閣，1967年）。

2)　行為者が，客観的には（法律上）犯罪構成要件が存在しないのに，主観的にそれが存在しそれにあたる（犯罪にあたらないのに「犯罪」である）と考えてその行為を行った場合を「幻覚犯（Wahndelikte）」といい，不能犯とは区別される。たとえば，姦通行為（刑法旧183条）が犯罪であると考えて，かかる行為に及んだというような場合である。吉田敏雄『未遂犯と中止犯』126頁以下（成文堂，2014年）も参照。

3)　「不能犯固有の問題は，『ある観点』からみたときに結果発生の可能性が認められる一方，『別の観点』からみたときにはその可能性が認められないという場合の処理である。通常，想定される観点は，行為者の観点という主観的視点のほか，一般人の観点という間主観的視点，それに純客観的視点がある。たとえば，客観的視点からは結果発生の可能性は認められないが，行為者主観においてはその可能性が認識されているといった場面で，不能犯が議論される」とするのは，橋本正博「不能犯論における危険の意義

330 第3部 不能未遂

至る可能性がなく，またはその可能性が著しく低く，その構成要件の予定する行為の実質（実行行為性），未遂犯処罰に値する危険性を欠くことなどを理由として，未遂犯の成立が否定されるべき場合が考えられている。その1例として，呪詛によって人を殺しうると考えて，いわゆる丑の刻参りを行った場合があげられてきた。しかし，根拠条文を欠くこともあり，「不能犯」と未遂犯の区別に関する学説は多岐にわたり，「不能犯」にあたる場合にどのような効果をもつのか[4]，43条との関係においてどの要件が欠けるのか[5]な

とその判断」村井敏邦先生古稀記念論文集『人権の刑事法学』74頁以下（日本評論社，2011年）。

[4]　前述注1掲記の改正刑法草案25条が「未遂犯としてはこれを罰しない」とすることにより，問題となっている行為が不能犯として未遂罪とならない場合にもなお別罪は成立しうるということ，たとえば，殺人罪の関係で不能犯となっても傷害罪は成立しうるということが考えられており，この点は，現行法の解釈においても特段異論はないように思われる。しかし，「不能犯」とされた場合，問題となっている犯罪の予備罪との関係では議論がある。1つの考え方は次のように論ずる。たとえば，「不能犯ハ單ニ犯罪ノ實行ノ着手ノミナラス犯罪ノ豫備又ハ陰謀ニ對シテモ亦不成立ノ理由タラサルヘカラス」（宮本英脩『刑法學粹』381頁［弘文堂書房，1931年］。また，同『刑法大綱』187頁［弘文堂書房，1935年］），「いわゆる『丑の刻参り』が不能未遂……と解されるとすれば，そのための準備行為は不能予備……と考えられるから，不能犯の考察は未遂と予備の両者にまたがって適用をみるはずである」（中義勝『刑法総論』195頁［有斐閣，1971年］），「法益侵害の危険性が全くない行為は実行行為ではなく，したがって，実行の着手も，また，その前段階としての予備行為もありえない。このように実行行為としての適格性がなく，したがってまた予備行為としての適格性もない行為は，たとえ構成要件を実現する意思で行っても，およそ犯罪ではない。これが不能犯である」（柏木千秋『刑法総論』152頁［有斐閣，1982年］）などである。また，大越義久『刑法総論（第5版）』168頁（有斐閣，2012年）。予備罪と不能犯について，齊藤誠二『予備罪の研究』282頁以下（風間書房，1971年）も参照。確かに，丑の刻参りの場合にはそのようにいえようが，「不能犯」として議論されているケース全体を考えた場合，予備罪の成否に関しては一律に不能犯となるとはいえないように思われる。とりわけ「未遂犯成立に値する危険性」の有無に焦点をあてる場合には，予備罪の成否は，未遂罪の成否とは連動しないことになろう。現在では，「不能犯」というそれ自体特別な法形態が問題なのではなく，「不能」という観点から未遂犯としての危険性の有無が問題となりうる事例群を扱う場合にすぎないという見方が有力といえようか（伊東研祐『刑法講義総論』314頁［日本評論社，2010年］，関哲夫『講義刑法総論』360頁注8［成文堂，2015年］も参照）。

[5]　「不能犯」と評価された場合，伝統的には，43条の「実行に着手し」（ないしは，問題となる各則の条文で規定する実行行為。主体の不能の場合はその条文の行為主体）の要件が否定されてきたといえるが，たとえば，実行の着手と未遂結果を区別する近時有力な見解（参照，本書第1章16頁）によれば，後者が否定されるにとどまり，「実行の着手の認められる不能犯」という場合も生じよう。「従来の議論においては，不能犯か未遂犯かは，具体的な行為の遂行が実行行為の実行と評価できるか（実行行為性）によって決せられると解されてきた。これは，未遂犯を実行行為という危険な行為の遂行

第11章　不能犯論の現状と課題　331

ど，必ずしも明確でないところもある[6]。

　不能犯かどうかが議論されてきた事例は，客体の不能，方法（手段）の不能，主体の不能にわけて類型化され，検討されてきた。客体の不能は，たと

---

として理解する行為説を前提とするものである。これに対して，結果無価値論の立場からは，結果としての法益侵害の危険が生じた場合が未遂犯と解されることになるから（結果説），不能犯とは，行為の結果として，法益侵害の十分な危険性が発生しなかった場合ということになる」と指摘するのは，今井猛嘉ほか『刑法総論（第2版）』326頁〔橋爪隆〕（有斐閣，2012年）。

[6]　不能犯の関連で構成要件（事実）の欠缺論（Die Lehre vom Mangel am Tatbestand）も主張されてきた。構成要件の欠缺論は，概ね次のように主張する。未遂も（広義の）構成要件の欠缺にほかならないが，現行法が結果不発生の場合を未遂犯として処罰していることに照らせば（または，結果発生という将来の事実に関する錯誤と，客体・手段などの行為時に存在する事実の錯誤は区別すべきであり），結果（およびそれとの因果関係）を欠くだけの場合は可罰的な未遂犯であると解すべきであるが，刑罰拡張規定である未遂犯は限定的に解すべきであり，結果以外の構成要件要素（主体，客体，手段，時間的場所的関係など構成要件の予定する付随事情）を欠く場合は不可罰な構成要件の欠缺であると解すべきである，と。構成要件の欠缺論に対して，構成要件要素は等価値であり，その要素間で区別するのは妥当でない旨の批判がしばしばなされてきた。しかし，構成要件要素の等価性という命題はなお検討を要するように思われる（規範の名宛人たる主体の扱いなど）。むしろ，それが形式的な説明にとどまっていること，可罰的な未遂犯と不可罰な不能犯を実質的に区別すればよく，不能犯の議論と別に構成要件の欠缺論を持ちだす必要はないこと，そして，客体の不存在の場合を結果以外の要素の欠ける場合に含め，それらを一律不可罰とする（とすれば）その結論において疑問であることなどが問題であるといえよう。これを部分的に採用する見解もあるが，現在，全面的にこれを採用する見解はない。構成要件の欠缺論については，参照，大沼邦弘「構成要件の欠缺と可罰未遂の限界（1）（2）（3・完）」成城法学1号313頁以下（1978年），2号59頁以下（1978年），7号69頁以下（1980年），坂本英雄「事實の欠缺に就て」法律論叢13巻5号56頁以下（1934年），平場安治「構成要件欠缺の理論（1）（2）（3・完）」法学論叢53巻5・6号38頁以下，54巻1・2号38頁以下，54巻3・4号21頁以下（いずれも1947年），牧野英一「未遂と事實の欠缺」『刑法研究第2巻』1頁以下（有斐閣，1921年）。なお，平場安治『刑法総論講義』127頁以下（有信堂，1961年）が，構成要件の欠缺の観点を重視するが，「客体は結果要素である」とし，「結果要素の欠缺は未遂を妨げない」（また，同・前掲法学論叢54巻3・4号93頁以下）としている点は注目されよう。大沼・前掲成城法学7号89頁以下は，構成要件の欠缺論が実質的危険判断に立ち入らずに可罰的未遂の限界を確定できる点を評価し，その前提として，構成要件を「形式的・価値中立的」なものとの理解に立ったうえで，構成要件の欠缺論により形式的に未遂の構成要件該当性を判断し，違法性の段階で実質的に固有の不能犯論（具体的危険説）によって未遂の違法性を判断するという見解を主張する（参照，また，大沼邦弘「未遂犯の成立範囲の確定」『団藤重光博士古稀祝賀論文集第3巻』74頁以下〔有斐閣，1984年〕）。大沼説については，その構成要件の欠缺論の前提となっているかかる構成要件の形式的理解になお疑問が残り，また，客体の欠缺の取扱い（大沼・前掲成城法学7号99頁以下。また，同・前掲『団藤古稀』89頁以下，同「不能犯（2）」百選I2版151頁）についても説得的な理由づけが示されていないように思われる。

えば，死体を生体と考えて殺意をもってそれに発砲したような場合[7]，スリが他人のポケットから財布をすり取ろうとしたが，ポケットの中になにも財物がなかった場合[8]，方法の不能は，人を殺そうとピストルの引き金を引いたが，そのピストルに弾丸が込められていなかった場合[9]，殺害の目的で毒物を投与したが致死量に足りなかったため失敗に終ったような場合[10]であり，主体の不能は，「他人のためにその事務を処理する者」（247条）でないのに，自分がその事務処理者であるとの認識のもと，247条所定の目的をもって「任務違背」行為をしようとしたというような場合である。

## 第2節　不能犯に関する学説

### 1　現行法下におけるこれまでの学説の動向（概観）

　（1）主観面を重視する見解とその衰退　　不能犯か否かが議論されてきた事例グループにおいては，行為者がある犯罪（たとえば，殺人罪，放火罪，窃盗罪，詐欺罪など）を既遂に至らせるつもりで行為していることが前提となっている[11]。そこで，行為者の犯罪意思，危険な性格（反社会性・反規範

---

7) 判例として，広島高判昭和36年7月10日高刑集14巻5号310頁。これは，別の者による銃撃によって倒れている被害者の腹部・胸部などを，とどめを刺すつもりで殺意をもって日本刀で突き刺したという事案である。以下では，この事案を「死体に対する殺人の企て事例」という。また，植松正『刑法の話題』5頁以下（信山社，1995年）も参照。

8) 判例として，大判大正3年7月24日刑録20輯1546頁。これは，通行人を引き倒してその懐中物を強取しようとしたが，懐中になにももっていなかったという事案である。以下では，この事案を「懐中無一物事例」という。

9) 判例として，福岡高判昭和28年11月10日高刑判特26号58頁。これは，警察官から拳銃を奪取し，その脇腹に銃口をあて引き金を引いたが，たまたま実弾が装てんされていなかったため殺害の目的を遂げなかったという事案である。以下では，この事案を「空ピストル事例」という。

10) 判例として，最判昭和37年3月23日刑集16巻3号305頁。これは，被害者の静脈内に空気を注射して殺害しようとしたが，その量が致死量に達していなかったためその目的を遂げなかったという事案である。以下では，この事案を「空気注射事例」という。

11) 不能犯の問題を行為者の主観面からみると，錯誤の問題となることから，不能犯論と錯誤論の関連を指摘して抽象的危険説を主張したのは，草野豹一郎「未遂犯」『刑法改正上の重要問題』227頁以下（厳松堂書店，1950年），同『刑法要論』114頁以下（有斐閣，1956年），斉藤金作『刑法總論（改訂版）』221頁（有斐閣，1955年），下村康正「事実の錯誤と不能犯との関連」『犯罪論の基本的思想』168頁（成文堂，1960年）。これ

第11章　不能犯論の現状と課題　333

性）の表現・発現に犯罪性の実質を求める立場（主観説）[12]からは，そのような意思・性格の発現がある以上，不可罰たるべき「不能犯」は存在しないということにもなりそうである[13]。そのことから，主観説は，主観面・行為者の性格を重視するそのアプローチの問題性に加え，その考え方を首尾一貫して適用した場合に至りうる可罰性の広さの点で批判されてきた。たとえば，砂糖で人を殺せると思って砂糖を用いて「殺人」を企てた場合，そのように人を殺そうと実際に行動に踏み切った者は，今回こそその手段に問題があり失敗に終ったものの，次回は殺害に至りうる有効な手段をとりかねず，または，攻撃を執拗に繰り返しかねず，今回の行為のなかにその危険な性格

---

に対して，認識事実と発生事実の符合を問題とすべき錯誤論と，行為の定型性が問われるべき不能犯論との関連につき疑問を呈するのは，井上正治「事實の錯誤と不能犯論の關連とは何か」法学新報58巻12号83頁以下（1951年）。錯誤の問題よりも前に，実行行為性，客観的な危険性の問題であると考えるのが，現在の一般的な理解であろう。

12)　（純粋）主観説を主張するは，江家義男『刑法（総論）』166頁（千倉書房，1952年），宮本・前掲注(4)『刑法學粹』386頁以下，宮本・前掲注(4)『刑法大綱』190頁以下。主観的危険説を主張するのは，市川秀雄『刑法總論』144頁（春秋社，1955年），木村亀二「不能犯及び事實の欠缺」日本刑法学会編『刑事法講座第2巻』433頁以下（有斐閣，1952年），同（阿部純二増補）『刑法総論（増補版）』356頁以下（有斐閣，1978年），牧野英一『刑法總論（下巻）』665頁以下（有斐閣，全訂版，1959年）。比較的近時では，阿部純二『刑法総論』218頁（日本評論社，1997年），齊藤信宰『新版刑法講義総論』416頁以下（成文堂，2007年）。なお，荘子邦雄『刑法総論（第3版）』419頁以下（青林書院，1996年）。

13)　主観面を重視する立場からも，迷信犯（abergläubischer Versuch）の場合は不可罰であると考えられてきた。宮本博士が次のように説いたのが有名である。すなわち，「犯罪を行はんとするに當つて迷信に因つて超自然的方法に依頼する者は，その限りに於て，一般的に謂へば，行爲者の性格が怯懦であつて他の自然的方法を採るに堪へない者である。換言すれば，如何なる自然的方法をも辭せない反規範的性格者が偶々斯かる方法に出でたのでなくして，一切の現實な自然的方法の前に恐懼する者が超自然的方法なるが故にその力を藉らんとするのである。果たして然りとすれば，斯かる行爲者に在つては性格的に何等現實な手段を行ふ危險もなく，從つて斯かる性格に基く行爲も亦た何等抽象的な危險もない譯であるから，又たその行爲は違法でもあり得ないのである。斯くして迷信犯は放任行爲として罪とならぬものと解することが出來る」（宮本・前掲注(4)『刑法大綱』192頁。同・前掲注(4)『刑法學粹』388頁。また，同「殺傷可能性を有する器具と殺人不能」法学論叢9巻2号97頁以下［1923年］）。もちろん，そのような評価が適切なのか，主観説の理論的出発点と整合性があるのかなどが問題となりうる。迷信犯に関して，飯塚敏夫「丑の刻詣りと不能犯學説」法曹会雑誌9巻8号17頁以下（1931年），草野豹一郎「迷信犯に就て」『刑事判例研究第5巻』291頁以下（巖松堂書店，1940年），同「スヰス新刑法と不能犯──迷信犯を中心として──」『刑法改正上の重要問題』321頁以下（巖松堂書店，1950年）も参照。

が顕著にみてとれ，「殺意」をもって行った行為について「殺人未遂」罪として処罰すべきだ，といった考え方は，現在のわが国において，広いコンセンサスを得てはいない。このことは刑法の謙抑性の観点からも理由のあることといえよう。そして，不能犯における主観説も新派刑法学の退潮[14]と運命を共にすることになる。

（２）絶対的不能・相対的不能説　　客観説において，古くは，絶対的不能・相対的不能説が有力に主張され[15]，判例にも強い影響を及ぼしてきた[16]。しかし，個々のケースが絶対的不能の場合なのか，相対的不能説の場合なのか，その区別が不明確である，といった批判が繰り返しなされてきた。「いわゆる相対的不能の場合にも，当該具体的事態に即して考える限り結果の発生は絶対にありえないともみられるのであって，その意味では絶対的不能であるともいえないことはない」[17]といった批判である。絶対的不能・相対的不能説による判断は，具体的事情から離れ，一般的な結果発生の危険性を問う判断枠組みを特徴としている[18]。たとえば，被害者がその直前まで寝ていたベッドに向けて，被害者が寝ているものと考えて殺意をもって発砲する場合，客体に関する相対的不能ととらえるのが多いと思われるが，「誰も寝ていないベッドへの発砲」と一般化したならば，絶対的不能と考えられることになる。空ピストル事例の場合，「弾のこめられていないピスト

---

14)　本書第12章393頁注５も参照。

15)　大場茂馬『刑法總論下巻』863頁，870頁（中央大学，1917年），勝本勘三郎『刑法要論總則』177頁（明治大学，1913年）。勝本勘三郎「不能犯ニ付テ」内外論叢２巻５号31頁以下，６号53頁以下（いずれも1903年）も参照。なお，岡田庄作『刑法原論（總論）』345頁（明治大学，1924年），平井彦三郎『刑法論綱總論』450頁以下（松華堂書店，1930年）など。現行法に至るまでの，わが国における不能犯に関する議論の展開状況について，佐伯千仞『四訂刑法講義（総論）』309頁以下（有斐閣，1981年），西山富夫「黎明期の不能犯判例史」『名城大学創立20周年記念論文集法学編』54頁以下（法律文化社，1966年）参照。旧刑法（明治13年太政官布告第36号，明治15年施行）下の学説に関しては，中野正剛『未遂犯論の基礎──学理と政策の史的展開』15頁以下（成文堂，2014年）も参照。

16)　後述，第３節参照。

17)　大塚仁『刑法概説総論（第４版）』270頁（有斐閣，2008年）。絶対的不能・相対的不能説の問題点について詳しく検討しているのは，山口厚『危険犯の研究』19頁以下（東京大学出版会，1982年）。

18)　「この立場によって判断される危険は，事後的判断の見地からの，抽象的な類型化された危険だということである」（山口・前掲注(17)20頁）。

第11章　不能犯論の現状と課題　335

ルでの発砲」を「ピストルでの発砲」へと一般化してみるならば，相対的不
能と考えられよう。結局，絶対的不能・相対的不能説が事実の「抽象化の程
度」に関する（説得的な）基準を提示しえてこなかったことに，批判の向け
られる根本的な原因があろう[19]。また，行為を具体的状況から切り離して一
般的・抽象的に考察する方法論の問題性も指摘されてきた。このような問題
性から，学説においては，絶対的不能・相対的不能説は次第にその支持を
失っていくことになる。

　（3）客観的危険説の登場　　行為無価値論と結果無価値論の論争が激し
くなるなかで，不能犯論もその主戦場の1つとなり，昭和40年代の終り以
降，結果無価値論の立場から，絶対的不能・相対的不能説を再評価する「客
観的危険説」が主張されるようになる[20]。その特徴は，「第1に，結果発生
の危険を，行為者の意思や計画と全く無関係に，客観的・外部的に判断し，
第2には，この危険を事前ではなく事後的な立場から判断しようとする点に
ある」[21]。抽象的危険説など主観面を重視する見解が退潮し，絶対的不能・
相対的不能説が支持を失っていくなかで，具体的危険説と客観的危険説との
対立という現在の学説状況の大枠が形づくられていく。

　客観的危険説の特徴とする事後判断に対しては，「事後予測的立場を貫く
ときは，たとえ行為者が真剣に結果実現の効力があると信じていたとして
も，すべてを知悉している者の眼からみれば笑うべき児戯に類する徒労であ
り，結果の発生は客観的に当初から不能であったがゆえに不発生に終ったに
すぎないと解される……。この意味では，一切の未遂は客観的には当初から
絶対的に不能なものとして運命づけられていたと解され，現行法上明らかに

---

19)　山口・前掲注(17)124頁，152頁，165頁，179頁注211も参照。

20)　絶対的不能・相対的不能説の「再評価」の口火を切ったのは，中山研一『刑法総論
　の基本問題』231頁（成文堂，1974年）である。その後，井上祐司「不能犯」法学セミ
　ナー259号105頁（1976年），大谷實「不能犯」『論争刑法』147頁以下（世界思想社，
　1976年），同「不能犯（再論）」同志社法学30巻2・3号30頁以下（1978年）などが続い
　た。また，内田文昭『改訂刑法Ⅰ総論（補正版）』267頁以下（青林書院，1997年），奥
　村正雄「不能犯論の予備的考察――わが国における不能犯論の現状分析を中心に――」
　同志社法学32巻5号142頁以下（1981年），内藤・前掲注(1)『刑法講義総論（下）Ⅱ』
　1269頁以下。

21)　中山研一『刑法総論』426頁（成文堂，1982年）。また，同「不能犯の論争問題」『刑
　法の論争問題』156頁（成文堂，1991年）など。

336 第3部 不能未遂

存在する未遂犯を一切否認するというような超法規的，あるいは現行法に矛盾する帰結を招来することをも禁じえないであろう」[22]との批判が向けられた。

このような批判に対する「客観的危険説」の論者の対応は分かれた。すなわち，（ア）かかる批判に反論し，その出発点を比較的純粋に貫き，行為後の不確定要素に着目して「客観的危険性」を判断しようとするアプローチと，（イ）その批判を受け入れ，一定の修正を行い，とりわけ，それが存在したならば結果発生に至ったであろうような「仮定的事実の存在可能性」を問おうとするアプローチである。

前者の（ア）の見解は，たとえば，殺人の故意で発砲したが，目的を遂げなかったという場合，「ピストルの銃口が一定の方向を向いていても，弾丸は常に必ず同一軌跡を一点の狂いもなく通って目標に向かうわけではない。行為時の条件に応じて許容されるズレの範囲がある。これが客観的危険の範囲である。……右の例では，銃口の方向はできるだけ明確にするのである。そのうえで科学的不確実性の範囲を明らかにしようとするのが，客観的危険説の純粋形態である」[23]とし，法益侵害の危険性は客観的・事後的に，そして，科学的・物理的見地から判断すべきであり[24]，「科学的不確実性」の範囲でのみ危険が肯定されるとする「客観的危険説」に修正を加えなければならない理由はないとする[25]。しかし，このような純粋な客観的危険説に対し

---

22) 中・前掲注(4)『刑法総論』200頁。また，同『講述犯罪総論』199頁（有斐閣，1980年），同「不能犯」『論争刑法』117頁以下，120頁（世界思想社，1976年）など。

23) 村井敏邦「不能犯」芝原邦爾ほか編『刑法理論の現代的展開—総論Ⅱ』182頁以下（日本評論社，1990年）。

24) 村井・前掲注(23)175頁。

25) 村井・前掲注(23)189頁。また，浅田和茂『刑法総論（補正版）』383頁（成文堂，2007年），内山良雄「未遂犯総説」曽根威彦・松原芳博編『重点課題刑法総論』200頁（成文堂，2008年），大越・前掲注(4)171頁，関・前掲注(4)363頁以下，曽根威彦『刑法原論』485頁，487頁以下（成文堂，2016年），武田誠「『不能犯論』序説——判例の検討に重点を置いて——」國學院法学43巻4号52頁以下（2006年），奈良俊夫『概説刑法総論（第3版）』263頁（芦書房，1998年），西山富夫「不能犯(1)」百選Ⅰ2版149頁，松宮孝明『刑法総論講義（第5版）』245頁（成文堂，2017年）など。なお，宗岡嗣郎『客観的未遂論の基本構造』22頁（成文堂，1990年）は，「可罰未遂（実在的危険性）は，結果発生の必要条件を備えていたにもかかわらず，別の因果系列（救助的因果系列）の偶然的介入によって，その充分性を欠落させたときにのみ存在し，反対に，結果発生の必要条件が当該行為の因果系列の中になかった場合，すなわち，その因果系列において結

第11章　不能犯論の現状と課題　337

ては，とりわけ，その結論に対して，「この見解は，理論的には相当徹底している が」，「『科学的不確実性』の範囲で危険発生を肯定するにとどまるのでは，処罰範囲が狭きに失する」[26]との批判が向けられ，支持の十分な広がりはみられなかったといえよう。

　古く，解釈論として絶対的不能・相対的不能説を妥当とした大場博士が，立法論としては，「絕對的不能犯ト雖モ重大ナル犯罪ニ限リ之ヲ罰スルヲ相當ト爲ス。是レ恰モ重大ナル犯罪ニ限リ其豫備又ハ陰謀ヲ罰スルノ必要アルト其理ヲ等シウス」[27]と論じ，内田教授が，「基本的には『古い客観説』によ」るべきとしながら，「不能犯とすることを法感情が徹底的に拒否する場合に限り，行為当時の一般人の危険感に訴えるべきである」[28]とし，死体に対する殺人の企て事例，空ピストル事件などは具体的危険説の見地から解決されるべきである[29]としているように，客観的危険説を純粋に貫いた場合に

―――――――――
　　果の不発生が必然的であった場合」が不可罰的不能犯であるとする（宗岡・前掲299頁，345頁以下も参照。この見解からの具体的結論については，宗岡・前掲22頁以下，300頁以下，336頁以下参照）。宗岡教授の見解に対しては，法益侵害結果発生の必要条件を備える行為者の行為を含む因果系列と，法益侵害発生に対抗する別個の救助的因果系列の切り分けが恣意的ではないかという批判が向けられている（佐伯仁志「不能犯」争点90頁など。林陽一「不能犯について」『松尾浩也先生古稀祝賀論文集上巻』387頁以下［有斐閣，1998年］も参照）ほか，かかる見解の場合，未遂を基礎づけるべきところの「実在的危険」の発生時期，つまり，実行の着手の「時点」の問題が残るように思われる。
26)　山口厚『問題探究刑法総論』216頁以下（有斐閣，1998年）。「事実の抽象化を否定し，結果発生の確率論に従い，純粋に事後的な科学的・物理的な危険の程度を問うことにより問題解決を図ろうとすると，果てしのない科学論争に陥るおそれがある」とするのは，奥村正雄「不能犯論における危険概念の構造――客観的危険説と具体的危険説――」同志社法学57巻6号120頁（2006年）。
27)　大場・前掲注(15)866頁。また，勝本・前掲注(15)『刑法要論』177頁以下も参照。
28)　内田・前掲注(20)267頁。
29)　内田・前掲注(20)267頁，270頁注11，注12。その後，内田教授は，さらに，可罰的未遂と不能未遂の区別は一般的危険性の有無によるとし，その「結果発生の『一般的危険性』は，当該具体的事例につき，事後において事前に遡り，当該行為は当該結果を発生させる『客観的＝具体的な危険性』を有する性質のものであったかどうかを，人類の経験的知識に基づいて裁判官が判断を下すことにより判定されるべきことになる。事後的に始めて認識可能となった事情は，当然無視されなければならない」（内田文昭『刑法概要中巻〔犯罪論(2)〕』378頁［青林書院，1999年］）とし，これは「社会科学としての刑法学の評価基準を大幅に導入した態度（いわゆる『新しい客観説』であるといわれてしかるべきであろう）。……事後的判断のみで，危険性はなかったから『不能犯』であるというのは，可罰的未遂と不能未遂の区別を否定する論理にほかならないというべきであろう」（内田・前掲『刑法概要中巻』386頁）と論じている。

338　第3部　不能未遂

至りうる結論がやはり看過できない問題といえよう[30]。

　その一方で，前述の（イ）のアプローチが（修正された客観的危険説，仮定的蓋然性説）が現在多くの支持を集めるに至っている。そこで，次に，これを検討したい。

## 2　仮定的蓋然性説

　（1）仮定的蓋然性説（修正された客観的危険説）は山口教授により主張された。山口教授は，「あらゆる事実を客観的に考慮すれば，結果が発生しなかった場合，それは自然法則に従った必然的結果だということになり，危険の発生も否定されてしまうことになりかねない」[31]という認識に立ったうえでその主張を展開した。次のように主張する。「未遂の成立要件である現実的・客観的危険（具体的危険）は次のように判断されるべきであろう。①まず，結果が発生しなかった原因を解明し，事実がどのようであったら，結果が発生しえたであろうかを科学的に明らかにする。ここでは，一般人がどのような事実を認識できたかといったことは関係がない。②次に，このようにして結果をもたらしたはずの仮定的事実がありえたであろうかが判断されることになる（仮定的事実の存在可能性）。この判断を客観的に行うことはできないから，一般人が事後的にそれを『ありえたことだ』と考えるかを基準として判断されることになる（一般人の事後的な危険感）。客観的には結果は発

---

30)　不能犯の議論は，どのような場合にまで刑法が介入すべきかという当罰性の考慮が強く影響を及ぼすと考えられる問題領域である。「何を未遂とし，いかなる範囲でどのように罰するかは，立法政策にかかわる問題であり，時代により国によって大きく異なる」（浅田和茂「未遂犯の処罰根拠――実質的・形式的客観説の立場から――」現代刑事法17号36頁［2000年］。また，前田雅英『刑法総論講義（第6版）』113頁［東京大学出版会，2015年]）と指摘されるところである。市民的自由の確保・謙抑主義と，市民的安全の要求・法益保持の十全な要請との調和の必要性を指摘するのは，大沼邦弘「未遂犯の実質的処罰根拠――不能犯論の予備的作業――」上智法学論集18巻1号112頁以下（1974年）。「未遂犯をあまりに狭く例外的なものとする極端な客観説は……古い結果責任主義という批判をまぬかれないであろうし，他方，未遂をあまりに主観化し心情化すると，刑法の神学化をもたらす。その国の文化の程度と社会の要求に応じてどこにバランスを求めるか，それが未遂論の課題だといえよう」とするのは，平野龍一「刑法の基礎⑳未遂犯」法学セミナー139号42頁（1967年）。斎藤信治『刑法総論（第6版）』232頁，235頁以下（有斐閣，2008年）も参照。

31)　山口厚『刑法総論（第3版）』289頁（有斐閣，2016年）。山口・前掲注(17)『危険犯の研究』52頁，75頁，81頁，151頁，164頁も参照。

第11章　不能犯論の現状と課題　339

生しえなかったのであるが，たまたまそうだっただけで，結果を発生させた
ことも十分ありえたと考えられる場合に，危険が肯定されることになる」[32]
と。

このような仮定的蓋然性説は有力な論者による支持を得てきている[33]。し
かし，いくつかの疑問も指摘されている。すなわち，①仮定的な事実の置き
換えの許容される（事実の置き換えのために事態を遡りうる）範囲，②仮定的
な事実の存在可能性の程度，③客体の不能の取扱い，さらに，客体の不能の
なかでも，④窃盗罪・強盗罪などの財産犯の場合の客体の不能の取扱いにそ
れぞれかかわる疑問である。以下では，これらの批判をもう少し詳しくみて
みよう。

（2）①の仮定的な事実の置き換えの範囲であるが，山口教授は，空ピス
トル事例について次のように説明する。この場合，「実弾がこめられている
ことがどのくらいありえたと考えられるか，ということが問題となる」。
「偶々弾丸をこめるのを忘れられていたために弾丸が発射されなかったとい

---

32)　山口・前掲注(31)『刑法総論』290頁。また，山口・前掲注(17)『危険犯の研究』165
　　頁以下，同・前掲注(26)『問題探究刑法総論』217頁以下。
33)　仮定的蓋然性説を支持するのは，小林憲太郎「実行の着手について」判時2267号9
　　頁以下（2015年），佐伯仁志・前掲注(25)争点91頁，同『刑法総論の考え方・楽しみ方』
　　350頁以下（有斐閣，2013年），佐藤拓磨『未遂犯と実行の着手』83頁以下（慶應義塾大
　　学出版会，2016年），鈴木茂嗣『刑法総論（第2版）』191頁以下（成文堂，2011年），高
　　橋則夫『刑法総論（第3版）』400頁（成文堂，2016年），西田典之『刑法総論（第2
　　版）』311頁（弘文堂，2010年），西田典之ほか編『注釈刑法第1巻』656頁〔和田俊憲〕
　　（有斐閣，2010年），橋爪隆「特殊詐欺の『受け子』の罪責について」研修827号12頁
　　（2017年），町野朔「不能犯(2)」百選Ⅰ5版135頁，松原芳博『刑法総論（第2版）』336
　　頁（日本評論社，2017年），和田俊憲「不能犯の各論的分析・試論の覚書」町野朔先生
　　古稀記念『刑事法・医事法の新たな展開（上）』238頁（信山社，2014年）。なお，堀内
　　捷三『刑法総論（第2版）』239頁以下（有斐閣，2004年），松澤伸「違法性の判断形式
　　と犯罪抑止」早稲田法学78巻3号253頁（2003年）。山中教授は，独自の「二元的危険予
　　測説」を主張するが，不能犯かどうかの結論を決定的に左右する判断に関しては類似し
　　て（可能性・蓋然性のある）「仮定的な事情への置きかえによる結果発生の可能性」を
　　問う（山中敬一『刑法総論（第3版）』791頁以下〔成文堂，2015年〕）。林陽一教授は，
　　「通常考えられる中で最高の能力を有する者」を基準として（林陽一・前掲注(25)397頁
　　注45），「人間が認識能力または制御能力を欠くため，コントロールができないような事
　　情については，行為時の事情であると行為後の事情であるとを問わず，他のあり得る事
　　情に仮定的に置き換え，その場合に法則性に基づいて結果発生に至り得ると判断される
　　ときには」，危険を認め，「それ以上の抽象化を行わない」とする（林陽一・前掲注(25)
　　394頁）。

340 第3部 不能未遂

う場合には，巡査の勤務中携帯する拳銃には弾丸がこめられているものであるから，実弾がこめられていることは十分にありえたとされることとなり，具体的危険の発生は肯定される」[34]。つまり，この場合に，結果不発生の原因の発生時，つまり，弾丸を入れ忘れた時点まで遡って，「弾丸を込める」という仮定的事情の存在可能性が問われている。これに対して，もし仮定的な置き換えを許容する時点を「実行行為の直前」（ないしそれに近い時点）までに限定するとすれば，空ピストル事件において「実行の着手の直前であるピストルを奪う時点で，すでに実弾が入っていないことは明白であり，不能犯である」[35]との結論に至ることになろう。ほかの例では，致死量に足りない毒物を投与したケースについて，山口教授は，「この場合，相手方が健康人であったために死亡するには至らなかったが，過労等のために身体の状態がすぐれず，体の抵抗力が弱っていたとすれば死亡しえたとしよう。そのときには，相手方がこのような身体的状態であったことが十分にありえたとすれば，そこから，当該の具体的な相手方について具体的危険の発生を肯定することは可能であるように思われる」[36]と論ずる。この場合，「過労等のためその量の毒物で死亡するような身体状態でありえた」と考えられうるかどうかを，どの時点まで遡って仮定的に置き換えて考えるのであろうか[37]。

　仮定的な事実を置き換えるために遡りうる範囲について，山口教授は，インタビューでの質問に対して，その限定はないと答えている。すなわち，

---

34)　山口・前掲注(17)『危険犯の研究』171頁。

35)　山中敬一「不能犯論における危険判断の構造――二元的危険予測説の提唱――」現代刑事法17号62頁（2000年）。

36)　山口・前掲注(17)『危険犯の研究』170頁。

37)　この点の疑問について，中義勝「不能犯についての若干の覚え書き」『刑法上の諸問題』246頁以下（関西大学出版部，1991年）も参照。さらに，「致死量未満の毒物投与の場合のように複数の仮定的事実（致死量投与，被害者の健康不良等）が考えられる場合，存在可能性を問う仮定的事実の選択基準が明示されていない」（内山良雄「不能犯論――客観的危険説の立場から――」現代刑事法17号54頁［2000年］）との批判もあるが，いずれかということではなく，存在可能性が問えるものはすべて問い，その可能性があれば未遂犯成立と考えるのであろう。山口厚編著『クローズアップ刑法総論』202頁以下〔和田俊憲〕（成文堂，2003年）も参照。この種の致死量に足りない毒物の投与のケースでは，「行為者が被害者に摂取させた毒物の量が一般的な致死量に至るまで増加していた可能性は認められにくい」から，主に被害者の健康不良の可能性が問題になるとするのは，佐藤・前掲注(33)90頁。

第11章　不能犯論の現状と課題　341

「1つの考え方としては……実行行為の段階が遡及の限度だとする見解があり得ます。ところが，そういう考え方に立つと，たとえば警察官の空ピストルを奪って，相手に向けて構えているという事例では，もはやその段階では空ピストルですから，殺人未遂は成立しないことになります。この場合においても殺人未遂の成立を認めるためには，いわばそれ以前に遡らなければいけません。私としても，それよりも広く事実を仮定することを認めざるを得ないと思います。そうすると，……形式的な限定はなくなります。では，何が限定になるのかというと，それは『危険の程度』でしかあり得ません。つまり，仮定的事実の存在可能性を問題にする際には，仮定する事実は，いろいろな範囲で考えられますが，仮定する範囲をどんどん広げていけばいくほど，結局，そうして認められる危険の程度はどんどん低くなるのです。そこから，逆に，危険の程度を基準として仮定する範囲を限定することが考えられることになります」[38]。

　「危険の存否」を判断しているのに「危険の程度」で限定できるというのは背理ではないのかという疑問は措くとしても，仮定的な事実の置き換えに関して遡りうる範囲について限定がなくてよいのか，疑問が残ろう。山口教授自身，事実の抽象化を否定する代わりに「遡る」ことを認める見解に対して，「『遡る』ことを認めるとすると，一体どこまで『遡る』ことを認めるかによって，危険発生の有無は左右されることになる。限りなく『遡る』ことを認めるとすると，侵害が発生しなかった場合でも，危険は歯止めなく肯定されることともなりうるのである。従って，どこまで『遡る』ことを認めることができるかという点が……明らかにされる必要がある」[39]と批判してい

---

38)　山口厚「インタビュー『問題探究刑法総論』第7回不能犯・中止犯」法学教室241号72頁（2000年）。同様に，小林・前掲注(33) 9頁も，「時間的な遡及に限界を設ける理論的な根拠はまったく存在しない」とし，佐藤・前掲注(33)78頁も「置き換えの対象となるべき仮定的事実の範囲を定める基準は，本見解からは出てこないというべきであろう」とする。山口編著・前掲注(37)200頁以下〔和田〕も参照。
39)　山口・前掲注(17)『危険犯の研究』158頁。松生建「具体的危険犯における『危険』の意義（2・完）」九大法学49号50頁（1985年）は，「そもそも，現実に存在する事実を想定された事実と置き換え，この仮定的事実に基づいて危険性を判断することを許すならば，あらゆる事態が，生活の多様性に基づき，何らかの意味で危険とされる恐れがあると言わざるをえない。……ありえたとされる仮定的事実の定め方に問題があるのであるが，しかし，……どの範囲の仮定的事実を想定することが許されるのかについての基

たところである。仮定的蓋然性説に仮定的事実への置き換えに関してどこまで遡ってそれを許容するのかを限定する内在的な基準を含んでいないというのは，この判断枠組みの大きな問題点であるように思われる[40]。

（3）置き換えが考えられる事実の「存在可能性の程度」も考えられなければならない。この点について，山口教授は，仮定的事実の存在可能性は「極めて高度の段階から全くありえないという段階まで，連続的に考えることができる。従って，具体的危険として処罰すべきなのはどの程度の可能性の段階までか，ということが問題となってくる。明確な線を引くことは事柄の性質上困難であるが，具体的危険は法益侵害の前段階であるから，それに準ずる程度のそれ相応の，相当程度の可能性（そのような事実は十分にありえたと考えられる場合）に限定されるべきであるように思われる」[41]と論じている。これに対して，佐藤教授は，「どの程度の可能性が必要かは純粋な確率論で定めることはできない。……『相当程度の可能性（そのような事実は十分にありえたと考えられる場合）に限定』すべきではなく，同様の犯行計画に基づく行為が行われた場合には，結果が発生するおそれがあるという程度で足りるというべきであろう」[42]と論じており，両者の設定している「程度」はかなり異なるように思われる。仮定的蓋然性説に立った場合にどちらの理解（もしくは別の理解）が妥当であるかはともかく，前述の仮定的な置き換えの遡りうる範囲に関してもかかわってきたように，この点が明確にならなければ，仮定的蓋然性説から導かれる結論もはっきりしないということになろう。仮定的蓋然性説の判断の「手順」は明確であるが，具体的な結論を導くための判断基準には不明確な部分がかなり残っているといわざるをえない[43]。

---

準は存在しないように思われる」と批判する。

[40]　仮定的事実の置き換えの認められる限度を，時間的な面とは別に，「行為の同一性」の範囲に求めるのは，西田ほか・前掲注(33)657頁〔和田〕，山口編著・前掲注(37)201頁以下〔和田〕。「現実の事実に置き換えられるべき仮定的事実は，行為者の犯行計画に取り込まれていた事情に限定されるべきである」とするのは，佐藤・前掲注(33)83頁。林陽一・前掲注(25)401頁も参照。

[41]　山口・前掲注(17)『危険犯の研究』166頁。なお，小林憲太郎「未遂犯（中）」判時2330号137頁，142頁注5（2017年）も参照。

[42]　佐藤・前掲注(33)84頁。

[43]　山口編著・前掲注(37)200頁〔和田〕は，仮定的蓋然性説の「危険判断定式は，……

第11章　不能犯論の現状と課題　343

（４）仮定的蓋然性説の別の問題点として，客体の不能，とりわけ死体に対する殺人の企て事例に関する取扱いがある。山口教授は，「現実に存在する客体に対する危険を越えて，存在することのありえた客体に対する危険までを処罰すべきかには疑問の余地がありうる」。「というのも，被害法益が現実には存在しなかったときには，正しく具体的な『被害者』はいないのであり，『被害』の現実性に欠けるからである。具体的危険として処罰に値するのは，現実に存在する個別的な客体に対する現実の危険に限られる」[44]とされ，このケースでの未遂犯の成立を否定すべきであると主張された[45]。

しかし，仮定的蓋然性説を支持する論者のなかでも，客体の不能の特別扱いには理由がないとし，未遂犯は結果発生の可能性を処罰の根拠とする以上，「行為時に客体が存在することが絶対必要とはいえない」[46]とする論者

---

様々な方向から危険を薄める可能性を孕んでいる（低い程度の危険によって未遂を肯定する場合にも使用可能なものである）」ことを指摘している（もちろん，和田教授はそれを回避すべきであるとする）。林陽一・前掲注(25)396頁注36も参照。なお，「実際の処罰範囲を大きく分けるのは，危険の程度ではなかろうか」との理解に立ったうえで，不能犯論における危険性は「高度の危険ないし具体的な危険」である必然性はなく，「全く無害な事象を刑罰の対象から排除するという要請」を充たす程度であればよいとするのは，樋口亮介「実行行為概念について」『西田典之先生献呈論文集』33頁以下（有斐閣，2017年）。

44)　山口・前掲注(17)『危険犯の研究』167頁。松原・前掲注(33)336頁も，「『客体』についての仮定的置換は許されず……『客体の不能』は原則として不能犯とされるべきであろう」とする。ただ，死体に対する殺人の企て事件について「行為の時点を仮定的に置換して危険を肯定することも考えられないわけではない」（松原・前掲注(33)337頁）ともしている。「客体がその場に存在した可能性とこの世に存在した可能性とは扱いを分けるべきで，この世に存在しなかった場合は，いわば『法益の不能』として，未遂を論ずる前提を欠く」とするのは，西田ほか・前掲注(33)658頁〔和田〕。また，和田・前掲注(33)『町野古稀』240頁，同「不能犯(2)」百選Ⅰ7版137頁。

45)　山口・前掲注(17)『危険犯の研究』168頁。

46)　佐伯仁志・前掲注(33)『刑法総論の考え方』352頁。また，同・前掲注(25)争点91頁。同様に，小林・前掲注(33)判時2267号10頁，同・前掲注(41)判時2330号139頁，鈴木・前掲注(33)194頁以下，町野・前掲注(33)百選Ⅰ5版135頁。また，西田・前掲注(33)311頁以下。佐藤・前掲注(33)76頁注88は「客体の不能を一律に不可罰にすることには，客体の不能と方法の不能は明確には区別できないという問題もある」という点も指摘する。ドイツにおける古い見解に関して，西山教授は，「『客体の不能』については，……人が誤って全く不能な客体を選んだ場合には，誤った手段をとったすなわち手段の不能に還元して考える学者が多かった」（西山富夫「未遂犯の違法性と責任性」井上正治博士還暦祝賀『刑事法学の諸相（上）』79頁〔有斐閣，1981年〕。また，同「リストと具体的危険説」名城法学18巻2号6頁〔1968年〕）とし，具体的に，「このような見解は，普通法的思想を代表するティットマンにおいてもみられ，たとえば死者を殺そうとした場

344　第3部　不能未遂

も多い。このような指摘を受け，山口教授自身，「正当に指摘されているように，この基準からは，客体の不能の事例について，不可罰であることを直ちに導くことはできない。筆者がかつてその不可罰性を主張したのは，その意味では，さらに一歩踏み込んだ，別の主張を含むものであった」と述べている[47]。しかし，それでも，「客体の不能事例を全面的に不可罰とする結論に固執してはいないが，実際上の処罰範囲の限定という点において，そうした『限定的基準の併用』にもなお意義がないわけではない」[48]とし，なお客体の不能の場合の未遂犯成立には消極的な立場を採っている。

　このように，不能犯か否かが問われてきた重要なケースで，かつ，実際にも問題になった死体に対する殺人の企て事例の取扱いにつき仮定的蓋然性説の主要な論者間においてその取扱いにつき一致がみられないのは，問題といえよう。

　（5）さらに，客体の不能のなかでも，とくに窃盗罪・強盗罪などの財産犯の場合の客体の不能に関する取扱いも問題となる。

　山口教授は，財産犯の場合の客体の不能について次のように論ずる。「空ポケットの事例において，……現に手を差し入れたポケットの中には財物は何もなかったのであるから，その限りにおいて，そこには，個別具体的な客体（法益）は現実に存在しなかったと言わざるをえない」。「その意味で，『死体に対する殺人未遂』の場合と異なって取り扱う根拠に乏しいと言えよう。従って，具体的危険の発生は否定されるべきなのである。判例は，空ポケットの事例において，当該の具体的客体との関係ではなく，一般に存在する他

---

　合，尊属と思って他人を殺した場合，結婚したと思って婚姻を破棄した場合など，これは客体が不能なのではなく行った方法が注意を欠き，まずかったのである，と考えている。……ツァハリエ……の見解も，客体の不能は結局手段の不能というものである，といわれている」（西山・前掲『刑事法学の諸相』88頁注7。同・前掲名城法学18巻2号12頁注7）と指摘している。

47)　山口厚ほか『理論刑法学の最前線』200頁以下〔山口厚〕（岩波書店，2001年）。
48)　山口ほか・前掲注(47)『理論刑法学の最前線』201頁〔山口〕。また，山口・前掲注(31)『刑法総論』290頁以下。これに対して，客体の不存在についてのこのような認識は，「『手段』の不能に関しても充分なりた」ち，「『手段』の不能と『客体』の不能の分離した取扱には説得的な理由があるとは思えない」と批判し，山口教授の空ピストル事例の処理に疑問を呈するのは，宗岡・前掲注(25)11頁以下，302頁。また，松生・前掲注(39)50頁。

第11章　不能犯論の現状と課題　345

の客体との関係で危険の発生を認めているように思われる」。しかし，それ
は「『一般的』危険を具体的危険として処罰しようとするものであり」，疑問
である。「通行人が金品を何も所持していなかったのであれば，窃盗未遂の
成立を肯定することはできないのである」[49]。

　このような理解に対して仮定的蓋然性説を支持する論者のなかから注目す
べき異論が出されている。

　その異論は次のように論ずる。死体に対する殺人の企て事例において「未
遂を基礎づけると考えられているものは」「撃たれた被害者Ａが頭部貫通銃
創を負ってから心拍停止に至る因果経過が現実とは異なり，あるいはＡが
負った銃創の位置が現実とは異なるなどして，心拍停止までもう少し時間を
要していた可能性が認められることだと思われる」。このケースは，「数時間
前の心臓麻痺とは異なり，ほんのわずかな条件の違いが被害者の死期に至る
因果経過を変動させ，行為の前提状況を変えることによって，行為者の当該
行為が死因を創出していた可能性が認められる事案である」[50]。これに対し
て，懐中無一物事件において，それと同様の枠組みで判断するのであれば，
「当該被害者が懐中物を所持していなかったことを確認することが必要とな
る上，さらに懐中物を所持せずに墓地を通行していた理由を時間を遡って追
究し，たとえば，普段は所持しているが当日はたまたま自宅に置き忘れた
り，途中で落としたりしたのか，それとも，被害者には普段から散歩中は懐

---

49)　山口・前掲注(17)『危険犯の研究』168頁以下。ただ，「例えば，通行人は，右のポ
　　ケットではなく左のポケットに金品を入れていたとすれば，この左のポケットの中の財
　　物に対する危険を問題としえないではない。このような危険を根拠として窃盗未遂の成
　　立を肯定しうるかには疑問もあるが，当該の具体的場合に生じた結果にのみ処罰の根拠
　　を求めるべきだとすれば，この場合には，このような危険だけが問題となるのであり，
　　それを根拠に犯罪の成立を認めることは全く不可能とはいえないであろう」(山口・前
　　掲注(17)『危険犯の研究』169頁以下) ともしている。客観的危険説の論者において，空
　　ポケットのケースで，スリが手を入れたのとは反対のポケット (または別の場所の) 財
　　物の存在を根拠に窃盗未遂罪を肯定しようとする見解も有力である。たとえば，曽根・
　　前掲注(25)490頁，内藤・前掲注(1)『刑法講義総論 (下) Ⅱ』1275頁，山中・前掲注(35)
　　現代刑事法17号63頁など。しかし，スリにおけるあたり行為に関する実行の着手に関す
　　る議論を前提とすれば，スリが被害者の右ポケットに手を入れた段階で，左ポケットの
　　財物に対する「実行の着手」を認めるのは困難であるように思われる。村井・前掲注
　　(23)181頁も参照。
50)　和田・前掲注(33)『町野古稀』232頁。

346　第3部　不能未遂

中物を所持しない習慣があったのかを明らかにすることになろう。前者なら
ば懐中物を所持していたことはあり得たのに対して，後者ならばそれはあり
得なかったと判断されうることになる」[51]。しかし，「懐中無一物事件にお
いて被害者の習慣や当日の行動を問題にするのも，妥当ではないであろう。
大審院の言うように，財物奪取目的で暴行を加えた事案ではその事実だけで
強盗未遂を認めるべきであり，被害者が懐中物を所持していたか否かが強盗
未遂の成否に影響を及ぼすと考えるべきではなく，したがってまた懐中物を
所持していなかった場合にその具体的経緯や理由を問題にすべきでもな
い」[52]と論ずる。

　財産犯の場合の客体の不能に関して，和田教授の指摘は適切なものである
と考える。しかし，和田教授がその結論を「各論的分析」から導いている[53]
ことからも，そのことは仮定的蓋然性説（客観的危険説）の一般的妥当性に
ついて疑念を抱かせることになるように思われる。

　（6）仮定的蓋然性説の客体の不能の取扱いに関する議論，とりわけ死体
に対する殺人の企て事例に関する議論は，仮定的蓋然性説の問題としている

---

51)　和田・前掲注(33)『町野古稀』232頁。

52)　和田・前掲注(33)『町野古稀』233頁。また，同239頁〔「領得罪のうち未遂処罰のあ
　る窃盗・強盗・詐欺・恐喝の各移転罪については，したがって，客体の存在や不存在の
　場合のその理由を問題とするまでもなく，未遂犯の成立が認められるべきであると解さ
　れる。狙った金庫が空でも窃盗未遂，残高のない他人名義の銀行口座からATMで出金
　を試みても窃盗未遂，窓口なら詐欺未遂，無一文の人に対する振り込め詐欺も詐欺未
　遂，強盗・恐喝の相手に手持ちがなくても強盗未遂・恐喝未遂である」〕。萩原滋『刑法
　概要総論（第3版）』161頁（成文堂，2014年）も，「被害者がおよそ財物を所持してい
　なければ不能犯が成立するとの結論は妥当であろうか」とする。

53)　「既遂においてすでに一般予防の必要性が違法性の大半を基礎づけているような犯罪
　類型については，一般予防の必要性による未遂犯の基礎づけを認めてもよいことになる
　と解される。……具体的に挙げれば，第1に，領得罪である。……予防優位の犯罪類型
　として，第2に考えられるのは，建造物放火罪である。……万が一結果が発生した場合
　のその重大性に鑑みて，予防の必要性によりその処罰を説明する見解に依拠したとする
　と，……領得罪と同様の説明になりうる」（和田・前掲注(33)『町野古稀』238頁以下）
　ということを，このような解釈の理由の1つとする。犯罪類型ごとの予防目的の高低の
　評価，そして，そもそも予防目的による未遂処罰の基礎づけについて，なお慎重な検討
　を要しよう。「予防の必要性が高ければ実現された不法は足りなくてもかまわない」と
　はいえず，「予防の必要性が違法性の大半を基礎づけるなどという分析枠組み自体」疑
　問であるとするのは，小林・前掲注(33)判時2267号10頁。また，同・前掲注(41)判時
　2330号139頁。

第11章　不能犯論の現状と課題　347

「危険」が「現実に存在する個別的な客体に対する現実の危険」[54]，具体的事案での当の行為客体が危険な状態にさらされたことを問題にするものではないことを明らかにする。そのことは，そのような「危険」が「結果としての危険」と呼ぶべき実体を有するものなのかという疑問も生じさせよう[55]。たしかに，仮定的な事実への置き換えの手順によって判断された「状態」をもって，外界に生じた「結果」と捉えることは，もとより可能であろう。それは言葉の問題ともいえる。重要なのはそれにより考えられている「状態」の中身である。仮定的蓋然性説を支持する佐藤教授は適切に次のように論じている。仮定的蓋然性説の行う「事実の置き換えという手法は，現実に存在した一定の事実を消し去って現実には存在しなかった世界の存在可能性を問うところに特徴があるのだから，客体に対する現実の脅威を問題にすることは，本見解の発想とは相容れないというべきである。したがって，……本見解を支持するためには，未遂犯における『結果』の内容として，客体に対する現実の脅威を要求する必要がないということを正面から示す必要があるだろう」[56]と論じ，そのような認識から，結果としての危険性は，「将来の犯

---

54)　山口・前掲注(17)『危険犯の研究』167頁。

55)　宗岡・前掲注(25)180頁は，「実在する事実をないものとしたり，実在しない事実をあるものとしたりする構成が危険を『結果』として捉えようとする立場に整合するとは思えない」と指摘する。なお，「法益侵害結果の不発生を決定づけた因果要因が常に考察の範囲からはずされるのであれば，そもそも『事後判断』の導入と言えるかという疑問も生じるであろう」（宗岡・前掲注(25)181頁注21）ともしている。なお，井田教授が，正当防衛の急迫性，緊急避難の現在の危難との関係で，「『修正された客観的危険説』の判断方法は，正当防衛や緊急避難の前提要件としての法益侵害の危険性を判定するための方法としても採用することができないことも明らかであろう。Xが弾丸の入っていない（しかし入っていることのあり得た）拳銃でAを殺害しようとしてその背後から狙いを付けているというとき，Yが正当防衛としてXを射殺することはできないのである」（山口ほか・前掲注(47)『理論刑法学の最前線』187頁〔井田良〕。また，井田良『講義刑法学・総論』416頁注25〔有斐閣，2008年〕）と指摘し，これに対して，山口教授が「それは，そのために主張された見解ではないことからしても当然のことである」（山口ほか・前掲注(47)『理論刑法学の最前線』201頁〔山口〕）と答えているのも，重要なやりとりといえよう。

56)　佐藤・前掲注(33)76頁。また，小林・前掲注(33)判時2267号5頁は，「時間的にさかのぼることによって」，かかる既遂到達を可能とする事情が「どの程度の蓋然性をもって存在しえたかと，仮定的な問いを積み重ねる作業が既遂到達の可能性の実体を構成している。端的にいって，通常の未遂犯における『予測』の判断ではなく，むしろ『想像』上の判断をしているのである」と指摘し，中野正剛「不能犯論・覚書――未道書評を契機として――」川端博ほか編『理論刑法学の探究10』230頁（成文堂，2017年）は，

348 第3部 不能未遂

罪抑止という一般予防の必要性からみて処罰が必要な状態」[57]であると考える。「結果としての危険」の中身がそのように考えられるならば，その呼び方の適否はともかく，そこで考えられていることは，実質的にみれば，刑法規範によって禁じられる（刑罰法規に違反する）ところの，既遂に至る一定の可能性（属性）を有すると評価される「行為」というのとでは表現の違いにすぎないように思われる。そこで非難の対象の実体を形づくっているのは，「仮定の世界において侵害可能性をもつと評価される」ところの「現実に行われた行為」であるからである。

（7）なお，学説のなかでの仮定的蓋然性の位置づけについて，仮定的蓋然性説の行う「客観的危険説の修正」はあまりに重大な「修正」であり，「客観的危険説」というよりもむしろ「具体的危険説」の1バリエーションなのではないか，といった理解もたびたび示されてきた[58]。この点は，前で指摘した仮定的事実の存在可能性の程度や客体の不能の取扱いなどの理解の

---

　　仮定的蓋然性説のアプローチは「その行為に含まれる結果発生の可能性の評価ではなく，評価の前提となる事情を人為的に差し替えた操作的判断に基づくフィクションに基づく仮定上の蓋然性評価である」と指摘する。

57)　佐藤・前掲注(33)82頁。林幹人『刑法総論（第2版）』362頁（東京大学出版会，2008年）も，「結果としての危険は，将来同一の状況（最も思慮深い人間にとって認識可能な事実が同一な状況）に置かれた行為者が法益を侵害しようとして行為するならば，今度は法益侵害に必要な要素が加わり，法益侵害を引き起こしてしまう可能性が高いと判断される場合に認められる」とする。澁谷洋平「英米刑法における不能未遂の可罰性判断（2・完）──客観説の分析を中心として」広島法学27巻4号177頁（2004年）も参照。また，澤登俊雄「不能犯(1)」百選I3版138頁以下は，「未遂は，その行為については現実的危険性がなくても，つまり結果の発生は絶対的に不能であっても，その種の行為が多数行われるとそのうちのいくつかは実害を発生させることになり，総体として許容しがたい社会状態が生じることになるという判断に基づいて，その行為が可罰的とされるのである。この意味で，結果無価値の実質は，『社会状態無価値』としてとらえられるべきであろう」と論ずる。山口編著・前掲注(37)219頁〔和田〕〔「仮定の世界にあるという（修正された客観的危険説の理解による）未遂犯の本質」〕も参照。

58)　参照，井田良『刑法総論の理論構造』272頁以下（成文堂，2005年），斎藤信治「不能犯(3)」百選I5版136頁，曽根・前掲注(25)487頁，中・前掲注(37)『刑法上の諸問題』250頁，中山・前掲注(21)『刑法の論争問題』162頁など。なお，前述（5）（6）の客体の不能の取扱いに関連して，山口教授が，「従来……不能犯の成立範囲についてはさまざまな議論がなされてきました。……理論構成の違いを超えて，実質的に何が違うかというと，それは具体的な被害者に対する現実的な危険を要求するか，そうでないかの違いであり，それがいわば決定的な対立軸であったと思うのです」（山口・前掲注(38)法学教室241号69頁）と指摘しているのは重要である。

第11章　不能犯論の現状と課題　349

仕方により，仮定的蓋然性説を採った場合でもその結論は論者により幅があるように思われ，一概には評価することは難しいといえよう。むしろ，論者による結論の振れ幅が問題にされるべきであるように思われる。

　仮定的蓋然性説は有力な支持をえてきているが，その基準の内容（そして，そこから導かれる結論）についてより明確にすることが必要であるように思われる。

## 3　具体的危険説

　（1）　具体的危険説は，「行為時において，一般人が認識できた事情，および行為者が特に認識していた事情を基礎として，一般人の立場より，結果発生の可能性があると判断される場合には，未遂犯の成立を認め，これがないと判断される場合には，不能犯を肯定する」[59]立場であり[60]，かつて通説的

---

59)　野村稔『刑法総論（補訂版）』344頁（成文堂，1998年）。同「不能犯と事実の欠缺」阿部純二ほか編『刑法基本講座（第4巻）』11頁（法学書院，1992年）。

60)　論者により細部に差異はあるものの具体的危険説を支持するのは，井田・前掲注(55)『講義刑法学』412頁，伊東・前掲注(4)321頁以下，植松正『再訂刑法概論Ⅰ総論』345頁（勁草書房，1974年），奥村・前掲注(26)同志社法学57巻6号136頁以下，大塚・前掲注(17)270頁以下，大沼・前掲注(30)上智法学論集18巻1号113頁，大谷實『刑法講義総論（新版第4版）』376頁以下（成文堂，2012年），岡野光雄『刑法要説総論（第2版）』266頁（成文堂，2009年），香川達夫『刑法講義総論（第3版）』326頁（成文堂，1995年），川端博『刑法総論講義（第3版）』511頁（成文堂，2013年），葛原力三ほか『テキストブック刑法総論』241頁〔塩見淳〕（有斐閣，2009年），佐伯千仭・前掲注(15)319頁，佐久間修『刑法総論』325頁（成文堂，2009年），塩見淳「不作為犯の不能未遂」法学論叢148巻3・4号295頁（2001年），末道康之『フランス刑法における未遂犯論』268頁（成文堂，1998年），高窪貞人「不能犯の現代的課題」中山研一ほか編『現代刑法講座第3巻』137頁（成文堂，1979年），立石二六『刑法総論（第4版）』286頁（成文堂，2015年），中・前掲注(4)『刑法総論』204頁，中野次雄『刑法総論概要（第3版補訂版）』87頁以下（成文堂，1997年），西原春夫『刑法総論（改訂版）上巻』351頁（成文堂，第4刷，1998年），萩原・前掲注(52)160頁，橋本正博『刑法総論』225頁（新世社，2015年），日髙義博『刑法総論』420頁以下（成文堂，2015年），平野龍一『刑法総論Ⅱ』326頁（有斐閣，1975年），福田平『全訂刑法総論（第5版）』243頁以下（有斐閣，2011年），藤木英雄『刑法講義総論』267頁以下（弘文堂，1975年），松村格『日本刑法総論教科書』243頁（八千代出版，2005年），森住信人『未遂処罰の理論的構造』147頁，216頁（専修大学出版局，2007年）など。行為の定型を重視して，青柳文雄『刑法通論Ⅰ総論』145頁（泉文堂，1965年），板倉宏『刑法総論（補訂版）』152頁（勁草書房，2007年），吉川経夫『三訂刑法総論』251頁以下（法律文化社，1989年），団藤重光『刑法綱要総論（第3版）』168頁，171頁（創文社，1990年）など。なお，社会心理の衝撃性の観点を重視して，斎藤信治・前掲注(30)236頁。なお，吉田・前掲注(2)31頁，114頁。

350 第3部 不能未遂

な地位にあったといえるが，客観的危険説，とりわけ仮定的蓋然性説の有力化に伴い，相対的にその地位が下がり，批判にもさらされている。すなわち，判断基底にかかわる批判として，①一般人が行為時にその状況に置かれたとしたら認識しえたであろう事実と行為者がとくに認識していた事実との関係が不明確である。②具体的危険説のいう判断基底を設定するためには「事後判断」を行わざるをえず，それは「事前判断」を主張する具体的危険説の基本的立場に矛盾する。判断基準にかかわる批判として，③一般人を基準とし，いわばその「危険感」により未遂犯の成立が基礎づけられるのであれば，裁判での厳密な事実の認定（鑑定等）が不要となってしまいかねず，それは刑事裁判の実態に合わない。④一般人を基準とした判断は不明確であり，さらに，その判断（とりわけ法則的判断）に専門知識を要するケースでは判断ができない場合も出てくることになり問題である，といった批判が主要なものといえよう[61]。以下，これらの批判について考えてみる。

（２）①の批判であるが，以前より，「行為者の認識したところと一般に認識し得たところが一致しない場合にそのいずれを基礎として危険判断をするかが不明確」である[62]との批判がなされてきた。しかし，具体的危険説において，「行為者のとくに認識していた事実」として行為者の認識が考慮され

---

古く，小野清一郎『新訂刑法講義總論』190頁以下（有斐閣，1950年），瀧川幸辰『新版刑法講話』213頁（日本評論社，1951年），武田鬼十郎「未遂犯ノ積極的意義（承前完）」法学新報29巻11号59頁以下（1919年）。

[61]　具体的危険説に対する批判について，参照，佐伯仁志・前掲注(25)争点90頁，佐藤・前掲注(33)56頁以下。主体の不能の場合の取扱いの問題もあり，その一律不可罰をどのように基礎づけるべきかは重要な問題である（私見は，現在のところ，規範違反の前提として，それに先行して判断されるべき規範の名宛人の問題と考えている）が，これは具体的危険説だけかかわる問題ではない。主体の不能の問題について，佐藤・前掲注(33)94頁以下，塩見淳「主体の不能について（1）（2・完）」法学論叢130巻2号1頁以下，6号1頁以下（いずれも1992年）参照。塩見教授は，「不能犯の判断規準を単純に適用するだけでは主体の不能を一律に不可罰として扱いえない」（塩見・前掲法学論叢130巻6号27頁）という認識を出発点とし，「立法者が法益侵害の可能性の高さに着目して行為主体の範囲を限定したとすれば，それは，彼により（特別に高い）危殆化の存在が先行して判断されていることを意味する」と解し，「法益をとくに危殆化しやすい地位」として立法者が判断したところの「主体要素が欠ければ，そのように抽象的に判断された危険が存在しないことになり，法益侵害の危険としての未遂」も一律に不可罰となると論ずる（塩見・前掲法学論叢130巻6号26頁）。

[62]　木村（阿部増補）・前掲注(12)『刑法総論』354頁。

第11章　不能犯論の現状と課題　351

るのは，客観的に存在する事実について，一般人はそのような事実の存在を認識しえないであろうが，行為者がそれを「とくに」知っていた場合である[63]。したがって，被害者の特別な事情（体質など）を一般の人は認識しえなかったであろうが，行為者はその事実を知っており，それを利用して被害者を殺害しようとした（しかし，目的を遂げなかった）という場合，行為者の「とくに」知っていた特別な事実も判断基底のなかに含められる（この場合，行為者の認識していた事実が優先される）。それに対して，行為者が無害な食べ物を有害な食べ物と考えて，殺意をもってその無害な食べ物を被害者に摂取させたが，一般人がその状況に置かれたとすれば（客観的な事実に合致する）無害な食べ物であると考えたであろう場合には，その無害な食べ物を用いて殺害する可能性判断が行われる（この場合，一般人に認識可能な事実が優先される）。したがって，行為者の認識していた事実と一般人の認識可能な事実が食い違った場合に具体的危険説の公式の適用が「不明確」だとの批判はあたらない。

　（3）しかし，その場合，その適用が不明確ではないとしても，かかる判断基底を設定するめには「事後判断」をせざるをえないとの②の批判が続く。すなわち，「行為当時に実在していた事情が事後的に確認できてはじめて，行為者の認識事情との一致・不一致が判定可能となるが，そのような過程を経て『とくに認識していた事情』が確定するとすれば，これは，事後判断にほかならない」[64]との批判である。

　「行為時点での（客観的な）事実」を「行為後（裁判時）」に確認しなければ具体的危険説の判断基底を設定できないとの指摘は，その通りである。しかし，そのことから，「それは具体的危険説の主張に矛盾する」との批判につながるかどうかは，なお検討を要しよう。

　具体的危険説の考え方の基本的な道筋は次のようなものであると考える。（ア）まず，その出発点は，「事後的にすべての事情を考慮に入れれば結果不

---

63)　井田・前掲注(55)『講義刑法学』411頁以下，中義勝「中山研一『不能犯論の反省
　　──具体的危険説への疑問』」法律時報61巻3号120頁（1989年），野村・前掲注(59)『刑
　　法総論』350頁など。また，西山・前掲注(46)名城法学18巻2号15頁も参照。
64)　内山・前掲注(37)現代刑事法17号51頁。また，佐伯仁志・前掲注(25)争点90頁など。

352　第3部　不能未遂

発生は必然的である」との認識[65]であろう。（イ）かかる認識を前提にして、それでも現行法が未遂犯の処罰を認めている以上未遂犯の成立する領域を確保するために、したがって、「結果発生の可能性がある」といえる場合を認めるために、客観的に存在した事実のうちの一部を捨象して可能性判断をする必要がある[66]。（ウ）そこで、どのような事実を考慮に入れ、どのような事実を捨象すべきか、その合理的な選別が必要になるところ、「当該行為が結果発生の可能性をもっていた」といえるのかどうかの判断をすることから、判断者が行為の時点に立ち戻って、つまり、「当該行為の時点で」判断すべきであると考える（行為時点に立ってのその後の経過の予測）[67]。（エ）しかし、判断時点が行為時に設定されても、「行為時に存在した事情」のうちどのような事情を基礎にして判断するのかはただちには決まらない[68]。具体的危険説の考え方に至るためにさらに別の観点が付け加わっている。具体的危険説（およびそれに類似する見解）においてある程度共有されてきたと考

---

65)　参照、前述、第2節1（3）。

66)　仮定的蓋然性説も、ここまでは基本的に同様であると考えられる。仮定的蓋然性説は、すべての事情を考慮して「仮定的事情の存在可能性」を判断することをその特徴とするが、未遂犯処罰を基礎づけるためにより本質的なのは、「仮定的事実があれば結果が発生していたであろう」という結果発生の可能性（法益侵害・結果との関連）であり、この結果との関連を考える際には、明らかに「現実に存在した事実」は「捨象」されているのである。前述、第2節2（6）、注55、注56も参照。

67)　行為によってひき起こされた「結果」を判断するのであれば、「行為時の判断」という考え方には結びつかないであろう。したがって、このような判断枠組みで行われているのは、「行為」についての評価、ないしは「行為のもつ危険性」の判断であるといえよう。

68)　「行為時に客観的に存在するすべての事情」を基礎にして、行為の時点で「その行為が結果をひき起こす可能性」を判断（予測）するという考え方もありえよう。しかし、その場合、事後的に判明した行為後の事情も含めてすべての事情を基礎にして判断する場合と比べれば、「結果発生が可能である」と考えられる範囲は多少広がるとは思われるが、それでも、その範囲はそれほど広いものではなく、とくに客体の不能の場合には一律不可罰ということになり、具体的危険説から導かれるであろう一般的な結論との隔たりは相当に大きいものと考えられる。前田教授の見解（前田・前掲注(30)113頁以下）がこのような方向を志向するように思われるが、その判断基準とその基準から導かれる結論との関係がどうも明確ではないように思われる。また、木村光江『刑法（第3版）』60頁（東京大学出版会、2010年）。なお、振津隆行「未遂の処罰根拠——未遂犯は『具体的危険犯か』」小暮得雄先生古稀記念論文集『罪と罰・非情にして人間的なるもの』126頁以下（信山社、2005年）。古くは、泉二新熊『改訂刑法大要』156頁以下（有斐閣、1916年）、同『日本刑法論上巻』541頁以下（有斐閣、45版、1939年）。

えられるのは，不能犯は実行行為性の問題であり，構成要件該当行為の評価にかかわる問題であるという理解であり，そこから一般人の視点を用いた実行行為（構成要件該当行為）の評価が導かれている。たとえば，「不能犯もまた構成要件該当性の問題であり，つまりは，当の行為が，たとえば，『殺す』行為……，『堕胎する』行為……などといえるかという個々の構成要件の解釈・適用の問題に帰着する。……たとい科学的にみて不能であっても，常識的に結果の発生が可能と考えられているような行為は，構成要件的定型性を否定することはできない。けだし，構成要件的定型性は，一般に，社会心理的基礎をもつものだからである」[69]と論じられる。

　また，（折衷的）相当因果関係説（の基本的な考え方）とも関連づけて論じられる。たとえば，「構成要件は当罰的行為を社会通念に基づいて類型化したものであるから，条件関係が認められる結果のうち，実行行為の具体的危険が現実化したものとして，行為者に帰属せしめるのが社会通念上相当と認められる結果だけを選び出し，このような結果についてのみ行為者に帰属させ，責任を問うのが妥当である。このような絞りは，一般人の立場からみて，その結果が実行行為から生じたといえるか，言い換えると，経験則上その実行行為と結果との間に相当な関係があるかということを標準として行うべきであ」[70]るというように因果関係に関して考えたうえで，不能犯論における具体的危険説も「構成要件を社会通念を基礎として把握する折衷的相当因果関係説と同様の理論的基礎に立つものである」[71]という理解が示されている。

　確かに，相当因果関係説に対しては，大阪南港事件（最決平成2年11月20日刑集44巻8号837頁）など，行為後の特殊な事情が介在したケースの取扱い

---

69)　団藤・前掲注(60)171頁。団藤説は「定型説」に分類されるが，ここでいわれる「定型的評価」，より一般的にいえば，構成要件該当行為の評価は，具体的危険説の論者にも多く共有されていると思われる。参照，大塚・前掲注(17)271頁〔「構成要件的行為は，社会通念を基礎として犯罪行為を定型化したものであるから，それに該当する行為を判定するにも，社会における一般人の判断を標準とすべきである」〕，香川・前掲注(60)326頁，福田・前掲注(60)243頁以下など。また，池田修・杉田宗久編『新実例刑法（総論）』288頁以下〔中川綾子〕（青林書院，2014年），臼井滋夫「判例批評」法律のひろば29巻6号54頁（1976年）など。

70)　大谷・前掲注(60)『刑法講義総論』206頁。

354　第3部　不能未遂

を1つの契機として，平成になってから厳しい批判が向けられ，危険の現実化という考え方が有力になってきている。そのような動向をもたらした重要な理由は，相当因果関係説の「判断基準」が因果「経過」を適切に判断できるものになっていないという点にあろう[72]。しかし，行為者の行為への結果の帰属（帰責）を経験則上通常であると考えられる経過に限定し，または，社会通念上偶然と考えられる場合を帰責範囲から排除しようとする相当因果関係説の「基本的な考え方」自体はなお維持しうると考える（つまり，その「判断基準」が基本的な考え方を適切に反映したものになっていなかったのであり，基本的な考え方に間違っていない。因果「経過」の問題を解決するために，相当因果関係説の基本的な考え方を別の判断基準へと展開しているのが，「危険の現実化」の考え方であるようにも思われる）。因果「経過」の判断ではなく，その起点となる「実行行為」の評価，そのいわば結果惹起適性（許されない危険の創出）を判断する基準として理解するならば，一般人の視点に着目したその判断にはなお合理性と妥当性が認められるといえよう[73]。

---

71)　大谷・前掲注(60)『刑法講義総論』375頁。また，大塚・前掲注(17)270頁，香川・前掲注(60)323頁以下など。

72)　参照，斎藤信治・前掲注(30)127頁以下，同「他人の行為の介入と因果関係(3)」百選 I 4版30頁以下。

73)　Roxin は，行為者の目標および行為者の特別な知識を知っている分別のある平均的観察者が，事前に，構成要件に該当する結果を真剣にありうるものと考えなければならなかったであろう場合に「危険な」未遂であるとし（Claus Roxin,Strafrecht,Allgemeiner Teil,Band 2,2003,§29 Rn.27f.,ders.,Zur Strafbarkeit des untauglichen Versuchs,Festschrift für Heike Jung,2007,S.831f.），このような危険概念が客観的帰属論の危険概念と一致し，また，構成要件論の解釈学的基礎と整合的であるとする（Roxin,a.a.O.,Strafrecht,§29 Rn.17,27f.,ders.,FS-Heike Jung,S.833f.,840）。もちろん，Roxin は，ドイツ刑法22条・23条の下では，そのように判断される「危険な未遂」だけでなく，かかる危険の認められない（不能）未遂も，法を揺るがす規範違反の観点の下で原則的に可罰的であるとする（Roxin,a.a.O.,Strafrecht,§29 Rn.1ff.）。行為主義（Tatprinzip）を重視し，危険な未遂のみが処罰されるべきであると主張する Hirsch は，ここで問題の危険が，行為者が決意を行為に示し始める時点において，行為者の立場に置かれ，かつ，行為者の行為計画を知っている分別のある第三者の事前判断により決定されるべきであるとし（Hans Joachim Hirsch,Untauglicher Versuch und Tatstrafrecht,Festschrift für Claus Roxin,2001,S.718ff.,726f.），客観的帰属論との関連も指摘している（Hirsch,a.a.O.,S.719 Fn.38）。Hirsch の見解について，参照，二本栁誠「ハンス・ヨアヒム・ヒルシュ『不能未遂と行為主義刑法』」早稲田法学80巻4号305頁以下（2005年）。また，振津隆行「ハンス・ヨアヒム・ヒルシュの危険概念（危険犯論）に関する2論文の紹介」金沢法学43巻2号301頁以下（2000年），松原芳博「ハンス・ヨアヒム・ヒルシュ

第11章　不能犯論の現状と課題　355

　さらに，刑法の禁止すべき行為（実行行為）の判断に関して一般人の視点からの判断に焦点をあてるべきことが直接的に論じられることも多い。たとえば，「刑法が禁止するのは，……一般人の立場からみて法益を侵害すると考えられるような行為だからであり，違法性の外枠は，あくまで行為自体の──一般人の立場からみた──客観的危険性によってひかれるべき」である[74]。「刑法が現に営まれている社会共同生活の安全・平穏を維持するための手段の一である以上，……純粋に自然科学的見地から見れば条件が欠けていて既遂結果発生の危険性がない行為でも，一般人が当該条件の欠如に気付くことができなければ，あるいは，一般人にとって当該条件の具備することが稀有であると思われなければ，放置してはおけない」[75]などである。

　このような見方に立ち，一般人が行為時にその状況に置かれたとしたら認識したであろう事実をもとに[76]，一般人を基準として，その「行為（のもっている結果発生の可能性）」が評価されることになる。これが具体的危険説の考え方の基本的な道筋であると考える[77]。これは「行為のもっている結果発

──────────

『行為主義刑法──十分に尊重されている基本原則であろうか？』」早稲田法学79巻4号237頁以下（2004年）。本書の第12章396頁注15も参照。

74)　西原・前掲注(60)349頁。同書134頁も参照。

75)　伊東・前掲注(4)321頁。井田・前掲注(55)『講義刑法学』411頁は，「行為無価値論を前提としても，一般通常人であれば危険を基礎づける事情が存在しないことを見破れる場合にまで規範違反を肯定する必要はない。刑罰目的としての一般予防は，刑法規範を通じての一般通常人への働きかけにより，一般通常人にとり危険な行為が防止されれば，それで実現されたものというべきである」と論じ，末道・前掲注(60)266頁は，「未遂犯の成立範囲はこれまでの理論的変遷が示しているように，社会的コンテクスト，一般国民の法感情の変化に対応して，時代の要求に服するものである。結局社会一般の立場から，結果発生が客観的に不可能でも，実現された行為が処罰に値するか否かの判断がなされるべきであり，その範囲で未遂犯の実質的成立範囲が決定されるのである。純粋に結果発生の危険性が認められない場合においても，少なくとも社会的に見て結果を発生させる危険のある行為には未遂犯の成立を認めるべきであるとすることはまさに正義にかなうものなのである」と論ずる。また，的場純男「不能犯と実行の着手」研修431号63頁（1984年），裁判所職員総合研修所監修『刑法総論講義案（4訂版）』333頁（司法協会，2016年）など。

76)　もちろん，具体的危険説の公式で示されてきたように，行為者が客観的に存在した事実をとくに認識していた場合に，それの利用およびそれに基づく結果は「偶然」かどうかの判断に影響を及ぼすから，それも判断基底に組み入れられることになる。

77)　以上のような具体的危険説の考え方の骨子に，論者の考えるところによりさらになにかが付け加えられ，あるいは補正がなされるために，具体的危険説の主張の細部において違いが生じてくると思われる。たとえば，事後的な安堵感の考慮による処罰要求の

356 第3部 不能未遂

生の可能性」を判断する枠組みを設定し，それを判断するもの，言葉を換えれば，たとえば，殺人罪であれば「人を殺そうとする行為」（殺人罪の実行行為）と評価できるのかどうかを一般人の視点から判断するものといえよう。

　それを超えて，「行為の時点で判明する事情のみでかかる可能性判断をすべきである」とか，「行為の時点で行為の違法性を確定すべきだ」といった主張まで含むものではなかろう[78]。具体的危険説がそのような主張までをもする見解だとすれば，そのような見解は妥当でない。不能犯とは別の問題であるが，正当防衛・誤想防衛を判断する際の「急迫性」について，行為者が急迫性を誤想した場合に，「行為者の立場におかれた平均的な思慮分別をそなえた一般市民を標準として，そのような誤信を避けることができなかった，すなわち，そのような状況に置かれた者ならば，当然急迫不正の侵害が行なわれていると信ずることに客観的な理由があると認められる場合……急迫不正の侵害があった場合と同様に扱うべきである」[79]という考え方は，具体的危険説の論者の多くも支持しておらず，「急迫性」は客観的に，したがって，事後的な判断を待って確定すべきものと考えている。つまり，行為

---

　　変化（平野・前掲注(30)法学セミナー139号49頁。なお，平野・前掲注(60)『刑法総論
　　Ⅱ』328頁以下），構成要件段階の判断とは別に事後判断による違法性阻却の可能性（大
　　谷・前掲注(60)『刑法講義総論』382頁，奥村・前掲注(26)同志社法学57巻6号136頁以
　　下），構成要件の欠缺論による補完（大沼・前掲注(6)成城法学7号94頁。注6も参照）
　　などである。
78)　「行為時に立ち，事後予測……の方法により危険性の有無を判断するのが具体的危険
　　説の出発点であることを想起しなければならない。つまり，問題となる客体や主体の存
　　否，手段の性質などがまずは事後的・客観的に確定され（したがって，具体的危険説で
　　も鑑定等による事実の確定は必要である），その上で，実際の事情（事実の存在，不存
　　在）を行為時に行為者がどう認識し，当該具体的状況の下で一般人がどのように認識し
　　えたかを判断するのである」（日髙義博「不能犯論における危険判断」『宮澤浩一先生古
　　稀祝賀論文集第2巻』419頁［成文堂，2000年]）。「具体的危険説において留意すべきこ
　　とは，ここでの危険判断は事後的予測の方法をとることから，まずは客観的事実を事後
　　的に明らかにしておくことが必要であ」ることである（日髙・前掲『宮澤古稀』421
　　頁）。また，江藤隆之「不能犯における危険の概念（3・完）」宮崎産業経営大学法学論
　　集18巻1号115頁，121頁以下（2008年），澁谷・前掲注(57)169頁，立石二六「不能犯」
　　『刑法総論30講』227頁（成文堂，2007年)〔行為当時にどうであったかということを，
　　事後に判断するという趣旨であ」る〕。具体的危険説に批判的な立場からであるが，深
　　町晋也「主観的正当化要素としての同意の認識の要否」岡山大学法学会雑誌51巻4号
　　136頁注131（2002年）。
79)　藤木・前掲注(60)172頁。なお，川端・前掲注(60)376頁。

の時点で違法・適法の限界を「確定」することはできないのである[80]。

　刑法は行為規範の面をもち，罪刑法定主義から国民に事前の行動の準則を示す機能はきわめて重要である。しかし，「事前の行動準則の提示」の要請は，「行為時点の当該行為の違法性の確定」までをも要求するものではない。重要なのは，ルール（行為準則）の事前の提示であり，行為時点でのルール違反の確定ではない。具体的危険説を支持する橋本教授は次のように指摘している。すなわち，「違法判断にせよ責任追及にせよ……過去の事象について行われるという意味で事後的評価過程である」[81]。「これは，構成要件充足，行為規範違反，いずれの場面においても同様である。すなわち，行為時に既に行為規範違反の事実は存在するのであるが，それが，規範違反であることは，法的評価を経て初めて定まるものである。この意味で，規範論理的には事後判断である」[82]と。また，行為規範としての機能を重視する井田教授も，「具体的危険説による危険判断にあたっては，……まず客観的な事態の確認（および結果の不発生に関係する全事情の解明）が前提となる。現実の事態の確認を前提とし，結果の不発生に関係する全事実を明らかにした上で，それぞれの事情が一般通常人に認識可能であったか，そうでなければ少なくとも行為者が認識していたかを問うのである」[83]。「具体的危険説が事前判断の立場といわれるのは，現実に存在していても行為の時点で認識不可能な事情は違法性（行為不法）の有無・程度に影響させないという限度

---

80)　参照，中山研一「違法性の判断とその時期——行為規範論に基づく事前判断説の批判——」『刑事実体法と裁判手続——法学博士井上正治先生追悼論集——』15頁以下（九州大学出版会，2003年）。前述，注55も参照。なお，ここで，侵害の予期，または積極的加害意思がある場合と急迫性の関係の問題に立ち入ることなく，本文のように考えることができよう。なぜなら，「積極的加害意思がある場合に急迫性が否定される」との理解（参照，最決昭和52年7月21日刑集31巻4号747頁）に立ったとしても，「急迫性」の検討のいわば第1段階（正当防衛の問題か誤想防衛の問題かの振り分け）においては，法益の侵害が現に存在し，または間近に差し迫っていることが問題にされるべきであり（最判昭和46年11月16日刑集25巻8号996頁など），そして，第2段階の（規範的な）判断において，そのような法益侵害の状態が現に認められる場合でも，積極的加害意思等，「対抗行為に先行する事情を含めた行為全般の状況に照らして」（最決平成29年4月26日刑集71巻4号275頁）の「急迫性」の肯否が問題になると考えるからである。

81)　橋本・前掲注(3)『村井古稀』79頁。

82)　橋本・前掲注(3)『村井古稀』92頁注4。

83)　井田・前掲注(55)『講義刑法学』412頁以下。

358　第3部　不能未遂

においてである」[84]と論じている。

　具体的危険説のこのような考え方からすれば，裁判時に，行為時の客観的
事実がどうであったのかを解明したうえで，それとの一致・不一致により行
為者の認識事実を優先するか，行為者の認識可能事実を優先するのかを判断
するのは，その考え方に矛盾するものではない。具体的危険説による判断基
底の設定は，（一般人の視点からの）「行為のもつ結果発生の可能性」を判断
するためのものにすぎず，それ以上のものではないのである。「事前判断」，
「事後判断」という表現が誤解を招くものであるならば[85]，その概念を明確
にしたうえで使用するか，そうでなければその使用は避けた方がよいかもし
れない。

　（4）「事前判断」の関係で述べてきたことから，③の批判，すなわち，
「事後判断を否定する具体的危険説の判断方法……を一貫させるならば……
事後の科学的鑑定等は無用となるはずであろう」[86]とか，「行為時における
一般人の印象のみを基準とするのであれば，なにゆえに結果が発生しなかっ
たのかを科学的に解明すること自体が不要になるといえよう」[87]といった批
判もあたらないことが理解さえよう。

　中山隆夫（元）裁判官の次のような指摘は実務を踏まえた重みのあるもの
といえよう。すなわち，「仮に具体的危険説により一般人の立場から危険性
が肯定され，不能犯とは認められないとしても，科学的見地から見た結果発
生の客観的可能性の有無，更にその程度が，具体的事案の処理に当たって，
大きな量刑要素となることは多言を要しない。また，この意味での結果発生
の客観的可能性があるという場合には，ほとんどの事案において，一般人の
立場に立っても（すなわち，具体的危険説の立場に立っても）危険性が肯定さ
れるであろう。してみると，事実認定手続と量刑手続が分離されていない我

---

84)　井田・前掲注(55)『講義刑法学』413頁注16。
85)　参照，鈴木茂嗣「刑法における危険概念」『光藤景皎先生古稀祝賀論文集下巻』1007
　　頁以下（成文堂，2001年）。「事後判断」の内容も必ずしも明確なわけではない。内山良
　　雄「未遂犯における危険判断と故意」『西原春夫先生古稀祝賀論文集第1巻』459頁以下
　　（成文堂，1998年）も参照。
86)　内藤・前掲注(1)『刑法講義総論（下）Ⅱ』1270頁。
87)　浅田・前掲注(25)384頁。

第11章　不能犯論の現状と課題　359

が国の刑事裁判手続においては，科学的見地から見た結果発生の可能性について，当初から立証ないし判断の対象として組み込むほうが，訴訟進行における効率性あるいは思考経済に適合するという面がある」[88]との指摘である。

（5）最後に，一般人を基準とした判断が不明確であり，また，専門知識を要するケースでは判断できない場合もあって問題だとの批判はどうであろうか。「一般人の基準は，実際上そのままでは使用不能であると思われる。なぜならば，たとえば行為者が毒殺のためにある化学物質を用いた場合，生

---

[88]　石川弘・松本時夫編『刑事裁判実務大系第9巻』60頁〔中山隆夫〕（青林書院，1992年）。小林充・植村立郎『刑事事実認定重要判決50選（上）（第2版）』246頁〔川田宏一〕（立花書房，2013年）も，「具体的危険説が基本的に妥当である」としたうえで，「具体的危険説によるとしても，問題となっている具体的な事実関係から離れて犯罪実現の危険性の判断を行うわけではないことは当然であり，各事案における科学的見地に立った犯罪実現に至らなかった原因や犯罪実現の客観的可能性の有無の検討は，一般人の認識可能性や一般人の立場からみた危険性を判断するための一要素としての意味があるものと考える。すなわち，そのような犯罪実現の客観的な可能性があるというという場合には，その可能性の程度や犯罪実現に至らなかった原因の内容如何等によって，一般人が認識しえたであろう事情と評価され，あるいは，一般人の立場からみて犯罪実現の危険性があると評価される要素となることが考えられるのである」としている。また，井田・前掲注(55)『講義刑法学』413頁。なお，大塚仁ほか編『大コンメンタール刑法（第3版）第4巻』39頁以下，42頁，43頁〔三好幹夫〕（青林書院，2013年）も参照。一方で，事実の認定（証明）の関係で仮定的蓋然性説など客観的危険説に立った場合に問題点も指摘されている。すなわち，裁判手続・訴訟手続と結びつけて具体的事案の解決を考えた場合，客観的危険説に立つならば，「危険性があったということ（客観的に不能ではなかったということ）は，検察官が実質的挙証責任を負うことになるのであろうが，実際問題として，どの程度の立証を行えばよいのであろうか。例えば，殺人目的で時限爆弾を仕掛けたが爆発前に検挙され起訴されたという場合，検察側は，常に当該時限爆弾が実際に爆発することを実験でもして立証しなければならないのであろうか。……ピース缶爆弾のように，爆弾の基本的構造としては欠陥がなく，装填あるいは装着されたダイナマイト，雷管，導火線はそれぞれ本来の効能を有している場合でも，爆発しないことがあることを考えると，客観的危険説による限りは，そのような結論になるように思われるが，不必要に煩瑣なだけのように思われる（未検挙の共犯がいて当該爆弾を確保しておく必要がある場合など，その処理自体が問題となる場合もあろう）」（石川・松本編・前掲64頁〔中山隆夫〕）。的場・前掲注(75)59頁は，懐炉灰を用いた時限発火装置による放火事件に関する東京高判昭和58年8月23日刑月15巻7・8号357頁（後述，第3節4参照）の判例評釈において，客観的危険説の「実務上の難点は，本件のような場合客観的な危険性判断のためには同一条件下での実験，追試が必要であるのに，現実には多くの場合かかる実験が事実上不可能であることのように思われる」と指摘している。また，裁判所職員総合研修所監修・前掲注(75)333頁も参照。仮定的事実の存在可能性についても同じような証明の問題が生じよう。参照，斎藤信治・前掲注(58)百選Ⅰ5版137頁。

360　第3部　不能未遂

命に対する危険発生の有無は化学物質の性質如何によるが，そのような専門的な事項は一般人には不明であるから危険発生を肯定することはできないなどとなしえないことは明らかである」[89)]との批判が向けられているところであるし，具体的危険説を支持する論者のなかでも，判断基準に関して，「危険判断にあたり適用すべき法則的知識の問題との関係では，一般通常人の（場合によっては非科学的な）知識ではなく，科学的な法則的知識を適用すべきである」[90)]，「判断の基準となる知識は，純粋に科学的知見である」[91)]，危険性の判断は「最も思慮のある人間の科学的知識をも含めた判断でなければならない」[92)]とする論者もいる。

　化学物質の使用が関係する場合として，殺人の手段としてのその使用の場合が考えられるが，その場合で考えると，行為者がその手段を用いて殺人を行うとしている点を看過すべきではないであろう。そして，行為者の立場に置かれた一般人も殺人の結果発生の可能性を否定できない場合に，人を殺す意思で，結果発生の有無をいわば「運を天に任せて」なした行動を「殺人行為」と評価し，それを「行うべきでない」と禁止することは決して不合理であるとはいえず，過度の社会防衛であるとも思われない。確かに，「何が一般人の立場から見て危険な行為であるのか，その限界が必ずしも明確でない点」はあるものの，「使用不能というほど不明確ではないであろう」[93)]し，また別の面では，「社会通念を基礎とした規範的判断は，犯罪の成立の様々な場面で要求されている」[94)]とも指摘できよう。もちろん，前述のように，不能犯論の核心を構成要件的行為（実行行為）の評価にあると考える場合，

---

89)　山口・前掲注(26)『問題探究刑法総論』215頁。また，佐藤・前掲注(33)63頁，山口厚「不能犯(1)」百選Ｉ4版135頁など。

90)　井田・前掲注(55)『講義刑法学』418頁。

91)　橋本・前掲注(60)『刑法総論』227頁。なお，伊藤渉ほか『アクチュアル刑法総論』262頁〔安田拓人〕（弘文堂，2005年），高窪・前掲注(60)138頁以下。

92)　中野・前掲注(60)88頁。なお，山口ほか・前掲注(47)『理論刑法学の最前線』199頁以下〔山口〕も参照。

93)　平野・前掲注(60)『刑法総論Ⅱ』326頁。

94)　石川・松本編・前掲注(88)65頁〔中山隆夫〕。池田・杉田編・前掲注(69)289頁〔中川〕は，「裁判員裁判において，本論点が問題となった例はまだないようであるが，具体的危険説に従って争点を整理し，審理・評議を行うことに特段の問題は生じないであろう」としている。なお，「社会通念」の関係では，後述，第3節2（2）も参照。

第11章　不能犯論の現状と課題　361

犯罪遂行の場面に応じた一般人の個別化は可能であり，また，それは必要であるように思われる[95]。この点の明確化および基礎づけは，主体の不能の問題と並んで，具体的危険説のなお解決すべき課題であろう。この点をなお詰める必要があるが，不能犯の問題を解決するにあたり，社会の人々の意識を踏まえ，それを当罰性判断のなかに組み入れて構成要件行為を評価する具体的危険説（定型説・印象説などそれに類似する見解）が妥当であろう。

## 第3節　不能犯に関する判例

### 1　大審院時代，および，昭和20年終り頃までの最高裁時代の判例

（1）現行刑法施行（1908年）後[96]，大審院時代，そして，昭和20年代の終り頃（1950年代頃）までの最高裁の時代において，判例の主流は，（少なくとも判示の表現上は）絶対的不能・相対的不能説の立場に立っていたといえよう。

　不能犯を認めたことで有名な大判大正6年9月10日刑録23輯999頁は，硫黄粉末を汁鍋・水薬の中に入れて被害者に飲ませてその殺害を企てた行為につき，「殺害ノ目的ヲ達スルニ付キ絶對不能ニシテ……殺人罪トシテ不能ニ屬スル」と判示し，傷害罪の成立にとどめた[97]。

---

95)　塩見淳「不能犯」法学教室202号38頁（1997年）は，判例を分析したうえで，「判例は，具体的危険説に立つ学説において見落とされがちな側面を明らかにしているように思われる。具体的危険説は認識・予見能力の標準を一般人に求めるが，実は犯罪遂行の形態に応じて，即ち，訴訟詐欺，手形・小切手による取引，爆発物製造といった場面ごとに『一般人』を個別化する必要がそこでは示唆されているからである」と指摘している。また，葛原ほか・前掲注(60)241頁〔塩見〕。結果不発生の原因が，客観的法則の錯誤に起因する場合（たとえば，丑の刻参りの場合），科学的・客観的に判断され，事実関係の錯誤に起因する場合（たとえば，空ポケットからのスリの場合），社会通念に従って判断すべきであるとするのは，柏木千秋「不能犯について——実行行為性の欠如——」研修363号13頁以下（1978年）。また，柏木・前掲注(4)『刑法総論』156頁以下。

96)　旧刑法下の判例について，植松正「不能犯」『総合判例研究叢書刑法(3)』122頁以下（有斐閣，1956年），西山・前掲注(15)『名城大学創立20周年記念論文集』65頁以下，野村稔「不能犯」西原春夫ほか編『判例刑法研究第4巻』74頁以下（有斐閣，1981年）。

97)　ここでの被告人は硫黄を用いた殺人の企ての失敗後被害者を絞殺し，その結果，当時の連続犯の規定（刑法旧55条）の可否が問題となった事案であり，大審院はそれを消極に解した。したがって，先行する硫黄粉末での殺人の企てを不能犯（傷害罪）としたことが，かえって被告人の刑を重くする方向に働いた点には注意を要する。本書の第12章405頁，406頁注38も参照。

362 第3部 不能未遂

判例の多くは不能犯である旨の主張を退けた判断である[98]が，最判昭和25年8月31日刑集4巻9号1593頁は，「いわゆる不能犯とは犯罪行爲の性質上結果発生の危険を絶対に不能ならしめるものを指す」と不能犯の定義を示し[99]，被害者が猫イラズ混入の食べ物を一口食べるや毒物混入に気づいたため殺害目的を遂げなかったという事案に関して殺人未遂罪の成立を認めている。そのほか，方法の不能に関して，殺害目的で毒物を投与したが，致死量に足りなかった事案[100]，毒を混入した食べ物の苦味・臭気・外観の異様さ等から被害者がそれを食べず，目的を遂げなかった事案[101]，放火したが火

---

98) 大審院時代に不能犯を認めたものとして，大判昭和2年6月20日刑集6巻216頁がある。これは，抵当不動産の競売開始決定に対し一部弁済を理由として異議を申立てるため領収証を変造・行使したという事案において，「裁判所ハ債権ノ一部辨濟ノ事實ヲ調査スルコトナク異議ノ理由ナキモトシテ却下スヘキモノトス蓋シ抵當權ハ不可分ノ性質ヲ有スルヲ以テ抵當權者カ債權ノ一部ニ付辨濟ヲ受クルモ殘餘ノ債權ニ付抵當不動産全部ニ對シ抵當權ヲ行フコトヲ得ヘケレハナリ」。「前示異議ノ申立及變造證書ノ提出ハ法律上詐欺ノ手段トシテ論スルヲ得ス」。「詐欺未遂罪ヲ構成スルモノニ非ス」と判示した。この判示は，硫黄事件のような絶対的不能・相対的不能説的判示とはややニュアンスを異にするように思われる。柏木・前掲注(4)154頁は「これは法律上・制度上の不能である」と表現する。植松・前掲注(96)『総合判例研究叢書』156頁，塩見・前掲注(95)法学教室202号37頁，西山富夫「近代刑法理論の形成期における不能犯の学説および判例史」名城法学19巻3・4号45頁（1970年）も参照。なお，大決昭和2年12月13日新聞2831号12頁〔更改により失効した約束手形に基づいて振出人に手形金の支払いを求めた事案〕。

「堕胎罪ノ成立スルニハ堕胎手段ヲ施シタル當時ニ於テ胎兒カ生活力ヲ保有セルコトヲ要シ被告人主張ノ如ク胎兒カ既ニ死亡シアリタリトスレハ堕胎罪ノ對象タルヲ得ス之ニ堕胎手術ヲ施スモ犯罪ヲ構成セサルヤ論ナシ」と判示した大判昭和2年6月17日刑集6巻208頁が不能犯（客体の不能）の関係で引用されることも少なくないが，本件は業務上堕胎罪（214条）が問われた事案であるところ，堕胎罪には不同意堕胎罪（215条）を除き未遂処罰規定がないことに加え，この事案は胎児が生存していたことが認定された事案であり，不能犯の先例としての引用は疑問である。

99) 現行刑法施行後早い段階で，大判明治44年10月12日刑録17輯1672頁は，放火したが，火勢が弱く自然に火が消えた事案において，「刑法第四十三條ニハ犯罪ノ實行ニ着手シ之ヲ遂ケサルモノハ云云トアルヲ以テ遂ケ得ヘクシテ而モ遂ケ得サリシ場合ノミヲ未遂犯トナシ絶對ニ遂ケ得ラレサル場合ハ之ヲ包含セサルモノト解釋セサルヲ得ス換言スレハ犯人ノ意思實行ニシテ絶對ニ其豫見シタル結果ヲ惹起セシメ能ハサルモノナルトキハ未遂犯ヲ以テ論ス可ラサル」と判示している。

100) 参照，大判大正8年10月28日新聞1641号21頁〔殺鼠剤アンチムーズの混入〕，大判昭和2年12月6日新聞2791号13頁〔猫イラズの食物への塗布〕，大判昭和15年10月16日刑集19巻698頁〔炊飯釜への黄燐の投入〕，最判昭和27年8月5日裁判集67号31頁〔純度不純の青酸カリ〕。なお，大審院昭和15年判決に関して，小野清一郎『刑事判例評釈集第3巻』313頁以下（有斐閣，1943年）は殺意の存在につき疑問を呈する。

第11章　不能犯論の現状と課題　363

力が弱く自然に鎮火した事案[102]，用いられた欺罔手段では相手方が欺かれ
る可能性がなかった（または少なかった）事案[103]，そのほか，用いられた手
段・方法では既遂に至らしめるのが難しいと考えられ，不能犯が争われた事
案[104]，そして，客体の不能に関して，詐取するだけの金銭が見込まれなかっ
たが，不能犯を認めなかった事案[105]などがある[106]。

　（2）しかし，この時期の判例においても，主流とはいえないまでも，「絶
対に不能か」どうかに着目した判断とは傾向を異にする一連の判例もある。

---

101)　参照，最判昭和24年1月20日刑集3巻1号47頁〔「青酸加里を入れて炊いた本件米
　　飯が黄色を呈し臭氣を放つているからといつて何人もこれを食べることは絶對にないと
　　斷定することは實験則上これを肯認し得ないところであるから」，不能犯との主張は容
　　認できない〕，最判昭和26年7月17日刑集5巻8号1448頁〔「ストリキニーネを混入した
　　鮒の味噌煮が苦味を呈しているからといつて何人もこれを食べることは絶対にないと断
　　定し難い」〕，高松高判昭和27年10月7日高刑集5巻11号1919頁〔「釜の中の飯が……強
　　い臭気を放ち且つよく観察すれば白煙が三筋程立つていて人がこれを食べる處れは少い
　　としても何人もこれを食することは絶対にないと断定することはできず」，「所謂不能犯
　　であるとは見られ」ない〕。前掲注(100)の大判昭和15年10月16日の事案も，黄燐を炊飯
　　釜中に投入したが，煮沸のため黄燐の分量が減少したことに加え，被害者が炊かれた米
　　の異臭と怪光に驚き食べなったというものであった。
102)　前掲注99の大判明治44年10月12日，大判昭和8年7月6日新聞3598号8頁，大判昭
　　和12年12月22日刑集16巻1690頁。
103)　大判昭和8年10月20日刑集12巻1845頁〔金銭債務臨時調停法に基づく金銭債務調停
　　において偽造文書を提出し自己に有利な調停をさせようと企てた〕，大判昭和10年11月
　　11日刑集14巻1179頁〔債権者から仮差押を受けた被告人が，自己に対する虚偽の債権を
　　仮装し，これに基づき仮差押債権の差押をなし配当金の詐取を企てた〕。西山・前掲注
　　(98)名城法学19巻3・4号53頁以下，56頁以下も参照。欺罔の相手方が真実でないこと
　　を看破した事案において詐欺未遂罪の成立を認めているのは，大判大正5年10月24日新
　　聞1191号29頁，大判昭和3年9月17日刑集7巻578頁など。
104)　大判大正11年2月24日刑集1巻76頁〔小型の小刀〕，最判昭和23年8月5日刑集2
　　巻9号1134頁〔密輸出を企てたが，予期した船舶が来航しなかった〕，最判昭和25年9
　　月28日刑集4巻9号1820頁〔発動機船での密輸出〕。
105)　大判昭和8年9月13日新聞3617号9頁〔詐欺の意思で虚偽の配当要求をしたが，強
　　制執行の目的たる動産の競売価格が執行費用に充当され，配当金を得ることができない
　　おそれがあった〕，大判昭和13年7月8日刑集17巻555頁〔債務者と通じて強制執行によ
　　る供託金を詐取しようとし，仮装債権に基づく支払い命令を裁判所に申請したが，債権
　　者に先取特権があるため配当金を得ることができないおそれがあった〕。なお，最判昭
　　和26年5月8日刑集5巻6号1004頁〔モミ賭博〕。
106)　下級審判決においても，東京高判昭和26年6月9日高刑判特21号106頁〔けん銃の
　　故障〕。なお，東京高判昭和26年8月14日高刑判特21号170頁〔拾得した手荷物切符を用
　　いて手荷物を詐取しようとしたが，偽計を看破され，かつ，真正の荷受人が既に手荷物
　　を受領した後であった。「所謂具体的危険性のあるものであつた」とも判示〕。

364　第3部　不能未遂

これらは，事件処理件数の多い財産犯にかかわるものであり，軽視できない重要な流れといえよう。すなわち，大判大正3年7月24日刑録20輯1546頁は，懐中無一物事例において，「通行人カ懷中物ヲ所持スルカ如キハ普通豫想シ得ヘキ事實ナレハ之ヲ奪取セントスル行爲ハ其結果ヲ發生スル可能性ヲ有スルモノニシテ實害ヲ生スル危險アルヲ以テ」，「本件ニ於テ被害者……カ懷中物ヲ所持シ居リタルト否トハ強盜未遂犯ノ構成ニ何等影響ヲ及ホスルモノニ非ス」と判示し，強盜未遂罪を認めた。大判昭和7年3月25日新聞3402号10頁は，被告人が現金竊取の目的をもって被害者の着用する洋服のポケット内に手を差し入れた以上「竊盜ノ實行行爲ニ着手シタルモノナルコト言ヲ俟タス」。「假ニ現金カ其ノポケット内ニ存在セサリシトスルモ固ヨリ不能犯タルヘキモノニ非ス蓋シ洋服着用者カポケット内ニ金錢ヲ所持スルコトハ通常ノ事例ナレハナリ」と判示し，また，大判昭和21年11月27日刑集25巻2号55頁は，石けんを竊取する意思をもって進駐米軍の看守する兵舎内物置に侵入して目的物を物色したが，發見できず目的を遂げなかったという事案において，「窃盜犯人が窃盜現場で窃盜の目的物を物色捜索すれば，それは窃盜に着手したのであり，その結果目的物不發見のため竊取を遂げなかつたと云ふならば，それは正に窃盜未遂罪を構成する」。「このことはその目的物不發見と云ふことが目的物の不存在に原由すると，將又其の他如何なることに原由するとを問ふ必要はないのであるから，本件の場合に於ける目的物の不發見がたとへ……目的物の不存在に原由してゐたとしても，更にその不存在なる事實が如何なる事情に基くかとか，或は何時からの事實であるかと云ふが如き點に至つては，尚のこと究明するの必要はない」と判示している[107)108)]。

---

107)　下級審判決においても，東京高判昭和24年10月14日高刑判特1号195頁〔「苟くも米櫃中在中する米を竊取しようとして米櫃の蓋を開いた以上其の米櫃内に米が現存すると否とを問はず未遂罪の成立には毫も支障なく偶々米が現存しなかつたからとて不能犯を以つて目すべきではない」〕，東京高判昭和28年9月18日高刑判特39号108頁〔「電車の乗客がかかるポケット内に財物たるに値する何らかの金品を所持することは通常の事態であるから，たとえ本件の場合たまたま右ポケット内に財物たるに値する物がなかつたとしても，右被告人の行爲は，一般的に金品竊取の結果を來たす危險のある定型的行爲であるから，窃盜の實行に着手しこれを遂げなかつたものと解すべきは當然であつて……不能犯と解すべきものではない」〕，福岡高判昭和29年5月14日高刑判特26号85頁〔チリ紙数枚をすり取った事案につき，「通常人が外出に際し金員を所持することは一般の事例であるから，たまたま被害者が犯人の目ざした個所に金員を入れていなかつたからと

第11章　不能犯論の現状と課題　365

## 2　昭和20年代の終り頃以降から昭和40年代までの判例の動向

（1）昭和20年代の終り頃以降になると，高裁判例のなかにその判示内容において具体的危険説の影響を受け，または，それと親和性の強く認められる判決が現れ，「絶対にないとはいえない」旨の判示により不能犯の主張を退けることの多かったそれ以前の判例[109]の傾向とは異なる様相を呈し，判決の表現に変化がみられるようになってくる[110]。空ピストル事例に関する福岡高判昭和28年11月10日[111]，死体に対する殺人の企て事例に関する広島高判昭和36年7月10日[112]，そして，空気注射事例[113]の控訴審判決である東京高判昭和36年7月18日高刑集14巻4号250頁の3つの高裁判決があげられるべきであろう[114][115]。最後の空気注射事例は上告され，後述のように，従

---

いい，これを以て窃盗の不能犯と論ずべきではな」い〕。

108)　植松・前掲注(96)『総合判例研究叢書』165頁以下が，「方法に関する不能については，判例はよく『絶対』という言葉を用いるのに対し，客体に関する不能殊にその不存在なるがための不能について議論する場合には，この言葉をほとんど用いていないという事実がある。これは，おそらく，客体の不存在の場合のように，それだけを考えてみれば，あきらかに絶対的不能というにふさわしい場合にも，これを不能犯でないといわんがために，自然そうなつたものであろうかと思う。無いものは絶対に取れない。それはあまりにも明瞭であるのに，それを不能犯と見ることは，裁判官の法感情が許さない。そこで，それは『たまたま』そこに無かつただけで，通常は存在するのだから，通常の場合を考えれば，不能犯とすることはできないと考えるのであろう」との指摘は興味深い。

109)　この時期の判例において，絶対に不能かどうかに着目する伝統的な立場に従い，またはそれと親和的であると思われるのは，高松高判昭和28年11月19日高刑判特36号25頁〔湯茶への塩酸の混入〕，東京高判昭和32年7月29日東高刑時報8巻8号247頁〔被害者がはじめから欺罔を虚偽だと知悉〕，名古屋高判昭和34年3月30日下刑集1巻3号570頁〔高額の額面に偽造した約束手形による詐欺の企て〕，大分地判昭和39年10月30日下刑集6巻10号1088頁〔汽車往来危険未遂罪の事案〕など。

110)　「戦前の大審院から昭和30年くらいまでの間」，「行為の際の個別事情をあまり考慮せず，抽象的なレベルで構成要件の実現が絶対に不可能だったか，それとも，たまたまそのとき失敗したという相対的な不可能にすぎなかったかを判断し，前者の場合を不能犯とする」絶対的不能・相対的不能説が採られていた（葛原ほか・前掲注(60)240頁〔塩見〕）が，「昭和30年頃から」，判例において具体的危険説への「移行がみられる」（葛原ほか・前掲注(60)241頁〔塩見〕）。また，塩見・前掲注(95)法学教室202号38頁。

111)　前述，注9参照。

112)　前述，注7参照。

113)　前述，注10参照。

114)　八木胖「不能犯と危険説」法律のひろば15巻2号19頁以下（1962年）は，昭和36年のその2つの判決が下されたすぐ後の時点でそれらを検討している。

115)　抽象的危険説にも親和性があるように思われるものもある。出入国管理令・関税法

366　第3部　不能未遂

来の絶対的不能・桕対的不能説に依拠した最高裁の判断が示されている。

　これら3つの高裁判決はそれぞれ次のように判示した。福岡高裁昭和28年判決は，「制服を着用した警察官が勤務中，右腰に着装している拳銃には，常時たまが装てんされているべきものであることは一般社会に認められていることであるから，勤務中の警察官から右拳銃を奪取し，苟しくも殺害の目的で，これを人に向けて発射するためその引鉄を引く行為は，その殺害の結果を発生する可能性を有するものであつて実害を生ずる危険があるので右行為の当時，たまたまその拳銃にたまが装てんされていなかつたとしても，殺人未遂罪の成立に影響なく，これを以て不能犯ということはできない」と判示した。

　広島高裁昭和36年判決は「Aの死因はB医院前で加えられた第2弾による頭部貫通銃創であり，その後受傷した刺，切創には単なる細胞の生的反応は

　　違反等の事案に関する福岡高判昭和30年6月27日高刑裁特2巻13号673頁〔「所謂不能犯は『結果の発生すること不能なる場合に於て，その行為危険なるものに非ざる場合』に限りこれを認むべきものと解するを相当とすべく……，この場合行為の結果に対する危険性は被告人の行為当時予見した事情を基礎として判断された観念的抽象的危険性であ」る〕，覚せい罪製造未遂罪の事案に関する最決昭和35年10月18日刑集14巻12号1559頁（後述，注124）の第1審判決である大阪地判昭和33年4月8日一審刑集1巻4号518頁〔未遂犯と不能犯との区別は，「未遂犯にはその具体的行為に結果発生の危険が存する点，言い換えれば犯罪構成要件のもつ定型化された実質的違法性を充足している点にあり，その結果発生の危険性即ち犯罪構成要件的結果発生の可能性は，行為者の認識自体を中核として外部的行為につき社会心理的，一般経験的に抽象的に存すれば足るのであつて，具体的，客観的に存在することを要しない」〕，東京高判昭和34年9月23日東高刑時報10巻9号368頁〔「人を殺害する意図をもつて毒物である猫イラズを飲料に混じて施用するが如きは，殺人の手段として目的を達する可能性を具えているものであつて，仮に，行為者において……その使用分量を誤つて，致死量に至らない分量を致死量であると信じて被害者に対し施用した如き場合であつても，そのような行為者の意図がその認識どおりに実現されていたら殺人の結果発生についての危険性は充分に包蔵しているものといわなければならないから，これをもつて殺人の実行に着手したものというべき」であり，「行為の性質上結果発生の危険の絶対に存在しない不能犯であると称することはできない」〕。なお，関税ほ脱予備罪の事案に関して，神戸簡判昭和33年12月8日一審刑集1巻12号1923頁〔「実行着手前の行為を問題とする予備罪においては不能犯を論ず余地はない」としたものであるが，かりに不能犯の成否を論じたとしても，「不能犯とは，行為の性質上，一般的，抽象的に結果発生（構成要件を実現する）可能性のない行為をいう」のであり，本件行為は「不能犯ではな」い〕。参照，野村・前掲注(96)『判例刑法研究』100頁。前掲の東京高判昭和34年9月23日につき，「純主観説に近似するものというほかなかろう」とするのは，団藤重光編『注釈刑法(2)のII総則(3)』501頁〔香川達夫〕（有斐閣，1969年）。また，荘子・前掲注(12)422頁注4。

第11章　不能犯論の現状と課題　367

認められるとしても，いわゆる生活反応[116]が認め難いから，これら創傷の加えられたときには同人は死に一歩踏み入れていたもの即ち医学的には既に死亡していたものと認める」[117]とする控訴審で新たに行われた鑑定を採用し，「Aの生死については専門家の間においても見解が岐れる程医学的にも生死の限界が微妙な案件であるから，単に被告人甲が加害当時被害者の生存を信じていたという丈けでなく，一般人も亦当時その死亡を知り得なかつたであろうこと，従つて又被告人甲の前記のような加害行為によりAが死亡するであろうとの危険を感ずるであろうことはいづれも極めて当然というべく，かかる場合において被告人甲の加害行為の寸前にAが死亡していたとしても，それは意外の障害により予期の結果を生ぜしめ得なかつたに止り，行為の性質上結果発生の危険がないとは云えないから，同被告人の所為は殺人の不能犯と解すべきでな」いと判示した。

　3番目の東京高裁昭和36年判決は次のように判示した。すなわち，「人の静脈内に空気を注射し，空気栓塞による死を来たすための致死量は，……C作成の鑑定書と題する書面によれば70Ｃ・Ｃ以上であるといい，……鑑定人Ｄ作成の鑑定書によれば300Ｃ・Ｃ内外であるというのであつて，30Ｃ・Ｃ乃至40Ｃ・Ｃの空気を注入したのみでは，通常人を死に致すことはできないこと所論のとおりである」[118]。（ア）「しかし医師でない一般人は人の血管

---

116)　町野・前掲注(33)百選Ⅰ5版134頁は，「法医学の教えるところによると，人体に加えられた傷害に出血などの『細胞の生活反応』が認められるときにはその傷害は生前のものであり，認められないときには死後のものである。このような生活反応は，心臓が鼓動し，循環機能が維持されているときに生じる。そうすると，法医学の前提とする死の概念は心臓死であり，本判決もそれを前提としているということになる」と指摘している。また，町野朔『犯罪各論の現在』71頁以下（有斐閣，1996年）。

117)　原審の鑑定書によれば，「Aの直接の死因は頭部貫通銃創による脳挫創であるが，通常同種創傷の受傷者は意識が消失しても文字どおり即死するものでなく，真死に至るまでには少くとも数分ないし十数分を要し，時によつてはそれより稍長い時間を要することがあり，Aの身体に存する刺，切創は死後のものとは認め難く生前の頻死時近くに発生したものと推測される」とされた。

118)　清水勇男「判例批評」研修429号128頁（1984年）によれば，「血管に空気が入ると，その空気が血流と共に運ばれて細い血管を塞ぐかたちとなり，そのため血流が遮断される結果となる。これを空気栓塞（医学上は空気栓塞症）といい，血流が遮断される結果，その細い血管に頼っていた栄養領域が死滅するため，死の転帰を招く場合がある。動物実験のためウサギを殺すのにウサギの耳静脈に空気を注射する方法を用いるが，これは右の現象を応用したものである。事故による外傷や手術，出産の際に空気栓塞を起

368　第3部　不能未遂

内に少しでも空気を注入すればその人は死亡するに至るものと観念されてい
たことは……明らかであるから，人体の静脈に空気を注射することはその量
の多少に拘らず人を死に致すに足る極めて危険な行為であるとするのが社会
通念であつたというべきである。してみれば被告人等は一般に社会通念上は
人を殺すに足るものとされている人の静脈に空気を注入する行為を敢行した
ものであつて」「『人を殺す』行為に該当することは論をまたないのみなら
ず，右の行為が医学的科学的に見て人の死を来すことができないものであつ
たからといつて直ちに被告人等の行為を以つて不能犯であるということはで
きない」。(イ)「そればかりでなく，静脈内に注射した空気の量が致死量以
下であつたとしても注射された相手方の健康状態の如何によつては，死亡す
ることもあり得ることも亦前記Cの鑑定書及び鑑定人Dの鑑定書により認め
得るところであるから……本件は不能犯であるとの所論は採るを得ない」と
判示した。

　（2）この空気注射事件は上告され，最判昭和37年3月23日刑集16巻3号
305頁が次のように判示し上告を棄却した。すなわち，「所論は，人体に空気

───────────

　こす場合があるといわれる。空気栓塞によって死を招く場合の空気量については，私が
担当した千葉大採血ミス事件（電気吸引器を用いて採血しようとしたところ誤って空気
を注入し供血者を死亡させた事件，千葉地検昭44・10・17公判請求……，判例時報
713・133）の捜査の際にも調べてみたが，医学上定説というものはないようである。ち
なみに右事件で供血者の静脈中に入った空気量は，約200ccとされ，供血者は空気を注
射された瞬間に意識を失い，脳細胞の壊死が起こって意識不明のまま，やがて死亡し
た」とのことである。千葉大採血ミス事件について，参照，千葉地判昭和47年9月18日
判時681号22頁（第1審判決），東京高判昭48年5月30日判時713号133頁（控訴審判
決）。また，船山泰範「千葉大採血ミス事件」宇都木伸ほか編『医事法判例百選』188頁
（有斐閣，2006年）も参照。なお，本件被告人は容量20ccの注射器を用いたが，弁護人
は，上告趣意において，「D鑑定による300ＣＣの致死量というと，100ＣＣ注射器とい
う大きな注射器で，2，3本を打たねばならぬが，通常の注射液とちがつて抵抗も強
く，被注射者が意識不明の状態でなければ空気注射はできない」。「C鑑定による70ＣＣ
であつても，50ＣＣ用という大きな注射器を2度使わねばならぬが，この程度の注射
は，被害者の意識不明を必要とする」。「致死量といい，致死量以下というも，それは量
による差ではなく，質的な差である」。「空気注射は，それだけでは絶対に致死量を注射
しえないものといえる」（刑集16巻3号309頁以下）などと主張した。植松正「判例批
評」警察研究35巻8号94頁（1964年）は「被告人等の企てたことは，科学的には，まず
結果の発生不能と見るべきであろう」としており，振津・前掲注(68)129頁は「殺人に
ついては不能犯を肯定しうる場合であった」とする。小林・前掲注(41)判時2330号138
頁，清水一成「不能犯(1)」百選Ⅰ7版135頁も参照。

第11章　不能犯論の現状と課題　369

を注射し，いわゆる空気栓塞による殺人は絶対に不可能であるというが，原判決並びにその是認する第1審判決は，本件のように静脈内に注射された空気の量が致死量以下であつても被注射者の身体的条件その他の事情の如何によつては死の結果発生の危険が絶対にないとはいえないと判示しており，右判断は，原判示挙示の各鑑定書に照らし肯認するに十分であるから，結局，この点に関する所論原判示は，相当であるというべきである」と。

　最高裁のこの判示は，原判決の（ア）の部分の表現に言及せずに，原判決の（イ）の部分の判示内容を示して，「絶対にないとはいえない」と判示したことから，従来の判例（主流）の絶対的不能・相対的不能を維持するものであると理解されている[119]。

　この最高裁判決が原判決の用いた「社会通念」に言及しなかったことに関して，調査官が，「憶測の域に止まるのであるが」，この場合に「社会通念なるものを是認することに，特に躊躇が感ぜられたのではないであろうか。……本件殺害手段は空気注射という正に稀有のものである」。そのような事情が，最高裁をして原判示の（ア）の部分よりもむしろその（イ）の部分を「支持せしむるに止まったものと想像される」[120]と解説している。この点から，具体的危険説の一般人基準の問題点を批判する論者もいる[121]。しかし，同調査官が，「解説者としては，この事例を通じ，判例の客観説的立場も，表面的にはとにかく，潜在的には原判決の採っているような社会通念を基礎とする危険説的感覚で裏打ちされているのではなかろうかという印象を抱いたことを附け加えて置く」[122]と述べている点にも留意すべきであるように思われる。かりに「社会通念」といえるほどのものが形成されていない場合

---

119)　参照，藤井一雄・最判解（昭和37年度）77頁（1963年）〔「旧来の，いわゆる『古い客観説』の立場を固守した」。「本判示の立場は絶対に不能ではないから不能犯ではない……というだけのものであって，不能犯に対して何ら新味を加えたことにはならなかった」〕。なお，石川・松本編・前掲注(88)60頁〔中山隆夫〕も参照。

120)　藤井・前掲注(119)77頁。

121)　佐藤・前掲注(33)63頁。そして，「この事案のように，行為者がこれまで世間一般に知られていなかった方法によって犯罪を実行しようとした場合，具体的危険説の一般人基準は機能不全となる」と具体的危険説を批判する（佐藤・前掲注(33)63頁）。

122)　藤井・前掲注(119)77頁。池田・杉田編・前掲注(69)284頁，288頁〔中川〕，清水勇男・前掲注(118)128頁，野村・前掲注(96)『判例刑法研究』105頁も参照。

370　第3部　不能未遂

でも，一般の人々の意識を踏まえた判断の重要性が読みとれるように思われる[123][124]。

　（3）　空気注射事件最高判決は伝統的な判例（の主流）に依拠した言い回しを用いた[125]が，その後の地裁判決において，具体的危険説的な表現を用

123)　平野・前掲注(60)『刑法総論Ⅱ』327頁は，空気注射事例について，「空気をどれだけ注射すれば死ぬかは常識では判断しにくい。したがって医学的には身体的条件のいかんにかかわらず，死ぬことは絶対にない量であったとしても，一般の人は危険を感じるであろう。本件はむしろ，このような意味で未遂犯を肯定すべきであったろう。他にも，青酸加里などの毒物の量が致死量に達していなかった場合を未遂犯として処罰した例は多いが……，この場合，医学的に致死量であるかどうかが一々厳密に吟味されているわけではないのである」としている。

124)　この時期の最高裁の判断として，覚せい剤の製造に関する最決昭和35年10月18日刑集14巻12号1559頁がある。最高裁昭和35年決定は，「いやしくも覚せい剤の製造を企て，それに用いた方法が科学的根拠を有し，当該薬品を使用し，当該工程を実施すれば本来覚せい剤の製造が可能であるが，ただその工程中において使用せる或る種の薬品の量が必要量以下であつたため成品を得るに至らず，もしこれを2倍量ないし3倍量用うれば覚せい剤の製造が可能であつたと認められる場合には，被告人の所為は覚せい剤製造の未遂犯をもつて論ずべく，不能犯と解すべきではない」と判示した。その調査官の解説において次のように論じられているのは注意されてよいように思われる。すなわち，「未遂犯と不能犯との限界については……，要するに，当該の行為が結果発生の抽象的危険あるものであるかどうかによってその限界を割し，その抽象的危険の有無は行為の具体的事情を基礎とし，行為の時を標準とし，科学的見地と社会通念との双方からこれを判断するというところに一応落ち着いているようである。そのうち特に重要な点は，たとえ科学的には結果発生の可能性がなくても健全な常識の上からその可能性があると認められる場合には，その行為は不能犯ではなく未遂犯と解すべきものとする点である」。「被告人の本件行為は，たとえ触媒物質の使用量に誤りがありそのため具体的には覚せい剤の製造が科学的に不可能であったとしても，常識的には覚せい剤製造方法として一般的に認められ，結果発生の抽象的危険ある行為，即ち覚せい剤製造の未遂犯をもって論ずべく，不能犯と解すべきではなかろう」（栗田正・最判解（昭和35年度）378頁以下［1961年］）との解説である。

125)　エンジンキーを使わないで電気の配線を直結する方法によってエンジンを始動させ自動車を窃取しようとしたが，バッテリーの電池が切れていたためエンジンを始動させることができず，その目的を遂げなかったという事案に関して，広島高判昭和45年2月16日判時592号105頁は，「いわゆる不能犯とは犯罪行為の性質上結果発生の危険を絶対に不能ならしめるものをいうのであって（最高裁判所昭和25年8月31日判決……），路上に駐車中の自動車は，故障などのような特段の事情がない限りは通常，被告人がしたように電気の配線を直結にする方法によって，エンジンキーを使わないでもその自動車のエンジンを始動させて運転しこれを盗み出すことが出来るものと認められるから，たまたま，窃取の目的とした特定の自動車が故障していたため，前記の手段によってはエンジンを始動させることが出来なかったとしても，その行為の性質上自動車盗取の結果発生の危険がある以上，不能犯ということはできない」と判示した。山口・前掲注(17)『危険犯の研究』171頁も参照。

いた判断，ないしは社会通念への言及がなおなさている。大阪地判昭和43年4月26日判タ225号237頁がそれである。これは，プロパンガスを室内に放出することにより子どもE（1歳1か月）を道連れに自殺を図ったという事案[126]であるが，大阪地裁は，「被告人の行為を殺人の実行行為の着手と認めることができるか否かが問題の核心であり，これは一の刑法的な価値判断に属するのであつて，当該行為から出発して自然的な因果の系列をたどることにより結果の発生が可能か否かという単なる事実判断のみによつて，不能犯であるか否かを決定することができない」。「当該犯行の具体的な遂行方法を実行の着手と認めることができるか否かは，当該態様における行為一般が結果の発生に対して危険性を有するか否かを標準として判定されるべきであり，右危険性は，科学的見地から，（行為者が認識することができずかつ一般人もまた予測認識することができないであろう特異，異常な属性を有する稀有な客体は別として）当該犯行の客体となつたものおよび一般的に予測されうる客体に対して，結果を発生せしめることが絶対に不能かどうかの判断を1つの要素としつつ，同時に社会通念による当該行為の危険性に対する評価をも考慮して判断されるべきものである」としたうえで，「その放出量の多少はさておき，プロパンガスはその一般的な性質からしてプロパンガス吸入者の身体的状況その他の事情によつて右のような致死への可能性を絶対に有しないとは言えないのみならず」，他方，「諸般の事情を総合すると，一般人は家庭用プロパンガスを判示のような部屋で，判示のような態様をもつて放出させることは，その量の多少にかかわらずその部屋に寝ている者を死に致すに足りる極めて危険な行為であると社会通念上評価するものと解するのが相当であると言わなければならない。従つて，被告人の判示行為は，とうてい不能犯であるということはできず，刑法199条にいう『人を殺す』行為に着手したものと認めるのが相当であ」ると判示した[127]。

---

126）　プロパンガス放出後，Eは逆流した胃の内容物を誤嚥して窒息死したが，プロパンガス放出と死亡結果との間の因果関係は証明されなかった。

127）　「後半部分は具体的危険説の基準を用いたものといえるが，前半部分ではプロパンガスの人体に対する毒性を科学的に検討していることから，具体的危険説のみに依拠して未遂犯の成否を決しているわけではない」とするのは，佐藤拓磨「不能犯」松原芳博編『刑法の判例（総論）』201頁（成文堂，2011年）。

372　第3部　不能未遂

　（4）この時期，（1）〜（3）で示した動向とは別に，下級審のものでは
あるが，不能犯を認めた判決がいくつかあり，これも注目すべきであろう。
すなわち，東京高判昭和29年6月16日東高刑時報5巻6号236頁，東京高判
昭和37年4月24日高刑集15巻4号210頁，東京地判昭和47年11月7日刑月4
巻11号1817頁である。

　東京高裁昭和29年判決は，手榴弾を投擲した事案について次のように判示
した。すなわち，被告人が元陸軍の兵器で九一式曳火手榴弾と称せられるも
のを某所で買い受けたが，その後人に見られるのを恐れ，箱につめて永らく
地中に埋めておいたため，「その円筒内の主爆薬たるピクリン酸は格別変質
してはいなかつたけれど点火雷管と導火線との結合も悪く又導火線自体が湿
気を吸収して質的変化を起しそのため手榴弾本来の性能を欠いており，たと
え安全装置を外し撃針に衝撃を与えても爆発力を誘起し得ないもので，これ
を爆発せしめるは工場用の巨大なハンマーを使用し急激な摩擦を与えるか或
は摂氏200度以上の熱を加えるに非ざれば到底不可能であると認められ」，
「その爆発力を利用し人を殺害せんとしても，その目的とした危険状態を発
生する虞はないわけであり爆発物取締罰則第1条及び殺人未遂罪の成立する
根拠なく単に右爆発物を所持した罪が成立するのみである」と判示した。

　東京高裁昭和37年判決は，「覚せい剤の主原料が真正の原料でなかつたた
め，覚せい剤を製造することができなかつた場合は，結果発生の危険は絶対
に存しないのであるから，覚せい剤製造の未遂罪をも構成しない」と判示し
た。

　東京地裁昭和47年判決の事案は，公衆電話ボックス内において他人が遺失
した金額5万円の一般線引小切手を拾得し自宅に持ち帰り，後日，F銀行G
支店において，小切手の支払いを受けるために小切手の裏面に他人の名前を
記入するなどして窓口係員に呈示・提出したが，紛失届が出されていたため
その目的を遂げなかつた。東京地裁は遺失物横領・私文書偽造・同行使の成
立を認めたが，詐欺未遂については，「本件小切手は小切手法……にいう一
般線引小切手であって，一般線引小切手は支払人たる……F銀行G支店にお
いて銀行に対し又は『支払人の取引先』に対してのみこれを支払うことを得
るもの……であるから，被告人が『支払人の取引先』であることを装わない

第11章　不能犯論の現状と課題　373

かぎり，該小切手の換金化は通常不能であつて，一般線引小切手の正当権限
者たることを装う詐欺手段としては，単に裏書をし小切手を提出して正当な
所持人であることを装うだけでは支払人を欺罔することが定型的に不能であ
るというべく，刑法246条１項の罪には当らないと解すべきである」と判示
して無罪とした[128]。

　以上のような，不能犯を認めた判示それ自体は注目に値するものである
が，それがどのような立場に依拠するものか（または親和性のあるものか），
なお検討を要しよう[129]。

---

128)　西山富夫「判例批評」昭和48年度重判解126頁以下（1974年）は，「絶対的不能・相
　対的不能説の立場から本件を理解することは困難であろう」とし，「本件判決が詐欺未
　遂罪の成立を否定し，不能犯的判断を示したのは，……構成要件を基準にして具体的行
　為の法概念的，定型的特質を考慮したからであろう。いわゆる定型説である」する。水
　戸地判昭和42年６月６日下刑集９巻６号836頁は，略式命令謄本の罰金額の記載を改ざ
　んして検察庁徴収係事務官に提出し，罰金額の納付を免れようとした行為につき詐欺罪
　の成立を否定したが，その理由として，詐欺罪は「本来個人的法益としての財産的法益
　の侵害を本質とする犯罪であるから，……本来の国家的法益を侵害しただけでは足り
　ず，同時に個人的法益としての財産的法益を侵害しない限り，本罪を構成しないと解す
　べきである」。本件においては，「罰金徴収権能としての国家的法益を侵害しようとした
　ものというべく，更に何等個人的法益としての財産的法益を侵害しようとしたものとも
　認め難い」と判示したうえで，それに加えて，罰金徴収手続に鑑み本件「欺罔的手段を
　もつては，徴収係員等をして未だ錯誤に陥れ，よつて罰金差額の納付を免れることは予
　想することができないと認められるので，本件欺罔の所為は，未だ刑法にいわゆる詐欺
　罪の欺罔行為に該当しない」とし，「以上いずれの点から検討するも本罪は罪とならな
　い」と判示している。前述，注98，内山良雄「判例に現れた不能犯肯定事例の検討」
　『佐々木史朗先生喜寿祝賀刑事法の理論と実践』203頁以下（第一法規出版，2002年）も
　参照。
129)　なお，談合罪（当時の96条の３）には未遂処罰規定はないが，名古屋高判昭和48年
　７月16日高刑集26巻３号308頁は，問題の物件は「登記簿上は存在しているが，現実に
　は存在しなかつたのであるから」，それに関する「本件競売開始決定は……目的物を欠
　き無効であつて，これについて，談合をしても，同競売の公正を害する危険を発生する
　に由ないものといわざるを得ない。そうとすれば，本件においては被告人両名の談合行
　為があつても，談合罪は成立しない」と判示している。被告人の殺意を否定したものと
　して秋田地大舘支判昭和42年７月29日判時507号78頁がある。平素から姑Ｈと折り合い
　の悪かつた被告人が，Ｈから祭り見物に行くから昼食用の握飯を作るように言いつけら
　れ，握飯を作る際それに猫いらずを塗布し，これをＨに渡した。Ｈは移動中の車中でそ
　の握飯を一口食べたが，二口目は異臭を感じたので口から出し，残りは捨てた。Ｈは旅
　行中およびその後も身体に何の異常もなかつたという事案であった。秋田地裁大舘支部
　は，「本件握飯に含有されていた黄燐の重量は約0.017グラム（従って猫いらずの量は約
　0.21グラム）であって……人体に対する致死量の約６分の１ないし30分の１であるこ
　と」，「猫いらずはその名のとおり殺そ剤であることが何人にも明瞭であり，その毒性に

374　第3部　不能未遂

## 3　最判昭和51年3月16日刑集30巻2号146頁（ピース缶爆弾事件）

（1）昭和20年代の終わり頃以降の下級審判例の動向（見方によってはそれまでの判例からの離反の方向，ないしは揺れ動き）をみたとき，そのあとの最高裁の判断が注目されるところ，最判昭和51年3月16日刑集30巻2号146頁が，不能犯の議論の関係において，やや特殊な犯罪類型にかかわるものともいえるが，重要な判断を示した。

　事案は，被告人が，煙草ピースの空缶にダイナマイトなどを充填し，これに工業用雷管および導火線を結合した爆弾を製造し，その導火線に点火して機動隊正門に向けて投てきしたが，爆発しなかったというものであった。爆弾が爆発しなかった原因は，導火線を雷管に固定させる方法として，導火線の末端部分に接着剤をつけてこれを雷管に差し込み，雷管の底面ないし内壁に接着させようとした結果，接着剤が導火線の末端から黒色火薬にしみ込み，そのしみ込んだ部分の火薬が湿りまたは固化して燃焼しなくなり，導火線の燃焼が中断したためであった。この事案に関して，爆発物取締罰則（以下では「罰則」と略記する）1条の爆発物使用罪の成否が争われたが，①この場合にそもそも不能犯の法理が適用されるのか否かが問題になり，それを積極に解した場合に，②不能犯に関して適用されるべき基準が問われることになる。

（2）不能犯の法理の適用の可否を考えるうえで，まず，爆発物の「使用」の解釈を確認しなければならない。この点につき，ピース缶爆弾事件最高裁判決は，「罰則1条にいう爆発物の使用とは……爆発物を爆発すべき状態におくことをいい，現実に爆発することを要しないものと解すべき」であると判示した。これはこれまでの判例の立場[130]の確認である。そして，こ

---

ついての一般の認識」は「青酸カリほど強度のものであるということはできない」こと，「被告人は本件握飯に猫いらずを塗布した際，尠くとも，猫いらずの毒性が，その量如何にかかわらず人命に影響するとの認識はなかったものと思われ」ること，「本件においてはじめて身柄を拘束された被告人としてはとうてい反ばくか不可能な捜査官の理くつとそれにもとづく問に迎合してなされた疑が濃厚であ」ることなどを指摘して，「被告人の殺意を認めるにたりる証拠がなく，……無罪を言渡すべきである」と判示した。

130）　大判大正7年5月24日刑録24輯613頁，最判昭和42年2月23日刑集21巻1号313頁。

第11章　不能犯論の現状と課題　375

のような解釈によれば，爆発物の「使用」には，「爆発」との関係で考えれ
ば，爆発した場合である，いわば「既遂の形態」のほか，爆発すべき状態に
おいたが，爆発しなかった場合，いわば「実行未遂の形態」も同時に含んで
いることになる[131]。

　ピース缶爆弾事件控訴審判決は，「使用」の意義について同様に解し，不
能犯の法理の適用の可否について次のように消極に解した。すなわち，「不
能犯の理論は，結果の発生が構成要件要素とされている犯罪について，行為
に結果発生の危険性があるかどうかを検討し，その有無によつて可罰的な未
遂犯と犯罪が成立しない不能犯とを区別しようとするものである。しかし，

---

131)　「『必ずしも現実に爆発するにいたったことを要しない』というのは，本罰則１条の
　構成要件が『爆発』という結果を直接の構成要件要素とはしていないが，実質上，同条
　にいう『爆発物ヲ使用シタ』という構成要件には，爆発物をその用法に従って爆発させ
　たという既遂形態のほか，その用法に従って爆発させるに足りる行為をしたが，爆発し
　なかったという未遂形態も含まれる趣旨であることを意味する。ただ，本罰則２条の
　『爆発物ヲ使用セントスルノ際発覚シタ』というのが，爆発物の使用に着手したが，い
　まだ使用するにいたらなかった，いわゆる『着手未遂』を処罰する趣旨と解せられてい
　る……こととの対比上，本罰則１条の『爆発物ヲ使用シタ』にあたるべき未遂形態は，
　右段階より進んで，爆発物の使用に着手し，しかも爆発するにいたらない，いわゆる
　『実行未遂』の場合をいうものと解すべきことになる」（内藤丈夫・最判解（昭和51年
　度）54頁以下注４〔1980年〕）。「爆発物の本来の用法は爆発させることであるから，そ
　れを『使用シタル者』とは，爆発させた者，すなわち，爆発物が爆発したことが本罪の
　本来の結果である。ところが，爆発物に点火して人に投げつけたところ，何らかの障害
　で爆発しなかったばあいはどうなるか。いわゆる実行未遂にあたる。罰則２条にいう，
　『使用セントスルノ際発覚シタル者』に該当し，処罰できるかとなると，これは用語的
　にも着手未遂なら該当性が考えられるが，実行行為が完了した者には当はめにくい。し
　かもこの罰則は，爆発物という物品の危険な性格に重大な法的関心をもって立法された
　関係上，３条において予備罪的行為，４条においては陰謀罪的行為（共謀罪）までをも
　処罰することにしているのに，実行未遂に相当する行為が不処罰ではすまされない。爆
　発物を投擲したり，爆発物に点火したりする行為は，広い意味では爆発物を使用したと
　もいいうるので，立法趣旨においても，また，従来の判例や通説は，この実行未遂に相
　当する行為も罰則１条の使用罪の構成要件の中に入れて解釈する。つまり，使用罪の構
　成要件は，爆発したばあいの既遂類型と爆発しなかったばあいの実行未遂の類型を同一
　に包含する特殊な構成要件であるということになる。ただし，着手未遂に相当する行為
　は，罰則２条の罪とされる。そこで，使用罪の使用とは，『爆発物を爆発すべき状態に
　おくこと』と意義づけされてきている。本件の判例も従来の判例の見解と同一の見解を
　のべており，そこに立場の相違はない」（西山富夫「判例批評」名城法学28巻３・４号
　69頁以下〔1979年〕）。伊藤榮樹「判例批評」警察学論集29巻６号153頁以下（1976年），
　臼井・前掲注(69)50頁以下，中野次雄「判例批評」判例評論213号47頁以下（1976年）
　も参照。

376 第3部 不能未遂

本罰則1条にいう爆発物の使用とは……爆発物を爆発すべき状態におくことをいい，現実に爆発することを必要としない（いわゆる実行未遂の場合も含む）と解されているのであるから，……同条の罪は，結果の発生を構成要件要素としない犯罪であることが明らかである。そうだとすると，同条については，爆発物の使用が不能犯でない可罰的未遂犯にあたるかどうかを論ずることは，……その前提を欠く」との立場を採った[132]。

「不能犯の理論（法理）」が意味する内容については検討を要するところもある[133]が，多くの論者が指摘するように，前述の罰則1条の「使用」の意義を前提とすれば，爆発しなかったいわば未遂的な形態の場合に，その原因によっては，爆発との関係で「不能」かどうかという「未遂（的行為）」に値する危険性が認められるのかどうか問題になりえ，実質的に，爆発という結果との関係において「不能犯の法理」が働くと考えるべきであろう[134]。

（3）ピース缶爆弾事件最高裁判決は次のように判示し，罰則1条の成立

---

132) 東京高判昭和49年10月24日高刑集27巻5号462頁以下。第1審判決も同趣旨の判示をしている（東京地判昭和48年10月23日高刑集27巻5号473頁以下）。

133) 前述，注4参照。

134) 不能犯法理の適用を否定する第1審判決も，「本件ピースかん爆弾は，……導火線に欠陥があつたため，導火線に点火して投げつけるという方法では爆発しないものであり，その不爆発は，もとより点火の方法が相当でなかつたとか，投げつけ方が悪かつたとかというようなことによるものではなく，いかにうまく点火して投げつけても，また，行為者を変え，時と所とを変えてしても，いわば絶対的に爆発しないものであつたのであるから，これをもつて，本件ピースかん爆弾の爆発すべき状態においたものとはとうていいえない」（高刑集27巻5号473頁）と判示し，控訴審判決も，本件爆弾は「起爆装置の構造に欠陥があつたため，そのままでは導火線に点火して投てきしても，絶対に爆発を起こす危険性のないものであつたのであるから，被告人らが本件爆弾の導火線に点火して投てきした行為は，これを爆発可能の状態においたもの，すなわち『使用』したものということはできない」（高刑集27巻5号459頁）と「爆発」との関係でその可能性を問題にし，いずれも罰則1条の使用罪の成立を否定しており（第1審判決は罰則4条の使用共謀罪の成立を認め，被告人を懲役3年執行猶予4年に処し，第2審も控訴を棄却し，これを維持した），「第1審判決および原判決は意識的に不能犯問題を回避したが，実質的には不能犯論における1つの立場からその結論を出したことになる，という見方も成り立たないことはない」（中野・前掲注(131)判例評論213号48頁。また，臼井・前掲注(69)53頁，中谷瑾子「判例批評」警察研究51巻11号41頁（1980年），野村・前掲注(96)『判例刑法研究』112頁）との指摘がなされているところである。未遂罪処罰規定のない誣告罪（現在の虚偽告訴罪，172条）の成否に関して，すでに，不能犯の法理が問題となることを論じていたのは，牧野英一「誣告罪と不能關係」『刑法研究第2巻』124頁以下（有斐閣，1921年）。

を否定した原判決を破棄し，事件を東京高等裁判所に差し戻した[135]。すなわち，本件爆弾はその構造上なんら不合理な点は認められないこと，本件のように接着剤塗布により導火線を取り付け固定したすべての場合に爆発が妨げられるものではないこと，そして，「本件行為当時，被告人は，導火線を工業用雷管に取り付けるに際して接着剤を使用することが燃焼中断，不爆発の原因となるとは全く予想しておらず，かえつて接着剤によつて導火線が雷管に一層強度に固定され，したがつて，導火線に点火すれば確実に爆発する構造，性質を有する爆弾であると信じており，また，一般人においてもそのように信ずるのが当然であると認められる状況にあつたことがうかがえる」ことなどを確認したうえで，本件行為が「爆発物の使用，すなわち『爆発の可能性を有する物件』を『爆発すべき状態におく』ことに該当するかどうかは，単に物理的な爆発可能性の観点のみから判断されるべきではなく，本条の立法趣旨，罪質及び保護法益を考慮しつつ，『使用』についての前記解釈をとり，本件爆弾の構造上，性質上の危険性と導火線に点火して投げつける行為の危険性の両面から，法的な意味において，右構成要件を実現する危険性があつたと評価できるかどうかが判断されなければならない。これを本件についてみると，前記説示の事実関係を前提とすれば，本件爆弾には原判示のような欠陥はあつたものの，これは基本的構造上のものではなく，単に爆発物の本体に付属する使用上の装置の欠陥にとどまるものであるから，法的評価の面からみれば，導火線に点火して投げつけるという方法により爆発を惹起する高度の危険性を有するものと認められ」，したがつて，「『爆発物ヲ使用シタル者』にあたる」と判示した。

　最高裁は，①につき，不能犯の法理の適用のあることを前提にしたうえで，②につき，具体的危険説に親和的な立場を採ったものと理解できる。そうだとすると，これ以前の判例，つまり，「絶対に不能か」どうかを重視してきた従来の判例，この直前のものでは最高裁昭和37年判決との関係が問題となるところ，それについて次のような評価が示されている。すなわち，

---

135)　中谷・前掲注(134)46頁によると，「差戻後の東京高裁第11刑事部判決（昭和53年3月17日判例集不登載）は，原判決を破棄し，被告人を懲役3年6月に処した」とのことである。

「判例は，従来その理由中でしばしば使用した文言から，絶対的・相対的不能説によっているといわれてきた。これに対し，本判決は，本件の問題が不能犯の問題だとすら言っていないけれども，判決理由の前段でわざわざ本件爆弾の爆発可能性についての被告人の認識と一般人の認識可能性に言及しているところからみると，その根底に具体的危険説的な考え方があるとみてもおそらく誤っていないであろう。もしそうだとすると，判例の底にある判例理論に変更があったのかということが問題になるが，これはさらに今後の判例の推移を落ちついてみたうえでないと断定は困難だと思われる。ただ，筆者のみるところでは，従来の判例も具体的危険説で説明のできたものである。相対的危険説[136]というのも，説明の１つの便宜だったといえないこともない。その意味では，本判決も基本的な考え方においては全く従来の判例と同じ線上にあるといってよいのではあるまいか」[137]との評価である。このような評価に賛同できよう。

## 4　ピース缶爆弾事件最高裁決定後の判決の動向

　ピース缶爆弾事件最高裁決定後，不能犯にかかわる最高裁の判断はない。下級審判決では，放火罪に関する東京高判昭和58年８月23日刑月15巻７・８号357頁（懐炉灰放火装置事件），殺人罪に関する岐阜地判昭和62年10月15日判タ654号261頁（都市ガス無理心中事件）が注目されよう[138]。

---

136)　ここでいう「相対的危険説」とは，その前の文章で出てくる「絶対的・相対的不能説」のことであると思われる。

137)　中野・前掲注(131)判例評論213号48頁。また，中谷・前掲注(134)46頁。本判決は，「行為当時の被告人の認識と一般人の認識可能な事情とに言及しているのであり，これはまさに具体的危険説にいうところの危険判断の構造にほかならない」。それまでの判例においても「判例が事案を断ずる際に具体的危険説的思考があったと考えられるが，本判決においては判旨の上において明確に具体的危険説における危険性の判断構造が示されたことになる」とするのは，野村・前掲注(96)『判例刑法研究』112頁。大塚ほか編・前掲注(88)61頁〔三好〕も，この最高裁判決の「背景に具体的危険説の思考方法があることは，その判旨の表現に照らしても明らかであろう」とする。また，葛原ほか・前掲注(60)241頁〔塩見〕，小林・植村編・前掲注(88)245頁〔川田〕，宗岡・前掲注(25)328頁など。これに対して，奥村正雄「判例批評」同志社法学29巻６号61頁以下（1978年）。爆発物使用罪を「爆発すべき状態」の発生を構成要件的結果とする一種の結果犯と解する立場から，判旨に反対するのは，曽根威彦「判例批評」判タ337号93頁以下（1976年）。

第11章　不能犯論の現状と課題　379

懐炉灰放火装置事件は，懐炉灰を用いた時限発火装置による連続放火事件のうちの1つであり，被告人が懐炉灰3本を針金に結わえて，これに点火したうえ，喫茶店の便所の内壁の壁穴から外壁との隙間に差し入れてつるした。しかし，右便所の内壁と外壁との間は密閉された状態で通風の悪い構造であったため，この点火方法によっては壁の内側の可燃物に延焼する可能性がほとんどなかったというものあった。東京高裁は，被告人がその行為に及ぶ際，「右の事情には気づかず，懐炉灰の火が可燃物に延焼して焼燬の結果を発生させうるものと信じており，また，一般人を被告人が同判示行為の際におかれた立場に立たせてみても，やはり，右の事情の存在には気づかず，同判示の方法によつて，懐炉灰の火が右の壁の内側を構成する木材等の可燃物に延焼し，焼燬の結果を発生する危険性があるものと認識するのが当然，と考えられる状況にあつたと認められる。このような事情を前提として考えると，同判示の行為は，現住建造物焼燬の結果を発生する危険性がある」と判示し，現住建造物等放火未遂罪の成立を認めた。具体的危険説（的な見解）に依拠するものといえよう[139]。

都市ガス無理心中事件は，ガス元栓を開放状態にして都市ガスを室内に充満させることによって，子ども2人を道連れにした無理心中を図ったが，友人Iの訪問により発見され目的を遂げなかったというものである。岐阜地裁は，「本件で被告人が漏出させた都市ガスは天然ガスであり，天然ガスには一酸化炭素が含まれていないから，これによる中毒死のおそれはないことが

---

138)　ダイナマイトに脚線付電気雷管を装着し，これにコードを接続して，その先端を乾電池の極に触れさせる方法でダイナマイトを爆発させようとし，その設置作業を続けていた際，巡視中の警備員に発見されたが，被告人らの行った「方法によるときは電流値が低くなるため，被告人らが予定どおりの行動を完結したとしても，爆発の可能性はなかった」という事案において，東京高判昭和53年4月6日刑月10巻4・5号709頁は，「爆発の可能性を有する物件を爆発すべき状態におくこと」は，「単に物理的な爆発可能性の観点からのみ判断すべきではなく，当該爆発物の構造上，性質上の危険性と，これを仕掛ける行為の危険性の両面から，法的な意味において，右構成要件を実現する危険性があつたと評価できるかどうかを判断しなければならないのである（最高裁判所昭和51年3月16日判決……）」と判示し，罰則2条の成立を認めたものがある。

139)　参照，神山敏雄「未遂犯と不能犯の区別」法学セミナー363号144頁以下（1985年），沢登佳人「判例批評」判例評論306号49頁（1984年），藤岡一郎「不能犯」産大法学27巻4号32頁（1994年），的場・前掲注(75)59頁，和田・前掲注(33)『町野古稀』239頁。

認められるけれども，他方，……この都市ガスの漏出によつて室内の空気中のガス濃度が４・７パーセントから13・５パーセントの範囲内にあつた際には，……静電気を引火源としてガス爆発事故が発生する可能性があつたのであり，さらにガス濃度が高まれば，……酸素濃度が低下して酸素欠乏症となること，すなわち空気中の酸素濃度が16パーセント以下になれば，人体に脈拍，呼吸数増加，頭痛などの症状が現われ，酸素濃度が10パーセントから６パーセントを持続するか，またはそれ以下になれば，６分ないし８分後には窒息死するに至ることが認められるのであるから，約４時間50分にわたつて都市ガスが漏出させられて室内に充満した本件においては，ガス爆発事故や酸素欠乏症により室内における人の死の結果発生の危険が十分生じうるものであることは明らかである。そのうえ，本件において被告人自身が自殺の用に都市ガスを供したこと，判示犯行の発見者であるＩは，ドアなどに内側から目張りがされているのを見，さらに，被告人ら親子３人が室内で川の字に寝ているということを聞いたとき，被告人がガス自殺を図つたものと思つたと供述し，被告人宅の家主であるＪは室内に入つた後，親子３人の中のいずれかの頭部付近が少し動いたのを見て，まだ死んでいないなと思つたと供述していることなどに照らすと，一般人はそれが天然ガスの場合であつても，都市ガスを判示のような態様をもつて漏出させることは，その室内に寝ている者を死に致すに足りる極めて危険な行為であると認識しているものと認められ，従つて社会通念上右のような行為は人を死に致すに足りる危険な行為であると評価されているものと解するのが相当である。さすれば，被告人の判示所為は，到底不能犯であるということはできない」と判示した。

都市ガス無理心中事件判決は，科学的にみた危険性（ガス爆発死・酸素欠乏死の可能性）と一般人からみた危険性（危険感）（ガス中毒死の可能性）とを認定して未遂犯の成立を認めている。仮定的蓋然性説の支持者は，判決が前者の危険を認定していることを重視し，具体的危険説に立つならばかかる認定は不要であろうと指摘する[140]。しかし，一方で，仮定的蓋然性説からは

---

140) 佐藤・前掲注(127)『刑法の判例』204頁。また，西田ほか編・前掲注(33)659頁〔和田〕。西田・前掲注(33)312頁以下は，「具体的危険説的な理由づけとも理解し得る」が，同時に，酸素欠乏症による窒息死・引火爆発の危険も認定されており，「結果発生の十

第11章　不能犯論の現状と課題　381

「ガス爆発または酸素欠乏症によって……死亡するまで発見されずにガスが
漏出し続けた可能性が相当程度認められるかが問われる」ところ，「本判決
はこれらの点について認定していない」[141]とも指摘されている。都市ガス
無理心中事件判決がこの2つ危険性の関係をどのように考えているのかは明
らかではない[142]。しかし，具体的危険説も，前述のように，事後的に事実
を解明することを不要とする立場ではないと理解すべきである。他方，仮定
的蓋然性説に立つ場合，都市ガスによる中毒死の可能性の認識はあっても，
ガス爆発死・酸素欠乏死の可能性の認識はなかったとすれば，行為者には
（非科学的な）不能犯にあたる事実の認識しかないのではないか[143]という故
意（錯誤）の問題が生じうるであろう[144]。

## 5　特殊詐欺事案におけるだまされたふり作戦と不能犯

　（1）平成になってからしばらくのあいだ，不能犯に関する判例に目立っ

---

分な蓋然性こそが未遂処罰の根拠とされている」とする。松原・前掲注(33)338頁。大
塚ほか編・前掲注(88)51頁〔三好〕は，「窒息死等の可能性が判旨のように肯定できる
ものであるとすれば，理論上は，あえて一般人の認識を持ち出すまでもなく行為自体の
危険性から未遂罪の成立を肯定し得た事案ではなかろうか」とする。

[141]　佐藤・前掲注(127)『刑法の判例』204頁。もちろん，結論的に，仮定的蓋然性説か
ら「殺人の結果発生の危険を認めることは可能であろう」（佐藤・前掲注(127)『刑法の
判例』204頁）としている。佐伯仁志「不能犯(3)」百選Ⅰ3版142頁以下は，「行為後の
事情を認定している点で，結果としての危険を問題としていると見る余地がある。しか
し，実際にどのような危険が生じたのか（実際のガス濃度など）まで認定しているわけ
ではないので，行為の危険性を問題としていると考える方がより適切かもしれない」と
も指摘していた。

[142]　大阪地判昭和43年4月26日（前述，第3節2（3））も空気注射事件の控訴審判決
（前述，第3節2（1））も両者を認定しているが，両者の関係についてのニュアンスは
異なるように思われる。

[143]　溺死させるつもりで相手を岸壁から突き落としたところ，途中の岩に頭をぶつけて
即死したという典型的な因果関係の錯誤の事例においては，岸壁から突き落とし溺死さ
せるという殺人にあたる事実を認識している。都市ガスによる中毒死に焦点をあて，そ
れを「不能」と考えるならば，典型的な因果関係の錯誤の場合の認識とは異なろう。斎
藤信治・前掲注(58)百選Ⅰ5版137頁も参照。

[144]　参照，伊藤渉「不能犯(3)」百選Ⅰ7版139頁，川端博ほか『徹底討論刑法理論の展
望』317頁（成文堂，2000年），佐伯仁志「不能犯(3)」百選Ⅰ4版139頁など。佐藤・前
掲注(127)『刑法の判例』205頁は，都市ガス無理心中事件判決が「複合的な理由づけを
行ったのは，客観的危険説に立った場合，故意に関して……複雑な問題が生じうること
を考慮したからかもしれない」と指摘している。

382　第3部　不能未遂

た動きはみられなかった[145]が，近時，特殊詐欺の関係において不能犯にかかわるケースが現れ，これに関する一連の下級審判決が注目される。

　特殊詐欺（いわゆるオレオレ詐欺など）の1類型として，郵便や宅配便などで現金を送付させる手口（現金送付型）がある[146]が，この場合に，詐欺グループの者が被害者宅に電話をかけ，被害者がいったんはだまされたもののその後（または最初から）詐欺であることに気づき，警察に通報し，警察の指示のもと「だまされたふり」をして，現金代替物を犯人の指定先に送付し，それを受領する者（受け子）を検挙するという捜査方法（いわゆる「だまされたふり作戦」）が実施されてきた。このようなケースでの受け子が，被害

---

145)　静岡地判平成19年8月6日判タ1265号344頁がある。この事案は，被告人が，殺意をもって，Kに対し，（ア）主観的には鞘が外れていると思っていた鞘付きのくり小刀で突き，さらに，（イ）鞘の外れた同くり小刀でKの顔面を刺すなどしたが，Kらに取り押さえられたためにその目的を遂げなかったというものである。静岡地裁は，（ア）の行為につき，「純客観的には死の結果を招来し得ない行為である（現実にも，被害者は何ら負傷していない。）から，殺人の実行行為たり得るのか問題になる」としたうえで，「未遂犯と不能犯の区別は……実質的危険が発生したか否かを判断すれば足りると解するのが相当である」。「本件で，被告人は，くり小刀の鞘を左脇に挟んで外して被害者の腹部を刺すと意図していたが，実際には，鞘が外れずにそのまま突いたというものである。認識事実と実現事実の差異は，要するに，鞘が外れたか否かにあるところ，被告人の用いたくり小刀の鞘は，ある程度の力を入れれば容易に外れるものであること，脇に挟んで外すという方法は合理的で相当なものであること，被害者は被告人からの攻撃を予見しておらず，鞘を外すにあたって外部的な障害もなかったことなどに照らせば，被告人がくり小刀の鞘を外して被害者の腹部に突き刺す（すなわち，認識事実が実現される）可能性は相当に高かったといえる。とすれば，被告人の本件刺突には，被害者の死の結果を発生させる現実的な危険性を十分に感得できる」。「以上のとおりであるから，被告人の本件刺突は，殺人の実行行為たり得ると優に認められる」と判示した。この判決は明らかに仮定的蓋然性説の影響がみられるとの評価（佐藤・前掲注(33)『実行の着手』68頁注62。なお，西田・前掲注(33)312頁）がある一方で，この判決の判断構造は一見仮定的蓋然性説のそれに類似しているが，「認識事実の実現可能性を論ずる点で，明らかそれと異なる」。殺人未遂罪成立という結論を導くために，あえて（ア）の「行為について実行行為性の判断を加える必要性があったのか，疑問」であるとの評価（内山良雄「判例批評」刑事法ジャーナル17号75頁以下［2009年］）もある。大塚ほか編・前掲注(88)52頁〔三好〕は「連続的に行われたその後の刺突行為と一体として評価すべき事案であり，その場合は未遂犯であることが明らかであろう」とする。別に，本判決が「実行行為」の有無を問題にしている点も留意が必要である。

146)　かつては，金銭を銀行口座に振り込ませる手口（振込型）が一般的であった（そこで，振込め詐欺ともいわれた）。しかし，金融機関が対策を講じたため，振込型は減少し，被害者から直接現金を受け取る手口（現金手交型）や現金送付型が増加してきているとのことである。

者による詐欺看破後に，その事情を知らずに犯行に加担し，送付物の受領を行った場合，その受け子の刑事責任を問いうるのか否かが近時の下級審判決において争われ，そのなかで，不能犯法理の適用の可否，適用する場合のその不能犯法理の内容が問題になっている[147]。

（2）このケースにおける不能犯法理の適用の可否につき，消極に解するものもある[148]が，多くは積極に解している。たとえば，名古屋高判平成28年9月21日 LEX/DB 文献番号25544184は次のように判示する。すなわち，「不能犯の考え方は，行為者が犯罪を実現する意思で行為をしても，結果発生がおよそ不可能な場合には刑事処罰の対象としないという考え方[149]であり，未遂犯として処罰を加えるか，不能犯として不処罰とするかが問題となるものである」。「単独犯だけでなく，共犯の場合，それも共犯関係に後から入った場合でも，不能犯という言葉を使うかどうかはともかく，同じような判断方法を用いることは肯定されてよい。単独犯で結果発生が当初から不可能な場合という典型的な不能犯の場合と，結果発生が後発的に不可能になった場合の，不可能になった後に共犯関係に入った者の犯罪の成否は，結果に

---

147) だまされたふり作戦の事案では承継的共犯（共同正犯）も重要な（そして，このケースで不能犯を論ずる前提的な）問題となっているが，本章のテーマからこの問題には立ち入らない。承継的共犯に関しては，参照，高橋直哉「承継的共犯に関する一考察」法学新報113巻3・4号119頁以下（2007年），同「承継的共犯論の帰趨」川端博ほか編『理論刑法学の探究9』159頁以下（成文堂，2016年）。だまされたふり作戦の関係で，橋爪・前掲注(33)4頁以下。後述，注155も参照。

148) 名古屋地判平成28年3月23日 LEX/DB 文献番号25544199は，便利屋業を営む被告人が，特殊詐欺を行うグループの者から，送付されてきた荷物の受領を依頼され，これを了承したが，被害者は荷物送付前に詐欺であることに気づき警察に相談し，だまされたふりをして荷物を送付したという事案において，次のように判示した。すなわち，「本件では，氏名不詳者が現にLにうその電話をかけて，詐欺既遂の現実的危険が生じており，詐欺未遂自体は成立しているのであって，その氏名不詳者の実行行為後に関与した被告人に詐欺未遂の共同正犯としての罪責を問うことができるかが問題となっているのであるから，犯罪の成否自体を問題とする不能犯とは，その問題状況を異にしている」等と判示し，被告人に無罪を言い渡した。この判決の控訴審判決が，このあとすぐに本文で引用する名古屋高裁平成28年9月21日判決である。この判決の判例評釈として，門田茂人「判例批評」法学セミナー746号121頁（2017年），冨川雅満「判例批評」法学新報124巻5・6号285頁以下（2017年），橋本正博・平成28年度重判164頁以下（2017年），安田拓人「判例批評」法学教室437号146頁（2017年）など。中川正浩「米国『経済スパイ法』概略」警察学論集70巻1号102頁以下（2017年）も参照。

149) 「不能犯」とされた場合の「効果」に関して，前述，注4，5も参照。

384 第3部 不能未遂

対する因果性といった問題を考慮しても，基本的に同じ問題状況にあり，全く別に考えるのは不当である」。「このような場合に不能犯の考え方を用いて判断するのは，必要かつ妥当である」と判示した。この判決のように，ここで問題の特殊詐欺のケースにおいて，不能犯の法理が適用でき，また適用すべきであると考える裁判例が多数といえよう[150]。

（3）不能犯法理が適用されるべきだと考えた場合，そこで適用されるべき不能犯の基準が問題になるところ，一連のだまされたふり作戦に関して，下級審判例においては，具体的危険説の考え方を適用して事案を解決している。前述の名古屋高判平成28年9月21日は，前述のように不能犯法理を適用すべきことを判示したあと，続けて，「実際には結果発生が不可能であっても，行為時の結果発生の可能性の判断に当たっては，一般人が認識し得た事情及び行為者が特に認識していた事情を基礎とすべきである。そうすると，仮に，被害者が，被告人がMからの荷物受領の依頼を受ける以前に既に本件荷物の発送を終えていたとしても，被害者が警察に相談して模擬現金入りの本件荷物を発送したという事実は，被告人及び氏名不詳者らは認識していなかったし，一般人が認識し得たともいえないから，この事実は，詐欺既遂の結果発生の現実的危険の有無の判断に当たっての基礎事情とすることはできない。本件通話の時点で氏名不詳者らは，実際に現金を受け取る意思であっ

---

150) 名古屋高判平成28年11月9日 LEX/DB 文献番号25544658も，「本件のように，結果発生が後発的に不可能になった場合の，不可能になった後に共犯関係に入った者の犯罪の成否は，結果に対する因果性といった問題を考慮しても，共犯関係に入った時点で結果発生の現実的危険があるか否かによって判断すべきであると考えられる。これは，単独犯で結果発生が当初から不可能と思われる場合に，未遂犯として処罰すべきか，未遂犯としても処罰すべきではないかを分ける機能を有する不能犯の問題と，基本的に同じ問題状況にあると考えられるのであるから，上記犯罪の成否を考えるに当たっては，不能犯の場合と同様の判断方法を用いるべきである」と判示している。この判決の判例評釈として，是木誠「判例批評」警察学論集70巻2号159頁以下（2017年）参照。ほかに，不能犯法理を用いて事案を解決しているのは，(a)福岡地判平成28年9月12日 LEX/DB 文献番号25543872，(b)神戸地判平成28年9月23日裁判所HP，(c)福岡高判平成28年12月20日判時2338号112頁，(d)大阪高判平成29年5月24日裁判所HP，(e)前掲(a)判決の控訴審判決である福岡高判平成29年5月31日裁判所HP。(a)の判例評釈として，前田雅英「判例批評」捜査研究795号39頁以下（2017年），(c)の判例評釈として，中嶋伸明「判例批評」研修825号59頁以下（2017年），安田拓人「判例批評」法学教室441号126頁（2017年），(e)の判例評釈として，豊田兼彦「判例批評」法学セミナー753号121頁（2017年）参照。

第11章　不能犯論の現状と課題　385

たと認められるから，詐欺の犯意は失われておらず，被告人が氏名不詳者らとの間で共謀したとみられれば，被告人に詐欺未遂罪が成立することとなる」と判示した[151]。

　また，福岡高判平成28年12月20日（前掲注150）[152]も次のように判示している。すなわち，「問題となるのは……被告人が共謀に加わったのが，本件荷物の発送後で，その荷物内には現金が入っていなかったことから，本件受領行為が本件詐欺における実行行為性を欠いており，未遂犯としての責任も負わないのではないかという点である。そのような被告人の行為の危険性を判断し，未遂犯としての可罰性の有無を決するためには，いわゆる不能犯における判断手法により，当該行為の時点で，その場に置かれた一般通常人が認識し得た事情及び行為者が特に認識していた事情を基礎として，当該行為の危険性の有無を判断するのが相当である。これを本件についてみると，被告人において被害者が騙されたふりをしているとの事情を認識していなかったのはもちろんのこと，その場に置かれた一般通常人にとっても，そのような事情はおよそ認識し得なかったといえるから，被害者が騙されたふりをしているとの事情は，行為の危険性を判断する際の基礎事情からは排除・捨象して考えるのが相当である。そして，被害者が騙されたふりをしているとの事情を排除・捨象して被告人の行為を観察すれば，被告人は，被害者において騙されたが故に発送した本件荷物を受領したということになるから，被告人の本件受領行為に実行行為性を肯定することができ，未遂犯としての可罰性があることは明らかである」と判示した[153)154]。

---

151)　ただし，本判決は，「被告人が，本件詐欺未遂について氏名不詳者らと共謀を遂げた事実を認めるに足りる証拠はな」いとして控訴を棄却し，無罪とした原審判決を維持した。

152)　この事案も，被害者が詐欺であることを見抜き，だまされたふり作戦が実施されたケースにおいて，荷物の受領を依頼された受け子が詐欺未遂罪の共同正犯になるのかどうかが問われた。本件の第1審判決である福岡地久留米支判平成28年3月8日LEX/DB文献番号25542899は，「被告人に詐欺の確定的故意があったと認められないことはもとより，未必の故意があったとも認めるには足りない」と判示し，無罪を言い渡した。受け子の故意の認定の問題について，参照，加藤経将「いわゆる受け子の故意に関する捜査とその立証について」警察学論集68巻11号38頁以下（2015年），髙橋康明「オレオレ詐欺事案における受け子の犯罪の成否について」警察学論集70巻3号150頁以下（2017年）。

386　第3部　不能未遂

　このように，だまされたふり作戦が実施されたケースにおいて，被害者に

---

153)　また，名古屋高判平成28年11月9日（前掲注150）は，前述の注150において引用した判示に続けて，「行為時の結果発生の可能性の判断に当たっては，一般人が認識し得た事情及び行為者が特に認識していた事情を基礎とすべきである。これを本件の事実関係に照らしてみると，Nが警察に相談して模擬現金入りの荷物を発送したという事実は，被告人及び氏名不詳者らは認識していなかったし，一般人が認識し得たともいえないから，この事実は，詐欺既遂の結果発生の現実的危険の有無の判断に当たっての基礎事情とすることはできない。そうすると，被告人が本件依頼人から依頼を受けた時点でも，詐欺既遂の結果発生の現実的危険はあったとみるべきこととなり，氏名不詳者らの詐欺の犯意は失われていなかったのであるから，被告人が氏名不詳者らとの間で共謀したとみられれば，被告人に詐欺未遂罪の共謀共同正犯が成立し得ることとなる」と判示している。また，神戸地判平成28年9月23日（前掲注150）〔被告人が現金（様のもの）を受け取ろうとする行為の際の状況は，「一般人からすれば，騙されて錯誤に陥った被害者が，まさに詐欺の犯人に現金を交付しようとするものといえるから（被告人の認識も同様である。），欺罔行為時に存在した金銭騙取の現実的危険性は，被告人の受け取ろうとする行為の時点でもなお失われていないと見るべきである」〕，大阪高判平成29年5月24日（前掲注150）〔「実際に結果発生が不可能であっても，行為時の結果発生の可能性の判断に当たっては，一般人からみた行為の危険性を考慮に入れるのが相当であり，一般人が認識し得た事情及び行為者が特に認識していた事情を基礎とすべきである」〕。

154)　福岡地判平成28年9月12日（前掲注150）は，具体的危険説の基準を用いて解決しようとするが，その判断基底に関して，「当該事案の具体的状況下において，社会通念に照らし，客観的な事後予測として危険性を判断するためであるから，そこで仮定すべき一般人は，犯人側の状況と共に，それに対応する被害者側の状況をも観察し得る一般人でなければならないはずである」と考えることによって，被告人の荷物を受け取る行為について詐欺罪の結果発生の危険性を否定し，事後的に関与し荷物受取りのみに関与した者の共同正犯を否定した。しかし，控訴審判決（福岡高判平成29年5月31日前掲注150）は，これを破棄した。控訴審判決は次のように判示する。すなわち，「危険性に関する原判決の判断は是認することができない。本件では，被告人が加担した段階において，法益侵害に至る現実的危険性があったといえるか，換言すれば，未遂犯として処罰すべき法益侵害の危険性があったか否かが問題とされるところ，その判断に際しては，当該行為時点でその場に置かれた一般人が認識し得た事情と，行為者が特に認識していた事情とを基礎とすべきである。この点における危険性の判定は規範的観点から行われるものであるから，一般人が，その認識し得た事情に基づけば結果発生の不安感を抱くであろう場合には，法益侵害の危険性があるとして未遂犯の当罰性を肯定してよく，敢えて被害者固有の事情まで観察し得るとの条件を付加する必然性は認められない。そうすると，本件で『騙されたふり作戦』が行われていることは一般人において認識し得ず，被告人ないし本件共犯者も認識していなかったから，これを法益侵害の危険性の判断に際しての基礎とすることは許されない。被告人が本件荷物を受領した行為を外形的に観察すれば，詐欺の既遂に至る現実的危険性があったということができる」と判示した。控訴審の判断が妥当である。原審の福岡地裁のように一般人の認識可能な事実を考えるのは具体的危険説の通常の理解と異なる。具体的危険説の理解を措いたとしても，欺罔の相手方が真実でないことを看破したため詐欺が既遂に至らなかった事例において詐欺未遂罪の成立を認めている判例（参照，前述，注103）との関係でも問題があろう。

第11章　不能犯論の現状と課題　387

よる詐欺看破以降財物交付にのみ関与した者の罪責，その者の行為の危険性判断に関して，とりわけ，このケースでの不能犯の問題に関する下級審判例は，具体的危険説の考え方に依拠して事案の解決を図るのが大勢であり，下級審判例の方向はほぼ固まったといいうるように思われる[155)156)]。最高裁昭

155) 最高裁の判断が待たれていたところ，福岡高判平成29年5月31日（前掲注150）の上告審決定として，最決平成29年12月11日裁判所HPが，以下のように判示して詐欺未遂罪の共同正犯を認めた。すなわち，「Oを名乗る氏名不詳者は，平成27年3月16日頃，Pに本件公訴事実記載の欺罔文言を告げた（以下「本件欺罔行為」という。）。その後，Pは，うそを見破り，警察官に相談してだまされたふり作戦を開始し，現金が入っていない箱を指定された場所に発送した。一方，被告人は，同月24日以降，だまされたふり作戦が開始されたことを認識せずに，氏名不詳者から報酬約束の下に荷物の受領を依頼され，それが詐欺の被害金を受け取る役割である可能性を認識しつつこれを引き受け，同月25日，本件公訴事実記載の空き部屋で，Pから発送された現金が入っていない荷物を受領した（以下「本件受領行為」という。）」。このような「事実関係によれば，被告人は，本件詐欺につき，共犯者による本件欺罔行為がされた後，だまされたふり作戦が開始されたことを認識せずに，共犯者らと共謀の上，本件詐欺を完遂する上で本件欺罔行為と一体のものとして予定されていた本件受領行為に関与している。そうすると，だまされたふり作戦の開始いかんにかかわらず，被告人は，その加功前の本件欺罔行為の点も含めた本件詐欺につき，詐欺未遂罪の共同正犯としての責任を負うと解するのが相当である」と。

　これは承継的共同正犯の関係できわめて注目すべき判断であるが，先行行為者の行為について「承継」を認める（「被告人は，その加功前の本件欺罔行為の点も含めた本件詐欺につき，詐欺未遂罪の共同正犯としての責任を負う」）ことにより，不能犯の問題に立ち入る必要なく事案が解決されたため，不能犯についての判断は示されなかった。欺罔行為を行った者，または詐欺行為の当初から詐欺についての共同の意思連絡のある者に関して，詐欺罪（の共同正犯）が成立することはとくに問題がないように，後から加わった者に関しても，先行行為の「承継」を認めるのであれば，同様に不能犯の問題は生じないからである。

156) 橋爪教授が，判例について，「下級審裁判例の趨勢としては，不能犯をめぐる具体的危険説に依拠しつつ……詐欺未遂罪の共同正犯の成立を認める理解が有力化している」（橋爪・前掲注(33)10頁）と理解したうえで，仮定的蓋然性説からも詐欺未遂罪を肯定できると論じているのも注目されうる。すなわち，（ア）「その電話の内容では被害者が絶対に欺かれない場合……たとえば息子のいない被害者に対して，『母さん僕だよ』と電話した……（あるいは，本当の息子が被害者の面前にいる……）……場合であっても，現実の被害者についての具体的事情を考慮することなく，詐欺未遂罪の成立を認めるのが一般的な理解であろう。……この場合に詐欺未遂罪の成立を認めるということは，現実に電話をかけられた被害者ではなく，仮定的に考慮されうる被害者を基準として詐欺実現の危険性が判断されていることを意味する」（橋爪・前掲注(33)13頁）。（イ）「このように絶対にだまされない被害者に対しても，仮定上の被害者の考慮によって詐欺罪の危険性を認めることが可能であれば，基本的に同様の観点から，既に被害者が詐欺であることを看破し，詐欺罪が絶対に既遂に達しないことが確定した後についても，仮定的な事情を考慮することによって，詐欺実現の危険性を肯定する余地があるように

388　第3部　不能未遂

和51年判決以降の下級審判例の動向に鑑みると，特殊詐欺におけるだまされ
たふり作戦の一連の判例は，不能犯論の関係できわめて注目される動向であ
るといえよう。

## 6　判例の立場（まとめ）

判例の立場について，「判例は，伝統的に，未遂犯か不能犯かを，絶対的
不能か相対的不能かで区別しており，現在に至るまでこれを変更する最高裁
判例は出ていない」[157]という評価もなされている。確かに，昭和30年代ま
での判例の基本的立場（の主流）が（少なくとも判示の表現上は）絶対的不法
相対的不能説に立っていたといえ，その後，判例変更が行われていない。そ
の意味では，昭和30年代までの判例はまだ生きているといえよう。しかし，
その一方で，①その時代までの大審院・最高裁判例のなかには，とりわけ強
窃盗罪の客体の不能に関する一連の判例もあり，これらの判例も同様に判例
変更されていない。「被害者……カ懷中物ヲ所持シ居リタルト否トハ強盗未

---

思われる。すなわち，だまされたふり作戦が実行されている場合であっても，被害者が
錯誤に陥ったままで被害金を送付していたという仮定的な因果経過に置き換わる可能性
を考慮しつつ，なお詐欺結果発生の危険性が継続的に生じているという理解である」
（橋爪・前掲注(33)13頁以下）。
　　（ア）のように，欺罔の相手方が最初から真実でないことを看破した場合にも詐欺（未
遂）罪を認めるのが判例であり（前述，注103参照），そのような理解は妥当であろう。
しかし，当の被害者が欺罔されえた可能性ではなく，特殊詐欺の犯人により狙われうる
潜在（可能）的被害者まで広げ，その欺罔の可能性を問題にすることは，仮定的蓋然性
説の主張との整合性の点で問題をはらもう（前述，第2節2（5）における死体に対す
る殺人の企て事例および懷中無一物事例に関する論述参照）。また，（ア）のように考え
るのであれば，そこで問題にしている「危険」が，当の具体的な被害者の置かれた現実
の状態（「現実に存在する個別的な客体に対する現実の危険」）を問題にするものでない
ことにもなろう（前述，第2節2（6）も参照）。むしろ，仮定的蓋然性説からは，「当
の被害者」が「当のケース」において錯誤に陥り，送金等をした可能性の有無・程度を
問う方が，その基本的主張に沿うようにも思われる。もちろん，そのような立場に立っ
て考えるならば，（ア）のケースは不能犯ということとなろうし，そのように考えるこ
とが妥当であるのか，また，判例の立場と一致するのかは別問題である。

157）　佐伯仁志・前掲注(33)『刑法総論の考え方』352頁。また，佐藤・前掲注(33)『実行
の着手』68頁注62，高橋則夫・前掲注(33)401頁。佐伯仁志・前掲注(144)百選Ⅰ4版
139頁は「判例は，客観的な危険判断において，事実の抽象化を広く認める点で，一般
的な客観的危険説の論者よりも広い範囲で未遂犯の成立を認めているが，なお客観的危
険説の枠内にとどまっている」とする。

第11章　不能犯論の現状と課題　389

遂犯ノ構成ニ何等影響ヲ及ホスルモノニ非ス」（大判大正３年７月24日），「假
ニ現金カ其ノポケット内ニ存在セサリシトスルモ固ヨリ不能犯タルヘキモノ
ニ非ス」（大判昭和７年３月25日），「目的物不發見と云ふことが目的物の不存
在に原由すると……を問ふ必要はない」（大判昭和21年11月27日）としてそれ
らの事案で強窃盗罪の未遂を認めた判断も，同様に，現在もなお「判例」と
して生きているといえよう。また，②判例においては，その判示の表現だけ
でなく，具体的な事案において示したその結論にも重みがあるということは
いうまでもないところ，判例について次のように分析されてきた。すなわ
ち，「判例は絶対的不能のみを不能とし，しかも，大体の傾向としては，そ
の絶対性をまことに厳格な」，あらゆる客体（殺人の客体なら，死に瀕する虚
弱者をも含む）に対して不能の「意味において要求している。さように厳格
に解すると，絶対に不能ということは，稀有絶無の現象となるから，結局，
迷信犯のように自然法則に反するものでなくては，不能犯とは認められない
ことになり，不能犯否定論に近いものとなつてくる。……極端な客観説と極
端な主観説とは，ここにおいて一致するの結果となつている」[158]との分析
である。絶対的不能相対的不能説を採るものと評価する判例に好意的な論者

---

158)　植松・前掲（96）『総合判例研究叢書』178頁以下。このような判例の「分析」自体
　　は広く支持されてきた。たとえば，井上祐司・前掲注(20)104頁も，判例は「いわゆる
　　古典的客観説にたつということであろうか。……既に多くの論者によって指摘されてい
　　るように……そうではない。確かに，判示の表面上の用語は『絶対』・『相対』という言
　　葉が用いられているが，かんじんの事後判断の要件を捨てているため，古典的客観説と
　　は逆に，迷信犯を除けばほとんど不能犯の成立の余地はないと評される位に，絶対不能
　　の事例はせばめられている」とする。また，竹田直平「不能犯」日本刑法学会編『刑法
　　講座第４巻』55頁（有斐閣，1963年），団藤編・前掲注(115)501頁，505頁〔香川〕な
　　ど。西山教授は，1964年の時点で，「わが判例主流の不能犯に対して示した見解は，絶
　　対・相対不能説に準拠しているといわれている。しかし純粋ないわゆる古い客観説の立
　　場からみると，判例の態度には幾多の疑問がある」と指摘し，その理由として，「(1)『経
　　験則』とか『実験則』という表現を用いている場合があること。(2)手段の絶対的不能の
　　意味があらゆる場合，あらゆる客体を想定したうえでの不能であること。(3)本来不能で
　　あるべき客体の不存在の場合にも広く未遂犯の成立認めていること。(4)以上のような見
　　解によると絶対的不能ということは稀有絶無の現象となり，結局において純主観説と同
　　じ結果をもたらすこと。(5)絶対・相対不能を基準とした未遂・不能犯の区別が真実正当
　　なものと考えているのでなく，その基準が曖昧であるため便宜的に判示表現において使
　　用されている感じであること」（西山富夫「不能犯」我妻栄編『刑法判例百選』79頁〔有
　　斐閣，1964年〕）をあげていた。

390 第3部 不能未遂

も，「判例の問題点は，事実の抽象化の程度が大きく，結果の発生が絶対に
ないとはいえない，という程度の極めて低い危険で未遂犯の成立を認める点
にある」とし，「例えば，空気注射事案については，具体的な被告人の健康
状態を前提として，死亡の結果が生じるある程度高度の可能性を認定すべき
であると思われる」[159]と判例を批判するように，具体的事案での判例が示
してきた結論は，客観的危険説を支持する論者の結論はもとより[160]，近時
の有力説である仮定的蓋然性説を支持する論者の結論とも隔たりがあり，む
しろ，具体的危険説の採る結論に近いものといえよう。さらに，③個々の
ケースでの具体的な結論でみた場合にも，たとえば，判例は，毒を混入され
た食べ物の臭いや外観から被害者がそれを食べなかった事案において殺人未
遂罪を認めている[161]が，仮定的な事実への置き換え，置き換えられた事実
による結果発生の可能性を問う立場から，たとえば，「致死量のストリキ
ニーネが投与されたが，苦味があって経口摂取可能性が低かった事案（最昭
和26・7・17……）については，……致死量かどうかのみならず，その方法
による殺害が可能かどうかも判断すべきであり，被害者がこれを飲むことは
経験上『仮定不可能』であるから，不能犯というべきであろう」[162]と指摘
されているように，この種の事案では判例の結論（未遂犯成立）とは異なる
可能性が高いように思われる。そして，④論者も指摘するように，「戦後の
下級審裁判例では，一般論として具体的危険説を採用するものが増えてき
て」[163]おり，最高裁の判断としては最も直近の（それでも約40年前のものに

159) 佐伯仁志・前掲注(33)『刑法総論の考え方』353頁。
160) 藤岡・前掲注(139)産大法学27巻4号30頁は，「客観的危険説の論者が，未遂犯肯定
の多くの判例に批判を加えていることは，旧客観説である絶対・相対不能説に立つとさ
れてきた判例の基準は，客観的危険説と同様の危険判断をなしてきたわけではないこと
を示しているように思われる」と指摘する。
161) 前述，注101参照。
162) 山中・前掲注(35)現代刑事法17号62頁以下。また，鈴木・前掲注(85)『光藤古稀』
1020頁。なお，佐藤・前掲注(33)『実行の着手』92頁が，「この種の事例では，一般的な
修正された客観的危険説のように未遂犯の成立のために必要な仮定的事実の存在可能性
の程度を高く設定し，それを文字通りにあてはめた場合，不能犯が認められる場合もあ
るという結論になるかもしれない。しかし，人の行動には予測不能なところがあること
から，不能犯とする結論は妥当とは思われない」としているように，仮定的蓋然性説に
おいて設定される可能性の程度の問題（前述2（3））を顕在化させるといえよう。
163) 佐伯仁志・前掲注(33)『刑法総論の考え方』352頁。

なるが）最高裁昭和51年判例も，具体的危険説に親和的な判断であることは多くの論者の指摘するところであり[164]，不能犯に関する「判例」の立場を考える場合，（ア）昭和20年代の終り頃まで判例，（イ）それ以降の判例の動向，とりわけ（ウ）最高裁昭和51年判決以降の動向と，現行法のもと100年を超える年月のなかでの動向も考慮すべきであるように思われる。⑤「客観的な危険を認定することなく，一般人から見た危険だけで未遂犯を肯定した裁判例は存在しないように思われる」[165]ということから，「判例は具体的危険説から一線を画している」との指摘もなされる。しかし，具体的危険説に立ったとしても，行為後の事実も含めて事実認定が不要になるわけでないことは，すでに指摘したところである[166]。なお，裁判例も常に鑑定による事実の科学的解明を行っているわけではないことも考慮に入れる必要があろう[167]。かりに「判例は具体的危険説から一線を画している」といえたとしても，そのことは，ただちに，判例が客観的危険説もしくは仮定的蓋然性説をとっているということにはならない。

　不能犯に関する「判例」について以上のような点を指摘することができる。それらを踏まえて現時点での判例の立場についてまとめれば，わが国の，とりわけ昭和30年代以降の判例は，実質的には具体的危険説（ないし定型説などそれに類似する立場）の考え方を基礎に置くものといってよいと考え

---

164)　前述，注137参照。

165)　佐伯仁志・前掲注(33)『刑法総論の考え方』352頁以下。

166)　参照，前述，第2節2（4）。

167)　高松高判昭和27年10月7日（前掲注101）は，「（イ）米麦飯5合位に被告人が使用したと同量の猫入ラズを混入した場合如何なる化学的反応を生ずるか（ロ）その混入量が致死量に達するかどうか（ハ）若し致死量に達するとしても猫入ラズを混入したことを知悉せずに食用に供する虞があるかどうか等」についての弁護人による鑑定の請求を原審裁判所が却下したことについて，「原審が弁護人の前記鑑定の請求を却下したからといつて原審に審理不尽または訴訟手続における法令の違背があるとはいえない」と判示している。前述の③の点，そして，注88，注123も参照。

168)　池田・杉田編・前掲注(69)287頁以下〔中川〕，川端博ほか編『裁判例コンメンタール刑法（第1巻）』419頁〔伊東研祐〕（立花書房，2006年），前述，第3節3（3）も参照。宗岡教授は，1996年の時点において，「判例は，現在，具体的危険説の立場を明瞭にしているといってよい」（大塚仁・川端博編『新・判例コンメンタール刑法3 総則(3)』48頁〔宗岡嗣郎〕〔三省堂，1996年〕）としたうえで，判例の立場を批判的に次のように分析している。すなわち，ストリキニーネ混入事件（前述，注101参照）・静脈注射事件

392　第3部　不能未遂

る[168]。近時のだまされたふり作戦と不能犯に関する一連の判例も，不能犯に関する「判例（の動向)」を評価するうえできわめて重要である。また，今後，裁判員の加った裁判における判断も注目される。

---

（前述，第3節2（1）(2）参照）について，「具体的な行為が判断の基礎になるのであれば，当該事案において致死量のストリキニーネを摂取するためには，『苦味を呈していた』当該味噌煮をどの程度食べる必要があるのか，あるいは，当該行為状況において致死量の空気を静脈注入するためには，さらにどのような行為が必要であったかが重要な要因となるだろう。しかし，判例は，いずれも，このような行為後にはじめて判明しうる事実を判断の基礎とすることなく，行為時における一般化された事実が法益侵害結果に対してもつ社会心理的な『印象』を問題にしたのである。そして，この点において，判例の立場は，大審院および最高裁を通じ，また，『絶対不能・相対不能区別説』および『具体的危険説』を通じ一貫している。具体的事実から遊離した，その意味で，抽象化・一般化された行為が『絶対不能』判断あるいは『具体的危険』判断の基礎とされていたのである」（大塚・川端編・前掲48頁以下〔宗岡〕)。「判例が具体的危険説を採用したのは，少なくとも可罰未遂の成否判断の構造をみる限り，大審院以来の判例理論の延長上に位置づけられるべきものである。したがつて，具体的危険説の如き表現をとるか，もしくは，絶対不能・相対不能区別説の如き表現をとるかを別とすれば，判例は『印象説』的な事前判断の立場を将来も継承してゆくものと思われる」（大塚・川端編・前掲51頁〔宗岡〕）と分析している。

# 第12章　不能犯論についての若干の覚え書

## 第1節　わが国の刑法学に影響を及ぼしてきた
### 諸外国の不能犯論[1]

### 1　八木先生の未遂犯論・不能犯論

　八木國之先生は，そのご著書である『新派刑法学の現代的展開』（酒井書店，初版1984年，増補版1991年）でも知られているとおり，新派刑法学の論客であられた。先生は，未遂犯論，とりわけ実行の着手に関して主観説に立たれ，「外部的行為によって，遂行的犯意が確定的に識別し得るとき」に実行の着手が認められるべきであると強く主張され[2]，不能犯に関しては明言されていないが，空気注射事件（最判昭和37年3月23日刑集16巻3号305頁）の解説において，「判例のいう絶対的不能とは当該の被害者に対して，或いは通常人に対して絶対に不能という意味ではなく，あらゆる場合あらゆる人を想定し危険性が絶対に生じえないとされる場合を指し，……絶対不能とされる場合は殆ど稀有の事例に近く，迷信犯だけがこれにあたるといっても過言ではない。結果的には判例の立場は主観説に近いことになる」[3]と述べておら

---

1)　本章では，「不能犯は不可罰な場合（未遂・企て）である」とするわが国の議論を前提とした論述においては「不能犯」との表現を用い，「不能犯・不能未遂」とされるもののなかで可罰的な場合も認める議論においては「不能未遂」と表現するのを原則とする（ただ，この区別自体厳密なものではない）。「不能犯」をめぐる議論については不能「犯」論という表現で統一し，不能「未遂」論という表現は用いない。後述，第2節2(1)も参照。

2)　八木國之「実行の着手の学説に関する基本観念の再検討――いわゆる折衷説の批判を契機として――」法学新報72巻11・12号187頁（1965年）〔前掲『新派刑法学の現代的展開』94頁以下所収〕。なお，「実行の着手に関する主観説といえども，決して，犯意・決意という内面的な主観的要素のみに依存して着手を認定しようとするものではなく，客観的な行為を通して遂行的犯意を把握しようとするものである」（前掲178頁以下），「主観説では，外部的行為との相対関係において，犯意という規範的立場から再構成された内心的意思の遂行性を認定しようとするのである」（前掲187頁以下）とされている点は，注意を要する。

394　第3部　不能未遂

れ，主観説ないしは主観的危険説を支持されていたと推測される[4]。ただ，未遂犯論・不能犯論における主観説は，八木先生もご指摘のとおり，1970年前後の新派刑法学の有力な論者の相次ぐ逝去などもあり[5]，わが国においては現在支持を失ってきているといわざるをえない。

　しかし，明治以降わが国の刑法学に影響を及ぼしてきた諸外国（以下，これを「諸外国」と略記する。）の不能犯論に目を転ずると，わが国とは異なった様相を示しているようにもみえる。たとえば，林幹人教授は不能犯論につき次のように指摘する。「多くの諸外国，たとえばドイツ，英米，フランスでは主観説が有力である」[6]。それに対して，「現在のわが国では，主観説

---

3)　八木國之『判例刑法要論』104頁（酒井書店，2000年）。

4)　主観説を採るのは，江家義男『刑法（総論）』166頁（千倉書房，1952年），宮本英脩『刑法大綱』190頁以下（弘文堂書房，1935年）。主観的危険説を採るのは，市川秀雄『刑法総論』144頁（春秋社，1955年），木村亀二「不能犯及び事實の欠欺」日本刑法学会編『刑事法講座第2巻』433頁以下（有斐閣，1952年），同（阿部純二増補）『刑法総論（増補版）』356頁以下（有斐閣，1978年），牧野英一『刑法総論（下巻）』665頁以下（有斐閣，全訂版，1959年）。近時では，阿部純二『刑法総論』218頁（日本評論社，1997年）。抽象的危険説を採るのは，草野豹一郎『刑法要論』114頁（有斐閣，1956年），斉藤金作『刑法總論（改訂版）』221頁（有斐閣，1955年），下村康正「事実の錯誤と不能犯との関連」『犯罪論の基本的思想』168頁（成文堂，1960年）。なお，齊藤信宰『新版刑法講義総論』416頁以下（成文堂，2007年），荘子邦雄『刑法総論（第3版）』419頁以下，425頁注6（青林書院，1996年）。なお，佐久間教授は具体的危険説を支持するが，「主観説とはいえ，そうした行為者の心情が，外部に現れた限度で処罰しようとするため（犯罪徴表説），単なる『思想の処罰』に陥るわけではない。また，不能犯における主観的危険説を，『刑法の倫理化』と批判する論者は……，およそ主観的要素の存在を倫理・道徳の導入と混同しており，失当である」とし（佐久間修『刑法講義〔総論〕』315頁注5〔成文堂，1997年〕），井田教授も具体的危険説を支持するが，「事実認識については法は無力であり，規範レベルで行動基準を示すことを通してのみ法益侵害を防ぎ得るとする行為無価値論の基本思想……を基礎に置く限り，抽象的危険説は十分に根拠のある学説である。行為者の認識事情からすれば刑法規範に反する違法な事実を実現しようとする行為を放置するならば，規範の妥当性，ひいては法秩序は動揺すると考えることができるからである」と述べている（井田良『刑法総論の理論構造』266頁以下〔成文堂，2005年〕）。また，佐藤拓磨「不能犯に関する一考察──具体的危険説の再検討──」法学政治学論究54号363頁，366頁（2002年），松澤伸「違法性の判断形式と犯罪抑止」早稲田法学78巻3号238頁（2003年）も参照。

5)　八木先生は，「わが国における新派刑法学は，……大正期から昭和30年代期まで風靡した感があった。……ところが，昭和45年に新派刑法学の確立者牧野博士が永逝され，続いて，闘将木村亀二博士……が逝去された。加えて，これらの前後に，著名な新派刑法学者である正木亮，江家義男，市川秀雄各博士等が逝かれて，それが10年ぐらいの間の出来事であり，……わが国の主観主義，新派刑法学は一挙に淋しくなり一大試練に立たされている」と述べておられた（前掲『新派刑法学の現代的展開』3頁）。

第12章　不能犯論についての若干の覚え書　395

をとる学説・判例はないといってよい。……このように，学説・判例とも客観説をとり，そのことにほとんど疑いがもたれていないというわが国の状況は，世界の中でもほとんど例がない。人だと思って銅像を撃ったとか，毒薬だと思って胃腸薬を飲ませた場合に犯罪の成立を認めるのは妥当でないと考えるからなのであるが，理論的，あるいは政策的に，なぜ主観説をとるべきでないのかは，1個の問題である」[7]と。また，町野教授も次のように述べる。「不能犯の問題を取り上げよう。行為者としては結果を招致するために十分なことを行ったが，客観的には犯罪結果の発生が不可能であった場合，未遂犯として処罰できるかという問題である。日本では，このうちのある場合を未遂犯ではない，不可罰な不能犯（不能未遂）であるとしている」[8]。「これは西欧諸国の考え方と異なっている点である。ドイツ，英米では，不能犯はすべて未遂犯として処罰されるというのが原則である」[9]と。

　以下では，まずこの林教授・町野教授の指摘をわずかばかり補足する。

## 2　諸外国の不能犯論（概説）

### (1)　ドイツ刑法

　1871年の刑法典では不能未遂の取扱いにつき何ら規定していなかった[10]

---

6)　林幹人『刑法総論（第2版）』356頁（東京大学出版会，2008年）。また，同・前掲27頁，346頁以下も参照。
7)　林・前掲注(6)357頁。
8)　町野朔『プレップ刑法（第3版）』16頁（弘文堂，2004年）。
9)　町野・前掲注(8)16頁注2。西山富夫「不能犯」藤木英雄編『判例と学説7刑法I（総論）』261頁（日本評論社，1977年），村井敏邦「不能犯」芝原邦爾ほか編『刑法理論の現代的展開―総論II』166頁以下（日本評論社，1990年）も参照。
10)　1871年の刑法典において不能未遂に関する規定が設けられなかった経緯を，西山教授は次のようにまとめている。すなわち，1851年のプロイセン刑法典を模範として1870年の北ドイツ同盟の刑法典が成立し，それが基本的に1871年のドイツ刑法典となるのであるが，この過程で「多くの異つた邦の刑法を統一することは非常な困難を来し」，ことに「不能なる手段を使用した行為，不能なる客体に対する行為の可罰性をいかに決定するか」が問題になった。というのは，「多くの邦では，この様な場合は可罰性を阻却しない。ただわずかの邦……が，自然法則の無知または迷信犯の場合を不可罰と規定したにすぎない」のに対して，1851年のプロイセン刑法典の下では絶対的不能・相対的不能を区別する客観主義的な解釈が採られ，「かかる場合は当然犯罪の実行の着手がない」と解されていたからである。そこで，この問題を立法的に解決することが望まれたが，「立法者は，争の生ずる規定を予め規定することを回避した」のである，と（西山富夫

396　第3部　不能未遂

が，判例は，不能な手段での堕胎未遂の可罰性を肯定した1880年5月24日の
ライヒ裁判所判決（RGSt.1,439）以来[11]，主観的未遂論に立脚し，不能未遂
の可罰性を認めてきた。それに対して，学説においては，1930年代までは客
観的未遂論が支配的であったが，戦後はむしろ主観的未遂論が支配的とな
り[12]，1975年の刑法典総則は，「行為についての彼の表象によれば，構成要
件の実現を直接開始する者は，犯罪行為に着手する」（22条），「行為者が，
著しい無知により，それに対して行為が遂行された客体の性質上，または，
それを用いて行為が遂行された手段の性質上，その未遂がおよそ既遂に達し
えないのに，そのことを誤認していたときは，裁判所は刑を免除し，また
は，その裁量により刑を減軽することができる」（23条3項）[13]と規定するに
至った[14]。ドイツの判例・通説は，行為者の表象を基礎として実行の着手を
判断する22条および非現実的未遂の可罰性を前提とする23条に基づいて，不
能未遂が原則的に可罰的であると解している[15]。なお，ヴァイゲント

---

　「ドイツ刑法思想の発展と未遂・不能犯（2）」名城法学4巻3・4号39頁［1954年］）。
11)　戦後も，BGHSt.11,324（Urt.v.29.4.1958）など。
12)　ドイツの未遂犯論の展開について，Theo Vogler,in:Leipziger Kommentar,StGB
　　10.Aufl.,1985,Vorbemerkungen zu den §§ 22ff.,S.2ff.(Entstehungsgeschichte);Thomas
　　Weigend,Die Entwicklung der deutschen Versuchslehre,in:Strafrecht und Kriminal-
　　politik in Japan und Deutschland,1989,S.113ff. など。
13)　「この条文は，客体または手段の不能だけを規定し，主体の不能を除外しているし，
　　また，いわゆる迷信犯の場合は，この条文にかかわらず不可罰と解するのが通説であ
　　る」（阿部・前掲注(4)214頁）。ドイツにおける主体の不能の議論につき，塩見淳「主体
　　の不能について（1）（2・完）」法学論叢130巻2号1頁以下（1992年），130巻6号1
　　頁以下（1992年）参照。
14)　Thomas Hillenkamp,in:Leipziger Kommentar,StGB 12.Aufl.,2007,Vorbemerkungen
　　zu den §§ 22ff. Rn.49は，1909年の予備草案から1962年草案およびその総則対案まで，す
　　べての草案が主観説を基本的に支持し，不能未遂を可罰的なものと考えてきたと指摘し
　　ている。20世紀のドイツの刑法改正草案について，小野清一郎「刑法總則草案に於ける
　　未遂犯及び不能犯」『犯罪構成要件の理論』280頁以下（有斐閣，1953年），西山富夫「ド
　　イツ刑法思想の発展と未遂・不能犯（1）」名城法学4巻2号10頁以下（1954年）など
　　も参照。竹田教授は，1963年に，「立法例の傾向を見ても，一定の犯罪結果実現の意図
　　をもって行為がなされた限り，迷信またはこれに類する自然法則に対する著しい無知の
　　ために現実的に可能な因果法則を利用する計画がなかった場合，したがってその主観的
　　計画においても危険性を認め得ない場合の外は，不罰性を認めない方向に進んでいると
　　いうことができる」と指摘している（竹田直平「不能犯」日本刑法学会編『刑法講座第
　　4巻』57頁［有斐閣，1963年］）。また，西山富夫「不能犯問題の現状とその解決」名城
　　法学11巻2・3号33頁（1961年）。
15)　立法者は主観説に立って現行未遂規定を制定したとし，主観説に基づいて現行法を

第12章　不能犯論についての若干の覚え書　397

（Thomas Weigend）は，判例が今後もひき続き1880年以来たどってきた路線
から離れることはないだろうと予想している[16]。

## ⑵　フランス刑法

　実行の着手（commencement d'exécution）を概念要素とする近代未遂概念
の出発点となる未遂規定を有するフランス刑法[17]（1796年の法律，1810年の刑

---

　　解釈するのは，Hillenkamp,a.a.O.(Fn.14),Vorbem. §§ 22ff. Rn.66ff. 未遂の当罰性（要罰性）を制限する観点として，法秩序の実効（妥当）性に対する社会一般の人々の信頼を動揺させたことも問題とする印象説から現行法を解釈するのは，Albin Eser,in:Schönke/Schröder Strafgesetzbuch,Kommentar,27 Aufl.,2006,Vorbemerkungen § 22 Rn.17,22;Walter Gropp,Strafrecht,Allgemeiner Teil,3.Aufl.,2005,§ 9 Rn.48f.;Hans-Heinrich Jescheck/Thomas Weigend,Lehrbuch des Strafrechts,Allgemeiner Teil,5. Aufl.,1996,§ 49 Ⅱ 3;Wolfgang Joecks,Strafgesetzbuch,5.Aufl.,2004,Vorbemerkungen vor § 22 Rn.13;Reinhart Maurach/Karl Heinz Gössel/Heinz Zipf,Strafrecht,Allgemeiner Teil,Teilband 2,7.Aufl., 1989 § 40 Rn.40ff.;Hans Joachim Rudolphi,in:Systematischer Kommentar,StGB 1,6. Aufl.,1993,Vorbemerkungen vor § 22 Rn.13f.;Vogler,a,a,O. (Fn.12),Vorbem. §§ 22ff. Rn. 52ff.;Johannes Wessels/Werner Beulke,Strafrecht Allgemeiner Teil,37.Aufl.2007,Rn.594など。通説と異なる近時の見解について，参照，Claus Roxin,Strafrecht,Allgemeiner Teil,Band.2,2003,§ 29 Rn.51ff. また，二本栁誠「ドイツにおける未遂処罰限定の試み」早稲田大学大学院法研論集115号166頁以下（2005年）。Roxin は，かつては印象説の有力な論者の1人であった（Vgl.Claus Roxin, Tatentschluß und Anfang der Ausführung beim Versuch,JuS 1979,S.1）が，近時では具体的危険説的な考え方を重視する方向へとその見解を修正し，第1次的に（有能未遂および危険な不能未遂の場合に）故意による構成要件に近接する危殆化から導き出され，補充的に（危険のない不能未遂の場合に）構成要件に近接する行為において表明される法を揺るがす規範違反からも導き出される一般予防上または特別予防上の要罰性が未遂の処罰根拠であるとし（Roxin,a.a.O.,Strafrecht,§ 29 Rn.1,10ff.,ders.,Über den Strafgrund des Versuchs,Festschrift für Haruo Nishihara,1998,S.158），さらに，ders., Zur Strafbarkeit des untauglichen Versuchs, Festschrift für Heike Jung,2007,S.829ff. において，現行法の解釈としてはその二元的未遂論を維持しつつも，立法論としては（客観的帰属論の未遂論への反映であるとする）具体的危険説の妥当性を強調するに至っている（a.a.O.,S.831f.,839ff.）。

16)　Weigend,a.a.O.(Fn.12),S.121. Weigend 自身は，立法論としては具体的危険説を支持する（a.a.O.[Fn.12],S.126ff.）。現行法の下でも具体的危険説を支持するのは，Hans Joachim Hirsch,Untauglicher Versuch und Tatstrafrecht,Festschrift für Claus Roxin,2001, S.718f.,727,ders.,Zur Behandlung des ungefährlichen "Versuchs" de lege lata und de lege ferenda,Gedächtnisschrift für Theo Vogler,2004,S.32f.,48;Kirsten Malitz,Der untaugliche Versuch beim unechten Unterlassungsdelikt,Zum Strafgrund des Versuchs, 1998,S.179ff.,198f. など。

17)　1791年の刑法典では一般的な未遂規定はまだもうけられていなかった。参照，青木人志「フランスにおける未遂規定の成立」一橋論叢103巻1号80頁以下（1990年），江口三角「フランス刑法における未遂犯」愛媛大学紀要（社会科学）5巻3号第1分冊（法学）6頁以下（1966年），末道康之『フランス刑法における未遂犯論』39頁以下（成文

398 第3部 不能未遂

法典2条〔1832年に一部改正〕，1992年の刑法典）において，19世紀には客観説（絶対的不能・相対的不能説）が判例・学説において支配的であった[18]が，1897年にサレイユ（Raymond Saleilles）が，それに続いてガレ（Henri Gallet）が，主観説の正当性を論じると，主観説は多くの論者によって支持され，一気に通説的な地位を占めるに至り[19]，判例においても，堕胎効果のない手段による堕胎の企ての事案に関して破毀院1928年11月9日判決（Crim.9 nov. 1928,D.1929.1.97）[20]が主観説に立つことを明確にし，その後，現在に至るまでフランスにおける判例・通説となっている[21][22]。

_____

堂，1998年）。1992年の刑法典（1994年3月1日施行）121-5条は，「実行の着手によって表明され，行為者の意思とは独立した事情によってのみ，企てた行為が中断され又はその結果を欠いた場合には，未遂を構成する」と規定している（法務大臣官房司法法制調査部編『フランス新刑法典（法務資料452号）』〔法曹会，1995年〕参照）が，その「内容は旧刑法の規定をほとんどそのまま踏襲しており，審議過程で，未遂規定の伝統的な内容について批判的な検討が活発になされた形跡はない」（青木人志「不能犯論の日仏比較」刑法雑誌34巻3号17頁以下〔1995年〕）と指摘されている。同様に，末道・前掲68頁，214頁。なお，1810年刑法2条は「未遂は……重罪とみなす」と規定し，未遂と既遂の同一刑主義を採用していたが，1992年の刑法典も，表現は異なるものの，実質的には同様であるとされている。すなわち，1992年刑法121-4条が「犯罪の正犯は，次に掲げる者とする。1，犯罪を実行する者。2，重罪又は法律に定める場合に軽罪を実行しようとする者。」と規定し，「未遂犯の行為者と既遂犯の行為者が犯罪行為者（正犯）として同一に取り扱われている。……未遂行為者と既遂行為者とが同視されることによって，それぞれの行為者には同一の刑罰が予定されていることになるので，この意味では未遂・既遂同一刑主義が実質的には維持されている」（末道・前掲67頁。また，81頁，91頁も参照）。

18) 客観説について，青木人志「19世紀フランスにおける不能犯学説の展開——『客観説』の盛衰を中心に——」一橋研究12巻3号33頁以下（1987年），同「法律的不能・事実的不能説に関する覚書」関東学院法学2巻1・2号55頁以下（1993年），末道・前掲注(17)168頁以下，196頁以下。

19) 主観説について，青木人志「レイモン・サレイユの不能犯論」一橋研究13巻1号21頁以下（1988年），同「フランスにおける不能犯概念不要論」関東学院法学1巻1号131頁以下（1991年），末道・前掲注(17)187頁以下，216頁以下。

20) 本判決について，参照，江口三角「不能犯」野田良之編『フランス判例百選』215頁以下（有斐閣，1969年）。

21) 青木教授は，フランスの不能未遂判例を，①1810年の刑法典制定から，教会の空の献金箱から金員の窃取を企てた事案で絶対的不能未遂に言及し，未遂犯を肯定した破毀院1876年11月4日判決（Crim.4 nov. 1876,S.1877.1.48）が下される前までの，不能未遂の可罰性を否定する客観説的志向が看取される時期，②その破毀院1876年判決から，主観説に立つことを明確にした前述破毀院1928年判決が下される前までの，絶対的不能・相対的不能説が優勢な時期，そして，③破毀院1928年判決から現在に至るまでの，不能未遂の可罰性を肯定する主観説が支配的な時期，に分けて分析している。参照，青木人

### (3) 英米刑法

　イギリス刑法において，コモン・ロー上，不能犯は，客体の事実的な不存在の場合や手段の不適切な場合に問題となる事実的不能（factual impossibility）と，他人の財物と誤信して自己の所有物を持ち去った場合など，意図した行為をなし終えたとしても当該犯罪の一定の成立要件を欠くために法律上既遂に至りえない場合に問題となる法（律）的不能（legal impossibility）とに区別され，事実的不能の場合は一般に可罰的な未遂とされ，法律的不能の場合には抗弁となりうるとされてきた[23]。しかし，1981年に刑事未遂法（Criminal Attempts Act 1981）1条が，「本条にあたる罪を犯す意図をもって犯罪の遂行への単なる予備行為を超える行為を行った者は，未遂犯の責めを負う」（1項），「犯罪の遂行が不能になる事実が存在しても，行為者は本条にあたる罪の未遂犯の責めを負うものとする」（2項）と規定し，犯罪の遂行が不能であるという事実が未遂の成立を妨げる抗弁とはならない（不可罰的な不能未遂を認めない）とする規定を設け[24]，判例は多少曲折があったもの

---

　　志「フランス刑法における不能犯判例の変遷」一橋研究11巻3号18頁以下（1986年），同「フランス不能犯判例のあたらしい動き——破棄院1986年1月16日判決について——」一橋論叢98巻5号159頁以下（1987年），同・前掲注(17)刑法雑誌34巻3号18頁以下。末道・前掲注(17)175頁以下，181頁以下，191頁以下，211頁以下も参照。また，江口三角「フランス刑法における不能犯」愛媛大学紀要（社会科学）5巻4号第1分冊（法学）19頁以下（1967年），下村康正「フランス刑法に於ける未遂犯について」法学新報58巻12号120頁以下（1951年），G・ステファニほか（澤登俊雄ほか訳）『フランス刑事法〔刑法総論〕』157頁以下（成文堂，1981年），森下忠『刑法総論』179頁以下（悠々社，1993年），米田泰邦「フランスにおける未遂理論」司法研修所報24号26頁以下（1960年）。

22)　このようなフランスの不能犯論の歴史的変遷を，末道教授は「フランスにおける不能犯論の展開は不能犯の成立範囲を著しく縮小するものであったといっても過言ではないであろう。フランス不能犯論における特徴は，不能犯という概念がそもそも可罰未遂を確定するためには不要な概念であるとする見解が圧倒的に支配的であることにあった」とまとめている（前掲注(17)165頁）。

23)　コモン・ロー上の不能未遂判例の歴史的展開について，参照，高窪貞人「英米法における不能犯」法学新報74巻1号51頁以下（1967年），中武靖夫「英米刑法における未遂理論（2）」阪大法学8号75頁以下（1953年），宗岡嗣郎『客観的未遂論の基本構造』382頁以下（成文堂，1990年）。もちろん，事実的不能と法律的不能とを厳密には区別しえないということがしばしば指摘されてきた。

24)　参照，奥村正雄『イギリス刑事法の動向』109頁，156頁，157頁（成文堂，1996年），澁谷洋平「英米刑法における不能未遂の可罰性判断（1）——客観説の分析を中心として——」広島法学27巻3号65頁，67頁注10（2004年）。

400 第3部 不能未遂

の，この旨を判示するに至っている[25)26)]。

　連邦制度をとり，連邦と各州（およびコロンビア特別区）の刑法典が適用地域または規制対象を異にしてそれぞれ独立に併存しているアメリカにおいて，その不能犯論の詳細を知るのは容易ではないが，大きな傾向をみるうえでは，各州の立法作業に大きな影響を与えてきた模範刑法典の規定が重要であろう。模範刑法典5・01条1項は，未遂犯について，「ほかの点では当該犯罪を犯すのに必要とされる責任条件をもって行為するにあたり，左の各号の1つにあたる者は，その犯罪の未遂として罰せられる。(a)もしも附随事情が行為者の信ずるとおりであったとしたら当該犯罪を構成すべき所為を故意にすること。(b)一定の結果を生ぜしめることが当該犯罪の要素である場合に，かかる結果を生ぜしめる目的をもって，または，彼がなにもしなくてもそれがかかる結果を生ぜしめるものと信じて，なにごとかをするか，もしくはしないこと。(c)行為者がかくあるものと信じている事情のもとで，みずからその犯行が既遂に至るものと計画している行為過程における，ある実質的な一歩となる作為もしくは不作為にあたるなにごとかを，故意にするか，ま

---

25)　1981年の刑事未遂法の下で，貴族院（House of Lords）は，ある物を盗品だと誤信して購入したAnderton v. Ryan,[1985] AC 560;[1985] 2 All E.R.355で無罪を言い渡し，これに対して刑事未遂法1条の誤った解釈だとの批判を受けた後，ヘロインと誤信して禁止薬物でない物を取引したR. v. Shivpuri,[1987] AC 1;[1986] 2 All E.R.334では不能の抗弁を認めず，薬物所持の未遂罪を肯定した。

26)　このような立法・判例を支持するイギリスの通説の論拠を，奥村教授は次のようにまとめている。すなわち，「通説が原則的に不可罰的不能未遂を認めない理由は，主として2つある。第1に，偶然の事情によりアクトス・レウスの重要な要素が欠缺した場合に処罰されない幸運者が出ることに対する嫌悪感があるからである。第2に，抑止の観点からは，『犯罪の遂行は不能ではあるが犯意を実現するために全力を尽した行為者は，明らかな可罰未遂が認められる行為者と同程度の処罰に値する』からである。この観点によれば，両者に対する一般的ないし個別的抑止効果は等しい。なぜなら，予防機能は，一方では現実の未遂処罰によって一般人に威嚇を与え（一般予防），他方では不能なことを行う者の再犯を防ぐこと（特別予防）に働くからである」（奥村・前掲注(24)140頁。また，同・前掲注(24)120頁以下，192頁）と。参照，A.Ashworth,Principles of Criminal Law,452-455（5th ed.2006);R.Card,Cross & Jones,Criminal Law,618-622(18th ed.2008); D.Ormerod, Smith and Hogan, Criminal Law, 464-470(12th ed.2008). また，Ashworth, Criminal Attempts and the Role of Resulting Harm under the Code,and in the Common Law,19 Rutgers L.J.725(1988)（本論文の紹介として，奥村正雄・徳島文理大学研究紀要41号47頁以下［1999年]，門田成人・島大法学34巻1号127頁以下［1990年]），H・L・A・ハート（武田誠訳）「不能未遂に関する貴族院」『H・L・A・ハート法学・哲学論集』415頁［みすず書房，1990年]）。

第12章　不能犯論についての若干の覚え書　401

たはしないこと。」と規定し[27]，不能の抗弁の廃止が意図され[28]，その後，この「模範刑法典の影響もあったため，ほとんどの法域では，もはや法的不能を抗弁として認めなくなっている」[29]とされている。

## 第2節　諸外国の不能犯論とわが国の不能犯論における相違についての若干の覚え書

### 1　不能犯を除く未遂犯論について

　前節で概観したように，一見したところでは，諸外国の不能犯論とわが国の不能犯論とは大きく相違しているようにも思われるが，そのような結論を下す前に，なおもう少し検討が必要なように思われる。

　まず，不能犯論以外の未遂犯論の重要問題を考えた場合，すなわち，①どの（範囲の）犯罪について未遂を処罰対象とすべきなのか（すべての犯罪の未遂を処罰すべきなのか，一定の犯罪，たとえば，重罪の場合にのみ処罰すべきなのか），②未遂の場合にどの程度の刑を科すべきなのか（既遂犯の刑を減軽すべきなのか否か，減軽すべきならばどの程度減軽すべきなのか），③（可罰的な）未遂と（原則的に不可罰な）予備行為とをどのような基準で区別すべきか，といった重要問題を考えた場合，諸外国もこれらすべての問題について，純粋な主観説を首尾一貫して適用した場合に至るべきであろう諸帰結をすべて受け入れているわけではない。すなわち，未遂犯として処罰するために，犯

---

27)　ウェクスラーほか（西村克彦訳）「アメリカ法律協会模範刑法典における未完成犯罪——未遂，教唆及び共同謀議——」『刑事基本法令改正資料』4号4頁（法務省刑事局，1964年）参照。また，ヨシュア・ドレスラー（星周一郎訳）『アメリカ刑法』597頁（レクシスネクシス・ジャパン，2008年），西村克彦「アメリカ模範刑法典における未完成犯罪」警察研究33巻4号51頁（1962年）。

28)　ウェクスラーほか・前掲注(27)3頁，9頁，14頁，高窪・前掲注(23)72頁，西村・前掲注(27)50頁。

29)　ドレスラー・前掲注(27)587頁。同・前掲注(27)589頁，592頁，615頁注190も。LaFave も，未遂の制定法の多くが模範刑法典の文言を用いており，それに加えてまたはその代わりに，事実的不能も法律的不能も抗弁ではない，状況を誤解したことが原因での不能は抗弁ではない，犯罪の遂行が不可能な状況であったということは抗弁にならない等と規定するものもあるとする（W.R.Lafave,Criminal Law,602 n.70[4th ed.2003]）。

402　第3部　不能未遂

罪的（反社会的または法敵対的）意思の明確な表明，または，行為者の悪性（社会的危険性）の発現があればよいとする「純粋な」主観説を首尾一貫して適用するならば，①の問題につきすべての未遂犯を，かつ，②の問題につき未遂犯を（少なくとも実行未遂の場合には）既遂犯と同じ刑で処罰すべきことになろう。また，③の問題についても，一般に予備行為と考えられるべき場合（の多く）もかかる意思の表明・悪性の発現が認められ，未遂犯として可罰的になる時期が相当に早期化されざるをえまい。しかし，諸外国において，unmittelbar ansetzen（ドイツ刑法22条）[30]，commencement d'exécution（フランス刑法121-5条）[31]，an act which is more than merely preparatory（イギリス刑事未遂法1条1項）[32]，substantial step（アメリカ模範刑法典5・01条1項(c)）[33]などの客観的要件（を含んで解釈されるべき要件）が要求され[補注]，主観的な要素にだけ着目した場合に生じうる処罰時期の過度の早期化に一定の歯止めがかけられており，諸外国で主観説が判例・通説であるとしても，厳密には，「純粋な」主観説ではなく，「限定された」主観説が判例・通説であるというべきであろう。

---

30)　ドイツ刑法22条のもとでの学説・判例について，参照，塩見淳「実行の着手について（2）」法学論叢121巻4号21頁以下（1987年），同「実行の着手について（3・完）」法学論叢121巻6号2頁以下（1987年）。

31)　フランスの実行の着手の議論について，参照，末道・前掲注(17)92頁以下など。

32)　イギリスの刑事未遂法制定後の実行の着手に関する判例について，参照，澁谷洋平「イギリス刑法における未遂罪の客観的要件について（1）」熊本法学108号56頁以下（2005年）。

33)　参照，ウェクスラーほか・前掲注(27)22頁以下など。

補注)　ドイツの実行の着手に関する議論・判例について，佐藤拓磨『未遂犯と実行の着手』166頁以下（慶應義塾大学出版会，2016年），二本栁誠「ドイツ未遂犯論における直接性について（1）（2）」名城ロースクール・レビュー37号41頁以下（2016年），38号119頁以下（2017年）も参照。イギリス・アメリカの未遂犯論（実行の着手・不能未遂）について，奥村正雄「イギリスにおける未遂犯の処罰根拠」『曽根威彦先生・田口守一先生古稀祝賀論文集（上巻）』685頁以下（成文堂，2014年），山田慧「未遂犯の本質に関する一考察──英米刑法および刑法哲学における議論からの示唆──」同志社法学68巻5号229頁以下（2016年），同「未遂犯を基礎づける客観面と主観面に関する一考察──英米未遂犯論と『モラル・ラック（道徳的運）』をめぐる議論を参考に──」同志社法学69巻3号249頁以下（2017年）も参照。

第12章　不能犯論についての若干の覚え書　403

## 2　不能犯論について

### (1)　不能犯・不能未遂の定義の問題

不能犯論に関して，諸外国とわが国とを比較する場合，不能犯の定義の違いに留意する必要がある。すなわち，わが国の不能犯論においては，「不能犯は不可罰な場合（未遂・企て）である」ということを前提とし，不能か否かの観点から不可罰とすべき未遂を「不能犯」と呼ぶ。つまり，この場合，「不能犯＝不可罰」ということが固定化され，「不能犯」の中身が論者の支持する見解により変わることになる。したがって，この語法では「可罰的な不能犯」というのは概念矛盾となる。それに対して，まず「不能未遂」にあたる場合を（厳密ではないにせよ）想定（固定化）し，そのなかで「可罰的な不能未遂」と「不可罰な不能未遂」とを区別するという概念の用い方も考えられる。不能未遂の事案を絶対的不能と相対的不能とに区別し，または事実的不能と法律的不能とに区別し，「相対的または事実的な不能未遂は可罰的である」と考えるのは，このような語法だともいえよう[34]。

このような不能犯・不能未遂という言葉の用い方（定義）の違いを整理したうえで，問題となる事態を直視してその事案の処理（結論）を比較するならば，以下でみるように，その定義から受ける相違の印象よりは実際の相違は少なくなるように思われる。いずれにせよ，不能犯・不能未遂の概念内容が同じではないことへの留意が必要であろう。

### (2)　幻覚犯・迷信犯の取扱い

（限定）主観説を基調する諸外国おいて「不能未遂は原則的に可罰的である」とされているとしても，行為者が現行法上犯罪にならない（違法ではない）行為を犯罪（違法）だと誤信して行う場合である幻覚犯はもとより，迷信犯（非現実的な手段での未遂）までをも（犯意がある以上すべて）処罰すべきだとは，少なくとも実際の処理においては考えられておらず，その限りでは，手段の不適切さ等の観点から不可罰とすべき未遂，わが国の議論での「不能犯」とされる場合があり，その種の事案を不可罰とすべき理由づけの問題は依然として残っているといえよう[35]。

---

34)　平野龍一『刑法総論Ⅱ』321頁（有斐閣，1975年）も参照。なお，わが国で「処罰し得る絶対的不能未遂」という表現を用いるのは，荘子・前掲注(4)418頁以下。

404 第3部 不能未遂

### (3) わが国の判例

わが国の判例について，以下のことが指摘できよう。

（イ）判例をみると，客体の絶対的不能の典型的な場合の1つとされてき
た死体に対する殺人の企てを殺人未遂罪として（広島高判昭和36年7月10日高
刑集14巻5号310頁）[36]，手段の絶対的不能と考えられる空ピストルでの殺人

---

35) ①ドイツ刑法につき，注(13)参照。Roxin,a.a.O.(Fn.15),FS-Heike Jung,S.836ff. も参照。

②フランス刑法につき，青木教授は，次のように指摘している。フランスでは「わが国で不能犯論が果たしている機能と類似の機能を故意論に期待することにより，主観説を維持する論者もあるし，主観説の不都合は起訴便宜主義の下では現実化しないと割り切ってしまう論者もある。……わが国において不能犯論に期待されている機能が，実行の着手論・故意論・起訴裁量論などに分掌される結果，フランスの主観説が想定する可罰範囲はもともと具体的危険説とさほど変わらない」（青木・前掲注(17)刑法雑誌34巻3号28頁），フランスの「不能犯概念不要説は未遂犯の成立範囲を幻覚犯や迷信犯の処罰まで拡大するものでは決してなく，未遂犯の実質的処罰範囲として想定されているのは，……『一般人が不安を感じるような行為』だけであった。その限りにおいて，フランスの不能犯概念不要説には，わが通説である具体的危険説との共通性をみいだすことができる」（青木・前掲注(19)関東学院法学1巻1号161頁）。

③奥村教授は，イギリスの通説を代表してきた Glanville Williams の次のような見解を紹介している。すなわち，ウィリアムズが，Anderton v. Ryan 事件（前掲注(25)）のような「軽微なケースはそもそも訴追されるべきではなかったとして，訴追当局の態度を批判している点が，注目される。……ウィリアムズは，当局には訴追に際してかなりの抑制力が要求されるとし，過剰な裁判数と過度の負担を強いられている裁判所スタッフのことを顧慮して，不能未遂の問題の有無に関係なく，軽微なケースは訴追対象とすべきでないとするほか，不成功な未遂の一般的な処分は『警告』……によるべきであるとする。そして，略式犯罪に対する未遂法の適用を控え，『令状なしに逮捕しうる犯罪』……を除くすべての犯罪から未遂処罰を排除してもよいと主張している」と（奥村・前掲注(24)186頁以下）。

④模範刑法典5・05条2項は，その未遂行為が「本来あまりにも結果を生ずる見込みがないか，既遂に至る見込みがないために，その所為も行為者も，かかる違反行為を本条で格付けしなければならないほどの公共の危険を示さないときは，裁判所は，……格付と級別のより低い罪について定められた刑を言い渡し，または，極端な場合には，公訴を棄却することができる」と規定し（ウェクスラーほか・前掲注(27)144頁，西村・前掲注(27)61頁参照），不能の抗弁を認めない規定を前提とした上で，迷信犯のような場合に刑の減軽・公訴棄却も認めている。なお，LaFave は，分別のある者なら誰でもはじめから行為者の使用した手段では目的を達成できないとわかるような場合（本来的不能。inherent impossibility）に関しては，適例がないため現在の法状況を一般化することは難しく，一見したところすべての不能の抗弁を廃止しているように思われる制定法の文言にもかかわらず抗弁として認められる可能性もあること指摘する（Lafave,supra note 29,at 604-605, 605 r..90）。

36) 客体の不能の場合に未遂犯の成立を認めているのは，ほかに，大判大正3年7月24日刑録20輯1546頁（強盗未遂罪），大判昭和7年3月25日新聞3402号10頁（窃盗未遂罪），大判昭和21年11月27日刑集25巻2号55頁（窃盗未遂罪），東京高判昭和24年10月14

第12章　不能犯論についての若干の覚え書　405

の企てを殺人未遂罪として（福岡高判昭和28年11月10日高刑判特26号58頁）処罰しており，学説においてもこの両判決の結論を是認するのが多数であるといえよう[37]。

　（ロ）また，判例において不能犯として不可罰であると判断されたものは決して多くないうえ，不能犯と判断したことで有名な硫黄粉末で殺人を企て

───────────────

日高刑判特1号195頁（窃盗未遂罪）など。

37)　主観説・抽象的危険説の論者（前述注(4)参照）はもとより，具体的危険説からもこの両判決の結論は是認されよう。参照，井田良『講義刑法学・総論』417頁（有斐閣，2008年），伊東研祐『刑法総論』294頁（新世社，2008年），川端博『刑法総論講義（第2版）』491頁以下（成文堂，2006年），佐久間修「不能犯論──具体的客観説の立場から──」現代刑事法17号44頁以下（2000年），日高義博「不能犯論における危険判断」『宮澤浩一先生古稀祝賀論文集第2巻』433頁以下（成文堂，2000年）など。また，行為時からみた合理的な結果発生の確率の判断を問題にする木村光江『刑法（第2版）』49頁以下（東京大学出版会，2002年），前田雅英『刑法総論講義（第4版）』155頁（東京大学出版会，2006年）。さらに，結果不発生の原因を解明したうえで，その事実が存在したならば結果惹起をもたらすことになるような仮定的事実の存在可能性（それは「ありえたことだ」という一般人の事後的な危険感）を問う仮定的蓋然性説（山口厚『刑法総論（第2版）』276頁［有斐閣，2007年]）が近時有力化しつつある。この立場から両判決の結論を是認するのは，鈴木茂嗣『刑法総論〔犯罪論〕』176頁（成文堂，2001年），西田典之『刑法総論』291頁以下（弘文堂，2006年）。もっとも，この説の主唱者である山口教授自身は福岡高裁昭和28年判決の結論は是認する（山口厚『危険犯の研究』171頁［東京大学出版会，1982年]）一方で，客体の不能の場合「客体の存在可能性を肯定することによって，未遂犯の成立を肯定することはできる」としつつも，「ここで不能犯という結論を採るためには，具体的な被害法益に対する『現実的な』危険の発生を要求するという限定的基準をとくに併用することが必要となる」として未遂犯肯定に消極的である（山口・前掲『刑法総論』276頁。また，山口厚ほか『理論刑法学の最前線』200頁以下［山口厚］［岩波書店，2001年]。なお，和田俊憲「不能犯(2)」百選Ⅰ6版137頁）。しかし，これに対しては，仮定的蓋然性説の他の支持者から，「この見解からは，すべての事情は等しく可能性判断に服し，客体の不能の場合にも，客体が存在した高度の可能性が認められれば，未遂の成立を肯定しうると解するのが一貫しているであろう」との批判が向けられている（佐伯仁志「不能犯」争点91頁。また，同「未遂犯論」法学教室304号127頁［2006年]，町野朔「不能犯(2)」百選Ⅰ5版135頁）。客観的危険説につき，斎藤信治「不能犯(3)」百選Ⅰ5版136頁以下も参照。基本的には絶対的不能・相対的不能説によりながら，「不能犯とすることを法感情が徹底的に拒否する場合に限り」具体的危険説により修正し，両判決の結論を是認するのは，内田文昭『改訂刑法Ⅰ総論（補正版）』267頁，269頁注11，270頁注12（青林書院，1997年）。なお，同『刑法概要中巻〔犯罪論(2)〕』384頁以下（青林書院，1999年）。さらに，解釈論として絶対的不能・相対的不能説を妥当とする大場教授も，立法論としては，「絶對的不能犯ト雖モ重大ナル犯罪ニ限リ之ヲ罰スルヲ相當ト爲ス」（大場茂馬『刑法總論下巻中冊』866頁［中央大学，1914年]）とする。また，勝本勘三郎『刑法要論總則』177頁以下（明治大学，1913年）。

406 第3部 不能未遂

た事案（大判大正6年9月10日刑録23輯999頁）では，その後被害者は絞殺され，先行する硫黄粉末での殺人の企てが不能犯（傷害罪）とされたことによりかえって被告人の刑が重くなっている点に注意を要する。すなわち，当時の刑法55条が「連続シタル数個ノ行為ニシテ同一ノ罪名ニ触ルルトキハ一罪トシテ之ヲ処断ス」と規定していたところ，「原審は，硫黄による2つの殺害企図は2つの傷害罪であるとして，これに55条を適用したが，最後の絞殺行為は殺人罪であるとした。弁護人は，前の2つの行為も殺人未遂なのだから，全部について連続犯とすべきだとして上告したが，大審院はそれを退けたのである。つまり，硫黄による殺人の企図を殺人未遂とすればかえって被告人（妻）の刑が軽くなり，傷害罪だとすれば重くなったという，奇妙な事案なのである。大審院の解釈が妻の有利に働いたわけではない」[38]のである。

（ハ）さらに，永らく地中に埋めて隠しておいたため，その円筒内の主爆薬は変質していなかったものの，点火雷管と導火線との結合も悪く，また導火線自体が湿気を吸収して質的変化を起こしており，たとえ安全装置を外し撃針に衝撃を与えても爆発力を誘発しえなかった手榴弾を，その安全装置を外して被害者宅に投げ込んだという事案につき，東京高裁昭和29年6月16日判決（東高刑時報5巻6号236頁）は殺人未遂罪および爆発物使用罪（爆発物取締罰則［以下，「罰則」と略記する。］1条）の成立を否定したが，爆発物所

---

38) 町野・前掲注(8)18頁注2。同様に，浅田和茂『刑法総論（補正版）』386頁以下（成文堂，2007年），山口・前掲注(37)『刑法総論』273頁注5など。なお，植松教授は，次のように述べている。すなわち，被告人は，「結局殺意を遂げ，殺人既遂罪としての処罰を受けている。こういうことは，単なる法理を越えて，微妙な裁判官心理の影響によるものであるかも知れない。第1の行為たる硫黄による殺人の犯行は不能犯であるから殺人未遂罪の罪責を問うことができなくても，結局その犯人が第2の行為により殺人罪の罪責を負うことがあきらかであるならば，割合に勇敢に第1の罪を不能犯として突き放し得るものであるが，そうでなければ，裁判官の正義感は法理の背後につきまとって，第1の行為について，それを不能犯であると宣言することは，躊躇される可能性が強い。……もろもろの事例のなかで，本件だけが判例によつて不能犯と認められたのには，法理を越えて，こういう理由も無意識の間にはたらいているのではないかと察せられる」（植松正「不能犯」『総合判例研究叢書刑法(3)』136頁［有斐閣，1956年］）と。平野教授も「もし硫黄を飲ませただけで終わっていたら，あるいは未遂犯として処罰していたかもしれない」と指摘する（平野龍一「刑法の基礎⑳未遂犯」法学セミナー139号48頁［1967年］）。また，中義勝「不能犯——具体的危険説の立場から——」『論争刑法』129頁注13（世界思想社，1976年）。

第12章　不能犯論についての若干の覚え書　407

持罪（罰則3条）の成立は肯定した[39]。ついで，東京高裁昭和37年4月24日
判決（高刑集15巻4号210頁）は，原審において「法定の除外事由がないの
に，常習として，かつ，営利の目的で，前後約20回にわたり，覚せい剤注射
液入りアンプル約114,250本を製造した」と認定された事実のうちの4回の
製造につき，「一応所定の製造工程を経て製品を製造したけれども，これに
用いた原末が真のフエニルメチルプロパン，又はフエニルメチルアミノプロ
パンを含有していなかつたので，その製品全部を廃棄したことがうかがわ
れ，……覚せい剤を製造したとの事実を認めるに足りない。しかも右のよう
に覚せい剤の主原料が真正の原料でなかつたため，覚せい剤を製造すること
ができなかつた場合は，結果発生の危険は絶対に存しないのであるから，覚
せい剤製造の未遂罪をも構成しない」とし原判決を破棄したが，この4回の

---

39)　これに対して，平野・前掲注(34)『刑法総論Ⅱ』328頁は，「長い間土のなかに埋れて
いて外見上もぼろぼろになり，もはや爆発しないことが明らかだという場合ならばとに
かく，本件のように手榴弾の形をもったものである以上，未遂犯としてもよかったと思
われる」とする。同様に，川端・前掲注(37)495頁，中・前掲注(38)121頁，振津隆行
「不能犯——具体的危険説と客観的危険説との対抗——」中義勝先生古稀祝賀『刑法理
論の探究』270頁（成文堂，1992年）。その後，導火線を雷管に接続するために用いた接
着剤が導火線内の黒色火薬にしみ込み，右部分の黒色火薬が湿りあるいは固化して燃焼
しなくなったため，点火しても燃焼が中断して雷管を起爆させることのできない手製爆
弾の導火線に点火して投てきした行為につき，最判昭和51年3月16日刑集30巻2号146
頁は，罰則4条の爆発物使用の共謀罪の成立のみを認めた第1審（東京地判昭和48年10
月23日高刑集27巻5号472頁）を是認した控訴審（東京高判昭和49年10月24日高刑集27
巻5号455頁）を破棄し，罰則1条違反にいう爆発物の「使用」にあたるとした。なお，
この控訴審判決は，「結果の発生を構成要件要素としない犯罪である」罰則1条に関し
て不能犯の理論は「その前提を欠く」としたうえで，罰則1条の成立を否定した（1審
判決も同旨）のに対して，最高裁はこの場合に不能犯の法理が働くことを前提に（参
照，内藤丈夫・最判解（昭和51年度）53頁以下，60頁注11［1980年］など），その成立
を肯定しているのも興味深い。また，罰則1条の「法定刑は『死刑又は無期若しくは7
年以上の懲役又は禁錮』であつて極めて重く」，爆発物を爆発すべき状態においただけ
で，現実には爆発しなかった場合も含まれ，その場合「未遂減軽の余地はなく，その他
の法律上の減軽事由がない限り酌量減軽をしても刑の執行猶予ができない……。それで
……，事案によつては，罪刑の均衡が保たれ難い事態が生ずるおそれもある」とし，
「本件のような事案について，同罰則1条の爆発物の使用罪でなく，原判決のように同
罰則4条の共謀罪を適用し，あるいは同罰則3条の爆発物の所持罪を適用しても，法定
刑はいずれも『3年以上10年以下の懲役又は禁錮』であつて，相当に重く，具体的事案
に応じた適切な量刑が十分可能であると考えられる」（高刑集27巻5号463頁以下）との
控訴審判決の実質的な考慮も注目されうる。藤木英雄『刑法講義総論』269頁（弘文堂，
1975年）も参照。

408　第3部　不能未遂

事実は「犯罪の証明がないのであるが，これらの事実は常習犯たる一罪の一部として起訴されたものであるから，主文において特に無罪の言渡をしない」と判示した[40]。そのほか，詐欺罪の不能犯を認めたものも，それと牽連関係にあった文書偽（変）造罪・同行使罪で有罪としている（大判昭和2年6月20日刑集6巻216頁，東京地判昭和47年11月7日刑月4巻11号1817頁。なお，水戸地判昭和42年6月6日下刑集9巻6号836頁[41]）。これらのことから，不能犯肯定判例が，それにもかかわらず「すべて有罪判決」であり，「公訴事実の一部について不能犯が認められることはあっても，公訴事実全部に不能犯が肯定されたことは，100年にも及ぶ我国の刑事司法の歴史において，一度としてない（あるいは，判例集に登載されていない）」との指摘があり[42]，実務上の処理という観点からは注目されうる。

　（ニ）絶対的不能・相対的不能説に立っていると理解されることの多い表現を用いてきた従来の伝統的な判例（最判昭和25年8月31日刑集4巻9号1593頁など）について，植松教授は次のように判例を分析している。すなわち，「判例は絶対的不能のみを不能とし，しかも，大体の傾向としては，その絶対性をまことに厳格な」，あらゆる客体（殺人の客体なら，死に瀕する虚弱者

---

40)　宣告刑は原審の懲役7年および罰金50万円から懲役6年および罰金50万円へと軽くされた。なお，矢野光邦「判例批評」研修406号108頁（1982年）も参照。塩酸エフェドリンを主原料として覚せい剤製造を企てたが，触媒の塩化パラジウムの量が少なかったため覚せい剤製造に至らなかった事案につき，最決昭和35年10月18日刑集14巻12号1559頁は覚せい剤製造未遂罪を認めている。参照，栗田正・最判解（昭和35年度）375頁以下（1961年）。

41)　この判決は，略式命令謄本の罰金額の記載を改ざんして検察庁徴収係事務官に提出し，罰金額の納付を免れようとした行為につき詐欺罪の成立を否定したが，その理由として，「罰金徴収権能としての国家的法益を侵害しようとしたものというべく，更に何等個人的法益としての財産的法益を侵害しようとしたものとも認め難い」との理由を示したうえで，加えて，罰金徴収手続に鑑み本件「欺罔的手段をもつては，徴収係員等をして未だ錯誤に陥れ，よつて罰金差額の納付を免れることは予想することができないと認められるので，本件欺罔的所為は，未だ刑法にいわゆる詐欺罪の欺罔行為に該当しない」とし，「以上いずれの点から検討するも本件は罪とならない」と判示している。

42)　内山良雄「判例に現れた不能犯肯定事例の検討」『佐々木史朗先生喜寿祝賀──刑事法の理論と実践』207頁（第一法規出版，2002年）。なお，1審判決の内容が控訴審判決からしかわからず，かつ，（未遂処罰規定がなく）既遂の成否が問題になったものであるが，名古屋高判昭和48年7月16日高刑集26巻3号308頁は，登記簿上は存在しているが，現実には存在しない建物についての競売開始決定は目的物を欠き無効であり，談合罪は成立しないとして無罪を言い渡した1審判決を是認している。

第12章　不能犯論についての若干の覚え書　409

をも含む）に対して不能の「意味において要求している。さように厳格に解すると，絶対に不能ということは，稀有絶無の現象となるから，結局，迷信犯のように自然法則に反するものでなくては，不能犯とは認められないことになり，不能犯否定論に近いものとなつてくる。ここにおいて極端な主観説が迷信犯のほかに不能犯を認めないことになるのと，この判例の傾向とを対比して，まことに興味深く感ずる。極端な客観説と極端な主観説とは，ここにおいて一致するの結果となつているからである。また，その辺に法感情の要求の中核が存在するのであるかも知れない」[43]と。

　また，判例の立場について，実質的には具体的危険説的な立場を採っているとの分析も有力になされている[44]ところ，具体的危険説についても，（その批判としてではあるが），「リスト自身いみじくも述べているように，具体的危険説によって肯定される処罰範囲はかなり広いものとなるのであり，実際には，主観説の立場から可罰性が肯定される事例から例外的なものを除くということと大差ない機能を果たすに過ぎない」[45]とか，「行為者の誤信と一般人の誤信とは，行為者の誤信が迷信犯の場合のように荒唐無稽なものでないかぎり，一致するであろうから，〔具体的危険説によれば〕不能犯が成立する余地はほとんどないといってよい」[46]と指摘されてきたところである。

　⑷このようにみてくると，実際に起訴された事案に限っていえば，わが国

---

43)　植松・前掲注(38)178頁以下。また，竹田・前掲注(14)55頁，団藤重光編『注釈刑法(2)のⅡ総則(3)』501頁，505頁〔香川達夫〕（有斐閣，1969年），中・前掲注(38)120頁，前述第1節1で引用の八木先生の判例の解説も参照。

44)　参照，野村稔「不能犯」西原春夫ほか編『判例刑法研究第4巻』73頁以下（有斐閣，1981年）など。注(52)も参照。

45)　山口・前掲注(37)『危険犯の研究』106頁。また，内藤謙『刑法講義総論（下）Ⅱ』1261頁（有斐閣，2002年）。

46)　浅田・前掲注(38)384頁。また，中山研一『刑法総論』424頁（成文堂，1982年），同『概説刑法Ⅰ（第2版）』239頁（成文堂，2000年）。「行為者の認識した事情をも危険性判断の資料にすることは，危険概念を主観化し，純主観説にきわめて接近する」とするのは，堀内捷三『刑法総論（第2版）』239頁（有斐閣，2004年）。一方で，仮定的蓋然性説，とりわけ福岡高判昭和28年・広島高判昭和36年の結論を是認する場合（前述注(37)参照）の具体的危険説への接近も指摘されている。参照，井田・前掲注(4)『刑法総論の理論構造』272頁以下，斎藤信治・前掲注(37)136頁，塩見・前掲注(13)法学論叢130巻6号10頁注6，伊藤渉ほか『アクチュアル刑法総論』261頁〔安田拓人〕（弘文堂，2005年）など。

410　第 3 部　不能未遂

の判例の事案の処理は，その結論においては，（限定）主観説を基調とする
諸外国の処理と「著しく」相違するとまではいえないようにも思われる。

　⑤もちろん，不能犯論が不起訴判断に及ぼす影響について過小評価はでき
ないであろうし[47]，諸外国でしばしば問題になってきた不能な手段でのまた
は不能な客体に対する堕胎の企てや，（諸外国の事例ではときにおとり捜査が
関係する）盗品でない物を盗品と誤信してのその処分への関与の企てに関し
ては，わが国ではそれらの未遂を（不同意堕胎罪を除き）そもそも処罰して
おらず[48]，未遂規定そのものからしてより謙抑的な傾向が指摘できるように
思われる[49]。そして，判例が，その判示文言上は「客観説」[50]に立ってきた
ことを否定することはできない。

　このような点に決定的な相違がみいだされるとするならば，──その相違
がなぜ形成されてきたのかは非常に興味深い問題ではあるが，その原因はと
もかく──諸外国の不能犯論との比較において，わが国の判例[51][52]や，通説

---

47）　内山・前掲注(42)193頁。なお，青柳文雄『刑法通論 I 総論』135頁，136頁注 4 （泉
　　文堂，1965年）も参照。
48）　わが国では，堕胎罪は未遂に限らず既遂ですらほとんど取り締まられておらず，事
　　実上非犯罪化されたともいわれ（西田典之『刑法各論（第 4 版）』19頁［弘文堂，2007
　　年］など），その処罰の有無は宗教的背景や人口政策等の影響が大きいことが指摘され
　　ている（西田・前掲『刑法各論』18頁など）。実際に，フランスにおける不能な堕胎未
　　遂の処罰と人口政策との関連を指摘するのは，江口・前掲注(20)『フランス判例百選』
　　218頁，末道・前掲注(17)193頁，米田・前掲注(21)32頁以下。
49）　参照，内田・前掲注(37)『改訂刑法 I 総論』268頁注 2 も。
50）　主観説・客観説という対立軸による分類（ないしはその学説の名称）が適切なもの
　　かどうかはなお問題になりえよう。たとえば，Roxin は，未遂の処罰根拠の議論におけ
　　る「客観説」という名称は，未遂を決定するためにいずれの客観説にとっても故意およ
　　び行為計画が重要であり，主観的要素を考慮しなければならないことから，誤解を招く
　　ものであると指摘している（Roxin,a.a.O.[Fn.15],Strafrecht,§29 Rn.26,ders.,a.a.O.[Fn.15],
　　Strafgrund,S.163)。H.L.A. ハート・前掲注(26)420頁も参照。
51）　判例について，「客観的な危険を認定することなく，一般人から見た危険だけで未遂
　　犯を肯定した裁判例は存在しないように思われる」ことから，「判例の立場は，事後的・
　　客観的に結果発生の可能性を判断する点で，客観的危険説と評価することができる」と
　　もされる（佐伯・前掲注(37)法学教室128頁。同「不能犯(3)」百選 I 4 版138頁以下。ま
　　た，木村光江「不能犯(3)」百選 I 6 版139頁など。もっとも，「判例の問題はむしろ，
　　『事情のいかんによって結果発生の可能性の危険が絶対にない』場合にのみ不能犯を認
　　める点で，事実の抽象化の程度が大きすぎ，結果発生の非常に低い可能性で未遂犯の成
　　立を肯定している点にある」ともする。佐伯・前掲注(37)争点91頁。前述，第 2 節 2(3)
　　(ニ) も参照)。

とされてきた具体的危険説ないしはそれに類似する見解の処罰範囲が広すぎ
るとか，過度の社会防衛的関心を示すものであるとはいえないように思われ
る[53]。主観説に対しては周知の批判があるところであるが，諸外国の不能犯

　　しかし，この点につき以下のように考える方が妥当であろう。すなわち，「未遂と既
　遂とが区別されるように，真に危険な……未遂と，一般人の見地から危険なものにとど
　まる未遂とははっきりと区別されなければならない（その区別は，実際的結論において
　も，少なくとも量刑上大きな意味を持ち得るであろう）。実務的にも，科学的な危険性
　の有無をまったく度外視して未遂犯の成否を検討することはあり得ない。判例が，結果
　発生の物理的な可能性を重視することが多いことも，必ずしも具体的危険説と矛盾しな
　いと思われる。具体的危険説は，あくまでも未遂犯として処罰するために必要なミニマ
　ムな危険を明らかにしようとするものである」（井田・前掲注(4)『刑法総論の理論構造』
　269頁）。なお，実務家が，「実務的には，まず，行為の客観的物理的意味，いいかえれ
　ば，客観的に把握可能な危険性を知る必要があり，その後に行為者，又は，必要に応じ
　て一般人の認識状況に関心が移行するのが自然な流れであろうと思われる。このような
　意味における客観的な危険性の把握なくして，漠然と一般人の認識可能性を持ち出すこ
　とは，認識の手順として考えても，現実的ではあるまい」としつつ（大塚仁ほか編『大
　コンメンタール刑法（第2版）第4巻』41頁〔三好幹夫〕［青林書院，1999年］。同・前
　掲44頁以下も参照），危険性の純粋な事後的判断・純粋の物理的客観的判断は妥当でな
　いとし（同・前掲41頁以下），「行為の客観的危険性に重きを置きながらも，行為者の主
　観的な側面をも考慮する具体的危険説の立場が妥当である」（同・前掲43頁。なお，「具
　体的危険説の適用の結果と異ならないとされる印象説は，わが国においては，具体的危
　険説によった場合にその適用の結果の妥当性を検証する際にその効用が認められるので
　はなかろうか」〔同・前掲43頁〕）と述べているのも注目される。
52)　塩見教授は，判例について，「戦後，とりわけ昭和30年代後半以降，具体的危険説へ
　と移行していった経過を見てとれる」一方，「客観的危険説的な判断方法を採る判例
　〔は〕数少ない……。同説は，学説上では，古い客観説を再評価しつつ，危険の抽象的
　判断を排除して具体的な危険結果を要求した見解として位置づけられるが，判例におい
　ては，大審院時代の古い客観説からの同様の変遷を今のところ確認することができな
　い。おそらく，そこでは危険『結果』の発生を要件とすることにより未遂犯の成立範囲
　があまりに限定され妥当でないとの考慮が働いているのであろう」と述べている（塩見
　淳「不能犯」法学教室202号38頁［1997年］）。また，同「不能犯(1)」百選Ⅰ5版133頁。
53)　斎藤信治教授は，「刑罰や実務が過酷に失する時代や国であれば，ある程度，市民生
　活の安全・平穏を脅かしてでも，絶対不能は重大犯罪についても不可罰的とすべき理由
　もあろうが，それは今日のわが国にあてはまることとは思われない」と述べられている
　（『刑法総論（第6版）』235頁［有斐閣，2008年］）。他方で，重大犯罪でない場合には具
　体的危険説の処罰範囲が広がりすぎることを指摘している点も重要である（同・前掲
　『刑法総論』232頁，235頁）。なお，Roxin,a.a.O.(Fn.15),FS-Heike Jung,S.834は，具体的
　危険説の解決が国際的にも合意可能なものである（international konsensfähig）としてい
　る。前掲注(35)も参照。イギリスにおいて，R.A.Duff,Criminal Attempts,219-233
　(1996)が具体的危険説に類似する見解を主張しているのも注目されうる。Duff の不能犯
　論について，参照，澁谷・前掲注(24)広島法学27巻3号76頁以下，同「英米刑法におけ
　る不能未遂の可罰性判断（2・完）」広島法学27巻4号169頁（2004年）。各国の未遂規
　定につき，Jescheck/Weigend,a.a.O.(Fn.15),§49 Ⅸ ;Katrin Schubert,Der Versuch—

412　第3部　不能未遂

論との相違（の程度・原因）に関して，主観的要件による限定も含めた不能
犯論の（一層の）比較検討，そして，刑事司法過程全体のなかでのこの種の
事案の処理の比較検討が，今後の重要な課題の１つであると考える。

---

Überlegungen zur Recʰtsvergleichung und Harmonisierung,2005,290ff. なども参照。

著者紹介

原口 伸夫（はらぐち　のぶお）

1968年　埼玉県所沢市に生まれる
1991年　中央大学法学部法律学科卒業
1997年　中央大学大学院法学研究科刑事法専攻博士課程満期退学
1997年　中央大学法学部兼任講師
2002年　桐蔭横浜大学法学部専任講師
現　在　駒澤大学法学部教授

未遂犯論の諸問題

2018年2月28日　初版第1刷発行

著　者　原　口　伸　夫
発行者　阿　部　成　一

〒162-0041　東京都新宿区早稲田鶴巻町514番地
発行所　株式会社　成文堂
電話 03（3203）9201（代）　　Fax 03（3203）9206
http://www.seibundoh.co.jp

製版・印刷　藤原印刷　　　　　　　製本　弘伸製本
© 2018 Nobuo. Haraguchi　　　Printed in Japan
☆乱丁・落丁本はおとりかえいたします☆　検印省略
ISBN 978-4-7923-5235-6　C3032
定価（本体6000円＋税）